第二次改訂版

中小企業等協同組合法
逐条解説

全国中小企業団体中央会 編集

第一法規

第二次改訂版の発行に当たって

　本会では、中小企業等協同組合法の条文、その解説及び関係政省令並びに本会が定める定款参考例を掲載し、「中小企業等協同組合法の解説」として編集・発行して参りました。

　平成27年5月1日、会社法の一部を改正する法律及び会社法の一部を改正する法律の施行に伴う関係法律の整備等に関する法律が施行され、中小企業等協同組合法及び関係政省令の整備等が行われました。このたび、定款参考例について必要な見直しを行った上、上記の改正条文等も織り込み、第二次改訂版として発行することと致しました。

　本書の特長は、中小企業等協同組合法の条文について、改正履歴を掲載し、準用条文については、法律が読替えを明示しているもののほか、必要な読替えその他の修正を加えた読替えを掲載し、その逐条解説、施行令・施行規則等の関係政省令及び事業協同組合の定款参考例をすべて一冊に収めているところにあります。

　中小企業等協同組合法に基づく組合の役職員をはじめ組合関係者の参考資料として、適切な組合事業の遂行及び組織運営のためにご活用いただけるものと思います。

　第二次改訂に当たり、ご支援ご協力を頂きました北沢豪弁護士に深く感謝申し上げる次第です。

平成28年2月

全国中小企業団体中央会

凡　例

1　法令の内容現在

逐条解説に掲載した中小企業等協同組合法及び関係法令は、平成27年12月10日現在によった。

2　準用条文

準用条文については、法律が読替えを明示しているもの（例示中の＿＿＿線部）、政令が読替えを明示しているもの（例示中の＿＿＿線部）、及び必要な読替えその他の修正を加えたもの（例示中の＿＿＿線部）を掲載した。

読み替えられた原典の条文を〔　　〕で示し、読み替えた条文をその直前に示した。

【例】（中小企業等協同組合法第40条の２）

第40条の２

2　前項に規定する会計監査人の監査を要する組合については、会社法第439条及び第444条（第３項を除く。）の規定を準用する。この場合において、同法第439条並びに第444条第１項、第４項及び第６項中「法務省令」とあるのは「主務省令」と、同条第１項中「その子会社」とあるのは「その子会社等（中小企業等協同組合法第61条の２第２項に規定する子会社等をいう。）」と、「作成することができる」とあるのは「作成しなければならない」と読み替えるものとするほか、必要な技術的読替えは、政令で定める。

〔準用条文＝会社法〕

（会計監査人監査組合〔会計監査人設置会社〕の特則）

第439条　会計監査人監査組合（中小企業等協同組合法第40条の２第１項に規定する会計監査人の監査を要する組合をいう。以下同じ。）〔会計監査人設置会社〕については、同法第40条第６項〔第436条第３項〕の承認を受けた決算関係書類（同条第２項に規定する決算関係書類をいう。）が〔計算書類が〕法令及び定款に従い組合〔株式会社〕の財産及び損益の状況を正しく表示しているものとして主務省令〔法務省令〕で定める要件に該当する場合には、同条第８項〔前条第２項〕の規定は、適用しな

凡　例

い。この場合においては、理事〔取締役〕は、当該決算関係書類の〔計算書類の〕内容を通常総会〔定時株主総会〕に報告しなければならない。

3　各条ごとの改正注記

　一部改正法令により改正された法律の「条」の後に、その改正の態様（全部改正、一部改正、追加、削除、繰上、繰下等）と一部改正法令の公布年月・法令番号を施行日順に注記した。

4　参照条文の注記

　参照条文を「委任」、「参照」又は「罰則」として、該当する法令及び条項号を条文の末尾に注記した。

（例）　委任　1項一号の「主務省令」＝〈本法施行規則〉14条

　　　　罰則　〈本法〉115条1項三号

5　法令の略称

　解説中に引用した主な法令の略称については、次のような略語を用いた。

法	中小企業等協同組合法
中協法	中小企業等協同組合法
施行令	中小企業等協同組合法施行令
施行規則	中小企業等協同組合法施行規則
施行規程	中小企業等協同組合法施行規程
一般法人法	一般社団法人及び一般財団法人に関する法律
協金法	協同組合による金融事業に関する法律
金商法	金融商品取引法
金融商品販売法	金融商品の販売等に関する法律
金融制度改革法	金融制度及び証券取引制度の改革のための関係法律の整備等に関する法律
個人情報保護法	個人情報の保護に関する法律
中団法	中小企業団体の組織に関する法律
独占禁止法	私的独占の禁止及び公正取引の確保に関する法律
民事訴訟費用法	民事訴訟費用等に関する法律

総　目　次

第二次改訂版の発行に当たって

凡　例

逐条解説……………………………………………………………………………………… *1*

関係法令

　中小企業等協同組合法施行法〔抄〕……………………………………………… *501*

　中小企業等協同組合法施行令……………………………………………………… *507*

　中小企業等協同組合法施行規則…………………………………………………… *535*

　中小企業等協同組合法第7条第3項の規定による届出に関する規則………… *693*

定款参考例

　事業協同組合定款参考例…………………………………………………………… *701*

目　次

逐条解説

第1章　総　則

　第1条（法律の目的）……………………………………………………………… *3*

　第2条　削除………………………………………………………………………… *6*

第2章　中小企業等協同組合

第1節　通　則

　第3条（種類）……………………………………………………………………… *7*

　第4条（人格及び住所）…………………………………………………………… *8*

　第5条（基準及び原則）…………………………………………………………… *10*

　第6条（名称）……………………………………………………………………… *14*

　第7条（私的独占の禁止及び公正取引の確保に関する法律との関係）……… *16*

i

目　次

第8条（組合員の資格等）……………………………………………… *20*

第8条の2………………………………………………………………… *22*

第9条（事業利用分量配当の課税の特例）………………………… *30*

第2節　事　業

第9条の2（事業協同組合及び事業協同小組合）………………… *32*

第9条の2の2（あつせん又は調停）……………………………… *49*

第9条の2の3（組合員以外の者の事業の利用の特例）………… *51*

第9条の3（倉荷証券の発行）……………………………………… *55*

第9条の4………………………………………………………………… *57*

第9条の5………………………………………………………………… *57*

第9条の6………………………………………………………………… *57*

第9条の6の2（共済規程）………………………………………… *61*

第9条の6の3（共済の目的の譲渡等）…………………………… *63*

第9条の7（商品券の発行）………………………………………… *64*

第9条の7の2（火災共済事業）…………………………………… *65*

第9条の7の3及び第9条の7の4　　削除……………………… *66*

第9条の7の5（保険業法等の準用）……………………………… *67*

第9条の8（信用協同組合）………………………………………… *75*

第9条の9（協同組合連合会）……………………………………… *87*

第9条の9の2(指定特定共済事業等紛争解決機関との契約締結義務等)…… *95*

第9条の9の3（指定信用事業等紛争解決機関との契約締結義務等）……… *98*

第9条の10（企業組合）……………………………………………… *99*

第9条の11……………………………………………………………… *100*

第3節　組合員

第10条（出資）………………………………………………………… *103*

第10条の2（組合員名簿の作成、備置き及び閲覧等）………… *107*

第11条（議決権及び選挙権）………………………………………… *108*

第12条（経費の賦課）………………………………………………… *112*

第13条（使用料及び手数料）………………………………………… *114*

第14条（加入の自由）………………………………………………… *114*

第15条（加入）………………………………………………………… *116*

第16条……………………………………………………………………… *116*

目　次

第17条（持分の譲渡）……………………………………………… *118*

第18条（自由脱退）………………………………………………… *120*

第19条（法定脱退）………………………………………………… *121*

第20条（脱退者の持分の払戻）…………………………………… *124*

第21条（時効）……………………………………………………… *127*

第22条（払戻の停止）……………………………………………… *127*

第23条（出資口数の減少）………………………………………… *127*

第23条の２（企業組合の組合員の所得に対する課税）………… *129*

第23条の３（事業協同小組合の組合員に対する助成）………… *129*

第4節　設　立

第24条（発起人）…………………………………………………… *130*

第25条（共済事業を行う組合の出資の総額）………………… *131*

第26条（火災等共済組合等の地区）……………………………… *132*

第26条の２…………………………………………………………… *132*

第27条（創立総会）………………………………………………… *134*

第27条の２（設立の認可）………………………………………… *138*

第28条（理事への事務引継）……………………………………… *142*

第29条（出資の第１回の払込み）………………………………… *142*

第30条（成立の時期）……………………………………………… *144*

第31条（成立の届出）……………………………………………… *144*

第32条（設立の無効の訴え）……………………………………… *144*

第5節　管　理

第33条（定款）……………………………………………………… *147*

第34条（規約）……………………………………………………… *158*

第34条の２（定款の備置き及び閲覧等）………………………… *159*

第35条（役員）……………………………………………………… *160*

第35条の２（役員の変更の届出）………………………………… *169*

第35条の３（組合と役員との関係）……………………………… *169*

第35条の４（役員の資格等）……………………………………… *172*

第36条（役員の任期）……………………………………………… *179*

第36条の２（役員に欠員を生じた場合の措置）………………… *181*

第36条の３（役員の職務及び権限等）…………………………… *181*

iii

目　次

第36条の4　削除‥‥‥‥‥‥‥‥‥‥‥‥‥‥‥‥‥‥‥‥‥‥‥ *191*

第36条の5　（理事会の権限等）‥‥‥‥‥‥‥‥‥‥‥‥‥‥‥‥ *191*

第36条の6　（理事会の決議）‥‥‥‥‥‥‥‥‥‥‥‥‥‥‥‥‥ *192*

第36条の7　（理事会の議事録）‥‥‥‥‥‥‥‥‥‥‥‥‥‥‥‥ *197*

第36条の8　（代表理事）‥‥‥‥‥‥‥‥‥‥‥‥‥‥‥‥‥‥‥ *199*

第37条（役員の兼職禁止）‥‥‥‥‥‥‥‥‥‥‥‥‥‥‥‥‥‥‥ *201*

第38条（理事の自己契約等）‥‥‥‥‥‥‥‥‥‥‥‥‥‥‥‥‥‥ *203*

第38条の2　（役員の組合に対する損害賠償責任）‥‥‥‥‥‥‥‥ *204*

第38条の3　（役員の第三者に対する損害賠償責任）‥‥‥‥‥‥‥ *212*

第38条の4　（役員の連帯責任）‥‥‥‥‥‥‥‥‥‥‥‥‥‥‥‥ *213*

第39条（役員の責任を追及する訴え）‥‥‥‥‥‥‥‥‥‥‥‥‥‥ *213*

第40条（決算関係書類等の提出、備置き及び閲覧等）‥‥‥‥‥‥‥ *219*

第40条の2‥‥‥‥‥‥‥‥‥‥‥‥‥‥‥‥‥‥‥‥‥‥‥‥‥‥ *222*

第40条の3‥‥‥‥‥‥‥‥‥‥‥‥‥‥‥‥‥‥‥‥‥‥‥‥‥‥ *232*

第41条（会計帳簿等の作成等）‥‥‥‥‥‥‥‥‥‥‥‥‥‥‥‥‥ *233*

第42条（役員の改選）‥‥‥‥‥‥‥‥‥‥‥‥‥‥‥‥‥‥‥‥‥ *235*

第43条（顧問）‥‥‥‥‥‥‥‥‥‥‥‥‥‥‥‥‥‥‥‥‥‥‥‥ *238*

第44条（参事及び会計主任）‥‥‥‥‥‥‥‥‥‥‥‥‥‥‥‥‥‥ *238*

第45条‥‥‥‥‥‥‥‥‥‥‥‥‥‥‥‥‥‥‥‥‥‥‥‥‥‥‥‥ *240*

第46条（総会の招集）‥‥‥‥‥‥‥‥‥‥‥‥‥‥‥‥‥‥‥‥‥ *242*

第47条‥‥‥‥‥‥‥‥‥‥‥‥‥‥‥‥‥‥‥‥‥‥‥‥‥‥‥‥ *249*

第48条‥‥‥‥‥‥‥‥‥‥‥‥‥‥‥‥‥‥‥‥‥‥‥‥‥‥‥‥ *251*

第49条（総会招集の手続）‥‥‥‥‥‥‥‥‥‥‥‥‥‥‥‥‥‥‥ *252*

第50条（通知又は催告）‥‥‥‥‥‥‥‥‥‥‥‥‥‥‥‥‥‥‥‥ *253*

第51条（総会の議決事項）‥‥‥‥‥‥‥‥‥‥‥‥‥‥‥‥‥‥‥ *254*

第52条（総会の議事）‥‥‥‥‥‥‥‥‥‥‥‥‥‥‥‥‥‥‥‥‥ *257*

第53条（特別の議決）‥‥‥‥‥‥‥‥‥‥‥‥‥‥‥‥‥‥‥‥‥ *258*

第53条の2　（理事及び監事の説明義務）‥‥‥‥‥‥‥‥‥‥‥‥ *259*

第53条の3　（延期又は続行の決議）‥‥‥‥‥‥‥‥‥‥‥‥‥‥ *259*

第53条の4　（総会の議事録）‥‥‥‥‥‥‥‥‥‥‥‥‥‥‥‥‥ *260*

第54条（総会の決議の不存在若しくは無効の確認又は取消しの訴え）‥‥ *262*

第55条（総代会）‥‥‥‥‥‥‥‥‥‥‥‥‥‥‥‥‥‥‥‥‥‥‥ *264*

第55条の2 （総代会の特例） ………………………………………………… *267*

第56条 （出資1口の金額の減少） ……………………………………………… *268*

第56条の2 （債権者の異議） ……………………………………………………… *269*

第57条 （出資1口の金額の減少の無効の訴え） …………………………… *270*

第57条の2 （第9条の9第1項第三号の事業を行う協同組合連合会の

火災共済規程の変更） … *272*

第57条の2の2 （共済事業の譲渡等） …………………………………………… *272*

第57条の3 （信用協同組合等の事業等の譲渡又は譲受け） ……………… *273*

第57条の4 （火災共済事業の譲渡の禁止） …………………………………… *276*

第57条の5 （余裕金運用の制限） ……………………………………………… *276*

第57条の6 （会計の原則） ………………………………………………………… *277*

第58条 （準備金及び繰越金） …………………………………………………… *278*

第58条の2 （共済事業の会計区分） …………………………………………… *282*

第58条の3 （共済事業に係る会計の他の会計への資金運用等の禁止） …… *283*

第58条の4 （健全性の基準） ……………………………………………………… *283*

第58条の5 （重要事項の説明等） ……………………………………………… *284*

第58条の5の2 （共済事業の利用者等の利益の保護のための体制整備） … *287*

第58条の6 （共済計理人の選任等） …………………………………………… *287*

第58条の7 ………………………………………………………………………………… *288*

第58条の8 ………………………………………………………………………………… *290*

第59条 （剰余金の配当） ………………………………………………………… *291*

第60条 ……………………………………………………………………………………… *292*

第61条 （組合の持分取得の禁止） ……………………………………………… *293*

第61条の2 （業務及び財産の状況に関する説明書類の縦覧等） ………… *293*

第6節　解散及び清算並びに合併

第62条 （解散の事由） …………………………………………………………… *296*

第63条 （合併契約） ……………………………………………………………… *299*

第63条の2 （吸収合併） ………………………………………………………… *299*

第63条の3 （新設合併） ………………………………………………………… *299*

第63条の4 （吸収合併消滅組合の手続） …………………………………… *300*

第63条の5 （吸収合併存続組合の手続） …………………………………… *301*

第63条の6 （新設合併消滅組合の手続） …………………………………… *303*

目　次

第64条（新設合併設立組合の手続等）……………………… *304*

第65条（合併の効果）…………………………………………… *308*

第66条（合併の認可）…………………………………………… *308*

第67条（合併の無効の訴え）…………………………………… *309*

第68条（清算人）………………………………………………… *313*

第68条の２（解散後の共済金額の支払）…………………… *314*

第69条（会社法等の準用）…………………………………… *315*

第7節　指定紛争解決機関

第69条の２（紛争解決等業務を行う者の指定）…………… *331*

第69条の３（業務規程）……………………………………… *336*

第69条の４（保険業法の準用）……………………………… *337*

第69条の５（銀行法の準用）………………………………… *357*

第3章　中小企業団体中央会

第1節　通　則

第70条（種類）…………………………………………………… *361*

第71条（人格及び住所）……………………………………… *361*

第72条（名称）…………………………………………………… *362*

第73条（数）……………………………………………………… *363*

第2節　事　業

第74条（都道府県中央会）…………………………………… *363*

第75条（全国中央会）………………………………………… *366*

第75条の２（私的独占禁止法の適用除外）………………… *370*

第3節　会　員

第76条（会員の資格）………………………………………… *370*

第77条（議決権及び選挙権）………………………………… *372*

第78条（経費の賦課）………………………………………… *376*

第79条（加入）…………………………………………………… *377*

第80条（脱退）…………………………………………………… *378*

第4節　設　立

第81条（発起人）………………………………………………… *379*

第82条（創立総会）…………………………………………… *380*

第82条の２（設立の認可）…………………………………… *385*

目　次

第82条の3　（準用）……………………………………………………… *385*

第5節　管　理

第82条の4　（定款）……………………………………………………… *386*

第82条の5　（規約）……………………………………………………… *387*

第82条の6　（役員）……………………………………………………… *387*

第82条の7　（役員の職務）……………………………………………… *388*

第82条の8　（準用規定）………………………………………………… *390*

第82条の9　（顧問）……………………………………………………… *392*

第82条の10　（総会）……………………………………………………… *392*

第82条の11　（総代会）…………………………………………………… *397*

第82条の12　（部会）……………………………………………………… *398*

第6節　解散及び清算

第82条の13　（解散の事由）……………………………………………… *399*

第82条の13の2　（清算中の中央会の能力）………………………… *400*

第82条の14　（清算人）…………………………………………………… *400*

第82条の14の2　（裁判所による清算人の選任）…………………… *400*

第82条の14の3　（清算人の解任）…………………………………… *401*

第82条の14の4　（清算人の職務及び権限）………………………… *401*

第82条の15　（清算事務）………………………………………………… *401*

第82条の15の2　（清算中の中央会についての破産手続の開始）… *402*

第82条の15の3　（債権の申出の催告等）…………………………… *402*

第82条の15の4　（期間経過後の債権の申出）……………………… *403*

第82条の16　（財産分配の制限）……………………………………… *403*

第82条の17　（決算の承認）…………………………………………… *404*

第82条の17の2　（裁判所による監督）……………………………… *404*

第82条の17の3　（解散及び清算の監督等に関する事件の管轄）… *404*

第82条の17の4　（不服申立ての制限）……………………………… *405*

第82条の17の5　（裁判所の選任する清算人の報酬）……………… *405*

第82条の17の6　　削除…………………………………………………… *405*

第82条の17の7　（検査役の選任）…………………………………… *405*

第82条の18　（準用規定）………………………………………………… *405*

vii

目　次

第4章　登　記

第1節　総　則

第83条（登記の効力）……………………………………………… *407*

第2節　組合及び中央会の登記

第1款　主たる事務所の所在地における登記

第84条（組合等の設立の登記）………………………………… *407*

第85条（変更の登記）…………………………………………… *409*

第86条（他の登記所の管轄区域内への主たる事務所の移転の登記）……… *415*

第87条（職務執行停止の仮処分等の登記）…………………… *420*

第88条（参事の登記）…………………………………………… *421*

第89条（吸収合併の登記）……………………………………… *421*

第90条（新設合併の登記）……………………………………… *421*

第91条（解散の登記）…………………………………………… *422*

第92条（清算結了の登記）……………………………………… *422*

第2款　従たる事務所の所在地における登記

第93条（従たる事務所の所在地における登記）……………… *423*

第94条（他の登記所の管轄区域内への従たる事務所の移転の登記）……… *424*

第95条（従たる事務所における変更の登記等）……………… *424*

第3節　登記の嘱託

第96条………………………………………………………………… *425*

第4節　登記の手続等

第97条（管轄登記所及び登記簿）……………………………… *427*

第98条（設立の登記の申請）…………………………………… *427*

第99条（変更の登記の申請）…………………………………… *428*

第100条（解散の登記の申請）………………………………… *428*

第101条（清算結了の登記の申請）…………………………… *429*

第102条（吸収合併による変更の登記の申請）……………… *429*

第102条の2（新設合併による設立の登記の申請）………… *430*

第103条（商業登記法の準用）………………………………… *430*

第5章　雑　則

第104条（不服の申出）………………………………………… *445*

第105条（検査の請求）………………………………………… *447*

viii

目　次

第105条の2（決算関係書類の提出）……………………………… *448*

第105条の3（報告の徴収）………………………………………… *448*

第105条の4（検査等）……………………………………………… *450*

第106条（法令等の違反に対する処分）………………………… *451*

第106条の2（共済事業に係る監督上の処分）………………… *453*

第106条の3（行政庁への届出）………………………………… *456*

第107条（排除措置）……………………………………………… *456*

第108条 ……………………………………………………………… *457*

第109条及び第110条　削除 ……………………………………… *458*

第111条（所管行政庁）…………………………………………… *458*

第111条の2（主務省令）………………………………………… *461*

第6章　罰　則

第112条 ……………………………………………………………… *462*

第112条の2 ………………………………………………………… *462*

第112条の2の2 …………………………………………………… *462*

第112条の3 ………………………………………………………… *463*

第112条の4 ………………………………………………………… *463*

第112条の4の2 …………………………………………………… *463*

第112条の5 ………………………………………………………… *464*

第112条の6 ………………………………………………………… *464*

第112条の6の2 …………………………………………………… *465*

第112条の7 ………………………………………………………… *465*

第113条 ……………………………………………………………… *466*

第114条 ……………………………………………………………… *466*

第114条の2 ………………………………………………………… *466*

第114条の3 ………………………………………………………… *466*

第114条の4 ………………………………………………………… *467*

第114条の5 ………………………………………………………… *467*

第114条の6 ………………………………………………………… *468*

第114条の7 ………………………………………………………… *469*

第115条 ……………………………………………………………… *469*

第115条の2 ………………………………………………………… *472*

ix

目　次

第116条　削除 ……………………………………………………… 473

第117条 …………………………………………………………… 473

第118条 …………………………………………………………… 473

第7章　没収に関する手続等の特例

第119条（第三者の財産の没収手続等）…………………………… 474

第120条（没収された債権等の処分等）…………………………… 474

第121条（刑事補償の特例）………………………………………… 475

附　則………………………………………………………………… 476

関 係 法 令

中小企業等協同組合法施行法〔抄〕……………………………… 501

中小企業等協同組合法施行令 ……………………………………… 507

中小企業等協同組合法施行規則 …………………………………… 535

中小企業等協同組合法第7条第3項の規定による届出に関する規則 ………… 693

定 款 参 考 例

「中小企業組合定款参考例」について …………………………… 699

事業協同組合定款参考例 …………………………………………… 701

逐 条 解 説

第1条（法律の目的）

中小企業等協同組合法

（昭和24年6月1日法律第181号）

最終改正：平成26年6月27日法律第91号
〔なお、平成26年5月30日法律第45号は平成28年5月29日施行のため、
改正を条文に反映させず、改正文を該当条文の末尾に登載した。〕

第1章　総　則

（法律の目的）
第1条　この法律は、中小規模の商業、工業、鉱業、運送業、サービス業その他の事業を行う者、勤労者その他の者が相互扶助の精神に基き協同して事業を行うために必要な組織について定め、これらの者の公正な経済活動の機会を確保し、もつてその自主的な経済活動を促進し、且つ、その経済的地位の向上を図ることを目的とする。

1　中小企業の組織と相互扶助精神

　本条は、この法律の趣旨、精神、目的を明らかにし、法律運用の基本的原則を示している。

　中小企業は、我が国経済の活力の源泉であり、製造業出荷額の5割以上、卸売業販売額の6割以上、小売業販売額の7割以上を占め、雇用面でも、7割以上の従業員を支えており、極めて重要な地位を占めている。このような重要な地位を占めながらも、大企業と比し、技術、人材、情報、資金調達力等の経営資源が不足しており、1企業でこれら全てを備えることは非常に大きな困難が伴う。このような状況を改善し、企業の力を向上させることが何よりも重要であるが、そのための基本となるものが組織の力である。本法の目的は、この組織を通じて、中小企業者等が抱える諸問題を解決し、中小企業者等の経済的地位の向上を図ることにある。

　この法律の適用対象となる者は、中小企業者と勤労者その他の者（以下「中小企業者等」という。）であり、中小企業者とは、中小規模の商業、工業、鉱業、

3

第1章　総　則

運送業、サービス業その他の事業を行う者である。

　中小企業者等は、資本主義社会においては、大企業と比し、公正な経済活動の機会を確保することが困難であり、その不利を除くためには、中小企業者等が相互に緊密な結合を図り、組織の力によって競争力を強めることが効果的である。

　単に資本を募って事業を行うだけならば、株式会社組織によることができ、それがまた適当でもある。

　しかし、この法律による組織、すなわち中小企業等協同組合（以下「組合」という。）は、単に出資をするだけではなく、組合員たる中小企業者等が相互扶助の精神に基づき、単独では不足する経営資源を協同組織により相互に補完することを基調として、組合員自らの創意により共同事業を行うところにその特長がある。組合は、それ自体営利を目的とするものではないが、一つの経済主体として外面的に取引社会に立ち現れるところでは、会社その他の企業体と変わるところがない。しかしその内面的な組織並びに精神においては、会社等とは著しく相違している。ここに中小企業者等の組織としての組合の意義がある。

　組合は、政治、文化、社交、慈善の団体ではなく、あくまでもそれは経済団体である。しかし、経済団体ではあるが、それは単なる利益擁護団体又は利益団体ではなく、あるいは統制を目的とするものでもない。組合員のための、組合員による、組合員の組合であることを目指して、協同して各種の必要な事業を行うことを本質としなければならない。

　中小企業者等は、中小規模であるがゆえの短所又は弱みを持つが、同時にまた中小規模であるがゆえの長所又は強みを持っている。

　この弱点を補い長所を発揮させるためには、協同して事業を行うことが最も効率的かつ効果的であり、その共同事業を行うところに組合の存立意義がある。

2　経済活動の促進

　この法律は、組織を通じて、中小企業者等の公正な経済活動の機会を確保することを目的としている。中小企業者等は、個々ではその経済力は弱いが、これを組織化し、事業を協同化することによって、その競争力を強めることができ、公正な経済活動の機会を確保することができる。

　この法律による組合は、独占禁止法の適用が原則として除外されている。これは中小企業者等が組織化し、共同事業によってその競争力を強めることは、独占禁止法の趣旨に反するものではなく、かえって公正な競争の機会を与えるもので

第1条（法律の目的）

あって、中小企業等の組織と共同事業は経済民主化を拒むものではなく、むしろこれこそ経済の民主化を促進する場合が多いからである。

従来から中小企業者等は、経済取引の場面において、大企業等に比較して不利な立場に立たされ、自主的な経済活動を行うことが困難な状況に置かれることが多くあった。第一に縦の関係においては、大企業、親会社等から種々の制約を受け、これに従っているか、又は従わないまでもその支配下に置かれていた。第二には、横の同業者の関係においても、資本力を持つ大企業に圧迫されており、極めて不利な条件の下に経済活動を行うほかなかったのである。

このような取引の力関係から、その時々に種々の不利な条件を付されても、個々の中小企業では対抗措置を講ずることは困難であり、組織の力によって対応することが必要とされたのである。

この法律では、組合が組合員の競争力を補強するための手段として、団体協約の締結事業ができるようになっており、これによって不利な取引条件等について、自主的に問題を解決する途が拓かれている。

中小企業者等の経済的地位の向上を図ることは、組合の究極の目的とするところであり、この法律の根本目標とするところである。組合の事業は、組合自体の営利追求のために行われるのではなく、また、営利会社のように利益を構成員に配当することを目的として行われるものでもない。組合事業の本質は、組合員の公正な経済活動の機会を確保し、それによってその経済的地位の向上を図るところにある。

したがって、組合の経営の適否は、組合の事業を通じて組合員の経営がどれだけ合理化され、それによって組合員の経済的地位がどれだけ向上したかによって評価されなければならない。

経済的地位の向上とは、中小企業者等の経済単位を大きくするのみではない。もちろん、零細弱小な単位は、これを適正規模にまで高めることが必要である。しかし、中小企業者等は中小規模であるところに一面の長所を持つ者であるから、これを大企業に育成するだけが経済的地位の向上ではない。中小規模のままでも経営を合理化・近代化し、公正な経済活動を可能にし、自主的な経済活動を促進して、他に劣らない企業体質に向上させてその経済的使命を果たさせるところにある。そして、経済的地位の向上は、やがてその社会的地位の向上ともなる。しかし、この法律は、中小企業の社会的、政治的地位の向上を目標とするものではない。

5

第1章　総　則

　中小企業は、くらしを支える国の礎である。この中小企業の経済的地位の向上を図ることによって、我が国産業全体に貢献するところは多大である。この意味から、この法律は単に個々の中小企業者等の個人的利益の増進のみを目標とするものではなく、広く国民経済の発展に寄与することを期待しているものである。

第2条　削除〔平成17年7月法律第87号〕

第2章　中小企業等協同組合

第1節　通　則

> **（種類）**
> **第3条**　中小企業等協同組合（以下「組合」という。）は、次に掲げるものとする。
> 　一　事業協同組合
> 　一の二　事業協同小組合
> 　二　信用協同組合
> 　三　協同組合連合会
> 　四　企業組合
> 　本条…一部改正・旧2条…繰下〔昭和30年8月法律121号〕、一部改正〔昭和32年11月法律186号・平成24年9月85号〕

　中小企業等協同組合とは、中小企業等協同組合法に基づく組合の総称であって、現実に存在する組合は、次の(1)から(5)に掲げる5種類である。

(1)　事業協同組合　小規模の事業者によって組織される最も一般的な組合であって、組合員たる小規模の事業者の経営の合理化と取引条件の改善、競争力の維持・向上を主目的として、組合員の事業経営に関する共同事業を行う、いわば小規模事業者の共同経営体である（一号）。

(2)　事業協同小組合　零細企業の組織化対策の一つとして設けられた組合であり、事業協同組合とその目的、事業はほぼ同じであるが、加入資格のあるものは、零細事業者に限られている（一号の二）。

(3)　信用協同組合　中小企業者、勤労者等によって組織される協同組織による相互金融の機関であって、この法律においてはその組織、運営について規定している。なお、信用協同組合の事業については、この法律のほか協金法により規制される（二号）。

(4)　協同組合連合会　事業協同組合、事業協同小組合、信用協同組合、協同組合連合会又は他の法律に基づく協同組合（農業協同組合、水産業協同組合、消費生活協同組合等）の連合体であり、これを組織する協同組合が単独では行い得ない共同事業を行うことによって、その会員及び所属員に奉仕することを目的とする。なお、企業組合は、協同組合連合会に直接加入することは

第2章　中小企業等協同組合

できない（三号）。

(5)　企業組合　企業組合は、平成15年改正により組合員資格が拡大され、個人及び組合事業関連企業をはじめとする法人等が特定組合員として組合員となることができることとなったが、基本型としては、個人が互いに資本と労働を持ち寄り、相寄り、相助けつつ共同事業を行おうとするものである（所有と経営と労働の一致）。それ自体が一個の完全な企業主体であり、組合員の事業に関する共同事業を行うものではなく、組合員たる個人は、かつて事業者であったとしても、自己の事業を廃止し、原則として組合の事業に従事して報酬を受ける勤労者的存在になるものである。

　　外形的には、会社に類似しているが、内部運営が出資者、従業員一体の形で行われ、かつ、組合原則によって律せられるので、会社とは性格上の差異がある。

(6)　火災共済協同組合の廃止

　　従前、組合の一類型として火災共済協同組合（法旧3条一号の三）が定められ、事業協同組合及び事業協同小組合は共済金額の総額が30万円を超える火災共済事業を行うことができず、これを行うためには火災共済協同組合を設立することが必要とされていた（法旧9条の2第2項）。平成24年の改正はこれを改め、火災共済協同組合の類型を廃止するとともに事業協同組合又は協同組合連合会が行うことができる火災共済事業の範囲を拡大した（平成24年9月12日法律第85号）。これにより、火災共済協同組合のみが行うこととされていた火災共済事業は、事業協同組合においてその他の共済事業と合わせて行うことができるようになった。なお、中協法上、法9条の7の2第1項の認可を受けて火災共済事業を行う事業協同組合は火災等共済組合といい、協同組合連合会であって法9条の9第5項において準用する法9条の7の2第1項の認可を受けて火災共済事業を行うものは火災等共済組合連合会という（法9条の9第3項）。

（人格及び住所）

第4条　組合は、法人とする。

2　組合の住所は、その主たる事務所の所在地にあるものとする。

　　　旧3条…繰下〔昭和30年8月法律121号〕

第4条（人格及び住所）

1　法人格（1項）

　本条は、組合に対して法人格を与えているものである。我が国においては、法人格を取得するためには、民法その他法律の規定によることを要することから、特に法律上これを規定したものである。法人とは、自然人以外の者で、法律の規定により権利義務の主体たることを認められた者をいう。

　したがって、法人が有する権利義務は、その法人自体の権利義務であって、これを組織している者の分担すべき義務ではない。

　この点で、この法律による組合は、法人格を有しない任意組合や任意グループ（民法上の組合）と異なるのである。

　民法33条は、「法人は、この法律その他の法律の規定によらなければ、成立しない。」と規定するが、協同組合は、本法により法人格を付与されたものであり、したがって、その行為能力は、本法の制限に服すべきこととなる。すなわち、法人の権利能力を規定した民法34条は、組合に対しても類推適用され、「法人は、法令の規定に従い、定款その他の基本約款で定められた目的の範囲内において、権利を有し、義務を負う。」ものと解される。

　我が国の企業の形態は、大きく分けて公企業と私企業とに分けることができる。私企業については、さらに、個人企業と共同企業とに分けることができる。共同企業には、法人格を持つ法人企業と法人格を持たない非法人企業（商法上の匿名組合、民法上の組合（民法の組合契約による組織形態）、有限責任事業組合（LLP＝Limited Liability Partnership）、権利能力なき社団など）がある。法人企業には、営利法人としての会社（株式会社（特例有限会社を含む。）、合同会社（LLC＝Limited Liability Company）、合名会社、合資会社）があり、他に一般社団法人、一般財団法人、公益社団法人（公益認定を受けた一般社団法人）、公益財団法人（公益認定を受けた一般財団法人）及び特定非営利活動法人（NPO法人（＝Nonprofit Organization））がある。

　組合は公共の利益を直接の目的とするものではない。また、組合は、自己の名前と自己の計算において、購買、販売、保管、運送、加工、金融などの営利会社と同様の事業をなすことが許され、これによって実質的に組合員の利益を図ることを目標としており、その外部的活動においては、営利会社とほとんど異ならない点で、営利法人的性格を有する。その反面、組合は、会社のように組合自体に多額の利潤を収め、組合員に配当を行うことを直接の目的とせず、組合員の相互扶助を精神とし、共同事業によって経済的に弱い立場に立たざるを得ない中小規模

9

第2章 中小企業等協同組合

の事業者に公正な経済活動の機会を確保し、その経済的地位の向上を図るという点で非営利法人的性質を持つ。組合は、講学上の中間法人と位置づけられている。

2 住所（2項）

組合の住所は、主たる事務所の所在地にあるものとされており、登記事項（法84条2項四号）及び定款の絶対的記載事項（法33条1項四号）となっている。

自然人の住所の判定については種々の説があるが、法人の住所は、主たる事務所の所在地として登記された場所にあり、その主たる事務所が組合の活動の実質的本拠であると否とを問わない。また、主たる事務所を組合の地区外に置くことも可能であると解されるが、組合が地縁団体的性格を有するものである以上、特殊な事情がある場合のほか、地区の定めのあるものについては地区内に置くべきであろう。

（基準及び原則）

第5条 組合は、この法律に別段の定めがある場合のほか、次の各号に掲げる要件を備えなければならない。

一 組合員又は会員（以下「組合員」と総称する。）の相互扶助を目的とすること。

二 組合員が任意に加入し、又は脱退することができること。

三 組合員の議決権及び選挙権は、出資口数にかかわらず、平等であること。

四 組合の剰余金の配当は、主として組合事業の利用分量に応じてするものとし、出資額に応じて配当をするときは、その限度が定められていること。

2 組合は、その行う事業によつてその組合員に直接の奉仕をすることを目的とし、特定の組合員の利益のみを目的としてその事業を行つてはならない。

3 組合は、特定の政党のために利用してはならない。

> 本条…一部改正・旧4条…繰下〔昭和30年8月法律121号〕、1項…一部改正〔平成17年7月法律87号〕
>
> **参照** 一項の「この法律に別段の定め」＝〈本法〉14条・15条・19条・52条3項・59条3項

10

第5条（基準及び原則）

　本条は、この法律に基づいて設立される組合が備えていなければならない基準と運営上守るべき原則とを規定している。組合は、相互扶助の精神に基づく中小企業者等の共同経営体であると定めた法１条（法律の目的）の思想を組合の基準及び原則として具体化したものであり、法の目的を達成するための組合の活動はこの基準及び原則に則ったものでなければならない。また、１項に規定されている４つの基準は、組合が、独占禁止法の適用除外団体としての取扱いを受ける要件でもある重要な事項である。

１　基準（１項）

(1)　相互扶助目的（一号）

　　組合は、組合を構成する中小企業者等の相互扶助を目的とするものでなければならない。このことは、組合に一貫した思想であって、他の基準及び原則もすべてここから発するものであるといい得る。

　　資本主義社会においては、事業者は、激しい自由競争の場に立って、自己の経営の安定と利潤の追求に努力しなければならない。このことは、組合を構成する中小企業者等の相互間においても同様である。むしろ相互扶助とは逆行する傾向にある中小企業者等が一つの組織を結成し、協調して経営の合理化を達成するためには、より大きな目的と、その手段としての有利な共同事業がなければならない。

(2)　加入脱退の自由（二号）

　　組合は、相互扶助の精神を基調とする組織であるから、組合への加入及び組合からの脱退は任意でなければならない（法14条、法18条）。しかしながら、組合への加入は組合契約の締結であり、組合からの脱退はその契約の解除であるから、これに伴う権利の行使及び義務の負担は当然に求められるものである。この点を無視しては相互扶助目的は確保されない。

(3)　議決権、選挙権の平等（三号）

　　組合は人的結合体であり、組合員は出資を必ず１口以上持たなければならないが（法10条）、これは共同経営体としての組合を運営する上で必要な一つの手段であって、経営参加権の取得あるいは出資金に対する配当の受領を目的とするものではない。したがって、出資口数の多寡にかかわらず議決権及び選挙権は、全て平等に１個を与えられており（法11条）、この点は、物的結合体である株式会社等と本質的に異なっている。

11

第2章　中小企業等協同組合

(4)　剰余金配当の基準（四号）

　　組合の事業は、組合員の事業経営の合理化を目的とするもので、会社等営利法人が営利を目的として行うのとは大いに異なっている。組合の事業は、組合員を直接の対象としており、組合の剰余金は、組合員から徴収した手数料等が多額であったことが原因となっている。組合が非営利法人である以上、このような性格の剰余金は、本来組合員に属すべきであるので、主として組合事業の利用分量に応じて配当すべきものとされている。しかしながら、組合も一個の事業体として出資金を保有し、これを財産的基礎として運営を行っている以上、これが事業運営に果たす役割を否定することはできない。ここに出資配当を認めるべき観念が生じるが、剰余金の性格から、出資配当は従とされ、かつ、株式会社等のように無制限に認められるものではなく、本法で定める限度内（法59条：年1割以内。企業組合については年2割以内）において定款で定めなければならない。

　　ここに「組合の剰余金の配当は、主として組合事業の利用分量に応じてするものとし、……」とあるのは、利用分量配当をまず行い、しかる後に出資配当をしなければならないという趣旨ではなく、剰余金の配当の方法ないし基準が利用分量配当に重点を置かなければならないということである。

2　原則（2項、3項）

(1)　直接奉仕の原則（2項前段）

　　組合員に対する奉仕は、組合の共同事業を通じて行うものである。組合の行い得る事業範囲は、法律によって定められており、それ以外の事業によって組合員に利益を与えることは組合の目的ではなく、また、違法行為となる。組合は、法律上許された事業を通じてのみ組合員に奉仕するものである。しかしこのことは、組合が組合員の親睦融和を図ることについてまでしてはならないというのではない。それらは付随的な行為であって、組合はあくまでも経済事業又は組合員に対する教育事業等を行うことを本体とし、それによって組合員に奉仕をし、利益を与えることを目的としなければならない。

　　組合員に対する奉仕は、直接的でなければならない（直接奉仕の原則）。直接に奉仕するというのは、営利を目的として、利益を上げ、これを配分するという間接の奉仕によらないという意味である。組合の事業は対外的に第三者に対しては、会社と同じ事業活動をするものであるが、それは組合

第5条（基準及び原則）

自体が利潤を上げるためではなく、組合員の事業経営を合理化するためのものである。また、組合員に直接奉仕することは原価主義によらなければならないということではない。組合は、原則として市価主義を採用すべきであり、市価主義による結果、組合に剰余金を生じた場合には、これを組合員に配当することができる。この配当は、会社の利益分配とその性質を異にすることは既に述べた（剰余金配当の基準（1項四号））。

組合は、配当自体が目的ではなく、また出資配当には一定の制限が置かれ、その他は事業の利用分量（又は従事分量）に応じてしなければならない。それは結局、組合員に対する直接奉仕の現れである。要するに、組合は、利益を上げて出資に応じてこれを組合員に分配することを目的とするものではなく、組合の事業を通じて、組合員の事業経営を有利に展開し、その自主的な経営活動を促進し、その経済的地位の向上を図るために直接奉仕することを目的とするものでなければならない。

(2) **公平奉仕の原則（2項後段）**

組合事業は、特定の組合員の利益のみを目的としてはならない（いわゆる公平奉仕の原則）。

組合が組合員に奉仕するとしても、一部特定の組合員の利益だけを目的としてその事業を行うことは、原則に反する。

(3) **政治的中立の原則（3項）**

組合は経済団体であって、政治団体ではない。政治に関与し、これに進出することは組合の目的とするところではない。この基本的性格を逸脱して組合が政治団体化し、特定の政党の党利党略に利用されることは、組合の本来の目的からして当然禁止されるべきであり、本項は、そのことを示したいわゆる訓示的規定（このような考え方のもとに行動すべきことを宣言した規定であり、罰則等の不利益な法律行為には結びつかない。）である。したがって、組合の名において特定の公職選挙の候補者（組合の役職員が候補者である場合を含む。）を推薦したり、総会等において特定の候補者の推薦や特定政党の支持を議決することなどは許されない。

なお、本規定は、組合外部勢力から、あるいは、組合内部の少数者によって組合が政治目的のために利用されることを防止する趣旨であり、組合の健全な発展を図るための国会等への建議等の政治的運動はこれに抵触するものではない。

13

第2章　中小企業等協同組合

（名称）

第6条　組合は、その名称中に、次の文字を用いなければならない。

　　一　事業協同組合にあつては、協同組合（第9条の2第7項に規定する特定共済組合に該当するものにあつては、共済協同組合）

　　一の二　事業協同小組合にあつては、協同小組合（第9条の2第7項に規定する特定共済組合に該当するものにあつては、共済協同小組合）

　　二　信用協同組合にあつては、信用協同組合又は信用組合

　　三　協同組合連合会にあつては、その種類に従い、協同組合、協同小組合又は信用協同組合のうちのいずれかを冠する連合会（第9条の9第4項に規定する特定共済組合連合会に該当するものにあつてはその種類に従い共済協同組合又は共済協同小組合のうちのいずれかを冠する連合会、同条第1項第三号の事業を行う協同組合連合会に該当するものにあつては共済協同組合連合会）

　　四　企業組合にあつては、企業組合

2　この法律によつて設立された組合又は他の特別の法律によつて設立された協同組合若しくはその連合会以外の者は、その名称中に、事業協同組合、事業協同小組合、信用協同組合、協同組合連合会又は企業組合であることを示す文字を用いてはならない。

3　組合の名称については、会社法（平成17年法律第86号）第8条（会社と誤認させる名称等の使用の禁止）の規定を準用する。

　　　　2・3項…一部改正〔昭和26年4月法律138号〕、旧5条…繰下〔昭和30年8月法律121号〕、1・2項…一部改正〔昭和32年11月法律186号〕、3項…一部改正〔平成17年7月法律87号〕、1項…一部改正〔平成18年6月法律75号〕、1・2項…一部改正〔平成24年9月法律85号〕

　　　参照　2項の「特別の法律」＝〈農業協同組合法〉、〈水産業協同組合法〉、〈消費生活協同組合法〉

　　　罰則　3項関係＝〈本法〉115条の2第一号

【「会社法」準用条文】

〔組合〔会社〕と誤認させる名称等の使用の禁止〕

第8条　何人も、不正の目的をもって、他の組合〔会社〕であると誤認されるおそれのある名称又は商号を使用してはならない。

2　前項の規定に違反する名称又は商号の使用によって営業上の利益を侵害され、又は侵害されるおそれがある組合〔会社〕は、その営業上の利益を侵害する者又

第6条（名称）

> は侵害するおそれがある者に対し、その侵害の停止又は予防を請求することができる。

　この法律に基づいて設立される組合は、必ず一定の文字を用いなければならず、この法律に定めのない他の団体は、この法律に基づく組合の文字を使用することは許されていない。

1　文字の使用強制（1項）

　この法律に基づいて設立される組合は、他の団体との混同を避け、取引の安全を保護するため、組合の名称中に、それぞれの一定の文字を用いなければならない。これらの文字は、名称の冒頭に置いても末尾に置いてもよいが、分解して間に任意の文字を挿入することはできないものと解されている。したがって、組合の名称中には、事業協同組合にあっては協同組合、事業協同小組合にあっては協同小組合、信用協同組合にあっては信用協同組合又は信用組合、協同組合連合会にあっては、連合会の行う事業の種類に従い、協同組合連合会、共同小組合連合会又は信用協同組合連合会（特定共済組合連合会（法9条の9第4項）に該当するものにあってはその種類に従い、共済協同組合連合会又は共済協同小組合連合会、会員が火災共済事業を行うことによって負う責任共済の再共済の事業（法9条の9第1項三号）を行う協同組合連合会に該当するものにあっては共済協同組合連合会）、企業組合にあっては企業組合という文字を用いなければならない。

2　組合類似の文字の使用禁止（2項）

　組合の利益及び取引の安全を図るため、前述した種類の組合以外の法人、団体等については、その名称中にこの法律に基づく組合であることを示す文字を使用することが禁止されている。「組合であることを示す」とは、一般的常識的にみて組合と誤認させるような紛らわしいものという意味であって1項各号に掲げる文字の使用を一切禁止しているわけではない。したがって、組合でないことを明らかに示しているような文字（例えば、協会、連盟、協議会等）を付している場合は、本項に抵触しないものと考える。

3　他の組合と誤認させる名称の使用禁止（3項）

　組合の名称については、会社法8条の規定が準用され、不正の目的をもって、

第2章　中小企業等協同組合

他の組合であると誤認されるおそれのある名称を使用してはならず、その使用に
よって事業上の利益が侵害され又は侵害されるおそれがある組合は、侵害する者
又は侵害しようとする者に対し、その侵害の停止又は予防を請求することができる。
　既に他人が登記した名称と同一であり、かつ、その主たる事務所の所在場所が
その他人の名称の登記に係る主たる事務所の所在場所と同一であるときは、その
名称の登記をすることができない（法103条において準用する商業登記法27条）。

（私的独占の禁止及び公正取引の確保に関する法律との関係）

第7条　次の組合は、私的独占の禁止及び公正取引の確保に関する法律（昭
　和22年法律第54号。以下「私的独占禁止法」という。）の適用については、
　同法第22条第一号の要件を備える組合とみなす。
　一　事業協同組合又は信用協同組合であつて、その組合員たる事業者が次
　　のいずれかに掲げる者であるもの
　　イ　資本金の額又は出資の総額が3億円（小売業又はサービス業を主た
　　　る事業とする事業者については5,000万円、卸売業を主たる事業とす
　　　る事業者については1億円）を超えない法人たる事業者
　　ロ　常時使用する従業員の数が300人（小売業を主たる事業とする事業
　　　者については50人、卸売業又はサービス業を主たる事業とする事業者
　　　については100人）を超えない事業者
　二　事業協同小組合
　三　前2号に掲げる組合をもつて組織する協同組合連合会
2　事業協同組合又は信用協同組合であつて、前項第一号イ又はロに掲げる
　者以外の事業者を組合員に含むものがあるときは、その組合が私的独占禁
　止法第22条第一号の要件を備える組合に該当するかどうかの判断は、公
　正取引委員会の権限に属する。
3　前項に掲げる組合は、第1項第一号イ又はロに掲げる者以外の事業者が
　組合に加入した日又は事業者たる組合員が同号イ又はロに掲げる者でなく
　なつた日から30日以内に、その旨を公正取引委員会に届け出なければなら
　ない。

　　　1項…一部改正〔昭和27年4月法律100号〕、旧6条…繰下〔昭和30年8月法律121号〕、1
　　　項…一部改正〔昭和32年11月法律186号〕、1-3項…一部改正〔昭和38年7月法律155号〕、
　　　1項…一部改正〔昭和48年10月法律115号・平成11年12月146号〕、1・2項…一部改正〔平

16

第7条（私的独占の禁止及び公正取引の確保に関する法律との関係）

成12年5月法律76号〕、1項…一部改正〔平成17年7月法律87号・24年9月85号〕

委任 3項の「届け出」＝〈中小企業等協同組合法第7条第3項の規定による届出に関する規則〉

罰則 3項関係＝〈本法〉113条

【「私的独占の禁止及び公正取引の確保に関する法律」参照条文】

第22条 この法律の規定は、次の各号に掲げる要件を備え、かつ、法律の規定に基づいて設立された組合（組合の連合会を含む。）の行為には、これを適用しない。ただし、不公正な取引方法を用いる場合又は一定の取引分野における競争を実質的に制限することにより不当に対価を引き上げることとなる場合は、この限りでない。

　一　小規模の事業者又は消費者の相互扶助を目的とすること。

　本条は、組合が独占禁止法の適用を除外されるにあたって備えていなければならない要件のうち最も重要であり、また、本法の目的にも明示されている小規模の事業者の協同組合であるか否かの基準について定めた規定である。

　独占禁止法は、小規模の事業者の相互扶助を目的とする組合であって、一定の要件を備え、かつ、法律の規定に基づいて設立されたものに対しては、その適用を原則として除外している。これは、小規模の事業者が、大企業者と相対して自由競争を行うためには、組織による力の結集が是非とも必要であって、本法に基づく組合の目的もまた中小企業者等の公正な経済活動の機会を確保する点にあるからである。しかしながら、組合であれば一律に、また全面的に独占禁止法の適用を除外されるわけではなく、組合が独占禁止法22条各号に掲げる要件を備えるものでなければならないことを要求している。また、独占禁止法22条に適合する組合（以下「適格組合」という。）であっても、不公正な取引方法を用いる場合又は一定の取引分野における競争を実質的に制限することにより不当に対価を引き上げることとなる場合には、独占禁止法の適用が除外されない。

1　適格組合となるための組合員の規模の基準（1項）

　事業協同組合及び信用協同組合が適格組合となるためには、その組合員たる事業者が、次のいずれかに掲げるものであることが必要である（一号）。

(1)　資本金の額又は出資の総額が3億円（小売業又はサービス業を主たる事業とする事業者については5,000万円、卸売業を主たる事業とする事業者につ

17

第2章　中小企業等協同組合

いては1億円）を超えない法人たる事業者

(2)　常時使用する従業員の数が300人（小売業を主たる事業とする事業者については50人、卸売業又はサービス業を主たる事業とする事業者については100人）を超えない事業者（「常時使用する従業員」とは、事業主又は法人と雇用関係にある者であって、常用雇用契約を結んでいる者をいい、臨時の従業員は含まない。）

　これらの限度をともに超える事業者は、全て小規模の事業者でないと断定したものではなく、また、組合に加入することができないと解するものではない。さらにまた、かかる規模の事業者が加入した場合に全て不適格組合とみなされるものでもない。

　「組合員たる事業者」には、個人、法人の別を問わず含んでいる。特に法人については、会社に限らず一般社団法人、一般財団法人、本法又は他の法律に基づく協同組合及びその連合会等も組合員になることができるものと解されるが（法8条1項、3項、4項）、この場合における従業員とは、その法人に雇用される者であって、法人の構成員ではない。なお、企業組合が組合員として事業協同組合等に加入した場合の常時従業員の範囲には、役員以外の従事組合員が含まれるものと解する。

　資本金、出資金及び常時従業員数は、企業全体として計算される。したがって、2以上の営業所あるいは工場を有する事業者、2以上の業種に係る事業を経営する事業者等が組合に加入した場合には、単に組合員資格事業に係る部分又は組合の地区内にある営業所、工場のみにおいて計算するのではなく、その企業全体の資本金若しくは出資金又は常時従業員数をそれぞれ通算することになる。3億円（5,000万円、1億円）及び300人（50人、100人）の基準は、これによりその企業の競争力、市場支配力等を判断すべきものだからである。

　「小売業又はサービス業を主たる事業とする」とは、その事業者の実態が小売業、サービス業を中心とするか、他の業を中心とするかによるということであって、その事業者が加入している組合の組合員資格に係る業種が商業、サービス業であるか否かによるものではない。すなわち、商業と工業を兼営する事業者であって、商業を主とする者が工業協同組合に加入した場合においても、その者については5,000万円若しくは50人又は1億円若しくは100人の基準が適用される。なお、主たる事業の判定については、部門別の従業員数、投下資本、取引高、企業自体の意思その他の要素を総合的に勘案して行

18

第7条（私的独占の禁止及び公正取引の確保に関する法律との関係）

われるべきである。

　事業協同小組合は、法律上（法8条2項）、その加入資格者の規模が明確にされているので、常に適格組合である（二号）。

　協同組合連合会の場合は、一号により適格組合とされたものが会員となっている連合会は適格組合となる（三号）が、現実の運用として、公正取引委員会の認定により適格組合であるとされたもの、他の法律に基づく協同組合又は連合会であってその法律の規定により適格であるとされたものが会員となっている連合会は、適格であるとして取り扱うことが適当であると解されている。

2　公正取引委員会の認定（2項）

　小規模の事業者を一律の基準のみによってあらゆる業種について決めることは、必ずしも妥当ではない。この基準を超えていてもその業界においては、明らかに小規模の事業者であると認められるものも多い。したがって、この基準を現実に即して運用するために、組合について、組合員たる事業者で基準を超えるものが加入している場合の適格、不適格は具体的事案の認定によることとし、その権限は、公正取引委員会に委ねられている。

　なお、3項の届出の結果、公正取引委員会から不適格組合であると認定されるまでは適格組合と同様に、独占禁止法適用除外の取扱いを受ける。しかしながら、このことは、届出さえすれば大企業の加入も認められることを意味するものではなく、本法の目的から、組合員は実質的な小規模の事業者に限られることは当然であり、この判断は設立時は発起人が、設立後は理事会が判断すべきものである。

3　届出の義務（3項）

　公正取引委員会が、2項の認定を行うについて、認定すべきその事実を知るため、その認定の対象となる組合に対して届出義務が課せられている。すなわち、1項に掲げる者でなくなった場合は、その事実が発生した日から30日以内にその旨を公正取引委員会に届け出なければならない。

　この届出を怠った場合又は虚偽の届出をした場合には、その組合の理事は30万円以下の罰金に処せられる（法113条）。

19

第2章　中小企業等協同組合

（組合員の資格等）

第8条　事業協同組合の組合員たる資格を有する者は、組合の地区内において商業、工業、鉱業、運送業、サービス業その他の事業を行う前条第1項若しくは第2項に規定する小規模の事業者又は事業協同小組合で定款で定めるものとする。

2　前項の規定にかかわらず、第9条の9第3項に規定する火災等共済組合の組合員たる資格を有する者は、組合の地区内において商業、工業、鉱業、運送業、サービス業その他の事業を行う前条第1項若しくは第2項に規定する全ての小規模の事業者又は全ての事業協同小組合（その地区が全国にわたる火災等共済組合にあつては、これらの事業者又は事業協同小組合のうち、その定款で定める一の業種に属する事業を行うもの）とする。

3　事業協同小組合の組合員たる資格を有する者は、組合の地区内において主として自己の勤労によつて商業、工業、鉱業、運送業、サービス業その他の事業を行う事業者であつて、おおむね常時使用する従業員の数が5人（商業又はサービス業を主たる事業とする事業者については2人）を超えないもので定款で定めるものとする。

4　信用協同組合の組合員たる資格を有する者は、組合の地区内において商業、工業、鉱業、運送業、サービス業その他の事業を行う前条第1項若しくは第2項に規定する小規模の事業者、組合の地区内に住所若しくは居所を有する者又は組合の地区内において勤労に従事する者その他これらに準ずる者として内閣府令で定める者で定款で定めるものとする。

5　協同組合連合会の会員たる資格を有する者は、次に掲げる者であつて定款で定めるものとする。

一　連合会の地区の全部又は一部を地区とする組合（企業組合を除く。）

二　連合会の地区の全部又は一部を地区として他の法律に基づいて設立された協同組合

6　第9条の9第3項に規定する火災等共済組合連合会の会員たる資格を有する者は、前項第一号に掲げる者のうち、当該火災等共済組合連合会の定款で定める一の業種に属する事業を行う第2項に規定する小規模の事業者又は事業協同小組合をその組合員たる資格を有する者としてその定款に定める組合とする。

7　企業組合の組合員たる資格を有する者は、次に掲げる者であつて定款で

定めるものとする。

一　個人

二　次のいずれかに該当する者（前号に掲げる者を除く。）であつて政令
　で定めるもの

　　イ　当該企業組合に対し、その事業活動に必要な物資の供給若しくは役
　　　務の提供又は施設、設備若しくは技術の提供を行う者

　　ロ　当該企業組合からその事業に係る物資の供給若しくは役務の提供又
　　　は技術の提供を受ける者

　　ハ　イ又はロに掲げるもののほか、当該企業組合の事業の円滑化に寄与
　　　する者

三　投資事業有限責任組合契約に関する法律（平成10年法律第90号）第2
　条第2項に規定する投資事業有限責任組合であつて中小企業者（中小企
　業基本法（昭和38年法律第154号）第2条第1項各号に掲げるものをい
　う。）の自己資本の充実に寄与するものとして政令で定めるもの

　　　　2項…一部改正〔昭和27年4月法律100号〕、旧7条…繰下〔昭和30年8月法律121号〕、1
　　　項…一部改正・2・3項…追加・旧2－4項…2項ずつ繰下〔昭和32年11月法律186号〕、
　　　3項…一部改正〔平成11年12月法律160号〕、4項…一部改正〔平成13年11月法律117号〕、
　　　見出…削り・追加・2・5項…一部改正・6項…全部改正〔平成14年11月法律110号〕、6
　　　項…一部改正〔平成16年4月法律34号・6月97号〕、1・3・4項…一部改正〔平成18年
　　　6月法律75号〕、2・6項…追加・3項…削除・旧2・6項…1項ずつ繰下〔平成24年9
　　　月法律85号〕

　　委任　4項の「内閣府令」＝〈中小企業等協同組合法による信用協同組合及び信用協同組合
　　　　連合会の事業に関する内閣府令〉1条、7項二号の「政令」＝〈本法施行令〉1条1
　　　　項、7項三号の「政令」＝同1条2項

　　参照　5項二号の「他の法律」＝〈農業協同組合法〉、〈水産業協同組合法〉、〈消費生活協
　　　　同組合法〉等

【「中小企業等協同組合法による信用協同組合及び信用協同組合連合会の事業に関す
　る内閣府令」（平成5年3月3日大蔵省令第9号）参照条文】

（組合員の資格）

第1条　中小企業等協同組合法（以下「法」という。）第8条第4項に規定する内
　閣府令で定める者は、組合の地区内において商業、工業、鉱業、運送業、サービ
　ス業その他の事業を行う事業者の役員及び組合の役員とする。

第2章　中小企業等協同組合

【「投資事業有限責任組合契約に関する法律」(平成10年6月3日法律第90号) 参照条文】

（定義）

第2条

2　この法律において「投資事業有限責任組合」とは、次条第1項の投資事業有限
　責任組合契約によって成立する無限責任組合員及び有限責任組合員からなる組合
　をいう。

【「中小企業基本法」（昭和38年7月20日法律第154号）参照条文】

（中小企業者の範囲及び用語の定義）

第2条　この法律に基づいて講ずる国の施策の対象とする中小企業者は、おおむね
　次の各号に掲げるものとし、その範囲は、これらの施策が次条の基本理念の実現
　を図るため効率的に実施されるように施策ごとに定めるものとする。

　一　資本金の額又は出資の総額が3億円以下の会社並びに常時使用する従業員の
　　数が300人以下の会社及び個人であつて、製造業、建設業、運輸業その他の業
　　種（次号から第四号までに掲げる業種を除く。）に属する事業を主たる事業と
　　して営むもの

　二　資本金の額又は出資の総額が1億円以下の会社並びに常時使用する従業員の
　　数が100人以下の会社及び個人であつて、卸売業に属する事業を主たる事業と
　　して営むもの

　三　資本金の額又は出資の総額が5,000万円以下の会社並びに常時使用する従業
　　員の数が100人以下の会社及び個人であつて、サービス業に属する事業を主た
　　る事業として営むもの

　四　資本金の額又は出資の総額が5,000万円以下の会社並びに常時使用する従業
　　員の数が50人以下の会社及び個人であつて、小売業に属する事業を主たる事業
　　として営むもの

第8条の2　前条第7項第二号又は第三号の組合員（以下「特定組合員」と
　いう。）は、企業組合の総組合員の4分の1を超えてはならない。

　　本条…追加〔平成14年11月法律110号〕、一部改正〔平成24年9月法律85号〕

1　事業協同組合（法8条1項、2項）

　組合の組合員となることができる者の範囲を組合の種類ごとにそれぞれ定めた

第8条（組合員の資格等）

のが本条である。組合は、組合の目的、性格等に応じてその組合員資格を定款に定めることとなるが、資格の選択に当たって本条各号に定められた範囲を逸脱することはできない。

(1)　事業協同組合の組合員たる資格を有する者は、組合の地域内において、商業、工業、鉱業、運送業、サービス業その他の事業を行う小規模の事業者又は事業協同小組合で定款で定めたものである。

　　「事業者」とは、個人、法人を問わず、自己の名において「事業を行っている者」をいい、「者」とは、人格体を意味するものであることから、法人格を持たない任意の組織・団体・グループ等を組合員資格として定めることはできない。

(2)　組合員になれるのは、事業を行う者であるから、個人事業者の場合には、自然人たる個人事業主が組合員となるが、この場合、名義上事業主になっている個人事業主が組合員となるのであって、事実上経営に携わっている者が組合員となるのではない。

　　法人事業者の場合には、法人それ自体が組合員となるのであって、法人の代表者が組合員となるのではない。また、支店、支所、出張所、工場等がある場合、これらは独立の人格を有する事業主体ではないので、それらが単独で組合員となることはできず、これらを包含した法人が組合員となる。

　　また、「事業を行う……事業者」であって、「事業を営む者」あるいは「営業者」ではないから、その事業を継続反覆して行っている者であれば組合員となることができ、営利を目的とすることを要件としない。したがって、社会福祉法人、学校法人、医療法人等も必要に応じてその事業者たる地位に基づき組合に加入することができるものと解する。

(3)　事業協同組合をはじめ、本法に基づいて設立された他の組合及び他の法律に基づいて設立された協同組合（中小企業団体の組織に関する法律に基づいて設立された組合、農業協同組合、水産業協同組合、消費生活協同組合等）も一個の事業者であるから、事業協同組合の組合員たる資格を持つ。この場合、これらの組合自体が行っている事業を組合員資格として定めている事業協同組合に加入することができるのであって、その組合の組合員が行っている事業の種類により事業協同組合への加入資格があるというものではない。

　　例えば、食料品の製造を業とする者で組織し、運送事業を共同事業として行っている事業協同組合は、運送事業者として運送を業とする者を加入資格

23

とする事業協同組合に加入することができ、食料品の製造を業とする者を加入資格とする事業協同組合には加入できない。

(4)　事業協同小組合は、共同事業を行う事業者であり、事業協同組合に加入する資格を持つのはもちろんであるが、このほかに事業協同小組合の組合員の行う事業（例えば、食料品製造事業者）を加入資格とする零細事業者で組織した事業協同小組合が共同事業として運送事業を行っている場合には、運送事業者を加入資格としている事業協同組合に加入することができるほか、食料品製造事業者を加入資格とする事業協同組合にも加入することができる。

　　この事業協同小組合が、その組合員の行う事業の関係で事業協同組合に団体加入することができるという解釈については、法律上明文の規定があるわけではない。しかしながら、事業協同小組合が共同事業を行う関係から事業者として事業協同組合に加入できることは、他の協同組合の場合とまったく同様、当然のことであって、法が特に事業協同組合の加入資格者として事業協同小組合を規定したのは、他の目的がなくてはならない。この他の目的とは、個々の零細事業者は、事業協同組合に加入してその共同事業を利用することが困難なのが通例であるが、これを事業協同小組合により組織化したうえ事業協同組合に団体加入させることにより、間接に事業協同小組合の組合員に、事業協同組合の共同事業を利用させるということである。

(5)　事業協同組合又は事業協同小組合のみによって組織された事業協同組合と協同組合連合会との差異については、協同組合の場合には、その組合員たる事業協同組合又は事業協同小組合を一個の事業者として取り扱い、共同事業の直接の対象としているのであって、その事業協同組合又は事業協同小組合の組合員を対象とした共同事業を行うことはできない。しかしながら協同組合連合会の場合には、会員たる事業協同組合又は事業協同小組合はもちろん、その組合員をも直接対象として共同事業を行うことができるのであり、その性格は異なっている。

(6)　事業協同組合の組合員たる資格を持つものは、地区内において事業を行うものであるから、組合の地区内に組合員資格である事業を行うための拠点を有していることが必要である。したがって、例えば本店は地区外にあるが、支店又は工場が地区内にあり、かつ、そこで組合員資格に係る事業を行っている場合には加入資格があり、地区外にある本店で組合員資格に係る事業を行い、地区内にある支店又は工場では別の事業を行っている場合には加入資

格がないことになる。

なお、この設例のうち加入資格がある場合にあっては、支店又は工場は独立の人格を有する事業主体ではないから、事業主又は法人全体として、その名において加入しなければならない。

また、地区内において事実上の事業活動を行うが、事業の拠点を有しない場合、例えば富山県内において店舗を構え売薬商を営む者が、毎年熊本県に従業員を派遣し、その県内のみを巡回して薬の行商をさせているような場合に、熊本県の区域を地区とする売薬商の組合に加入資格があるか否かという問題であるが、これは、富山県の売薬商の営業の範囲が熊本県に及んでいるということであって、熊本県内に営業の拠点があるわけでないから、加入資格はないものと解する。

(7) 「その他の事業」とは、商業、工業、鉱業、運送業、サービス業以外のおよそ一切の事業を含めての事業である。したがって、農業、林産業、園芸業、水産業、医療業、介護業、著述業等であっても事業を行う者であれば事業協同組合を組織することができる。

(8) 「第7条〔前条〕第1項若しくは第2項に規定する小規模の事業者」とは、資本金又は出資金が3億円（5,000万円、1億円）以下、又は常時従業員数が300人（50人、100人）以下の事業者に限らず、これを超える場合でも、明らかに大企業ではないと考えられる事業者は、組合員となることができるという意味である。

「小規模の事業者」とは、大企業者と独立して対等に競争することが、企業規模からいって困難な事業者、すなわち、大企業者に対して従属的な地位にある事業者をいう。ところが、このような要件を具体的に判断するとなると、業種別、取引分野の実態が様々であることから、具体的な判断基準を定めることは困難である。法7条1項を目安としつつ、当該事業者の競争力、市場支配力、地域経済の実情等諸般の実態を検討した上で判断されるべきものと解する。なお、行政庁が組合設立の認可の際にある事業者を小規模の事業者であると認めた場合であっても、公正取引委員会は当該事業者を実質的に小規模の事業者でないと認めるときは、その事業者を組合から脱退させることができる（法107条）。

(9) 事業協同組合の組合員の範囲は「定款で定めるもの」とされているので、個々の組合においては、以上に述べた範囲内でその資格要件を具体的に定め

第2章　中小企業等協同組合

なければならない。具体的資格要件は、業種、取扱品の種類、常用雇用従業員数、資本金額、設備の規模、取引先の分野などの別によって定めることが一般的である。

　非経済的な条件、例えば信仰、出身地、国籍等を規定することは許されるかどうかという問題がある。これについては、法の解釈上直ちに違法であるとすることはできないし、また、組合は、人的結合であるから、現実には重要な意味を有する場合も少なくないと考えられる。しかしながら、一般論としては、事業者の組織であることを本質とする事業協同組合の性格にかんがみ、経済的な条件に限るのが妥当であろう。

　組合は、加入の自由が原則であるので、これに抵触する要件を定めることはできない。例えば、特定の個人の氏名又は法人の名称を羅列したり、将来その資格を取得することが不可能であるような資格要件を付することはできない。

⑽　火災等共済組合（法9条の9第3項）は、事業協同組合の一種であるが、特例が設けられており、組合員となりうるのは事業協同組合の地区内において商業、工業、鉱業、運送業、サービス業その他の事業を行う法7条1項若しくは2項に規定する全ての小規模の事業者又は全ての事業協同小組合（その地区が全国にわたる火災等共済組合にあっては、これらの事業者又は事業協同小組合のうち、その定款で定める一の業種に属する事業を行うもの）とされている（法8条2項）。

2　事業協同小組合（法8条3項）

　事業協同小組合の組合員たる資格を有する者は、事業協同組合の場合とほぼ同様であるが、異なる点は、第一に「主として自己の勤労によって」事業を行う事業者となっていることである。この「主として自己の勤労によって」とは、事業方針の決定、事業の執行を事業主自らが行っていることである。自然人以外のものは、主として自己の勤労により事業を行う者となり得ないから、事業協同小組合の組合員たることを得ないものと解する。第二に「おおむね常時使用する従業員の数が5人（商業又はサービス業を主たる事業とする事業者については2人）を超えないもので定款で定めるものとする。」となっていることである。ここで、「おおむね」とは「だいたい」という意味であるから若干その数を超えていても、零細企業の組織化という趣旨に合っているものであれば組合に加入させることは

第8条（組合員の資格等）

できる。

3 信用協同組合（法8条4項）

　信用協同組合の組合員たる資格を有する者は、事業協同組合の場合よりもさらに広く、組合の地区内において商業、工業、鉱業、運送業、サービス業その他の事業を行う小規模の事業者のほかに、組合の地区内に住所若しくは居所を有する者又は組合の地区内において勤労に従事する者その他これらに準ずる者として内閣府令で定める者で定款で定めるものとされている。したがって、職場単位の信用協同組合も設立することができる。

4 協同組合連合会（法8条5項）

　協同組合連合会の会員たる資格を有する者は、①連合会の地区の全部又は一部を地区とする協同組合及び同連合会、②連合会の地区の全部又は一部を地区として他の法律に基づいて設立された協同組合及び同連合会であって、いずれも定款で定める者である。

　「連合会の地区の全部又は一部を地区とする」とは、その連合会の地区とまったく同一であるか又はその区域内の一部のみを地区としているという意味であって、その連合会の地区の全部を含みより広い地域を地区とする組合、あるいは連合会の地区の一部と地区外の他の地域とを併せて地区とする組合は、会員となることはできない。例えば、東京都及び神奈川県を地区とする連合会に、関東各県の全部を地区とする組合や東京都及び埼玉県を地区とする組合が加入しようとしても、それは許されない。

　企業組合は、会社と同様にそれ自体が一個の企業体であることから、事業協同組合の組合員資格者ではあるが、連合会の会員としての資格は有しない。したがって、企業組合が連合会の事業を利用しようとするときは、その会員たる事業協同組合に加入しなければならない。

　「他の法律に基づいて設立された協同組合」とは、他の組合法制による組合であるが、中小規模の事業者等の相互扶助を目的としており、協同組合精神に基づいて設立された組合及び連合会を意味している。したがって、農業協同組合、漁業協同組合、消費生活協同組合等も会員資格はある。

　これに対し、中小企業団体の組織に関する法律に基づく協業組合、商工組合や、酒税の保全及び酒類業組合等に関する法律に基づく酒造組合、酒販組合等は、協

27

同組合と本質的に性格を異にしており、協同組合ではないから会員資格に含めることはできない。また、商店街振興組合については、中小規模の事業者のみが加入できることとはなっていないので、加入資格はないものと解される。

なお、本法における連合会制度の性格から解釈すると、水産業協同組合法に基づく漁業生産組合及び森林組合法に基づく生産森林組合の連合会加入が問題となる。すなわち、漁業生産組合及び生産森林組合は、本法における企業組合とほとんど同様の性格を有する組合であるので、前述のとおり、企業組合については連合会への直接加入を認めていない趣旨からすれば、これらの組合も同様に連合会への直接加入を認めるべきではないと解する。

5 火災等共済協同組合連合会（法8条6項）

火災等共済組合連合会（法9条の9第3項）の会員たる資格を有する者は、連合会の地区の全部又は一部を地区とする組合（企業組合を除く。）（法8条5項一号）のうち、当該火災等共済組合連合会の定款で定める一の業種に属する事業を行う法8条2項所定の小規模の事業者又は事業協同小組合をその組合員たる資格を有する者としてその定款に定める組合とされている。

6 企業組合（法8条7項、法8条の2）

企業組合の組合員たる資格を有する者は、定款で定める個人及び組合事業関連企業をはじめとする法人等である。個人とは自然人の意味である。企業組合の個人組合員は、原則として企業組合の事業に従事すべきであることから、組合員になったときは、自己の事業を廃止するかあるいは企業組合の事業に移すことになる。なお、個人であれば、事業者であっても勤労者であっても企業組合を組織することができる。また、企業組合には地区の観念がないが、組合員資格として一定の地域内に住所を有すべき旨を定めることは差し支えない。なお、地区を2都道府県として定めた場合の許可行政庁は原則として主たる事務所の所在する都道府県となる。

企業組合は、個人のみの集団であったことから、個人の主体性が確保される反面、①資本力、②信用力、③企業体としての経営能力、さらには、④設備能力や技術力をはじめとする企業体としての機動力が弱いのではないかとして、この弱点を補い、企業組合の機能を強化・活性化するため、組合員の資格要件の見直しが行われた。平成14年改正により、組合事業関連企業をはじめとする法人等を

「特定組合員」として認め、資本力の強化（出資口数の拡大）とともに、技術の移転、設備の提供など企業体としての機動力強化のためのパートナーを獲得する方途が拡大された。

　これにより、例えば、①介護福祉士等が高齢者・障害者介護ビジネスを行う企業組合を立ち上げ、介護施設・機器等の開発・製造を行う企業等と協同してユーザーの視点に立った製品開発を行いながら、最適な介護サービスを提供する事業を展開する場合に、当該介護機器メーカーも組合員となって、企業組合の経営を支援する、②元看護師や元小学校教員が企業組合を設立し、地元企業の一部屋を活用して託児所を開設し、当該企業も組合員に加入し、当該企業に勤める職員をはじめ、地元から通勤する者等に対しても開放する、③大学教授等が、企業の研究施設やデータベースを活用して、新技術開発に成功、特許化し、その後、企業組合として実用化の検討等を行った上で、大学発ベンチャーとして新商品開発に向け株式会社に組織変更する、など企業組合と法人等との連携の可能性を高めることとされた。

　特定組合員は、企業組合に対し、その事業活動に必要な物資の供給や役務の提供などを行う者や、企業組合からその事業に係る物資の供給若しくは役務の提供又は技術の提供を受ける者であって、企業組合の経営の発展に資する支援を行う者、すなわちサポーターとして組合基盤の強化や、組合の経営能力の向上にも資するものである。

　具体的には、①７項二号により、個人以外の者であって、企業組合への物資の供給や役務の提供、又は施設、設備や技術の供給によるインプットを行う者や、企業から物資の供給や役務の提供、又は技術の提供によるアウトプットを受ける者、その他組合事業と直接の関連を有し、その事業の円滑化に寄与する者、②同条同項三号により、投資目的をもって当該企業組合に出資を行う投資事業有限責任組合、を規定している。

　このうち、二号の組合事業関連法人等については、組合員としての最低１口の出資のほか、組合事業に一定のかかわり、例えば、財・サービスの供給、設備の提供等一定の関係を持つことを通じて、組合事業が円滑に進展することが期待される。三号の投資事業有限責任組合については、「投資事業有限責任組合契約に関する法律」に基づき、中小企業の自己資本の充実等を促進することを目的として立法化されたものであり、企業組合に対して自己資本の充実に資する事業を行うことが法律上確定していることから、企業組合の資本力に加え対外的な信用力

第2章　中小企業等協同組合

を高めることが期待されるものである。

　これら企業組合の経営の発展に資する支援を行う法人等は、企業組合の潜在能力を理解し、その能力を助長することを指向するものであり、企業組合の基盤の強化や企業組合の経営能力の向上（１人１票の議決権の行使を通じた経営方針への参画等を含む。）、企業組合制度の本質の維持、強化にも資するものと位置づけられる。

　しかしながら、企業組合制度は、個人事業者や仕事を始めようとする個人がそれぞれの資力と技能等を組合に投入して、一つの事業体として事業を行うことにより、その経営の強化・合理化を図るものであり、個人組合員が技能・経験・能力等を活かして自分の事業を行いながら、経営に関与できる制度であることから、引き続き個人による事業運営が担保される（特定組合員に支配されない）ことを確保する必要がある。

　このため、企業組合においては、その制度の本質から個人組合員自身が企業組合の事業に従事しながら経営を行っていくのに対して、特定組合員は、あくまでその事業の円滑化に寄与する関係、つまり、制度上、特定組合員は組合の事業に従事することができない上、組合の発起人や理事になれず（個人組合員が企業組合の運営の主導権を保持するため特定組合員を原始定款の作成に関与させない。特定組合員に組合の業務執行に関する意思決定に関与させないため、理事となることを許さない。また、業務執行権限・組合代表権限を有する代表理事となることを許さない。）、人数も総組合員数の４分の１を超えてはならない（法８条の２。特定組合員だけの票で組合の意思決定が行われないように、総会の定足数（２分の１）の２分の１以下とするため）、出資総口数の過半数は個人組合員たる従事組合員が保有しなければならない（例えば、脱退など、特定組合員の意向が組合の運営に過度の影響を及ぼすことがないようにするため）、などの制限を設けており、個人組合員の主導権が担保され、個人が経営に対する関与を維持しつつ、働く場を確保するという企業組合の本旨が守られている。

（事業利用分量配当の課税の特例）
第９条　組合が組合事業の利用分量に応じて配当した剰余金の額に相当する金額は、法人税法（昭和40年法律第34号）の定めるところにより、当該組合の同法に規定する各事業年度の所得の金額又は各連結事業年度の連結所得の金額の計算上、損金の額に算入する。

第9条（事業利用分量配当の課税の特例）

> 見出…全部改正・本条…一部改正〔昭和40年3月法律36号〕、本条…一部改正〔平成14年7月法律79号〕

　組合は、組合員より手数料を過徴したことが所得を生じる原因となる場合が多く、これを組合事業の利用分量に応じて組合員に配当する場合が多いので、これを組合事業の利用分量に応じて組合員に配当するのは、手数料の割戻しであって利潤の分配ではない。この意味で組合は所得の金額の計算に際し、配当した剰余金を損金算入することが認められている。

　なお、配当を受けた組合員は、その額を益金に算入しなければならない。

　これに対し、企業組合が剰余金を配当する場合に、組合員が組合の事業に従事した程度に応じてした配当（法59条3項）は、本条の特例の対象とならない。その剰余金は、企業組合の事業の性格上、事業協同組合等の場合と異なり、純粋の企業としての所得であって、従事分量配当といっても利潤の分配にほかならないからである。

第2章　中小企業等協同組合

第2節　事　業

（事業協同組合及び事業協同小組合）

第9条の2　事業協同組合及び事業協同小組合は、次の事業の全部又は一部を行うことができる。

一　生産、加工、販売、購買、保管、運送、検査その他組合員の事業に関する共同事業

二　組合員に対する事業資金の貸付け（手形の割引を含む。）及び組合員のためにするその借入れ

三　組合員の福利厚生に関する事業

四　組合員の事業に関する経営及び技術の改善向上又は組合事業に関する知識の普及を図るための教育及び情報の提供に関する事業

五　組合員の新たな事業の分野への進出の円滑化を図るための新商品若しくは新技術の研究開発又は需要の開拓に関する事業

六　組合員の経済的地位の改善のためにする団体協約の締結

七　前各号の事業に附帯する事業

2　事業協同組合及び事業協同小組合は、第9条の7の2第1項の認可を受けた場合を除き、前項第三号の規定により締結する共済契約であつて、火災により又は火災及び同条第1項の主務省令で定める偶然な事故の全部若しくは一部を一括して共済事故としこれらのもののいずれかにより財産に生ずることのある損害を埋めるためのものにおいては、共済契約者1人につきこれらの共済契約に係る共済金額の総額を主務省令で定める金額を超えるものと定めてはならない。

3　事業協同組合及び事業協同小組合は、組合員の利用に支障がない場合に限り、組合員以外の者にその事業を利用させることができる。ただし、1事業年度における組合員以外の者の事業の利用分量の総額は、その事業年度における組合員の利用分量の総額の100分の20を超えてはならない。

4　前項ただし書の規定にかかわらず、事業協同組合及び事業協同小組合は、次の各号に掲げる事業については、当該各号に定める期間に限り、1事業年度における組合員以外の者の事業の利用分量の総額の当該事業年度における組合員の利用分量の総額に対する割合が当該各号ごとに100分の100を

第9条の2（事業協同組合及び事業協同小組合）

超えない範囲内において政令で定める割合を超えない範囲内において、組合員以外の者に利用させることができる。

一　事業協同組合又は事業協同小組合の作成する計画に基づき工場又は事業場（以下「工場等」という。）を集団して設置する組合員の利用に供する当該事業協同組合又は事業協同小組合の事業をその工場等の設置に相当の期間を要する一部の組合員がその間に利用することが困難であるため、当該事業の運営に支障が生ずる場合における当該事業　当該計画に基づく工場等の設置が完了した日のうち最も早いものを含む事業年度終了の日から起算して３年を超えない範囲内において政令で定める期間

二　組合員が脱退したため、当該組合員の利用に係る事業協同組合又は事業協同小組合の事業の運営に支障が生ずる場合における当該事業　当該組合員が脱退した日を含む事業年度終了の日から起算して２年を超えない範囲内において政令で定める期間

5　第３項ただし書の規定は、事業協同組合及び事業協同小組合がその所有する施設のうち体育施設その他の施設で組合員の利用に供することのほか併せて一般公衆の利用に供することが適当であるものとして政令で定めるものに該当するものを一般公衆に利用させる場合には、適用しない。

6　事業協同組合及び事業協同小組合は、組合員のために、保険会社（保険業法（平成７年法律第105号）第２条第２項に規定する保険会社をいう。以下同じ。）その他これに準ずる者として主務省令で定めるものの業務の代理又は事務の代行（保険募集（同条第26項に規定する保険募集をいう。以下同じ。）及びこれに関連する事務として主務省令で定めるものに限る。）を行うことができる。

7　第１項第三号の規定により共済事業（組合員その他の共済契約者から共済掛金の支払を受け、共済事故の発生に関し、共済金を交付する事業であつて、共済金額その他の事項に照らして組合員その他の共済契約者の保護を確保することが必要なものとして主務省令で定めるものをいう。以下同じ。）を行う事業協同組合若しくは事業協同小組合であつてその組合員の総数が政令で定める基準を超えるもの又は組合員たる組合が共済事業を行うことによつて負う共済責任の再共済若しくは再共済責任の再再共済の事業を行う事業協同組合（以下「特定共済組合」という。）は、同項の規定にかかわらず、共済事業及びこれに附帯する事業並びに前項に規定する事

33

業のほか、他の事業を行うことができない。ただし、主務省令で定めるところにより、行政庁の承認を受けたときは、この限りでない。

8　行政庁は、前項ただし書の承認の申請があつたときは、当該申請に係る事業が当該特定共済組合の業務の健全かつ適正な運営を妨げるおそれがないと認める場合でなければ、これを承認してはならない。

9　共済事業及び第6項に規定する事業における事業協同組合についての第3項の規定の適用については、同項ただし書中「組合員」とあるのは「組合員並びに組合員と生計を一にする親族及び組合員たる組合を直接又は間接に構成する者であつて小規模の事業者であるもの」とし、事業協同小組合についての同項の規定の適用については、同項ただし書中「組合員」とあるのは「組合員及び組合員と生計を一にする親族」とする。

10　事業協同組合及び事業協同小組合は、定款で定める金融機関に対して組合員の負担する債務を保証し、又はその金融機関の委任を受けてその債権を取り立てることができる。

11　事業協同組合及び事業協同小組合は、前項の規定によるほか、定款の定めるところにより、組合員が金融機関以外の者に対して負担する当該組合員の事業に関する債務を保証することができる。

12　事業協同組合又は事業協同小組合の組合員と取引関係がある事業者（小規模の事業者を除く。）は、その取引条件について事業協同組合又は事業協同小組合の代表者（これらの組合が会員となつている協同組合連合会の代表者を含む。）が政令の定めるところにより団体協約を締結するため交渉をしたい旨を申し出たときは、誠意をもつてその交渉に応ずるものとする。

13　第1項第六号の団体協約は、あらかじめ総会の承認を得て、同号の団体協約であることを明記した書面をもつてすることによつて、その効力を生ずる。

14　第1項第六号の団体協約は、直接に組合員に対してその効力を生ずる。

15　組合員の締結する契約であつて、その内容が第1項第六号の団体協約に定める基準に違反するものについては、その基準に違反する契約の部分は、その基準によつて契約したものとみなす。

　　本条…追加〔昭和30年8月法律121号〕、見出・1項…一部改正・2・5項…追加・旧2・3項…一部改正し1項ずつ繰下・旧4－6項…2項ずつ繰下〔昭和32年11月法律186号〕、2項…一部改正〔昭和55年6月法律79号〕、4・5・7項…追加・旧4項…6項に繰下・

第9条の2（事業協同組合及び事業協同小組合）

> 旧5－8項…3項ずつ繰下〔昭和59年5月法律31号〕、1・9－11項…一部改正〔平成9年11月法律106号〕、2項…一部改正〔平成11年12月法律160号〕、3項…一部改正〔平成17年7月法律87号〕、1項…一部改正・6－9項…追加・旧6－11項…4項ずつ繰下〔平成18年6月法律75号〕、2項…一部改正〔平成24年9月法律85号〕
>
> **委任**　2項第二の「主務省令」＝〈本法施行規則〉2条、6項第一の「主務省令」＝同3条、6項第二の「主務省令」＝同4条、7項第一の「主務省令」＝同5条、7項第二の「主務省令」＝同6条、4項の「政令」＝〈本法施行令〉2条・3条、5項の「政令」＝同5条、7項の「政令」＝同6条、12項の「政令」＝同7条
>
> **罰則**　3項関係＝〈本法〉115条1項三号、7項関係＝〈本法〉114条の6第1項一号

　事業協同組合及び事業協同小組合は、小規模の事業者の共同経営体として相互扶助の精神に基づき、かつ、組合員に対する直接奉仕を原則としてその事業を行わなければならない。

　およそ法人は、その目的の範囲内においてのみ権利能力及び行為能力を有するものであり、組合の行為能力のうち事業として行い得る範囲を1項各号において定めている。組合の事業は、制限列挙主義であるから法に定めた事業の全部又は一部を行うことができる。しかし、これ以外の事業を行うことあるいは定められた事業の内容を逸脱して運営することは許されない。

　事業は、定款の絶対的な必要記載事項であり、また、登記事項でもあるので、その選択に当たっては、組合の設立趣旨、組合員の業種、業界の情勢、組合の規模（組合員数、資力等）その他諸般の事情を勘案して慎重に検討し、かつ、具体的に定めることが肝要である。

1　生産、加工、販売、購買、保管、運送、検査、その他組合員の事業に関する共同事業　（1項一号）

　生産、加工、販売、購買、保管、運送、検査、その他組合員の事業に関する共同事業（一号）は、組合の行う事業のうちで最も一般的、かつ、基本的なものであり、その実施によって、組合員たる小規模の事業者は部分的な事業の共同化を行い、コストの引下げ、品質の向上ないし規格の統一等経営の合理化を図ることができる。

　「共同事業」とは、共同事業用の物的施設すなわち機械設備、建物等を運営して行う事業活動はもちろん、物的施設を手段としない一般の経済行為を含む。したがって、組合員の事業に関するものである限り、共同購買、共同販売、共同受注、共同宣伝、共同研究開発、共同労務管理等を共同事業として行うことができ、

第2章　中小企業等協同組合

むしろ、これらの事業は、組合として積極的に行うべき事業であるといえる。

「組合員の事業に関する」共同事業が組合に対して許されているものであるから、組合は、組合員の事業と関係のない他の事業を行ったり、関係はあっても組合員の利用に供せず、第三者のみを相手方として組合員の事業活動に直接奉仕しないような方法で運営したりすることはできない。ただし、労働奉仕、祭事、寄付等は、組合が一つの社会的存在として当然行い得る行為であると考える。

組合は、組合員の事業に関する共同事業のみを行うとはいえ、一個の独立した事業主体たる地位を有するものであるから、第三者との取引関係においては、一般の会社等と異なるところはないし、組合員との取引関係においても、委託形式に限られることなく、買取形式、先約形式等いろいろな方法をとることができる。

また、これらの組合が行い得る事業として本法に規定されているからといって、本法中に特則がない限り、他の法令による制限又は取締りを免れるものではなく、その法令による措置に従わねばならない。例えば、共同運送事業を行う場合には、道路運送法に基づく許可等を受ける必要があるし、また、これらの組合が団体商標を制定して組合員の取扱商品に付させ、組合員以外の者の使用を排除しようとするときは、商標法に基づいてその商標の登録を受けなければならない。

2　組合員に対する事業資金の貸付け（手形の割引を含む）及び組合員のためにするその借入れ（1項二号）

(1)　事業資金の貸付け

組合が組合員に貸し付けることができる資金は、組合員の事業資金でなければならない。事業資金は設備資金だけでなく運転資金も含まれる。事業に直接関係のない生活資金の融通をすることはできない。また、組合員が他人に転貸する資金についても貸付けはできない。事業資金には、組合員の事業上の債務の弁済資金は含まれるものと解する。

貸付けの方法には制限がなく、有担保貸付け・無担保貸付け、長期貸付け・短期貸付け、証書貸付け・手形貸付け等いずれの方法で貸し付けてもよい。

なお、事業資金の貸付けには、特に手形の割引を含むとされている。手形は、約束手形でも為替手形でもよいが、組合員が所持する受取手形に限られ、組合員が振り出した支払手形を割り引くことはできない。なお、組合員が組合に対して約束手形を振り出し、弁済期までの金利的な手数料を天引して融資を受ける方法は、事業資金の手形貸付けであって、手形の割引ではない。

第9条の2（事業協同組合及び事業協同小組合）

(2) 組合員に貸し付けるべき資金の借入れ

　この事業は、組合員に対する事業資金の貸付事業と併せてのみ行うことができ、またそこに意味がある。借入先は主として金融機関、特に組合の場合には系統金融機関である商工中金が考えられるが、金融機関に限らず、組合員からその余裕金を借り入れてもよい。ただし、その際「出資の受入れ、預り金及び金利等の取締りに関する法律」の「預り金」に該当する態様でこれを行う場合は、同法に違反することとなる。

　なお、組合が、その行う共同事業のための資金を借り入れることは、資金の借入事業ではない。これは法人の目的の範囲内における行為能力に含まれるものと考えられるから、当然に可能である。

3　福利厚生事業（1項三号、2項）

　福利厚生事業は、組合員の福利厚生を図ることにより、その生活面の向上、互助融和を図ることを目的として行うものである。

　本事業には、慶弔金の給付、家庭用品の共同購入、健康・教養文化面の増進等の活動など種々のものが考えられる。

　共済事業も本号を根拠として実施されるものである。共済事業とは、組合員その他の共済契約者から共済掛金の支払を受け、共済事故の発生に関し、共済金を交付する事業であって、共済金額その他の事項に照らして組合員その他の共済契約者の保護を確保することが必要なものとして主務省令で定めるものをいうが、具体的には一の被共済者当たりの共済金額が10万円を超える共済契約の締結を行う事業である（7項、施行規則5条）。

　組合員からあらかじめ金銭（賦課金を含む。）を徴収し、何らかの事故が発生したときに組合員等の被共済者に対して10万円を超える金額を支払うこととしている場合には、事故の内容及び「慶弔金」「見舞金」という名称にかかわらず、共済事業に該当することとなる。したがって、事業名が共済事業ではなく、慶弔見舞金等の給付であっても、金額が10万円を超えて給付されるものである場合には共済事業に該当することとなる。

　事業協同組合及び事業協同小組合が福利厚生事業として共済事業を実施する場合において、火災により又は火災及び偶然な事故（破裂、爆発、落雷、建物の外部からの物体の落下、飛来、衝突又は倒壊、騒じょう若しくはこれに類似の集団行動又は労働争議に伴う暴力行為又は破壊行為、漏水、放水又はいっ水による水

37

第2章　中小企業等協同組合

ぬれ、盗難、風災、水災、雪災、ひょう災その他の天災、これらに準ずる事故として財産の滅失、き損又は汚損をもたらすもの）の全部若しくは一部を一括して共済事故とし、これらのもののいずれかにより財産に生ずることのある損害を埋めるための共済契約を締結するときは、共済契約者1人につきこれらの共済契約に係る共済金額の総額を30万円を超えるものと定めることはできないが、法9条の7の2第1項の認可を受けた場合は、この共済金額の総額の制限を受けない（2項、施行規則2条）。

4　教育・情報提供事業 （1項四号）

　この事業は、組合員の事業及びこれに関連する新たな事業分野への進出に係る事業の経営及び技術の改善向上又は組合事業に関する知識の普及を図るための教育及び情報の提供を行うものである。中小企業者等は、その経営に弾力性を有する点に長所を持つが、反面、経営管理面及び技術面においては、非能率、不合理な点が少なくない。これを改善向上させることは、中小企業の育成発展のため重要なことである。経営及び技術の改善向上を各組合員で図ることが困難である場合、これを組合の共同の力によって解決することができる。これには経営・技術指導の専門家による講習会、講演会等の開催、機関誌の発行あるいは調査研究機関を設置すること等による方法がある。

　また、組合員が組合事業を利用し、自己の事業の合理化、近代化を図っていくには、組合制度あるいは組合事業に関する正しい認識が必要であり、組合は組合員が認識不足とならないよう、常に組合事業に関する啓発に努めることが肝要である。

　以上のように、組合事業に占める教育・情報提供事業の地位は大きく、重要性が高い。

　この事業を行う組合は、次年度における教育・情報提供事業の費用に充てるため、毎事業年度の剰余金の20分の1以上を翌事業年度に繰り越さなければならない（法58条4項）。

　また、教育情報事業に充てるための賦課金であって、賦課の際に他の賦課金と区別して徴収しており、かつ、事業が翌事業年度に繰り越された場合には、法人税法上当該賦課金を仮受金経理することにより当該事業年度の益金に算入しないことができる（法人税基本通達14－2－9）。

第9条の2（事業協同組合及び事業協同小組合）

5　新分野進出支援事業（1項五号）

　本事業により、事業協同組合は、組合員の進出しようとする事業分野と資格事業の関連性にかかわらず、組合員の新事業分野進出を一般的に支援することが可能となり、事業協同組合が組合員の新分野進出を支援するに当たって、従来のような組合員の進出する事業分野に関する制約がなくなった（平成9年改正）。なお、組合が実施可能な組合員の新たな事業分野への進出を円滑化するためであり、その事業の範囲については、次のとおりである。

(1)　本号の「新商品」、「新技術」とは、「組合員にとっての新商品、新技術」を意味するものであり、必ずしも一般的にみて新規性を有するものである必要はない。また、「研究開発」とは、試験研究のみを意味するものではなく、その成果を商品化する等により、実際に企業が事業に利用できる状態にすることまでを含む概念である。「需要の開拓」とは、マーケティング、試験販売、広告宣伝等を幅広く含むものである。また、事業協同組合は、「新商品若しくは新技術の研究開発又は需要の開拓に関する」事業を行うことが可能であるので、「新商品若しくは新技術の研究開発又は需要の開拓」そのものでなくとも、例えば、組合員が研究開発を実施する際の研究施設の提供等を行うこともできる。

(2)　1項二号に基づき、事業協同組合は、従来から「組合員に対する事業資金の貸付け」を行うことができる。この場合、貸付けの対象となる組合員の「事業」については、事業協同組合の資格事業に限定されず、組合員が行うすべての事業を含む（当然、新分野進出事業も含む。）と解されている。したがって、「組合員の新たな事業分野への進出の円滑化を図るための資金の貸付け」は、五号の事業には含まれていないが、事業協同組合は、1項二号に基づき「組合員の新たな事業分野への進出の円滑化を図るための資金の貸付け」を行うことができると考える。

(3)　本事業についても、事業協同組合は、あくまで組合員のために行うことが必要である（法5条2項）。したがって、組合員以外の者に本事業を利用させる場合については、他の事業と同様、3項、4項及び法9条の2の3の規定の範囲内で行うことが必要である。

6　団体協約の締結（1項六号、12項〜15項、法9条の2の2）

　中小企業者は、社会的経済的に弱い立場に立たされており、取引に当たっては、

39

相手方との力関係から、その時その場において種々の不利な条件を付されることが多い。特に中小企業等が組合を組織し、歩調を揃えて事業活動を行おうとする場合において、これを乱されることは、組合の運営上著しく支障をきたす。したがって、法は組合が組合員の競争力を補強するための手段として団体協約の締結事業を認めている。この事業は、製造業者の組合が問屋に対する場合、小売業者の組合が卸売業者に対する場合、下請業者の組合が親企業に対する場合、特約店の組合が製造業者に対する場合等に活用され、その内容は、通常、代金の支払方法、取引価格、手形の期間等各種の取引条件に関するものである。

団体協約は、組合と相手方との間に締結される一種の契約であるが、これは本条1項六号の団体協約であることを明記した書面をもってしなければ効力を生じないし、組合は、この協約を締結する前に、その内容を総会に諮り承認を得ておかなければならない。

団体協約を締結すると、その効果は、当事者が組合であっても構成員たる組合員に対して直接に及ぶものとされている。したがって、以後、相手方と組合員との取引関係は、この協約によって定められた基準に従うべきことを強制され、もし基準に違反して契約したときは、その基準に違反する部分は排除され、当然に基準に従ってしたものとみなされる。

なお、小規模の事業者の組合である事業協同組合又は事業協同小組合が、この事業として行い得る団体協約の締結事業の根拠として、労働組合との間に労働協約を締結することができるかどうかという問題がある。この点については、事業協同組合又は事業協同小組合が、その組合員のためにする労働協約の締結の事業を行う旨を定款で定めた場合には、労働組合法6条に規定する使用者団体として、組合員から委任された範囲において労働組合と団体交渉を行い、その組合員のために労働協約を締結する権限を有するものと考える。したがって、この場合の労働協約の効力は、委任を行わない組合員には及ばない。

次に、事業協同組合又は事業協同小組合は、労働組合法7条二号の団体交渉に応ずる義務があるかどうかについては、消極に解されている。しかしながら、事業協同組合又は事業協同小組合が定款の規定に従い、組合員の委任に基づいて現実に応じた場合には、その委任をした組合員の応諾義務は、免責されるものと考える。

組合が、その組合員との間に取引関係のある事業者とその取引条件について団体協約を締結しようとするときは、通例、組合の側から団体協約を締結したい旨

第９条の２（事業協同組合及び事業協同小組合）

の申出がなされ、相手方との交渉が持たれる。この交渉を団体交渉というが、昭和32年の改正によって、組合に対して団体交渉権が認められた。団体交渉権が認められるためには、次の条件を備えていることが必要である。

① 団体交渉の相手方は、組合の組合員と取引関係にある事業者（小規模事業者を除く。）でなければならない。したがって、競争関係にある同業者等取引関係にない事業者は含まない。また相手方は、事業者であることを要するから、事業者でない一般消費者や公共団体は、この団体交渉の相手方にならない。また相手方は事業者であれば足りるから、営利を目的としない事業者もこの団体交渉の相手方となる。しかしながら、この事業者は、小規模事業者でないことが必要である。

② 団体交渉を行う者、すなわち交渉担当者は、組合の代表者でなければならない。団体交渉当事者は、団体交渉を申し出た組合と相手方であるが、本法は、団体交渉を申し出る組合の交渉担当者の範囲を限定したのである。代表者とは、代表権を持っている者を指すから、組合の代表理事又は代理権を持っている参事でなければ、この団体交渉の担当者になれない。しかしながら、団体交渉は、組合の代表者が行うよりも、その組合が会員として所属している協同組合連合会がある場合には、その協同組合連合会の代表者に当たらせたほうがより効果的な場合があるので、本法は、その組合が会員として所属している協同組合連合会の代表者にも団体交渉の担当者となる資格を認めている。

③ 団体交渉の内容は、組合の組合員との取引関係にある事業者（小規模の事業者を除く。）との間の取引条件について団体協約を締結するためのものでなければならない。なお、取引条件に係るものであっても、組合自体とその取引の相手方との契約は、協約の締結ではないから、その締結のための交渉が団体交渉でないことはいうまでもない。

④ 団体交渉の手続は、政令で定めるところによらなければならない。中小企業等協同組合法施行令では、団体交渉の申出は、その交渉をしようとする日の３日前までにその交渉をしようとする事項を記載した書面を送付して申し出なければならないこととし、また交渉担当者の数を５人以下としている（施行令７条）。

　このような諸条件を満たす団体交渉の申出があったときは、その相手方は、誠意をもって応じなければならない。本条12項においては、「誠意をもつて

第2章　中小企業等協同組合

その交渉に応ずるものとする。」と規定しているが、相手方は、組合の代表者等から申出があるときは、その内容を聞き、正当の理由がない限り団体協約の内容について協議を行わなければならない。

　団体交渉の当事者の双方又は一方は、その交渉ができないとき、又は団体協約の内容について協議が調わないときは、行政庁にあっせん又は調停を申請することができる（法9条の2の2、施行規則7条）。

7　保険募集（6項）

　事業協同組合又は事業協同小組合は、組合員のために保険会社、外国保険会社等（施行規則3条）の業務の代理又は事務の代行（保険募集）及びこれに関連する事務（保険募集の業務に関連する電子計算機に関する事務（電子計算機を使用することにより機能するシステムの設計・保守、プログラムの設計・作成・保守を行う業務を含む。）であって、事業協同組合、事業協同小組合が保険会社又は外国保険会社等の委託を受けて行うもの（施行規則4条））を行うことができる。

8　福利厚生事業として行われる共済事業（7項、8項）

(1)　共済事業の定義

　組合員の福利厚生に関する事業として行われる「共済事業」とは、組合員その他の共済契約者から共済掛金の支払を受け、共済事故の発生に関し、共済金を交付する事業であって、共済金額その他の事項に照らして組合員その他の共済契約者の保護を確保することが必要なものとして主務省令で定めるものをいい、これを受け、施行規則5条は、一の被共済者当たりの共済金額が10万円を超える共済契約の締結を行う事業としている。

(2)　特定共済組合における兼業禁止

　このような共済事業を行う事業協同組合、事業協同小組合であって、「その組合員の総数が政令で定める基準を超えるもの又は組合員たる組合が共済事業を行うことによつて負う共済責任の再共済若しくは再共済責任の再再共済の事業を行う事業協同組合」（これを「特定共済組合」という。）は、共済事業及びその附帯事業及び保険事業以外の他の事業を行うことができない（原則兼業禁止（本条7項））。なお、施行令6条は、組合員の総数の基準を、組合員の総数（組合を組合員に含む事業協同組合にあっては、当該事業協同組合の組合員の数に当該事業協同組合の構成組合（事業協同組合の組合員た

第9条の2（事業協同組合及び事業協同小組合）

る組合をいう。）の組合員の数を加えた数から当該事業協同組合の構成組合の数を減じた数とする。）が1,000人であることとしている。

　ただし、行政庁の承認を受けたときは他の事業を行うことができる。特定共済組合がこの承認を受けようとするときは、所定の様式による承認申請書に、①承認申請に係る事業の内容を記載した書面、②承認申請に係る事業に係る3事業年度の事業計画書、③承認申請に係る事業に係る3事業年度の収支予算書、及び④その他参考となるべき事項を記載した書類を添えて行政庁に提出しなければならない（施行規則6条）。

　その際、行政庁は、申請に係る事業が特定共済組合の業務の健全、かつ、適正な運営を妨げるおそれがないと認める場合でなければ承認してはならないこととされている（本条8項）。

9　組合員の範囲（9項）

　共済事業及び保険募集事業についての員外利用制限の規定の適用に当たっては、「組合員」とあるのは、事業協同組合にあっては「組合員並びに組合員と生計を一にする親族及び組合員たる組合を直接又は間接に構成する者であって小規模の事業者であるもの」、事業協同小組合にあっては「組合員及び組合員と生計を一にする親族」とされる。

10　債務保証事業（10項、11項）

(1)　金融機関に対する債務の保証及びその債権の取立て（10項）

　この事業は、組合が定款で定める金融機関に対して組合員の負担する債務を保証し、又は保証した金融機関の債権を金融機関の委任を受けて取り立てる事業である。しかしそれは「定款で定める金融機関」から組合員が受けた債務に限定され、また金融機関の委任を受けて組合員から取り立てることができる債権も、組合が保証したものに限定される。

　「定款で定める金融機関」であるから、原則的には、その金融機関の名称を記載しておくべきであるが、組合員の取引金融機関は数が多いので、ある程度包括的に規定することもやむを得まい。なお、金融機関と解されない金融会社等に対して保証することはできない。

(2)　組合員の事業に関する債務の保証（11項）

　この事業は、組合員が金融機関以外の者に対して負担する当該組合員の事

業に関する債務を保証する事業である。

　組合の行える債務保証事業は、従来定款で定める金融機関に対するものに限られていたが、近年、取引の安全性に対する顧客のニーズの高まり等を背景として、組合員と取引するに際して、その組合員が所属している組合の債務保証を求める声が強くなってきたため、中小企業者等が組織化することによって生み出される信用力を活用し、取引条件を改善するといったことは、組合制度本来の趣旨にかなうものとの考え方から昭和59年改正により債務保証事業の対象範囲が組合員の事業に関する債務一般にまで拡大された。「金融機関以外の者」とは、組合員が組合の資格事業に関して契約を結ぶ者一般をいい、また、「当該組合員の事業に関する債務」とは、組合員が資格事業に関して負う債務のことであり、組合員がたまたま兼営しているそれ以外の事業に関する債務や組合員の私生活に関する債務は除かれる。

　この債務保証事業は、「定款に定めるところにより」行う必要があるので、事業の実施に当たっては、必ず定款でその旨を規定しなければならない。このように定款の相対的必要記載事項としたのは、債務保証事業の組合運営に与える影響の大きさにかんがみ、その慎重な取扱いを手続面から確保するためである。定款には、単に「組合員の事業に関する債務の保証」というような抽象的な記載だけでは不十分であり、保証の対象となる債務の具体的内容、当該債務保証事業に関する規約を定めること及び保証引受限度額等を総会の議決事項とする旨の記載が必要である（事業協同組合定款参考例７条及び47条を参照）。また、これら定款の規定とともに、債務保証事業の内容及び実施に関する規約を定款上定めることとしているので、これを作成し、あらかじめ総会の議決を経ておくことが必要である。

11　附帯事業（１項七号）

　組合は、１項一号から六号に掲げる各種の事業に付随した事業を行うことができる。例えば、共同生産又は共同加工を行う組合が生産などに伴い発生した副産物を加工し、一つの製品として販売する場合、あるいは組合員が製造した機械等の共同販売を行う組合が、組合員の信用を維持する目的で機械を使用する者のために修理を行う場合等が考えられるが、組合の行う附帯事業であるから共同事業それ自体を行わない場合には本号に該当せず、一号に規定する「その他組合員の事業に関する」共同事業になる。

第9条の2（事業協同組合及び事業協同小組合）

12　組合員以外の者の利用（員外利用）（3項〜5項）

(1)　員外利用の本則（3項）

　　組合は、その組合員のために直接の奉仕を目的として共同事業を行う事業体であるから、その利用者は、本来組合員に限られるべきであり、また、組合員の利用量をあらかじめ計算して、維持管理が可能であるように共同事業を計画すべきである。

　　しかし、組合員の利用度は、年間を通じてみると必ずしも一定しているとは限らないから、共同施設が遊休する期間が生じることもある。このような場合に、組合員以外の者（員外者）に利用させ、また、共同購買した資材をたまたま員外者に販売したり、共同販売の数量をまとめるために員外者の物品を加える等の措置をとることが、むしろ組合の共同事業の合理的運営に役立つ場合もある。

　　そこで、法は形式的、論理的に制度の趣旨を貫こうとする場合に生じる現実との不合理を是正するために、二つの条件を付して員外利用を認めている。

　　条件の一つは、組合員の利用に支障がない場合に限ったことであり、二つ目は、員外者の利用量を当該事業年度における組合員の総利用分量の100分の20以内に限ったことである。

　　また、この員外利用者に許される100分の20の計算は、年間を通じて行うのが妥当であり、組合の事業が2以上ある場合には、それぞれの事業ごとに行わなければならず、全ての事業を通算して行ってはならないものと解されている。それは、一つの事業が員外者のためにのみ行われる結果になることを防止する趣旨だからである。また、計算の基準は、組合員と員外者の利用料、手数料等に格差をつけるのが通常であるので、取扱数量により、また共済事業は、共済掛金又は契約共済金額のいずれかによるのが妥当である。しかしながら、資金の貸付事業、商品券の発行事業等は金額を、保管事業については容積等を単位とするのが合理的である。

　　なお、事業協同組合及び事業協同小組合の行う事業については、全てこの制限の範囲内で員外利用が許されるが、団体協約の締結事業については、組合員とその取引の相手方とを拘束するものであるから、員外利用の対象にはなり得ないと解されている。

　　ここでいう員外利用の「利用」とは、組合の事業又は施設を自己の利便のために使用する行為であって、通常の取引の概念ではない。つまり、員外利

45

用は、員外者が組合員と同様の利用方法で組合事業又は施設を利用する場合に生じる概念である。員外者が組合事業に関与していても、組合員の利用と本来的に競合しない態様での関与であれば、員外利用の概念が生じないと考えられる。

例えば、組合が第三者から原材料を購入したり、第三者に製品を販売する行為は取引であって、ここにいう利用ではない。

また、商店街協同組合が、販売促進活動の一環として共同の駐車場を設けて、これを顧客が利用する場合は、組合員の売上向上を図るための誘引施設であり、いわば店舗の一部とも考えられるものであるから、員外利用の「利用」の概念に当たらないと考える。

また、組合が他の組合と共同して事業を行う場合については、当該共同事業が各組合の組合事業として適切な内容の共同事業であれば、各組合員にとって当該共同事業の利用は自己の組合事業を利用しているに過ぎず、員外利用の概念が生じないと考えられる。

(2) 員外利用制限の特例（4項、5項）

この100分の20の員外利用制限については、次の三つの特例（緩和措置）が設けられている（昭和59年改正）。

第一は、工場等の集団化の立ち上がり期に係る特例である。すなわち、事業協同組合等がその作成する計画に基づいて組合員の工場又は事業場を移転・集団化して工場団地・卸団地等を形成する場合、全組合員の団地等への移転が完了するまでには通常相当の期間を要するが、この立ち上がり期において、一部の組合員が移転を完了しないことにより組合事業を利用できないため、組合員による共同施設の利用率が低水準にとどまり、事業運営に支障が生じる場合には、組合事業の適正化を図るため、当該事業について、政令で定める特例適用期間に限り、政令で定める特例割合の範囲内において、員外利用が認められている。

「事業の運営に支障が生じる場合」とは、前述のようなやむを得ない理由により、共同施設を利用し得る組合員の数が適正な水準に達しないことに伴い組合の財政を圧迫し、利用料金等の値上げを行わなければならないような困難な事態をいう。

① 特例適用期間（施行令2条）

政令（施行令）では、「工場又は事業場の設置が完了した日のうち最

第9条の2（事業協同組合及び事業協同小組合）

も早いものを含む事業年度（以下「利用開始事業年度」という。）以後
の各事業年度のうちその終了の日が当該利用開始事業年度の開始の日以
後の三年間に含まれる事業年度の間」としているから、この特例が適用
される期間は、利用開始事業年度の開始の日以後3年間の各事業年度で
ある。したがって、利用開始事業年度、その翌事業年度及び翌々事業年
度の3事業年度が特例適用期間となる。

② 特例割合（施行令2条）

$$\frac{員外者の利用分量の総額}{組合員の利用分量の総額} = \frac{100}{100}（上限）$$

　したがって、特例適用期間内の各事業年度において、その事業年度の
組合員の利用分量の総額と同額の範囲内で員外利用が認められる。
　第二は、組合員が脱退した場合に係る特例である。すなわち、組合員が脱
退したため、代わりの組合員を確保するまでの間、共同施設の稼働率が著し
く低下し、組合事業の運営に支障が生じる場合には、組合事業の適正な運営
を図るため、当該事業について、政令で定める特例割合の範囲内において、
員外利用が認められている。

① 特例適用期間（施行令3条1項一号）

　政令（施行令）では、「組合員が脱退した日を含む事業年度（以下「脱
退事業年度」という。）以後の各事業年度のうち、その終了の日が当該
脱退事業年度の開始の日以後の2年間に含まれる各事業年度……により
構成される期間」に「属する各事業年度」としているから、この特例が
適用される期間は、脱退事業年度の開始の日以後の2年間に完全に含ま
れる各事業年度ということになる。したがって、脱退事業年度とその翌
事業年度の2事業年度が特例適用期間となるが、これは、法定脱退の場
合だけで、自由脱退の場合については、脱退者は事業年度末に脱退する
ことになるから、脱退事業年度は特例適用期間から除かれ、脱退事業年
度の翌事業年度だけが特例適用期間となる。

② 特例割合（施行令3条1項二号・3項及び4項）

　この特例については、組合員が脱退したことに起因して100分の20の
原則を超えることとなった分についてのみ員外利用制限の緩和を認める
との考えから、特例適用期間内の各事業年度においては、100分の100と

47

次の計算式から得られた割合のどちらか低い方の数値が適用される。

$$\frac{脱退事業年度の前事業年度の脱退組合員の利用分量}{脱退事業年度の前事業年度の非脱退組合員の利用分量} \times \frac{120}{100} + \frac{20}{100}$$

ただし、脱退後であっても、総事業量が増加している場合は、この特例は適用されない。

第三は、組合施設の地域住民等一般公衆への開放に係る特例である。すなわち、組合が所有する施設のうち、組合員の利用に供することのほか、併せて一般公衆の利用に供することが適当であるものとして政令（施行令5条）で定めた「体育施設」及び「教養文化施設」を地域住民等一般公衆に利用させる場合には、組合員の利用に支障がない場合に限り、無制限に利用させることができることとされた。これは、組合が地域社会の一員として積極的な役割を果たしていくべきであるとの要請に応えて緩和されたものである。

この特例の対象となる具体的施設としては、①それら施設を所有する組合の組合員の利用目的が主たる目的、従たる目的を問わず、少なくとも教養・文化・体育の向上に資するものとして設けられているものであること、②それら施設を利用する組合員以外の者は地域住民等一般公衆であってその利用目的がやはり教養・文化・体育の向上に資するものであること、という二つの要件を満たすか否かによって判断され、具体的には、当面、次のような施設とされている（「中小企業等協同組合法及び中小企業団体の組織に関する法律の一部を改正する法律の施行に伴う運用について」昭和59年9月27日59企庁第1451号中小企業庁指導部長）。

① 体 育 施 設 　体育館、運動場、野球場、テニスコート、バレーコート、プール等
② 教養文化施設 　集会場、談話室、娯楽室、図書室、研修室等

なお、地域住民等一般公衆に利用させる施設の利用・管理運営に関しては、「利用・管理運営規約」を作成し、①管理運営委員会等の設置、②施設の種類ごとの開放条件の明確化などによる組合員の優先利用の確保、③利用料を徴収する場合には、施設の維持管理に必要な経費を賄う範囲内にとどめるなど営利事業化の防止、④申込方法、利用条件の明確化等を記載しておくことが望まれる。

第９条の２の２（あつせん又は調停）

（あつせん又は調停）

第９条の２の２　前条第12項の交渉の当事者の双方又は一方は、当該交渉が
　できないとき又は団体協約の内容につき協議が調わないときは、行政庁に
　対し、そのあつせん又は調停を申請することができる。

2　行政庁は、前項の申請があつた場合において経済取引の公正を確保する
　ため必要があると認めるときは、すみやかにあつせん又は調停を行うもの
　とする。

3　行政庁は、前項の規定により調停を行う場合においては、調停案を作成
　してこれを関係当事者に示しその受諾を勧告するとともに、その調停案を
　理由を付して公表することができる。

4　行政庁は、前２項のあつせん又は調停については、中小企業政策審議会
　又は都道府県中小企業調停審議会に諮問しなければならない。

　　　本条…追加〔昭和32年11月法律186号〕、４項…一部改正〔昭和52年６月法律74号〕、１項
　　　…一部改正〔昭和59年５月法律31号〕、４項…一部改正〔平成11年12月法律160号〕、３項
　　　…一部改正〔平成17年７月法律87号〕、１項…一部改正〔平成18年６月法律75号〕

　あっせん又は調停は、法９条の２第12項の団体交渉の申出に対し、相手方が団
体交渉に応じないとき、その他何らかの事由で団体交渉ができないときか、又は
相手方が団体交渉に応じたが、団体協約の内容につき意見の一致をみない等の理
由で協議が調わないとき、その解決を図ることを目的としている。

1　あっせん又は調停の申請（1項）

　一般に、あっせんとは、ある人とその相手方との交渉が円滑に行われるよう第
三者が世話をすることをいい、調停とは、第三者が紛争当事者の間に立って両当
事者の主張の接近を図り紛争の解決に努力することをいう。

　したがって、本条でいうあっせん又は調停も何ら異なるところがない。あっせ
んの場合は、第三者としてあっせんに当たる行政庁は、あっせんという事実行為
を行うもので、特に必要があるとき、あっせん案を示すことができるのに対し、
調停の場合は、第三者として調停に当たる行政庁は、調停案を作成し、これを関
係当事者に示して、その受諾を勧告することができ、また、その理由を付して調
停案を公表することができる。

　あっせん又は調停の申請をすることができる者は、団体交渉の当事者の双方又

49

第2章　中小企業等協同組合

は一方である。当事者双方の連名で申請しても、別々に申請してもよいし、また、当事者の一方だけが申請してもよい。

　あっせん又は調停は、前条12項の団体交渉の申出があったが、相手方が団体交渉に応じないため、その他なんらかの事由で団体交渉ができないときか、又は相手方が団体交渉に応じたが、団体協約の内容につき意見の一致をみない等の理由で協議が調わないとき、その紛争の解決を図る目的のために申請するものである。したがって、団体協約の締結に関係のない事項に係る紛争については、本条にいうあっせん又は調停を申請することはできない。

　あっせん又は調停は、行政庁に対し行うものである。所管の行政庁がどこであるのかは、法111条に規定されている。

2　行政庁のあっせん又は調停（2項、3項）

　行政庁は、あっせん又は調停の申請を受けたときは、申請の内容を検討して、紛争の解決が経済取引の公正を確保するため必要があると認めるときは、速やかにあっせん又は調停を行わなければならない。

　紛争の解決が経済取引の公正を確保するため必要であるかどうかの認定は、行政庁が行うものであるが、その認定は、経済取引の実態に即して客観的に行わなければならない。

　取引の相手方が経済的地位の優勢であることを利用して不当に有利な取引条件で取引を行っているような場合には、この事態に該当するものと解する。また、あっせん又は調停を行う必要があると認めれば、速やかにこれを行わなければならない。

　行政庁は、調停を行う場合には、調停案を作成してこれを関係当事者に示して、その受諾を勧告することができ、また、その調停案に理由を付して公表することができる。調停案の公表の方法は、何らの制限がないので、公衆に周知させる方法であれば、いかなる方法でも差し支えない。

3　中小企業政策審議会及び都道府県中小企業調停審議会（4項）

　行政庁があっせん又は調停をしようとするときは、中小企業政策審議会又は都道府県中小企業調停審議会に諮問しなければならない。

第9条の2の3（組合員以外の者の事業の利用の特例）

（組合員以外の者の事業の利用の特例）

第9条の2の3　事業協同組合及び事業協同小組合は、その所有する施設を用いて行つている事業について、組合員の脱退その他のやむを得ない事由により組合員の利用が減少し、当該事業の運営に著しい支障が生ずる場合において、主務省令で定めるところにより、第9条の2第3項ただし書に規定する限度を超えて組合員以外の者に当該事業を利用させることが当該事業の運営の適正化を図るために必要かつ適切なものとして、期間を定めて行政庁の認可を受けたときは、同項ただし書の規定にかかわらず、一事業年度における組合員以外の者の事業の利用分量の総額の当該事業年度における組合員の利用分量の総額に対する割合が100分の200を超えない範囲内において、組合員以外の者に当該事業を利用させることができる。

2　行政庁は、前項の認可に係る事業について、第9条の2第3項ただし書に規定する限度を超えて組合員以外の者に当該事業を利用させることが当該事業の運営の適正化を図るために必要かつ適切なものでなくなつたと認めるときは、当該認可を取り消すことができる。

　　本条…追加〔平成9年11月法律106号〕、1項…一部改正〔平成11年12月法律160号〕
　　委任　1項の「主務省令」＝〈本法施行規則〉8条

　本条の規定により、組合は、一定の条件を満たした場合、その行う事業について、行政庁の認可を受けて、組合員の利用分量の100分の200まで員外利用をさせることが可能である（平成9年改正）。

　組合が施設を所有し、その施設を利用した事業を実施している場合、組合員の利用分量が減少すると施設の利用率が下がり、利用料の大幅な引上げを行わない限り、施設の維持が困難となる場合がある。維持費等の低減のために施設の一部の売却等を行うことは現実には相当困難であり、また、こうした組合にとっては、短期間に組合員の増加を図ることも困難である場合が多い。こうして、組合の事業の継続が不可能になると、その事業を現に利用している組合員の事業にも重大な影響が生じる可能性がある。

　このため、組合が施設を所有し、それを用いて行う事業については、上述したような状況が発生した場合、必要な期間、員外利用を拡大することが認められたものである。

　員外利用が認められるために満たすべき一定の条件としては、法律上、次の内

容が規定されている。

(1) **組合がその所有する施設を用いて行っている事業であること**

組合が所有する施設を用いて行っている事業に限られるが、必ずしも、その事業に関する施設のすべてを組合が所有している必要はない。組合が借地権を有する土地に組合所有の倉庫を設けて共同保管事業を行っている場合や、組合が賃借した建物に組合所有の機械を据え付けて共同利用事業を行っている場合等も員外利用の特例の対象となり得る。

事業協同組合が賃借した施設を用いて事業を行っている場合や、そもそも施設を実質的に用いないで事業を行っている場合については、仮に組合員の当該事業の利用が減少したとしても、事業協同組合は事業規模の調整を比較的容易に行うことができると考えられるため、原則として員外利用の特例は認められない。

(2) **組合員の脱退その他のやむを得ない事由により当該事業の組合員の利用が減少していること**

「その他のやむを得ない事由」には、組合員の脱退だけではなく、組合員の事業の形態の変化等、組合自身の責めに帰すべき事由でないものが広く含まれる。

あらかじめ特例の認可を得ることを前提として、事業協同組合が組合員の利用分量に比して過大な施設を設けたような場合は、当然ながら「やむを得ない事由」には該当しない。

(3) **当該事業の運営に著しい支障が生じていること**

「事業の運営に著しい支障が生ずる場合」とは、組合が行っている事業について、妥当と考えられる利用料を設定すると、その事業に用いている施設の維持・事業の継続に必要なだけの収入を得ることができない状況となっているという意味である。すなわち、施設の減価償却や借入金の償還計画等を勘案して、適切な収支計算を行った場合、組合員から徴収すべき利用料が高額なものとなり、かえって組合員の事業を圧迫してしまうような場合である。

また、組合が複数の事業を行っている場合に、ある事業について運営に著しい支障が生じているという事態が発生していれば、他の事業はうまくいっており、組合全体の経営に支障が生じていなくても、その支障が生じている事業については員外利用の特例の対象となり得る。

第９条の２の３（組合員以外の者の事業の利用の特例）

(4)　当該事業の運営の適正化を図るため、組合員以外の者に、組合員の利用分量の20％を超えて当該事業を利用させることが必要、かつ、適切であること

　　員外利用の特例は、将来的には、組合の事業が「適正に」運営されるようになることを前提としている。特例の認可を受けるためには、それが事業の運営の適正化のための方法として、必要、かつ、適切なものと認められる必要がある。

　　組合の事業の運営が「適正」である状態とは、①その事業の収支状況が適切であり、円滑に実施されること、②その事業の規模が組合員の利用分量とバランスが取れ、員外利用割合が100分の20を超えないこと、の二つの条件が満たされる状態を意味している。したがって、組合は、員外利用の特例の認可を受ける事業について、将来的には、その事業の規模と組合員の利用分量がつり合うような取組みを行うことが必要になる。

　　そのような取組みとしては、①新規組合員の加入促進を含め、その事業を利用する組合員を増加させる、②施設の過剰となっている部分の売却を行う、③代替施設への移行と過剰部分を生じた施設全体の売却を行う、④施設の過剰部分を活用した新たな組合員向けの事業を実施する、などの対応が考えられる。

　　組合は、員外利用の特例の認可を受けるに当たり、認可を受けようとする事業について、こうした取組みを内容とする運営の適正化のための計画を策定し、かつ、認可後その実現のために努めなければならない。また、行政庁が認可するに当たっても、計画の妥当性が勘案されることになる。

　　なお、上記の趣旨にかんがみれば、員外利用の特例の認可を受けた事業を利用する員外者についても、将来の事業協同組合への加入が見込めるよう組合員資格を有する者を優先することが望ましい。

　　「第９条の２第３項ただし書に規定する限度を超えて」とある点については、次の点に注意を要する。すなわち、事業協同組合は、員外利用の特例の認可を受けた事業については、組合員以外の者に対し、法９条の２第３項ただし書等の限度（組合員の利用分量の総額の100分の20）を超えて、組合員の利用分量の総額の100分の200を超えない範囲内で、当該事業を利用させることが可能となるが、その際、法９条の２第３項本文の「組合員の利用に支障がない場合に限り」という条件は引き続き適用される。したがって、事業協同組合が、その行う事業について員外利用の特例の認可を得て、組合員以

53

外の者の利用分量を拡大させる際にも、組合員の当該事業の利用に支障が生じることがないようにしなければならない。

　また、員外利用の特例の認可を得るためには、その事業の運営の適正化を図るための方法として、それが「必要かつ適切」であることが必要になる。具体的には、特例の認可の申請があった事業について、①組合員の利用が近い将来なくなってしまうことが予想される場合、②そもそも組合員以外の者を含めてニーズが極めて低くなっており、特例の認可を受けてもその事業の継続が困難と考えられる場合については、原則として「必要かつ適切」であるとは認められない。したがって、こうした事業について、員外利用の特例の認可を行うことは適当ではない。むしろ、こうした事業については、事業協同組合は、当該事業を利用している組合員に与える影響を最小限に抑えつつ、速やかに事業を廃止し、当該事業に用いていた施設の処分、あるいは当該施設を用いた新たな事業の実施を検討することが適当である。

　また、本制度が中小企業施策の一環であることを考慮すれば、事業協同組合が員外利用の特例の認可を受けてその事業を組合員以外の者に利用させる場合であっても、その利用者については中小企業を優先するよう配慮することが適当である。

(5) 当該事業の運営の適正化のために必要な期間に限られること

　員外利用の特例の認可の申請を行う場合、組合は、事業の運営の適正化のために員外利用の特例が必要な期間を定めなければならない。具体的な期間については、認可を受けようとする事業の運営状況、施設の規模等に応じ、ケースバイケースで判断することとなるが、組合の作成する「事業の運営の適正化を図るための計画」の内容に応じ、必要以上に長い期間にならないよう適切に定めることが必要である。

　なお、一旦認可を受けた事業について、当初定めた期間では運営の適正化を実現することが困難な場合は、当初定めた期間が経過する時点で、その事業が法に定める条件を満たしていれば、再認可を受けることができる。ただし、員外利用の特例の認可を受けた事業について、組合が運営の適正化のための取組みを適切に行っていることが必要である。

　事業協同組合が、その行う事業について員外利用の特例の認可を得ようとするとき、どのような手続を経ることが必要かについては、員外利用の特例を受けた後、事業を実施する態様をどのように変更するかによると考えられ

第9条の3（倉荷証券の発行）

る。まず、事業計画の変更が必要な場合は、当然総会の議決が必要である。一方、事業計画の変更を伴わない程度の変更しか行われないと見込まれるのであれば、事業協同組合の業務執行決定機関は理事会（法36条の5）であるため、理事会の決定があればよいと考えられる。むろん、事業協同組合が、定款又は規約において、その行う事業について本条1項の認可を受ける場合は総会の議決が必要な旨を定めることは可能である。こうした定めをおいた場合は、事業計画の変更を伴わないような場合であっても、当然ながら総会の議決が必要となる。

　また、員外利用の特例が、その事業の運営の適正化を図るために必要かつ適切なものでなくなった場合には、行政庁は認可を取り消すことができる。具体的なケースとしては、①組合が組合事業の運営の適正化のための取組みを適切に行わない場合、②組合員の増加により、員外利用の特例がなくとも事業の円滑な実施が可能となっている場合、③事業に用いている施設の建替え等を行うこととなり施設が過剰になっている状況を解消できる場合などが考えられる。

　なお、事業協同組合が、員外利用の特例の認可を得た事業について、当初認められた期間の経過を待たずに当該事業の運営の適正化を果たした場合、行政庁に申請することにより、特例の取消しを受けることもできる。

（倉荷証券の発行）

第9条の3　保管事業を行う事業協同組合は、国土交通大臣の許可を受けて、組合員の寄託物について倉荷証券を発行することができる。

2　前項の許可を受けた事業協同組合は、組合員たる寄託者の請求により、寄託物の倉荷証券を交付しなければならない。

3　第1項の倉荷証券については、商法（明治32年法律第48号）第627条第2項（預証券の規定の準用）及び第628条（倉荷証券による質入）の規定を準用する。

4　第1項の場合については、倉庫業法（昭和31年法律第121号）第8条第2項、第12条、第22条及び第27条（監督）の規定を準用する。この場合において、同法第12条中「第6条第1項第四号の基準」とあるのは、「国土交通省令で定める基準」と読み替えるものとする。

　　　本条…追加〔昭和30年8月法律121号〕、4項…全部改正〔昭和31年6月法律121号〕、見出…追加〔平成9年11月法律106号〕、1・4項…一部改正〔平成11年12月法律160号〕、4項…一部

55

第2章　中小企業等協同組合

改正〔平成13年6月法律42号〕、3項…一部改正〔平成17年7月法律87号〕

委任　4項で準用する倉庫業法12条の「国土交通省令」＝〈中小企業等協同組合法等による倉荷証券発行許可等に関する省令〉7条

罰則　4項関係＝〈本法〉114条・114条の4

【「商法」準用条文】

〔倉荷証券〕

第627条

②倉荷証券ニハ預証券ニ関スル規定ヲ準用ス

〔弁済期前の寄託物の一部の返還請求〕

第628条　倉荷証券ヲ以テ質権ノ目的ト為シタル場合ニ於テ質権者ノ承諾アルトキハ寄託者ハ債権ノ弁済期前ト雖モ寄託物ノ一部ノ返還ヲ請求スルコトヲ得此場合ニ於テ倉庫営業者ハ返還シタル寄託物ノ種類、品質及ヒ数量ヲ倉荷証券ニ記載シ且其旨ヲ帳簿ニ記載スルコトヲ要ス

【「倉庫業法」準用条文】

（倉庫寄託約款）

第8条

2　国土交通大臣は、前項の倉庫寄託約款が寄託者又は倉庫証券の所持人の正当な利益を害するおそれがあると認めるときは、当該倉庫業者に対し、期限を定めてその倉庫寄託約款を変更すべきことを命ずることができる。

（倉庫の施設及び設備）

第12条　倉庫業者は、営業に使用する倉庫をその施設及び設備が国土交通省令で定める基準〔第6条第1項第四号の基準〕に適合するように維持しなければならない。

2　国土交通大臣は、営業に使用する倉庫の施設又は設備が国土交通省令で定める基準〔第6条第1項第四号の基準〕に適合していないと認めるときは、当該倉庫業者に対し、期限を定めて当該倉庫を修理し、若しくは改造し、又は倉庫の種類を変更すべきことを命ずることができる。

（倉庫証券の発行の停止及び許可の取消）

第22条　国土交通大臣は、発券倉庫業者が第13条第3項第二号に該当することとなつたとき、又は前条第一号若しくは第三号に該当するときは、6月以内において期間を定めて倉庫証券の発行の停止を命じ、又は第13条第1項の許可を取り消

第9条の3（倉荷証券の発行）〜　第9条の6

すことができる。

（報告及び検査）

第27条　国土交通大臣は、第１条の目的を達成するために必要な限度において、倉庫業を営む者に対して、その営業に関し報告をさせ、又はその職員に営業所、倉庫その他の場所に立ち入り、帳簿書類その他の物件を検査させることができる。

2　前項の規定により立入検査をする職員は、その身分を示す証票を携帯し、かつ、関係者の請求があつたときは、これを提示しなければならない。

3　第１項の規定による立入検査の権限は、犯罪捜査のために認められたものと解釈してはならない。

第9条の4　前条第１項の許可を受けた事業協同組合の作成する倉荷証券には、その事業協同組合の名称を冠する倉庫証券という文字を記載しなければならない。

　　　　　本条…追加〔昭和30年８月法律121号〕

第9条の5　事業協同組合が倉荷証券を発行した寄託物の保管期間は、寄託の日から６月以内とする。

2　前項の寄託物の保管期間は、６月を限度として更新することができる。ただし、更新の際の証券の所持人が組合員でないときは、組合員の利用に支障がない場合に限る。

　　　　　本条…追加〔昭和30年８月法律121号〕

第9条の6　事業協同組合が倉荷証券を発行した場合については、商法第616条から第619条まで及び第624条から第626条まで（寄託者又は証券の所持人の権利及び倉庫営業者の責任）の規定を準用する。

　　　　　本条…追加〔昭和30年８月法律121号〕

【「商法」準用条文】

〔寄託物点検等の権利〕

第616条　寄託者又ハ預証券ノ所持人ハ営業時間内何時ニテモ倉庫営業者ニ対シテ寄託物ノ点検若クハ其見本ノ摘出ヲ求メ又ハ其保存ニ必要ナル処分ヲ為スコトヲ得

②質入証券ノ所持人ハ営業時間内何時ニテモ倉庫営業者ニ対シテ寄託物ノ点検ヲ求

57

第2章　中小企業等協同組合

ムルコトヲ得

〔倉庫営業者の保管責任〕

第617条　倉庫営業者ハ自己又ハ其使用人カ受寄物ノ保管ニ関シ注意ヲ怠ラサリシコトヲ証明スルニ非サレハ其滅失又ハ毀損ニ付キ損害賠償ノ責ヲ免ルルコトヲ得ス

〔保管料等請求権〕

第618条　倉庫営業者ハ受寄物出庫ノ時ニ非サレハ保管料及ヒ立替金其他受寄物ニ関スル費用ノ支払ヲ請求スルコトヲ得ス但受寄物ノ一部出庫ノ場合ニ於テハ割合ニ応シテ其支払ヲ請求スルコトヲ得

〔保管の期間を定めなかつたとき〕

第619条　当事者カ保管ノ期間ヲ定メサリシトキハ倉庫営業者ハ受寄物入庫ノ日ヨリ6个月ヲ経過シタル後ニ非サレハ其返還ヲ為スコトヲ得ス但已ムコトヲ得サル事由アルトキハ此限ニ在ラス

〔寄託者等の受領遅滞〕

第624条　第524条第1項及ヒ第2項ノ規定ハ寄託者又ハ預証券ノ所持人カ寄託物ヲ受取ルコトヲ拒ミ又ハ之ヲ受取ルコト能ハサル場合ニ之ヲ準用ス此場合ニ於テ質入証券ノ所持人ノ権利ハ競売代金ノ上ニ存在ス

②第611条及ヒ第612条ノ規定ハ前項ノ場合ニ之ヲ準用ス

〔物品運送に関する規定の準用〕

第625条　第588条ノ規定ハ倉庫営業者ニ之ヲ準用ス

〔倉庫営業者の責任の時効〕

第626条　寄託物ノ滅失又ハ毀損ニ因リテ生シタル倉庫営業者ノ責任ハ出庫ノ日ヨリ1年ヲ経過シタルトキハ時効ニ因リテ消滅ス

②前項ノ期間ハ寄託物ノ全部滅失ノ場合ニ於テハ倉庫営業者カ預証券ノ所持人、若シ其所持人カ知レサルトキハ寄託者ニ対シテ其滅失ノ通知ヲ発シタル日ヨリ之ヲ起算ス

③前2項ノ規定ハ倉庫営業者ニ悪意アリタル場合ニハ之ヲ適用セス

1　保管事業を行う事業協同組合が倉荷証券を発行する場合には、国土交通大臣の許可を受けなければならない（法9条の3第1項）。

　「倉荷証券」は、倉庫証券の一種である。倉庫証券とは、預り証券、質入証券及び倉荷証券の総称であって、倉庫業者に対する寄託物返還請求権を化体した有価証券であり、寄託中の物品の譲渡、質入れ等を容易にする機能を有して

いる。一般的には、倉庫業者は、寄託者の請求があった場合には、預り証券及び質入証券を交付する（複券主義）ことを原則とするが、特に請求があれば、これらの証券に代えて倉荷証券を交付する（単券主義）。事業協同組合が法9条の3第1項に基づいて許可を受けることにより発行し得るのは、この倉荷証券のみである。

　許可を受けた組合は、寄託者（組合員又は員外利用者）の請求があったときは、その寄託物の倉荷証券を交付する義務を負う（法9条の3第2項）。

　倉荷証券が発行されると、その寄託物は、証券と引換えによってのみ返還を請求することができ（法9条の3第3項、商法627条2項、620条）、また寄託物の処分は、必ず証券をもってし、権利者への証券引渡しは、寄託物の引渡しと同一の効果を有する（法9条の3第3項、商法627条2項、604条、573条、575条）。したがって、組合員は、この証券を寄託物の譲渡あるいは事業資金の借入れ等について容易に活用することが可能となるわけである。

　本条4項は、倉荷証券の発行事業に対し倉庫業法の一部を準用して、その経営の安定と施設利用者の利益の保護を図ることにしている。

(1)　国土交通大臣は、倉庫寄託約款が寄託者又は倉庫証券の所持人の正当な利益を害するおそれがあると認めるときは、組合に対し、期限を定めてその約款の変更を命ずることができる（法9条の3第4項、倉庫業法8条2項）。

(2)　組合は、その保管事業に使用する倉庫をその施設又は設備が国土交通省令で定める基準に適合するように維持する義務があり（本条4項、倉庫業法12条1項）、国土交通大臣は、前記基準に適合していないと認めるときは、期限を定めてその倉庫の修理、改造を命じ、また、倉庫の種類の変更を命ずることができる（法9条の3第4項、倉庫業法12条2項）。

(3)　国土交通大臣は、組合が次に掲げる場合のいずれかに該当するときは、6か月以内において期間を定めて倉庫証券の発行停止を命じ又は発行許可を取り消すことができる（法9条の3第4項、倉庫業法22条）。

(イ)　役員が倉庫証券発行許可の取消しを受け、その取消しの日から2年を経過しないものに該当することとなったとき（倉庫業法13条3項二号）。

(ロ)　中小企業等協同組合法又はこれに基づく処分等に違反したとき（倉庫業法21条1項一号）。

(ハ)　保管及び証券発行事業に関し不正な行為をしたとき（倉庫業法21条1項三号）。

(4)　国土交通大臣は、必要な限度において、組合に対して、その事業に関し報告をさせ、又はその職員に組合の事業所、倉庫その他の場所に立ち入り、帳簿その他の物件を検査させることができる（法９条の３第４項、倉庫業法27条１項）。

2　事業協同組合が発行する倉荷証券には、一般の倉庫業者が発行する倉荷証券に記載する一定の事項のほかに、「その事業協同組合の名称を冠する倉庫証券」という文字を使用しなければならない（法９条の４）。

3　倉荷証券を発行した寄託物の保管期間は、寄託の日から６か月を限度として証券の所持人に対して保管期間を更新するか寄託物を返還しなければならない。なお、期間の更新をする場合における証券の所持人が組合員でないときは、組合員の利用に支障がない場合で、かつ、員外利用の制限（20％）を超えない場合に限られる（法９条の５）。

　　倉荷証券は、物権的有価証券として転々流通するものであるから、寄託物の保管期間を長期に認めると、証券の所持人すなわち寄託者が組合員であるか否かを知り得ず、員外利用を無制限に認める結果を招くこととなる。そこで、保管期間を寄託の日から６か月間に限定し（法９条の５第１項）、証券の所持人に対して保管期間を更新するか（法９条の５第２項本文）、あるいは寄託物を返還することとしたものである。

　　なお、「証券の所持人」には、質権者として所持する員外者を含まないものと解する。けだし、質権の設定は、倉荷証券の引渡しを要件とするが、証券の占有にすぎないのであって、その所有権を取得したわけではなく、員外利用の問題を生ずるにいたっていないからである。

4　事業協同組合が倉荷証券を発行した場合の寄託者又は証券所持人の権利及び倉庫業者たる事業協同組合の責任については商法が準用されている（法９条の６）。

　　法９条の６において準用する商法は、寄託者又は証券所持人の権利、すなわち営業時間内における点検、見本の摘出要求、保存に必要な処分等に関する規定及び倉庫業者たる組合の責任、すなわち滅失毀損に対する賠償、保管料請求の時期、保管期間を定めない場合の返還時期、供託又は競売等の権利、責任の短期時効等に関する規定である（商法616条〜619条、624条〜626条）。

第9条の6の2（共済規程）

（共済規程）
第９条の６の２　事業協同組合及び事業協同小組合が、共済事業（第９条の
　７の２第１項の認可を受けて同項に規定する火災共済事業を行う事業協同
　組合にあつては、当該火災共済事業を除く。次項において同じ。）を行お
　うとするときは、主務省令で定めるところにより、共済規程を定め、行政
　庁の認可を受けなければならない。
２　共済規程には、共済事業の種類その他事業の実施方法、共済契約、共済
　掛金及び責任準備金の額の算出方法に関して主務省令で定める事項を記載
　しなければならない。
３　事業協同組合が自動車損害賠償保障法（昭和30年法律第97号）第５条（責
　任共済等の契約の締結強制）に規定する自動車損害賠償責任共済（以下「責
　任共済」という。）、責任共済の契約によつて負う共済責任の再共済（以下
　「責任再共済」という。）又は責任再共済の契約によつて負う再共済責任の
　再再共済（以下「責任共済等」という。）の事業を行おうとする場合にお
　ける前項の規定の適用については、同項中「共済事業の種類その他事業の
　実施方法、共済契約、共済掛金及び責任準備金の額の算出方法に関して主
　務省令で定める事項」とあるのは、「責任共済等の事業の実施方法、共済
　契約及び共済掛金に関して主務省令で定める事項」とする。
４　共済規程の変更又は廃止は、行政庁の認可を受けなければ、その効力を
　生じない。
　　　本条…追加〔平成７年12月法律137号〕、２項…一部改正〔平成11年12月法律160号〕、見出
　　　…削り・追加・１項…全部改正・２項…一部改正・３項…追加・旧３項…４項に繰下〔平
　　　成18年６月法律75号〕、１項…一部改正〔平成24年９月法律85号〕
　　委任　１項の「主務省令」＝〈本法施行規則〉９条・10条、２項の「主務省令」＝同11条、
　　　　　３項で読み替えた２項の「主務省令」＝同12条
　　罰則　１項関係＝〈本法〉114条の６第１項二号

1　共済規程の認可（１項、４項）

　従来、事業協同組合、事業協同小組合及び協同組合連合会が実施している一般
共済事業で、自動車損害賠償保障法に規定する自動車損害賠償責任共済（「責任
共済」）等以外のものについては、いわゆる見舞金給付的な事業が想定されていた。
このため、共済事業の内容を記載した共済規程の作成・認可は法律によって義務
づけられていなかった。

第2章　中小企業等協同組合

　平成18年改正により、一般共済事業における共済金額の水準が見舞金的なものを超えている実態を踏まえ、事業開始時点で行政庁が関与し、事業の健全性を一定程度確保することで組合員その他の共済契約者の保護を図るべく、共済規程の提出及び行政庁による認可が義務づけられた（1項）。平成18年改正の時点においては、事業協同組合及び事業協同小組合は共済金額の総額が30万円を超える火災共済事業を行うことができず、これを行うためには火災共済協同組合を設立することが必要とされていた。しかし、平成24年改正により、火災共済協同組合のみが行うこととされていた火災共済事業は、事業協同組合においてその他の共済事業と合わせて行うことができるようになった。そのため、法9条の7の2第1項の認可を受けて火災共済事業を行う事業協同組合にあっては、法9条の6の2第1項及び第2項の規定は、当該火災共済事業に適用しないものとされた（1項）。

　共済規程の変更又は廃止は、行政庁の認可を受けなければその効力は生じない（4項）。

　法9条の6の2第1項に規定する認可を受けるためには、所定の申請書に定款、共済規程、共済事業に係る3事業年度の事業計画書・収支予算書、常務に従事する役員の氏名及びその経歴を記載した書面、共済規程の設定を議決した総会又は総代会の議事録又はその謄本及び共済事業以外の事業に係る3事業年度の事業計画書・収支予算書を添えて提出しなければならない（施行規則9条）。

　共済規程は、各事務所に備え置き、組合員及び組合の債権者の閲覧・謄写請求に応えなければならない（法34条の2）。

　共済規程の作成、変更又は廃止については、総会（総代会）の議決が義務づけられているが（法51条1項二号）、軽微な事項その他主務省令で定めるもの（関係法令の改正に伴う規定の整理、責任共済等の事業についての共済規程の変更）については、定款で総会の議決を不要とすることができる（法51条4項、施行規則137条）。

2　共済規程の記載事項（2項）

　共済規程には、共済事業の種類その他事業の実施方法、共済契約、共済掛金、責任準備金の額の算出方法に関して主務省令で定める事項を記載しなければならない（施行規則11条）。

第9条の6の3（共済の目的の譲渡等）

3 責任共済等の記載事項（3項）

　自動車損害賠償保障法に規定する自動車損害賠償責任共済（責任共済）、責任共済の契約によって負う共済責任の再共済（責任再共済）、責任再共済の契約によって負う再共済責任の再再共済（責任共済等）の事業を行おうとする場合の共済規程には、責任共済等の事業の実施方法、共済契約、共済掛金に関して主務省令で定める事項を記載しなければならない（施行規則12条）。

（共済の目的の譲渡等）
第9条の6の3　共済契約の共済の目的が譲渡された場合においては、譲受人は、共済事業を行う事業協同組合又は事業協同小組合の承諾を得て、その目的に関し譲渡人が有する共済契約上の権利義務を承継することができる。この場合において、当該目的がその譲渡により第9条の2第9項において読み替えて適用する同条第3項ただし書に規定する組合員（以下この条において「組合員等」という。）の財産でなくなつたときは、当該目的は、当該共済契約の期間内は、組合員等の財産とみなし、同条第1項第三号、第3項及び第9項の規定を適用する。
2　前項の規定は、死亡、合併又は分割により共済の目的が承継された場合について準用する。
3　組合員等が組合員等でなくなつた場合（前項に規定する場合を除く。）において、その際締結されていた共済契約の目的のうち、その組合員等でなくなつたことにより組合員等の財産でなくなつた財産があるときは、当該財産は、当該財産に係る共済契約の期間内は、組合員等の財産とみなし、第9条の2第1項第三号、第3項及び第9項の規定を適用する。
　　　本条…追加〔平成18年6月法律75号〕

　共済契約の共済の目的が譲渡された場合、譲受人は、共済事業を行う事業協同組合又は事業協同小組合の承諾を得て、その目的に関し譲渡人が有する共済契約上の権利義務を承継することができる。

　組合員等の死亡、合併又は分割により共済の目的が承継された場合においては、共済の目的が譲渡された場合と同様に扱われる。

　組合員等が組合員等でなくなった場合には、組合員等でなくなったことにより組合員等の財産でなくなった財産については、その財産に係る共済契約の期間中

63

第2章　中小企業等協同組合

は、組合員等の財産とみなし、共済契約が存続することとしている。

（商品券の発行）

第９条の７　事業協同組合は、法令の定めるところにより、組合員の取扱商品について商品券を発行することができる。

２　事業協同組合が商品券を発行したときは、組合員は、これに対してその取扱商品につき引換の義務を負う。

３　事業協同組合が商品券を発行した場合において、その組合員が商品券の引換をすることができないとき、又はその引換を停止したときは、その事業協同組合は、商品券の所有者に対し、券面に表示した金額を限度として、弁済の責を負う。

４　商品券を発行した事業協同組合がみずから商品を販売する場合においては、前３項中「組合員」とあるのは「事業協同組合及び組合員」と読み替えるものとする。

　　　　本条…追加〔昭和30年８月法律121号〕、見出…追加〔平成18年６月法律75号〕

　商品券は、これを発行する者の取扱商品について発行されるものであるが、事業協同組合については、その性格上、特に本条によって、組合自体が商品を取り扱わない場合でも、組合員の取扱商品についてこれを発行することが認められている。

　事業協同組合が商品券を発行する場合は、資金決済に関する法律等の規定に従って届出、報告その他の義務を守らなければならない。

　組合が商品券を発行すると、商品券の所有者に対しては、組合員は、その商品券につき取扱商品と引き換えなければならない義務を負い（本条２項）、もし引換えが不能となり、あるいは引換えの停止をしたときは、商品券を発行した組合が直接に、商品券の所有者に対して、その券面に表示した金額の限度内で弁済しなければならない責任を負う（本条３項）。この場合、引換えの不能及び停止とは、商品券の性格上、全ての組合員がその状態になったときであると解される。

　なお、組合が商品券を発行する対象となる組合員の取扱商品は、組合員資格に係る事業において取り扱っている商品に限定されるものと解されるので、組合員資格事業に係る商品以外の商品については、組合員は引換えの義務を負わない。したがって、消費者保護の立場からすれば、組合員資格が広範であるか、又は専

64

第9条の7の2（火災共済事業）

業者の組合である場合が商品券発行事業を行うのに適している。

　商品券を発行した組合が、共同販売施設等を経営して、組合自体商品を販売している場合には、その組合も組合員と同一の立場において引換義務その他の責任を負うこととなっている（本条４項）。

（火災共済事業）

第９条の７の２　事業協同組合であつてその組合員（第８条第２項に規定する資格を有する者に該当する者に限る。）の総数が第９条の２第７項の政令で定める基準を超えること、出資の総額が1,000万円以上であることその他この法律に定める要件を備えるものについては、行政庁の認可を受けて、火災共済事業（火災により又は火災及び破裂、爆発、落雷その他の主務省令で定める偶然な事故の全部若しくは一部を一括して共済事故としこれらのもののいずれかにより財産に生ずることのある損害を埋めるための共済事業をいう。以下同じ。）であつて、共済契約に係る共済金額の総額が共済契約者１人につき同条第２項の主務省令で定める金額を超えるものを行うことができる。

２　前項の事業協同組合は、同項の認可を受けようとするときは、定款、事業計画、火災共済規程（火災共済事業の実施方法、共済契約、共済掛金及び責任準備金の額の算出方法に関して主務省令で定める事項を記載した書面をいう。以下同じ。）、常務に従事する役員の氏名を記載した書面その他主務省令で定める書面を行政庁に提出しなければならない。

３　第１項の認可については、第27条の２第６項の規定を準用する。この場合において、同項第一号中「設立の手続又は定款、火災共済規程若しくは」とあるのは、「定款、火災共済規程又は」と読み替えるものとする。

４　行政庁が第１項の認可をしたときは、当該認可を受けた事業協同組合の定款の変更について第51条第２項の認可があつたものとみなす。

５　火災共済規程の変更又は廃止は、行政庁の認可を受けなければ、その効力を生じない。

　　　本条…追加〔昭和32年11月法律186号〕、１・２項…一部改正〔昭和55年６月法律79号〕、２項…全部改正〔昭和59年５月法律31号〕、１項…一部改正〔平成11年12月法律160号〕、２項…全部改正・３項…追加〔平成18年６月法律75号〕、本条…全部改正〔平成24年９月法律85号〕

65

第2章　中小企業等協同組合

> **委任**　　1項第一の「主務省令」＝〈本法施行規則〉14条、2項第一の「主務省令」＝同14
> 　　　　　条の3、2項第二の「主務省令」＝同14条の2
> **罰則**　　1項関係＝〈本法〉114条の6第1項二号の二

第9条の7の3及び第9条の7の4　　削除〔平成24年9月法律85号〕

1　火災共済事業

(1)　事業協同組合及び事業協同小組合は、法9条の2第1項三号の規定に基づき、福利厚生事業として共済事業（法9条の2第7項、施行規則5条）を実施することができるが、共済金額の総額が30万円を超える火災共済事業を実施するためには、本条所定の要件を備え、かつ行政庁の認可を受ける必要がある。火災共済事業には保険法が適用され、保険業法が準用されるので、火災保険事業と法律性格をほぼ同じくする一面を有している。しかし、火災共済事業は、中小規模の事業者という特定の階層に属する者が相互扶助の精神に基づき協同して事業を行い、火災その他の偶然な事故の危険や災害による負担を分け合う事業であり、不特定の者を対象とする火災保険事業とはその目的を異にしている。

(2)　火災共済事業は、火災により又は火災及び主務省令で定める偶然な事故（破裂、爆発、落雷、建物の外部からの物体の落下、飛来、衝突又は倒壊、騒じょう若しくはこれに類似の集団行動又は労働争議に伴う暴力行為又は破壊行為、漏水、放水又はいっ水による水ぬれ、盗難、風災、水災、雪災、ひょう災その他の天災、これらに準ずる事故として財産の滅失、き損又は汚損をもたらすもの。施行規則14条）の全部若しくは一部を一括して共済事故とし、これらのもののいずれかにより財産に生ずることのある損害を埋めるための共済事業と定義される（1項）。

　　事業協同組合であって、その組合員（法8条2項に規定する資格（組合の地区内において商業、工業、鉱業、運送業、サービス業その他の事業を行う法7条1項若しくは2項に規定する全ての小規模の事業者又は全ての事業協同小組合（その地区が全国にわたる火災等共済組合にあっては、これらの事業者又は事業協同小組合のうち、その定款で定める一の業種に属する事業を行うもの））を有する者に該当する者に限る。）の総数が1,000人を超え（法9条の2第7項、施行令6条）、出資の額が1,000万円以上であり、法26条の

第9条の7の5（保険業法等の準用）

地区の要件（法8条2項の小規模の事業者又は事業協同小組合を組合員の資格とするものにあっては一又は二以上の都道府県の区域の全部とし、定款で定める一の業種に属する事業を行う小規模の事業者又は事業協同小組合を組合員の資格とするものにあっては全国とする。）を満たすものは、行政庁の認可を得て、火災共済事業であって、共済契約に係る共済金額の総額が共済契約者1人につき30万円を超えるものを行うことができる（1項、法9条の2第2項、施行規則2条）。なお、法9条の7の2第1項の認可を受けて火災共済事業を行う事業協同組合は火災等共済組合と呼ばれる（法9条の9第3項）。

2　認　可

　事業協同組合が法9条の7の2第1項の認可を受けようとするときは、所定の申請書に、定款、火災共済規程、火災共済事業に係る3事業年度の事業計画書・収支予算書、常務に従事する役員の氏名及びその経歴を記載した書面、火災共済規程の設定を議決した総会又は総代会の議事録又はその謄本及び火災共済事業以外の事業に係る3事業年度の事業計画書及び収支予算書を添えて提出しなければならない（2項、施行規則14条の2）。この場合、行政庁は、①定款、火災共済規程又は事業計画の内容が法令に違反するとき、②共済の目的につき危険の分散が充分に行われないと認められるとき及び共済契約の締結の見込みが少ないと認められるとき、③常務に従事する役員が共済事業に関して十分な経験及び識見を有する者でないと認められるとき、④火災共済規程及び事業計画の内容が経営の健全性を確保し、又は組合員その他の共済契約者の利益を保護するのに適当でないと認められるときのいずれかに該当する場合を除き、認可をしなければならない（3項、法27条の2第6項）。行政庁が認可をしたときは、当該認可を受けた事業協同組合の定款の変更について法51条2項の認可があったものとみなされる（4項）。また、火災共済規程の変更又は廃止は、行政庁の認可を受けなければ、その効力を生じない（5項）。

（保険業法等の準用）

第9条の7の5　保険業法第275条第1項第二号及び第2項（保険募集の制限）の規定は共済事業を行う事業協同組合又は事業協同小組合（以下この条において「共済事業を行う協同組合」という。）の共済契約の募集について、

同法第283条（所属保険会社等及び保険募集再委託者の賠償責任）の規定
は共済事業を行う協同組合の役員及び使用人並びに当該共済事業を行う協
同組合の共済代理店（組合の委託を受けて、当該組合のために共済契約の
締結の代理又は媒介を行う者であつて、当該組合の役員又は使用人でない
ものをいう。以下同じ。）並びにその役員及び使用人が行う当該共済事業を
行う協同組合の共済契約の募集について、同法第294条（顧客に対する説明）
の規定は共済契約の募集を行う共済事業を行う協同組合の役員及び使用人
並びに当該共済事業を行う協同組合の共済代理店並びにその役員及び使用
人について、同法第295条（自己契約の禁止）の規定は共済代理店について、
同法第300条（保険契約の締結又は保険募集に関する禁止行為）の規定は
共済事業を行う協同組合及びその共済代理店（これらの者の役員及び使用
人を含む。）について、同法第305条（立入検査等）、第306条（業務改善命令）
及び第307条第１項第三号（登録の取消し等）の規定は共済代理店について、
同法第309条（保険契約の申込みの撤回等）の規定は共済事業を行う協同
組合に対し共済契約の申込みをした者又は共済契約者が行う共済契約の申
込みの撤回又は解除について、同法第311条（検査職員の証票の携帯及び
提示等）の規定はこの項において準用する同法第305条の規定による立入
り、質問又は検査をする職員について、それぞれ準用する。この場合にお
いて、同法第275条第１項第二号、第294条第三号、第295条第２項、第300
条第１項第七号及び第九号並びに第309条第１項第一号、第２項、第３項、
第５項及び第６項中「内閣府令」とあるのは「主務省令」と、同法第275条
第１項第二号中「損害保険会社（外国損害保険会社等を含む。以下この編
において同じ。）」とあるのは「共済事業を行う協同組合」と、「次条の登録
を受けた損害保険代理店」とあるのは「中小企業等協同組合法第106条の
３第一号の届出がなされた共済代理店」と、「損害保険代理店である」とあ
るのは「共済代理店である」と、同条第２項中「次条又は第286条の登録
を受けて」とあるのは「中小企業等協同組合法第106条の３第一号の届出
を行って」と、同法第300条第１項中「次条に規定する特定保険契約」とあ
るのは「中小企業等協同組合法第９条の７の５第２項に規定する特定共済
契約」と、同項第八号中「特定関係者（第100条の３（第272条の13第２項
において準用する場合を含む。第301条において同じ。）に規定する特定関
係者及び第194条に規定する特殊関係者のうち、当該保険会社等又は外国

第9条の7の5（保険業法等の準用）

保険会社等を子会社とする保険持株会社及び少額短期保険持株会社（以下
この条及び第301条の2において「保険持株会社等」という。）、当該保険持
株会社等の子会社（保険会社等及び外国保険会社等を除く。）並びに保険
業を行う者以外の者をいう。）」とあるのは「子会社等（中小企業等協同組
合法第61条の2第2項に規定する子会社等をいう。）」と、同条第2項中「第
4条第2項各号、第187条第3項各号又は第272条の2第2項各号に掲げる
書類」とあるのは「定款又は中小企業等協同組合法第9条の6の2第1項
に規定する共済規程若しくは同法第9条の7の2第2項に規定する火災共
済規程」と、同法第305条及び第306条中「内閣総理大臣」とあるのは「行
政庁」と、同法第307条第1項中「内閣総理大臣」とあるのは「行政庁」と、
「次の各号のいずれかに該当するときは、第276条若しくは第286条の登録を
取り消し、又は」とあるのは「第三号に該当するときは、」と、「業務の全
部若しくは一部」とあるのは「共済契約の募集」と読み替えるものとする。

2　金融商品取引法（昭和23年法律第25号）第3章第1節第5款（第34条の
2第6項から第8項まで並びに第34条の3第5項及び第6項を除く。）（特
定投資家）及び第45条（第三号及び第四号を除く。）（雑則）の規定は共済
事業を行う協同組合が行う特定共済契約（金利、通貨の価格、同法第2条
第14項に規定する金融商品市場における相場その他の指標に係る変動によ
り損失が生ずるおそれ（当該共済契約が締結されることにより利用者の支
払うこととなる共済掛金の合計額が、当該共済契約が締結されることによ
り当該利用者の取得することとなる第58条第6項に規定する共済金等の合
計額を上回ることとなるおそれをいう。）がある共済契約として主務省令で
定めるものをいう。以下この項において同じ。）の締結について、同章第2
節第1款（第35条から第36条の4まで、第37条第1項第二号、第37条の2、
第37条の3第1項第二号及び第六号並びに第3項、第37条の5から第37条
の7まで、第38条第一号、第二号及び第七号、第38条の2、第39条第3項
ただし書及び第5項並びに第40条の2から第40条の7までを除く。）（通則）
の規定は共済事業を行う協同組合又は共済代理店が行う特定共済契約の締
結又はその代理若しくは媒介について、それぞれ準用する。この場合にお
いて、これらの規定中「金融商品取引契約」とあるのは「特定共済契約」と、
「金融商品取引業」とあるのは「特定共済契約の締結又はその代理若しく
は媒介の事業」と、これらの規定（同法第39条第3項本文の規定を除く。）

中「内閣府令」とあるのは「主務省令」と、これらの規定（同法第34条の規定を除く。）中「金融商品取引行為」とあるのは「特定共済契約の締結」と、同法第34条中「顧客を相手方とし、又は顧客のために金融商品取引行為（第2条第8項各号に掲げる行為をいう。以下同じ。）を行うことを内容とする契約」とあるのは「中小企業等協同組合法第9条の7の5第2項に規定する特定共済契約」と、同法第37条の3第1項中「締結しようとするとき」とあるのは「締結しようとするとき、又はその締結の代理若しくは媒介を行うとき」と、「次に掲げる事項」とあるのは「次に掲げる事項その他中小企業等協同組合法第9条の7の5第1項において読み替えて準用する保険業法第300条第1項第一号に規定する共済契約の契約条項のうち重要な事項」と、同項第一号中「金融商品取引業者等」とあるのは「共済事業を行う協同組合（中小企業等協同組合法第9条の7の5第1項に規定する共済事業を行う協同組合をいう。以下この号において同じ。）又は当該共済代理店（同項に規定する共済代理店をいう。）がその委託を受けた共済事業を行う協同組合」と、同法第39条第1項第一号中「有価証券の売買その他の取引（買戻価格があらかじめ定められている買戻条件付売買その他の政令で定める取引を除く。）又はデリバティブ取引（以下この条において「有価証券売買取引等」という。）」とあるのは「特定共済契約の締結」と、「有価証券又はデリバティブ取引（以下この条において「有価証券等」という。）」とあるのは「特定共済契約」と、「顧客（信託会社等（信託会社又は金融機関の信託業務の兼営等に関する法律第1条第1項の認可を受けた金融機関をいう。以下同じ。）が、信託契約に基づいて信託をする者の計算において、有価証券の売買又はデリバティブ取引を行う場合にあつては、当該信託をする者を含む。以下この条において同じ。）」とあるのは「利用者」と、「損失」とあるのは「損失（当該特定共済契約が締結されることにより利用者の支払う共済掛金の合計額が当該特定共済契約が締結されることにより当該利用者の取得する共済金等（中小企業等協同組合法第58条第6項に規定する共済金等をいう。以下この号において同じ。）の合計額を上回る場合における当該共済掛金の合計額から当該共済金等の合計額を控除した金額をいう。以下この条において同じ。）」と、「補足するため」とあるのは「補足するため、当該特定共済契約によらないで」と、同項第二号中「有価証券売買取引等」とあるのは「特定共済契約の締結」と、「有

第９条の７の５（保険業法等の準用）

価証券等」とあるのは「特定共済契約」と、「追加するため」とあるのは「追加するため、当該特定共済契約によらないで」と、同項第三号中「有価証券売買取引等」とあるのは「特定共済契約の締結」と、「有価証券等」とあるのは「特定共済契約」と、「追加するため、」とあるのは「追加するため、当該特定共済契約によらないで」と、同条第２項中「有価証券売買取引等」とあるのは「特定共済契約の締結」と、同条第３項中「原因となるものとして内閣府令で定めるもの」とあるのは「原因となるもの」と、同法第45条第二号中「第37条の２から37条の６まで、第40条の２第４項及び第43条の４」とあるのは「第37条の３（第１項各号に掲げる事項に係る部分に限り、同項第二号及び第六号並びに第３項を除く。）及び第37条の４」と読み替えるものとするほか、必要な技術的読替えは、政令で定める。

本条…追加〔昭和32年11月法律186号〕、２項…全部改正〔平成７年６月法律106号〕、一部改正〔平成９年６月法律102号・10年６月107号・10月131号・11年12月160号・12年５月92号・17年５月38号〕、１項…一部改正〔平成17年７月法律87号〕、１・２項…一部改正〔平成18年６月法律75号〕、２項…一部改正・３項…追加〔平成18年６月法律65号〕、３項…一部改正〔平成20年６月法律65号〕、見出…全部改正・１項…削除・旧２・３項…一部改正し１項ずつ繰上〔平成20年６月法律57号〕、２項…一部改正〔平成21年６月法律58号〕、１項…一部改正〔平成24年３月法律23号〕、２項…一部改正〔平成24年９月法律86号〕、１項…一部改正〔平成24年９月法律85号〕、２項…一部改正〔平成26年５月法律44号・24年９月86号〕

委任　１項で読み替えて準用する保険業法275条１項二号の「主務省令」＝〈本法施行規則〉15条、１項で読み替えて準用する保険業法294条三号の「主務省令」＝同16条、１項で読み替えて準用する保険業法295条２項の「主務省令」＝同17条、１項で読み替えて準用する保険業法300条１項七号の「主務省令」＝同18条、１項で読み替えて準用する保険業法300条１項九号の「主務省令」＝同19条、１項で読み替えて準用する保険業法309条１項一号の「主務省令」＝同20条、１項で読み替えて準用する保険業法309条２項の「主務省令」＝同21条、１項で読み替えて準用する保険業法309条３項の「主務省令」＝同23条、１項で読み替えて準用する保険業法309条５項の「主務省令」＝同25条、２項の「主務省令」＝同26条、２項で読み替えて準用する金融商品取引法34条の「主務省令」＝同27条、２項で読み替えて準用する金融商品取引法34条の２第３項四号の「主務省令」＝同29条、２項で読み替えて準用する金融商品取引法34条の２第４項・34条の３第12項で準用する34条の２第４項・34条の４第３項で準用する34条の２第４項・37条の３第２項で準用する34条の２第４項・37条の４第２項で準用する34条の２第４項・34条の４第６項で準用する34条の３第12項で準用する34条の２第４項の「主務省令」＝同30条、２項で読み替えて準用する金融商品取引法34条の２第11項の「主務省令」＝同31条の２、２項で読み替えて準用する金融商品取引法34条の２第12項・34条の３第３項で準用する34条の２第12項・34条の４第６項で準用する34条の３第３項で準用する34条の２第12項の「主

務省令」＝同31条の３、２項で読み替えて準用する金融商品取引法34条の３第２項各号列記以外の部分の「主務省令」＝同32条、２項で読み替えて準用する金融商品取引法34条の３第２項四号イの「主務省令」＝同33条１項、２項で読み替えて準用する金融商品取引法34条の３第２項七号の「主務省令」＝同33条２項、２項で読み替えて準用する金融商品取引法34条の３第７項の「主務省令」＝同34条１項、２項で読み替えて準用する金融商品取引法34条の３第11項の「主務省令」＝同34条の２、２項で読み替えて準用する金融商品取引法34条の４第１項一号の「主務省令」＝同35条、２項で読み替えて準用する金融商品取引法34条の４第１項二号の「主務省令」＝同36条、２項で読み替えて準用する金融商品取引法34条の４第６項で準用する34条の３第２項各号列記以外の部分の「主務省令」＝同37条、２項で読み替えて準用する金融商品取引法34条の４第６項で準用する34条の３第２項四号イの「主務省令」＝同38条１項、２項で読み替えて準用する金融商品取引法34条の４第６項で準用する34条の３第２項七号の「主務省令」＝同38条２項、２項で読み替えて準用する金融商品取引法34条の４第６項で準用する34条の３第７項の「主務省令」＝同38条の２第１項、２項で読み替えて準用する金融商品取引法34条の４第６項で準用する34条の３第11項の「主務省令」＝同38条の３、２項で読み替えて準用する金融商品取引法37条１項第１・２項第１の「主務省令」＝同39条、２項で読み替えて準用する金融商品取引法37条１項第２の「主務省令」＝同40条、２項で読み替えて準用する金融商品取引法37条２項第２の「主務省令」＝同43条、２項で読み替えて準用する金融商品取引法37条の３第１項本文の「主務省令」＝同44条、２項で読み替えて準用する金融商品取引法37条の３第１項ただし書の「主務省令」＝同45条、２項で読み替えて準用する金融商品取引法37条の３第１項四号の「主務省令」＝同46条、２項で読み替えて準用する金融商品取引法37条の３第１項七号の「主務省令」＝同47条、２項で読み替えて準用する金融商品取引法37条の４第１項本文の「主務省令」＝同48条、２項で読み替えて準用する金融商品取引法37条の４第１項ただし書の「主務省令」＝同49条、２項で読み替えて準用する金融商品取引法38条第三号の「主務省令」＝同49条の２、２項で読み替えて準用する金融商品取引法38条八号の「主務省令」＝同50条、２項で読み替えて準用する金融商品取引法45条の「主務省令」＝同51条、１項で準用する保険業法309条１項六号の「政令」＝〈本法施行令〉８条、１項で準用する保険業法309条２項の「政令」＝同９条、２項で準用する金融商品取引法34条の２第４項・34条の３第12項で準用する34条の２第４項・34条の４第３項で準用する34条の２第４項・37条の３第２項で準用する34条の２第４項・37条の４第２項で準用する34条の２第４項・34条の４第６項で準用する34条の３第12項で準用する34条の２第４項の「政令」＝同10条、２項で準用する金融商品取引法34条の２第12項・34条の３第３項で準用する34条の２第12項・34条の４第６項で準用する34条の３第３項で準用する34条の２第12項の「政令」＝同11条、２項で準用する金融商品取引法37条１項三号の「政令」＝同12条

罰則　１項関係＝〈本法〉112条の７第一号・二号・114条の７、２項関係＝〈本法〉112条の２‐112条の５・114条の４

第9条の7の5（保険業法等の準用）

〔注〕 第9条の7の5は、平成26年5月30日法律第45号により改正され、平成28年5月29日から施行
第9条の7の5第1項中「第294条（顧客に対する説明）」を「第294条第3項（情報の提供）」に、「（保険契約の締結又は保険募集」を「（第1項ただし書を除く。）（保険契約の締結等）」に、「第305条」を「第305条第1項」に、「第294条第三号」を「第294条第3項第三号」に改め、「第300条第1項中「」の下に「、保険募集又は自らが締結した若しくは保険募集を行った団体保険に係る保険契約に加入することを勧誘する行為その他の当該保険契約に加入させるための行為」とあるのは「又は共済契約の募集」と、「自らが締結した又は保険募集を行った団体保険に係る保険契約に加入することを勧誘する行為その他の当該保険契約に加入させるための行為に関しては第一号に掲げる行為（被保険者に対するものに限る。）に限り、」を、「特定共済契約」と」の下に「、「同号」とあるのは「第一号」と、「契約条項のうち保険契約者又は被保険者の判断に影響を及ぼすこととなる」とあるのは「契約条項のうち」と」を加える。

1 保険業法の準用（1項）

(1) 共済事業を行う協同組合（共済事業を行う事業協同組合又は事業協同小組合）が行う共済契約の募集等については、保険業法の規定が準用される。

○共済契約の募集を行うことができるのは、共済事業を行う協同組合の役員（代表権を有する役員及び監事を除く。）若しくは使用人又は届出（法106条の3第一号）がなされた共済代理店（組合の委託を受けて、当該組合のために共済契約の締結の代理又は媒介を行う者であって、当該組合の役員又は使用人でないもの）若しくはその役員若しくは使用人又は共済代理店である銀行等に限られるものとすること（保険業法275条1項二号、2項）

○共済事業を行う協同組合は、当該組合の共済代理店等が行う共済契約の募集について、共済契約者に加えた損害を賠償する責めに任ずるものとすること（保険業法283条）

○共済事業を行う協同組合に対し共済契約の申込みをした者又は共済契約者は、主務省令で定めるところにより、一定の場合を除き、書面により共済契約の申込みの撤回又は解除を行うことができるものとすること（保険業法309条）

○共済事業を行う協同組合及び当該組合の共済代理店等は、共済契約の募集等に関し、虚偽のことを告げ、又は共済契約の契約条項のうち重要な事項を告げない行為等をしてはならないものとすること（保険業法300条） 等

第2章　中小企業等協同組合

(2)　その他、共済事業を行う協同組合等には、①顧客（利用者）に対する説明（保険業法294条）、②自己契約の禁止（保険業法295条）、③立入検査等（保険業法305条）、④業務改善命令（保険業法306条）等の条項が準用される。

2　金融商品取引法の準用（2項）

(1)　共済事業を行う協同組合が行う特定共済契約の締結等については、金融商品取引法の規定が準用される。この場合において、特定共済契約とは、金利、通貨の価格、金融商品市場における相場その他の指標に係る変動により損失が生ずるおそれがある共済契約として主務省令（施行規則26条）で定めるものをいう。

○共済事業を行う協同組合又は共済代理店が特定共済契約を締結しようとするときは、投資者の保護に支障を生ずることがない場合として主務省令（施行規則45条）で定める場合を除き、主務省令（施行規則44条）で定めるところにより、あらかじめ、顧客に対し、特定共済契約の契約条項のうち重要な事項を記載した書面（契約締結前書面）を交付しなければならないこと（金融商品取引法37条の3）

○特定共済契約の締結につき、当該特定共済契約について利用者に損失（当該特定共済契約が締結されることにより利用者の支払う共済掛金の合計額が当該特定共済契約が締結されることにより当該利用者の取得する共済金等（法58条6項）の合計額を上回る場合における当該共済掛金の合計額から当該共済金等の合計額を控除した金額をいう。）が生ずることとなり、又はあらかじめ定めた額の利益が生じないこととなった場合には自己又は第三者がその全部又は一部を補てんし、又は補足するため、当該特定共済契約によらないで、当該利用者又は第三者に財産上の利益を提供する旨を、当該利用者等に対し約束する等の行為をしてはならないこと（金融商品取引法39条）

○共済事業を行う協同組合は、業務の運営の状況が、特定共済契約の締結について、利用者の知識、経験、財産の状況及び特定共済契約を締結する目的に照らして不適当と認められる勧誘を行って投資者の保護に欠けることとなること等に該当することのないように、その業務を行わなければならないこと（金融商品取引法40条）

(2)　その他、共済事業を行う協同組合が行う特定共済契約の締結等には、①特

74

第9条の8（信用協同組合）

定投資家に係る規制（金融商品取引法34条以下）、②契約締結時等の書面の交付（金融商品取引法37条の４）、③禁止行為（金融商品取引法38条）等の条項が準用される。

（信用協同組合）

第9条の8　信用協同組合は、次の事業を行うものとする。

一　組合員に対する資金の貸付け

二　組合員のためにする手形の割引

三　組合員の預金又は定期積金の受入れ

四　前３号の事業に附帯する事業

2　信用協同組合は、前項の事業のほか、次の事業を併せ行うことができる。

一　為替取引

二　国、地方公共団体その他営利を目的としない法人（以下この項において「国等」という。）の預金の受入れ

三　組合員と生計を一にする配偶者その他の親族（以下この項において「配偶者等」という。）の預金又は定期積金の受入れ

四　組合員以外の者（国等及び配偶者等を除く。）の預金又は定期積金の受入れ

五　組合員以外の者に対する資金の貸付け（手形の割引を含む。次条第１項第二号において同じ。）

六　債務の保証又は手形の引受け（組合員のためにするものその他の内閣府令で定めるものに限る。）

七　有価証券（第十号に規定する証書をもつて表示される金銭債権に該当するもの及び短期社債等を除く。第十号の二及び第十一号において同じ。）の売買（有価証券関連デリバティブ取引に該当するものを除く。）又は有価証券関連デリバティブ取引（投資の目的をもつてするもの又は書面取次ぎ行為に限る。）

八　有価証券の貸付け（組合員のためにするものその他の内閣府令で定めるものに限る。）

九　国債、地方債若しくは政府保証債（以下この号において「国債等」という。）の引受け（売出しの目的をもつてするものを除く。）又は当該引受けに係る国債等の募集の取扱い

75

十　金銭債権（譲渡性預金証書その他の内閣府令で定める証書をもつて表示されるものを含む。）の取得又は譲渡

十の二　特定目的会社が発行する特定社債（特定短期社債を除き、資産流動化計画において当該特定社債の発行により得られる金銭をもつて指名金銭債権又は指名金銭債権を信託する信託の受益権のみを取得するものに限る。）その他これに準ずる有価証券として内閣府令で定めるもの（以下この号において「特定社債等」という。）の引受け（売出しの目的をもつてするものを除く。）又は当該引受けに係る特定社債等の募集の取扱い

十の三　短期社債等の取得又は譲渡

十一　有価証券の私募の取扱い

十二　信用協同組合、次条第1項第一号の事業を行う協同組合連合会、株式会社日本政策金融公庫その他内閣総理大臣の定める者（外国の法令に準拠して外国において銀行法（昭和56年法律第59号）第2条第2項（定義等）に規定する銀行業を営む者（同法第4条第5項（営業の免許）に規定する銀行等を除く。以下「外国銀行」という。）を除く。）の事業又は業務（次号の事業に該当するもの及び次条第6項第一号の三の事業を除く。）の代理又は媒介（内閣総理大臣の定めるものに限る。）

十二の二　外国銀行の業務の代理又は媒介（外国において行う外国銀行の業務の代理又は媒介であつて、内閣府令で定めるものに限る。）

十三　国、地方公共団体、会社等の金銭の収納その他金銭に係る事務の取扱い

十四　有価証券、貴金属その他の物品の保護預り

十四の二　振替業

十五　両替

十五の二　デリバティブ取引（有価証券関連デリバティブ取引に該当するものを除く。次号において同じ。）であつて内閣府令で定めるもの（第十号に掲げる事業に該当するものを除く。）

十六　デリバティブ取引（内閣府令で定めるものに限る。）の媒介、取次ぎ又は代理

十七　金利、通貨の価格、商品の価格、算定割当量（地球温暖化対策の推進に関する法律（平成10年法律第117号）第2条第6項（定義）に規定

第９条の８（信用協同組合）

する算定割当量その他これに類似するものをいう。以下同じ。）の価格
その他の指標の数値としてあらかじめ当事者間で約定された数値と将来
の一定の時期における現実の当該指標の数値の差に基づいて算出される
金銭の授受を約する取引又はこれに類似する取引であつて内閣府令で定
めるもの（次号において「金融等デリバティブ取引」という。）のうち
信用協同組合の経営の健全性を損なうおそれがないと認められる取引と
して内閣府令で定めるもの（第十号及び第十五号の二に掲げる事業に該
当するものを除く。）

十八　金融等デリバティブ取引の媒介、取次ぎ又は代理（第十六号に掲げ
る事業に該当するもの及び内閣府令で定めるものを除く。）

十九　有価証券関連店頭デリバティブ取引（当該有価証券関連店頭デリバ
ティブ取引に係る有価証券が第十号に規定する証書をもつて表示される
金銭債権に該当するもの及び短期社債等以外のものである場合には、差
金の授受によつて決済されるものに限る。次号において同じ。）（第七号
に掲げる事業に該当するものを除く。）

二十　有価証券関連店頭デリバティブ取引の媒介、取次ぎ又は代理

二十一　機械類その他の物件を使用させる契約であつて次に掲げる要件の
全てを満たすものに基づき、当該物件を使用させる事業（組合員又はこ
れに準ずる者として内閣府令で定めるもののためにするものに限る。）

イ　契約の対象とする物件（以下この号において「リース物件」という。）
を使用させる期間（以下この号において「使用期間」という。）の中
途において契約の解除をすることができないものであること又はこれ
に準ずるものとして内閣府令で定めるものであること。

ロ　使用期間において、リース物件の取得価額から当該リース物件の使
用期間の満了の時において譲渡するとした場合に見込まれるその譲渡
対価の額に相当する金額を控除した額及び固定資産税に相当する額、
保険料その他当該リース物件を使用させるために必要となる付随費用
として内閣府令で定める費用の合計額を対価として受領することを内
容とするものであること。

ハ　使用期間が満了した後、リース物件の所有権又はリース物件の使用
及び収益を目的とする権利が相手方に移転する旨の定めがないこと。

二十二　前号に掲げる事業の代理又は媒介

77

二十三 前各号の事業に附帯する事業

3 信用協同組合の前項第四号の事業に係る預金及び定期積金の合計額は、当該信用協同組合の預金及び定期積金の総額の100分の20に相当する金額を超えてはならない。

4 信用協同組合は、第2項第五号の事業については、政令で定めるところにより、第1項第一号及び第二号の事業の遂行を妨げない限度において行わなければならない。

5 第2項第十号の事業には同号に規定する証書をもつて表示される金銭債権のうち有価証券に該当するものについて、同項第十号の三の事業には短期社債等について、金融商品取引法第2条第8項第一号から第六号まで及び第八号から第十号まで（定義）に掲げる行為を行う事業を含むものとする。

6 第2項及び前項において、次の各号に掲げる用語の意義は、当該各号に定めるところによる。

一 短期社債等 次に掲げるものをいう。

イ 社債、株式等の振替に関する法律（平成13年法律第75号）第66条第一号（権利の帰属）に規定する短期社債

ロ 投資信託及び投資法人に関する法律（昭和26年法律第198号）第139条の12第1項（短期投資法人債に係る特例）に規定する短期投資法人債

ハ 信用金庫法（昭和26年法律第238号）第54条の4第1項（全国連合会の短期債の発行）に規定する短期債

ニ 保険業法第61条の10第1項（短期社債に係る特例）に規定する短期社債

ホ 資産の流動化に関する法律（平成10年法律第105号）第2条第8項（定義）に規定する特定短期社債

ヘ 農林中央金庫法（平成13年法律第93号）第62条の2第1項（短期農林債の発行）に規定する短期農林債

ト その権利の帰属が社債、株式等の振替に関する法律の規定により振替口座簿の記載又は記録により定まるものとされる外国法人の発行する債券（新株予約権付社債券の性質を有するものを除く。）に表示されるべき権利のうち、次に掲げる要件のすべてに該当するもの

第9条の8（信用協同組合）

(1) 各権利の金額が1億円を下回らないこと。

(2) 元本の償還について、権利の総額の払込みのあつた日から1年未満の日とする確定期限の定めがあり、かつ、分割払の定めがないこと。

(3) 利息の支払期限を、(2)の元本の償還期限と同じ日とする旨の定めがあること。

一の二　有価証券関連デリバティブ取引又は書面取次ぎ行為　それぞれ金融商品取引法第28条第8項第六号（定義）に規定する有価証券関連デリバティブ取引又は同法第33条第2項（金融機関の有価証券関連業の禁止等）に規定する書面取次ぎ行為をいう。

二　政府保証債　政府が元本の償還及び利息の支払について保証している社債その他の債券をいう。

二の二　特定目的会社、資産流動化計画、特定社債又は特定短期社債　それぞれ資産の流動化に関する法律第2条第3項、第4項、第7項又は第8項（定義）に規定する特定目的会社、資産流動化計画、特定社債又は特定短期社債をいう。

三　有価証券の私募の取扱い　有価証券の私募（金融商品取引法第2条第3項（定義）に規定する有価証券の私募をいう。）の取扱いをいう。

三の二　振替業　社債、株式等の振替に関する法律第2条第4項（定義）の口座管理機関として行う振替業をいう。

三の三　デリバティブ取引　金融商品取引法第2条第20項（定義）に規定するデリバティブ取引をいう。

四　有価証券関連店頭デリバティブ取引　金融商品取引法第28条第8項第四号（定義）に掲げる行為をいう。

7　信用協同組合は、第1項及び第2項の規定により行う事業のほか、第1項第一号から第三号までの事業の遂行を妨げない限度において、次に掲げる事業（第五号及び第六号に掲げる事業にあつては、組合員、地方公共団体その他内閣府令で定める者のために行うものに限る。）を行うことができる。

一　金融商品取引法第28条第6項（通則）に規定する投資助言業務に係る事業

二　金融商品取引法第33条第2項各号（金融機関の有価証券関連業の禁止

等）に掲げる有価証券又は取引について、同項各号に定める行為を行う事業（第２項の規定により行う事業を除く。）

三　金融機関の信託業務の兼営等に関する法律（昭和18年法律第43号）により行う同法第１条第１項（兼営の認可）に規定する信託業務に係る事業

四　信託法（平成18年法律第108号）第３条第三号（信託の方法）に掲げる方法によつてする信託に係る事務に関する事業

五　地方債又は社債その他の債券の募集又は管理の受託

六　担保付社債信託法（明治38年法律第52号）により行う担保付社債に関する信託事業

七　算定割当量を取得し、若しくは譲渡することを内容とする契約の締結又はその媒介、取次ぎ若しくは代理を行う事業（第２項の規定により行う事業を除く。）であつて、内閣府令で定めるもの

8　信用協同組合は、前項第四号から第六号までに掲げる事業に関しては、信託業法（平成16年法律第154号）、担保付社債信託法その他の政令で定める法令の適用については、政令で定めるところにより、会社又は銀行とみなす。この場合においては、信託業法第14条第２項ただし書（商号）の規定は、適用しない。

本条…追加〔昭和30年８月法律121号〕、２項…一部改正・３項…追加〔昭和43年６月法律85号〕、２項…一部改正・３項…追加・旧３項…一部改正し４項に繰下〔昭和48年７月法律42号〕、１－３項…一部改正・４項…追加・旧４項…一部改正し５項に繰下〔昭和56年６月法律60号〕、５項…一部改正〔昭和56年６月法律75号〕、２項…一部改正・５項…追加・旧５項…６項に繰下〔昭和63年５月法律77号〕、６項…一部改正〔平成２年６月法律65号〕、２－４項…一部改正・５項…全部改正・６－９・11・12項…追加・旧６項…一部改正し10項に繰下〔平成４年６月法律87号〕、９・12項…一部改正〔平成５年６月法律63号〕、11項…削除・旧12項…11項に繰上〔平成９年５月法律59号〕、２・９項…一部改正〔平成９年６月法律102号〕、２・６項…一部改正〔平成10年６月法律106号・107号〕、２項…一部改正〔平成10年10月法律131号・11年５月56号〕、２・９項…一部改正〔平成11年12月法律160号〕、６項…一部改正〔平成12年５月法律97号・96号〕、２・９項…一部改正〔平成11年12月法律160号〕、10項…一部改正〔平成13年６月法律80号〕、２・４項…一部改正〔平成13年11月法律117号〕、２・５・６項…一部改正〔平成13年６月法律75号〕、10項…一部改正〔平成13年11月法律129号〕、２・６項…一部改正〔平成14年６月法律65号〕、２・６項…一部改正〔平成15年５月法律54号〕、６項…一部改正〔平成16年６月法律97号〕、11項…一部改正〔平成16年12月法律154号〕、２・６項…一部改正〔平成16年12月法律159号〕、２項…一部改正〔平成17年11月法律106号〕、６・９項…一部改正・10項…削除、旧11項…一部改正

第9条の8（信用協同組合）

し10項に繰上〔平成17年7月法律87号〕、2・5－7項…一部改正〔平成18年6月法律65号〕、8・10項…一部改正〔平成18年12月法律109号〕、2項…一部改正〔平成19年5月法律58号〕、6項…一部改正〔平成19年6月法律74号〕、2・7項…一部改正・8・9項…削除・旧10項…一部改正し8項に繰上〔平成20年6月法律65号〕、6項…一部改正〔平成16年6月法律88号〕、2項…一部改正〔平成21年6月法律58号・23年5月49号・25年6月45号〕

委任 2項六号の「内閣府令」＝〈中小企業等協同組合法による信用協同組合及び信用協同組合連合会の事業に関する内閣府令〉1条の3第1項・2項、2項八号の「内閣府令」＝同1条の3第3項、2項十号の「内閣府令」＝同1条の3第4項、2項十号の二の「内閣府令」＝同1条の3第5項、2項十二号の二の「内閣府令」＝同1条の3第6項、2項十五号の二・十六号の「内閣府令」＝同1条の3第7項、2項十七号第一の「内閣府令」＝同1条の3第8項、2項十七号第二の「内閣府令」＝同1条の3第9項、2項十八号の「内閣府令」＝同1条の3第10項、2項二十一号イからハ以外の部分の「内閣府令」＝同1条の3第11項、2項二十一号イの「内閣府令」＝同1条の3第12項、2項二十一号ロの「内閣府令」＝同1条の3第13項、7項各号列記以外の部分の「内閣府令」＝同2条、7項七号の「内閣府令」＝同2条の2、2項十二号の「定め」＝〈信用協同組合及び信用協同組合連合会が業務の代理又は媒介を行うことができる者を指定〉1条、〈中小企業等協同組合法第9条の8第2項第十二号及び第9条の9第6項第一号の規定により行う同法第9条の8第2項第十二号の規定に基づく信用協同組合及び信用協同組合連合会が行うことができる業務の代理又は媒介〉1条、4項の「政令」＝〈本法施行令〉14条、8項の「政令」＝同16条

罰則 3項関係＝〈本法〉115条1項四号、4項関係＝〈本法〉115条1項五号

　信用協同組合の事業には、信用協同組合として必ず行わなければならない事業と、法律的に強制されない任意の事業とがある。

1　信用協同組合の必要事業（1項）

　信用協同組合は、次に掲げる事業の全部を、必ず行わなければならない。

(1)　組合員に対する資金の貸付事業（一号）

　　資金の貸付事業は、事業協同組合も行うことができるが、信用協同組合にあっては、事業資金に限らず生活資金の貸付けが可能である。

　　員外貸付けの点についても、事業協同組合と同様である。ただし、本条4項に基づく政令（施行令14条）により員外利用について一定の制限が設けられている。

(2)　組合員のためにする手形の割引（二号）

　　事業協同組合と同様である。本事業の員外利用については、前号と同様に

可能である。

(3)　組合員の預金又は定期積金の受入れ（三号）

本事業は、信用協同組合にのみ認められる事業である。本事業の員外利用については、預金・積金の受入先につき、本条２項二号〜四号、３項に特則が設けられている。

(4)　附帯事業（四号）

上記(1)から(3)の事業に附帯する事業であり、信用協同組合の性格上、金融事業に固有の附帯事業に限られるものであることはいうまでもない。

２　信用協同組合の任意事業（２項）

信用協同組合は、前記１の事業のほかに定款の事業目的に記載し変更の認可を受けることによって、次の事業を行うことができる。

(1)　為替取引（一号）

本事業は、平成５年４月に施行された「金融制度及び証券取引制度の改革のための関係法律の整備等に関する法律」（以下「金融制度改革法」という。）に基づき、信用協同組合も銀行等と同様に、これまでの「内国為替取引」に限定されていた事業を「為替取引」としたことにより、我が国の経済の国際化の進展に伴う組合員の多様化したニーズに応えるため、また、海外取引決済は金融機関固有の資金決済機能を活用するものであることから、法律上の整理を図り、外国為替事業が行えることとなった。

なお、外国為替事業を行うためには、協金法に基づき、内閣総理大臣の認可を受けなければならない。また、員外利用については、昭和56年の改正により可能となった。

(2)　国、地方公共団体その他非営利法人の預金の受入れ（二号）

員外利用についての特則であるが、国、都道府県等の営利を目的としない法人が余裕金を低利で預託することにより、信用協同組合の貸付金の資金源を強化する趣旨である。

(3)　組合員の配偶者等からの預金又は定期積金の受入れ（三号）

員外利用についての特則であるが、利用者は、組合員の配偶者その他の親族（民法725条）であって、組合員と生計を一にするものに限られる。

(4)　組合員以外の者からの預金又は定期積金の受入れ（四号）

員外利用についての特則であるが、国等及び配偶者等以外の利用者も信用

第９条の８（信用協同組合）

協同組合に対して預金又は定期積金ができる。また、当該員外者から受け入れる預金又は定期積金の合計額は、当該信用協同組合の預金又は定期積金の総額の100分の20に相当する金額を超えてはならないとされている（３項）。

⑸　**組合員以外の者に対する資金の貸付け等（五号）**

　本事業は、昭和56年に公布された「中小企業金融制度等の整備改善のための相互銀行法、信用金庫法等の一部を改正する法律」に基づき員外者に対する範囲が拡大されているが、その具体的内容については、施行令14条で規定されており、対象は、①組合員以外の者に対する預金等担保貸付け、②組合員たる資格を有する組合員以外の者に対する金融庁長官の定める範囲内の資金の貸付け及び手形の割引、③組合員の外国子会社に対する資金の貸付け、④独立行政法人又は地方独立行政法人に対する資金の貸付け及び手形の割引、⑤選定事業者に対する選定事業に係る資金の貸付け、⑥地方公共団体に対する資金の貸付け、⑦勤労者退職金共済機構、住宅金融支援機構、沖縄振興開発金融公庫又は国家公務員共済組合等の共済組合等の法人に対する資金の貸付け、⑧地方住宅供給公社等に対する資金の貸付け及び手形の割引、⑨金融機関に対する資金の貸付け及び手形の割引となっている。また、①～⑥及び⑧については、当該信用協同組合の資金の貸付け及び手形の割引（⑨に該当するものを除く。）の総額の100分の20に相当する金額を超えてはならないという規制がかけられている（４項、施行令14条２項）。

⑹　**債務の保証又は手形の引受け（六号）**

　債務保証については、金融制度改革法により、日本政策金融公庫等の業務の代理に伴う債務の保証が規定されていたが、従来のものに加え、組合員のためにする債務の保証、外国為替取引に伴い行う債務の保証等を行うことができることとなった。なお、信用協同組合が債務保証等できる範囲は、「中小企業等協同組合法による信用協同組合及び信用協同組合連合会の事業に関する内閣府令」１条の３（信用協同組合等の併せ行うことができる事業）に規定されている。

⑺　**有価証券の売買及び先物取引等（七号）**

　信用協同組合の有価証券投資は、従来、「協同組合による金融事業に関する法律」４条（余裕金の運用制限）に基づき行われていたが、金融制度改革法の改正により、同条が撤廃されたため、本号により銀行等と同様に投資目的のための有価証券の保有ができることとなった。

83

第2章　中小企業等協同組合

(8)　**有価証券の貸付け（八号）**

　　金融制度改革法により、信用協同組合の有価証券の貸付けの対象先は組合員に限定されていたが、貸債券市場の整備等に伴い、保有有価証券の有効活用を図る観点から、確実な担保を備えた取引先等の組合員外に対しても拡大され、機動的な対応ができることとなった。

(9)　**国債、地方債等の引受けと当該引受けに係る国債、地方債等の募集の取扱い（九号）**

　　国債等の引受け及び募集の取扱いについては、既に昭和63年4月から、代理業務としてのいわゆる代理窓販を実施してきたが、金融制度改革法により信用協同組合におけるこの事業に対するニーズの高まりに対応するため信用協同組合自らが国債等の窓口販売及びディーリング事業（7項）ができることとなった。しかしながら、この国債等の窓口販売及びディーリング事業を行うためには、内閣総理大臣の登録を受けなければならない（金融商品取引法33条1項本文、2項、33条の2）。

(10)　**金銭債権の取得又は譲渡（十号）**

　　信用協同組合においては、従来、余裕金の運用として、金銭債権である譲渡性預金等の取得又は譲渡を行ってきたが、金融制度改革法により、事業としての取扱いが可能となった。なお、取得又は譲渡のできる金銭債権の範囲は、「中小企業等協同組合法による信用協同組合及び信用協同組合連合会の事業に関する内閣府令」1条の3第4項を参照されたい。

(11)　**特定目的会社が発行する特定社債その他これに準ずる有価証券として内閣府令で定めるものの引受け又は当該引受けに係る特定社債等の募集の取扱い（十号の二）**

(12)　**短期社債等の取得又は譲渡（十号の三）**

(13)　**有価証券の私募の取扱い（十一号）**

　　金融商品取引法2条3項に規定する有価証券の私募の取扱いをさすものと解されるが、この有価証券の私募の取扱いを行うためには、内閣総理大臣の登録を受けなければならない（金融商品取引法33条1項本文、2項、33条の2）。

(14)　**金融機関の事業又は業務の代理又は媒介（十二号）**

　　信用協同組合は、他の信用協同組合、信用協同組合連合会、日本政策金融公庫その他内閣総理大臣の指定する者（外国銀行を除く。）の代理として、

84

資金の貸付け、預金の受入れ等の業務の代行をすることができる。取引の相手方には員外者も含まれ、員外者の資格及び員外利用の分量については制限がない。

⒂　**外国銀行の業務の代理又は媒介（十二号の二）**

　　外国において行う外国銀行の業務の代理又は媒介であって、内閣府令で定めるものに限られる。

⒃　**国、地方公共団体、会社等の金銭の収納その他金銭に係る事務の取扱い（十三号）**

　　国や地方公共団体、会社等の指定金融機関として公金出納業務、各種公共料金の振替収納業務は、従来、信用協同組合が行い得る事業に附帯する事業として行われてきた。金融制度改革法に基づき、銀行等と同様に金銭出納業務全般の取扱いが、本号の規定により明確化された。

⒄　**有価証券、貴金属その他の物品の保護預り（十四号）**

　　信用協同組合における有価証券、貴金属その他の保護預りについては、組合員に限定されていたが、金融制度改革法により顧客サービスの向上を図る観点等から組合員以外の者に対しても取引のニーズに応えていく必要があり、また、組合員以外の取扱いを認めても組合員の利便を損なうまでには至らないと考えられたため組合員以外の者の利用も可能とされた。

⒅　**振替業（十四号の二）**

⒆　**両替（十五号）**

　　両替事業は、従来、附帯事業として実施されてきたが、金融制度改革法により、新たに規定し明確化が図られた。

⒇　**デリバティブ取引（十五号の二）**

㉑　**デリバティブ取引の媒介、取次ぎ又は代理（十六号）**

㉒　**金融等デリバティブ取引（十七号）**

　　金利、通貨の価格、商品の価格、地球温暖化対策の推進に関する法律上の算定割当量等の価格その他の指標の数値としてあらかじめ当事者間で約定された数値と将来の一定の時期における現実の当該指標の数値の差に基づいて算出される金銭の授受を約する取引又はこれに類似する取引であって内閣府令で定めるもののうち信用協同組合の経営の健全性を損なうおそれがないと認められる取引として内閣府令で定めるものをいう。

㉓　**金融等デリバティブ取引の媒介、取次ぎ又は代理（十八号）**

第2章　中小企業等協同組合

⒁　有価証券関連店頭デリバティブ取引（十九号）

⒂　有価証券関連店頭デリバティブ取引の媒介、取次ぎ又は代理（二十号）

⒃　ファイナンスリース取引事業（二十一号）

　　機械類その他の物件を使用させる契約であって一定の要件を満たすものに基づき、当該物件を使用させる事業（組合員又はこれに準ずる者として内閣府令で定めるもののためにするものに限る。）をいう。

⒄　ファイナンスリース取引事業の代理又は媒介（二十二号）

⒅　附帯事業（二十三号）

3　信託事業等（7項、8項）

　　信用協同組合は、以上の事業のほか、本条1項一号から三号までの事業（組合員に対する資金の貸付け、組合員のためにする手形の割引、組合員の預金又は定期積金の受入れ）の遂行を妨げない限度において、次に掲げる事業（(5)及び(6)に掲げる事業にあっては、組合員、地方公共団体その他内閣府令で定める者のために行うものに限る。）を行うことができる。信用協同組合は、(4)から(6)までに掲げる事業に関しては、信託業法、担保付社債信託法等の適用については、政令で定めるところにより、会社又は銀行とみなされるが、その名称については特例が置かれている（8項）。

⑴　投資助言業務（金融商品取引法28条6項）に係る事業（一号）

⑵　国債証券等の売買等（金融商品取引法33条2項各号）を行う事業（本条2項の規定により行う事業を除く。）（二号）

⑶　信託業務（金融機関の信託業務の兼営等に関する法律1条1項に規定する信託業務）に係る事業（三号）

⑷　公正証書等による意思表示の方法による信託（信託法3条3号）に係る事務に関する事業（四号）

⑸　地方債又は社債その他の債券の募集又は管理の受託（五号）

⑹　担保付社債信託法により行う担保付社債に関する信託事業（六号）

⑺　算定割当量を取得し、若しくは譲渡することを内容とする契約の締結又はその媒介、取次ぎ若しくは代理を行う事業（本条2項の規定により行う事業を除く。）であって、内閣府令で定めるもの（七号）

第9条の9（協同組合連合会）

（協同組合連合会）
第9条の9　協同組合連合会は、次の事業の一部を行うことができる。
　一　会員の預金又は定期積金の受入れ
　二　会員に対する資金の貸付け及び会員のためにするその借入れ
　三　会員が火災共済事業を行うことによつて負う共済責任の再共済
　四　生産、加工、販売、購買、保管、運送、検査その他協同組合連合会を
　　　直接又は間接に構成する者（以下「所属員」という。）の事業に関する
　　　共同事業
　五　所属員の福利厚生に関する事業
　六　所属員の事業に関する経営及び技術の改善向上又は組合事業に関する
　　　知識の普及を図るための教育及び情報の提供に関する事業
　七　所属員の新たな事業の分野への進出の円滑化を図るための新商品若し
　　　くは新技術の研究開発又は需要の開拓に関する事業
　八　所属員の経済的地位の改善のためにする団体協約の締結
　九　前各号の事業に附帯する事業
2　前項第一号の事業を行う協同組合連合会は、同項の規定にかかわらず、
　同項第一号及び第二号の事業並びにこれに附帯する事業並びに第6項に規
　定する事業のほか、他の事業を行うことができない。
3　第1項第三号の事業を行う協同組合連合会は、同項の規定にかかわらず、
　同項第二号及び第三号の事業、同項第五号の規定による共済事業（火災共
　済事業を除く。）並びに会員たる火災等共済組合（第9条の7の2第1項
　の認可を受けて火災共済事業を行う事業協同組合をいう。以下同じ。）又
　は会員たる火災等共済組合連合会（協同組合連合会であつて、第5項にお
　いて準用する同条第1項の認可を受けて火災共済事業を行うものをいう。
　以下同じ。）と連帯して行う火災共済契約に係る共済責任の負担並びにこ
　れらに附帯する事業並びに第8項において準用する第9条の2第6項に規
　定する事業のほか、他の事業を行うことができない。
4　第1項第五号の規定により共済事業を行う協同組合連合会（同項第三号
　の事業を行う協同組合連合会を除く。）であつてその会員たる組合の組合
　員の総数が政令で定める基準を超えるもの又はその所属員たる組合が共済
　事業を行うことによつて負う共済責任の再共済又は再共済責任の再再共
　済の事業を行うもの（以下「特定共済組合連合会」という。）は、同項の

87

規定にかかわらず、共済事業及び同項第二号の事業並びにこれらに附帯する事業並びに次項において準用する第9条の2第6項に規定する事業のほか、他の事業を行うことができない。ただし、主務省令で定めるところにより、行政庁の承認を受けたときは、この限りでない。

5　協同組合連合会（第1項第一号又は第三号の事業を行うものを除く。）については、第9条の2第2項から第15項まで（第7項及び第9項（事業協同小組合に係る部分に限る。）を除く。）、第9条の2の2から第9条の7の2まで及び第9条の7の5の規定を準用する。この場合において、第9条の2第2項中「第9条の7の2第1項の認可」とあるのは「第9条の9第5項において準用する第9条の7の2第1項の認可」と、同条第9項中「組合員並びに組合員と生計を一にする親族及び組合員たる組合を直接又は間接に構成する者であつて小規模の事業者であるもの」とあるのは「会員並びに所属員たる小規模の事業者及び所属員たる小規模の事業者と生計を一にする親族」と、第9条の6の2第1項中「第9条の7の2第1項」とあるのは「第9条の9第5項において準用する第9条の7の2第1項」と、第9条の7の2第1項中「事業協同組合であつてその組合員（第8条第2項に規定する資格を有する者に該当する者に限る。）の総数が第9条の2第7項」とあるのは「協同組合連合会であつてその会員たる組合の組合員（当該協同組合連合会の定款で定める一の業種に属する事業を行う第8条第2項に規定する小規模の事業者又は事業協同小組合に該当するものに限る。）の総数が第9条の9第4項」と読み替えるものとする。

6　第1項第一号の事業を行う協同組合連合会は、次の事業を行うことができる。この場合において、第二号から第七号までの事業については、同項第一号及び第二号の事業の遂行を妨げない限度において行わなければならない。

　一　前条第2項第一号、第二号、第四号から第十一号まで及び第十三号から第二十三号までの事業

　一の二　信用協同組合、第1項第一号の事業を行う協同組合連合会、株式会社日本政策金融公庫その他内閣総理大臣の定める者（外国銀行を除く。）の事業又は業務（前条第2項第十二号の二の事業及び次号の事業に該当するものを除く。）の代理又は媒介（内閣総理大臣の定めるものに限る。）

第９条の９（協同組合連合会）

一の三　外国銀行の業務の代理又は媒介（外国において行う外国銀行の業務の代理又は媒介であつて、内閣府令で定めるものに限る。）

二　金融商品取引法第28条第６項（通則）に規定する投資助言業務に係る事業

三　金融商品取引法第33条第２項各号（金融機関の有価証券関連業の禁止等）に掲げる有価証券又は取引について、同項各号に定める行為を行う事業（第一号の事業を除く。）

四　金融機関の信託業務の兼営等に関する法律により行う同法第１条第１項（兼営の認可）に規定する信託業務に係る事業

五　信託法第３条第三号（信託の方法）に掲げる方法によつてする信託に係る事務に関する事業

六　前条第７項第五号及び第六号の事業

七　算定割当量を取得し、若しくは譲渡することを内容とする契約の締結又はその媒介、取次ぎ若しくは代理を行う事業（第一号の事業を除く。）であつて、内閣府令で定めるもの

7　第１項第一号の事業を行う協同組合連合会については、前条第３項から第６項まで及び第８項の規定を準用する。この場合において、同条第４項中「第１項第一号及び第二号」とあるのは「次条第１項第二号」と、同条第８項中「前項第四号から第六号まで」とあるのは「次条第６項第五号及び第六号」と読み替えるものとする。

8　第１項第三号の事業を行う協同組合連合会については、第９条の２第２項、第３項、第６項及び第９項（事業協同組合に係る部分に限る。）、第９条の６の２、第９条の６の３並びに第９条の７の５の規定を準用する。この場合において、第９条の２第９項中「組合員並びに組合員と生計を一にする親族及び組合員たる組合を直接又は間接に構成する者であつて小規模の事業者であるもの」とあるのは「会員並びに所属員たる小規模の事業者及び所属員たる小規模の事業者と生計を一にする親族」と、第９条の６の２第１項中「共済事業（第９条の７の２第１項の認可を受けて同項に規定する火災共済事業を行う事業協同組合にあつては、当該火災共済事業」とあるのは「第９条の９第１項第五号の規定による共済事業（第９条の７の２第１項に規定する火災共済事業」と読み替えるものとする。

　　本条…追加〔昭和30年８月法律121号〕、１項…一部改正・３・６項…追加・旧３項…一部

89

第2章　中小企業等協同組合

改正し4項に繰下・旧4項…5項に繰下〔昭和32年11月法律186号〕、1・5項…一部改正〔昭和43年6月法律85号〕、5項…一部改正〔昭和48年7月法律42号〕、1・5項…一部改正〔昭和56年6月法律60号〕、4項…一部改正〔昭和59年5月法律31号〕、5項…一部改正〔昭和63年5月法律77号〕、2項…一部改正・5項…追加・旧5項…一部改正し6項に繰下・旧6項…7項に繰下〔平成4年6月法律87号〕、6項…一部改正〔平成9年5月法律59号〕、1項…一部改正〔平成9年11月法律106号〕、5項…一部改正〔平成10年6月法律107号〕、6項…一部改正〔平成17年7月法律87号〕、1－3項…一部改正・4項…追加・旧4・7項…一部改正し1項ずつ繰下・旧5・6項…1項ずつ繰下〔平成18年6月法律75号〕、6項…一部改正〔平成18年6月法律65号〕、6・7項…一部改正〔平成18年12月法律109号・20年6月65号〕、6項…一部改正〔平成23年5月法律49号〕、3－5・8項…一部改正〔平成24年9月法律85号〕、6項…一部改正〔平成25年6月法律45号〕

委任　4項の「政令」＝〈本法施行令〉17条、5項で準用する9条の2第4項の「政令」＝同4条、5項で準用する9条の2第5項の「政令」＝同5条、5項で準用する9条の2第12項の「政令」＝同7条、5・8項で準用する9条の7の5第2項で準用する保険業法309条1項六号の「政令」＝同8条、5・8項で準用する9条の7の5第2項で準用する保険業法309条2項の「政令」＝同9条、5・8項で準用する9条の7の5第2項で準用する金融商品取引法34条の2第4項・34条の3第12項で準用する34条の2第4項・34条の4第3項で準用する34条の2第4項・37条の3第2項で準用する34条の2第4項・37条の4第2項で準用する34条の2第4項・34条の4第6項で準用する34条の3第12項で準用する34条の2第4項の「政令」＝同10条、5・8項で準用する9条の7の5第2項で準用する金融商品取引法34条の2第12項・34条の3第3項で準用する34条の2第12項の「政令」＝同11条、5・8項で準用する9条の7の5第2項で準用する金融商品取引法37条1項三号の「政令」＝同12条、7項で準用する9条の8第8項の「政令」＝同16条、4項の「主務省令」＝〈本法施行規則〉52条、5・8項で準用する9条の2第2項第二の「主務省令」＝同2条、5・8項で準用する9条の2第6項第一の「主務省令」＝同3条、5・8項で準用する9条の2第6項第二の「主務省令」＝同4条、5項で準用する9条の2の3第1項の「主務省令」＝同8条、5・8項で準用する9条の6の2第1項の「主務省令」＝同9条・10条、5・8項で準用する9条の6の2第2項の「主務省令」＝同11条、5項で準用する9条の7の2第1項第一の「主務省令」＝同14条、5項で準用する9条の7の2第2項第一の「主務省令」＝同14条の3、5項で準用する9条の7の2第2項第二の「主務省令」＝同14条の2、5・8項で準用する9条の7の5第2項で準用する保険業法275条1項二号の「主務省令」＝同15条、5・8項で準用する9条の7の5第2項の「主務省令」＝同26条、5・8項で準用する9条の7の5第2項で読み替えて準用する金融商品取引法34条の「主務省令」＝同27条、5・8項で準用する9条の7の5第2項で読み替えて準用する金融商品取引法34条の2第3項四号の「主務省令」＝同29条、5・8項で準用する9条の7の5第2項で読み替えて準用する金融商品取引法34条の2第4項・34条の4第3項で準用する34条の2第4項・37条の3第2項で準用する34条の2第4項・37条

第９条の９（協同組合連合会）

の４第２項で準用する34条の２第４項・34条の４第６項で準用する34条の３第12項
で準用する34条の２第４項の「主務省令」＝同30条、５・８項で準用する９条の７
の５第２項で読み替えて準用する金融商品取引法34条の２第11項の「主務省令」＝
同31条の２、５・８項で準用する９条の７の５第２項で読み替えて準用する金融商
品取引法34条の２第12項・34条の３第３項で準用する34条の２第12項・34条の４第
６項で準用する34条の３第３項で準用する34条の２第12項の「主務省令」＝同31条
の３、５・８項で準用する９条の７の５第２項で読み替えて準用する金融商品取引
法34条の３第２項各号列記以外の部分の「主務省令」＝同32条、５・８項で準用す
る９条の７の５第２項で読み替えて準用する金融商品取引法34条の３第２項四号イ
の「主務省令」＝同33条１項、５・８項で準用する９条の７の５第２項で読み替え
て準用する金融商品取引法34条の３第２項七号の「主務省令」＝同33条２項、５・
８項で準用する９条の７の５第２項で読み替えて準用する金融商品取引法34条の３
第７項・34条の４第４項で準用する34条の３第７項の「主務省令」＝同34条、５・
８項で準用する９条の７の５第２項で読み替えて準用する金融商品取引法34条の３
第11項の「主務省令」＝同34条の２、５・８項で準用する９条の７の５第２項で読
み替えて準用する金融商品取引法34条の４第１項一号の「主務省令」＝同35条、５・
８項で準用する９条の７の５第２項で読み替えて準用する金融商品取引法34条の４
第１項二号の「主務省令」＝同36条、５・８項で準用する９条の７の５第２項で読
み替えて準用する金融商品取引法34条の４第６項で準用する34条の３第２項各号列
記以外の部分の「主務省令」＝同37条、５・８項で準用する９条の７の５第２項で
読み替えて準用する金融商品取引法34条の４第６項で準用する34条の３第２項四号
イの「主務省令」＝同38条１項、５・８項で準用する９条の７の５第２項で読み替
えて準用する金融商品取引法34条の４第６項で準用する34条の３第２項七号の「主
務省令」＝同38条２項、５・８項で準用する９条の７の５第２項で読み替えて準用
する金融商品取引法34条の４第６項で準用する34条の３第７項の「主務省令」＝同
38条の２第１項、５・８項で準用する９条の７の５第２項で読み替えて準用する金
融商品取引法34条の４第６項で準用する34条の３第11項の「主務省令」＝同38条の
３、５・８項で準用する９条の７の５第２項で読み替えて準用する金融商品取引法
37条１項第１・２項第一の「主務省令」＝同39条、５・８項で準用する９条の７の
５第２項で読み替えて準用する金融商品取引法37条１項第二の「主務省令」＝同40
条、５・８項で準用する９条の７の５第２項で読み替えて準用する金融商品取引法
37条２項第二の「主務省令」＝同43条、５・８項で準用する９条の７の５第２項で
読み替えて準用する金融商品取引法37条の３第１項本文の「主務省令」＝同44条、５・
８項で準用する９条の７の５第２項で読み替えて準用する金融商品取引法37条の３
第１項ただし書の「主務省令」＝同45条、５・８項で準用する９条の７の５第２項
で読み替えて準用する金融商品取引法37条の３第１項四号の「主務省令」＝同46条、
５・８項で準用する９条の７の５第２項で読み替えて準用する金融商品取引法37条
の３第１項七号の「主務省令」＝同47条、５・８項で準用する９条の７の５第２項
で読み替えて準用する金融商品取引法37条の４第１項本文の「主務省令」＝同48条、

第2章　中小企業等協同組合

5・8項で準用する9条の7の5第2項で読み替えて準用する金融商品取引法37条
の4第1項ただし書の「主務省令」＝同49条、5・8項で準用する9条の7の5第
2項で読み替えて準用する金融商品取引法38条第三号の「主務省令」＝同49条の2、
5・8項で準用する9条の7の5第2項で読み替えて準用する金融商品取引法38条
六号の「主務省令」＝同50条、5・8項で準用する9条の7の5第2項で読み替え
て準用する金融商品取引法45条の「主務省令」＝同51条、5項で準用し9条の3第
4項で準用する倉庫業法12条の「国土交通省令」＝〈中小企業等協同組合法等によ
る倉荷証券発行許可等に関する省令〉7条、6項一号の三の「内閣府令」＝〈中小
企業等協同組合法による信用協同組合及び信用協同組合連合会の事業に関する内閣
府令〉1条の3第14項、6項七号の「内閣府令」＝同2条の2、6項一号の二の「定め」
＝〈信用協同組合及び信用協同組合連合会が業務の代理又は媒介を行うことができ
る者を指定〉2条、〈中小企業等協同組合法第9条の8第2項第十二号及び第9条
の9第6項第一号の規定により行う同法第9条の8第2項第十二号の規定に基づく
信用協同組合及び信用協同組合連合会が行うことができる業務の代理又は媒介〉2
条

罰則　1項関係＝〈本法〉112条1項、2・3項関係＝〈本法〉115条1項六号、4項関係＝〈本
法〉114条の6第1項一号、5項関係＝〈本法〉112条の2－112条の5・112条の7
第一号・二号・114条の4・114条の6第1項二号・二号の二・114条の7・115条1
項三号、7項関係＝〈本法〉115条1項四号・五号、8項関係＝〈本法〉112条の2
－112条の5・112条の7第一号・二号・114条の4・114条の6第1項二号・114条の7・
115条1項三号

1　協同組合連合会及び協同小組合連合会の事業

協同組合連合会及び協同小組合連合会の事業は、会員又は所属員のために行う
ものである。

その内容は、事業協同組合と同様であるが、事業資金の貸付け及び債務保証事
業については会員たる組合のみを対象として行うもので、会員たる組合の組合員
にまで拡大することはできない。

2　協同組合連合会が行う共済事業等（4項、5項）

⑴　共済金額の規制等

共済事業は、福利厚生事業のうち、組合員その他の共済契約者から共済掛
金の支払を受け、共済事故の発生に関し、共済金を交付する事業であって、
一の被共済者当たりの共済金額が10万円を超える共済契約の締結を行う事業
をいい（法9条の2第7項、施行規則5条）、協同組合連合会も、福利厚生
事業として共済事業を行うことができる（1項五号）。協同組合連合会が共

済事業を行う場合も、事業協同組合及び事業協同小組合の場合と同様、共済金額の規制が及ぶ。すなわち、法9条の7の2第1項の認可を受けた場合を除き、共済契約であって、火災により又は火災及び主務省令（施行規則14条）で定める偶然な事故の全部若しくは一部を一括して共済事故としこれらのもののいずれかにより財産に生ずることのある損害を埋めるためのものにおいては、共済契約者1人につきこれらの共済契約に係る共済金額の総額を30万円（施行規則2条）を超えるものと定めてはならないとされる（5項、法9条の2第2項）。なお、協同組合連合会が共済事業（法9条の7の2第1項の認可を受けて同項に規定する火災共済事業を行う協同組合連合会にあっては、当該火災共済事業を除く。）を行おうとするときは、共済規程を定め、行政庁の認可を受けなければならない（5項、法9条の6の2）。

(2) **兼業規制等**

協同組合連合会は、本条1項に規定する事業の一部を行うことができるとされている。しかし、①共済事業を行う協同組合連合会（会員が火災共済事業を行うことによって負う共済責任の再共済の事業（1項三号）を行う協同組合連合会を除く。）であってその会員たる組合の組合員の総数が1,000人（施行令17条）を超えるもの、又は②その所属員たる組合が共済事業を行うことによって負う共済責任の再共済又は再共済責任の再再共済の事業を行うもの（①及び②をあわせて特定共済組合連合会という。）は、行政庁の承認を受けたときを除き、①共済事業、②会員に対する資金の貸付け及び会員のためにするその借入れ、③これらに附帯する事業、並びに④保険募集（本条5項、9条の2第6項）のほか、他の事業を行うことができない（4項）。

3 協同組合連合会が行う火災共済事業等

協同組合連合会であって、その組合員（法8条2項に規定する資格を有する者に該当する者に限る。）の総数が1,000人（施行令6条）を超えること、出資の総額が1,000万円以上であること等の要件を備えるものは、行政庁の認可を受けて、火災共済事業（火災により又は火災及び破裂、爆発、落雷その他の主務省令（施行規則14条）で定める偶然な事故の全部若しくは一部を一括して共済事故としこれらのもののいずれかにより財産に生ずることのある損害を埋めるための共済事業をいう。）であって、共済契約に係る共済金額の総額が共済契約者1人につき30万円（施行規則2条）を超えるものを行

第2章　中小企業等協同組合

うことができる（本条5項、法9条の2第2項、9条の7の2第1項）。なお、協同組合連合会であって、行政庁の認可（5項、法9条の7の2第1項）を受けて火災共済事業を行うものは火災等共済組合連合会と呼ばれる（3項）。

4　信用協同組合連合会の事業（2項、6項、7項）

　信用協同組合連合会とは、信用協同組合で組織するという意味ではなく、会員たる組合の種類いかんにかかわらず、連合会自体の事業として金融事業のみを行うものである。信用協同組合連合会は、次の事業の全部又は一部を行うことができるが、事業の監督については「協同組合による金融事業に関する法律」及び同法が準用する「銀行法」の定めるところによる。

⑴　**信用協同組合が行うことができる任意事業（6項一号）**

　　法9条の8第2項一号、二号、四号から十一号まで及び十三号から二十三号までの事業

⑵　**信用協同組合、信用協同組合連合会、日本政策金融公庫その他内閣総理大臣の定める者（外国銀行を除く。）の事業又は業務（法9条の8第2項十二号の二の事業及び法9条の9第6項一号の三の事業に該当するものを除く。）の代理又は媒介（内閣総理大臣の定めるものに限る。）（6項一号の二）**

⑶　**外国銀行の業務の代理又は媒介（外国において行う外国銀行の業務の代理又は媒介であって、内閣府令で定めるものに限る。）（6項一号の三）**

⑷　**投資助言業務（金融商品取引法28条6項）に係る事業（6項二号）**

⑸　**国債証券等の売買等（金融商品取引法33条2項各号）を行う事業（本条6項一号の事業を除く。）（6項三号）**

⑹　**信託業務（金融機関の信託業務の兼営等に関する法律1条1項に規定する信託業務）に係る事業（6項四号）**

⑺　**公正証書等による意思表示の方法による信託（信託法3条三号）に係る事務に関する事業（6項五号）**

⑻　**地方債又は社債その他の債券の募集又は管理の受託（6項六号）**

⑼　**担保付社債信託法により行う担保付社債に関する信託事業（6項六号）**

⑽　**算定割当量を取得し、若しくは譲渡することを内容とする契約の締結又はその媒介、取次ぎ若しくは代理を行う事業（本条6項一号の事業を除く。）であって、内閣府令で定めるもの（6項七号）**

なお、⑷から⑽までの事業については、①会員の預金又は定期積金の受入事業、

94

第9条の9の2（指定特定共済事業等紛争解決機関との契約締結義務等）

②会員に対する資金の貸付け及び会員のためにするその借入事業の遂行を妨げない限度において行わなければならないこととなっている。

（指定特定共済事業等紛争解決機関との契約締結義務等）

第9条の9の2　特定共済事業協同組合等（第69条の2第6項第三号に規定する特定共済事業協同組合等をいう。第3項において同じ。）は、次の各号に掲げる場合の区分に応じ、当該各号に定める措置を講じなければならない。

一　指定特定共済事業等紛争解決機関（第69条の4に規定する指定特定共済事業等紛争解決機関をいう。以下この条において同じ。）が存在する場合　一の指定特定共済事業等紛争解決機関との間で特定共済事業等（第69条の2第6項第六号に規定する特定共済事業等をいう。次号において同じ。）に係る手続実施基本契約（同条第1項第八号に規定する手続実施基本契約をいう。第3項並びに次条第1項第一号及び第3項において同じ。）を締結する措置

二　指定特定共済事業等紛争解決機関が存在しない場合　特定共済事業等に関する苦情処理措置及び紛争解決措置

2　前項において、次の各号に掲げる用語の意義は、当該各号に定めるところによる。

一　苦情処理措置　利用者（利用者以外の被共済者、共済金額を受け取るべき者その他の関係者を含む。次号において同じ。）からの苦情の処理の業務に従事する使用人その他の従業者に対する助言若しくは指導を第69条の4において準用する保険業法第308条の13第3項第三号に掲げる者に行わせること又はこれに準ずるものとして主務省令で定める措置

二　紛争解決措置　利用者との紛争の解決を認証紛争解決手続（裁判外紛争解決手続の利用の促進に関する法律（平成16年法律第151号）第2条第三号（定義）に規定する認証紛争解決手続をいう。次条第2項第二号において同じ。）により図ること又はこれに準ずるものとして主務省令で定める措置

3　特定共済事業協同組合等は、第1項の規定により手続実施基本契約を締結する措置を講じた場合には、当該手続実施基本契約の相手方である指定特定共済事業等紛争解決機関の名称又は商号を公表しなければならない。

第2章　中小企業等協同組合

　4　第1項の規定は、次の各号に掲げる場合の区分に応じ、当該各号に定める期間においては、適用しない。
　一　第1項第一号に掲げる場合に該当していた場合において、同項第二号に掲げる場合に該当することとなつたとき　第69条の4において準用する保険業法第308条の23第1項の規定による紛争解決等業務（第69条の2第6項第一号に規定する紛争解決等業務をいう。次号並びに次条第4項第一号及び第二号において同じ。）の廃止の認可又は第69条の4において準用する同法第308条の24第1項の規定による指定の取消しの時に、同号に定める措置を講ずるために必要な期間として行政庁が定める期間
　二　第1項第一号に掲げる場合に該当していた場合において、同号の一の指定特定共済事業等紛争解決機関の紛争解決等業務の廃止が第69条の4において準用する保険業法第308条の23第1項の規定により認可されたとき、又は同号の一の指定特定共済事業等紛争解決機関の第69条の2第1項の規定による指定が第69条の4において準用する同法第308条の24第1項の規定により取り消されたとき（前号に掲げる場合を除く。）　その認可又は取消しの時に、第1項第一号に定める措置を講ずるために必要な期間として行政庁が定める期間
　三　第1項第二号に掲げる場合に該当していた場合において、同項第一号に掲げる場合に該当することとなつたとき　第69条の2第1項の規定による指定の時に、同号に定める措置を講ずるために必要な期間として行政庁が定める期間

　　　本条…追加〔平成21年6月法律58号〕、1・2・4項…一部改正〔平成24年9月法律85号〕
　　　委任　2項一号の「主務省令」＝〈本法施行規則〉52条の2第1項、2項二号の「主務省令」
　　　＝同52条の2第2項

1　規定の趣旨

　金融ADR制度の一環としての規定であり、特定共済事業協同組合等は、指定紛争解決機関が存在する場合は指定紛争解決機関との間で紛争解決等に関する手続実施基本契約を締結する義務を負い、存在しない場合は苦情処理措置及び紛争解決措置を講じる義務を負う。なお、この場合の特定共済事業等協同組合は、共済事業を行う事業協同組合のうち組合員並びに組合員と生計を一にする親族及び組合員たる組合を直接又は間接に構成する者であって小規模の事業者であるもの以外の者にその共済事業を利用させているもの、共済事業を行う事業協同小組合

第９条の９の２（指定特定共済事業等紛争解決機関との契約締結義務等）

のうち組合員及び組合員と生計を一にする親族以外の者にその共済事業を利用させているもの並びに共済事業を行う協同組合連合会のうち会員並びに所属員たる小規模の事業者及び所属員たる小規模の事業者と生計を一にする親族以外の者にその共済事業を利用させているものをいう（法69条の２第６項三号）。

2　指定特定共済事業等紛争解決機関との契約締結義務等

(1)　指定紛争解決機関（指定紛争解決機関であってその紛争解決等業務の種別が特定共済事業等であるもの。法69条の４）が存在する場合、特定共済事業協同組合等は、一の指定紛争解決機関との間で特定共済事業等（特定共済事業協同組合等が行う共済事業（責任共済に係る共済金等の支払及び支払に係る手続に関する業務に係るものを除く。）及びこれに附帯する事業、保険募集事業（法９条の２第６項、法９条の９第５項、８項）並びに当該特定共済事業協同組合等のために共済代理店が行う共済契約の締結の代理又は媒介。法69条の２第６項六号）に係る紛争解決等に関する手続実施基本契約（紛争解決等業務の実施に関し指定紛争解決機関（法69条の２第１項の規定による指定を受けた者）と特定共済事業協同組合等又は信用協同組合等との間で締結される契約。法69条の２第１項八号）を締結する義務を負う。手続実施基本契約には、当該指定紛争解決機関から紛争解決手続に応じるように求められた特定共済事業協同組合等は、正当な理由なくこれを拒んではならない旨の規定が設けられるため、手続実施基本契約を締結した特定共済事業協同組合等は、指定紛争解決制度を利用した手続に応ずる義務を負うことになる。特定共済事業協同組合等の利用者等が、指定紛争解決機関に紛争解決手続の申立てを行うと、選任された紛争解決委員が和解案を作成し、当事者に対して当該和解案の受諾を勧告する。なお、特別調停手続においては、特定共済事業協同組合等は、一定の場合を除き、指定紛争解決機関の紛争解決委員が提示する特別調停案を受諾しなければならないものとされる。

(2)　指定紛争解決機関が存在しない場合、特定共済事業協同組合等は、苦情処理措置及び紛争解決措置を講じる義務を負う。この場合の苦情処理措置とは、利用者等（利用者以外の被共済者、共済金額を受け取るべき者その他の関係者を含む。）からの苦情の処理の業務に従事する使用人等に対する助言若しくは指導を一定の有資格者に行わせること等をさし（２項一号、法69条の４、保険業法308条の13第３項三号、施行規則52条の２第１項）、紛争解決措置と

97

第2章　中小企業等協同組合

は、利用者等との紛争の解決を認証紛争解決手続（裁判外紛争解決手続の利用の促進に関する法律2条三号）によりはかること等をさす（2項二号、施行規則52条の2第2項）。

（指定信用事業等紛争解決機関との契約締結義務等）

第9条の9の3　信用協同組合等（第69条の2第6項第四号に規定する信用協同組合等をいう。第3項において同じ。）は、次の各号に掲げる場合の区分に応じ、当該各号に定める措置を講じなければならない。

一　指定信用事業等紛争解決機関（第69条の5に規定する指定信用事業等紛争解決機関をいう。以下この条において同じ。）が存在する場合　一の指定信用事業等紛争解決機関との間で信用事業等（第69条の2第6項第七号に規定する信用事業等をいう。次号において同じ。）に係る手続実施基本契約を締結する措置

二　指定信用事業等紛争解決機関が存在しない場合　信用事業等に関する苦情処理措置及び紛争解決措置

2　前項において、次の各号に掲げる用語の意義は、当該各号に定めるところによる。

一　苦情処理措置　利用者からの苦情の処理の業務に従事する使用人その他の従業者に対する助言若しくは指導を第69条の5において準用する銀行法（以下この条において「準用銀行法」という。）第52条の73第3項第三号に掲げる者に行わせること又はこれに準ずるものとして内閣府令で定める措置

二　紛争解決措置　利用者との紛争の解決を認証紛争解決手続により図ること又はこれに準ずるものとして内閣府令で定める措置

3　信用協同組合等は、第1項の規定により手続実施基本契約を締結する措置を講じた場合には、当該手続実施基本契約の相手方である指定信用事業等紛争解決機関の名称又は商号を公表しなければならない。

4　第1項の規定は、次の各号に掲げる場合の区分に応じ、当該各号に定める期間においては、適用しない。

一　第1項第一号に掲げる場合に該当していた場合において、同項第二号に掲げる場合に該当することとなつたとき　準用銀行法第52条の83第1項の規定による紛争解決等業務の廃止の認可又は準用銀行法第52条の84

第9条の10（企業組合）

　　　第1項の規定による指定の取消しの時に、同号に定める措置を講ずるために必要な期間として内閣総理大臣が定める期間

二　第1項第一号に掲げる場合に該当していた場合において、同号の一の指定信用事業等紛争解決機関の紛争解決等業務の廃止が準用銀行法第52条の83第1項の規定により認可されたとき、又は同号の一の指定信用事業等紛争解決機関の第69条の2第1項の規定による指定が準用銀行法第52条の84第1項の規定により取り消されたとき（前号に掲げる場合を除く。）　その認可又は取消しの時に、第1項第一号に定める措置を講ずるために必要な期間として内閣総理大臣が定める期間

三　第1項第二号に掲げる場合に該当していた場合において、同項第一号に掲げる場合に該当することとなつたとき　第69条の2第1項の規定による指定の時に、同号に定める措置を講ずるために必要な期間として内閣総理大臣が定める期間

　　　本条…追加〔平成21年6月法律58号〕
　　　委任　2項一号の「内閣府令」＝〈中小企業等協同組合法による信用協同組合及び信用協同組合連合会の事業に関する内閣府令〉3条1項、2項二号の「内閣府令」＝同3条2項

1　金融ADR制度の一環としての規定である。信用協同組合等（法69条の2第6項四号）は、指定信用事業等紛争解決機関が存在する場合は指定信用事業等紛争解決機関との間で紛争解決等に関する手続実施基本契約を締結する義務を負い、存在しない場合は苦情処理措置及び紛争解決措置を講じる義務を負う。

2　規定の趣旨は、特定共済事業協同組合等の指定特定共済事業等紛争解決機関との契約締結義務等（法9条の9の2）の場合と同様である。

（企業組合）

第9条の10　企業組合は、商業、工業、鉱業、運送業、サービス業その他の事業を行うものとする。

　　　本条…追加〔昭和30年8月法律121号〕

　企業組合は、零細事業者が互いに資力と技能の全てを組合に投入して、企業体としての力の強化を図ろうとするものである。

　また、独立の企業体として不法な事業でない限り、定款で定めることによりい

第2章　中小企業等協同組合

かなる事業でも行うことができる。

第9条の11　企業組合の総組合員の2分の1以上の数の組合員（特定組合員を除く。次項から第4項までにおいて同じ。）は、企業組合の行う事業に従事しなければならない。

2　企業組合の行う事業に従事する者の3分の1以上は、組合員でなければならない。

3　企業組合の組合員は、総会の承認を得なければ、自己又は第三者のために企業組合の行う事業の部類に属する取引をしてはならない。

4　組合員が前項の規定に違反して自己のために取引をしたときは、企業組合は、総会の議決により、これをもつて企業組合のためにしたものとみなすことができる。

5　前項に定める権利は、他の組合員の1人がその取引を知つた時から2月間行使しないときは、消滅する。取引の時から1年を経過したときも同様である。

6　企業組合の特定組合員は、総会の承認を得なければ、企業組合の行う事業の部類に属する事業の全部又は一部を行つてはならない。

　　本条…追加〔昭和30年8月法律121号〕、2項…一部改正・3・4項…追加・旧3−5項…2項ずつ繰下〔昭和59年5月法律31号〕、1・2項…一部改正・3・4項…削除・6項…追加・旧5−7項…2項ずつ繰上〔平成14年11月法律110号〕

1　従事割合及び組合員割合（1項及び2項）

　企業組合制度は、働きたい個人の働く場を確保し、協同して事業を行うために必要な組織を定めたものであることから、本来ならば、組合員全員が組合の事業に従事することが理想である。しかしながら、現実の問題として、自己資本を集めるため、出資のみをなす組合員を認めざるを得ないことから、組合運営の円滑化のバランスを考慮して、従事割合要件が設定されている。非従事組合員が無制限に存在するようになっては、企業組合制度の趣旨・性格は失われ、株式会社と変わるところがなくなることから、本制度は企業組合たる性格を決める重要な規定である。

　平成14年改正により、従事割合を2分の1以上までに緩和することにより、資金提供者となるエンジェルやサポーターとして組合に加入できることとなった法

人等の特定組合員からの出資の余地を拡大することにより、組合の自己資本の充実を図ることとされた。

2分の1を下回る緩和が不適と考えられたのは、①従事組合員が組合の出資総口数の過半数を保有する義務を有しているにもかかわらず、非従事組合員が2分の1以上となる場合、組合員が平等に出資したのでは当該規定を満たせなくなること、また、その場合、②非従事組合員が組合運営を決定することとなってしまうこと、さらに、③発起人4人からなる組合の場合には協同して事業を行うため、少なくとも2人が従事することが求められることから2分の1を下回る緩和は企業組合制度としてふさわしくないものであるとされたものである。

なお、「従事」とは、組合員が組合に没入し、勤労者としては組合の事業にのみ携わることをいう。したがって、家庭の主婦のように生活の一定部分を主婦として過ごしていても、対価を受け取る勤労の対象が専ら企業組合であれば従事とみなすこととなる。

一方、特定組合員は、企業組合の事業に従事することができない。

企業組合制度は、零細事業者や仕事を始めようとする個人がそれぞれの資力と技能等を組合に没入して、一つの事業体として事業を行うことにより、その経営の強化・合理化を図るものであり、個人組合員が技能・経験・能力等を活かして自分の事業を行いながら、経営に関与できる制度である。特定組合員は、このような企業組合の潜在能力を理解し、その能力を助長することを指向するサポーターとして、組合基盤の強化や、組合の経営能力の向上に資し、企業組合制度の本質の維持、強化にも資するものである。このような特定組合員が企業組合の事業に従事することは、働きたい個人の働く場を確保し、協同して事業を行うという企業組合制度の趣旨に反することとなるため、特定組合員に対しては、組合事業に従事することを求めることはできない。

2 組合員の競業禁止等（3項～6項）

個人組合員の場合は、競業を禁止されているが（3項）、特定組合員と企業組合の競業は、法文上全面的に禁止されておらず、総会の承認事項としている。これは、特定組合員の競業を広く認めることは、サポーターとしての位置づけにもかかわらず、資本力、情報力その他の関係により、企業組合のアイディアや商品・役務等が支配されるおそれが生じることが懸念されたからである。しかしながら、企業組合のサポーターとなる特定組合員の要件として、企業組合の行う事業と同

第2章　中小企業等協同組合

種の事業を行わせないこと、すなわち、競業の禁止規定を定めることは、特定組合員を誘引する観点からは障害となり、制度上、現実的な連携による相乗効果が見込めないものとなってしまうおそれがある。したがって、競業性のある特定組合員の組合参加については、企業組合自体が以上のような利害得失を考慮してその適否を判断することとし、競業の禁止はあえて法文上規定されなかったものである。

　個人組合員にあっては、総会の承認を得た場合を除き、取引ごとに個人組合員と企業組合の競業を禁止しているが、これに違反した場合は、個人組合員が行った取引を組合の取引として追認する組合の介入権が設けられている（4項）。

　一方、特定組合員にあっては、事業が広範囲にわたり、その取引量も膨大であることから、個人組合員の場合のように、特定組合員が行った事業における個々の取引を全て特定して組合の権利義務関係に帰属させることは、手続的に極めて煩雑である上、その相手方となる第三者も複数となり、その法的安定性を損なうことになる。したがって、特定組合員は、事業ごと（事業とは、取引を継続反復する行為）に競業を禁止することとし、介入権を認めないこととされた（6項）。しかしながら、総会の承認を得ずに競業を行った特定組合員については、総会の議決によって、当該組合員を除名できる措置が設けられた（法19条2項二号）。

第10条（出資）

第3節　組合員

（出資）

第10条　組合員は、出資1口以上を有しなければならない。

2　出資1口の金額は、均一でなければならない。

3　1組合員の出資口数は、出資総口数の100分の25（信用協同組合にあつ
ては、100分の10）を超えてはならない。ただし、次に掲げる組合員（信
用協同組合の組合員を除く。）は、総会の議決に基づく組合の承諾を得た
場合には、当該組合の出資総口数の100分の35に相当する出資口数まで保
有することができる。

一　持分の全部を譲り渡す他の組合員からその持分の全部又は一部を譲り
受ける組合員

二　法人たる組合員の合併又は共同新設分割（法人が他の法人と共同して
する新設分割をいう。以下同じ。）によつて成立した法人たる組合員で、
当該合併により解散する法人たる組合員又は当該共同新設分割をする法
人たる組合員の出資口数の全部又は一部に相当する出資口数を当該合併
又は共同新設分割後1年以内に引き受けて組合に加入したもの

三　他の法人たる組合員との合併後存続する法人たる組合員又は吸収分割
により他の法人たる組合員の事業を承継する法人たる組合員で、当該合
併により解散する法人たる組合員又は当該吸収分割をする法人たる組合
員の出資口数の全部又は一部に相当する出資口数を当該合併又は吸収分
割後1年以内に引き受けるもの

四　前号に掲げるもののほか、第19条第1項各号の事由による組合員の脱
退後1年以内に当該組合員の出資口数の全部又は一部に相当する出資口
数を引き受ける組合員

4　前項の規定は、組合員の数が3人以下の組合の組合員の出資口数につい
ては、適用しない。

5　組合員の責任は、その出資額を限度とする。

6　組合員は、出資の払込みについて、相殺をもつて組合に対抗することが
できない。

7　企業組合の出資総口数の過半数は、組合の行う事業に従事する組合員（特

103

第2章　中小企業等協同組合

> 定組合員を除く。）が保有しなければならない。
>
> 6項…追加〔昭和30年8月法律121号〕、3項…一部改正・4項…追加・旧5項…一部改正し6項に繰下・旧4・6項…1項ずつ繰下〔昭和59年5月法律31号〕、3項…一部改正〔平成12年5月法律91号〕、7項…一部改正〔平成14年11月法律110号〕

1　出資義務（1項）

　組合は、相互扶助の精神を基盤とする人的結合体であるが、組合が事業を行うためには資本を必要とする。そこで法律では組合を出資団体として組合員に少なくとも1口以上の出資をさせることと規定し、組合員の基本的義務を課している。したがって、定款の規定又は総会の議決をもってしても、出資をしない組合員を認めることはできない。また、組合員は持分を共有することができないから、数人で共同して出資することは許されない。

　組合員資格を有する者は、加入申込みをして定款に定められた出資をすることにより、初めて組合員たる地位を得、議決権及び選挙権、共同事業利用権その他の組合員としての権利を取得するのであって、たとえ出資金に対応するごとき寄附金、保証金等を組合に拠出した者であったとしても、それは組合員ではない。

　「出資1口以上を有しなければならない」としたのは、非出資組合員の存在を否定した意味であり、1口出資をすれば当然に組合員になることができるということではない。組合員になることは、組合と契約を締結することであるから、その契約の内容として、定款に、例えば「本組合の組合員は、出資10口以上を有しなければならない。」と規定してあれば、これに従って出資をしなければ組合員となることができないのである。

　なお、組合は、出資の払込み義務を怠った組合員を除名することができ（法19条2項二号）、あるいは、契約上の自治的規制として、定款に定めれば、過怠金、延滞金等をその組合員に課することもできる。

　出資は、金銭出資と現物出資に分けられる。現物出資の目的たる財産は、組合の行う事業に関するものである限り制限はなく、動産、不動産、その他の物件、有価証券等でも差し支えない。出資の目的たる財産の評価価額については、その出資財産名、現物出資者の氏名、これに与える出資口数とともに定款においてこれを定めておかなければならない。

第10条（出資）

2　出資１口の金額の均一性（２項）

　　出資１口の金額をどの程度にすべきかについては、特に定められていないから、組合員の規模及び数、組合の行う共同事業などを勘案し、妥当な額を決定すればよい。

　　出資１口の金額は、必ず定款に記載しなければならない（法33条１項七号）。

　　出資１口の金額の均一性は、持分の計算を簡便にするためのものであるから、増資の場合でもこれに従わなければならない。

3　出資持ち口数の制限（３項、４項）

　　組合員は、１口以上の出資を持たなければならないが、その最高持ち口数は出資総口数の25％を超えてはならない。これを無制限に認めると組合員の権利の平等の原則が事実上崩される結果を招くこととなるし、また、１人で多くの出資を持っている組合員が脱退した場合には、直ちに組合事業の遂行に支障を来すおそれがあるからである。

　　出資持ち口数の制限の例外としては、次の３つがある。

　　第一は、信用協同組合の組合員についてである。信用協同組合は、金融業務を行う性格上、経営基盤の安定と少数者による事業の支配を防止する必要があること、及び組合員数が300人以上でなければ設立できない点を考慮して、組合員の最高持ち口限度を特に10％に制限している。

　　第二は、出資口数に係る限度の特例である。出資持ち口数の25％の制限は、議決権・選挙権の平等の原則を担保するものであるが、一方、この制限があるため、組合員の脱退又は合併が生じた場合には、他の組合員又は合併後存続する組合員等が出資持ち口数の減少分をカバーしきれず、組合運営上支障を生じるという問題もあるので、この組合財産維持の観点と組合員の平等の確保の要請を考え合わせ、組合員の脱退又は合併というやむを得ない場合に限り、かつ、総会の特別議決に基づく組合の承諾を得ることを条件に、１組合員の最高持ち口数限度が35％まで認められている。

　　この特例が認められるのは、次の４つの場合である。

　①　組合員が自由脱退する場合（法18条）に、その予告期間の終了までに、他の組合員がその持分の全部又は一部を引き受ける場合である。この場合、脱退する組合員は、その持分の全部を譲り渡さなければならない（３項一号）。

　②　法人たる組合員同士が合併又は共同新設分割によって成立した法人たる組

105

第2章　中小企業等協同組合

合員で、合併により解散する法人たる組合員又は共同新設分割をする法人たる組合員の出資口数の全部又は一部に相当する出資口数を合併又は共同新設分割後1年以内に引き受けて組合に加入してくる場合である。この場合、改めて加入手続をとる必要がある（なお、法人たる組合員で合併により消滅するものは、解散することとなり、法19条1項二号により法定脱退する。）（3項二号）。

③　法人たる組合員の合併後存続する法人たる組合員又は吸収分割により他の法人たる組合員の事業を承継する法人たる組合員で、合併により解散する法人たる組合員又は吸収分割をする法人たる組合員の出資口数の全部又は一部に相当する出資口数を合併又は吸収分割後1年以内に引き受ける場合である（3項三号）。

④　合併以外の事由により法定脱退した組合員の出資口数の全部又は一部に相当する出資口数を他の組合員が当該組合員の脱退後1年以内に引き受ける場合である（3項四号）。

第三は、組合員の数が3人以下の場合である。すなわち、協同組合連合会は最低2組合を会員とすれば設立することができるし、また、単位組合は、設立当時は最低4人の組合員があることを必要としても、その後の脱退によって、組合員数が3人以下となることがあり得るわけである。このような場合には、25％の制限を要求することは物理的に不可能であるから、この制限を適用しないこととしている（4項）。

4　有限責任（5項）

組合員の組合に対する責任は、その出資額を限度とする有限責任である。したがって、組合の債権者に対しては、組合員は直接責任を負うことはない。

なお、組合員が出資とは別に、個人的に組合の債務の保証をしている場合には、保証人としての立場からその責任を負わなければならない。

5　出資払込みの相殺主張の禁止（6項）

組合員は、出資の払込みについて、相殺をもって組合に対抗することができない。相殺とは組合と組合員とが互いに債権者であると同時に債務者である場合に、双方の債務が弁済期にあるときに、現実の弁済をなす手数を省略し、各自の債権を材料として相当額について相手方の債務を消滅させる方法である。組合と

第10条の2（組合員名簿の作成、備置き及び閲覧等）

組合員との間において、一般の債権債務については、この相殺をすることができるのはもちろんであるが、組合員の出資払込みについてこれを認めることは、資本の充実又は資本維持の点で支障を生じるおそれがあるので、特に組合員が相殺をもって組合に対抗することを禁じている。

しかし、この規定は、組合の側において出資払込みについて相殺をすることを禁止するものではない。したがって、例えば、組合から組合員に支払わなければならない共同販売代金がある等の場合には、その代金から、組合員の払い込むべき出資金額に充当することは可能である。

6　企業組合の出資（7項）

企業組合は原則として資本、経営及び労働を一体化した独立企業体で、その目的は、組合員に労働の場を提供することにある。そのため法は組合員に組合事業について従事義務を課している（以下「従事組合員」という。）。これに対応して、組合の出資についても、その総口数の過半数を従事組合員が保有すべきこととしている。もっとも、これは従事組合員の1人が過半数を保有してもよいということではなく、従事組合員全体として出資口数の過半数を保有すべきものであって、従事組合員1人について25％の制限規定が当然適用される。

議決権は、1人1票であるが、これは特定組合員の意向が組合の運営に過度に影響を及ぼす（例えば、脱退の心配等）ことがないようにするためであり、企業組合の出資総口数の過半数は、特定組合員以外の組合事業に従事する個人組合員が保有しなければならないこととされている。

（組合員名簿の作成、備置き及び閲覧等）

第10条の2　組合は、組合員名簿を作成し、各組合員について次に掲げる事項を記載し、又は記録しなければならない。

一　氏名又は名称及び住所又は居所

二　加入の年月日

三　出資口数及び金額並びにその払込みの年月日

2　組合は、組合員名簿を主たる事務所に備え置かなければならない。

3　組合員及び組合の債権者は、組合に対して、その業務取扱時間内は、いつでも、次に掲げる請求をすることができる。この場合においては、組合は、正当な理由がないのにこれを拒んではならない。

第2章　中小企業等協同組合

> 　一　組合員名簿が書面をもつて作成されているときは、当該書面の閲覧又
> 　　は謄写の請求
> 　二　組合員名簿が電磁的記録（電子的方式、磁気的方式その他人の知覚に
> 　　よつては認識することができない方式で作られる記録であつて、電子計
> 　　算機による情報処理の用に供されるもので主務省令で定めるものをい
> 　　う。以下同じ。）をもつて作成されているときは、当該電磁的記録に記
> 　　録された事項を主務省令で定める方法により表示したものの閲覧又は謄
> 　　写の請求
>
> 　　本条…追加〔平成17年7月法律87号〕
> 　　委任　3項二号第一の「主務省令」＝〈本法施行規則〉53条、3項二号第二の「主務省令」
> 　　　　　＝同54条
> 　　罰則　〈本法〉115条1項七号

　組合は、各組合員の氏名又は名称、住所又は居所、加入年月日及び出資口数・金額・払込年月日を記載・記録した組合員名簿を作成しなければならない。

　組合は、組合員名簿を主たる事務所に備え置き、組合員及び組合の債権者が閲覧・謄写の請求をした場合には正当な理由がないのにこれを拒むことができない。

　なお、正当な理由とは、書類の閲覧・謄写により知った内容を競業者に通報しようとし、又は通報したことのある場合など、組合の利益を害し又は不当な時期において請求のあるときとされている。また、個人情報保護法の施行に伴い、組合が個人情報の保護を理由として閲覧・謄写を拒否することは正当な理由には該当しないと考えられる。

　組合員名簿を電磁的記録により作成する場合には、電子的方式、磁気的方式その他人の知覚によっては認識することができない方式で作られる記録であって、電子計算機による情報処理の用に供されるもので、磁気ディスクその他これに準ずる方法により一定の情報を確実に記録しておくことができる物をもって調製するファイルに情報を記録したものとすることが必要であり（施行規則53条）、電磁的記録に記録された事項を紙面又は映像面に表示したものの閲覧又は謄写の請求をすることとなる（施行規則54条）。

（議決権及び選挙権）
第11条　組合員は、各々1個の議決権及び役員又は総代の選挙権を有する。
　2　組合員は、定款の定めるところにより、第49条第1項の規定によりあら

第11条（議決権及び選挙権）

かじめ通知のあつた事項につき、書面又は代理人をもつて、議決権又は選挙権を行うことができる。この場合は、その組合員の親族若しくは使用人又は他の組合員でなければ、代理人となることができない。

3　組合員は、定款の定めるところにより、前項の規定による書面をもつてする議決権の行使に代えて、議決権を電磁的方法（電子情報処理組織を使用する方法その他の情報通信の技術を利用する方法であつて主務省令で定めるものをいう。第33条第4項第三号を除き、以下同じ。）により行うことができる。

4　前2項の規定により議決権又は選挙権を行う者は、出席者とみなす。

5　代理人は、5人以上の組合員を代理することができない。

6　代理人は、代理権を証する書面を組合に提出しなければならない。この場合において、電磁的方法により議決権を行うことが定款で定められているときは、当該書面の提出に代えて、代理権を当該電磁的方法により証明することができる。

　　4項…一部改正〔昭和26年4月法律138号〕、1項…一部改正・3項…追加・旧3・5項…一部改正し1項ずつ繰下・旧4項…5項に繰下〔平成12年11月法律126号〕、2・3項…一部改正〔平成17年7月法律87号〕
　　委任　3項の「主務省令」＝〈本法施行規則〉55条

1　議決権及び選挙権（1項）

　組合員は、各自1個の議決権と役員又は総代の選挙権を有している。この権利は、出資口数の多寡にかかわらず各組合員平等に1個であり、組合の具備すべき基準の一つであるから、定款、規約等をもってしても、これを組合員から剥奪することはできない。

　議決権は、組合員が総会に出席してその議決に加わる権利であって、総会外においてこれを行使することはできない。

　選挙権は、本来議決権の一種であると解されるべきであるが（株式会社においては、取締役の選任につき累積投票制度を認めているが（会社法342条）、この投票権を議決権として取り扱っている。）、その行使の態様が2人以上の役員選挙にあっては、多数決原理を若干変容させ多数得票者から順次当選人を定め、また、無記名投票によるべきことを原則として挙手、起立による決定を排除する等、議決権と異なるので、本法ないし他の組合立法等においては、議決権と選挙権を区別する観念を採用している。

109

第2章　中小企業等協同組合

　なお、選挙権は議決権の行使の場合と異なり、総代の選挙についてのみ、総会外で行使することが認められている。

　組合員が議決権を平等に有する例外として、議事の公平を図る観点から、議長に選任された組合員は、組合員としての議決権の行使を停止させられる。しかしながら、可否同数の場合には議長に決定権が与えられている（法52条1項、3項）。

2　書面議決及び代理議決（2項～6項）

　議決権及び選挙権は、組合員が直接に行使すべきものであるが、議決権の行使、選挙権の行使はともに一つの意思表示であるから、民法の一般原則に従えば、通知及び代理による意思表示は無制限に認められることとなり、また、その場合、組合員が総会に出席したものと認められず、定足数について問題が生じることとなる。したがって、本条2項以下においては、書面議決及び代理議決について制限を付して認めることとするとともに、これらの方法によって意思表示をする組合員を出席者とみなしている。

　制限条件は、第一に、必ず定款に定めるところに従って行使しなければならないこと、第二に、総会招集通知に記載された議案に限られること、第三に、代理人の範囲は、その本人たる組合員の親族又は使用人であるか、あるいは他の組合員に限られること、第四に、代理人は組合員4人までに限り代理できること、第五に、代理人に対し代理権限を証する書面の提出を要求していることの5点である。

　なお、役員の選挙は、無記名投票によって行うこととされており（法35条8項）、一方、書面議決については書面議決書に組合員の氏名が明記されなければ有効なものとは認められないことから、通常は書面によって選挙権を行使することは難しいものと考える。

　代理人と本人たる組合員又は第三者たる組合との関係は、民法（第1編第5章3節　代理（99条～118条））に規定するところに従うこととなる。

　また、代理人たる親族の範囲は、民法725条（親族の範囲）に規定するところによる。

　なお、2項中「組合員は、……行うことができる。」とあるのは、法がこのような権利を絶対権として組合員に与えたものと解されているが、その組合員権について、「定款の定めるところにより」とは、法が権利行使の手続に関する定めを定款に委任したという意味であるから、組合は必ずこの手続を定款に記載しな

110

第11条（議決権及び選挙権）

ければならない。この手続を記載せず、又はこの組合員権を全面的に否定した規定を設けることは法令違反となる。ただ、代理人の範囲、代理人が代理し得る組合員の数等を制限することはできるものと考える。

組合員が法人である場合には、「代表権を有しない取締役」は使用人の範囲に含むものとして、代表取締役の代理人となり得ると考えるのが適当である。

3　電磁的方法による議決権の行使（3項）

平成12年改正により、組合員は、総会における書面をもってする議決権の行使に代えて、電磁的方法によって議決権を行使することが可能となった。

ただし、役員の選挙は、無記名投票によって行うこととされており（法35条8項）、電磁的方法による場合には送信者が特定されてしまうことから、電磁的方法による選挙権の行使はできない点に留意する必要がある（役員選出方法として「選任」制を採用する組合にあっては、それが「議決権の行使」であることから、電磁的方法によることができる。）。

この議決権に係る情報通信の技術を利用する方法は、施行規則において次のように定められている（施行規則55条1項）。

(1)　電子情報処理組織を使用する方法のうちイ又はロに掲げるもの
　　イ　送信者の使用に係る電子計算機と受信者の使用に係る電子計算機とを接続する電気通信回線を通じて送信し、受信者の使用に係る電子計算機に備えられたファイルに記録する方法
　　ロ　送信者の使用に係る電子計算機に備えられたファイルに記録された情報の内容を電気通信回線を通じて情報の提供を受ける者の閲覧に供し、当該情報の提供を受ける者の使用に係る電子計算機に備えられたファイルに当該情報を記録する方法
(2)　磁気ディスクその他これに準ずる方法により一定の情報を確実に記録しておくことができる物をもって調製するファイルに情報を記録したものを交付する方法

これらの方法は、受信者がファイルへの記録を出力することにより書面を作成することができるものでなければならない（施行規則55条2項）。

電磁的方法を採用する組合にあっては、定款にさらに具体的な方法を記載する必要があり、その具体的な方法としては、①電子メール、データをまとめてファイルとして一括送信する方法（EDI等）、電磁的記録をファイルに記載する機能

111

第2章　中小企業等協同組合

を有するファクシミリ等に送信する方法、ウェブサイトのホームページを利用する方法、②電磁的記録媒体（磁気ディスク、光ディスク等）を交付する方法があるが、単なるファクシミリによる送信及びｉモード等の携帯電話による電子メールによる送信については、電磁的記録がファイルに記録されないため、電磁的方法による送信には該当しないものとされている。

　また、「電磁的方法による組合運営に関する規約」を作成し、総会において承認を受けておく必要がある。

　電磁的方法による議決権の行使については、あらかじめ通知のあった事項について、①組合の電子メールアドレスに宛てて、自己の電子署名を付した議案ごとの賛否の意思を表示した電子メールを組合の指定した期日までに発してする方法（電子メールが組合の電子計算機のファイルへの記録がなされたときに到達したものとされる。）、②組合のウェブサイトを利用する方法によって議案ごとの賛否の意思を発する方法（組合の電子計算機のファイルへの記録がなされたときに到達したものとされる。）、③議案ごとの賛否の意思を表示したファイルを記録したCD-ROM等を送付・手交してする方法があるが、組合として採用する方法をあらかじめ規約で定めておく必要がある。

　また、代理人による議決権及び選挙権の行使については、電磁的方法により議決権を行うことが定款で定められているときは、代理権限を証する書面の組合への提出に代えて、代理権を電磁的方法により証明することができる（6項）。

　組合員が代理人をもって議決権及び選挙権を行使しようとする場合には、①自己の電子署名を付した、あるいは、ID又はパスワードを入力した委任状を組合の電子メールアドレスに宛てて電子メールを発してする（組合に宛てて委任状を発しない場合には、代理人に宛てて委任状を発する）方法、②議決権及び選挙権を委任する旨の意思を表示したファイルを記録したCD-ROM等を組合に発してする方法があるが、組合として採用する方法をあらかじめ規約で定めておく必要がある。

（経費の賦課）
第12条　組合（企業組合を除く。）は、定款の定めるところにより、組合員に経費を賦課することができる。

2　前項の規定にかかわらず、共済事業を行う組合は、当該共済事業（これに附帯する事業を含む。）について、組合員に経費を賦課することができ

第12条（経費の賦課）

　　ない。
　3　組合員は、第1項の経費の支払について、相殺をもつて組合に対抗する
　　ことができない。
　　　　　1項…一部改正〔昭和30年8月法律121号・32年11月186号〕、1項…一部改正・2項…追加・
　　　　　旧2項…一部改正し3項に繰下〔平成18年6月法律75号〕

　企業組合及び共済事業を行う組合以外の組合は、定款の定めるところにより、
組合員に経費を賦課することができる。定款にその旨の規定があるときは、組合
員は経費負担の義務を負わなければならない（1項、2項）。
　組合が行う共同事業のうち、いわゆる経済事業については、使用料又は手数料
を徴収し得るが、非経済事業、例えば、教育情報提供事業、団体協約の締結等に
ついてはこれを徴収する方法がない。しかも、経済事業における使用料、手数料
の額は、直接奉仕の原則からそれぞれの事業を遂行する上に必要な程度にとどめ
られるべきであって、その額をいたずらに増徴したのでは、共同事業の有利性が
損なわれることとなる。したがって、非経済事業又は一般管理に必要な費用は、
これを経費として組合員に賦課し、組合全体としての運営を行わなければならな
いわけである。
　しかしながら、特に本項を設けた意義は、「定款の定めるところ」とした点に
ある。すなわち、経費の賦課そのものは、団体を構成し、これを運営する以上、
法の規定はもちろん定款、規約等の定めがなくても、総会の決議によって徴収で
きることは当然であるが、組合の場合に、経費を随時、多額に徴収することは、
組合員の有限責任原則（法10条5項）を破壊するおそれもあり、したがって、経
費の分担に関する規定を定款の絶対的必要記載事項として（法33条1項八号）、
定款の定めるところによってのみ経費を賦課し得るとした趣旨であると解するの
が妥当である。
　共済事業を行う組合においては、共済掛金に事業費（経費）が含まれており、
掛金の一部から支弁されることから、共済事業について組合員に経費を賦課する
ことはできない（2項）。企業組合が除かれているのは、企業組合の事業と組合
員との関係は、事業協同組合等の場合と違い、組合員の活動は直ちに企業組合の
事業活動であることから、企業組合の事業遂行上必要な経費を組合員に賦課する
という観念は生じないからである（1項）。
　経費の賦課及び徴収の方法は、総会又は総代会の議決を経なければならない。

113

第2章　中小企業等協同組合

総会の議決によって組合員の負担すべき額等が確定するが、それは組合員たる地位に基づく義務である。この経費の負担義務を怠った場合は除名の原因とされる（法19条2項二号）。また、組合員は、この経費の支払について、相殺をもって組合に対抗することができない（3項）（相殺については、法10条6項参照）。

（使用料及び手数料）

第13条　組合（企業組合を除く。）は、定款の定めるところにより、使用料及び手数料を徴収することができる。

　　　本条…一部改正〔昭和30年8月法律121号〕

　企業組合以外の組合は、定款の定めるところにより、使用料又は手数料を徴収することができることとなっている。

　使用料及び手数料は、経費と異なり、組合の行う共同事業について、これを利用した組合員及び員外者から徴収するものである。

　本条が特に設けられた意義は、定款の定めるところに従うこととする点と、組合が組合員に対して直接奉仕の原則の下に事業を行わねばならない関係上、組合員から使用料又は手数料を徴収することができず、員外利用者からのみこれを徴収し得るのではないかという誤解を生じさせない点にあると考える。

　企業組合について、本条の規定が適用されないのは、法12条の解説で述べた趣旨と同様である。

　なお、使用料、手数料の支払に関する債務については、相殺禁止の規定がないから自由であり、またその徴収については、定款の相対的必要記載事項であるから、定款に何らの規定がない場合には、徴収することができない。

（加入の自由）

第14条　組合員たる資格を有する者が組合に加入しようとするときは、組合は、正当な理由がないのに、その加入を拒み、又はその加入につき現在の組合員が加入の際に付されたよりも困難な条件を付してはならない。

　　　本条…一部改正〔平成17年7月法律87号〕

　　　罰則　〈本法〉115条1項八号

　組合への加入の自由は、協同組合原則の一つである。組合員たる資格を有する

第14条（加入の自由）

者は任意に加入し、また組合員は自由に脱退できる（法18条）ことが組合の要件であり、組合員たる資格を有する者が組合に加入しようとするときは、組合は正当な理由がないのに、その加入を拒み、又はその加入につき現在の組合員が加入の際に付されたよりも困難な条件を付してはならない旨を規定している。これに違反した場合には、その組合の理事に対して罰則の適用があり（法115条１項八号）、さらにその組合は、独占禁止法の適用除外団体たる恩典を失うことになる（独占禁止法22条）。

　組合は、中小企業者等が相互扶助の精神に基づいて共同して事業を行い、これによって公正な競争の確保、自主的な経済活動の促進などを図ろうとするものであるから、組合は門戸を開放し、来る者を拒まないというのがその基本的な考え方である。

　しかしながら、加入の自由は、組合が備えなければならない重要な要件であるとはいえ、組合員の相互扶助精神を基調とする以上、絶対無制限であるものではない。しかも加入行為の法律上の性質は、組合と加入希望者との間における契約であるから、その締結に際しては、個々の組合によって異なる条件があり、加入希望者はこれを充足して初めて組合に加入することができる。この意味において、組合はある程度の加入の制限ができるわけである。すなわち、①組合への加入資格を持たない者は、加入できない、②組合員資格を持つ者であっても、正当な理由がある場合には、その加入を拒み得る、③組合の定款に定められている出資の引受け、経費又は加入金の負担等が履行できないことが明らかな者の加入は拒み得る。

　「正当な理由」とは、組合への加入資格を有する特定人に対して保障されている加入の自由が具体的な特定人に対して保障されないこととなっても、本法の趣旨から、あるいは社会通念上からも不当ではないと認められる理由をいう。この加入を拒否し得る正当な理由は、加入申込者・組合の双方にある。

　加入拒否の正当な理由が申込者の側にある場合としては、①加入申込者の規模が大きく、これを加入させれば組合の民主的な運営が阻害され、あるいは独占禁止法の適用を受けることとなるおそれがあるような場合、②除名された者が除名直後又はその除名の理由となった原因事実が解消していないのに加入の申込みをした場合、③加入申込前に員外者として組合の活動を妨害していたような者である場合、④その者の日頃の言動からして、加入をすれば組合の内部秩序がかき乱され、組合の事業活動に支障を来すおそれが十分に予想される場合、⑤加入によ

115

第2章　中小企業等協同組合

り、組合の信用が著しく低下するおそれがある場合、⑥組合員の情報、技術等の
ソフトな経営資源を活用する事業を行う際に、当該経営資源や事業の成果等に係
る機密の保持が必要とされる場合において、例えば、契約の締結、誓約書の提出
などの方法により機密の保持を加入条件とし、これに従わない者の加入を拒む場
合（ただし、条件は全て組合員に公平に適用されることが必要である。）等が考
えられる。

　また、加入拒否の正当な理由が組合の側にある場合としては、組合の共同施設
の稼働能力が現在の組合員数における利用量に比して不足がちである等、新規組
合員の増加により組合事業の円滑な運営が不可能となるような場合等が考えられる。

　組合員資格がある者が組合に加入の申込みをした場合に、組合は正当な理由が
ないのに、その加入について、現在の組合員が加入する際に付された条件よりも
困難な条件を付してはならない。したがって、持分調整金としての加入金、出資
証券の交付その他に必要な事務手数料などを徴収することは差し支えないが、権
利金などを要求し、あるいは現在の組合員が有している以上の出資持ち口数を持
つべきことを要求し、又は多額の経費負担を要求するなどの条件を付することは
許されない。

　このような条件を付することによって、加入の自由が実質的に保障されないこ
ととなるのを防止する趣旨である。

　なお、設立当時の出資の分割払込制が設立後全額払込制となった場合、出資1
口の金額を増加した場合、組合財産の増加により持分調整金が増加している場合
等は、組合員全体が従わなければならない組合の基本的体制であり、また、当然
の負担義務であるから、現在の組合員の加入当時より経済的負担が加重されても
本条の「困難な条件」に該当しない。

（加入）
第15条　組合に加入しようとする者は、定款の定めるところにより加入に
　つき組合の承諾を得て、引受出資口数に応ずる金額の払込及び組合が加入
　金を徴収することを定めた場合にはその支払を了した時又は組合員の持分
　の全部又は一部を承継した時に組合員となる。

第16条　死亡した組合員の相続人で組合員たる資格を有する者が組合に対
　し定款で定める期間内に加入の申出をしたときは、前条の規定にかかわら

第15条（加入）　第16条

ず、相続開始の時に組合員になつたものとみなす。この場合は、相続人た
る組合員は、被相続人の持分について、死亡した組合員の権利義務を承継
する。
2　死亡した組合員の相続人が数人あるときは、相続人の同意をもつて選定
された1人の相続人に限り、前項の規定を適用する。

　組合への加入の形態は、①原始加入、②持分承継加入、に大別される。持分承
継加入は、さらに相続加入及び譲受加入に分けられる。その加入の方法は次のと
おりである。

1　原始加入（法15条）

　組合員たる資格を有する者が組合に加入しようとする場合には、定款の定める
ところによって、その加入することにつき組合の承諾（業務執行の範囲と解され
ているので、理事会の決議により決定すればよい。）を得なければならない。組
合への加入の申込みは契約締結の申込みであり、組合の承諾が必要である。組合
はその承諾に際しては、加入自由の原則を守らなければならないし、また、加入
申込み及び承諾手続については定款に定めておかなければならない（法33条1項
六号）。

　加入の承諾があったときは、その加入希望者は、引受出資口数に応じた金額の
払込み及び組合が加入金を徴収することを定めた場合には、その払込みをしなけ
ればならない。組合員として加入効果が生じるのは、法律では出資金及び加入金
の支払を終わった時と規定している。

2　持分承継加入（法15条）

　組合への加入資格を有する者は、既にその組合員になっている者から、その持
分の全部又は一部を承継することにより組合に加入することができる。このよう
な場合も、事前に、定款の定める手続（法33条1項六号）に従い組合の承諾を得
なければならないが、組合員たる地位の取得時期は、原始加入と異なり、持分の
承継と同時である。なぜなら持分の承継は、現在の組合財産に対する共有権の取
得であるので、出資金、加入金などの払込みの問題が生じないからである。

117

第2章　中小企業等協同組合

3　相続加入（法16条）

　死亡した組合員の相続人で、組合員たる資格を持つ者は、組合に対して定款で定める期間内（法33条1項六号）に申出をして、組合に加入することができる。このような加入を相続加入という。相続加入は、組合員が自然人である場合にのみ認められるもので、法人である組合員については該当しない。

　相続加入の手続は、定款に定めた期間内に相続人が加入の申出をする必要があり、また、加入しようとする相続人は組合員資格を持つ者でなければならない。この場合、相続人が数人あるときは、相続人の同意によって選定された相続人の1人に限り認められる。

　加入の時期及び効果は、前述の手続に従って加入の申出をした相続人は、相続開始のとき（被相続人死亡のとき）に遡って、組合員となったものとみなされる。なおこの場合においては、組合の承諾を得ること、出資金又は加入金の払込みをすることなどの必要はない。

　相続加入した組合員は、被相続人の持分についての権利義務一切を承継する。

　したがって、共同施設利用権、配当請求権その他の身分権及び財産権を取得し、また、未払込出資金の払込義務、経費負担義務、決議遵守義務その他の債務及び責任等を負担することになるが、被相続人が役員であった場合の役員たる地位は承継しない。けだし、役員たる地位は、組合とその者個人との委任契約によるもの（法35条の3）であり、かつ、持分についての権利義務ではないからである。

4　譲受加入（法17条2項）

　譲受加入については、「持分の譲渡」（法17条）を参照のこと。

　（持分の譲渡）

第17条　組合員は、組合の承諾を得なければ、その持分を譲り渡すことができない。

2　組合員でないものが持分を譲り受けようとするときは、加入の例によらなければならない。

3　持分の譲受人は、その持分について、譲渡人の権利義務を承継する。

4　組合員は、持分を共有することができない。

　持分は、組合員が組合員としての資格において組合に対して有する権利義務の

第17条（持分の譲渡）

総称つまりは組合員たる地位として用いる場合と、組合の解散、組合員の出資口数の減少又は脱退の場合において、組合の純財産に対する分け前、すなわち組合員が組合財産に対して共有部分として有する計算上の価額の意味に用いる場合の2通りがある。

組合は、人的結合体であるから、持分の自由譲渡が認められない。この点は、株式譲渡の自由（会社法127条）を認めている株式会社とまったく立場を異にするものである。

(1) 持分譲渡の承諾（1項）

組合は、組合員の人格的、精神的要素を多分にその結合関係の中に持つものであるから、その持分の譲渡を自由にすることは、この信頼関係に影響を与えるので、組合員が持分を譲渡しようとするときは組合の承諾を得なければならない。この場合の組合の承諾は総会で得ることは必要なく、理事会の承諾でよい。

(2) 非組合員の譲受け（2項）

持分を譲り受ける者は、組合員である場合と組合員でない場合がある。従来、既に組合員であった者が、他の組合員の持分の全部又は一部を譲り受けたときは、その組合員の持分に増加を生じるだけであるが、組合員でない者が持分を譲り受けようとするときは、加入の例によらなければならない。加入の例によるとは、譲受人は組合員資格を有する者でなければならず、また、組合においても、その譲受人及び譲受け自体について正当な理由がなければこれを拒否し、又は不当に困難な条件を付することはできない。

なお、これに関連して特に注意しておきたいことは、組合員の持分に対する強制執行についてである。

財産権としての持分は、質権設定の対象になるし、また、債務不履行の場合における差押財産とすることも可能である。しかしながら、質権を実行し、又は強制執行するためには、その持分を換価する必要が生ずるが、本法には、会社法609条（持分の差押債権者による退社）のごとき規定がないから、結局本条による持分の譲渡手続に従い換価しなければならないことになる。本条によれば、既に説明したごとく譲受人の範囲は限定され、かつ、組合の承諾を得なければならないので、事実上持分の換価は困難となり、持分の差押債権者は、配当金等の法定果実のみを期待せざるを得ないこととなる。

なお、組合員に対して破産の宣告があった場合は、法定脱退するから別で

ある。

(3) 譲渡の効果 (3項)

持分の譲受人は、その譲り受けた持分について、譲渡人の有していた権利義務を包括的に承継するから個々の債権債務その他についての譲受行為を必要としない。譲受人が組合員でない場合には、その持分の譲渡行為が終わったときに当然組合に加入して組合員となる（譲受加入）が、この場合には出資金、加入金の払込みを必要としない。なお、持分の譲渡は、組合員に対してする配当又は組合の清算に伴う残余財産の分配額が決定した場合におけるその組合員の権利の譲渡とは区別されなければならない。これらは通常の債権譲渡に過ぎないのであって、持分の全部又は一部の譲渡に伴う権利義務の移転とは、まったく異なる観念である。

(4) 持分の共有禁止 (4項)

組合員は、持分を共有することができない。ここにいう持分は、組合員としての権利義務の総称の意味におけるものである。持分の共有を許すことは、組合員としての責任観念を稀薄にし、組合の相互扶助精神を発揮する上に支障を生じるだけでなく、事務処理上及び組合運営上不都合を来すこととなるので、これを防止する趣旨からである。

（自由脱退）

第18条　組合員は、90日前までに予告し、事業年度の終において脱退することができる。

2　前項の予告期間は、定款で延長することができる。ただし、その期間は、1年を超えてはならない。

2項…一部改正〔平成17年7月法律87号〕

組合員は、組合を脱退することにより、組合員として持っていた権利を失い、義務を免れる。脱退の自由も加入の自由と対応して組合が具備すべき重要な要件の一つである。

組合からの脱退は、自由脱退と法定脱退の2種類がある。

自由脱退とは、組合員が相互扶助の精神を失い、あるいは、協同して事業を行う必要性がなくなり、組合との契約を解除することである。

本法の規定により組合員は、一定の制限（予告期間及び脱退の時期）のもとに

第19条（法定脱退）

契約の解除権を認められる。自由脱退は、組合員の意思表示のみによって脱退することができ、組合の承諾を必要としない。脱退の時期は、事業年度の終わりである。脱退の時期を年度末としたのは、随時脱退を認めると、脱退に伴う持分の払戻しによって組合財産が減少し、その年度における組合の事業計画の遂行に支障を来し、また共同施設の処分等を余儀なくされ、ひいては他の組合員にはもちろん、第三者の保護にも欠けることにもなるからである。

組合員が脱退しようとするときは、その旨を組合に予告しなければならない。その予告すべき期限は事業年度末日の90日前までである。したがって、この期限後に予告した組合員は、次の事業年度末日でなければ脱退することはできない。

ただし、90日を下回った場合でも、他の組合員や第三者保護の面等で組合が問題ないと判断した場合は、この限りでない。

組合員は、脱退の予告をしても、事業年度終了日までは、組合員たる地位を失っていないから、組合はその組合員に対してもその年度内に開かれる総会については、総会招集の通知を発し、また、共同事業を利用させる等、他の組合員と同じように扱うことが必要であり、また、その組合員は他の組合員と同様に議決権を行使し、経費を負担する等の権利義務もある。この予告期間は短縮できないが、定款で1年以内を限度として延長することはできる。定款に「1年」あるいは「何月」と定めた場合には、日数で計算するのでなく、暦に従って計算しなければならない（民法143条）。

（法定脱退）

第19条 組合員は、次の事由によつて脱退する。

一 組合員たる資格の喪失

二 死亡又は解散

三 除名

四 第107条及び第108条の規定による公正取引委員会の確定した排除措置命令

五 持分の全部の喪失（信用協同組合又は第9条の9第1項第一号の事業を行う協同組合連合会の組合員に限る。）

2 除名は、次に掲げる組合員につき、総会の議決によつてすることができる。この場合は、組合は、その総会の会日の10日前までに、その組合員に対しその旨を通知し、かつ、総会において、弁明する機会を与えなければ

第2章　中小企業等協同組合

　　ならない。
　　一　長期間にわたつて組合の事業を利用しない組合員
　　二　出資の払込み、経費の支払その他組合に対する義務を怠つた組合員又
　　　は第9条の11第6項の規定に違反した特定組合員
　　三　その他定款で定める事由に該当する組合員
　3　除名は、除名した組合員にその旨を通知しなければ、これをもつてその
　　組合員に対抗することができない。
　　　　1項…一部改正〔平成8年6月法律94号〕、1・2項…一部改正〔平成14年11月法律110号〕、
　　　　1項…一部改正〔平成17年4月法律35号〕、2項…一部改正〔平成18年6月法律75号〕、1
　　　　項…一部改正〔平成25年12月法律100号〕
　　　　罰則　2項関係＝〈本法〉115条1項九号

　組合員の意思のいかんにかかわらず、法定事由に該当するに至つたときは、組
合員は法律の規定によって直ちに組合員たる資格を失い、組合から脱退すること
になる。したがって、その事実の発生した時点において組合員は当然脱退するの
であって、自由脱退のように事業年度末に脱退するのと相違している。

(1)　**組合員たる資格の喪失（1項一号）**

　　組合は、組合員としての資格を持っている者のみに加入を認めている団体
　であるため、組合員が法律又は定款で定められた資格要件を失ったときは、
　当然組合を脱退することになる。例えば、組合員が転業又は資格事業を全部
　廃止したときである。組合員たる個人事業者が会社を設立したとき、あるい
　は、破産したときもこれに該当する。なお、事業を一時停止したときは、そ
　れだけでは資格の喪失にはならないが、その休業が永続し、再開の見通しが
　立たない場合には資格の喪失になるであろう。定款に定めた地区より組合員
　資格事業に係る事業所の全部を地区外に移した場合にも資格の喪失になる。
　逆に組合が定款を変更することによって本号に該当するにいたる場合もあ
　る。

(2)　**死亡又は解散（1項二号）**

　　自然人たる組合員が死亡したときは組合員不在となるので、当然に脱退す
　る。脱退の効力の発生するのは死亡した当日であり、組合において処理した
　日ではない。なお、民法上のいわゆる失踪の宣告を受けた者も、法定脱退と
　なる。

　　組合員が法人である場合には、その解散（破産による解散を含む。）が脱

第19条（法定脱退）

退の事由となり、当然に脱退する。

(3)　除名（１項三号、２項）

　除名とは、組合員の意思いかんにかかわらず、組合において一方的に組合契約を解除し、その組合員たる地位を剥奪することである。もし組合員が組合員としての義務を果たさず、あるいは組合員が組合の存立に重要な影響を与える行為を行ったときは、組合はこれらの組合員を除名することができる。したがって、除名はその組合員にとっては極めて重要な問題であるし、また、一部の者の専制のために利用されることを防止するため、次のような除名原因、手続を定めている。すなわち、①長期にわたり組合の施設（事業）を利用しない組合員、②出資の払込み、経費の支払その他組合員として果たさなければならない義務を怠った組合員又は法９条の11第６項の規定（企業組合の特定組合員は、総会の承認を得なければ、企業組合の行う事業の部類に属する事業の全部又は一部を行ってはならない。）に違反した特定組合員、③その他定款で定める事由に該当する組合員を除名することができる（除名対象組合員も議決権を行使できる。）。

　出資の払込義務の懈怠は、出資１口金額の増加、未払込出資金の徴収等の場合をいい、原始加入及び設立当時における出資の払込義務の懈怠は、組合員たる地位を取得していないから該当しない。

　なお、自由脱退の予告をした後、その組合員が経費の支払その他の義務を履行しない場合にも除名することができるものと解する。

　企業組合の特定組合員による競業については、まず組合の総会に諮り、メリット、デメリットの比較衡量の上、組合が判断できるものとし、組合の総会承認を得ずに、競業を行った特定組合員については、総会の議決により除名できるよう法的に制度担保することによって、組合の自治の問題として対応できるようにされたものである。特定組合員にあっては、その行為は原則として反復継続が見込まれることから、総会において「取引」ごとに承認を行うことは手続が煩雑になるおそれがあるため、「事業」ごとに特定組合員と企業組合の競業が禁止されている。これは、個人組合員の場合のように、特定組合員が行った継続的な事業における個々の取引を全て特定して組合の権利義務関係に帰属させることは、手続的に極めて煩雑である上、その相手方となる第三者も複数となり、その法的安定性が損なわれることによる。このため、継続的に事業を行うと考えられる特定組合員については、組合の介

入権の対象から除外し、その代わりに、企業組合の権利保全の観点から、競業禁止規定に違反した法人等について除名できることとし、これを本条に定めたものである。

その他定款で定める事由とは、例えば、組合の存立に重要な影響を与えるような場合、すなわち、組合事業の不正利用、組合運営の妨害、犯罪その他組合の信用を失墜させる行為など具体的に掲げることが必要である。

除名は、総会において、特別議決により決定しなければならない（法53条三号）。しかも、組合は事前に（総会の会日の10日前までに）除名しようとする組合員に対して除名理由及び総会において弁明すべき旨を通知することが必要である（2項）。この手続を怠ると決議取消しの訴えの原因となり、また理事には罰則（20万円以下の過料。法115条1項九号）が適用される。

除名による脱退は、除名事由の発生によって生じるのではなく、総会の議決があったときに脱退することになる。しかし、除名の効力はそれによって生じるが除名した組合員にその旨を通知しなければ、これをもってその組合員に対抗することができない（3項）。

(4) 公正取引委員会の確定した排除措置命令（1項四号、法107条）

組合員は小規模な事業者でなければならない。小規模であるか否かの判断は、公正取引委員会の確定した排除措置命令を待たなければならない。すなわち、公正取引委員会は、事業協同小組合以外の組合の組合員たる事業者でその常時使用する従業員の数が100人を超えるものが実質的に小規模の事業者でないと認められるときは、この法律の目的を達成するために一定の手続に従い、その事業者を組合から脱退させることができる。その手続は独占禁止法の定めるところによるものである（法108条）。

(5) 持分の全部の喪失（1項五号）

信用協同組合又は法9条の9第1項一号の事業を行う協同組合連合会の組合員が持分の全部を喪失した場合は脱退する。

（脱退者の持分の払戻）

第20条 組合員は、第18条又は前条第1項第一号から第四号までの規定により脱退したときは、定款の定めるところにより、その持分の全部又は一部の払戻を請求することができる。

2 前項の持分は、脱退した事業年度の終における組合財産によつて定める。

第20条（脱退者の持分の払戻）

> 3　前項の持分を計算するにあたり、組合の財産をもつてその債務を完済するに足りないときは、組合は、定款の定めるところにより、脱退した組合員に対し、その負担に帰すべき損失額の払込を請求することができる。
>
> 　1項…一部改正〔平成8年6月法律94号〕

(1)　持分の払戻し（1項）

　　組合員は、組合を脱退すると同時にその持分の払戻請求権を取得する（法19条1項五号の規定による脱退を除く。）。この権利は、組合員がまだ脱退せずに組合員としての地位にある間は持分払戻しの期待権に過ぎないが、一旦、組合を脱退したときは、通常の組合債権者としてのいわゆる第三者的権利となる。持分払戻請求権は、組合員の絶対権であるが、その権利の行使は「定款に定めるところにより」行われなければならず、また、「持分の全部又は一部の払戻を請求することができる」とあるので、定款に一部払戻しの規定を置くことはできるものと解されている。したがって、定款の規定いかんによって、全部の払戻しを受ける場合もあり、あるいは、その一部だけの払戻ししか受けられない場合もある。持分の一部の払戻しとしては、例えば、出資額、帳簿上の組合財産額、帳簿上の組合財産額に土地の評価益の一部を加算した額、持分の一定割合に相当する額、などを限度として払い戻すような場合、あるいは除名によって組合を脱退した組合員に対して通常の脱退組合員に対する払戻金額の半分だけを払い戻すような場合がある。なお、除名の場合でも、まったく払戻しを行わないということはできない。また、組合と組合員が互いに認めれば払戻しは一時に全額とせずに分割して行うこともできる。

　　なお、第19条第1項第五号（持分の全部の喪失）により脱退となった場合には当然のことながら持分の払戻請求権を行使し得ない。

(2)　持分の算定（2項）

　　脱退した組合員の持分は、その脱退した事業年度の終わりにおける組合財産によって算定される。この場合の財産の評価は、協同組合の事業の継続を前提とし、なるべく有利に一括譲渡する価額、すなわち時価によるべきものとされている（昭和44年12月11日、最高裁判決）。

　　なお、持分払戻請求権は、持分の算定後に行使されることになるから、自由脱退の場合は問題ないが、法定脱退の場合は脱退と同時に請求権を取得し

125

第2章　中小企業等協同組合

ても事業年度末まではこれを行使することができない。したがって、この請求権は停止条件付の請求権であるといえる。

持分払戻請求権は2年間行使しないときは時効となり、消滅する（法21条）。

持分の算定方法については、法で特に定めていないから、組合の定款で自由に定めてよい。一般には、改算式持分算定方法（均等式持分算定方式）と加算式持分算定方法の2つがある。

改算式は、出資1口につき各持分が均等となる方法であり、具体的には、組合の正味財産の価額を出資総口数で除することにより出資1口についての持分額を算定する方法である。この方法は簡便であるが、出資1口当たりの持分額を維持するため、原始加入者及び増口分の出資払込みに際しては、持分調整金としての加入金を徴収する必要が生じる。ただし、組合の正味財産が出資金を上回っている場合でも、定款の規定により脱退者の持分の払戻しを出資額限度としている組合は、持分を調整する必要が生じないので、持分調整金は徴収できない。持分調整金としての加入金は、法人税法上資本等取引に該当し、益金不算入となる。

加算式は、各組合員について事業年度ごとに、組合の正味財産に属する出資金、準備金、積立金その他の財産についてその組合員の出資口数、払込済出資金額又は事業の利用分量（企業組合にあっては従事分量）を標準として算定加算（損失が生じた場合はそのてん補額を控除）する方法である。この方法によるときは、各組合員の持分は、加入時期、事業の利用量等により不均一となり、その計算も事務処理も複雑となるが、持分調整金の問題は生じない。

(3)　**損失分担額の徴収（3項）**

持分の計算に当たって、組合財産をもって組合の債務を完済することができないとき、つまり欠損を生じている場合には、組合は定款の定めるところによって、脱退した組合員に対して、未払込出資額を限度として、その負担に帰すべき損失額の払込みを請求することができる。したがって、出資金額の払込みを完了した組合員は損失額を払い込む必要はない。有限責任の原則から推して当然のことである。

なお、「定款の定めるところにより」請求し得るのであるから、これについては定款で明確に規定する必要があり、定款に該当規定（法33条1項六号）を設けない場合には、請求することができない。

126

第21条（時効）　第22条（払戻の停止）　第23条（出資口数の減少）

> **（時効）**
> **第21条**　前条第１項又は第３項の規定による請求権は、脱退の時から２年
> 　　間行わないときは、時効によつて消滅する。

　法20条１項の持分払戻請求権及び同条３項の損失分担額払込請求権の消滅時効
を定めたものであり、これらの請求権は、脱退した組合員（又は持分払戻請求権
を継承した者）又は組合が、脱退の時（請求権取得の時）から２年間行使しない
ときは、時効によって消滅する。この期限内に請求（催告、訴えの提起）、差押
え又は承認（時効による受益者が相手方にその権利の存在を知る旨の意思表示を
すること。）等をすれば時効は中断し、それ以後新たに期間が進行することとなる。

> **（払戻の停止）**
> **第22条**　脱退した組合員が組合に対する債務を完済するまでは、組合は、
> 　　持分の払戻を停止することができる。

　脱退した組合員が組合に対する債務を完済するまで、すなわち、貸付金の返済、
経費の払込みその他一切の債務を履行するまでは、その持分の払戻しを組合にお
いて停止することにより組合財産の安定充実を図ろうとする趣旨である。
　なお、この場合においては、相殺を主張することを妨げないものと解されてい
る。

> **（出資口数の減少）**
> **第23条**　組合員は、事業を休止したとき、事業の一部を廃止したとき、そ
> 　　の他特にやむを得ない事由があると認められるときは、定款の定めるとこ
> 　　ろにより、事業年度の終において、その出資口数を減少することができる。
> **2**　前項の場合については、第20条及び第21条の規定を準用する。
> 　　　　１項…全部改正〔昭和27年４月法律100号〕

　出資口数の減少は、組合員がその地位を保有しながら、自己の持分の一部につ
いて払戻しを受けるものであるから、これを組合側からみれば、財産的には、一部
の組合員が自由脱退した結果と同様の状態に相当すると考えられる。この点、組
合員数の減少を伴う自由脱退及び組合財産の減少を伴わない持分の譲渡と異なる。

127

第2章　中小企業等協同組合

　なお、出資口数の減少は、組合員の絶対権であるから、組合は、定款をもって
してもこれを奪うことができないし、また、その手続、方法を定款で定める義務
がある。

(1)　組合員が出資口数を減少できる場合を次のように法定しているから、これ
　　に該当しないものは、定款の定めをもってしても減少することができない。

　　①　事業の休止

　　　　これは、組合員が、組合員資格事業の全部を、再開する意思を有しなが
　　　ら、一時停止している状態をいう。つまり、事業を休止した場合には、組
　　　合の共同事業を利用する必要がないからである。

　　②　事業の一部の廃止

　　　　これは、組合員が、組合員資格に係る事業を再開する意思を有せずに縮
　　　小した場合をいう。全部を廃止すれば、組合員資格の喪失となるから法定
　　　脱退となる。これに該当する場合に減少を認める趣旨は、組合の共同事業
　　　の利用が減少すると考えられる点にある。

　　③　その他特にやむを得ない事由

　　　　やむを得ない事由は、個々の場合に応じて理事会が認定することになる
　　　が、企業組合の従事組合員、信用協同組合の組合員たる勤労者等は、事業
　　　の休廃止に該当することがないから、この規定により、一身上の重大な理
　　　由が発生した場合に出資口数を減少し得ることとなる。

(2)　出資口数の減少請求に関する手続方法は、定款で定めなければならない。
　　その定めとしては単なる手続的なもののほか、自由脱退の場合に準じた予告
　　制度の採用、1事業年度において減少し得る最高口数の制限等を内容とする
　　ことも許されると解されている。

(3)　減少の時期は、事業年度の終わりである。したがって、減少の請求はいつ
　　でもできるが、払戻請求権の取得は事業年度の終わりとなる。すなわち、持
　　分の額は、事業年度末の組合財産によって定まるからである。

　　　出資口数の減少に関しては、脱退者の持分の払戻し及び時効の規定を準用
　　している。したがって、払戻請求権の取得時期、持分の額、損失分担額の払
　　込義務、請求権の消滅時効等が適用される。

　　　なお、組合は、払戻しの停止処分をすることができない。なぜなら、組合
　　員は、出資口数を減少してもなお組合員たる地位にとどまる関係上、脱退し
　　た組合員のごとく組合との関係が絶たれないからである。

128

第23条の2（企業組合の組合員の所得に対する課税）　第23条の3（事業協同小組合の組合員に対する助成）

（企業組合の組合員の所得に対する課税）

第23条の2　企業組合の組合員（特定組合員を除く。）が企業組合の行う事業に従事したことによつて受ける所得のうち、企業組合が組合員以外の者であつて、企業組合の行う事業に従事するものに対して支払う給料、賃金、費用弁償、賞与及び退職給与並びにこれらの性質を有する給与と同一の基準によつて受けるものは、所得税法（昭和40年法律第33号）の適用については、給与所得又は退職所得とする。

　　本条…追加〔昭和30年8月法律121号〕、一部改正〔昭和40年3月法律36号・平成14年11月110号〕

　企業組合の従事組合員は、企業組合に資力、労働力を挙げて没入するものであるから、企業組合の事業に従事する実態は、一般の労働者と異なるところがない。しかしながら、企業組合の組合員は、組合契約によって、組合員たる地位を取得し、かつ、その地位及び本法の規定に基づいて組合事業に従事することにより所得を得ているのであるから、一般の勤労者が雇用契約を締結して労働を提供することにより報酬を受ける場合とは形式的に異なっている。したがって、形式的に解すれば給与所得であると認められがたいのであるが、その所得の実態を重視し、本条の特例によって企業組合の組合員でない従業員と同一の基準により受ける所得に対しては、所得税法の適用につき事業所得ではなく、給与所得又は退職所得として取り扱い、税の軽減を図ることとしたのである（特定組合員を除く。）。

（事業協同小組合の組合員に対する助成）

第23条の3　政府は、事業協同小組合の組合員に対し、税制上、金融上特別の措置を講じなければならない。

　　本条…追加〔昭和32年11月法律186号〕

　事業協同小組合は、零細企業者の組織化対策として設けられた組合であるので、本条では政府に対し、事業協同小組合の組合員に税制上、金融上特別の措置を講じるべき義務を課し、その組織化の促進を図っている。

　この義務は、政府が講ずべき法律上の義務であるが、具体的にいかなる税制上、金融上の特別措置を講じるべきであるかは、規定がない。

129

第2章　中小企業等協同組合

第4節　設　立

（発起人）

第24条　事業協同組合、事業協同小組合、信用協同組合又は企業組合を設立するには、その組合員（企業組合にあつては、特定組合員以外の組合員）になろうとする4人以上の者が、協同組合連合会を設立するには、その会員になろうとする2以上の組合が発起人となることを要する。

2　信用協同組合は、300人以上の組合員がなければ設立することができない。

　　1項…一部改正・3項…追加〔昭和32年11月法律186号〕、1項…一部改正〔平成14年11月法律110号〕、1項…一部改正・3項…削除、〔平成24年9月法律85号〕

　発起人とは、組合の設立を発起し、設立認可申請書（施行規則57条1項及び様式6）、設立趣意書（施行規則57条1項四号）等に署名した者をいい、実質的に組合の設立企画に参加したと否とを問わない。発起人が共同して行う設立行為は、組合の設立を目的として締結された組合契約（発起人組合）の履行であると解するのが通説である。

　発起人の法定数は、連合会以外の組合設立にあっては、4人以上、連合会にあっては2組合以上でなければならない。

　発起人の資格は、組合が一定の資格を有する者の人的結合体である趣旨から特に法定されており、組合員（企業組合における特定組合員以外の組合員）になろうとする者でなければならない。「組合員になろうとする」者とは、組合員資格を有し、かつ、設立と同時に組合員となる意思を有する人格体をいう。したがって、組合員となり得ない者あるいは組合員となる意思のない者は、発起人となることができない。

　なお、組合員になろうとする者が法人である場合及び任意団体については、法8条1項の解説を参照されたい。

　信用協同組合の設立にあっては、発起人の数は4人以上であればよいが、さらに組合員数について法定されている。すなわち、信用協同組合の場合は300人以上の組合員がなければならないこととされている。なぜなら、信用協同組合は、相互金融機関であって、一定額以上の出資を要求され、しかも預金の受入れ、資金の貸付け等の事業が主として組合員を中心としている関係上、相当の組合員数

130

第25条（共済事業を行う組合の出資の総額）

があることを設立当初から要求しなければならないからである。

　信用協同組合が、設立の際に組合員数のそれぞれ最低数以上を確保しなければならないということは、創立総会の会日までにその設立同意者がなければならないということである。なぜならば、発起人の職務である設立同意者の募集は、創立総会の会日をもって終了するから、創立総会以後は、設立同意という観念があり得ないし、たとえ、設立同意を申し出られても、これを受理する権能は発起人にはない。また、設立の登記前の組合は、法人格がないので、組合員資格を有する者の加入の申込みを承諾する（組合契約の当事者となる）ことができないからである。なお、本条に設立同意者数が法定されている以上、創立総会当時その法定数を満たしていたとしても、その後設立同意の取消しにより、この数を下回ることになれば、設立の認可を受けられず、あるいは設立登記の申請が受理されない。

　平成24年改正以前においては、中小企業等協同組合の一類型として火災共済協同組合が存在し、その設立には1,000人以上の組合員の存在が必要とされたが、同改正により火災共済協同組合の類型は廃止され、設立時の組合員数の規制に関する法旧24条3項の規定も削除された。しかし、平成24年改正の後においても、事業協同組合が火災共済事業であって共済契約に係る共済金額の総額が共済契約者1人につき主務省令で定める金額（30万円。施行規則2条）を超えるものを行うためには、その組合員の総数が1,000人を超えることが必要とされる（法9条の7の2第1項、9条の2第7項、施行令6条）。

（共済事業を行う組合の出資の総額）

第25条　特定共済組合（再共済又は再再共済の事業を行うものを除く。）又は特定共済組合連合会（再共済又は再再共済の事業を行うものを除く。）の出資の総額は、1,000万円以上でなければならない。

2　再共済若しくは再再共済の事業を行う特定共済組合又は特定共済組合連合会の出資の総額は、3,000万円以上でなければならない。

3　第9条の9第1項第三号の事業を行う協同組合連合会の出資の総額は、5,000万円以上でなければならない。

　　　　本条…削除〔昭和27年4月法律100号〕、追加〔昭和32年11月法律186号〕、見出・1項…一部改正・2項…追加・旧2項…一部改正し3項に繰下〔平成18年6月法律75号〕、1項…一部改正〔平成24年9月法律85号〕

131

第2章　中小企業等協同組合

　共済事業を行う組合については、出資の総額が規制される。

　法9条の2第1項三号の規定により共済事業を行う事業協同組合若しくは事業協同小組合であってその組合員の総数が政令で定める基準（1,000人。施行令6条）を超えるもの又は組合員たる組合が共済事業を行うことによって負う共済責任の再共済若しくは再共済責任の再再共済の事業を行う事業協同組合を「特定共済組合」といい（法9条の2第7項）、法9条の9第1項五号の規定により共済事業を行う協同組合連合会（会員が火災共済事業を行うことによって負う共済責任の再共済の事業（法9条の9第1項三号）を行う協同組合連合会を除く。）であってその会員たる組合の組合員の総数が政令で定める基準（1,000人。施行令17条）を超えるもの又はその所属員たる組合が共済事業を行うことによって負う共済責任の再共済又は再共済責任の再再共済の事業を行うものを「特定共済組合連合会」というが（法9条の9第4項）、特定共済組合（再共済又は再再共済の事業を行うものを除く。）又は特定共済組合連合会（再共済又は再再共済の事業を行うものを除く。）の出資の総額は、1,000万円以上でなければならず（法25条1項）、再共済若しくは再再共済の事業を行う特定共済組合又は特定共済組合連合会の出資の総額は、3,000万円以上でなければならない（法25条2項）。また、会員が火災共済事業を行うことによって負う共済責任の再共済の事業（法9条の9第1項三号）を行う協同組合連合会の出資の総額は、5,000万円以上でなければならない。

（火災等共済組合等の地区）

第26条　火災等共済組合の地区は、第8条第2項の小規模の事業者又は事業協同小組合を組合員の資格とするものにあつては一又は二以上の都道府県の区域の全部とし、定款で定める一の業種に属する事業を行う小規模の事業者又は事業協同小組合を組合員の資格とするものにあつては全国とする。

2　火災等共済組合連合会の地区は、全国とする。

　　　本条…削除〔昭和27年4月法律100号〕、追加〔昭和32年11月法律186号〕、一部改正〔平成18年6月法律75号〕、見出・1項…一部改正・2項…追加〔平成24年9月法律85号〕

第26条の2　都道府県の区域を地区とする火災等共済組合の地区は、他の都道府県の区域を地区とする火災等共済組合の地区と重複するものであつてはならない。

第26条（火災等共済組合等の地区）　第26条の2

> 2　第9条の9第1項第三号の事業を行う協同組合連合会は、火災等共済組
> 合又は火災等共済組合連合会をもつて組織し全国を通じて1個とする。
>
> 本条…追加〔昭和32年11月法律186号〕、全部改正〔平成18年6月法律75号〕、1・2項…
> 　一部改正〔平成24年9月法律85号〕

1　地区の規制

　事業協同組合・協同組合連合会の地区は定款の絶対的記載事項であるが（法33条1項三号）、組合の地区としていかなる区域を定めるかは各組合の自主的判断に委ねられる。これに対し、火災等共済組合・火災等共済組合連合会にあっては地区の定め方についての規制がある。なお、その内容は、平成24年改正以前の火災共済協同組合・火災共済協同組合連合会に係る規制と実質的に共通である。

2　火災等共済組合の地区

(1)　火災等共済組合（法9条の7の2第1項の認可を得て火災共済事業を行う事業協同組合。法9条の9第3項）には、法8条2項の小規模の事業者又は事業協同小組合を組合員の資格とするもの（地域組合）と、定款で定める一の業種に属する事業を行う小規模の事業者又は事業協同小組合を組合員の資格とするもの（業種組合）との二つがあるが、両者については異なった地区が法定されている。すなわち、地域組合の地区は、一又は二以上の都道府県の区域の全部とされ、業種組合の地区は全国とされ、全国より狭い地区の設定は認められない。また、火災等共済組合連合会（協同組合連合会であって、法9条の9第5項において準用する法9条の7の2第1項の認可を受けて火災共済事業を行うもの。法9条の9第3項）の地区は、全国とされる（法26条）。

(2)　地域組合すなわち都道府県の区域を地区とする火災等共済組合の地区は、他の都道府県の区域を地区とする火災等共済組合の地区と重複するものであってはならないとされる。また、会員が火災共済事業を行うことによって負う共済責任の再共済の事業（法9条の9第三号）を行う協同組合連合会は、火災等共済組合又は火災等共済組合連合会をもって組織し、全国を通じて1個とされる（法26条の2）。

133

第2章　中小企業等協同組合

（創立総会）

第27条　発起人は、定款を作成し、これを会議の日時及び場所とともに公告して、創立総会を開かなければならない。

2　前項の公告は、会議開催日の少くとも2週間前までにしなければならない。

3　発起人が作成した定款の承認、事業計画の設定その他設立に必要な事項の決定は、創立総会の議決によらなければならない。

4　創立総会においては、前項の定款を修正することができる。ただし、地区及び組合員たる資格に関する規定については、この限りでない。

5　創立総会の議事は、組合員たる資格を有する者でその会日までに発起人に対し設立の同意を申し出たものの半数以上が出席して、その議決権の3分の2以上で決する。

6　創立総会においてその延期又は続行の決議があつた場合には、第1項の規定による公告をすることを要しない。

7　創立総会の議事については、主務省令で定めるところにより、議事録を作成しなければならない。

8　創立総会については、第11条の規定を、創立総会の決議の不存在若しくは無効の確認又は取消しの訴えについては、会社法第830条、第831条、第834条（第十六号及び第十七号に係る部分に限る。）、第835条第1項、第836条第1項及び第3項、第837条、第838条並びに第846条（株主総会の決議の不存在若しくは無効の確認又は取消しの訴え）の規定（第36条の3第4項に規定する組合であつて、その監事の監査の範囲を会計に関するものに限定する旨を定款で定めた組合（以下「監査権限限定組合」という。）にあつては、監査役に係る部分を除く。）を準用する。

> 6項…一部改正〔昭和26年4月法律138号〕、1・3・6項…一部改正〔昭和27年4月法律100号〕、6項…一部改正〔昭和30年8月法律121号・49年4月23号・56年6月75号・平成13年11月129号〕、4項…一部改正・6項…全部改正・7・8項…追加〔平成17年7月法律87号〕、8項…一部改正〔平成18年6月法律75号〕
>
> **委任**　7項の「主務省令」＝〈本法施行規則〉56条、8項で準用する11条3項の「主務省令」＝同55条
>
> **罰則**　7項関係＝〈本法〉115条1項十号

134

第27条（創立総会）

【「会社法」準用条文】

（創立総会〔株主総会等〕の決議の不存在又は無効の確認の訴え）

第830条　創立総会〔株主総会若しくは種類株主総会又は創立総会若しくは種類創立総会（以下この節及び第937条第1項第一号トにおいて「株主総会等」という。）〕の決議については、決議が存在しないことの確認を、訴えをもって請求することができる。

2　創立総会〔株主総会等〕の決議については、決議の内容が法令に違反することを理由として、決議が無効であることの確認を、訴えをもって請求することができる。

（創立総会〔株主総会等〕の決議の取消しの訴え）

第831条　次の各号に掲げる場合には、組合員、理事、監査権限限定組合以外の組合の監事又は清算人〔株主等（当該各号の株主総会等が創立総会又は種類創立総会である場合にあっては、株主等、設立時株主、設立時取締役又は設立時監査役）〕は、創立総会〔株主総会等〕の決議の日から3箇月以内に、訴えをもって当該決議の取消しを請求することができる。当該決議の取消しにより組合員〔株主（当該決議が創立総会の決議である場合にあっては、設立時株主）〕又は理事〔取締役（監査等委員会設置会社にあっては、監査等委員である取締役又はそれ以外の取締役。以下この項において同じ。）〕、監査権限限定組合以外の組合の監事〔監査役〕若しくは清算人〔（当該決議が株主総会又は種類株主総会の決議である場合にあっては第346条第1項（第479条第4項において準用する場合を含む。）の規定により取締役、監査役又は清算人としての権利義務を有する者を含み、当該決議が創立総会又は種類創立総会の決議である場合にあっては設立時取締役（設立しようとする株式会社が監査等委員会設置会社である場合にあっては、設立時監査等委員である設立時取締役又はそれ以外の設立時取締役）又は設立時監査役を含む。）〕となる者も、同様とする。

一　創立総会〔株主総会等〕の招集の手続又は決議の方法が法令若しくは定款に違反し、又は著しく不公正なとき。

二　創立総会〔株主総会等〕の決議の内容が定款に違反するとき。

三　創立総会〔株主総会等〕の決議について特別の利害関係を有する者が議決権を行使したことによって、著しく不当な決議がされたとき。

2　前項の訴えの提起があった場合において、創立総会〔株主総会等〕の招集の手続又は決議の方法が法令又は定款に違反するときであっても、裁判所は、そ

135

第2章　中小企業等協同組合

の違反する事実が重大でなく、かつ、決議に影響を及ぼさないものであると認めるときは、同項の規定による請求を棄却することができる。

（被告）

第834条　次の各号に掲げる訴え（以下この節において「組合〔会社〕の組織に関する訴え」と総称する。）については、当該各号に定める者を被告とする。

　　十六　創立総会〔株主総会等〕の決議が存在しないこと又は創立総会〔株主総会等〕の決議の内容が法令に違反することを理由として当該決議が無効であることの確認の訴え　当該組合〔株式会社〕

　　十七　創立総会〔株主総会等〕の決議の取消しの訴え　当該組合〔株式会社〕

（訴えの管轄及び移送）

第835条　組合〔会社〕の組織に関する訴えは、被告となる組合の主たる事務所〔会社の本店〕の所在地を管轄する地方裁判所の管轄に専属する。

（担保提供命令）

第836条　組合〔会社〕の組織に関する訴えであって、組合員〔株主又は設立時株主〕が提起することができるものについては、裁判所は、被告の申立てにより、当該組合〔会社〕の組織に関する訴えを提起した組合員〔株主又は設立時株主〕に対し、相当の担保を立てるべきことを命ずることができる。ただし、当該組合員〔株主〕が理事〔取締役〕、監査権限限定組合以外の組合の監事〔監査役、執行役〕若しくは清算人〔であるとき、又は当該設立時株主が設立時取締役若しくは設立時監査役〕であるときは、この限りでない。

3　被告は、第1項〔（前項において準用する場合を含む。）〕の申立てをするには、原告の訴えの提起が悪意によるものであることを疎明しなければならない。

（弁論等の必要的併合）

第837条　同一の請求を目的とする組合〔会社〕の組織に関する訴えに係る訴訟が数個同時に係属するときは、その弁論及び裁判は、併合してしなければならない。

（認容判決の効力が及ぶ者の範囲）

第838条　組合〔会社〕の組織に関する訴えに係る請求を認容する確定判決は、第三者に対してもその効力を有する。

（原告が敗訴した場合の損害賠償責任）

第846条　組合〔会社〕の組織に関する訴えを提起した原告が敗訴した場合において、原告に悪意又は重大な過失があったときは、原告は、被告に対し、連帯して損害を賠償する責任を負う。

第27条（創立総会）

　創立総会の開催は、その会日の２週間前までに発起人が定款、会議の日時及び場所を公告しなければならない。さらに、事業計画、収支予算の概要等を記載した設立趣意書を併せて公告することが望ましい。公告は、組合の設立同意者を広く求めるために本法が特に要求した事項であるから、これを省略することはできないが、その方法は法定されていないので、発起人が設立事務所に掲示し、あるいは新聞に掲載する等適宜の方法をとればよい（１項、２項）。

(1)　**創立総会の必要議決事項（３項）**

　　創立総会においては、発起人が作成した定款の承認、事業計画及び収支予算の設定、役員の選出等設立に関して必要な一切の事項を決定しなければならない。

(2)　**創立総会の定款修正権（４項）**

　　創立総会においては、発起人が作成した定款を承認するに際し、これを修正することは差し支えない。しかし、地区及び組合員たる資格に関する規定だけは修正することができない。これは、ともに設立行為の基礎を変更し、又は発起人が企図した組合の構想を根本的に覆すこととなるからである。

　　なお、本項の反対解釈として、事業計画等の修正は認められないことにならないかという疑いがあるが、定款の修正権がある以上これに記載された事業に関する規定の修正も行われ得るので、事業計画の修正が認められないとする反対解釈は、成り立たない。

(3)　**創立総会の定足数（５項）**

　　創立総会の議事は、組合員たる資格を有するもので、その会日までに発起人に対し設立に同意を申し出た者（設立同意者）の半数以上が出席して、その議決権の３分の２以上の多数で決定しなければならない。すなわち、創立総会の議事の重要性からみて、特別議決と同じ方法を採用したものである。

(4)　**その他の事項（６項〜８項）**

　　創立総会の運営等に関しては、本法及び会社法の規定を準用している。

①　設立同意者は、各々１個の議決権及び選挙権を有し、書面又は代理人によってこれを行使することができる。

②　発起人が公告した会日に、創立総会は成立したが、何らかの理由で議事に入れず、あるいは議事の全部が終了しない場合には、創立総会を延期又は続行する旨の決議をすることができる。この決議をした場合には、その創立総会は同一性を保持しながら継続するから、改めて開催手続を必要と

第2章　中小企業等協同組合

せず、議決された日時に当然再開することとなる。

　なお、延期の決議とは議事に入る前に、続行の決議とは議事に入った後に、一定の他の期日に開催する旨の議決をすることをいう。

③　創立総会の議事については、議事録を作成しなければならない。

④　創立総会の開催手続、公告期間、内容等又は決議の方法が法令・定款に違反しているか著しく不公平であった場合、決議の内容が定款に違反した場合、決議について特別利害関係人の議決権が行使されたことによって、著しく不当な議決がなされた場合は、理事等は、3か月以内にその決議取消しの訴えを提起することができる。

　また、決議が実際に行われなかった場合又は決議の内容が法令に違反した場合は、決議不存在確認の訴え又は決議無効確認の訴えを提起することができる。この場合、訴えの提起者及び提起期間については制限されない。

（設立の認可）

第27条の2　発起人は、創立総会終了後遅滞なく、定款並びに事業計画、役員の氏名及び住所その他必要な事項を記載した書面を、主務省令で定めるところにより、行政庁に提出して、設立の認可を受けなければならない。

2　信用協同組合又は第9条の9第1項第一号の事業を行う協同組合連合会の設立にあつては、発起人は、前項の書類のほか、業務の種類及び方法並びに常務に従事する役員の氏名を記載した書面その他主務省令で定める書面を提出しなければならない。

3　第9条の9第1項第三号の事業を行う協同組合連合会の設立にあつては、発起人は、第1項の書類のほか、火災共済規程、常務に従事する役員の氏名を記載した書面その他主務省令で定める書面を提出しなければならない。

4　行政庁は、前2項に規定する組合以外の組合の設立にあつては、次の各号のいずれかに該当する場合を除き、第1項の認可をしなければならない。

　一　設立の手続又は定款若しくは事業計画の内容が法令に違反するとき。

　二　事業を行うために必要な経営的基礎を欠く等その目的を達成することが著しく困難であると認められるとき。

5　行政庁は、第2項に規定する組合の設立にあつては、次の各号のいずれかに該当する場合を除き、第1項の認可をしなければならない。

　一　設立の手続又は定款、事業計画の内容若しくは業務の種類若しくは方

第27条の2（設立の認可）

法が法令に違反するとき。

二　地区内における金融その他の経済の事情が事業を行うのに適切でない
　　と認められるとき。

三　常務に従事する役員が金融業務に関して十分な経験及び識見を有する
　　者でないと認められるとき。

四　業務の種類及び方法並びに事業計画が経営の健全性を確保し、又は預
　　金者その他の債権者の利益を保護するのに適当でないと認められるとき。

6　行政庁は、第9条の9第1項第三号の事業を行う協同組合連合会の設立
　にあつては、次の各号のいずれかに該当する場合を除き、第1項の認可を
　しなければならない。

一　設立の手続又は定款、火災共済規程若しくは事業計画の内容が法令に
　　違反するとき。

二　共済の目的につき危険の分散が充分に行われないと認められるとき及
　　び共済契約の締結の見込みが少ないと認められるとき。

三　常務に従事する役員が共済事業に関して十分な経験及び識見を有する
　　者でないと認められるとき。

四　火災共済規程及び事業計画の内容が経営の健全性を確保し、又は組合員
　　その他の共済契約者の利益を保護するのに適当でないと認められるとき。

　　本条…追加〔昭和26年4月法律138号〕、全部改正〔昭和30年8月法律121号〕、3・6項…追加・
　　旧3項…一部改正し4項に繰下・旧4項…5項に繰下〔昭和32年11月法律186号〕、1－6項…
　　一部改正〔平成18年6月法律75号〕、3・6項…一部改正〔平成24年9月法律85号〕

　　委任　1項の「主務省令」＝〈本法施行規則〉57条1項・4項、2項の「主務省令」＝同57条
　　2項・4項、3項の「主務省令」＝同57条3項・4項

　設立の認可は、組合の設立行為を補充して、その法律上の効力を完成させる行
政行為であるから、換言すれば設立行為の効力要件である。したがって、一定の
行為に対する一般的禁止事項を特定の場合に解除する許可ないし免許とは、その
性格を異にする。このような認可行為の性格からすれば、行政庁が設立の認可を
する際に条件を付することは許されない。

(1)　設立認可の申請手続（1項〜3項）

　　設立認可の申請手続を行わなければならない者は、発起人全員であるが、
　発起人組合が結成されると解するのが通説であるから、実際の手続は、その
　代表者1人が他の発起人の委任によって行えば足りる。発起人は、創立総会

139

終了後遅滞なく、設立認可申請書（施行規則57条１項及び様式６）とともに定款等の必要な書類を行政庁に提出して設立の認可を受けなければならない。「遅滞なく」とは、「直ちに」よりは余裕があるが、この法における届出、登記等が２週間以内に行われるべく定められている点からすれば、２週間よりも短い期間であると解されている。提出すべき書類で具体的に法定されているものは、定款、事業計画、役員の氏名及び住所を記載した書面であり、「その他必要な事項を記載した書面」については、施行規則57条に以下の書類が規定されている（１項）。

① 定款
② 事業計画書
③ 役員の氏名及び住所を記載した書面
④ 設立趣意書
⑤ 設立同意者がすべて組合員たる資格を有する者であることを発起人が誓約した書面
⑥ 設立同意者がそれぞれ引き受けようとする出資口数を記載した書面
⑦ 収支予算書
⑧ 創立総会の議事録又はその謄本

信用協同組合又は信用協同組合連合会の設立にあっては、これらの書類のほか、次の書類を提出しなければならない。

⑨ 業務の種類及び方法を記載した書面
⑩ 常務に従事する役員の氏名及びその経歴を記載した書面
⑪ 事務所の位置に関する書面

また、会員が火災共済事業を行うことによって負う共済責任の再共済の事業（法９条の９第１項三号）を行う協同組合連合会の設立にあっては、①から⑧までの書類のほか、次の書類を提出しなければならない。

⑫ 火災共済規程
⑬ 常務に従事する役員の氏名及びその経歴を記載した書面並びに事務所の位置に関する書面

(2) 認可基準（４項～６項）

認可基準は、設立しようとする組合の設立行為及び内容について一定の基準を設けて、これに行政庁に認可すべき義務を負わせる、いわば行政庁の認可権の拘束である。

第27条の2（設立の認可）

① 事業協同組合、同連合会、事業協同小組合、同連合会及び企業組合については、第一は、形式面の基準であって、設立の手続又は定款、事業計画の内容を審査の対象としている。つまり、定款及び事業計画の内容が法令一般に違反していないか、発起人が組合員資格を有し、かつ、機関としての発起人として成立したか、議決事項は適法に行われたか等について審査し、適法であれば認可をしなければならないことになっている。第二は、実体面の基準で、組合の行おうとする事業と組合の経営的基礎との関係、すなわち、組合の地区、組合員資格、設立同意者数、出資予定額、役員の構成、経済的環境等を総合して、組合が事業を行うために必要な経営的基礎を欠いていないかどうか、また、これによって組合の目的達成が著しく困難であるかどうかを審査し、客観的に判断して、その困難性が著しくない場合には認可しなければならないことになっている（4項）。

② 信用協同組合及び信用協同組合連合会については、第一の点は①と同様である。第二は、地区内における他の金融機関との競合関係、組合員有資格者の景況、その預金量ないし資金需要の予測等を把握し、組合の事業継続の可能性を判断する。第三は、業務は専門化するので、常勤役員の経験及び識見が十分であるか否かを判断する。第四は、業務の種類（例えば、預金受入業務における当座預金、通知預金等、また、貸付業務における手形貸付け、証書貸付け等その業務の具体的な形態）及び方法（例えば、金利、担保の徴収等その業務を行うについての要領）並びに事業計画が組合の健全経営を確保するに足りるものであるかどうか、あるいは預金者、積金者その他の債権者に対する利益確保が可能であるかどうかを判断しなければならない。

以上の点を総合的に判断し、金融機関としてふさわしくない場合を除いては認可しなければならないことになっている（5項）。なお、これらの要件のほかに、信用協同組合等については協金法の適用があり、組合の主たる事務所の所在地、単位組合又は連合会の別により一定の出資額があることが要求されている。

③ 会員が火災共済事業を行うことによって負う共済責任の再共済の事業（法9条の9第1項三号）を行う協同組合連合会の設立については、第一の点は①と同様である。第二は、共済の目的につき危険の分散が十分に行われる可能性があるか、及び共済契約の締結の見込みが少なくないかを判

第2章　中小企業等協同組合

断する。第三は、②と同様、常務に従事する役員が共済事業に関して十分な経験及び識見を有する者であるか否かを判断する。第四は、火災共済規程及び事業計画の内容が経営の健全性を確保し、又は組合員その他の共済契約者の利益を保護するのに適当であるかどうかを判断しなければならない（6項）。

（理事への事務引継）

第28条　発起人は、前条第1項の認可を受けた後遅滞なく、その事務を理事に引き渡さなければならない。

　　　　本条…一部改正〔昭和26年4月法律138号・30年8月121号〕

　発起人は、行政庁から設立の認可を受けたときは、遅滞なく、その事務を、創立総会で選出され、就任した理事に引き渡さなければならない。この引継ぎによって、発起人の職務は終了し、機関としての発起人は消滅する。引継ぎ後の設立事務、すなわち出資金の徴収、設立の登記申請等は理事が行うこととなる。

（出資の第1回の払込み）

第29条　理事は、前条の規定による引渡しを受けたときは、遅滞なく、出資の第1回の払込みをさせなければならない。

2　前項の第1回の払込みの金額は、出資1口につき、その金額の4分の1を下つてはならない。

3　現物出資者は、第1回の払込みの期日に、出資の目的たる財産の全部を給付しなければならない。ただし、登記、登録その他権利の設定又は移転をもつて第三者に対抗するため必要な行為は、組合成立の後にすることを妨げない。

4　第1項及び第2項の規定にかかわらず、信用協同組合又は第9条の9第1項第一号の事業を行う協同組合連合会にあつては、理事は、前条の規定による引渡しを受けたときは、遅滞なく、出資の全額の払込みをさせなければならない。

　　　　4項…一部改正〔昭和30年8月法律121号〕、見出・1－4項…一部改正〔平成17年7月法律87号〕

第29条（出資の第1回の払込み）

　理事は、発起人から事務の引継ぎを受けたときは、遅滞なく、出資第1回の払込みをさせなければならない。ここで出資第1回の払込みというのは、組合の側からみて最初の出資の払込みを指すもので、この出資払込みが完了しないと組合の設立の登記申請をすることができない。

　払込みの時期は、理事が法28条の規定によって、発起人から事務の引継ぎを受けた後遅滞なくである。

　代表理事は、徴収義務者となり、定款に定めた方法に従い、設立同意者に出資金を払い込ませなければならない。組合員は、出資1口以上を有しなければならないから、設立同意者がこの払込みをしないときは、単に設立同意者であったにとどまり、組合員たる地位は取得しない。したがって、代表理事は、払込みの遅延を防止する意味から払込みに期限を付し、その日までに払込みをしない者は、設立同意を取り消したものとみなす旨払込通知書に記載することが適当である（1項）。

　出資第1回の払込金額は、原則として、1口につき4分の1以上であることを要する（2項）。

　分割払込制は、出資の払込みを容易にすることと、成立後における組合の事業規模の拡張に応じて、随時第2回以後の払込徴収が可能なことに意味があるが、組合の財政的基礎の確立及び対外信用力の維持のために、なるべく全額払込制をとることが適当である。

　なお、例外として現物出資並びに信用協同組合及び同連合会にあっては、全額払込みが要求される（3項、4項）。

　出資第1回の払込みは、通常金銭出資であるが、金銭以外の現物出資も認められている。その対象となるものは、動産（共同事業の対象となる商品等を含む。）、不動産、有価証券、無体財産権、物権、債権等貸借対照表に表示し得べき一切の資産である。これらの現物出資をする者、その出資財産、評価額及びこれに与える出資口数は、定款の相対的必要記載事項となっている。

　現物出資をする者は、その目的たる財産の全部を第1回の払込み時に全部を差し出さなければならないが、第三者対抗要件としての登記手続は、組合の成立後でもよいとされている。なぜなら、財産の引渡しを促進するため、及び出資者から理事へ、さらに理事から成立後の組合へ移籍手続をとらなければならない煩雑さを避けるためである。

　なお、組合成立後の加入者又は増資に関する出資の払込みについての現物出資

第2章　中小企業等協同組合

が認められるかどうかという問題であるが、本項は、組合員の立場からみた第1
回であると解され、新たに組合に加入する場合においても第1回の払込みの期日
に現物出資をすればよいものと解されている。

（成立の時期）
第30条　組合は、主たる事務所の所在地において設立の登記をすることに
　　　　よつて成立する。

　組合として法人格を取得するためには、設立の登記をしなければならない。す
なわち、設立の登記は組合の成立要件である。この点、他の登記が一般的に第三
者対抗要件に過ぎないのと異なる。したがって、組合成立の日は、行政庁により
設立の認可を得た日ではなく、登記を完了した日である。

（成立の届出）
第31条　信用協同組合又は第9条の9第1項第一号若しくは第三号の事業
　　　　を行う協同組合連合会は、成立の日から2週間以内に、行政庁にその旨を
　　　　届け出なければならない。
　　　　　本条…一部改正〔昭和26年4月法律138号〕、全部改正〔昭和30年8月法律121号〕、一部改
　　　　正〔平成6年11月法律97号・24年9月85号〕
　　　　　罰則　〈本法〉115条1項十一号

　信用協同組合又は会員が火災共済事業を行うことによって負う共済責任の再共
済の事業（法9条の9第1項三号）を行う協同組合連合会が成立したときは、成
立の日から2週間以内に行政庁にその旨を届け出なければならない（施行規則59
条及び様式7）。

（設立の無効の訴え）
第32条　組合の設立の無効の訴えについては、会社法第828条第1項（第一
　　　　号に係る部分に限る。）及び第2項（第一号に係る部分に限る。）、第834条
　　　　（第一号に係る部分に限る。）、第835条第1項、第836条第1項及び第3項、
　　　　第837条から第839条まで並びに第846条（設立の無効の訴え）の規定（監
　　　　査権限限定組合にあつては、監査役に係る部分を除く。）を準用する。
　　　　　本条…一部改正〔昭和49年4月法律23号〕、全部改正〔平成17年7月法律87号〕、一部改正〔平

成18年6月法律75号〕

【「会社法」準用条文】

（組合〔会社〕の組織に関する行為の無効の訴え）

第828条 次号〔次の各号〕に掲げる行為の無効は、当該各号に定める期間に、訴えをもってのみ主張することができる。

一 組合〔会社〕の設立 組合〔会社〕の成立の日から２年以内

2 次号〔次の各号〕に掲げる行為の無効の訴えは、当該号〔各号〕に定める者に限り、提起することができる。

一 前項第一号に掲げる行為 設立する組合の組合員、理事、監査権限限定組合以外の組合の監事又は清算人〔設立する株式会社の株主等（株主、取締役又は清算人（監査役設置会社にあっては、株主、取締役、監査役又は清算人、指名委員会等設置会社にあっては株主、取締役、執行役又は清算人）をいう。以下この節において同じ。）又は設立する持分会社の社員等（社員又は清算人をいう。以下この項において同じ。）〕

（被告）

第834条 次号〔次の各号〕に掲げる訴え（以下この節において「組合〔会社〕の組織に関する訴え」と称する。）については、当該号〔各号〕に定める者を被告とする。

一 組合〔会社〕の設立の無効の訴え 設立する組合〔会社〕

（訴えの管轄及び移送）

第835条 組合〔会社〕の組織に関する訴えは、被告となる組合の主たる事務所〔会社の本店〕の所在地を管轄する地方裁判所の管轄に専属する。

（担保提供命令）

第836条 組合〔会社〕の組織に関する訴えであって、組合員〔株主又は設立時株主〕が提起することができるものについては、裁判所は、被告の申立てにより、当該組合〔会社〕の組織に関する訴えを提起した組合員〔株主又は設立時株主〕に対し、相当の担保を立てるべきことを命ずることができる。ただし、当該組合員〔株主〕が理事〔取締役〕、監査権限限定組合の監事以外の監事〔監査役、執行役〕若しくは清算人〔であるとき、又は当該設立時株主が設立時取締役若しくは設立時監査役〕であるときは、この限りでない。

3 被告は、第１項〔（前項において準用する場合を含む。）〕の申立てをするには、

第2章　中小企業等協同組合

　　原告の訴えの提起が悪意によるものであることを疎明しなければならない。
　　（弁論等の必要的併合）
　第837条　同一の請求を目的とする組合〔会社〕の組織に関する訴えに係る訴訟が
　　数個同時に係属するときは、その弁論及び裁判は、併合してしなければならない。
　　（認容判決の効力が及ぶ者の範囲）
　第838条　組合〔会社〕の組織に関する訴えに係る請求を認容する確定判決は、第
　　三者に対してもその効力を有する。
　　（無効又は取消しの判決の効力）
　第839条　組合〔会社〕の組織に関する訴え〔（第834条第一号から第十二号まで、
　　第十八号及び第十九号に掲げる訴えに限る。）〕に係る請求を認容する判決が確定
　　したときは、当該判決において無効とされ、又は取り消された行為（当該行為に
　　よって組合〔会社〕が設立された場合にあっては当該設立を含み、当該行為に際
　　して持分〔株式又は新株予約権〕が交付された場合にあっては当該持分〔株式又
　　は新株予約権〕を含む。）は、将来に向かってその効力を失う。
　　（原告が敗訴した場合の損害賠償責任）
　第846条　組合〔会社〕の組織に関する訴えを提起した原告が敗訴した場合におい
　　て、原告に悪意又は重大な過失があったときは、原告は、被告に対し、連帯して
　　損害を賠償する責任を負う。

　　組合の設立に重大な瑕疵、例えば発起人が法定数を欠いた場合、定款の無効、
創立総会が開催されなかった場合及び出資の払込みが完了していなかった場合等
には、法律上、組合は初めから成立していないことになり、組合員又は第三者の
権利義務も無効となる。しかし、このような場合は、法律関係が複雑になり、第
三者の利益保護に欠けるので、組合の成立後は、2年以内に訴えをもってのみそ
の設立の無効を主張できることとしている。なお、訴えを起こせる者は、その組
合の組合員、理事、監査権限定組合以外の組合の監事又は清算人に限られてい
る。設立無効の判決は、第三者に対しても効力を生じ、それは遡及しないものと
され、判決が確定したときは、存在した組合の解散に準じて清算をしなければな
らない。

第33条（定款）

第5節　管　理

（定款）

第33条　組合の定款には、次の事項（共済事業を行う組合にあつては当該
　　共済事業（これに附帯する事業を含む。）に係る第八号の事項を、企業組
　　合にあつては第三号及び第八号の事項を除く。）を記載し、又は記録しな
　ければならない。
　　一　事業
　　二　名称
　　三　地区
　　四　事務所の所在地
　　五　組合員たる資格に関する規定
　　六　組合員の加入及び脱退に関する規定
　　七　出資1口の金額及びその払込みの方法
　　八　経費の分担に関する規定
　　九　剰余金の処分及び損失の処理に関する規定
　　十　準備金の額及びその積立の方法
　　十一　役員の定数及びその選挙又は選任に関する規定
　　十二　事業年度
　　十三　公告方法（組合が公告（この法律又は他の法律の規定により官報に
　　　掲載する方法によりしなければならないものとされているものを除く。）
　　　をする方法をいう。以下同じ。）
2　共済事業を行う組合の定款には、前項に掲げる事項のほか、共済金額の
　削減及び共済掛金の追徴に関する事項を記載し、又は記録しなければなら
　ない。
3　組合の定款には、前2項の事項のほか、組合の存続期間又は解散の事由
　を定めたときはその期間又はその事由を、現物出資をする者を定めたとき
　はその者の氏名、出資の目的たる財産及びその価格並びにこれに対して与
　える出資口数を、組合の成立後に譲り受けることを約した財産がある場合
　にはその財産、その価格及び譲渡人の氏名を記載し、又は記録しなければ
　ならない。

147

第2章　中小企業等協同組合

4　組合は、公告方法として、当該組合の事務所の店頭に掲示する方法のほか、次に掲げる方法のいずれかを定款で定めることができる。

一　官報に掲載する方法

二　時事に関する事項を掲載する日刊新聞紙に掲載する方法

三　電子公告（公告方法のうち、電磁的方法（会社法第2条第三十四号に規定する電磁的方法をいう。）により不特定多数の者が公告すべき内容である情報の提供を受けることができる状態に置く措置であつて同号に規定するものをとる方法をいう。以下同じ。）

5　組合が前項第三号に掲げる方法を公告方法とする旨を定款で定める場合には、その定款には、電子公告を公告方法とすることを定めれば足りる。この場合においては、事故その他やむを得ない事由によつて電子公告による公告をすることができない場合の公告方法として、同項第一号又は第二号に掲げる方法のいずれかを定めることができる。

6　組合が電子公告により公告をする場合には、次の各号に掲げる区分に応じ、それぞれ当該各号に定める日までの間、継続して電子公告による公告をしなければならない。

一　公告に定める期間内に異議を述べることができる旨の公告　当該期間を経過する日

二　前号に掲げる公告以外の公告　当該公告の開始後1月を経過する日

7　組合が電子公告によりこの法律その他の法令の規定による公告をする場合については、会社法第940条第3項（電子公告の中断）、第941条、第946条、第947条、第951条第2項、第953条及び第955条（電子公告調査等）の規定を準用する。この場合において、同法第940条第3項中「前2項の規定にかかわらず、これらの規定」とあるのは「中小企業等協同組合法第33条第6項の規定にかかわらず、同項」と読み替えるものとするほか、必要な技術的読替えは、政令で定める。

8　第1項から第3項までに掲げる事項のほか、組合の定款には、この法律の規定により定款の定めがなければその効力を生じない事項及びその他の事項でこの法律に違反しないものを記載し、又は記録することができる。

　　　　1項…一部改正・3項…削除〔昭和26年4月法律138号〕、1項…一部改正〔昭和27年4月法律100号・30年8月121号〕、1項…一部改正・2項…追加・旧2項…一部改正し3項に繰下〔昭和32年11月法律186号〕、1項…一部改正〔昭和55年6月法律79号〕、1－3項…

第33条（定款）

一部改正・４－８項…追加〔平成17年７月法律87号〕、１・２項…一部改正〔平成18年６月法律75号〕

罰則　７項関係＝〈本法〉114条の３－114条の５第一号・二号・115条１項十二号

【「会社法」参照条文】

（定義）

第２条　この法律において、次の各号に掲げる用語の意義は、当該各号に定めるところによる。

三十四　電子公告　公告方法のうち、電磁的方法（電子情報処理組織を使用する方法その他の情報通信の技術を利用する方法であって法務省令で定めるものをいう。以下同じ。）により不特定多数の者が公告すべき内容である情報の提供を受けることができる状態に置く措置であって法務省令で定めるものをとる方法をいう。

【「会社法施行規則」参照条文】

（電磁的方法）

第222条　法第２条第三十四号に規定する電子情報処理組織を使用する方法その他の情報通信の技術を利用する方法であって法務省令で定めるものは、次に掲げる方法とする。

一　電子情報処理組織を使用する方法のうちイ又はロに掲げるもの

イ　送信者の使用に係る電子計算機と受信者の使用に係る電子計算機とを接続する電気通信回線を通じて送信し、受信者の使用に係る電子計算機に備えられたファイルに記録する方法

ロ　送信者の使用に係る電子計算機に備えられたファイルに記録された情報の内容を電気通信回線を通じて情報の提供を受ける者の閲覧に供し、当該情報の提供を受ける者の使用に係る電子計算機に備えられたファイルに当該情報を記録する方法

二　磁気ディスクその他これに準ずる方法により一定の情報を確実に記録しておくことができる物をもって調製するファイルに情報を記録したものを交付する方法

２　前項各号に掲げる方法は、受信者がファイルへの記録を出力することにより書面を作成することができるものでなければならない。

149

第2章　中小企業等協同組合

（電子公告を行うための電磁的方法）

第223条　法第2条第三十四号 に規定する措置であって法務省令で定めるものは、前条第1項第一号ロに掲げる方法のうち、インターネットに接続された自動公衆送信装置を使用するものによる措置とする。

【「会社法」準用条文】

（電子公告の公告期間等）

第940条

3　中小企業等協同組合法第33条第6項の規定にかかわらず、同項〔前2項の規定にかかわらず、これらの規定〕により電子公告による公告をしなければならない期間（以下この章において「公告期間」という。）中公告の中断（不特定多数の者が提供を受けることができる状態に置かれた情報がその状態に置かれないこととなったこと又はその情報がその状態に置かれた後改変されたことをいう。以下この項において同じ。）が生じた場合において、次のいずれにも該当するときは、その公告の中断は、当該公告の効力に影響を及ぼさない。

　一　公告の中断が生ずることにつき組合〔会社〕が善意でかつ重大な過失がないこと又は組合〔会社〕に正当な事由があること。

　二　公告の中断が生じた時間の合計が公告期間の10分の1を超えないこと。

　三　組合〔会社〕が公告の中断が生じたことを知った後速やかにその旨、公告の中断が生じた時間及び公告の中断の内容を当該公告に付して公告したこと。

（電子公告調査）

第941条　この法律又は他の法律の規定による公告〔（第440条第1項の規定による公告を除く。以下この節において同じ。）〕を電子公告によりしようとする組合〔会社〕は、公告期間中、当該公告の内容である情報が不特定多数の者が提供を受けることができる状態に置かれているかどうかについて、法務省令で定めるところにより、法務大臣の登録を受けた者（以下この節において「調査機関」という。）に対し、調査を行うことを求めなければならない。

（調査の義務等）

第946条　調査機関は、電子公告調査を行うことを求められたときは、正当な理由がある場合を除き、電子公告調査を行わなければならない。

2　調査機関は、公正に、かつ、法務省令で定める方法により電子公告調査を行わなければならない。

3　調査機関は、電子公告調査を行う場合には、法務省令で定めるところにより、電子公告調査を行うことを求めた者（以下この節において「調査委託者」という。）の商号その他の法務省令で定める事項を法務大臣に報告しなければならない。

4　調査機関は、電子公告調査の後遅滞なく、調査委託者に対して、法務省令で定めるところにより、当該電子公告調査の結果を通知しなければならない。

（電子公告調査を行うことができない場合）

第947条　調査機関は、次に掲げる者の電子公告による公告又はその者若しくはその理事等が電子公告による公告に関与した場合として法務省令で定める場合における当該公告については、電子公告調査を行うことができない。

一　当該調査機関

二　当該調査機関が株式会社である場合における親組合〔株式会社〕（当該調査機関を子会社とする組合〔株式会社〕をいう。）

三　理事、監事〔理事等〕又は職員（過去２年間にそのいずれかであった者を含む。次号において同じ。）が当該調査機関の理事等に占める割合が２分の１を超える組合〔法人〕

四　理事、監事〔理事等〕又は職員のうちに当該調査機関（法人であるものを除く。）又は当該調査機関の代表権を有する理事等が含まれている組合〔法人〕

（財務諸表等の備置き及び閲覧等）

第951条

2　調査委託者その他の利害関係人は、調査機関に対し、その業務時間内は、いつでも、次に掲げる請求をすることができる。ただし、第二号又は第四号に掲げる請求をするには、当該調査機関の定めた費用を支払わなければならない。

一　財務諸表等が書面をもって作成されているときは、当該書面の閲覧又は謄写の請求

二　前号の書面の謄本又は抄本の交付の請求

三　財務諸表等が電磁的記録をもって作成されているときは、当該電磁的記録に記録された事項を法務省令で定める方法により表示したものの閲覧又は謄写の請求

四　前号の電磁的記録に記録された事項を電磁的方法であって調査機関の定めたものにより提供することの請求又は当該事項を記載した書面の交付の請求

（改善命令）

第953条　法務大臣は、調査機関が第946条の規定に違反していると認めるときは、

第2章　中小企業等協同組合

　　その調査機関に対し、電子公告調査を行うべきこと又は電子公告調査の方法その
　　他の業務の方法の改善に関し必要な措置をとるべきことを命ずることができる。
　（調査記録簿等の記載等）
第955条　調査機関は、法務省令で定めるところにより、調査記録又はこれに準ず
　　るものとして法務省令で定めるもの（以下この条において「調査記録簿等」とい
　　う。）を備え、電子公告調査に関し法務省令で定めるものを記載し、又は記録し、
　　及び当該調査記録簿等を保存しなければならない。
2　調査委託者その他の利害関係人は、調査機関に対し、その業務時間内は、いつ
　　でも、当該調査機関が前項又は次条第2項の規定により保存している調査記録簿
　　等（利害関係がある部分に限る。）について、次に掲げる請求をすることができる。
　　ただし、当該請求をするには、当該調査機関の定めた費用を支払わなければなら
　　ない。
　一　調査記録簿等が書面をもって作成されているときは、当該書面の写しの交
　　　付の請求
　二　調査記録簿等が電磁的記録をもって作成されているときは、当該電磁的記
　　　録に記録された事項を電磁的方法であって調査機関の定めたものにより提供
　　　することの請求又は当該事項を記載した書面の交付の請求

　【「会社法」参照条文】
　（調査記録簿等の引継ぎ）
　第956条
　　2　前項の規定により同項の調査記録簿等の引継ぎを受けた調査機関は、法務
　　　省令で定めるところにより、その調査記録簿等を保存しなければならない。

　組合は、法人として法律上、人格が与えられ、権利義務の主体となることがで
きるが、法人は自然人のように固有の意思能力を持たない。そこで、組合が活動
をする場合、その活動の基準を定め、あるいは組合を組織している組合員相互の
関係又は組合員と組合との関係を規律する一定の基本的規則がなければならな
い。この基本的規則が定款であって、組合の存立に欠くことのできない重要事項
を定めたものである。定款は、組合の最高の規範であり、国家における憲法にも
相当するもので、法律は、この定款の作成をもって組合設立の要件の一つにして
いる。したがって、組合員はもちろん、役員でもすべて定款に従うことを要し、

第33条（定款）

組合もその規定に背くことはできない。

　組合の理事は、この定款を必ず組合の事務所に備え置き、組合員及び組合の債権者からの閲覧又は謄写の求めに応じなければならないし、理事は正当な理由がないのにこれを拒んではならない。

　定款には、法令に違反しない限り、どのような事項でも規定できるが、定款は組合の規則の中でも基本となるものである。

　組合は、定款のほかに規約（組合の業務運営及び事務執行に関して組合員間を規律する自治規範。設定・改廃は総会権限）、規程（組合の事務執行上必要な関係を規律する内規。設定・改廃は理事会権限）を定めることができるが、組合の管理・運営を実際に行っていくためには、より詳細、かつ、具体的な実施基準として規約・規程の設定が必要となる。

　したがって、定款には、組合の基本的な規則を記載すれば足り、詳細は規約・規程に譲ることとなる。

　定款の記載事項は、必要記載事項と任意記載事項とに分けられる。必要記載事項は、さらに絶対的必要記載事項と相対的必要記載事項とに分けられる。絶対的必要記載事項は、必ず記載しなければならない事項であり、そのうちの一つを欠いても定款が無効となる事項であり、相対的必要記載事項は、組合がその事項に該当する事実を決定した場合には必ず記載するよう義務づけられた特定の事項である。

　なお、任意記載事項は、本法の規定により、強制又は委任されることなく、まったく任意に組合が記載する事項である。

(1)　絶対的必要記載事項（１項、２項）

　法律の定める絶対的必要記載事項は、次のとおりである（１項）。

①　事業（一号）

　組合の行為能力のうち、事業として行い得る範囲は法９条の２、９条の７、９条の７の２、９条の８、９条の９又は法９条の10において定められている。これは制限列挙であり、組合はその全部又は一部を行うことができるが、これ以外の事業を行うことも、また、定められた事業の内容を逸脱して運営することも許されない。

　したがって、事業の内容は具体的に記載する必要がある。実施の予定のない事業は規定せず、実施の段階になってから定款変更の手続をとり、規定することが適当である。

153

第2章　中小企業等協同組合

② **名称（二号）**

組合の組織実態が十分表れるように表示することが望ましい。一般的には、名称の中に組合の加入資格として定める事業を表示するほか、組合の行う事業を表示する場合もある。しかしながら、組合が本法に基づくことを客観的に明らかにして他の団体との混同を避け、取引の安全を保護するため、組合の名称中に組合の種類ごとに一定の文字を用いることが義務づけられている。

③ **地区（三号）**

地区を定める法律上の意味は、組合員資格にかかわる点と、所管行政庁を定める要素となる点にある。地区の表示は、現在の行政区画や住居表示を用いるべきである。

なお、地区は、組合が行おうとする事業、組合員の分布状況、組合員たる資格を持つ者の分布状況などにより、定款に即して範囲を設定しなければならない。上記のような実態がないのに広い区域を地区とすることはできない。

④ **事務所の所在地（四号）**

事務所の所在地は、主たる事務所及び従たる事務所のすべてについて記載しなければならない。

主たる事務所は、地区内において組合事業の中心となるべき適当な場所を選定することが必要である。

従たる事務所とは、組合事業の部分的中心として債務履行地その他の必要性から主たる事務所のほかに登記したものをいう。

なお、所在地は最小行政区画までを記載すればよく、登記の場合のように番地まで掲げる必要はない。

⑤ **組合員たる資格に関する規定（五号）**

組合員たる資格は、疑義紛争が起こらないよう明確、かつ、具体的に規定する。具体的には、業種や規模、取引先の分野（例えば、特定の系列に属する者）等を定めることが考えられる。組合員たる資格の規定は、思想信条などの非経済的条件を規定することは望ましくなく、経済的な条件に限るべきであろう。加入の見込みのない者の事業は規定せず、加入が具体化したときに定款変更を行う必要がある（法8条）。

154

第33条（定款）

⑥ **組合員の加入及び脱退に関する規定（六号）**

　　組合員の加入脱退については、法15条ないし法20条の規定を受けて、加入の申込み及び承諾の方法、加入金、相続加入の手続、除名原因及びその手続並びに脱退者に対する持分払戻しなどについて規定しなければならない。

⑦ **出資１口の金額及びその払込みの方法（七号）**

　　出資１口の金額は、組合の事業の内容及び規模並びに組合員の出資能力等から判断して決めるべきであるが、端数のないようにすることが適当である。

　　払込みの方法は、全額払込制又は分割払込制の別その他の方法を記載するが、第１回の払込みについては、法29条の制限に従う必要がある。なお、分割払込制をとる場合における第２回以後の払込方法は、適宜定めて記載すればよい。

⑧ **経費の分担に関する規定（八号）**

　　経費の賦課及び徴収の方法は、総会の議決事項となっているから、定款では、経費を分担させるかどうか、分担させる場合の額、徴収の時期及び方法等の決定の方法（分担させない場合はその旨）等の分担に関する基本的事項を記載しなければならない。

　　なお、共済事業を行う組合及び企業組合は、経費の賦課徴収が認められないので、この記載は必要ない。

⑨ **剰余金の処分及び損失の処理に関する規定（九号）**

　　法58条、法59条及び法60条の規定に基づいて、剰余金の内部留保（準備金、積立金、繰越金等）、剰余金の配当、損失てん補のために内部留保金の取崩順位等について具体的に記載しなければならない。

⑩ **準備金の額及びその積立の方法（十号）**

　　法58条１項に規定する準備金額及び積立率について、具体的に規定することが必要である。

⑪ **役員の定数及びその選挙又は選任に関する規定（十一号）**

　　役員の定数は、法35条２項の規定により、理事及び監事の別に確定数を記載することを要する。「○○人以上○○人以内」との規定も確定数として扱われるが、その幅は小さくすることが必要である。

　　選出方法については、選挙の場合にあっては、単記式か連記式の別、被選挙資格、すなわち組合員相互か、立候補ないし推薦候補者によるかの別、

155

第2章　中小企業等協同組合

指名推選制を採用するか等の有効、無効に関連する基本的手続ないし方法を、また、選任の方法による場合にあっては、候補者の選び方、議決の方法等を記載することを要する。

なお、選挙又は選任についての細則は、別に選挙又は選任規約として定めることが適当である。

⑫　**事業年度（十二号）**

組合の決算の関係から事業年度の期間を定めなければならない。その期間は、組合の性格や行う事業などを考慮して定めてよい。

なお、信用協同組合及び同連合会については、協金法5条により、事業年度は4月1日から翌年3月31日までと規定されているので、組合の意思によって、これ以外の事業年度を設定することはできない。

⑬　**公告方法（十三号、4項、5項）**

平成17年改正において、本条に4項から8項が新設され、組合の公告方法として、4項本文の「組合事務所の店頭に掲示する方法」のほか、「官報」、「時事に関する事項を掲載する日刊新聞紙」及び「電子公告」が示された。

法56条の2第2項、法82条の15の2第4項、法82条の15の3第4項及び中団法100条の5第3項等については官報により公告しなければならないとされているが、これ以外については、組合は公告の方法を本条4項にある①官報に掲載する方法、②時事に関する事項を掲載する日刊新聞紙に掲載する方法、③電子公告のうちからいずれか1つを選択して定款に記載しなければならない。

当然これら3つ以外の方法を記載することができず、また、2以上の方法を選択することも、事項ごとに異なる方法を選択することもできない。

例外的に電子公告の場合において、事故その他やむを得ない事由によって電子公告をすることができない場合については上記①又は②の方法により公告することができるが、その場合であってもあらかじめ定款に定めておく必要がある。

4項三号は、電子公告の意義につき、公告方法のうち、電磁的方法（会社法2条三十四号に規定する電磁的方法をいう。）により不特定多数の者が公告すべき内容である情報の提供を受けることができる状態に置く措置であって、同号に規定するものをとる方法をいうと規定しているので、中協法上の電子公告の方法は、会社法の規定に従うこととなる。すなわち、

156

第33条（定款）

「会社法2条三十四号に規定する電磁的方法」には、①電子情報処理組織を使用する方法のうち、送信者の使用に係る電子計算機と受信者の使用に係る電子計算機とを接続する電気通信回線を通じて送信し、受信者の使用に係る電子計算機に備えられたファイルに記録する方法（会社法施行規則222条1項一号イ。電子メールの送信）、②電子情報処理組織を使用する方法のうち、送信者の使用に係る電子計算機に備えられたファイルに記録された情報の内容を電気通信回線を通じて情報の提供を受ける者の閲覧に供し、当該情報の提供を受ける者の使用に係る電子計算機に備えられたファイルに当該情報を記録する方法（会社法施行規則222条1項一号ロ。インターネットのウェブサイトの閲覧）、及び、③磁気ディスクその他これに準ずる方法により一定の情報を確実に記録しておくことができる物をもって調製するファイルに情報を記録したものを交付する方法（会社法施行規則222条1項二号。磁気ディスク等の交付）があり、インターネットの利点を生かせるのは①及び②である。そして、「会社法2条三十四号に規定する電磁的方法」は、会社法施行規則223条が定めるものを意味するので、中協法上の電子公告の方法は、②の方法のうち、インターネットに接続された自動公衆送信装置を使用するものによる措置となる。

すなわち、組合の電子公告は、公告すべき内容を組合のインターネットホームページに掲載してする方法であり、電子公告を公告方法とする場合には定款にその旨を定め、公告ホームページのアドレスを登記し、公告期間中、公告ホームページに公告内容が掲載されているかどうかについての調査機関の調査を受ける必要がある（調査結果通知書が登記申請の際の添付書類となる。）。

なお、官報については、現在、紙の官報と同一内容のものが独立行政法人国立印刷局のインターネットホームページ上に掲載されているが、電子官報は電子公告に当たらない。これは、電子官報は紙の官報に附属するものと取り扱われており、無料で電子官報を閲覧できる「官報閲覧サービス」は、当日を含む1か月分の内容に限られている等の点において、電子公告と同等のものとはいえないからである。官報閲覧サービスのほかに、「官報検索サービス」があるが、これは昭和22年5月3日以降発行の官報について、目次及び記事の検索機能を持つ。有料である点で電子官報とは異なるが、電子官報と同じく電子公告には当たらない。

157

第2章　中小企業等協同組合

⑭　**共済金額の削減及び共済掛金の追徴に関する事項（2項）**

共済事業を行う組合の定款には、これらの事項のほか、共済金額の削減及び共済掛金の追徴に関する事項を記載し、又は記録しなければならない。

(2)　**相対的必要記載事項（3項）**

すべての組合が定款に規定しておかなければならないという事項ではないが、ある事項を定めたときは、必ず定款にその旨を記載しておかなければならないものであって、もしその記載がない場合には、その事項については効力を生じないものである。法律が定めているものは、組合の存立時期又は解散の事由、現物出資者の氏名、現物出資する財産及びその価格並びにこれに与える出資口数及び組合成立後の財産の譲渡予約であり、組合がこれらを定めた場合にはその旨を定款に記載しなければ法律上の効力を生じない。これらはいずれも組合と組合員の利害関係、第三者保護等につき重要な事項であるからである。

(3)　**定款参考例**

定款の様式については、法令で定められておらず、法律が定める要件を満たしていれば様式は任意であるが、全国中央会では「定款参考例」を策定し、公表しているので参照されたい（本書巻末に掲載（699頁以降））。ただし、「定款参考例」や他の組合の定款を機械的に模倣することは避け、組合の実情に即したものとして作成されるべきであり、また、経済情勢の変動その他の理由により、定款の規定が組合の実情にそぐわなくなったときは、遅滞なく、その内容を変更する必要がある。

（規約）

第34条　左の事項は、定款で定めなければならない事項を除いて、規約で定めることができる。

一　総会又は総代会に関する規定

二　業務の執行及び会計に関する規定

三　役員に関する規定

四　組合員に関する規定

五　その他必要な事項

規約とは、組合の業務運営及び事務執行に関して、組合員間を規律する自治規

第34条の2（定款の備置き及び閲覧等）

範であり、組合の組織活動の基本的事項を定めた定款と同様に組合員を拘束するものであるから、その設定・改廃は総会の権限に属する（法51条1項一号）。

規約で定めることができる事項は、①総会又は総代会に関する規定、②業務の執行及び会計に関する規定、③役員に関する規定、④組合員に関する規定、⑤その他必要な事項である。

規約の内容は、定款で定めなければならない事項は除かれるので、定款で定められた事項の運用細則ないし事務的事項に限られることとなる。通常は、金融、共同施設運営などの業務に関する委員会運営規約、役員の選挙又は選任の手続に関する役員選挙・選任規約、総代の選挙手続に関する総代選挙規約、共同施設の利用方法などに関する共同施設利用規約及び使用料・手数料規約等を制定している。

また、規約の設定・変更又は廃止は、総会で議決しなければならないが、その議決の方法は普通議決でよい。

さらに、組合の業務の執行及び会計に関する事項のうちでも、組合の事務執行上必要な関係を規律する内規については規程として制定し、その設定・改廃を理事会の権限に属させることは差し支えない。例えば、組合事務局の職制、職員の就業規則等は、事務執行上必要な関係を規律するものであり、規約とせずに規程として取り扱い、これを理事会で決定することは何ら差し支えない。

なお、全国中央会では、具体的規約例、規程例を「規約・規程例集」に収録して提供しているので参照されたい。ただし、組合の実態に即したものとして作成すべきであることは、定款の場合と同様である。

（定款の備置き及び閲覧等）

第34条の2　組合は、定款及び規約（共済事業を行う組合にあつては、定款、規約並びに共済規程及び火災共済規程）（以下この条において「定款等」という。）を各事務所に備え置かなければならない。

2　組合員及び組合の債権者は、組合に対して、その業務取扱時間内は、いつでも、次に掲げる請求をすることができる。この場合においては、組合は、正当な理由がないのにこれを拒んではならない。

一　定款等が書面をもつて作成されているときは、当該書面の閲覧又は謄写の請求

二　定款等が電磁的記録をもつて作成されているときは、当該電磁的記録に記録された事項を主務省令で定める方法により表示したものの閲覧又

第2章　中小企業等協同組合

　は謄写の請求
3　定款等が電磁的記録をもつて作成されている場合であつて、各事務所（主
　たる事務所を除く。）における前項第二号に掲げる請求に応じることを可
　能とするための措置として主務省令で定めるものをとつている組合につい
　ての第1項の規定の適用については、同項中「各事務所」とあるのは、「主
　たる事務所」とする。

　　　　本条…追加〔平成17年7月法律87号〕、1項…一部改正〔平成18年6月法律75号・24年9
　　　　　月85号〕
　　　　委任　2項二号の「主務省令」＝〈本法施行規則〉54条、3項の「主務省令」＝同60条
　　　　罰則　〈本法〉115条1項七号

　組合は、定款及び規約（共済事業を行う組合にあっては、定款、規約並びに共
済規程及び火災共済規程）を組合の各事務所に備え置き、組合員及び組合の債権
者の閲覧謄写の求めに応じられるようにしておかなければならない。

　この書類の閲覧謄写権は、組合員及び組合の債権者に付与され、その要求に対
して、理事は、正当な理由がなければ拒否し得ないものとされている。これは、
組合員がその権利の行使、例えば、決議の取消し又は無効、理事の責任追及等の
訴えの提起、不服の申出、検査の請求等の前提として必要であり、また、組合の
債権者を保護するためである。

（役員）
第35条　組合に、役員として理事及び監事を置く。
2　理事の定数は、3人以上とし、監事の定数は、1人以上とする。
3　役員は、定款の定めるところにより、総会において選挙する。ただし、
　設立当時の役員は、創立総会において選挙する。
4　理事（企業組合の理事を除く。以下この項において同じ。）の定数の少
　なくとも3分の2は、組合員又は組合員たる法人の役員でなければならな
　い。ただし、設立当時の理事の定数の少なくとも3分の2は、組合員にな
　ろうとする者又は組合員になろうとする法人の役員でなければならない。
5　企業組合の理事は、組合員（特定組合員を除く。以下この項において同
　じ。）でなければならない。ただし、設立当時の理事は、組合員になろう
　とする者でなければならない。
6　組合員（協同組合連合会にあつては、会員たる組合の組合員）の総数が

第35条（役員）

政令で定める基準を超える組合（信用協同組合及び第９条の９第１項第一号の事業を行う協同組合連合会を除く。）は、監事のうち１人以上は、次に掲げる要件のいずれにも該当する者でなければならない。

一　当該組合の組合員又は当該組合の組合員たる法人の役員若しくは使用人以外の者であること。

二　その就任の前５年間当該組合の理事若しくは使用人又はその子会社（組合が総株主（総社員を含む。）の議決権（株主総会において決議をすることができる事項の全部につき議決権を行使することができない株式についての議決権を除き、会社法第879条第３項の規定により議決権を有するものとみなされる株式についての議決権を含む。）の過半数を有する会社をいう。以下同じ。）の取締役、会計参与（会計参与が法人であるときは、その職務を行うべき社員）、執行役若しくは使用人でなかつたこと。

三　当該組合の理事又は参事その他の重要な使用人の配偶者又は二親等内の親族以外の者であること。

7　理事又は監事のうち、その定数の３分の１を超えるものが欠けたときは、３月以内に補充しなければならない。

8　役員の選挙は、無記名投票によつて行う。

9　投票は、１人につき１票とする。

10　第８項の規定にかかわらず、役員の選挙は、出席者中に異議がないときは、指名推選の方法によつて行うことができる。

11　指名推選の方法を用いる場合においては、被指名人をもつて当選人と定めるべきかどうかを総会（設立当時の役員は、創立総会）に諮り、出席者の全員の同意があつた者をもつて当選人とする。

12　一の選挙をもつて２人以上の理事又は監事を選挙する場合においては、被指名人を区分して前項の規定を適用してはならない。

13　第３項の規定にかかわらず、役員は、定款の定めるところにより、総会（設立当時の役員は、創立総会）において選任することができる。

3項…全部改正・4－6項…追加・旧4・5項…3項ずつ繰下〔昭和27年4月法律100号〕、9－11項…追加〔昭和30年8月法律121号〕、12項…追加〔昭和55年6月法律79号〕、5項…一部改正〔昭和59年5月法律31号・平成14年11月110号〕、3・4・6項…一部改正〔平成17年7月法律87号〕、6項…追加・旧9・10項…一部改正し1項ずつ繰下・旧6－8項・

161

第2章　中小企業等協同組合

11・12項…1項ずつ繰下〔平成18年6月法律75号〕、6項…全部改正〔平成26年6月法律91号〕

委任　6項の「政令」＝〈本法施行令〉18条

罰則　6項関係＝〈本法〉115条1項十三号、7項関係＝〈本法〉115条1項十四号

(1)　役員の性格及び種類（1項）

　組合には、理事及び監事を役員として必ず置かなければならない。代表理事もまた必ず置かなければならない（法36条の8第1項）。役員は組合の業務執行及びその監督に関する必要常置の機関であって、定款の規定、総会の議決をもってしてもこれを廃止することはできない。

　役員は、組合と委任関係に立つから、たとえ当選しても、それは単に組合からの委任契約締結の申込みに過ぎないので、本人が役員に就任する旨を承諾しなければ役員とはならない。また、就任を強制されることはない。

　また、定款の規定によって、理事のうちから、その職務に応じて、理事長、副理事長、専務理事、常務理事などを置くことができる。これらはいずれも組合の内部関係における職制であり、組合代表権の有無とはまったく異なる。組合の代表理事は、組合の業務に関する一切の裁判上裁判外の行為をする権限を有しており（法36条の8第2項）、この代表権限は、ある特定の行為についてであればともかく（法36条の8第4項）、包括的に他の組合員等の他人に委任することはできない。したがって、例えば、代表権限を持つ副理事長（代表理事である副理事長）が、理事長が事故のときに他の代表理事の職務を代理し、欠員のときにその職務を代行することはあり得るが、代表権限のない副理事長が代理・代行することはできない。

　なお、顧問、参事及び会計主任は、法律の規定によるものであるが、組合の役員ではなく、機関でもない。

　組合は、理事会の決議により、学識経験者に顧問を委嘱し、常時組合の重要事項に関し助言を求めることとすることができる（法43条）。

　参事及び会計主任は、法律の規定に基づく身分である。参事は、理事会の決議により置かれるもので、会社法の支配人と同様の権限を持ち、組合に代わってその事業に関する一切の裁判上裁判外の行為を行うことができる（法44条において準用する会社法11条）。会計主任は、参事と異なり、特別の権限を持たないが、組合の会計の重要性にかんがみて、その身分を保障し、会計業務に専念してもらおうとするものである。

第35条（役員）

(2) 役員の定数（2項）

　役員の定数は定款で定めるが、理事の定数は３人以上とし、監事の定数は
１人以上でなければならない。

　役員の定数は、定款の絶対的必要記載事項であるから、必ず定款に、組合
に常置すべき機関としての役員定数を確定的に記載しておかなければならな
い。「若干名」「○○人以内」「○○人以上」との規定では確定数とはならな
いため、そのような記載をすることはできない。

　「○○人以上○○人以内」との規定は確定数とされるが、下限と上限の幅
はできるだけ小さくする必要がある。

　役員の定数を定めた場合、組合は、常にこの数を充足するように役員を選
出しておかなければならない。定款で「○○人以上○○人以内」と規定して
いるときは、任期中に死亡又は辞任によって役員定数を欠いてしまう場合等
を考慮して、その上限数を選出しておくことが望ましい。任期中に役員が減
少した場合でも、その下限数以上を充足していればよいが、下限数を欠いた
場合には、早急に補充すべきである。法は特に欠員が定数（下限数）の３分
の１を超えた場合には、３か月以内の補充義務を課している（７項）。３分
の１以内において空席を設けることは、定款違反であるし、欠員に該当しな
いから許されないものと解する。

(3) 役員の選挙（3項、8項〜12項）

　組合の役員は、定款の定めるところにより、総会において選挙又は選任す
る。ただし、設立当時の役員については、創立総会において行うこととなる。
役員は、組合の重要な機関であるから、法律は、組合の意思決定機関である
総会において選挙又は選任を要求している。したがって、役員を総会以外で
選挙又は選任すると、当選取消しの訴え、当選無効確認の訴えなどの対象に
なる。

　「選挙」とは、選挙人団ともいうべき多数人が特定の地位に就くべき人を
選定する行為及びその手続の総称をいい、多くの場合投票によって行われる
が、必ずしも投票のみがその方法とは限らない。

　「選任」とは、役員を総会の議決（多数決）により選出することをいい、
選挙が選挙権の行使であるのに対し、選任は議決権の行使による。

　選挙制と選任制とは、それぞれ特徴を持った制度であるので、組合の実態
に応じ適切な役員選出方法を採用する必要がある。どちらの方法を採用する

163

かはあらかじめ定款において定めなければならず、一つの組合が定款に選挙制と選任制をともに規定しておいて、具体的方法は、実際に役員を選出する際に決定するというような方法を採用することはできない。

選挙制による無記名投票制の場合は法定されていないので、定款の定めるところによればよいが、多数得票者から順次当選人を決定し、得票数が同じであるときは、くじで定めるのが通常である。次点者については、定款で定めれば、当選人が就任を辞退したような場合には、繰り上げて当選人とすることができるが、当選人が役員に就任した直後に死亡等の事由で退任しても、繰り上げて役員にすることはできない。

また、会社法329条3項のようにあらかじめ役員の補欠を選任しておくこともできない。

指名推選制の場合は、出席者全員の同意によって当選人と決定した者である。

選任制の場合は、出席者の過半数の議決によって当選人と決定した者である。

① 理事の被選挙・選任資格（4項及び5項）

理事（企業組合の理事を除く。）の定数の少なくとも3分の2は、組合員又は組合員たる法人の役員でなければならず、設立当時の理事の定数の少なくとも3分の2は、組合員になろうとする者又は組合員になろうとする法人の役員でなければならないとされ（4項）、このような理事は員内理事と呼ばれる。なお、この場合の「法人の役員」とは、取締役、監査役、理事、監事に限らず、これらに準ずる者も含まれると解される。

企業組合にあっては、理事については、全員が員内理事であることを要し、員外からの起用は認められない。なぜならば、企業組合の組合員は、原則として組合事業に従事することを要するから、理事が組合の事業運営に専念できないおそれはなく、また、企業組合においては、広く一切の個人に組合員資格を与えることが可能である関係上、員外理事の必要を認めないのである（5項）。また、特定組合員は理事となることができない。

② 員外監事（6項）

事業年度の開始の時における組合員（協同組合連合会（信用協同組合連合会を除く。）にあっては、会員たる組合の組合員）の総数（共済事業を行う事業協同組合であって組合を組合員に含むものにあっては、当該事業

第35条（役員）

協同組合の組合員の数に当該事業協同組合の構成組合の組合員の数を加えた数から当該事業協同組合の構成組合の数を減じた数とする。）が1,000人（施行令18条）を超える組合（信用協同組合及び信用協同組合連合会を除く。）は、監事のうち１人以上は、次に掲げる要件のいずれにも該当する者でなければならず（６項）、これを組合員外監事という。組合員数が所定の基準以下の組合においては、組合員外監事を置くか否かはその自主的な判断に委ねられている。

１）当該組合の組合員又は当該組合の組合員たる法人の役員若しくは使用人以外の者であること。

２）その就任の前５年間当該組合の理事若しくは使用人又はその子会社（組合が総株主（総社員を含む。）の議決権（株主総会において決議をすることができる事項の全部につき議決権を行使することができない株式についての議決権を除き、会社法879条３項の規定により議決権を有するものとみなされる株式についての議決権を含む。）の過半数を有する会社をいう。）の取締役、会計参与（会計参与が法人であるときは、その職務を行うべき社員）、執行役若しくは使用人でなかったこと。

３）当該組合の理事又は参事その他の重要な使用人の配偶者又は二親等内の親族以外の者であること。

③　役員の補充義務（７項）

　役員は、必要常置の機関であり、かつ、定款において必要最低限度の役員数を確定数をもって決定したのであるから、常にその数を充足しているべきであるが、実情は、常にその数を充足しておくことは困難な場合もある。例えば、総会間近に役員が死亡するような場合もあるので、理事又は監事の定数の３分の１を超えて欠けた場合にのみ、３か月以内に補充すべき義務を課している。本条の意味するところは、役員に欠員が生じた場合には、たとえ定数の３分の１以内の欠員であっても、組合の業務運営上、早急に補充すべきであるが、特に欠員が３分の１を超えた場合には、３か月以内という期限を限り補充義務を法文上明確にした点にある。

　「理事又は監事の定数の３分の１」であるから、理事又は監事の定数を通算するのでなく、各別の定数を基準とし、各別に補充義務がある。補充義務に違反すると、その組合の理事には罰則（法115条１項十四号）の適用がある。なお、設立当時あるいは理事又は監事の全員を改選する場合に

165

第2章　中小企業等協同組合

は、常に定数の全員を充足するように選挙又は選任を行うべきである。

④　選出方法

役員の選挙には、無記名投票制と指名推選制の二つの方法がある。

1）無記名投票制（8項、9項）

役員の選挙は、原則として、1人につき1票の無記名投票によらなければならない。無記名投票を単記式とするか、連記式とするか、連記式の場合は何人連記とするかなどの事項は、定款に適宜定めることができる。

なお、連記式投票制をとる場合は、投票用紙に2人以上の氏名を記載するのであるが、2人以上の者を選定して記載することをもって1個の選挙権の行使とみるのであって、複数選挙権を与えることにはならない。

本法は、同一人の氏名を2以上記載する累積投票の制度（会社法342条）は準用していないのでできない。

2）指名推選制（10項〜12項）

役員の選挙方法は、原則として無記名投票によるが、例外として指名推選制をとることができる。この方法で行う場合には、定款にこの制度によることができる旨を定めておくほか、総会（設立当時にあっては、創立総会）の出席者に諮り、その全員の同意を得なければならない。

当選人を決定するには、被指名人を当選人とするかどうかについて、さらにその総会に諮り、出席者全員一致による同意を得なければならない。

なお、被指名人の選定は、選考委員会によるなど適宜の方法をとってよい。

ただし、この場合に、2人以上の理事又は監事を選挙する場合における当選人の決定に当たり、被指名人を区分して（理事のグループと監事のグループを区分することは差し支えない。）指名推選による選挙方法を適用してはならない。例えば、2人の理事を選挙する場合に、一人一人についてそれぞれ別個の同意を求めたり、あるいは1人を指名推選によって選挙し、他の1人を無記名投票によって選挙することはできない。このことと、指名推選制の適用及び当選人の決定について全員一致の議決を必要とすることの趣旨は、理事又は監事の構成が多数派代表に偏ることを防止することにある。無記名投票によって選挙をすれば、少数派もその代表を役員に送り込むことが可能であるが、指名推選を全員一致

166

第35条（役員）

でなく、通常の多数決によって行えば、これは不可能となり、また一部を指名推選、一部を無記名投票によって選挙すれば、少数派の代表については、投票によらざるを得ず、したがって、その結果、多数派のために排除されることになるからである。

　指名推選制は、役員選挙について、最も民主的であるべき無記名投票制に代わるべき制度であるから、全ての組合に画一的に適用し得るものではなく、組合員が少数の組合とか、組合員相互間で知悉している組合等が、役票制の煩を避けるために採用する点に本旨があると解すべきである。

(4)　選任制（13項）

　選挙による役員の選出に当たって、組合員数の多い組合においては、組合員同士の日常の接触も少なく、組合員ごとの人柄や能力を把握することが難しく、誰を役員に選んでよいか分からないようなケースもみられる。また、現行の指名推選制では、1人の反対者が出ることにより無記名投票に戻らざるを得なくなるため、組合運営の円滑化を確保するための役員選出方法として選任制が制度化された。

　選任とは、従来の選挙とはまったく別個に、役員の選出を他の議決事項と同様に議案の一つとして総会に提出し、総会出席者の過半数による普通議決によって役員を選出することをいう。つまり、役員の選出を選挙によって行う場合は選挙権の行使であり、選任による場合は議決権の行使となる。選任制の運営は次の手順によって行われる。

① 　推薦委員の選出

　推薦委員の選出に当たっては、組合の類型に従い、例えば、広域組合にあっては地域ごとに、同業種組合にあっては企業規模別、売上高別ごとに、また異業種組合にあっては業種ごとに組合員のうちからそれぞれ選出する。

　推薦委員の全体の数は、各組合が定款で定めることとなるが、役員候補者を推薦する役割の重要性からみてそれなりの数（例えば、5人以上）を委員として選出する必要がある。

　また、地域等の区分別に推薦委員の人数を定めるに当たっては、少数の意見も正当に反映されることとなるよう定款で別表として定める配慮を払うことが必要である。

167

② 委員の任期

　推薦委員は、役員選任を行う都度選出することを原則とするが、任期を付す場合には、長くともその組合の役員の任期に見合った期間を推薦委員の任期とすることが必要である。

③ 委員と現職役員との関係

　組合の役員が推薦委員になることは好ましくないが、各地域等の組合員を代表するものとして選ばれた者が結果として現在の役員であったということであるならば差し支えない。

④ 推薦会議の招集

　推薦会議の招集は、理事長から各委員に通知を発して行う。この場合には、少なくとも総会開催予定日の30日前までに推薦会議の目的、日時及び場所を記載して行うことが必要である。

⑤ 推薦会議の開催及び役員候補者の決定

　推薦会議においては、推薦委員の中から議長を互選する。推薦会議は、推薦委員全員の出席の下、全員一致で役員候補者を決定することが望ましいが、少なくとも推薦委員の過半数が出席し、出席者の3分の2以上の多数により決定することが必要である。

⑥ 役員候補者の承諾

　推薦会議が役員候補者を推薦しようとする場合には、役員候補者全員からの承諾を事前に得ておくことが必要である。

⑦ 役員候補者を理事長に推薦

　推薦会議は、役員候補者を最終的に決定した後遅滞なくその候補者を理事長に推薦するとともに、その氏名及び住所並びに理事又は監事の別を報告する。この場合には、候補者からの承諾を得たことを証する書面を推薦会議の議事録に添付する。

⑧ 理事会の開催

　理事会は、推薦会議で決定された役員候補者の名簿を作成し、総会提出議案として議決する。

⑨ 総会開催通知

　総会開催通知の発送に当たっては、役員候補者の氏名、住所、略歴等組合員が役員を選任する場合の参考となるべき事項を記載した役員候補者名簿を同封しておく。

第35条の2（役員の変更の届出）　第35条の3（組合と役員との関係）

⑩　総会

　　総会における役員の選任は、候補者を一括して行うことが必要であるが、理事候補者と監事候補者とを区分して選任することは差し支えない。

　　役員選任に関する議案の議決は、原則として無記名投票によって行うが、総会において出席者の議決権数の3分の2以上の多数により、投票以外の方法、つまり挙手又は起立等によって行うことができる。

　　なお、総代会を置く組合にあっては、役員の選任は総代会において行うことができる。

（役員の変更の届出）

第35条の2　組合は、役員の氏名又は住所に変更があつたときは、その変更の日から2週間以内に、行政庁にその旨を届け出なければならない。

　　本条…追加〔昭和30年8月法律121号〕

　　罰則　〈本法〉115条1項十一号

　役員の氏名及び住所を記載した書面は、設立認可の際に提出することとなっているので、その後の変更は、この規定に基づいて、変更のあった日から2週間以内に行政庁に届け出なければならない。役員の氏名及び住所の変更届には、その趣旨からして、役員相互間の変更についても該当する。役員の変更は、その事実が発生したときであり、その日から2週間以内に届け出ることが義務づけられている（施行規則61条及び様式8、様式9）。なお、この届出義務に違反した場合については過料の定めがある（法115条1項十一号）。

（組合と役員との関係）

第35条の3　組合と役員との関係は、委任に関する規定に従う。

　　本条…追加〔平成17年7月法律87号〕

【「民法」参照条文】

（委任）

第643条　委任は、当事者の一方が法律行為をすることを相手方に委託し、相手方がこれを承諾することによって、その効力を生ずる。

（役員〔受任者〕の注意義務）

第2章　中小企業等協同組合

第644条　役員〔受任者〕は、委任の本旨に従い、善良な管理者の注意をもって、委任事務を処理する義務を負う。

（役員〔受任者〕による報告）

第645条　役員〔受任者〕は、組合〔委任者〕の請求があるときは、いつでも委任事務の処理の状況を報告し、委任が終了した後は、遅滞なくその経過及び結果を報告しなければならない。

（役員〔受任者〕による受取物の引渡し等）

第646条　役員〔受任者〕は、委任事務を処理するに当たって受け取った金銭その他の物を組合〔委任者〕に引き渡さなければならない。その収取した果実についても、同様とする。

2　役員〔受任者〕は、組合〔委任者〕のために自己の名で取得した権利を組合〔委任者〕に移転しなければならない。

（役員〔受任者〕の金銭の消費についての責任）

第647条　役員〔受任者〕は、組合〔委任者〕に引き渡すべき金額又はその利益のために用いるべき金額を自己のために消費したときは、その消費した日以後の利息を支払わなければならない。この場合において、なお損害があるときは、その賠償の責任を負う。

（役員〔受任者〕の報酬）

第648条　役員〔受任者〕は、特約がなければ、組合〔委任者〕に対して報酬を請求することができない。

2　役員〔受任者〕は、報酬を受けるべき場合には、委任事務を履行した後でなければ、これを請求することができない。ただし、期間によって報酬を定めたときは、第624条第2項の規定を準用する。

3　委任が役員〔受任者〕の責めに帰することができない事由によって履行の中途で終了したときは、役員〔受任者〕は、既にした履行の割合に応じて報酬を請求することができる。

（報酬の支払時期）

第624条

2　期間によって定めた報酬は、その期間を経過した後に、請求することができる。

（役員〔受任者〕による費用の前払請求）

第35条の３（組合と役員との関係）

第649条　委任事務を処理するについて費用を要するときは、組合〔委任者〕は、役員〔受任者〕の請求により、その前払をしなければならない。

（役員〔受任者〕による費用等の償還請求等）

第650条　役員〔受任者〕は、委任事務を処理するのに必要と認められる費用を支出したときは、組合〔委任者〕に対し、その費用及び支出の日以後におけるその利息の償還を請求することができる。

２　役員〔受任者〕は、委任事務を処理するのに必要と認められる債務を負担したときは、組合〔委任者〕に対し、自己に代わってその弁済をすることを請求することができる。この場合において、その債務が弁済期にないときは、組合〔委任者〕に対し、相当の担保を供させることができる。

３　役員〔受任者〕は、委任事務を処理するため自己に過失なく損害を受けたときは、組合〔委任者〕に対し、その賠償を請求することができる。

（委任の解除）

第651条　委任は、各当事者がいつでもその解除をすることができる。

２　当事者の一方が相手方に不利な時期に委任の解除をしたときは、その当事者の一方は、相手方の損害を賠償しなければならない。ただし、やむを得ない事由があったときは、この限りでない。

（委任の解除の効力）

第652条　第620条の規定は、委任について準用する。

　（賃貸借の解除の効力）

　第620条　賃貸借の解除をした場合には、その解除は、将来に向かってのみその効力を生ずる。この場合において、当事者の一方に過失があったときは、その者に対する損害賠償の請求を妨げない。

（委任の終了事由）

第653条　委任は、次に掲げる事由によって終了する。

　一　〔委任者又は〕役員〔受任者〕の死亡

　二　組合〔委任者〕又は役員〔受任者〕が破産手続開始の決定を受けたこと。

　三　役員〔受任者〕が後見開始の審判を受けたこと。

（委任の終了後の処分）

第654条　委任が終了した場合において、急迫の事情があるときは、役員〔受任者〕

171

第2章　中小企業等協同組合

又はその相続人若しくは法定代理人は、組合〔委任者〕又はその相続人若しくは
法定代理人が委任事務を処理することができるに至るまで、必要な処分をしなけ
ればならない。

（委任の終了の対抗要件）

第655条　委任の終了事由は、これを相手方に通知したとき、又は相手方がこれを
知っていたときでなければ、これをもってその相手方に対抗することができない。

（準委任）

第656条　この節の規定は、法律行為でない事務の委託について準用する。

　組合と理事及び監事との関係については、民法3編債権　2章契約　10節委任
（643条〜656条）に関する規定に従うこととなる。
　このため、組合の総会における役員選出手続に従って選出された理事又は監事
候補者が就任を承諾（組合からの委任契約の申入れに対する理事又は監事候補者
の承諾）することによって委任契約が成立し、善良なる管理者の注意（善管注意
義務）をもって組合から委任された事務を処理する義務を負うなど、委任の規定
に従うこととなる。

（役員の資格等）

第35条の4　次に掲げる者は、役員となることができない。

一　法人

二　成年被後見人若しくは被保佐人又は外国の法令上これらと同様に取り
　扱われている者

三　この法律、会社法若しくは一般社団法人及び一般財団法人に関する
　法律（平成18年法律第48号）の規定に違反し、又は民事再生法（平成11
　年法律第225号）第255条、第256条、第258条から第260条まで若しくは
　第262条の罪若しくは破産法（平成16年法律第75号）第265条、第266条、
　第268条から第272条まで若しくは第274条の罪を犯し、刑に処せられ、
　その執行を終わり、又はその執行を受けることがなくなつた日から2年
　を経過しない者

四　前号に規定する法律の規定以外の法令の規定に違反し、禁錮以上の刑
　に処せられ、その執行を終わるまで又はその執行を受けることがなくな
　るまでの者（刑の執行猶予中の者を除く。）

172

2　前項各号に掲げる者のほか、破産手続開始の決定を受けて復権を得ない
　者は、共済事業を行う組合の役員となることができない。

　　　本条…追加〔平成18年6月法律75号〕、1項…一部改正〔平成18年6月法律50号〕

【「民事再生法」参照条文】

（詐欺再生罪）

第255条　再生手続開始の前後を問わず、債権者を害する目的で、次の各号のいず
　れかに該当する行為をした者は、債務者について再生手続開始の決定が確定した
　ときは、10年以下の懲役若しくは1,000万円以下の罰金に処し、又はこれを併科
　する。情を知って、第四号に掲げる行為の相手方となった者も、再生手続開始の
　決定が確定したときは、同様とする。

　一　債務者の財産を隠匿し、又は損壊する行為

　二　債務者の財産の譲渡又は債務の負担を仮装する行為

　三　債務者の財産の現状を改変して、その価格を減損する行為

　四　債務者の財産を債権者の不利益に処分し、又は債権者に不利益な債務を債
　　　務者が負担する行為

2　前項に規定するもののほか、債務者について管理命令又は保全管理命令が発
　せられたことを認識しながら、債権者を害する目的で、管財人の承諾その他の
　正当な理由がなく、その債務者の財産を取得し、又は第三者に取得させた者も、
　同項と同様とする。

（特定の債権者に対する担保の供与等の罪）

第256条　債務者が、再生手続開始の前後を問わず、特定の債権者に対する債務に
　ついて、他の債権者を害する目的で、担保の供与又は債務の消滅に関する行為で
　あって債務者の義務に属せず又はその方法若しくは時期が債務者の義務に属しな
　いものをし、再生手続開始の決定が確定したときは、5年以下の懲役若しくは
　500万円以下の罰金に処し、又はこれを併科する。

（報告及び検査の拒絶等の罪）

第258条　第59条第1項各号に掲げる者若しくは同項第二号から第五号までに掲げ
　る者であった者が、同項若しくは同条第2項において準用する同条第1項（これ
　らの規定を第63条、第78条又は第83第1項において準用する場合を含む。）の規
　定による報告を拒み、若しくは虚偽の報告をしたとき、又は再生債務者若しくは
　その法定代理人が第223条第8項（第244条において準用する場合を含む。）の規

定による報告を拒み、若しくは虚偽の報告をしたときは、3年以下の懲役若しく
は300万円以下の罰金に処し、又はこれを併科する。

2　第59条第1項第二号から第五号までに掲げる者若しくは当該各号に掲げる者
であった者（以下この項において「報告義務者」という。）の代表者、代理人、
使用人その他の従業者（第4項において「代表者等」という。）が、その報告義
務者の業務に関し、同条第1項若しくは同条第2項において準用する同条第1
項（これらの規定を第63条、第78条又は第83条第1項において準用する場合を
含む。）の規定による報告を拒み、若しくは虚偽の報告をしたとき、又は再生債
務者の法定代理人の代理人、使用人その他の従業者が、その法定代理人の業務
に関し、第223条第8項（第244条において準用する場合を含む。）の規定による
報告を拒み、若しくは虚偽の報告をしたときも、前項と同様とする。

3　再生債務者が第59条第1項（第63条、第78条又は第83条第1項において準用
する場合を含む。）の規定による検査を拒んだとき、又は再生債務者若しくはそ
の法定代理人が第223条第8項（第244条において準用する場合を含む。）の規定
による検査を拒んだときも、第1項と同様とする。

4　第59条第3項に規定する再生債務者の子会社等（同条第4項の規定により再
生債務者の子会社等とみなされるものを含む。以下この項において同じ。）の代
表者等が、その再生債務者の子会社等の業務に関し、同条第3項（第63条、第
78条又は第83条第1項において準用する場合を含む。）の規定による報告若しく
は検査を拒み、又は虚偽の報告をしたときも、第1項と同様とする。

（業務及び財産の状況に関する物件の隠滅等の罪）

第259条　再生手続開始の前後を問わず、債権者を害する目的で、債務者の業務及
び財産の状況に関する帳簿、書類その他の物件を隠滅し、偽造し、又は変造した
者は、債務者について再生手続開始の決定が確定したときは、3年以下の懲役若
しくは300万円以下の罰金に処し、又はこれを併科する。

（監督委員等に対する職務妨害の罪）

第260条　偽計又は威力を用いて、監督委員、調査委員、管財人、保全管理人、個
人再生委員、管財人代理又は保全管理人代理の職務を妨害した者は、3年以下の
懲役若しくは300万円以下の罰金に処し、又はこれを併科する。

（贈賄罪）

第262条　前条第1項又は第3項に規定する賄賂を供与し、又はその申込み若しく
は約束をした者は、3年以下の懲役若しくは300万円以下の罰金に処し、又はこ

第35条の4（役員の資格等）

れを併科する。

2 　前条第2項、第4項又は第5項に規定する賄賂を供与し、又はその申込み若しくは約束をした者は、5年以下の懲役若しくは500万円以下の罰金に処し、又はこれを併科する。

【「破産法」参照条文】

（詐欺破産罪）

第265条　破産手続開始の前後を問わず、債権者を害する目的で、次の各号のいずれかに該当する行為をした者は、債務者（相続財産の破産にあっては、相続財産、信託財産の破産にあっては信託財産。次項において同じ。）について破産手続開始の決定が確定したときは、10年以下の懲役若しくは1,000万円以下の罰金に処し、又はこれを併科する。情を知って、第四号に掲げる行為の相手方となった者も、破産手続開始の決定が確定したときは、同様とする。

一　債務者の財産（相続財産の破産にあっては相続財産に属する財産、信託財産の破産にあっては信託財産。以下この条において同じ。）を隠匿し、又は損壊する行為

二　債務者の財産の譲渡又は債務の負担を仮装する行為

三　債務者の財産の現状を改変して、その価格を減損する行為

四　債務者の財産を債権者の不利益に処分し、又は債権者に不利益な債務を債務者が負担する行為

2 　前項に規定するもののほか、債務者について破産手続開始の決定がされ、又は保全管理命令が発せられたことを認識しながら、債権者を害する目的で、破産管財人の承諾その他の正当な理由がなく、その債務者の財産を取得し、又は第三者に取得させた者も、同項と同様とする。

（特定の債権者に対する担保の供与等の罪）

第266条　債務者（相続財産の破産にあっては相続人、相続財産の管理人又は遺言執行者を、信託財産の破産にあっては受託者等を含む。以下この条において同じ。）が、破産手続開始の前後を問わず、特定の債権者に対する債務について、他の債権者を害する目的で、担保の供与又は債務の消滅に関する行為であって債務者の義務に属せず又はその方法若しくは時期が債務者の義務に属しないものをし、破産手続開始の決定が確定したときは、5年以下の懲役若しくは500万円以下の罰金に処し、又はこれを併科する。

第2章　中小企業等協同組合

（説明及び検査の拒絶等の罪）

第268条　第40条第1項（同条第2項において準用する場合を含む。）、第230条第1項（同条第2項において準用する場合を含む。）又は第244条の6第1項（同条第2項において準用する場合を含む。）の規定に違反して、説明を拒み、又は虚偽の説明をした者は、3年以下の懲役若しくは300万円以下の罰金に処し、又はこれを併科する。第96条第1項において準用する第40条第1項（同条第2項において準用する場合を含む。）の規定に違反して、説明を拒み、又は虚偽の説明をした者も、同様とする。

2　第40条第1項第二号から第五号までに掲げる者若しくは当該各号に掲げる者であった者、第230条第1項各号に掲げる者（相続人を除く。）若しくは同項第二号若しくは第三号に掲げる者（相続人を除く。）であった者又は第244条の6第1項各号に掲げる者若しくは同項各号に掲げる者であった者（以下この項において「説明義務者」という。）の代表者、代理人、使用人その他の従業者（以下この項及び第4項において「代表者等」という。）が、その説明義務者の業務に関し、第40条第1項（同条第2項において準用する場合を含む。）、第230条第1項（同条第2項において準用する場合を含む。）又は第244条の6第1項（同条第2項において準用する場合を含む。）の規定に違反して、説明を拒み、又は虚偽の説明をしたときも、前項前段と同様とする。説明義務者の代表者等が、その説明義務者の業務に関し、第96条第1項において準用する第40条第1項（同条第2項において準用する場合を含む。）の規定に違反して、説明を拒み、又は虚偽の説明をしたときも、同様とする。

3　破産者が第83条第1項（第96条第1項において準用する場合を含む。）の規定による検査を拒んだとき、相続財産について破産手続開始の決定があった場合において第230条第1項第二号若しくは第三号に掲げる者が第83条第1項の規定による検査を拒んだとき又は信託財産について破産手続開始の決定があった場合において受託者等が同項（第96条第1項において準用する場合を含む。）の規定による検査を拒んだときも、第1項前段と同様とする。

4　第83条第2項に規定する破産者の子会社等（同条第3項において破産者の子会社等とみなされるものを含む。以下この項において同じ。）の代表者等が、その破産者の子会社等の業務に関し、同条第2項（第96条第1項において準用する場合を含む。以下この項において同じ。）の規定による説明を拒み、若しくは虚偽の説明をし、又は第83条第2項の規定による検査を拒んだときも、第1項前段と

176

第35条の4（役員の資格等）

同様とする。

（重要財産開示拒絶等の罪）

第269条 破産者（信託財産の破産にあっては、受託者等）が第41条（第244条の6第4項において準用する場合を含む。）の規定による書面の提出を拒み、又は虚偽の書面を裁判所に提出したときは、3年以下の懲役若しくは300万円以下の罰金に処し、又はこれを併科する。

（業務及び財産の状況に関する物件の隠滅等の罪）

第270条 破産手続開始の前後を問わず、債権者を害する目的で、債務者の業務及び財産（相続財産の破産にあっては相続財産に属する財産、信託財産の破産にあっては信託財産に属する財産）の状況に関する帳簿、書類その他の物件を隠滅し、偽造し、又は変造した者は、債務者（相続財産の破産にあっては相続財産、信託財産の破産にあっては信託財産）について破産手続開始の決定が確定したときは、3年以下の懲役若しくは300万円以下の罰金に処し、又はこれを併科する。第155条第2項の規定により閉鎖された破産財団に関する帳簿を隠滅し、偽造し、又は変造した者も、同様とする。

（審尋における説明拒絶等の罪）

第271条 債務者が、破産手続開始の申立て（債務者以外の者がしたものを除く。）又は免責許可の申立てについての審尋において、裁判所が説明を求めた事項について説明を拒み、又は虚偽の説明をしたときは、3年以下の懲役若しくは300万円以下の罰金に処し、又はこれを併科する。

（破産管財人等に対する職務妨害の罪）

第272条 偽計又は威力を用いて、破産管財人、保全管理人、破産管財人代理又は保全管理人代理の職務を妨害した者は、3年以下の懲役若しくは300万円以下の罰金に処し、又はこれを併科する。

（贈賄罪）

第274条 前条第1項又は第3項に規定する賄賂を供与し、又はその申込み若しくは約束をした者は、3年以下の懲役若しくは300万円以下の罰金に処し、又はこれを併科する。

2 前条第2項、第4項又は第5項に規定する賄賂を供与し、又はその申込み若しくは約束をした者は、5年以下の懲役若しくは500万円以下の罰金に処し、又はこれを併科する。

177

第2章　中小企業等協同組合

　従来、役員の資格要件について特段の規定はなかったが、平成18年改正により、会社法等の規定に違反し、刑の執行終了から2年を経過しない者等については役員となることが禁止された。

　本条は、株式会社の取締役の欠格事由とほぼ同じ規定となっているが（会社法331条）、本条では、組合の役員になれない者についての規定となっており、理事のみならず、監事をも対象とした欠格事由として規定されている。

1　欠格事由

組合の役員となることができない者（欠格者）として、次の5つを列挙している。

(1)　法人（一号）

　法人が株式会社の取締役となれるかどうかについては、旧商法が明文規定を持たなかったため学説上の争いがあったが、会社法においては、法人は欠格者と規定された。

(2)　成年被後見人、被保佐人、外国の法令上これらと同様に取り扱われている者（二号）

　①　成年被後見人

　　精神上の障害により事理を弁識する能力を欠く常況にある者であって後見開始の審判を受けた者をいう（民法7条及び8条）。

　②　被保佐人

　　精神上の障害により事理を弁識する能力が著しく不十分である者であって保佐開始の審判を受けた者をいう（民法11条及び12条）。

(3)　本法、会社法、一般法人法、民事再生法、破産法の罪を犯し、刑に処せられた者（三号）

　本法、会社法、一般社団法人及び一般財団法人に関する法律の規定に違反し、又は民事再生法、破産法の罪を犯し、刑に処せられた者は、その執行を終わった日（刑期満了又は罰金の支払の日）又は執行を受けることがなくなった日（刑の時効完成の日）から2年を経過しない間は、役員となり得ない。したがって、罰金刑に処せられた者も、刑の執行猶予中の者も欠格者とされ、また、刑の執行を終わり又はその執行を受けることがなくなった後も2年間は欠格者とされる。ただし、執行猶予の判決を受けた者が、これを取り消されることなく猶予期間を満了したときは、刑の言渡しが効力を失うから、そのときに欠格者でなくなる（刑法27条）。

第36条（役員の任期）

(4) (3)以外の法令に違反し、禁錮以上の刑に処せられた者（四号）

上記(3)以外の法律の規定に違反し、禁錮以上の刑に処せられ、その執行を終わるまで又はその執行を受けることがなくなるまでの者は役員となり得ないが、刑の執行猶予中の者は除かれている。実刑判決を受けて刑務所に収容されている者がこの欠格者の典型であるが、そのほか、仮出獄中の者、刑の執行停止中の者、逃走中でまだ刑の時効が完成していない者等がこれに含まれる。

(5) 破産手続開始決定を受けて復権を得ない者（共済事業を行う組合の役員）

破産手続開始の決定を受けて復権を得ない者は、共済事業を行う組合の役員となることができない。

2 欠格事由該当の効果

欠格事由に該当する者を役員に選任しても、その選任決議は内容が法令に違反するものとして無効であり、たとえその者が就任を承諾しても役員とならない。

役員が欠格事由に該当するに至った場合には、その役員は資格の喪失によって退任し、その者は当然に役員でなくなる。

欠格事由に該当する者を代表理事に選任してもその選任決議は法令違反であるから無効であり、就任を承諾しても代表理事とならない。それにもかかわらず、組合が代表理事の選任の登記をしたときは、組合は、選任がないことをもって善意の第三者に対抗することができない。代表理事が欠格事由に該当するに至った場合には、その代表理事は役員の資格の喪失によって退任し、その者は当然に代表理事でなくなる。それにもかかわらず、組合が代表理事の退任の登記をしないときは、組合は退任をもって善意の第三者に対抗することができない。

（役員の任期）

第36条 理事の任期は、2年以内において定款で定める期間とする。

2 監事の任期は、4年以内において定款で定める期間とする。

3 設立当時の役員の任期は、前2項の規定にかかわらず、創立総会において定める期間とする。ただし、その期間は、1年を超えてはならない。

4 前3項の規定は、定款によつて、前3項の任期を任期中の最終の決算期に関する通常総会の終結の時まで伸長することを妨げない。

5 前3項の規定にかかわらず、監事の監査の範囲を会計に関するものに限

179

第2章　中小企業等協同組合

> 定する旨の定款の定めを廃止する定款の変更をした場合には、監事の任期
> は、当該定款の変更の効力が生じた時に満了する。
>
> 　2項…一部改正・3項…追加〔平成17年7月法律87号〕、1項…一部改正・2・5項…追加・
> 旧2・3項…一部改正し1項ずつ繰下〔平成18年6月法律75号〕

1　理事又は監事の任期（1項及び2項）

　平成18年改正により、「3年以内で定款において定める期間」とされていた役員の任期が、理事の任期については、「2年以内において定款で定める期間」と、監事の任期は、「4年以内において定款で定める期間」とされた。したがって、定款の規定をもってしてもそれぞれ2年又は4年を超えることはできないが、これらの期間内であれば任期は定款で自由に定め得る。

　任期は確定数をもって定款に記載すべきものである。ただし、「○年」との記載方法のみが確定数ではなく、「○年又は任期中の第○回目の通常総会の終結時までのいずれか短い期間」という記載の方法についても確定数として扱われる。

2　設立時の任期（3項）

　設立当時の役員の任期は、創立総会において1年を超えない範囲内で定めた期間としなければならず（3項）、新設合併によって設立された組合の初代役員の任期は最初の通常総会の日までである（法64条3項）。

3　任期伸長規定（4項）

　4項は、「任期伸長規定」であり、例えば、理事の任期を2年、監事の任期を4年としている場合、それぞれ2年、4年を超える通常総会終結時まで役員の任期を伸長できることとする規定である。

　これは、役員は通常総会で選出されるが、通常総会の会日が年度によって異なることがあり、通常総会が役員の任期を超えて開催されることがあり得るので、この場合、役員の任期が通常総会の会日が異なるのに応じて短縮又は伸長され、常に通常総会の終結の時をもって満了するように定めるのが便宜である。

　また、任期伸長を認めることによって、通常総会において決算関係書類を承認するに当たって、決算期当時の役員に現任者として説明の任に当たらせることができ、より適正な運営が期待できる。

　通常総会が所定の時期に開催されないときに、役員の任期がいつ満了するのか

第36条の2（役員に欠員を生じた場合の措置）　第36条の3（役員の職務及び権限等）

に関しては、総会の本来開催されるべき時期の経過によって当然に満了すると解されており（株式会社の取締役の任期に関する通説・判例）、任期伸長規定のみでも任期が不定となることはないとされている。

任期は、組合と役員との委任契約の存続期間であるから、一般の期間の計算に従い、その起算日は役員として就任した日の翌日とされている。

4　監事の任期の特例（5項）

権限を会計監査に限定された監事がその監査権限を業務全般にまで拡大された場合には、その任期は、行政庁の定款変更の認可時点で満了するので、後任の監事の選任には注意を要する。

（役員に欠員を生じた場合の措置）

第36条の2　役員が欠けた場合又はこの法律若しくは定款で定めた役員の員数が欠けた場合には、任期の満了又は辞任により退任した役員は、新たに選任された役員が就任するまで、なお役員としての権利義務を有する。

　　本条…追加〔昭和26年4月法律138号〕、見出…削り・本条…全部改正〔平成17年7月法律87号〕

任期の満了又は辞任によって退任した役員は、新たに選任された役員が就任するまでなお役員としての権利義務を有することとされている。これは、退任した役員の「残任義務」を定めたものであって、役員の任期自体を伸長させる規定ではない。

欠員となった役員の補充として選任され、就任した役員は、当然新しく任期が起算されるが、すべての役員の任期を揃えるため、定款で現任者の残任期間と定めておくとよい。役員の全員を任期中に改選した場合の新任役員に対しては、その残任期間の定めは適用されない。

（役員の職務及び権限等）

第36条の3　理事は、法令、定款及び規約並びに総会の決議を遵守し、組合のため忠実にその職務を行わなければならない。

2　監事は、理事の職務の執行を監査する。この場合において、監事は、主務省令で定めるところにより、監査報告を作成しなければならない。

3　理事については会社法第357条第1項、同法第360条第3項の規定により

第2章　中小企業等協同組合

読み替えて適用する同条第1項並びに同法第361条第1項及び第4項の規定を、監事については同法第343条第1項及び第2項、第345条第1項から第3項まで、第381条（第1項を除く。）、第382条、第383条第1項本文、第2項及び第3項、第384条、第385条、第386条第1項（第一号に係る部分に限る。）及び第2項（第一号及び第二号に係る部分に限る。）、第387条並びに第388条の規定をそれぞれ準用する。この場合において、同法第345条第1項及び第2項中「会計参与」とあるのは「監事」と、同法第382条中「取締役（取締役会設置会社にあっては、取締役会）」とあるのは「理事会」と、同法第384条中「法務省令」とあるのは「主務省令」と、同法第388条中「監査役設置会社（監査役の監査の範囲を会計に関するものに限定する旨の定款の定めがある株式会社を含む。）」とあり、及び「監査役設置会社」とあるのは「組合」と読み替えるものとするほか、必要な技術的読替えは、政令で定める。

4　組合員（協同組合連合会にあつては、会員たる組合の組合員）の総数が第35条第6項の政令で定める基準を超えない組合（第40条の2第1項に規定する会計監査人の監査を要する組合を除く。）は、第2項の規定にかかわらず、その監事の監査の範囲を会計に関するものに限定する旨を定款で定めることができる。

5　前項の規定による定款の定めがある組合においては、理事については会社法第353条、第360条第1項及び第364条の規定を、監事については同法第389条第2項から第7項までの規定をそれぞれ準用する。この場合において、同条第2項、第3項及び第4項第二号中「法務省令」とあるのは「主務省令」と読み替えるものとするほか、必要な技術的読替えは、政令で定める。

6　前3項（第3項において準用する会社法第360条第3項の規定により読み替えて適用する同条第1項の規定に係る部分を除く。）の規定は、信用協同組合及び第9条の9第1項第一号の事業を行う協同組合連合会については、適用しない。

　　　本条…追加〔昭和27年4月法律100号〕、2項…一部改正〔平成12年11月法律126号〕、本条…全部改正〔平成17年7月法律87号〕、見出・2・3項…全部改正・4－6項…追加〔平成18年6月法律75号〕、3項…一部改正〔平成26年6月法律91号〕

　　　委任　3項の「政令」＝〈本法施行令〉19条1項、5項の「政令」＝同19条2項、2項の「主務省令」及び5項で読み替えて準用する会社法389条2項の「主務省令」＝〈本法施行規則〉62条、3項で読み替えて準用する会社法384条の「主務省令」＝同63条、

第36条の3（役員の職務及び権限等）

5項で読み替えて準用する会社法389条3項の「主務省令」＝同64条、5項で読み替えて準用する会社法389条4項二号の「主務省令」＝同54条

罰則　3項関係＝〈本法〉115条1項十五号・十六号・2項、5項関係＝〈本法〉115条1項十六号・十七号・2項

【「会社法」準用条文】

（3項関係）

（理事〔取締役〕の報告義務）

第357条　理事〔取締役〕は、組合〔株式会社〕に著しい損害を及ぼすおそれのある事実があることを発見したときは、直ちに、当該事実を組合員（監査権限限定組合（中小企業等協同組合法第27条第8項に規定する監査権限限定組合をいう。以下同じ。）以外の組合にあっては監事〔株主（監査役設置会社にあっては、監査役）〕に報告しなければならない。

（組合員による理事〔株主による取締役〕の行為の差止め）

第360条　6箇月（これを下回る期間を定款で定めた場合にあっては、その期間）前から引き続き持分〔株式〕を有する組合員〔株主〕は、理事〔取締役〕が組合〔株式会社〕の目的の範囲外の行為その他法令若しくは定款に違反する行為をし、又はこれらの行為をするおそれがある場合において、当該行為によって当該組合〔株式会社〕に回復することができない〔著しい〕損害が生ずるおそれがあるときは、当該理事〔取締役〕に対し、当該行為をやめることを請求することができる。

（理事〔取締役〕の報酬等）

第361条　理事〔取締役〕の報酬、賞与その他の職務執行の対価として組合〔株式会社〕から受ける財産上の利益（以下この章において「報酬等」という。）についての次に掲げる事項は、定款に当該事項を定めていないときは、総会〔株主総会〕の決議によって定める。

一　報酬等のうち額が確定しているものについては、その額

二　報酬等のうち額が確定していないものについては、その具体的な算定方法

三　報酬等のうち金銭でないものについては、その具体的な内容

4　第1項第二号又は第三号に掲げる事項を定め、又はこれを改定する議案を総会〔株主総会〕に提出した理事〔取締役〕は、当該総会〔株主総会〕において、当該事項を相当とする理由を説明しなければならない。

（監事〔監査役〕の選任に関する監事〔監査役〕の同意等）

第343条　理事〔取締役〕は、監事〔監査役〕がある場合において、監事〔監査役〕

183

第2章　中小企業等協同組合

の選任に関する議案を総会〔株主総会〕に提出するには、監事〔監査役〕（監事〔監査役〕が2人以上ある場合にあっては、その過半数）の同意を得なければならない。

2　監事〔監査役〕は、理事〔取締役〕に対し、監事〔監査役〕の選任を総会〔株主総会〕の目的とすること又は監事〔監査役〕の選任に関する議案を総会〔株主総会〕に提出することを請求することができる。

（監事〔会計参与〕等の選任等についての意見の陳述）

第345条　監事〔会計参与〕は、総会〔株主総会〕において、監事〔会計参与〕の選任若しくは解任又は辞任について意見を述べることができる。

2　監事〔会計参与〕を辞任した者は、辞任後最初に招集される総会〔株主総会〕に出席して、辞任した旨及びその理由を述べることができる。

3　理事〔取締役〕は、前項の者に対し、同項の総会〔株主総会〕を招集する旨及び第298条第1項第一号に掲げる事項を通知しなければならない。

【「会社法」参照条文】

（株主総会の招集の決定）

第298条　取締役（前条第4項の規定により株主が株主総会を招集する場合にあっては、当該株主。次項本文及び次条から第302条までにおいて同じ。）は、株主総会を招集する場合には、次に掲げる事項を定めなければならない。

一　株主総会の日時及び場所

（監事〔監査役〕の権限）

第381条

2　監事〔監査役〕は、いつでも、理事及び参事並びに会計主任〔取締役及び会計参与並びに支配人〕その他の使用人に対して事業の報告を求め、又は監査権限限定組合以外の組合〔監査役設置会社〕の業務及び財産の状況の調査をすることができる。

3　監事〔監査役〕は、その職務を行うため必要があるときは、監査権限限定組合以外の組合〔監査役設置会社〕の子会社（中小企業等協同組合法第35条第6項に規定する子会社をいい、共済事業（同法第9条の2第7項に規定する共済事業をいう。）を行う組合にあっては、同法第61条の2第2項に規定する子会社等をいう。以下同じ。）に〔子会社に〕対して事業の報告を求め、又はその子会社の業務及び財産の状況の調査をすることができる。

第36条の3（役員の職務及び権限等）

4　前項の子会社は、正当な理由があるときは、同項の報告又は調査を拒むことができる。

（理事〔取締役〕への報告義務）

第382条　監事〔監査役〕は、理事〔取締役〕が不正の行為をし、若しくは当該行為をするおそれがあると認めるとき、又は法令若しくは定款に違反する事実若しくは著しく不当な事実があると認めるときは、遅滞なく、その旨を理事会〔取締役（取締役会設置会社にあっては、取締役会）〕に報告しなければならない。

（理事会〔取締役会〕への出席義務等）

第383条　監事〔監査役〕は、理事会〔取締役会〕に出席し、必要があると認めるときは、意見を述べなければならない。

2　監事〔監査役〕は、前条に規定する場合において、必要があると認めるときは、理事〔取締役〕（第366条第1項ただし書に規定する場合にあっては、招集権者）に対し、理事会〔取締役会〕の招集を請求することができる。

3　前項の規定による請求があった日から5日以内に、その請求があった日から2週間以内の日を理事会〔取締役会〕の日とする理事会〔取締役会〕の招集の通知が発せられない場合は、その請求をした監事〔監査役〕は、理事会〔取締役会〕を招集することができる。

【「会社法」参照条文】

（招集権者）

第366条　取締役会は、各取締役が招集する。ただし、取締役会を招集する取締役を定款又は取締役会で定めたときは、その取締役が招集する。

（総会〔株主総会〕に対する報告義務）

第384条　監事〔監査役〕は、理事〔取締役〕が総会〔株主総会〕に提出しようとする議案、書類その他主務省令〔法務省令〕で定めるものを調査しなければならない。この場合において、法令若しくは定款に違反し、又は著しく不当な事項があると認めるときは、その調査の結果を総会〔株主総会〕に報告しなければならない。

（監事〔監査役〕による理事〔取締役〕の行為の差止め）

第385条　監事〔監査役〕は、理事〔取締役〕が監査権限限定組合以外の組合〔監査役設置会社〕の目的の範囲外の行為その他法令若しくは定款に違反する行為を

185

第2章　中小企業等協同組合

し、又はこれらの行為をするおそれがある場合において、当該行為によって当該監査権限限定組合以外の組合〔監査役設置会社〕に著しい損害が生ずるおそれがあるときは、当該理事〔取締役〕に対し、当該行為をやめることを請求することができる。

2　前項の場合において、裁判所が仮処分をもって同項の理事〔取締役〕に対し、その行為をやめることを命ずるときは、担保を立てさせないものとする。

（監査権限限定組合以外の組合〔監査役設置会社〕と理事〔取締役〕との間の訴えにおける組合〔会社〕の代表等）

第386条　中小企業等協同組合法第36条の8第2項〔第349条第4項、第353条及び第364条〕の規定にかかわらず、次号〔次の各号〕に掲げる場合には、当該号〔各号〕の訴えについては、監事〔監査役〕が監査権限限定組合以外の組合〔監査役設置会社〕を代表する。

一　監査権限限定組合以外の組合〔監査役設置会社〕が理事〔取締役〕（理事〔取締役〕であった者を含む。以下この条において同じ。）に対し、又は理事〔取締役〕が監査権限限定組合以外の組合〔監査役設置会社〕に対して訴えを提起する場合

2　中小企業等協同組合法第36条の8第2項〔第349条第4項〕の規定にかかわらず、次に掲げる場合には、監事〔監査役〕が監査権限限定組合以外の組合〔監査役設置会社〕を代表する。

一　監査権限限定組合以外の組合〔監査役設置会社〕が第847条第1項〔、第847条の2第1項若しくは第3項（同条第4項及び第5項において準用する場合を含む。）又は847条の3第1項〕の規定による請求（理事〔取締役〕の責任を追及する訴えの提起の請求に限る。）を受ける場合

二　監査権限限定組合以外の組合〔監査役設置会社〕が第849条第4項の訴訟告知（理事〔取締役〕の責任を追及する訴えに係るものに限る。）並びに第850条第2項の規定による通知及び催告（理事〔取締役〕の責任を追及する訴えに係る訴訟における和解に関するものに限る。）を受ける場合

【「会社法」参照条文】

（株主による責任追及等の訴え）

第847条　6箇月（これを下回る期間を定款で定めた場合にあっては、その期間）前から引き続き株式を有する株主（第189条第2項の定款の定めにより

その権利を行使することができない単元未満株主を除く。）は、株式会社に対し、書面その他の法務省令で定める方法により、発起人、設立時取締役、設立時監査役、役員等（第423条第1項に規定する役員等をいう。）若しくは清算人（以下この節において「発起人等」という。）の責任を追及する訴え、第102条の2第1項、第212条第1項若しくは第285条第1項の規定による支払を求める訴え、第120条第3項の利益の返還を求める訴え又は第213条の2第1項若しくは第286条の2第1項の規定による支払若しくは給付を求める訴え（以下この節において「責任追及等の訴え」という。）の提起を請求することができる。ただし、責任追及等の訴えが当該株主若しくは第三者の不正な利益を図り又は当該株式会社に損害を加えることを目的とする場合は、この限りでない。

（訴訟参加）

第849条

4　株主等は、責任追及等の訴えを提起したときは、遅滞なく、当該株式会社等に対し、訴訟告知をしなければならない。

（和解）

第850条　民事訴訟法第267条の規定は、株式会社等が責任追及等の訴えに係る訴訟における和解の当事者でない場合には、当該訴訟における訴えの目的については、適用しない。ただし、当該株式会社等の承認がある場合は、この限りでない。

2　前項に規定する場合において、裁判所は、株式会社等に対し、和解の内容を通知し、かつ、当該和解に異議があるときは2週間以内に異議を述べるべき旨を催告しなければならない。

【「民事訴訟法」参照条文】

（和解調書等の効力）

第267条　和解又は請求の放棄若しくは認諾を調書に記載したときは、その記載は、確定判決と同一の効力を有する。

（監事〔監査役〕の報酬等）

第387条　監事〔監査役〕の報酬等は、定款にその額を定めていないときは、総会〔株主総会〕の決議によって定める。

第2章　中小企業等協同組合

2　監事〔監査役〕が2人以上ある場合において、各監事〔監査役〕の報酬等について定款の定め又は総会〔株主総会〕の決議がないときは、当該報酬等は、前項の報酬等の範囲内において、監事〔監査役〕の協議によって定める。

3　監事〔監査役〕は、総会〔株主総会〕において、監事〔監査役〕の報酬等について意見を述べることができる。

（費用等の請求）

第388条　監事〔監査役〕がその職務の執行について組合〔監査役設置会社（監査役の監査の範囲を会計に関するものに限定する旨の定款の定めがある株式会社を含む。）〕に対して次に掲げる請求をしたときは、当該組合〔監査役設置会社〕は、当該請求に係る費用又は債務が当該監事〔監査役〕の職務の執行に必要でないことを証明した場合を除き、これを拒むことができない。

一　費用の前払の請求

二　支出した費用及び支出の日以後におけるその利息の償還の請求

三　負担した債務の債権者に対する弁済（当該債務が弁済期にない場合にあっては、相当の担保の提供）の請求

（5項関係）

（監査権限限定組合〔株式会社〕と理事〔取締役〕との間の訴えにおける組合〔会社〕の代表）

第353条　中小企業等協同組合法第36条の8第2項〔第349条第4項〕の規定にかかわらず、監査権限限定組合〔株式会社〕が理事〔取締役〕（理事〔取締役〕であった者を含む。以下この条において同じ。）〕に対し、又は理事〔取締役〕が監査権限限定組合〔株式会社〕に対して訴えを提起する場合には、総会〔株主総会〕は、当該訴えについて監査権限限定組合〔株式会社〕を代表する者を定めることができる。

（組合員〔株主〕による理事〔取締役〕の行為の差止め）

第360条　6箇月（これを下回る期間を定款で定めた場合にあっては、その期間）前から引き続き持分〔株式〕を有する組合員〔株主〕は、理事〔取締役〕が監査権限限定組合〔株式会社〕の目的の範囲外の行為その他法令若しくは定款に違反する行為をし、又はこれらの行為をするおそれがある場合において、当該行為によって当該監査権限限定組合〔株式会社〕に著しい損害が生ずるおそれがあるときは、当該理事〔取締役〕に対し、当該行為をやめることを請求することができる。

第36条の3（役員の職務及び権限等）

（監査権限限定組合〔取締役会設置会社〕と理事〔取締役〕との間の訴えにおける
　組合〔会社〕の代表）

第364条　第353条に規定する場合には、理事会〔取締役会〕は、同条の規定によ
　る総会〔株主総会〕の定めがある場合を除き、同条の訴えについて監査権限限定
　組合〔取締役会設置会社〕を代表する者を定めることができる。

　【「会社法」参照条文】
　（株式会社と取締役との間の訴えにおける会社の代表）
　　第353条　第349条第4項の規定にかかわらず、株式会社が取締役（取締役で
　　あった者を含む。以下この条において同じ。）に対し、又は取締役が株式会
　　社に対して訴えを提起する場合には、株主総会は、当該訴えについて株式会
　　社を代表する者を定めることができる。

（定款の定めによる監査範囲の限定）
第389条
2　中小企業等協同組合法第36条の3第4項〔前項〕の規定による定款の定めがあ
　る組合の監事〔株式会社の監査役〕は、主務省令〔法務省令〕で定めるところに
　より、監査報告を作成しなければならない。
3　前項の監事〔監査役〕は、理事〔取締役〕が総会〔株主総会〕に提出しようと
　する会計に関する議案、書類その他の主務省令〔法務省令〕で定めるものを調査
　し、その調査の結果を総会〔株主総会〕に報告しなければならない。
4　第2項の監事〔監査役〕は、いつでも、次に掲げるものの閲覧及び謄写をし、
　又は理事及び参事並びに会計主任〔取締役及び会計参与並びに支配人〕その他の
　使用人に対して会計に関する報告を求めることができる。
　一　会計帳簿又はこれに関する資料が書面をもって作成されているときは、当該
　　書面
　二　会計帳簿又はこれに関する資料が電磁的記録をもって作成されていると
　　き、当該電磁的記録に記録された事項を主務省令〔法務省令〕で定める方法に
　　より表示したもの
5　第2項の監事〔監査役〕は、その職務を行うため必要があるときは、組合〔株
　式会社〕の子会社（中小企業等協同組合法第35条第6項第二号に規定する子会社
　をいい、共済事業（同法第9条の2第7項に規定する共済事業をいう。）を行う

189

第2章　中小企業等協同組合

組合にあっては、同法第61条の2第2項に規定する子会社等をいう。以下同じ。）
に〔子会社に〕対して会計に関する報告を求め、又は組合〔株式会社〕若しくは
その子会社の業務及び財産の状況の調査をすることができる。

6　前項の子会社は、正当な理由があるときは、同項の規定による報告又は調査を
拒むことができる。

7　中小企業等協同組合法第36条の3第3項において準用する第381条（第1項を
除く。）、第382条、第383条第1項本文、第2項及び第3項、第384条、第385条並
びに第386条第1項（第一号に係る部分に限る。）及び第2項（第一号及び第二号
に係る部分に限る。）〔第381条から第386条まで〕の規定は、同法第36条の3第4
項〔第1項〕の規定による定款の定めがある組合〔株式会社〕については、適用
しない。

1　理事の忠実義務（1項）

理事は、善良なる管理者の注意をもって職務を執行する義務を負っているが（善
管注意義務、法35条の3において準用する民法644条）、さらに、法令、定款及び
規約並びに総会の決議を遵守し、組合のため忠実にその職務を執行する義務を
負っている（忠実義務。1項）。

2　監事の権限（2項）

平成18年改正により、会計監査に限定されていた監事の権限に、業務監査権限
（理事の職務執行の監査）が追加された。ただし、組合員の総数が政令で定める
数（1,000人）を超えない組合にあっては、定款において監事の監査権限を現行
の会計監査に限定することができる（4項）。

監事が会計監査のみを行う組合（「監査権限限定組合」）の理事は、組合に著し
い損害を及ぼすおそれのある事実があることを発見した場合は組合員に報告しな
ければならず、監事が業務監査を行う組合の理事は、組合に著しい損害を及ぼ
すおそれのある事実があることを発見した場合は監事に報告しなければならない
（3項において準用する会社法357条1項）。

なお、信用協同組合及び同連合会の監事の権限等については、協金法により、
監事の理事会への出席（協金法5条の6、会社法383条1項本文）、理事会に対し
理事の違反行為を報告する義務（協金法5条の6、会社法382条）、監事による理
事会の招集請求権（協金法5条の6、会社法383条2項、3項）、子会社に対する

調査権（協金法５条の６、会社法381条３項）、総会に対する意見報告義務（協金法５条の６、会社法384条）、理事に対する行為差止請求権（協金法５条の６、会社法385条）、監事の選任若しくは解任又は辞任に関する意見陳述権（協金法５条の６、会社法345条１項）及び組合と理事との間の訴えについての組合の代表権（協金法５条の６、会社法386条１項一号）等が手当てされている。

3　理事の行為の差止め（３項、会社法360条）

　差止め請求権は、理事会の権限に対応する組合員の権利保護のための少数組合員権の一つである。

　６か月前から引き続き持分を有する組合員は、理事が法令違反等の行為をするおそれがある場合であって、組合に回復することができない損害が生ずるおそれがあるときは、理事に対し当該行為の差止請求をすることができる（３項において準用する会社法360条３項で読み替えて適用する同条１項）。特に訴えによらないでよい点が役員の責任を追及する訴え（法39条、会社法847条以下）と異なるが、その請求の効果を確保し得ないおそれがある場合には、仮処分等民事保全法の手続によって行えばよい。

第36条の４　削除〔平成18年６月法律75号〕

（理事会の権限等）
第36条の５　組合は、理事会を置かなければならない。
2　理事会は、すべての理事で組織する。
3　組合の業務の執行は、理事会が決する。
　　　本条…追加〔平成17年７月法律87号〕

1　理事会の権限（１項）

　理事会は、理事によって構成される必要合議機関であるから、定款の定めをもってしても、これを廃止することはできない。また、理事会は、常置機関ではないから、一定の招集手続を経て適法に成立した場合にのみ存在するものである。したがって、たまたま理事が一定の場所に集合しても、それは理事会ではない（法36条の６第６項参照）。このような性格を有する理事会を設けた意義は、組合が経済性の強い共同経営体である点にかんがみ、その業務執行を理事の共同の責任

第2章　中小企業等協同組合

において、統一的・機動的に遂行させようとする点にあって、会社法における株式会社の取締役会制度に類似している。

　このような原則に対して、次条（法36条の6）6項により、理事会は、理事の全員の同意があるときは、招集の手続を経ることなく開催することができ、また、次条4項により、理事が理事会の決議の目的である事項について提案をした場合において、理事の全員が書面又は電磁的記録により同意の意思表示をしたときは当該提案を可決する旨の理事会の決議があったものとみなす旨を定款で定めることができる。すなわち、「理事の全員の同意」を条件として、理事会の招集手続を省略することができ、また、理事会を開催しないで決議を挙げることができる（一定の場所に理事が集合し、実際に会議体を開催する必要がない。）。

　なお、理事会は、組合の業務の執行を決定する権限を有するが、その決定した事項の執行は、理事会が選任した代表理事によって行われ、各理事は、原則として業務執行権及び代表権を有しない。

2　業務執行の決定（3項）

　定款が組合の根本規範であり、総会が組合の意思決定の最高機関であるから、定款によって委任された事項及び総会の議決事項の個々具体的な業務執行、例えば、加入、持分譲渡、出資口数の減少の承諾等について決定する権限を有するほか、本法の規定によって理事会が決定すべきものとされた事項を決議しなければならない。

　（理事会の決議）

　第36条の6　理事会の決議は、議決に加わることができる理事の過半数（これを上回る割合を定款又は規約で定めた場合にあつては、その割合以上）が出席し、その過半数（これを上回る割合を定款又は規約で定めた場合にあつては、その割合以上）をもつて行う。

　2　前項の決議について特別の利害関係を有する理事は、議決に加わることができない。

　3　組合は、定款の定めるところにより、理事が書面又は電磁的方法により理事会の議決に加わることができるものとすることができる。

　4　組合は、理事が理事会の決議の目的である事項について提案をした場合において、当該提案につき理事（当該事項について議決に加わることがで

きるものに限る。）の全員が書面又は電磁的記録により同意の意思表示を
したとき（監査権限限定組合以外の組合にあつては、監事が当該提案につ
いて異議を述べたときを除く。）は、当該提案を可決する旨の理事会の決
議があつたものとみなす旨を定款で定めることができる。

5　理事が理事の全員に対して理事会に報告すべき事項を通知したときは、
当該事項を理事会へ報告することを要しない。

6　会社法第366条（招集権者）、第367条（株主による招集の請求）及び第
368条（招集手続）の規定は、理事会の招集について準用する。この場合
において、必要な技術的読替えは、政令で定める。

　　　本条…追加〔平成17年7月法律87号〕、4・6項…一部改正〔平成18年6月法律75号〕
　　　委任　6項の「政令」＝〈本法施行令〉20条

【「会社法」準用条文】

（招集権者）

第366条　理事会〔取締役会〕は、各理事〔取締役〕が招集する。ただし、理事会〔取
締役会〕を招集する理事〔取締役〕を定款又は理事会〔取締役会〕で定めたとき
は、その理事〔取締役〕が招集する。

2　前項ただし書に規定する場合には、同項ただし書の規定により定められた理事
〔取締役〕（以下この章において「招集権者」という。）以外の理事〔取締役〕は、
招集権者に対し、理事会〔取締役会〕の目的である事項を示して、理事会〔取締
役会〕の招集を請求することができる。

3　前項の規定による請求があつた日から5日以内に、その請求があつた日から2
週間以内の日を理事会〔取締役会〕の日とする理事会〔取締役会〕の招集の通知
が発せられない場合には、その請求をした理事〔取締役〕は、理事会〔取締役会〕
を招集することができる。

（組合員〔株主〕による招集の請求）

第367条　組合〔取締役会設置会社〕（監査権限限定組合（中小企業等協同組合法
第27条第8項に規定する監査権限限定組合をいう。以下同じ。）以外の組合〔監
査役設置会社、監査等委員会設置会社及び指名委員会等設置会社〕を除く。）の
組合員〔株主〕は、理事〔取締役〕が組合〔取締役会設置会社〕の目的の範囲外
の行為その他法令若しくは定款に違反する行為をし、又はこれらの行為をするお
それがあると認めるときは、理事会〔取締役会〕の招集を請求することができる。

第2章 中小企業等協同組合

2 前項の規定による請求は、理事〔取締役〕（前条第1項ただし書に規定する場合にあっては、招集権者）に対し、理事会〔取締役会〕の目的である事項を示して行わなければならない。

3 前条第3項の規定は、第1項の規定による請求があった場合について準用する。

4 第1項の規定による請求を行った組合員〔株主〕は、当該請求に基づき招集され、又は前項において準用する前条第3項の規定により招集した理事会〔取締役会〕に出席し、意見を述べることができる。

（招集手続）

第368条 理事会〔取締役会〕を招集する者は、理事会〔取締役会〕の日の1週間（これを下回る期間を定款で定めた場合にあっては、その期間）前までに、各理事〔取締役〕（監査権限限定組合以外の組合〔監査役設置会社〕にあっては、各理事〔取締役〕及び各監事〔各監査役〕）に対してその通知を発しなければならない。

2 前項の規定にかかわらず、理事会〔取締役会〕は、理事〔取締役〕（監査権限限定組合以外の組合〔監査役設置会社〕にあっては、理事〔取締役〕及び監事〔及び監査役〕）の全員の同意があるときは、招集の手続を経ることなく開催することができる。

(1) 理事会の定足数及び議事（1項）

理事会は、理事の過半数（理事の定数の過半数ではなく現員数。過半数を上回る割合を定款又は規約で定めた場合はその割合以上）が出席することによって成立し、その議決は出席理事の過半数（これを上回る割合を定款又は規約で定めた場合にあってはその割合以上）によらなければならない。

定足数及び決議要件について、過半数ではなく、定款又は規約で過半数を上回る割合を定めることができるが、これは、株式会社の取締役会の定足数及び決議要件に関する会社法369条の規定を取り入れたものである。定款自治範囲の拡大という評価を行うことができ、法律によって一律に過半数が強制されないこととなり、組合において任意に規制を強化することを定め得ることとなっている。

しかしながら、過半数を上回る割合を定めた場合には、理事会の開催が困難となる場合があり、提案した議案が可決されにくくなることから、慎重な判断が望まれる。理事会にあっては、総会のように普通議決及び特別議決の

概念がなく、常にいかなる事項でもこの議決方法によらなければならず、か
つ、定款の定めをもってしても、これを緩和することはできない。理事は、
理事会において1個の議決権を有するものと解され、一定の場合（特別利害
関係人）を除くほか、その権利を奪うことができない。したがって、理事会
において、その議事運営につき議長を選出しても、総会の場合のように、議
長となった理事の議決権を停止することはできない。

(2) 特別利害関係理事（2項）

　理事会の決議について特別の利害関係を有する理事は議決に加わることが
できない。理事会の決議について特別利害関係を有する理事には、理事会に
おける意見陳述権もなく、退席を要求されれば指示に従わなければならない。

　例えば、理事と組合との契約を承認する理事会における当事者たる理事、
代表理事を解任する理事会における当該代表理事等である。また、議決に参
加することのできない理事の議決権の数は、議決の定足数に算入されない
（1項）。

(3) 理事会の書面議決及び電磁的方法による議決（3項）

　理事は、個人としての地位であり、かつ、組合員の多数の意思によって選
出され、組合と委任契約を締結した者であるから、その権利の行使及び義務
の履行は理事自らの意思及び行為として行われるべきであるが、特に定款で
定めた場合には、書面又は電磁的方法によって理事会の議決に参加すること
ができる。この場合において、あらかじめ議事の内容が通知されている場合
以外は、議決権の行使が物理的に不可能であるから、理事会に緊急議案が提
出された場合には参加し得ない。この書面又は電磁的方法による議決権は、
組合員の議決権のように絶対権ではないから、定款で定めなければ行使する
ことができない。

　書面又は電磁的方法によって議決権を行使した理事は、「理事会の議決に
加わることができる」と規定されている以上、当然に出席理事の数に参入さ
れる。また、理事会の趣旨及び本項の反対解釈から、理事は、代理人によっ
て議決権を行使することはできない。

　電磁的方法による議決権の行使については、あらかじめ通知のあった事項
について、①組合の電子メールアドレスに宛てて、自己の電子署名を付し
た、あるいは、ID又はパスワードを入力した議案ごとの賛否の意思を表示
した電子メールを理事会の開会までに発してする方法（電子メールが組合の

電子計算機のファイルへの記録がなされたときに到達したものとされる。）、②組合のウェブサイトを利用する方法によって議案ごとの賛否の意思を発する方法（組合の電子計算機のファイルへの記録がなされたときに到達したものとされる。）、③議案ごとの賛否の意思を表示したファイルを記録したCD-ROM等を送付・手交してする方法があるが、組合として採用する方法をあらかじめ規約で定めておく必要がある。

(4) 書面による理事会決議、電磁的記録による理事会決議（4項）

組合は、定款に定めれば、理事会決議の目的事項の提案に対して、理事全員が書面又は電磁的記録により同意した場合には、当該提案を可決する旨の理事会の決議があったものとみなすことができる。

これは、理事全員の同意を条件として、会議体としての理事会の開催を求めないこととしたものである。

(5) 通知による報告の省略（5項）

理事が理事全員に対して、理事会に報告すべき事項を通知したときは、その事項を理事会に報告する必要はない。

(6) 理事会の招集及び議事（6項）

理事会は、各理事が招集権を有する。しかし、定款又は理事会で招集する理事を定めることができる。

理事会を招集する理事を定めた場合、他の理事は同人に対し、会議の目的である事項を示して、理事会の招集を請求することができる。請求があった日から5日以内に、その請求があった日から2週間以内の日を理事会の日とする理事会の招集の通知が発せられない場合には、その請求をした理事は自ら理事会を招集することができる。招集手続は、理事会の会日の1週間前までに通知を発することを要するが、定款でその期間を短縮してもよいし（本条6項、会社法368条1項）、また、理事全員の同意があれば、この招集手続を省略することができる（本条6項、会社法368条2項）。招集通知は、書面によること及び議案の内容を示すことを特に要しないが、理事会における書面議決等（本条3項）を認める組合にあっては、議案を示さざるを得ないであろう。

理事会の招集手続については、電磁的方法によって行うことが可能であること、また、理事会の開催については、テレビ等を利用した会議方式によって行うことが可能である。

第36条の7（理事会の議事録）

　これは、平成13年４月１日施行の「書面の交付等に関する情報通信の技術の利用のための関係法律の整備に関する法律」により本法及び中小企業団体の組織に関する法律（以下「中団法」という。）等が改正されたものである。従来の書面の送付等の方法に加え、例えば、電子メールなどの電磁的方法によって、総会における議決権行使、議決権行使の委任、臨時総会招集請求、理事会における理事の議決権行使等を行うことが法律上可能となったことからである。

　「電磁的方法」については、法11条３項において、「電子情報処理組織を使用する方法その他の情報通信の技術を利用する方法であって主務省令で定めるものをいう。」とされた。

　理事会招集通知については、電子メールによる総会招集通知に準じて取り扱われる。

　監査権限限定組合においては、理事が組合の目的の範囲外の行為その他法令若しくは定款に違反する行為をし、又はするおそれがあると認められるときには、組合員が理事会を招集できる。また、理事会の開催を請求した組合員は理事会に出席し、意見を述べることができる。

（理事会の議事録）

第36条の7　理事会の議事については、主務省令で定めるところにより、議事録を作成し、議事録が書面をもつて作成されているときは、出席した理事及び監事は、これに署名し、又は記名押印しなければならない。

2　前項の議事録が電磁的記録をもつて作成されている場合における当該電磁的記録に記録された事項については、主務省令で定める署名又は記名押印に代わる措置をとらなければならない。

3　組合は、理事会の日（前条第４項の規定により理事会の決議があつたものとみなされた日を含む。次項において同じ。）から10年間、第１項の議事録又は同条第４項の意思表示を記載し、若しくは記録した書面若しくは電磁的記録（以下この条において「議事録等」という。）をその主たる事務所に備え置かなければならない。

4　組合は、理事会の日から５年間、議事録等の写しをその従たる事務所に備え置かなければならない。ただし、当該議事録等が電磁的記録をもつて作成されている場合であつて、従たる事務所における次項第二号に掲げる

第2章　中小企業等協同組合

　　請求に応じることを可能とするための措置として主務省令で定めるものを
　　とつているときは、この限りでない。
　5　　組合員及び組合の債権者は、組合に対して、その業務取扱時間内は、い
　　つでも、次に掲げる請求をすることができる。この場合においては、組合
　　は、正当な理由がないのにこれを拒んではならない。
　　一　議事録等が書面をもつて作成されているときは、当該書面又は当該書
　　　面の写しの閲覧又は謄写の請求
　　二　議事録等が電磁的記録をもつて作成されているときは、当該電磁的記
　　　録に記録された事項を主務省令で定める方法により表示したものの閲覧
　　　又は謄写の請求

　　　　本条…追加〔平成17年7月法律87号〕、1項…一部改正〔平成18年6月法律75号〕
　　　委任　1項の「主務省令」＝〈本法施行規則〉66条、2項の「主務省令」＝同67条、4項
　　　　の「主務省令」＝同60条、5項二号の「主務省令」＝同54条
　　　罰則　1項関係＝〈本法〉115条1項十号、5項関係＝〈本法〉115条1項十七号

　理事会においては、議事録を作成しなければならない（本条1項）。その記載
事項は施行規則66条によるが、理事が責任を追求される場合に重要な役割を果た
すものであるから（法38の2第3項）、特に正確に、かつ、詳細に採録しておく
ことが必要である。
　1項では、「議事録が書面をもって作成されているときは、出席した理事及び
監事は、これに署名し、又は記名押印しなければならない。」とし、「署名」のみ
で差し支えないことが明示されたが、従来どおり「記名押印」でも差し支えない。
旧商法260条ノ4第2項、3項は、「議事録ニハ議事ノ経過ノ要領及其ノ結果ヲ記
載又ハ記録スルコトヲ要ス」「前項ノ議事録ガ書面ヲ以テ作ラレタルトキハ出席
シタル理事〔取締役及監査役〕之ニ署名スルコトヲ要ス」とされ、「商法中署名
スヘキ場合ニ関スル法律」により「商法中署名スヘキ場合ニ於テハ記名捺印ヲ以
テ署名ニ代フルコトヲ得」とされていた。したがって、商法では「署名」が原則
とされていたものの、実務的には「記名押印」が常態化していた。しかし、会社
法では369条が「署名し、又は記名押印しなければならない。」と改正され、「商
法中署名スヘキ場合ニ関スル法律」は廃止されたことから、署名のみでも差し支
えないことが明確にされたものといえる。
　また、2項では、議事録が電磁的記録をもって作成されている場合においては、
「主務省令で定める署名又は記名押印に代わる措置をとらなければならない。」と

198

第36条の8（代表理事）

され、同措置は「電子署名」とされている（施行規則67条）。

　さらに、平成17年改正により新設された法36条の6第4項が平成18年5月に施行されたことにより、理事会の決議の目的である事項を事前に提案をし、当該提案につき、理事全員が書面又は電磁的記録により同意の意思表示をしたときは、当該提案を可決する旨の決議があったものとみなす旨を定款で定めることができるようになった。

　したがって、現実に理事会を開催することなく、書面のみあるいは電磁的記録のみにより理事会決議を行うことができることとなった。

　また、法36条の6第5項により、理事が理事の全員に対して理事会に報告すべき事項を通知したときは、当該事項を理事会へ報告することを要しないこととなった。

　これを受けて、施行規則では、理事会決議があったものとみなされた場合の議事録の記載の方法及び理事会への報告が不要とされた場合の議事録の記載方法について定めている。

　理事会の議事録は、書面又は電磁的記録をもって作成し、出席した理事及び監事は、これに署名し、又は記名押印しなけらばならない。

　（代表理事）
　第36条の8　理事会は、理事の中から組合を代表する理事（以下「代表理事」
　　という。）を選定しなければならない。
　2　代表理事は、組合の業務に関する一切の裁判上又は裁判外の行為をする
　　権限を有する。
　3　前項の権限に加えた制限は、善意の第三者に対抗することができない。
　4　代表理事は、定款又は総会の決議によつて禁止されていないときに限り、
　　特定の行為の代理を他人に委任することができる。
　5　代表理事については、第36条の2、一般社団法人及び一般財団法人に関
　　する法律第78条及び会社法第354条の規定を準用する。
　　　　本条…追加〔平成17年7月法律87号〕、3・4項…追加・旧3項…一部改正し5項に繰下〔平
　　　　成18年6月法律50号〕

【「一般社団法人及び一般財団法人に関する法律」準用条文】
（代表者の行為についての損害賠償責任）

第2章　中小企業等協同組合

> **第78条**　組合〔一般社団法人〕は、代表理事その他の代表者がその職務を行うについて第三者に加えた損害を賠償する責任を負う。
>
> **【「会社法」準用条文】**
>
> **（表見代表理事〔代表取締役〕）**
>
> **第354条**　組合〔株式会社〕は、代表理事〔代表取締役〕以外の理事〔取締役〕に理事長、副理事長〔社長、副社長〕その他組合〔株式会社〕を代表する権限を有するものと認められる名称を付した場合には、当該理事〔取締役〕がした行為について、善意の第三者に対してその責任を負う。

(1)　代表理事

　組合は、必ず理事会の決議をもって理事の中から代表理事を選任しなければならない（本条１項）。その解任についても解釈上当然に理事会で行うべきである。もっとも、代表理事としての地位を解任するのであって、理事としての地位そのものを解任することはできない。会社法349条２項には、「複数代表制」（「前項本文の取締役が２人以上ある場合には、取締役は、各自、株式会社を代表する。」）が規定されているが、従来、旧商法261条２項に規定されていた「共同代表制」（「数人ノ代表取締役ガ共同シテ会社ヲ代表スベキコトヲ定ムルコトヲ得」）は採用されず、廃止された。

　本条においては、「共同代表制」が明示されておらず、また、そもそも会社法では共同代表制を廃止したので、準用すべき条文そのものが存在しないことから、共同代表制を採用することはできない。

　一方、複数代表制については、旧商法261条１項に関する通説は、①法律上必要とされる代表取締役の員数は１人であるが、会社はその規模・業種に応じて任意にこの要件を高めることができるとされ、②代表取締役が１人の場合はもとより、数人以上存する場合でも、業務執行の権限は各自単独で行使することができ（単独執行主義）、対外的にも各自が単独で会社を代表するのを原則とする（単独代表主義）こととされてきたことから当然導き出されるものと考える。

　代表理事は、理事会において決定した業務を現実に執行する職務を担当する必要常置機関であり、一般の理事との関係は、信任に基づく一種の復代理人である。代表理事は、必ず理事でなければならないから、理事の地位を失えば当然に代表理事の地位をも失うが、逆に代表理事たる地位を失っても理

事の地位は、当然には失わない。

代表理事の組合代表権は、広範であって、裁判上裁判外の一切の行為を包含する（本条2項）。代表とは、その者の行為が直ちに組合の行為となる点において本人と対立した地位にある代理行為と異なる。この代表権に定款の定めないし総会の決議をもって制限を加えても善意の第三者に対抗することができず、その第三者の意思表示は、組合に対して有効に効力を生ずる（本条3項）。代表理事は、定款又は総会の決議によって禁止されていない場合に限り、かつ、特定の行為についてのみ、その権限を他人に委任することができる（本条4項）。

代表理事が職務遂行上他人に損害を与えた場合には、悪意重過失の場合には直接その理事が責任を負うが、同時に一般的に組合もまた損害賠償責任を負わなければならない（本条5項、一般法人法78条）。なお、代表理事たる地位に対しても残任義務が課されているが（本条5項、法36条の2）、これは、理事一般に課された残任義務に対応するものであり、その内容は法36条の2の解説において述べたところと同様である。

(2) **訴えの代表者**

一般的には、訴えについても当然に代表理事が組合を代表するが（本条2項）、監査権限限定組合以外の組合が理事（理事であった者を含む。）に対して訴えを提起する場合あるいは理事が監査権限限定組合以外の組合に対して訴えを提起する場合については、監事が当該組合を代表する（法36条の3第3項、会社法386条1項）。また、監査権限限定組合以外の組合が理事の責任を追及する訴えの提起の請求を受ける場合等についても、監事が当該組合を代表する（法36条の3第3項、会社法386条2項）。

(3) **表見代表理事**

組合が定款、規約等で、代表権のない理事に対しても、理事長、副理事長、専務理事等の社会通念上代表権があると考えられるごとき肩書を付することを認めている場合には、善意の第三者に対しこれらの理事がした行為については、組合が責任を負わなければならない（本条5項、会社法354条）。けだし、取引の安全保護の見地より出たものである。

（役員の兼職禁止）
第37条 監事は、理事又は組合の使用人と兼ねてはならない。

第2章　中小企業等協同組合

　2　左に掲げる者は、その組合の理事となつてはならない。
　一　組合の事業と実質的に競争関係にある事業であつて、組合員の資格と
　　して定款に定められる事業以外のものを行う者（法人である場合には、
　　その役員）
　二　組合員の資格として定款に定められる事業又はこれと実質的に競争関
　　係にある事業を行う者（第7条第1項又は第2項に掲げる小規模の事業
　　者を除く。）であつて、組合員でない者（法人である場合には、その役員）

　　　2項…全部改正〔昭和27年4月法律100号〕、一部改正〔昭和30年8月法律121号〕
　　　罰則　1・2項関係＝〈本法〉115条1項十八号

　組合の正常な業務運営を確保するため、役員の兼職について、一定の関係に立
つことを禁止している。

(1)　監事の兼職禁止（1項）

　監事は、理事又は組合の使用人であってはならない。なぜならば監事は、
会計監査又は業務監査を通じて理事を監督すべき地位にあり、組合の使用人
（組合と雇用関係にある一切の者）は、理事の監督下、事務を執る立場にあ
るので、この間における兼職は完全に矛盾するものであり、かつ、業務の適
正を阻害することとなるからである。

　なお、理事と組合の使用人が兼職することは差し支えない。例えば、員外
理事が事務局長の肩書きを有し、委任契約と雇用契約を同一人が締結してい
る例は、広く行われている。

(2)　理事の競業禁止（2項）

　理事は、理事会を構成して組合の業務の執行を決定し、あるいは代表理事
となって決定された業務を現実に執行しなければならない地位にある。この
ような組合運営の首脳部の地位にある理事が、組合事業又は組合員資格事業
と実質的に競争関係にある自己の事業を行っているとき（法人である場合に
は、その役員であるとき）は、組合の業務運営を自己の立場から不利に陥れ、
正常な組合の発達を妨げる結果となるおそれがある。

　これを防止するため、一定の競争関係にある者については、組合の理事と
なってはならないものとしている。理事となることを禁止したのであるから、
監事に就任することは差し支えない。なぜなら、監事は組合の業務執行に直
接関係しないからである。

　「理事となってはならない」とあるのは、禁止規定であって、能力はく奪規

第38条（理事の自己契約等）

定ではないから、禁止規定に該当するものが就任した場合においても罰則の適用（法115条１項十八号）を受けるだけであり、その就任自体は無効ではない。ただし、その者を選挙又は選任し、就任させたこと自体は、依然法令違反であるから当選無効確認の訴え（法27条８項、法54条、会社法830条２項）の対象となる。

（理事の自己契約等）

第38条　理事は、次に掲げる場合には、理事会において、当該取引につき重要な事実を開示し、その承認を受けなければならない。

一　理事が自己又は第三者のために組合と取引をしようとするとき。

二　組合が理事の債務を保証することその他理事以外の者との間において組合と当該理事との利益が相反する取引をしようとするとき。

２　民法（明治29年法律第89号）第108条の規定は、前項の承認を受けた同項第一号の取引については、適用しない。

３　第１項各号の取引をした理事は、当該取引後、遅滞なく、当該取引についての重要な事実を理事会に報告しなければならない。

本条…全部改正〔昭和26年４月法律138号〕、一部改正〔平成16年12月法律147号・17年７月87号〕、全部改正〔平成18年６月法律75号〕、２項…一部改正〔平成18年６月法律50号〕

罰則　１項関係＝〈本法〉115条１項十九号、３項関係＝〈本法〉115条１項二十号

【「民法」参照条文】

（自己契約及び双方代理）

第108条　同一の法律行為については、相手方の代理人となり、又は当事者双方の代理人となることはできない。ただし、債務の履行及び本人があらかじめ許諾した行為については、この限りでない。

---

(1)　自己契約の制限

組合が取引をするに当たり、理事がその契約の相手方となる場合（製品等組合財産の譲受け、組合に対する財産の譲渡、金銭の貸借等）には、その理事は、契約の締結について各契約ごとに事前に理事会の承認を受けなければならない。なぜならば、理事がその地位を利用し、組合に不利な取引による損害を与えることを防止するためである。したがって、その契約につき理事

203

第2章　中小企業等協同組合

が第三者の代理人となって、組合と取引する場合も同じである（1項一号）。

　これらの取引を行った理事に対して取引後の理事会への報告が義務づけられている（3項）。

　しかし、その範囲は、組合との間に利害衝突を生ずるものに限られ、組合に不利益を及ぼすおそれのない取引は除外される。したがって、料金やその他の取引条件が明確に確定されている運送・保険・預金契約など普通取引約款によって行われる定型的取引のように行為の性質上利害衝突のおそれのない行為はもとより、理事により行われる無償贈与、債務の履行行為、相殺などはいずれも本条にいう取引には含まれない。

　理事会の承認を受けて理事が組合と契約を締結する場合において、その理事が代表権を持つ理事であるときは、契約の当事者である個人の立場と組合業務執行者である立場が一致するので、民法108条に規定する自己契約禁止の一般原則に触れることになるが、その適用を除外したものである（2項）。

(2)　**利益相反取引の制限**

　理事と組合の取引に関して、自己契約に加え、組合と当該理事との利益が相反する取引をしようとするときにも、理事会において当該取引について重要な事実を開示し、その承認を受けなければならず、また、当該理事に対して取引後の理事会への報告が義務づけられている（1項二号、3項）。

　利益相反の有無の認定に当たっては、法文に掲げられている行為に限らず、理事の裁量によって組合に不利益を及ぼすおそれのある全ての財産上の法律行為が含まれている。有償行為にのみ限られることなく、組合に対する理事の債務を免除するような単独行為も含まれる。

（役員の組合に対する損害賠償責任）

第38条の2　役員は、その任務を怠つたときは、組合に対し、これによつて生じた損害を賠償する責任を負う。

2　前項の任務を怠つてされた行為が理事会の決議に基づき行われたときは、その決議に賛成した理事は、その行為をしたものとみなす。

3　前項の決議に参加した理事であつて議事録に異議をとどめないものは、その決議に賛成したものと推定する。

4　第1項の責任は、総組合員の同意がなければ、免除することができない。

5　前項の規定にかかわらず、第1項の責任は、当該役員が職務を行うにつ

第38条の2（役員の組合に対する損害賠償責任）

き善意でかつ重大な過失がないときは、賠償の責任を負う額から当該役員がその在職中に組合から職務執行の対価として受け、又は受けるべき財産上の利益の１年間当たりの額に相当する額として主務省令で定める方法により算定される額に、次の各号に掲げる役員の区分に応じ、当該各号に定める数を乗じて得た額を控除して得た額を限度として、総会の決議によつて免除することができる。

一　代表理事　　6

二　代表理事以外の理事　　4

三　監事　　2

6　前項の場合には、理事は、同項の総会において次に掲げる事項を開示しなければならない。

一　責任の原因となつた事実及び賠償の責任を負う額

二　前項の規定により免除することができる額の限度及びその算定の根拠

三　責任を免除すべき理由及び免除額

7　監査権限限定組合以外の組合の理事は、第１項の責任の免除（理事の責任の免除に限る。）に関する議案を総会に提出するには、各監事の同意を得なければならない。

8　第５項の決議があつた場合において、組合が当該決議後に同項の役員に対し退職慰労金その他の主務省令で定める財産上の利益を与えるときは、総会の承認を受けなければならない。

9　第４項の規定にかかわらず、第１項の責任については、会社法第426条（第４項から第６項までを除く。）及び第427条の規定を準用する。この場合において、同法第426条第１項中「取締役（当該責任を負う取締役を除く。）の過半数の同意（取締役会設置会社にあっては、取締役会の決議）」とあるのは「理事会の決議」と、同条第３項中「責任を免除する旨の同意（取締役会設置会社にあっては、取締役会の決議）」とあるのは「責任を免除する旨の理事会の決議」と読み替えるものとするほか、必要な技術的読替えは、政令で定める。

　　　本条…追加〔昭和26年４月法律138号〕、３項…一部改正〔昭和56年６月法律75号〕、２項…一部改正・３・４項…追加・旧３項…５項に繰下〔平成８年６月法律94号〕、５項…全部改正〔平成13年12月法律150号〕、本条…全部改正〔平成17年７月法律87号〕、７項…一部改正・９項…追加〔平成18年６月法律75号〕、９項…一部改正〔平成26年６月法律91号〕

205

第2章　中小企業等協同組合

> **委任**　5項の「主務省令」＝〈本法施行規則〉68条1項、8項の「主務省令」＝同68条2項、
> 　　　9項の「政令」＝〈本法施行令〉21条
> **罰則**　6項関係＝〈本法〉115条1項十九号

【「会社法」準用条文】

（理事会の決議〔取締役等〕による免除に関する定款の定め）

第426条　中小企業等協同組合法第38条の2第4項〔第424条〕の規定にかかわらず、監査権限限定組合（同法第27条第8項に規定する監査権限限定組合をいう。）以外の組合〔監査役設置会社（取締役が2人以上ある場合に限る。）、監査等委員会設置会社又は指名委員会等設置会社〕は、同法第38条の2第1項〔第423条第1項〕の責任について、当該役員〔等〕が職務を行うにつき善意でかつ重大な過失がない場合において、責任の原因となった事実の内容、当該役員〔等〕の職務の執行の状況その他の事情を勘案して特に必要と認めるときは、同条第5項〔前条第1項〕の規定により免除することができる額を限度として理事会の決議〔取締役（当該責任を負う取締役を除く。）の過半数の同意（取締役会設置会社にあっては、取締役会の決議）〕によって免除することができる旨を定款で定めることができる。

2　中小企業等協同組合法第38条の2第7項〔前条第3項〕の規定は、定款を変更して前項の規定による定款の定め（理事〔取締役（監査等委員又は監査委員であるものを除く。）及び執行役〕の責任を免除することができる旨の定めに限る。）を設ける議案を総会〔株主総会〕に提出する場合〔、同項の規定による定款の定めに基づく責任の免除（取締役（監査等委員又は監査委員であるものを除く。）及び執行役の責任の免除に限る。）についての取締役の同意を得る場合〕及び当該責任の免除に関する議案を理事会〔取締役会〕に提出する場合について準用する。〔この場合において、同条第3項中「取締役（これらの会社に最終完全親会社等がある場合において、第1項の規定により免除しようとする責任が特定責任であるときにあっては、当該会社及び当該最終完全親会社等の取締役）」とあるのは、「取締役」と読み替えるものとする。〕

3　第1項の規定による定款の定めに基づいて役員〔等〕の責任を免除する旨の理事会の決議〔責任を免除する旨の同意（取締役会設置会社にあっては、取締役会の決議）〕を行ったときは、理事〔取締役〕は、遅滞なく、中小企業等協同組合法第38条の2第6項各号〔前条第2項各号〕に掲げる事項及び責任を免除するこ

とに異議がある場合には一定の期間内に当該異議を述べるべき旨を公告し、又は組合員〔株主〕に通知しなければならない。ただし、当該期間は、１箇月を下ることができない。

7　総組合員〔株主〕（第３項の責任を負う役員〔等〕であるものを除く。）の議決権の100分の３（これを下回る割合を定款で定めた場合にあっては、その割合）以上の議決権を有する組合員〔株主〕が同項の期間内に同項の異議を述べたとき〔（株式会社に最終完全親会社等がある場合において、第１項の規定による定款の定めに基づき免除しようとする責任が特定責任であるときにあっては、当該株式会社の総株主（第３項の責任を負う役員等であるものを除く。）の議決権の100分の３（これを下回る割合を定款で定めた場合にあっては、その割合）以上の議決権を有する株主又は当該最終完全親会社等の総株主（第３項の責任を負う役員等であるものを除く。）の議決権の100分の３（これを下回る割合を定款で定めた場合にあっては、その割合）以上の議決権を有する株主が第３項又は第５項の期間内に当該各項の異議を述べたとき）〕は、組合〔株式会社〕は、第１項の規定による定款の定めに基づく免除をしてはならない。

8　中小企業等協同組合法第38条の２第８項〔前条第４項及び第５項〕の規定は、第１項の規定による定款の定めに基づき責任を免除した場合について準用する。

（責任限定契約）

第427条　中小企業等協同組合法第38条の２第４項〔第424条〕の規定にかかわらず、組合〔株式会社〕は、組合員外理事（組合の理事であって、当該組合の組合員又は組合員である法人の役員でないものをいう。以下同じ。）又は監事〔取締役（業務執行取締役等であるものを除く。）、会計参与、監査役又は会計監査人（以下この条及び第911条第３項第二十五号において「非業務執行取締役等」という。）〕の同法第38条の２第１項〔第423条第１項〕の責任について、当該組合員外理事又は監事が〔非業務執行取締役等が〕職務を行うにつき善意でかつ重大な過失がないときは、定款で定めた額の範囲内であらかじめ組合〔株式会社〕が定めた額と最低責任限度額とのいずれか高い額を限度とする旨の契約を組合員外理事又は監事と〔非業務執行取締役等と〕締結することができる旨を定款で定めることができる。

2　前項の契約を締結した組合員外理事又は監事〔非業務執行取締役等〕が当該組合の組合員外理事でない理事〔株式会社の業務執行取締役等〕に就任したときは、当該契約は、将来に向かってその効力を失う。

第2章　中小企業等協同組合

3　中小企業等協同組合法第38条の2第7項〔第425条第3項〕の規定は、定款を
　変更して第1項の規定による定款の定め（組合員外理事〔同項に規定する取締役
　（監査等委員又は監査委員であるものを除く。）〕と契約を締結することができる
　旨の定めに限る。）を設ける議案を総会〔株主総会〕に提出する場合について準
　用する。〔この場合において、同条第3項中「取締役（これらの会社に最終完全
　親会社等がある場合において、第1項の規定により免除しようとする責任が特定
　責任であるときにあっては、当該会社及び当該最終完全親会社等の取締役）」と
　あるのは、「取締役」と読み替えるものとする。〕
4　第1項の契約を締結した組合〔株式会社〕が、当該契約の相手方である組合員
　外理事又は監事〔非業務執行取締役等〕が任務を怠ったことにより損害を受けた
　ことを知ったときは、その後最初に招集される総会〔株主総会（当該株式会社に
　最終完全親会社等がある場合において、当該損害が特定責任に係るものであると
　きにあっては、当該株式会社及び当該最終完全親会社等の株主総会）〕において
　次に掲げる事項を開示しなければならない。
　一　中小企業等協同組合法第38条の2第6項第一号及び第二号〔第425条第2項
　　　第一号及び第二号〕に掲げる事項
　二　当該契約の内容及び当該契約を締結した理由
　三　中小企業等協同組合法第38条の2第1項〔第423条第1項〕の損害のうち、
　　　当該組合員外理事又は監事〔非業務執行取締役等〕が賠償する責任を負わない
　　　とされた額
5　中小企業等協同組合法第38条の2第8項〔第425条第4項及び第5項〕の規定は、
　組合員外理事又は監事〔非業務執行取締役等〕が第1項の契約によって同項に規
　定する限度を超える部分について損害を賠償する責任を負わないとされた場合に
　ついて準用する。

(1)　任務懈怠責任（1項）

　　理事、監事は、その任務を怠ったときは、組合に対し、これによって生じ
た損害を賠償する責任を負う。

　　特に理事については、理事個人としての責任と併せて理事会を構成し業務
執行の決定に参画するとともに、代表理事の執行に対する監視的役割を果た
すべき集団としての責任もある。したがって、理事が任務懈怠によりその責
任を果たし得ず、組合に損害を与えたときには、その行為が作為であると不

作為であるとを問わず、その理事は、連帯して組合に対する賠償責任を負わなければならない（2項、3項）。民法の一般原則に従えば、個々に責任を追及されるが、組合の理事の性格にかんがみ、特に連帯責任とされている。なお、この任務懈怠には、代表理事又は特定の理事の行為に対する監視義務の懈怠も当然に含まれる。

(2) 理事の連帯責任（2項、3項）

代表理事が、理事会で決議された業務を執行し、これによって組合に損害を与えた場合において、理事が善良なる管理者の注意をもって理事会の決議を行い、かつ、執行すれば組合に損害を与えなかったであろうと考えられるとき、すなわち、その損害が理事会を構成する理事の任務懈怠によって生じたものであるときは、その決議に賛成した理事は、現実に執行者である代表理事と同じ立場に立つと考えられるので、特に執行者とみなされ連帯して責任を負わなければならない（2項）。

また、その理事会に出席して議事に参画した理事は、特に賛成した旨を議事録にとどめていない場合でも、明確に反対した旨を記載していない限り、賛成者と推定される（3項）。「推定」とは、「一応ある事実が存在するものとすること」であり、したがって、明確な反証を挙げれば責任を解除される点において「みなす」とは異なるものである。

以上述べた役員の責任は、組合員全員の同意がなければ免除できない（4項）。なぜならば、組合員の総意により選出された役員としての地位であり、かつ、その責任追及の訴えは、組合員が単独でも提起し得るからである。

(3) 任務懈怠責任の免除（4項、5項、7項）

任務懈怠責任は、原則として総組合員の同意がなければ免除することができないが（4項）、その役員が職務を行うについて、善意、かつ、無重過失の場合については、責任の一部免除の制度が設けられている（5項）。

なお、監査権限限定組合以外の組合の理事は、理事の責任免除に関する議案を総会に提出するには各監事の同意を得なければならない（7項）。

任務懈怠責任の一部責任免除制度は、総会の議決により役員の損害賠償責任を事後的に一部免除する制度である（5項）。

免除することができない額（最低責任限度額）は、1年間当たりの報酬等相当額に、代表理事は「6」、代表理事以外の理事は「4」、監事は「2」を乗じて得た額である。

第2章　中小企業等協同組合

　　1年間当たりの報酬等相当額の算定方法は施行規則で定められており、一部免除議決の日の属する事業年度又はその前の各事業年度において当該役員が報酬等（理事については使用人兼務役員の使用人分を含む。）の額の、事業年度ごとの合計額中最も高い額を用いる。

　　さらに、一部免除議決の日において既に退職慰労金を受領していた場合においては、受領した退職慰労金の額（使用人兼務役員の場合は、兼任期間に相当する使用人分を含む。）を、在職年数と各数のいずれか大きい数で除した額が加算される（施行規則68条1項）。

⑷　**任務懈怠責任の一部免除を行う総会における関連事項の開示（6項）**

　　任務懈怠責任の一部免除を提案する総会においては、理事はその関連事項として、以下の事項を開示しなければならない。

　①　責任の原因となった事実及び賠償の責任を負う額

　②　免除することができる額の限度及びその算定の根拠

　③　責任を免除すべき理由及び免除額

⑸　**退職慰労金等の総会承認（8項）**

　　任務懈怠責任の一部免除の議決があった場合、その総会議決後、役員に対し退職慰労金その他の財産上の利益を与えるときは、総会の承認を受けなければならない（施行規則68条2項）。

⑹　**理事会決議による免除及び責任限定契約（9項）**

　①　**定款の定めに基づく理事会決議（監査権限限定組合以外の組合）**

　　定款に損害賠償責任の一部免除の要件として、ⅰ）理事の任務懈怠の責任であること（1項）、ⅱ）職務を行うにつき理事が善意・無重過失であること（9項において準用する会社法426条1項）、ⅲ）定款に「責任の原因となった事実の内容、（当該理事の）職務の執行の状況その他の事情を勘案して特に必要と認めるとき……免除することができる」旨の定めがあるときは（9項において準用する会社法426条1項）、この定款の定めに基づき理事会の決議により、賠償額から最低責任限度額を控除して得た額を限度として、その役員の責任を免除することができる（免除できる額の限度は、賠償額から最低責任限度額を控除して得た額である。換言すれば、賠償額が最低責任限度額以上の額であった場合に、最低責任限度額に責任を制限できる。）。

　　これは、責任を発生させる理事の行為がなされる前に、定款により、理

210

第38条の2（役員の組合に対する損害賠償責任）

事会に免責権限を授権するものである。

　定款を変更して、上記のような定めを設ける議案を理事が総会に提出する場合には、監事の同意を要する（7項、9項において準用する会社法426条2項）。また、その定款の定めに基づく責任の免除について責任免除議案を理事会に提出する場合にも、監事の同意を要する（7項、9項において準用する会社法426条2項）。

　理事会が責任免除の決議をしたときは、理事は、遅滞なく、ⅰ）責任の原因となった事実及び賠償責任額、ⅱ）免除できる額の限度及びその算定の根拠、ⅲ）責任を免除すべき理由及び免除額、ⅳ）免除に異議がある場合には一定の期間内（1か月以上であることを要する。）に述べるべき旨を公告し、又は、組合員に通知しなければならない（9項において準用する会社法426条3項）。

　総組合員の100分の3以上（定款の定めによる引下げが可能）の議決権を有する組合員がその期間内に異議を述べたときは、組合は、定款の定めに基づく責任免除をすることができない（9項において準用する会社法426条5項）。

② **責任限定契約**

　定款の定めに基づき、組合と組合員外理事又は監事が契約を締結することにより、責任の限度額をあらかじめ定めることができる（9項において準用する会社法427条1項）。理事会決議では、理事会が免除の決議をするかどうか、免除額がいくらになるのかについて不確実であることから、事前に責任の限度を確定しようとするものである。

　定款には、ⅰ）組合員外理事又は監事の任務懈怠責任であること、ⅱ）同人が職務を行うについて善意・無重過失であること、ⅲ）定款で定めた額の範囲内であらかじめ組合が定めた額と法定の最低責任限度額とのいずれか高い額を限度として組合員外理事又は監事が賠償責任を負う旨の契約を組合との間で締結することができる旨、ⅳ）「定款で定めた額」、を定める（9項において準用する会社法427条1項）。

　ⅲ）にいう「定款で定めた額の範囲内であらかじめ組合が定めた額」とは、例えば、定款には「4,000万円以上の範囲内」と規定し、あらかじめ組合が責任の限度額を「4,500万円」と定めることをいう。

211

第2章　中小企業等協同組合

（役員の第三者に対する損害賠償責任）

第38条の3　役員がその職務を行うについて悪意又は重大な過失があつた
　　ときは、当該役員は、これによつて第三者に生じた損害を賠償する責任を
　　負う。
2　次の各号に掲げる者が、当該各号に定める行為をしたときも、前項と同
　　様とする。ただし、その者が当該行為をすることについて注意を怠らなか
　　つたことを証明したときは、この限りでない。
　一　理事　次に掲げる行為（信用協同組合又は第9条の9第1項第一号の
　　事業を行う協同組合連合会の理事にあつては、イに掲げる行為を除く。）
　　イ　第40条第1項及び第2項の規定により作成すべきものに記載し、又
　　　は記録すべき重要な事項についての虚偽の記載又は記録
　　ロ　虚偽の登記
　　ハ　虚偽の公告
　二　監事　監査報告に記載し、又は記録すべき重要な事項についての虚偽
　　の記載又は記録
　　　　本条…追加〔平成17年7月法律87号〕、2項…一部改正〔平成18年6月法律75号〕

　役員は、善良なる管理者の注意をもって職務を執行する義務を負う（善管
注意義務）。また、理事は、組合のために忠実にその職務を遂行する義務を負
う（忠実義務）。これを怠った場合には損害賠償の責任を負わなければならな
い。さらに理事は、組合又は第三者に対し不法行為に基づく責任を負うこと
がある。

　役員は、組合とは委任関係に立つが、第三者との間においては、取引の相手で
ある組合の機関に過ぎない。このため、第三者に対して与えた損害が役員の悪意
重過失に基づく行為によって生じたものであるときは、その役員が直接第三者に
対して損害賠償の責任を負うこととなる。なお、役員の単なる任務懈怠によるも
のである場合には、第三者と組合の間及び組合と役員の間における二つの責任関
係に区分して、その役員の責任を追及することとなる（1項）。

　理事が毎年通常総会に提出すべき決算関係書類中の重要な事項につき虚偽の記
載をしたり、虚偽の登記又は公告をした場合も、第三者保護の見地から、直接損
害賠償の責任を負わなければならない（信用協同組合又は信用協同組合連合会の
理事については2項一号イに掲げる行為について、適用されない。）。

第38条の4（役員の連帯責任）　第39条（役員の責任を追及する訴え）

　ただし、理事がその記載、登記又は公告をしたことについて注意を怠らなかったことを証明したときは、この限りでない。
　監事が監査報告書に記載し、又は記録すべき重要な事項についての虚偽の記載をし、又は記録した場合も同様である（2項）。

（役員の連帯責任）

第38条の4　役員が組合又は第三者に生じた損害を賠償する責任を負う場合において、他の役員も当該損害を賠償する責任を負うときは、これらの者は、連帯債務者とする。

　　本条…追加〔平成17年7月法律87号〕

　役員が組合又は第三者に生じた損害を賠償する責任を負う場合、他の役員もその損害賠償責任を負うときには、これらの役員は連帯債務者となり、それぞれが債務全額を履行する義務を負うことになる。

（役員の責任を追及する訴え）

第39条　役員の責任を追及する訴えについては、会社法第7編第2章第2節（第847条第2項、第847条の2、第847条の3、第849条第2項、第3項第二号及び第三号並びに第6項から第11項まで、第851条並びに第853条第1項第二号及び第三号を除く。）（株式会社における責任追及等の訴え）の規定を準用する。この場合において、同法第847条第1項及び第4項中「法務省令」とあるのは「主務省令」と読み替えるものとするほか、必要な技術的読替えは、政令で定める。

　　1・3項…一部改正〔昭和26年4月法律138号〕、見出・1項…一部改正・2項…追加・旧3項…一部改正し4項に繰下・旧2項…3項に繰下〔昭和56年6月法律75号〕、1項…一部改正〔平成7年12月法律137号〕、本条…全部改正〔平成17年7月法律87号〕、一部改正…〔平成18年6月法律75号・26年6月91号〕

　　委任　「政令」＝〈本法施行令〉22条、本条で読み替えて準用する会社法第847条1項の「主務省令」＝〈本法施行規則〉69条、本条で読み替えて準用する会社法第847条4項の「主務省令」＝同70条

【「会社法」準用条文】

　　第7編　雑則　第2章　訴訟　第2節　組合〔株式会社〕における責任追及

213

第2章　中小企業等協同組合

　　　等の訴え

（組合員〔株主〕による責任追及〔等〕の訴え）

第847条　6箇月（これを下回る期間を定款で定めた場合にあっては、その期間）
前から引き続き持分〔株式〕を有する組合員〔株主（第189条第2項の定款の定
めによりその権利を行使することができない単元未満株主を除く。）〕は、組合〔株
式会社〕に対し、書面その他の主務省令〔法務省令〕で定める方法により、理事
又は監事〔発起人、設立時取締役、設立時監査役、役員等（第423条第1項に規
定する役員等をいう。）若しくは清算人（以下この節において「発起人等」とい
う。）〕の責任を追及する訴え〔、第102条の2第1項、第212条第1項若しくは第
285条第1項の規定による支払を求める訴え、第120条第3項の利益の返還を求め
る訴え又は第213条の2第1項若しくは第286条の2第1項の規定による支払若し
くは給付を求める訴え〕（以下この節において「責任追及〔等〕の訴え」という。）
の提起を請求することができる。ただし、責任追及〔等〕の訴えが当該組合員〔株
主〕若しくは第三者の不正な利益を図り又は当該組合〔株式会社〕に損害を加え
ることを目的とする場合は、この限りでない。

3　組合〔株式会社〕が第1項の規定による請求の日から60日以内に責任追及〔等〕
の訴えを提起しないときは、当該請求をした組合員〔株主〕は、組合〔株式会社〕
のために、責任追及〔等〕の訴えを提起することができる。

4　組合〔株式会社〕は、第1項の規定による請求の日から60日以内に責任追及〔等〕
の訴えを提起しない場合において、当該請求をした組合員〔株主又は同項の発起
人等〕から請求を受けたときは、当該請求をした者に対し、遅滞なく、責任追及〔等〕
の訴えを提起しない理由を書面その他の主務省令〔法務省令〕で定める方法によ
り通知しなければならない。

5　第1項及び第3項の規定にかかわらず、同項の期間の経過により組合〔株式会
社〕に回復することができない損害が生ずるおそれがある場合には、第1項の組
合員〔株主〕は、組合〔株式会社〕のために、直ちに責任追及〔等〕の訴えを提
起することができる。ただし、同項ただし書に規定する場合は、この限りでない。

（責任追及〔等〕の訴えに係る訴訟費用等）

第847条の4　第847条第3項若しくは第5項〔、第847条の2第6項若しくは第8
項又は前条第7項若しくは第9項〕の責任追及〔等〕の訴えは、訴訟の目的の価
額の算定については、財産権上の請求でない請求に係る訴えとみなす。

2　組合員〔株主等（株主、適格旧株主又は最終完全親会社等の株主をいう。以下

214

第39条（役員の責任を追及する訴え）

この節において同じ。）〕が責任追及〔等〕の訴えを提起したときは、裁判所は、被告の申立てにより、当該組合員〔株主等〕に対し、相当の担保を立てるべきことを命ずることができる。

3　被告が前項の申立てをするには、責任追及〔等〕の訴えの提起が悪意によるものであることを疎明しなければならない。

（訴えの管轄）

第848条　責任追及〔等〕の訴えは、組合〔株式会社又は株式交換等完全子会社（以下この節において「株式会社等」という。）〕の主たる事務所〔本店〕の所在地を管轄する地方裁判所の管轄に専属する。

（訴訟参加）

第849条　組合員〔株主等〕又は組合〔株式会社等〕は、共同訴訟人として、又は当事者の一方を補助するため、責任追及〔等〕の訴え〔（適格旧株主にあっては第847条の２第１項各号に掲げる行為の効力が生じた時までにその原因となった事実が生じた責任又は義務に係るものに限り、最終完全親会社等の株主にあっては特定責任追及の訴えに限る。）〕に係る訴訟に参加することができる。ただし、不当に訴訟手続を遅延させることとなるとき、又は裁判所に対し過大な事務負担を及ぼすこととなるときは、この限りでない。

3　組合〔株式会社等、株式交換等完全親会社又は最終完全親会社等〕が、当該組合の理事及び理事であった者〔株式会社等、当該株式交換等完全親会社の株式交換等完全子会社又は当該最終完全親会社等の完全子会社等である株式会社の取締役(監査等委員及び監査委員を除く。)、執行役及び清算人並びにこれらの者であった者〕を補助するため、責任追及〔等〕の訴えに係る訴訟に参加するには、次号〔次の各号〕に掲げる組合〔株式会社〕の区分に応じ、当該号〔各号〕に定める者の同意を得なければならない。

一　監査権限限定組合（中小企業等協同組合法第27条第８項に規定する監査権限限定組合をいう。）以外の組合〔監査役設置会社〕　監事〔監査役〕(監事〔監査役〕が２人以上ある場合にあっては、各監事〔監査役〕)

4　組合員〔株主等〕は、責任追及〔等〕の訴えを提起したときは、遅滞なく、当該組合〔株式会社等〕に対し、訴訟告知をしなければならない。

5　組合〔株式会社等〕は、責任追及〔等〕の訴えを提起したとき、又は前項の訴訟告知を受けたときは、遅滞なく、その旨を公告し、又は組合員〔株主〕に通知しなければならない。

215

第2章　中小企業等協同組合

（和解）

第850条　民事訴訟法第267条の規定は、組合〔株式会社等〕が責任追及〔等〕の訴えに係る訴訟における和解の当事者でない場合には、当該訴訟における訴訟の目的については、適用しない。ただし、当該組合〔株式会社等〕の承認がある場合は、この限りでない。

2　前項に規定する場合において、裁判所は、組合〔株式会社等〕に対し、和解の内容を通知し、かつ、当該和解に異議があるときは2週間以内に異議を述べるべき旨を催告しなければならない。

3　組合〔株式会社等〕が前項の期間内に書面により異議を述べなかったときは、同項の規定による通知の内容で組合員〔株主等〕が和解をすることを承認したものとみなす。

4　中小企業等協同組合法第38条の2第4項〔第55条、第102条の2第2項、第103条第3項、第120条第5項、第213条の2第2項、第286条の2第2項、第424条（第486条第4項において準用する場合を含む。）、第642条第3項（同項ただし書に規定する分配可能額を超えない部分について負う義務に係る部分に限る。）、第464条第2項及び第465条第2項〕の規定は、責任追及〔等〕の訴えに係る訴訟における和解をする場合には、適用しない。

【「民事訴訟法」参照条文】

（和解調書等の効力）

第267条　和解又は請求の放棄若しくは認諾を調書に記載したときは、その記載は、確定判決と同一の効力を有する。

（費用等の請求）

第852条　責任追及〔等〕の訴えを提起した組合員〔株主等〕が勝訴（一部勝訴を含む。）した場合において、当該責任追及〔等〕の訴えに係る訴訟に関し、必要な費用（訴訟費用を除く。）を支出したとき又は弁護士若しくは弁護士法人に報酬を支払うべきときは、当該組合〔株式会社等〕に対し、その費用の額の範囲内又はその報酬額の範囲内で相当と認められる額の支払を請求することができる。

2　責任追及〔等〕の訴えを提起した組合員〔株主等〕が敗訴した場合であっても、悪意があったときを除き、当該組合員〔株主等〕は、当該組合〔株式会社等〕に対し、これによって生じた損害を賠償する義務を負わない。

第39条（役員の責任を追及する訴え）

　　3　前2項の規定は、会社法第849条第1項の規定により同項の訴訟に参加した組
　　合員〔株主等〕について準用する。
　（再審の訴え）
第853条　責任追及〔等〕の訴えが提起された場合において、原告及び被告が共謀
　　して責任追及〔等〕の訴えに係る訴訟の目的である組合〔株式会社等〕の権利を
　　害する目的をもって判決をさせたときは、次号〔次の各号〕に掲げる者は、当該
　　号〔各号〕に定める訴えに係る確定した終局判決に対し、再審の訴えをもって、
　　不服を申し立てることができる。
　　一　組合員〔株主〕又は組合〔株式会社等〕　責任追及〔等〕の訴え
　　2　前条の規定は、前項の再審の訴えについて準用する。

1　役員の責任を追及する訴え

　役員は、その任務を怠ったときは、組合に対し、これによって生じた損害を賠
償する責任を負う（法38条の2）。このような責任の追求は、本来は、組合自身
が行うべきものであるが、役員間の人的関係から、組合の役員に対する責任追及
は不十分なものとなるおそれがある。そこで、役員の組合に対する責任を追及す
る訴えについては、株式会社における責任追及等の訴えに係る会社法の規定（会
社法第7編第2章第2節）が準用される。

2　提訴請求から組合員代表訴訟の提起まで
(1)　提訴請求及び資格要件

　　6か月（これを下回る期間を定款で定めた場合にあっては、その期間）前
　から引き続き持分を有する組合員は、組合に対し、理事の責任を追及する訴
　訟（責任追及の訴え）の提起を請求することができる。ただし、責任追及の
　訴えが当該組合員若しくは第三者の不正な利益を図り又は当該組合に損害を
　加えることを目的とする場合は、提訴請求をすることは認められない（会社
　法847条1項）。

(2)　組合員代表訴訟の提起

　　組合提訴請求の日から60日以内に責任追及の訴えを提起しないときは、当
　該請求をした組合員は、組合のために、責任追及の訴えを提起することがで
　きる（会社法847条3項）。当該期間の経過により組合に回復することができ
　ない損害が生ずるおそれがある場合には、前記(1)の組合員は、提訴請求を経

217

第2章　中小企業等協同組合

ることなく直ちに責任追及の訴えを提起することができるが、責任追及の訴
えが当該組合員若しくは第三者の不正な利益を図り又は当該組合に損害を加
えることを目的とする場合は、責任追及の訴えの提起をすることは認められ
ない（会社法847条5項）。

(3)　提訴請求の方法

提訴請求は、被告となるべき者及び請求の趣旨及び請求を特定するのに必
要な事実を記載した書面の提出又は当該事項の電磁的方法による提供のいず
れかの方法による必要がある（施行規則69条）。

(4)　不提訴理由通知制度

組合は、前記(1)の提訴請求の日から60日以内に責任追及の訴えを提起しな
い場合において、当該請求をした組合員から請求を受けたときは、当該請求
をした組合員に対し、遅滞なく、責任追及の訴えを提起しない理由を通知し
なければならない（会社法847条4項）。この不提訴理由の通知は、組合が行っ
た調査の内容、請求対象者の責任又は義務の有無についての判断及び請求対
象者に責任又は義務があると判断した場合において、責任追及の訴えを提起
しないときは、その理由を記載した書面の提出又は当該事項の電磁的方法に
よる提供のいずれかの方法による必要がある（施行規則70条）。

3　組合員代表訴訟における手続

(1)　担保提供命令制度

組合員代表訴訟が提起されたときは、被告（役員）は、代表訴訟の提起が
「悪意によるもの」であることを疎明して、当該組合員に対し相当の担保を
立てることを命じることを申し立てることができる（会社法847条の4第2
項、3項）。

(2)　訴訟参加

組合員又は組合は、共同訴訟人として、又は当事者の一方を補助するため、
責任追及訴訟（代表訴訟を含む。）に参加することができる（会社法849条）。

(3)　和解

責任追及訴訟（代表訴訟を含む。）における和解の手続については、民事
訴訟法267条（「和解又は請求の放棄若しくは認諾を調書に記載したときは、
その記載は、確定判決と同一の効力を有する。」）の規定は、組合が責任追及
の訴えに係る訴訟における和解の当事者でない場合には、当該組合の承認が

第40条（決算関係書類等の提出、備置き及び閲覧等）

ある場合を除き、当該訴訟の目的については適用しないこととされている（会社法850条1項）。

　この場合、裁判所は、組合に対し、和解の内容を通知し、かつ、当該和解に異議があるときは2週間以内に異議を述べるべき旨を催告しなければならない（会社法850条2項）。

　組合が2週間以内に書面により異議を述べなかったときは、裁判所の通知の内容で組合員が和解をすることを承認したものとみなされる（会社法850条3項）。

　責任追及の訴えに係る訴訟における和解をする場合には、役員の損害賠償責任に関する総組合員の同意による免除等の規定は、責任追及の訴えに係る訴訟における和解をする場合には適用されない（会社法850条4項）。

(4)　**費用等の請求**

　代表訴訟を提起した組合員が勝訴した場合、当該組合員は当該組合に対し、敗訴被告（役員）に転嫁することができない必要費用や弁護士報酬等につき、相当額の支払を請求することができる（会社法852条1項）。組合員が敗訴した場合であっても、悪意があったときを除き、当該組合員は当該組合に対し、損害賠償義務を負わない（会社法852条2項）。訴訟参加した組合員についても同様である（会社法852条3項）。

(5)　**再審の訴え**

　原告（組合員）と被告（役員）とが共謀して、組合の権利を害する目的をもって責任追及訴訟につき判決をさせた場合、その判決が確定した場合であっても再審の訴えを提起することができる（会社法853条）。

（決算関係書類等の提出、備置き及び閲覧等）

第40条　組合は、主務省令で定めるところにより、その成立の日における貸借対照表を作成しなければならない。

2　組合は、主務省令で定めるところにより、各事業年度に係る財産目録、貸借対照表、損益計算書、剰余金処分案又は損失処理案（以下「決算関係書類」という。）及び事業報告書を作成しなければならない。

3　決算関係書類及び事業報告書は、電磁的記録をもつて作成することができる。

4　組合は、決算関係書類を作成した時から10年間、当該決算関係書類を保存しなければならない。

第2章　中小企業等協同組合

5　第2項の決算関係書類及び事業報告書は、主務省令で定めるところにより、監事の監査を受けなければならない。

6　前項の規定により監事の監査を受けた決算関係書類及び事業報告書は、理事会の承認を受けなければならない。

7　理事は、通常総会の通知に際して、主務省令で定めるところにより、組合員に対し、前項の承認を受けた決算関係書類及び事業報告書（監査報告又は次条第1項の適用がある場合にあつては、会計監査報告を含む。）を提供しなければならない。

8　理事は、監事の意見を記載した書面又はこれに記載すべき事項を記録した電磁的記録を添付して決算関係書類及び事業報告書を通常総会に提出し、又は提供し、その承認を求めなければならない。

9　理事は、前項の規定により提出され、又は提供された事業報告書の内容を通常総会に報告しなければならない。

10　組合は、各事業年度に係る決算関係書類及び事業報告書を通常総会の日の2週間前の日から5年間、主たる事務所に備え置かなければならない。

11　組合は、決算関係書類及び事業報告書の写しを、通常総会の日の2週間前の日から3年間、従たる事務所に備え置かなければならない。ただし、決算関係書類及び事業報告書が電磁的記録で作成されている場合であつて、従たる事務所における次項第三号及び第四号に掲げる請求に応じることを可能とするための措置として主務省令で定めるものをとつているときは、この限りでない。

12　組合員及び組合の債権者は、組合に対して、その業務取扱時間内は、いつでも、次に掲げる請求をすることができる。ただし、第二号又は第四号に掲げる請求をするには、当該組合の定めた費用を支払わなければならない。

一　決算関係書類及び事業報告書が書面をもつて作成されているときは、当該書面又は当該書面の写しの閲覧の請求

二　前号の書面の謄本又は抄本の交付の請求

三　決算関係書類及び事業報告書が電磁的記録をもつて作成されているときは、当該電磁的記録に記録された事項を主務省令で定める方法により表示したものの閲覧の請求

四　前号の電磁的記録に記録された事項を電磁的方法であつて組合の定めたものにより提供することの請求又はその事項を記載した書面の交付の

220

第40条（決算関係書類等の提出、備置き及び閲覧等）

　　請求

13　前各項の規定は、信用協同組合又は第9条の9第1項第一号の事業を行う協同組合連合会については、適用しない。

　　　3項…一部改正〔昭和26年4月法律138号〕、4項…追加〔平成8年6月法律94号〕、見出…一部改正・4項…追加・旧4項…一部改正し5項に繰下〔平成16年12月法律150号〕、見出・1・5項…一部改正・2項…追加・3項…削除・4項…全部改正・旧2項…一部改正し3項に繰下〔平成17年7月法律87号〕、見出…削り・追加・1項…全部改正・2・4－7・9－11項…追加・旧2項…一部改正し3項に繰下・旧3項…一部改正し8項に繰下・旧4項…一部改正し12項に繰下・旧5項…13項に繰下〔平成18年6月法律75号〕

　　委任　1項の「主務省令」＝〈本法施行規則〉72条・73条・83条、2項の「主務省令」＝同72条・74条・82条・83条・96条・106条・109条、5項の「主務省令」＝同114条、7項の「主務省令」＝同124条・127条、11項の「主務省令」＝同60条、12項三号の「主務省令」＝同54条

　　罰則　〈本法〉115条1項七号

　理事は、委任契約に基づいて執行した職務の結果として、本条に定める決算関係書類を作成し、これを通常総会の開催日の2週間前までに主たる事務所に備え置き、組合員及び組合の債権者が閲覧又は謄写することができるようにしておかなければならない。また、監事に示してその意見を求め、かつ、通常総会の議案として提出・提供し承認を求めなければならない（信用協同組合又は信用協同組合連合会の理事については適用されない。）。

　組合員及び組合の債権者から組合の業務取扱時間内に決算関係書類の閲覧謄写の請求があった場合には、正当な理由がないのに拒むことができない。

⑴　**組合成立時の貸借対照表の作成（1項）**

　　組合の設立に関連し、組合の成立の日における貸借対照表を1円単位又は千円単位で作成しなければならない。

⑵　**主務省令に基づく決算関係書類等の作成（2項、3項）**

　　組合は、各事業年度に係る財産目録、貸借対照表、損益計算書、剰余金処分案（損失処理案）、事業報告書を主務省令で定めるところにより、剰余金処分案（損失処理案）については1円単位で、それ以外については1円単位又は千円単位で作成しなければならない。なお、これらは電磁的記録により作成することも可能となっている。

⑶　**組合員に対する決算関係書類等の提供（7項）**

　　組合員に対する通常総会の招集通知に際して、会議の目的たる事項（議案）

221

第2章　中小企業等協同組合

を示すことに加え、決算関係書類、事業報告書、監査報告等を事前に提供しなければならない。

(4)　**決算関係書類等の保存期間等（4項～6項、8項～11項）**

決算関係書類についてはその保存期間が規定されていなかったが、作成したときから10年間保存しなければならないこととされた（4項）。

決算関係書類及び事業報告書については監事の監査並びに理事会及び通常総会の承認を受け、その日の2週間前から5年間主たる事務所（従たる事務所にあっては3年間）に備え置かなければならない（5項、6項、8項、9項、10項、11項）。

(5)　**決算関係書類等の謄本又は抄本の交付の請求（12項）**

平成18年改正により、組合員、組合の債権者に認められている閲覧又は謄写の対象に、決算関係書類のほかに事業報告書が追加された。また、謄本又は抄本の交付請求が追加された。この場合、当該請求者はその費用を支払う必要がある。

(6)　**信用協同組合等の適用除外（13項）**

なお、信用協同組合及び信用協同組合連合会については、別途、協金法により手当されていることから本条の適用を除外している。

第40条の2　共済事業を行う組合であつてその事業の規模が政令で定める基準を超えるものは、前条第2項の規定により作成した決算関係書類について、監事の監査のほか、主務省令で定めるところにより、会計監査人の監査を受けなければならない。

2　前項に規定する会計監査人の監査を要する組合については、会社法第439条及び第444条（第3項を除く。）の規定を準用する。この場合において、同法第439条並びに第444条第1項、第4項及び第6項中「法務省令」とあるのは「主務省令」と、同条第1項中「その子会社」とあるのは「その子会社等（中小企業等協同組合法第61条の2第2項に規定する子会社等をいう。）」と、「作成することができる」とあるのは「作成しなければならない」と読み替えるものとするほか、必要な技術的読替えは、政令で定める。

3　会計監査人については、第35条の3並びに会社法第329条第1項、第337条、第338条第1項及び第2項、第339条、第340条第1項から第3項まで、第344条第1項及び第2項、第345条第1項から第3項まで、第396条第1

項から第5項まで、第397条第1項及び第2項、第398条第1項及び第2項並びに第399条第1項の規定を準用する。この場合において、同法第345条第1項及び第2項中「会計参与」とあるのは「会計監査人」と、同法第396条第1項及び第2項第二号中「法務省令」とあるのは「主務省令」と読み替えるものとするほか、必要な技術的読替えは、政令で定める。

4　会計監査人の責任については、第38条の2から第38条の4までの規定を準用する。この場合において、第38条の2第5項第三号中「監事」とあるのは「監事又は会計監査人」と、第38条の3第2項第二号中「監査報告」とあるのは「監査報告又は会計監査報告」と、第38条の4中「役員が」とあるのは「会計監査人が」と、「他の役員」とあるのは「役員又は会計監査人」と読み替えるものとするほか、必要な技術的読替えは、政令で定める。

5　会計監査人の責任を追及する訴えについては、第39条の規定を準用する。この場合において必要な技術的読替えは、政令で定める。

> 本条…追加〔平成18年6月法律75号〕
>
> 委任　1項の「政令」＝〈本法施行令〉23条、2項の「政令」＝同24条1項、3項の「政令」＝同24条2項、4項の「政令」＝同24条3項・4項、5項で準用する39条の「政令」＝同22条、1項の「主務省令」及び2項で読み替えて準用する会社法444条4項の「主務省令」＝〈本法施行規則〉114条、2項で読み替えて準用する会社法439条の「主務省令」＝同126条、2項で読み替えて準用する会社法444条1項の「主務省令」＝同75条、2項で読み替えて準用する会社法444条6項の「主務省令」＝同125条、3項で読み替えて準用する会社法396条1項後段の「主務省令」＝同65条、3項で読み替えて準用する会社法396条2項二号の「主務省令」＝同54条、4項で準用する38条の2第5項の「主務省令」＝同68条1項、4項で準用する38条の2第8項の「主務省令」＝同68条2項
>
> 罰則　3項関係＝〈本法〉114条の6第1項四号－六号・2項

【「会社法」準用条文】

（2項関係）

（会計監査人監査組合〔会計監査人設置会社〕の特則）

第439条　会計監査人監査組合（中小企業等協同組合法第40条の2第1項に規定する会計監査人の監査を要する組合をいう。以下同じ。）〔会計監査人設置会社〕については、同法第40条第6項〔第436条第3項〕の承認を受けた決算関係書類（同条第2項に規定する決算関係書類をいう。）が〔計算書類が〕法令及び定款に従い組合〔株式会社〕の財産及び損益の状況を正しく表示しているものとして主務

第2章　中小企業等協同組合

省令〔法務省令〕で定める要件に該当する場合には、同条第8項〔前条第2項〕
の規定は、適用しない。この場合においては、理事〔取締役〕は、当該決算関係
書類の〔計算書類の〕内容を通常総会〔定時株主総会〕に報告しなければならない。

第444条　会計監査人監査組合〔会計監査人設置会社〕は、主務省令〔法務省令〕
で定めるところにより、各事業年度に係る連結決算関係書類〔連結計算書類〕（当
該会計監査人監査組合及びその子会社等（中小企業等協同組合法第61条の2第2
項に規定する子会社等をいう。）〔当該会計監査人設置会社及びその子会社〕から
成る集団〔企業集団〕の財産及び損益の状況を示すために必要かつ適当なものと
して主務省令〔法務省令〕で定めるものをいう。以下同じ。）を作成しなければ
ならない〔作成することができる〕。

2　連結決算関係書類〔連結計算書類〕は、電磁的記録をもって作成することがで
きる。

4　連結決算関係書類〔連結計算書類〕は、主務省令〔法務省令〕で定めるところ
により、監事〔監査役（監査等委員会設置会社にあっては監査等委員会、指名委
員会等設置会社にあっては監査委員会）〕及び会計監査人の監査を受けなければ
ならない。

5　会計監査人監査組合において〔会計監査人設置会社が取締役会設置会社である
場合に〕は、前項の監査を受けた連結決算関係書類〔連結計算書類〕は、理事会
〔取締役会〕の承認を受けなければならない。

6　会計監査人監査組合の理事〔会計監査人設置会社が取締役会設置会社である場
合には、取締役〕は、通常総会〔定時株主総会〕の招集の通知に際して、主務省
令〔法務省令〕で定めるところにより、組合員〔株主〕に対し、前項の承認を受
けた連結決算関係書類〔連結計算書類〕を提供しなければならない。

7　次の各号に掲げる会計監査人監査組合〔会計監査人設置会社〕においては、理
事〔取締役〕は、当該各号に定める連結決算関係書類〔連結計算書類〕を通常総
会〔定時株主総会〕に提出し、又は提供しなければならない。この場合において
は、当該各号に定める連結決算関係書類〔連結計算書類〕の内容及び第4項の監
査の結果を通常総会〔定時株主総会〕に報告しなければならない。

一　会計監査人監査組合〔取締役会設置会社である会計監査人設置会社〕　第5
項の承認を受けた連結決算関係書類〔連結計算書類〕

二　前号に掲げるもの以外の会計監査人監査組合〔会計監査人設置会社〕　第4
項の監査を受けた連結決算関係書類〔連結計算書類〕

第40条の2

（3項関係）

（選任）

第329条　会計監査人〔役員（取締役、会計参与及び監査役をいう。以下この節、第371条第4項及び第394条第3項において同じ。）及び会計監査人〕は、総会〔株主総会〕の決議によって選任する。

（会計監査人の資格等）

第337条　会計監査人は、公認会計士又は監査法人でなければならない。

2　会計監査人に選任された監査法人は、その社員の中から会計監査人の職務を行うべき者を選定し、これを組合〔株式会社〕に通知しなければならない。この場合においては、次項第二号に掲げる者を選定することはできない。

3　次に掲げる者は、会計監査人となることができない。

一　公認会計士法の規定により、決算関係書類（中小企業等協同組合法第40条第2項に規定する決算関係書類をいう。以下同じ。）〔第435条第2項に規定する計算書類〕について監査をすることができない者

二　組合〔株式会社〕の子会社等（中小企業等協同組合法第61条の2第2項に規定する子会社等をいう。以下同じ。）〔子会社〕若しくはその取締役、会計参与、監査役若しくは執行役から公認会計士若しくは監査法人の業務以外の業務により継続的な報酬を受けている者又はその配偶者

三　監査法人でその社員の半数以上が前号に掲げる者であるもの

（会計監査人の任期）

第338条　会計監査人の任期は、選任後1年以内に終了する事業年度のうち最終のものに関する通常総会〔定時株主総会〕の終結の時までとする。

2　会計監査人は、前項の通常総会〔定時株主総会〕において別段の決議がされなかったときは、当該通常総会〔定時株主総会〕において再任されたものとみなす。

（解任）

第339条　会計監査人〔役員及び会計監査人〕は、いつでも、総会〔株主総会〕の決議によって解任することができる。

2　前項の規定により解任された者は、その解任について正当な理由がある場合を除き、組合〔株式会社〕に対し、解任によって生じた損害の賠償を請求することができる。

（監事〔監査役等〕による会計監査人の解任）

第340条　監事〔監査役〕は、会計監査人が次のいずれかに該当するときは、その

225

会計監査人を解任することができる。

一　職務上の義務に違反し、又は職務を怠ったとき。

二　会計監査人としてふさわしくない非行があったとき。

三　心身の故障のため、職務の執行に支障があり、又はこれに堪えないとき。

2　前項の規定による解任は、監事〔監査役〕が2人以上ある場合には、監事〔監査役〕の全員の同意によって行わなければならない。

3　第1項の規定により会計監査人を解任したときは、監事〔監査役〕（監事〔監査役〕が2人以上ある場合にあっては、監事〔監査役〕の互選によって定めた監事〔監査役〕）は、その旨及び解任の理由を解任後最初に招集される総会〔株主総会〕に報告しなければならない。

（会計監査人の選任等に関する議案の内容の決定）

第344条　会計監査人監査組合（中小企業等協同組合法第40条の2第1項に規定する会計監査人の監査を要する組合をいう。以下同じ。）〔監査役設置会社〕においては、総会〔株主総会〕に提出する会計監査人の選任及び解任並びに会計監査人を再任しないことに関する議案の内容は、監事が〔監査役が〕決定する。

2　監事〔監査役〕が2人以上ある場合における前項の規定の適用については、同項中「監事〔監査役〕が」とあるのは、「監事〔監査役〕の過半数をもって」とする。

（会計監査人〔会計参与等〕の選任等についての意見の陳述）

第345条　会計監査人〔会計参与〕は、総会〔株主総会〕において、会計監査人〔会計参与〕の選任若しくは解任又は辞任について意見を述べることができる。

2　会計監査人〔会計参与〕を辞任した者は、辞任後最初に招集される総会〔株主総会〕に出席して、辞任した旨及びその理由を述べることができる。

3　理事〔取締役〕は、前項の者に対し、同項の総会〔株主総会〕を招集する旨及び第298条第1項第一号に掲げる事項を通知しなければならない。

【「会社法」参照条文】

（株主総会の招集の決定）

第298条　取締役（前条第4項の規定により株主が株主総会を招集する場合にあっては、当該株主。次項本文及び次条から第302条までにおいて同じ。）は、株主総会を招集する場合には、次に掲げる事項を定めなければならない。

一　株主総会の日時及び場所

（会計監査人の権限等）

第396条　会計監査人は、中小企業等協同組合法第40条の２第１項の規定及び同条第２項において準用する第444条第１項の規定〔次章の定めるところ〕により、組合〔株式会社〕の決算関係書類及び連結決算関係書類（当該組合及びその子会社等から成る集団の財産及び損益の状況を示すために必要かつ適当なものとして主務省令で定めるものをいう。）〔計算書類及びその附属明細書、臨時計算書類並びに連結計算書類〕を監査する。この場合において、会計監査人は、主務省令〔法務省令〕で定めるところにより、会計監査報告を作成しなければならない。

2　会計監査人は、いつでも、次に掲げるものの閲覧及び謄写をし、又は理事及び参事〔取締役及び会計参与並びに支配人〕その他の使用人に対し、会計に関する報告を求めることができる。

一　会計帳簿又はこれに関する資料が書面をもって作成されているときは、当該書面

二　会計帳簿又はこれに関する資料が電磁的記録をもって作成されているときは、当該電磁的記録に記録された事項を主務省令〔法務省令〕で定める方法により表示したもの

3　会計監査人は、その職務を行うため必要があるときは、会計監査人監査組合〔会計監査人設置会社〕の子会社等〔子会社〕に対して会計に関する報告を求め、又は会計監査人監査組合〔会計監査人設置会社〕若しくはその子会社等〔子会社〕の業務及び財産の状況の調査をすることができる。

4　前項の子会社等〔子会社〕は、正当な理由があるときは、同項の報告又は調査を拒むことができる。

5　会計監査人は、その職務を行うに当たっては、次のいずれかに該当する者を使用してはならない。

一　第337条第３項第一号又は第二号に掲げる者

二　会計監査人監査組合〔会計監査人設置会社〕又はその子会社等〔子会社〕の理事、監事〔取締役、会計参与、監査役若しくは執行役〕又は参事〔支配人〕その他の使用人である者

三　会計監査人監査組合〔会計監査人設置会社〕又はその子会社等〔子会社〕から公認会計士又は監査法人の業務以外の業務により継続的な報酬を受けている者

（監事〔監査役〕に対する報告）

第2章　中小企業等協同組合

第397条　会計監査人は、その職務を行うに際して理事〔取締役〕の職務の執行に
　　関し不正の行為又は法令若しくは定款に違反する重大な事実があることを発見し
　　たときは、遅滞なく、これを監事〔監査役〕に報告しなければならない。

2　監事〔監査役〕は、その職務を行うため必要があるときは、会計監査人に対し、
　　その監査に関する報告を求めることができる。

（通常総会〔定時株主総会〕における会計監査人の意見の陳述）

第398条　第396条第1項に規定する書類が法令又は定款に適合するかどうかにつ
　　いて会計監査人が監事〔監査役〕と意見を異にするときは、会計監査人（会計監
　　査人が監査法人である場合にあっては、その職務を行うべき社員。次項において
　　同じ。）は、通常総会〔定時株主総会〕に出席して意見を述べることができる。

2　通常総会〔定時株主総会〕において会計監査人の出席を求める決議があったと
　　きは、会計監査人は、通常総会〔定時株主総会〕に出席して意見を述べなければ
　　ならない。

（会計監査人の報酬等の決定に関する監事〔監査役〕の関与）

第399条　理事〔取締役〕は、会計監査人又は一時会計監査人の職務を行うべき者
　　の報酬等を定める場合には、監事〔監査役〕（監事〔監査役〕が2人以上ある場
　　合にあっては、その過半数）の同意を得なければならない。

（4項関係）

（理事会の決議〔取締役等〕による免除に関する定款の定め）

第426条　中小企業等協同組合法第40条の2第4項において準用する同法第38条の
　　2第4項〔第424条〕の規定にかかわらず、監査権限限定組合（同法第27条第8
　　項に規定する監査権限限定組合をいう。）以外の組合〔監査役設置会社（取締役
　　が2人以上ある場合に限る。）、監査等委員会設置会社又は指名委員会等設置会社〕
　　は、同法第40条の2第4項において準用する同法第38条の2第1項〔第423条第1
　　項〕の責任について、当該会計監査人〔役員等〕が職務を行うにつき善意でかつ
　　重大な過失がない場合において、責任の原因となった事実の内容、当該会計監査
　　人〔役員等〕の職務の執行の状況その他の事情を勘案して特に必要と認めるとき
　　は、同法第40条の2第4項において準用する同法第38条の2第5項〔前条第1項〕
　　の規定により免除することができる額を限度として理事会の決議〔取締役（当該
　　責任を負う取締役を除く。）の過半数の同意（取締役会設置会社にあっては、取
　　締役会の決議）〕によって免除することができる旨を定款で定めることができる。

2　中小企業等協同組合法第40条の2第4項において準用する同法第38条の2第7

第40条の2

項〔前条第3項〕の規定は、定款を変更して前項の規定による定款の定め（会計監査人〔取締役（監査等委員又は監査委員であるものを除く。）及び執行役〕の責任を免除することができる旨の定めに限る。）を設ける議案を総会〔株主総会〕に提出する場合〔、同項の規定による定款の定めに基づく責任の免除（取締役（監査等委員又は監査委員であるものを除く。）及び執行役の責任の免除に限る。）についての取締役の同意を得る場合〕及び当該責任の免除に関する議案を理事会〔取締役会〕に提出する場合について準用する。〔この場合において、同条第3項中「取締役（これらの会社に最終完全親会社等がある場合において、第1項の規定により免除しようとする責任が特定責任であるときにあっては、当該会社及び当該最終完全親会社等の取締役）」とあるのは、「取締役」と読み替えるものとする。〕

3　第1項の規定による定款の定めに基づいて会計監査人〔役員等〕の責任を免除する旨の理事会の決議〔責任を免除する旨の同意（取締役会設置会社にあっては、取締役会の決議）〕を行ったときは、理事は〔取締役は〕、遅滞なく、中小企業等協同組合法第40条の2第4項において準用する同法第38条の2第6項各号〔前条第2項各号〕に掲げる事項及び責任を免除することに異議がある場合には一定の期間内に当該異議を述べるべき旨を公告し、又は組合員〔株主〕に通知しなければならない。ただし、当該期間は、1箇月を下ることができない。

7　総組合員〔株主〕（第3項の責任を負う会計監査人〔役員等〕であるものを除く。）の議決権の100分の3（これを下回る割合を定款で定めた場合にあっては、その割合）以上の議決権を有する組合員〔株主〕が同項の期間内に同項の異議を述べたとき〔（株式会社に最終完全親会社等がある場合において、第1項の規定による定款の定めに基づき免除しようとする責任が特定責任であるときにあっては、当該株式会社の総株主（第3項の責任を負う役員等であるものを除く。）の議決権の100分の3（これを下回る割合を定款で定めた場合にあっては、その割合）以上の議決権を有する株主又は当該最終完全親会社等の総株主（第3項の責任を負う役員等であるものを除く。）の議決権の100分の3（これを下回る割合を定款で定めた場合にあっては、その割合）以上の議決権を有する株主が第3項又は第5項の期間内に当該各項の異議を述べたとき）〕は、組合〔株式会社〕は、第1項の規定による定款の定めに基づく免除をしてはならない。

8　中小企業等協同組合法第40条の2第4項において準用する同法第38条の2第8項〔前条第4項及び第5項〕の規定は、第1項の規定による定款の定めに基づき責任を免除した場合について準用する。

229

第2章　中小企業等協同組合

（責任限定契約）

第427条　中小企業等協同組合法第40条の2第4項において準用する同法第38条の2第4項〔第424条〕の規定にかかわらず、組合〔株式会社〕は、会計監査人〔取締役（業務執行取締役等であるものを除く。）、会計参与、監査役又は会計監査人（以下この条及び第911条第3項第二十五号において「非業務執行取締役等」という。）〕の同法第40条の2第4項において準用する同法第38条の2第1項〔第423条第1項〕の責任について、当該会計監査人が〔非業務執行取締役等が〕職務を行うにつき善意でかつ重大な過失がないときは、定款で定めた額の範囲内であらかじめ組合〔株式会社〕が定めた額と最低責任限度額とのいずれか高い額を限度とする旨の契約を会計監査人と〔非業務執行取締役等と〕締結することができる旨を定款で定めることができる。

2　前項の契約を締結した会計監査人〔非業務執行取締役等〕が当該組合の理事若しくは監事又はその子会社〔株式会社〕の業務執行取締役等に就任したときは、当該契約は、将来に向かってその効力を失う。

3　中小企業等協同組合法第40条の2第4項において準用する同法第38条の2第7項〔第425条第3項〕の規定は、定款を変更して第1項の規定による定款の定め（会計監査人〔同項に規定する取締役（監査等委員又は監査委員であるものを除く。）〕と契約を締結することができる旨の定めに限る。）を設ける議案を総会〔株主総会〕に提出する場合について準用する。〔この場合において、同条第3項中「取締役（これらの会社に最終完全親会社等がある場合において、第1項の規定により免除しようとする責任が特定責任であるときにあっては、当該会社及び当該最終完全親会社等の取締役）」とあるのは、「取締役」と読み替えるものとする。〕

4　第1項の契約を締結した組合〔株式会社〕が、当該契約の相手方である会計監査人〔非業務執行取締役等〕が任務を怠ったことにより損害を受けたことを知ったときは、その後最初に招集される総会〔株主総会（当該株式会社に最終完全親会社等がある場合において、当該損害が特定責任に係るものであるときにあっては、当該株式会社及び当該最終完全親会社等の株主総会）〕において次に掲げる事項を開示しなければならない。

一　中小企業等協同組合法第40条の2第4項において準用する同法第38条の2第6項第一号及び第二号〔第425条第2項第一号及び第二号〕に掲げる事項

二　当該契約の内容及び当該契約を締結した理由

三　中小企業等協同組合法第40条の2第4項において準用する同法第38条の2第

第40条の2

　　1項〔第423条第1項〕の損害のうち、当該会計監査人〔非業務執行取締役等〕
　　が賠償する責任を負わないとされた額
5　中小企業等協同組合法第40条の2第4項において準用する同法第38条の2第8
　項〔第425条第4項及び第5項〕の規定は、会計監査人〔非業務執行取締役等〕
　が第1項の契約によって同項に規定する限度を超える部分について損害を賠償す
　る責任を負わないとされた場合について準用する。

【施行令第24条】
4　法第40条の2第4項の規定により会計監査人の責任について法第38条の3第2
　項の規定を準用する場合においては、同項第二号中「監事」とあるのは、「監事
　又は会計監査人」と読み替えるものとする。

⑴　**会計監査人の監査を要する組合（1項）**
　　　共済事業を行う組合であって、負債の合計金額（最終の貸借対照表の負債
　　の部に計上した金額の合計額）が200億円（施行令23条）を超える組合は、
　　決算関係書類について、監事の監査のほか、会計監査人の監査を受けなけれ
　　ばならない。
⑵　**会計監査人設置組合における計算書類の総会承認の省略（2項）**
　　　この会計監査人の監査を要する組合については、会社法の規定が準用され
　　ている。
　　　1項に規定する会計監査人の監査を要する組合（以下「会計監査人設置組
　　合」という。）については、法40条6項の承認を受けた計算書類が法令及び
　　定款に従い組合の財産及び損益の状況を正しく表示しているものとして主務
　　省令で定める要件に該当する場合には、法40条8項の規定が適用されない。
　　この場合、理事は当該計算書類の内容を通常総会に報告しなければならない
　　（2項において準用する会社法439条、施行令24条、施行規則125条）。
⑶　**会計監査人（3項）**
　　　会計監査人については、法35条の3及び会社法の規定が準用されている。
　　　組合と会計監査人との関係は、法35条の3による組合と理事及び監事との
　　関係と同様、民法の委任の規定に従うこととされており、総会の決議によっ
　　て選任される。
　　　会計監査人の資格は、公認会計士又は監査法人に限られるなど、株式会社

231

第2章　中小企業等協同組合

における会計監査人と同様であり、任期、解任、権限等についても同様である。

　決算関係書類が法令又は定款に適合するかどうかについて会計監査人が監事と意見を異にするときは、会計監査人は通常総会に出席して意見を述べることができ、また、通常総会において会計監査人の出席を求める決議があったときは、会計監査人は総会に出席して意見を述べなければならない。

(4)　**会計監査人の責任（4項）**

　会計監査人の責任については、法38条の2（役員の組合に対する損害賠償責任）、法38条の3（役員の第三者に対する損害賠償責任）、法38条の4（役員の連帯責任）の規定が準用されており、役員の責任に関する制度が会計監査人に対しても適用されている。

(5)　**会計監査人の責任を追及する訴え（5項）**

　会計監査人の責任を追及する訴えについては、法39条（役員の責任を追及する訴え）の規定が準用されている。

第40条の3　会計監査人が欠けた場合又は定款で定めた会計監査人の員数が欠けた場合において、遅滞なく会計監査人が選任されないときは、監事は、一時会計監査人の職務を行うべき者を選任しなければならない。

2　前項の一時会計監査人の職務を行うべき者については、会社法第337条及び第340条第1項から第3項までの規定を準用する。

　　　本条…追加〔平成18年6月法律75号〕

　　　罰則　1項関係＝〈本法〉114条の6第1項七号、2項関係＝〈本法〉114条の6第1項六号

【「会社法」準用条文】

（一時会計監査人の職務を行うべき者〔会計監査人〕の資格等）

第337条　一時会計監査人の職務を行うべき者〔会計監査人〕は、公認会計士又は監査法人でなければならない。

2　一時会計監査人の職務を行うべき者〔会計監査人〕に選任された監査法人は、その社員の中から会計監査人の職務を行うべき者を選定し、これを組合〔株式会社〕に通知しなければならない。この場合においては、次項第二号に掲げる者を選定することはできない。

3　次に掲げる者は、一時会計監査人の職務を行うべき者〔会計監査人〕となることができない。

第41条（会計帳簿等の作成等）

一　公認会計士法の規定により、決算関係書類〔第435条第2項に規定する計算書類〕について監査をすることができない者

二　組合〔株式会社〕の子会社等〔子会社〕若しくはその取締役、会計参与、監査役若しくは執行役から公認会計士若しくは監査法人の業務以外の業務により継続的な報酬を受けている者又はその配偶者

三　監査法人でその社員の半数以上が前号に掲げる者であるもの

（監事〔監査役等〕による一時会計監査人の職務を行うべき者〔会計監査人〕の解任）

第340条　監事〔監査役〕は、一時会計監査人の職務を行うべき者〔会計監査人〕が次のいずれかに該当するときは、その一時会計監査人の職務を行うべき者〔会計監査人〕を解任することができる。

一　職務上の義務に違反し、又は職務を怠ったとき。

二　一時会計監査人の職務を行うべき者〔会計監査人〕としてふさわしくない非行があったとき。

三　心身の故障のため、職務の執行に支障があり、又はこれに堪えないとき。

2　前項の規定による解任は、監事〔監査役〕が2人以上ある場合には、監事〔監査役〕の全員の同意によって行わなければならない。

3　第1項の規定により一時会計監査人の職務を行うべき者〔会計監査人〕を解任したときは、監事〔監査役〕（監事〔監査役〕が2人以上ある場合にあっては、監事〔監査役〕の互選によって定めた監事〔監査役〕）は、その旨及び解任の理由を解任後最初に招集される総会〔株主総会〕に報告しなければならない。

会計監査人が欠けた場合又は定款で定めた会計監査人の員数が欠けた場合において、遅滞なく会計監査人が選任されないときは、監事は、一時会計監査人の職務を行う者を選任しなければならない。一時会計監査人の資格は、公認会計士又は監査法人に限られている。

（会計帳簿等の作成等）

第41条　組合は、主務省令で定めるところにより、適時に、正確な会計帳簿を作成しなければならない。

2　組合は、会計帳簿の閉鎖の時から10年間、その会計帳簿及びその事業に関する重要な資料を保存しなければならない。

3　組合員は、総組合員の100分の3（これを下回る割合を定款で定めた場

第2章　中小企業等協同組合

合にあつては、その割合）以上の同意を得て、組合に対して、その業務取
扱時間内は、いつでも、次に掲げる請求をすることができる。この場合に
おいては、組合は、正当な理由がないのにこれを拒んではならない。

一　会計帳簿又はこれに関する資料が書面をもつて作成されているとき
　　は、当該書面の閲覧又は謄写の請求

二　会計帳簿又はこれに関する資料が電磁的記録をもつて作成されている
　　ときは、当該電磁的記録に記録された事項を主務省令で定める方法によ
　　り表示したものの閲覧又は謄写の請求

4　第1項の規定は、信用協同組合又は第9条の9第1項第一号の事業を行
　う協同組合連合会については、適用しない。

5　共済事業を行う組合並びに信用協同組合及び第9条の9第1項第一号の
　事業を行う協同組合連合会についての第3項の規定の適用については、同
　項中「100分の3」とあるのは、「10分の1」とする。

> 本条…追加〔平成17年7月法律87号〕、見出…一部改正・2・5項…追加・旧2項…一部
> 改正し3項に繰下・旧3項…4項に繰下〔平成18年6月法律75号〕
> **委任**　1項の「主務省令」＝〈本法施行規則〉128条、3項二号の「主務省令」＝同54条
> **罰則**　3項関係＝〈本法〉115条1項十七号

1　適時性及び正確性（1項）

本条1項は、組合が適時に、正確な会計帳簿を作成しなければならない旨を規
定するものである。

会計帳簿の作成の適時性については、会計帳簿に記載すべき事象が発生した都
度、適時に記帳すべきものであるが、税務申告時にまとめて記帳するなど適時性
を欠いた記帳が行われる傾向にあるとして、作成の適時性が明文で規定されたも
のである。また、会計帳簿の作成の正確性については、会計帳簿及びこれに基づ
いて作成される計算書類の適正性を確保し、利害関係人を保護する観点から重要
であるため、明文で規定されたものである。

なお、会計帳簿の具体的内容については、主務省令（施行規則128条）に委任
されている。

信用協同組合又は信用協同組合連合会には協同組合による金融事業に関する法
律5条の11が適用され、本条1項の規定は適用されない（4項）。

234

第42条（役員の改選）

2　会計帳簿の保存期間の明記（2項）

　会計帳簿の閉鎖の時から10年間、会計帳簿及びその事業に関する重要な資料を保存しなければならない。

3　会計帳簿の閲覧・謄写（2項、3項）

　総組合員の100分の3（100分の3を下回る割合を定款で定めた場合にはその割合）以上の同意を得た組合員は、組合の業務取扱時間内はいつでも会計帳簿の閲覧・謄写を請求することができ、組合は、正当な理由がないのにこれを拒むことはできない（共済事業を行う組合並びに信用協同組合及び信用協同組合連合会については、本条5項により、原則的な同意の比率が10分の1に引き上げられている。）。

　なお、正当な理由とは、書類の閲覧・謄写により知った内容を競業者に通報しようとし、又は通報したことのある場合、決算の事務のために組合が使用している場合など、組合の利益を害し、又は不当な時期において請求あるときとされている。また、個人情報の保護に関する法律の施行に伴い、組合が個人情報の保護を理由として閲覧・謄写を拒否することは正当な理由には該当しないと考えられる。閲覧・謄写の対象となるのは、会計帳簿が書面をもって作成されているときはその書面の、電磁的記録をもって作成されているときはその記録された事項を表示したものの閲覧・謄写の請求ができる。

（役員の改選）

第42条　組合員は、総組合員の5分の1（これを下回る割合を定款で定めた場合にあつては、その割合）以上の連署をもつて、役員の改選を請求することができるものとし、その請求につき総会において出席者の過半数の同意があつたときは、その請求に係る役員は、その職を失う。

2　前項の規定による改選の請求は、理事の全員又は監事の全員について、同時にしなければならない。ただし、法令又は定款、規約、共済規程若しくは火災共済規程の違反を理由として改選を請求するときは、この限りでない。

3　第1項の規定による改選の請求は、改選の理由を記載した書面を組合に提出してしなければならない。

4　第1項の規定による改選の請求をする者は、前項の書面の提出に代えて、政令で定めるところにより、組合の承諾を得て、同項の書面に記載すべき

235

第2章　中小企業等協同組合

事項を電磁的方法により提供することができる。

5　第1項の規定による改選の請求があつた場合（第3項の書面の提出があつた場合に限る。）には、理事は、その請求を総会の議に付し、かつ、総会の会日から7日前までに、その請求に係る役員に第3項の規定による書面を送付し、かつ、総会において弁明する機会を与えなければならない。

6　第1項の規定による改選の請求があつた場合（第4項の規定による電磁的方法による提供があつた場合に限る。）には、理事は、その請求を総会の議に付し、かつ、総会の会日から7日前までに、その請求に係る役員に第4項の規定により提供された事項を記載した書面を送付し、かつ、総会において弁明する機会を与えなければならない。

7　前項に規定する場合には、組合は、同項の書面の送付に代えて、政令で定めるところにより、その請求に係る役員の承諾を得て、第4項の規定により提供された事項を電磁的方法により提供することができる。

8　第5項又は第6項の場合については、第47条第2項及び第48条の規定を準用する。この場合において、第47条第2項中「組合員が総組合員の5分の1（これを下回る割合を定款で定めた場合にあつては、その割合）以上の同意を得て、会議の目的である事項及び招集の理由を記載した書面を理事会に提出して総会の招集を請求したとき」とあり、及び第48条後段中「組合員が総組合員の5分の1（これを下回る割合を定款で定めた場合にあつては、その割合）以上の同意を得たとき」とあるのは、「第42条第1項の規定による役員の改選の請求があつたとき」と読み替えるものとする。

> 5項…一部改正〔昭和30年8月法律121号〕、2項…一部改正〔平成7年12月法律137号〕、1・3項…一部改正・4・6・7項…追加・旧4項…一部改正し5項に繰下・旧5項…一部改正し8項に繰下・旧41条…繰下〔平成17年7月法律87号〕、2項…一部改正〔平成18年6月法律75号〕
>
> **委任**　4・7項の「政令」=〈本法施行令〉25条
>
> **罰則**　5・6項関係=〈本法〉115条1項九号

組合員の権利としての役員の改選請求、特に役員の解任（リコール）について、その手続方法を定めている。

1　役員の解任（1項）

役員改選の総会において、この改選請求について出席組合員の過半数の同意が

第42条（役員の改選）

あった場合には、改選請求の対象となった役員は、当然に解任され、特に解任する旨の議決は必要としない。また、総会において改選の請求が否認された場合には、組合員は行政庁に不服を申し立てることができる。

2　改選の請求（1項〜3項）

　改選請求の手続は、総組合員の5分の1（これを下回る割合を定款で定めた場合にはその割合）以上が連署し、改選の理由を記載した書面を組合に提出することを要する。連署とは、役員の改選請求書が書面の場合には、組合員が同一の書面に連続して署名又は記名押印することとなり、同意書を束ねる方法は認められない。なお、電磁的方法によって改選請求を行う場合には、書面の場合と同様に同意書を束ねる方法が認められないことから、改選請求書の同一ファイルに電子署名を複数付することとなる。請求の対象となる役員は、原則として理事全員又は監事全員を同時に改選しようとするものであることを要するが、改選請求の理由が法令、定款、規約、共済規程若しくは火災共済規程の違反である場合には、その一部の役員のみを対象としてもよいこととされている。

　なお、この解任により役員の補充義務が生じる場合には、あらかじめ当該総会において補充すべき役員を選出する手続をとっておくことが適当である。理事全員又は監事全員について改選を請求することは差し支えない。

3　改選総会の招集等（4項〜8項）

　改選請求については、書面の提出に代えて、組合の承諾を得て、電磁的方法によって提供することができる（4項）。

　適法な請求があったときは、代表理事は、理事会を開き、理事会が役員の改選を行うべき総会の招集を決定したのを受けて、会日の10日（これを下回る期間を定めた場合には、その期日）前までに到達するように各組合員に対して総会の招集通知を発しなければならない（法49条1項）。この総会の会日は、改選請求のあった日から20日以内において定めることを要する（法47条2項）。したがって、改選の請求をした日から10日以内に理事が総会招集の手続をしないときは、請求をした組合員は、行政庁の承認を得て、自ら総会を招集することができる（法48条）。

　また、代表理事は、改選請求の対象となった役員に対して、総会の会日の7日前までに、組合員から提出された改選請求理由書を送付（又はその役員の承諾を得て電磁的方法により提供）するとともに、総会において弁明する機会を与えな

237

第2章　中小企業等協同組合

ければならない（6項、7項）。この弁明の機会を与えることを怠ると罰則（法115条1項九号。20万円以下の過料）の適用がある。

（顧問）

第43条　組合は、理事会の決議により、学識経験のある者を顧問とし、常時組合の重要事項に関し助言を求めることができる。ただし、顧問は、組合を代表することができない。

　　　　　本条…一部改正〔昭和26年4月法律138号・平成17年7月87号〕

　組合は、理事会の決議によって、学識経験のある者を顧問とし、常時組合の重要事項に関し助言を求めることができる。しかし、顧問は、定款上の任意機関であり、組合の役員ではないので、組合の執行機関となることはできない。したがって、参考人として総会又は理事会で意見を述べることは差し支えないが、その議決に加わることはできない。

　解任については規定を欠くが、解釈上当然に理事会の権限に属する。組合が顧問を置き得ることは当然の事柄であり、本条は、単なる注意規定と解する。

（参事及び会計主任）

第44条　組合は、理事会の決議により、参事及び会計主任を選任し、その主たる事務所又は従たる事務所において、その業務を行わせることができる。

2　参事については、会社法第11条第1項及び第3項（支配人の代理権）、第12条（支配人の競業の禁止）並びに第13条（表見支配人）の規定を準用する。

　　　　　1項…一部改正〔昭和26年4月法律138号〕、2項…全部改正〔平成17年7月法律87号〕

【「会社法」準用条文】

（参事〔支配人〕の代理権）

第11条　参事〔支配人〕は、組合〔会社〕に代わってその事業に関する一切の裁判上又は裁判外の行為をする権限を有する。

3　参事〔支配人〕の代理権に加えた制限は、善意の第三者に対抗することができない。

（参事〔支配人〕の競業の禁止）

第44条（参事及び会計主任）

第12条 参事〔支配人〕は、組合〔会社〕の許可を受けなければ、次に掲げる行為をしてはならない。

一 自ら営業を行うこと。

二 自己又は第三者のために組合〔会社〕の事業の部類に属する取引をすること。

三 他の組合〔会社〕又は商人〔（会社を除く。第24条において同じ。）〕の使用人となること。

四 他の組合〔会社〕の理事〔取締役、執行役又は業務を執行する社員〕となること。

2 参事〔支配人〕が前項の規定に違反して同項第二号に掲げる行為をしたときは、当該行為によって参事〔支配人〕又は第三者が得た利益の額は、組合〔会社〕に生じた損害の額と推定する。

（表見参事〔表見支配人〕）

第13条 組合〔会社〕の主たる事務所〔本店〕又は従たる事務所〔支店〕の事業の主任者であることを示す名称を付した使用人は、当該主たる事務所〔本店〕又は従たる事務所〔支店〕の事業に関し、一切の裁判外の行為をする権限を有するものとみなす。ただし、相手方が悪意であったときは、この限りでない。

参事については、会社法上の支配人の規定を準用しており、組合に代わってその事業に関する一切の裁判上裁判外の行為をする権限を有するものとされているが（会社法11条1項）、組合の許可なしには業務を行うこと等はできない（会社法12条）。

なお、参事の選任は、登記事項である（法88条）。

参事は、その法律上の地位は、代表理事の補佐役として各事務所の所掌事項別に又は組合の行う事業別に、組合の業務の執行に参画するものである。会計主任の権限は特に法定されていないが、会計事務を担当すべきものであって、定款によって、その職務を規定すべきである。

参事及び会計主任の選任は、理事会の議決によって行うが、その解任についても解釈上当然に理事会で行うべきである。

1 参事の代理権等

参事の代理権及び義務等については、商法の支配人に関する規定が準用されている。

第2章　中小企業等協同組合

(1) **参事の代理権（２項、会社法11条１項）**

　　支配人制度は一種の包括代理制であり、参事は、組合事業について裁判上又は裁判外の一切の代理権を持つ。ただし、その代理権は、組合事業に関するものであり、事業の存続を前提とするから、事業の全部の譲渡とかその廃止等の行為については権限を有しない。参事の具体的行為が組合事業に関するものであるか否かは、行為の外形によって客観的に判定する。参事が行った行為が組合事業に関するものでなくとも、社会通念上組合の事業の範囲に属するものと認められるときは、組合は、善意の第三者に対抗することはできない。ただし、内部的に、組合が参事に対し損害賠償を請求することは妨げない。

(2) **参事代理権の制限（２項、会社法11条３項）**

　　組合が参事の代理権に制限を加えた場合にも、組合は、これをもって善意の第三者に対抗することはできない。これは取引の安全の保護の目的である。

(3) **参事の競業禁止（２項、会社法12条）**

　　参事は、広範な代理権を有しており、幹部職員として重要な地位を占めるから、法は参事の競業禁止義務を定めている。

(4) **表見参事（２項、会社法13条）**

　　取引の安全保護を目的とする規定であって、表見代表理事に関する規定（法36条の８、会社法354条）と同様の趣旨である。

2　会計主任

　会計主任については、参事と異なり、支配人に関する会社法の規定が準用されないから、代理権は有しない。執行部の幹部職員として会計事務を担当するものである。

　第45条　組合員は、総組合員の10分の１（これを下回る割合を定款で定めた場合にあつては、その割合）以上の同意を得て、組合に対し、参事又は会計主任の解任を請求することができる。

　2　前項の規定による請求は、解任の理由を記載した書面を組合に提出してしなければならない。

　3　第１項の規定による解任の請求をする者は、前項の書面の提出に代えて、政令で定めるところにより、組合の承諾を得て、同項の書面に記載すべき

事項を電磁的方法により提供することができる。

4　第1項の規定による請求があつたときは、理事会は、その参事又は会計主任の解任の可否を決しなければならない。

5　第2項の書面の提出があつた場合には、理事は、前項の可否の決定の日の7日前までに、その参事又は会計主任に対し、第2項の書面を送付し、かつ、弁明する機会を与えなければならない。

6　第3項の電磁的方法による提供があつた場合には、理事は、第4項の可否の決定の日の7日前までに、その参事又は会計主任に対し、第3項の規定により提供された事項を記載した書面を送付し、かつ、弁明する機会を与えなければならない。

7　前項に規定する場合には、組合は、同項の書面の送付に代えて、政令で定めるところにより、その請求に係る参事又は会計主任の承諾を得て、第3項の規定により提供された事項を電磁的方法により提供することができる。

> 3・4項…一部改正〔昭和26年4月法律138号〕、1・2項…一部改正・3・6・7項…追加・旧4項…一部改正し5項に繰下・旧3項…4項に繰下〔平成17年7月法律87号〕
> **委任**　3・7項の「政令」＝〈本法施行令〉25条
> **罰則**　5・6項関係＝〈本法〉115条1項九号

　組合は、理事会の決議により、参事及び会計主任を選任し、その主たる事務所又は従たる事務所において、その業務を行わせることができる（法44条）。参事及び会計主任は、組合の使用人であって、組合と雇用関係に立つものである。しかし、組合の使用人ではあるが、一般の使用人と異なり、特に重要な地位を占めるので、その選任については理事会の決議を必要とし、また、解任についても同様としている。すなわち、参事、会計主任の改選請求については、組合員は、総組合員の10分の1（定款でこれを下回る割合を定めた場合にはその割合）以上の同意を得て請求することができるが、弁明の機会など、役員の改選請求と同様の手続が必要となる。

　本条の内容は、役員の改選請求に関する法42条の規定とほぼ同様であるが、改選請求の原因につき特別の制限がないこと及び理事会が解任の可否を決する点が異なっている。なお、理事会が自主的に解任を決議し、また、参事又は会計主任がみずから辞任することは何ら差し支えない。

第2章　中小企業等協同組合

（総会の招集）

第46条　通常総会は、定款の定めるところにより、毎事業年度１回招集しなければならない。

　　　　本条…全部改正〔昭和26年４月法律138号〕

　　　　罰則　〈本法〉115条１項二十一号

---

(1)　**総会の種類及び名称（法46条、法47条１項）**

　　総会の種類は、通常総会及び臨時総会の２種類である。創立総会は、設立中の組合の最高意思決定機関として、設立にかかわる一切の事項を議決する権限を有するものであって、設立後の組合の総会とは性格を異にする機関である。

(2)　**通常総会の招集（法46条）**

　　総会は、組合員全員をもって構成し、組合の最高意思を決定すべき必要機関であるから、定款の定めをもってしてもこれを廃止することはできない。しかしながら、常置機関ではないので、適法に招集され、定足数を満たしたときのみ存在する。

　　また、総会は、内部機関であるから、その議決は、組合員及び役員の行為を拘束するにとどまり、対外的な効力は持たない。したがって、理事又は組合員が議決に違反した行為をし、あるいは、代表理事が総会の議決を待たずに行為をしても、内部関係における議決違反ないし責任追及の問題が生じるだけで、第三者に対抗することはできない。

　　代表理事は、通常総会については、これを毎事業年度、定款で定める期間内に必ず１回招集しなければならない。具体的な日時、場所、議案等は理事会において決定するが、その議案には、決算関係書類の承認を含んでいることを要する。

　　（通常総会招集の手続）

①　議案の作成

　・組合は、「決算関係書類（財産目録、貸借対照表、損益計算書、剰余金処分案又は損失処理案)」及び「事業報告書」を作成しなければならない（法40条２項）。

②　監事への「決算関係書類」「事業報告書」の提出

　・組合は、「決算関係書類」「事業報告書」について、監事の監査を受けな

第46条（総会の招集）

ければならない（法40条5項）。

・監事は、受領した「決算関係書類」「事業報告書」について、監査方法・内容等を記した監査報告を作成し（法36条の3第2項）【※1】、理事に対し、「決算関係書類」「事業報告書」の全部を受領した日から4週間経過した日、もしくは理事との合意により定めた日のいずれか遅い日【※2】までに監査報告の内容を通知しなければならない（施行規則117条1項）。

　【※1】：監事の監査権限を会計に関するものに限定した組合の監事は、「事業報告書」の監査権限がないことを明らかにした監査報告を作成する（施行規則116条2項）。

　【※2】：監査期限は、監事と理事の合意があっても4週間を下回る期限をあらかじめ定めることは不可（ただし、監事が4週間以内に通知することは可能）。

③　理事会招集通知の発出【※3】

・理事長は、理事会の会日の1週間【※4】前までに、各理事【※5】に対し、理事会招集通知を発しなければならない（法36条の6第6項において準用する会社法368条1項）。

　【※3】：理事（監事に業務監査権限を付与している組合は、理事及び監事）全員の同意があれば招集手続の省略可（法36条の6第6項において準用する会社法368条2項）。

　【※4】：短縮可（「1週間」を下回る期間を定款で定めた場合はその期間（法36条の6第6項において準用する会社法368条1項）。

　【※5】：監事に業務監査権限を付与している組合は、各監事に対しても理事会招集通知を発しなければならない（法36条の6第6項において準用する会社法368条1項）。

④　理事会の開催

・理事会において、通常総会の開催及び議案の議決をするとともに（法49条2項）、監事の監査を受けた「決算関係書類」「事業報告書」の承認を行う（法40条6項）。

⑤　「決算関係書類」「事業報告書」の備置き及び閲覧

・組合は、通常総会の会日の2週間前までに、「決算関係書類」「事業報告書」を主たる事務所に、それらの写しを従たる事務所に備え置き、組合員の閲覧に供する（法40条10項〜12項）。

⑥　総会招集通知の発出【※6】

・「決算関係書類」「事業報告書」及び「監査報告」の提供

・理事長は、通常総会の会日の10日【※7】前までに組合員に到達するよう、

243

第2章　中小企業等協同組合

総会招集通知を発する（法49条1項）。

・総会招集通知には、議案のほか、会議の日時、場所等会議の目的たる事項を示すとともに、理事会の承認を受けた「決算関係書類」「事業報告書」及び「監査報告等」を添付し、組合員に提供しなければならない（法40条7項）。

【※6】：組合員全員の同意があれば招集手続の省略可（法49条3項）（この場合、招集通知発出の際に必要な添付書類も不要）。

【※7】：短縮可（「10日」を下回る期間を定款で定めた場合はその期間（法49条1項））。

⑦　通常総会の開催

各組合の定款において事業年度終了の日から2か月以内に通常総会の招集を行うこととされている場合、決算関係書類等の作成に十分な時間を割くためには、通常総会の招集時期について、定款を変更すれば、事業年度終了の日から3か月以内の通常総会の開催も可能であり、税務申告については、申告期限の1か月延長の特例を受け、3か月以内に申告することも可能である。

法人税法では、法人は、各事業年度終了の日の翌日から2月以内に、税務署長に対し、確定申告書を提出しなければならないこととされているが、法人が確定申告書を2月以内に提出することができない常況にあると認められる場合には、所轄税務署長は、その法人の申請に基づき、確定申告書の提出期限を原則として1月間延長することができる（法人税法75条の2）。

確定申告書の提出期限が延長されると、納付期限も延長されるが、本来の提出期限から、その延長された期限までの間の法人税の未納期間については、利子税が課されることとなる。申告実務においては、本来の提出期限内に法人税の本税相当額を納付することにより、実質的に利子税の負担を回避することが可能となる。

地方税である法人事業税についても、都道府県に対する同様の手続が必要である（地方税法72条の25第3項ほか）。

消費税については、納付期限の延長の措置は認められていない（消費税法45条）。

第46条（総会の招集）

【「法人税法」参照条文】

（確定申告）

第74条 内国法人は、各事業年度終了の日の翌日から２月以内に、税務署長に対し、確定した決算に基づき次に掲げる事項を記載した申告書を提出しなければならない。

（確定申告書の提出期限の延長の特例）

第75条の２ 第74条第１項（確定申告）の規定による申告書を提出すべき内国法人が、会計監査人の監査を受けなければならないことその他これに類する理由により決算が確定しないため、当該事業年度以後の各事業年度の当該申告書をそれぞれ同項に規定する提出期限までに提出することができない常況にあると認められる場合には、納税地の所轄税務署長は、その内国法人の申請に基づき、当該各事業年度（残余財産の確定の日の属する事業年度を除く。）の申告書の提出期限を１月間（特別の事情により各事業年度終了の日の翌日から３月以内に当該各事業年度の決算についての定時総会が招集されないことその他やむを得ない事情があると認められる場合には、税務署長が指定する月数の期間）延長することができる。

2 前項の申請は、同項に規定する申告書に係る事業年度終了の日までに、当該申告書の提出期限までに決算が確定しない理由、同項の指定を受けようとする場合にはその指定を受けようとする月数その他財務省令で定める事項を記載した申請書をもつてしなければならない。

6 前条第３項から第５項までの規定は、第２項の申請書の提出があつた場合について、同条第７項の規定は、第１項の規定の適用を受ける内国法人の同項に規定する申告書に係る事業年度の所得に対する法人税について、それぞれ準用する。この場合において、同条第５項中「２月」とあるのは「15日」と、「その申請に係る指定を受けようとする期日を第１項の期日として」とあるのは「１月間（第75条の２第１項の指定を受けようとする旨の申請があつた場合には、その申請に係る指定を受けようとする月数の期間）」と、同条第７項中「同項に規定する申告書に係る事業年度」とあるのは「その適用に係る各事業年度」と、「当該事業年度」とあるのは「当該各事業年度」と、「同項の規定により指定された期日」とあるのは「第75条の２第１項の規定により延長された提出期限」と読み替えるものとする。

第2章　中小企業等協同組合

〈法人税法第75条の2第6項において読み替えて準用される第75条第5項及び第7項〉

（確定申告書の提出期間の延長）

第75条

5　第2項の申請書の提出があつた場合において、第1項に規定する申告書に係る事業年度終了の日の翌日から15日〔2月〕以内に同項の提出期限の延長又は第3項の却下の処分がなかつたときは、1月間（第75条の2第1項の指定を受けようとする旨の申請があつた場合には、その申請に係る指定を受けようとする月数の期間）〔その申請に係る指定を受けようとする期日を第1項の期日として〕同項の提出期限の延長がされたものとみなす。

7　第1項の規定の適用を受ける内国法人は、その適用に係る各事業年度〔同項に規定する申告書に係る事業年度〕の所得に対する法人税の額に、当該各事業年度〔当該事業年度〕終了の日の翌日以後2月を経過した日から第75条の2第1項の規定により延長された提出期限〔同項の規定により指定された期日〕までの期間の日数に応じ、年7.3パーセントの割合を乗じて計算した金額に相当する利子税をその計算の基礎となる法人税にあわせて納付しなければならない。

【「法人税基本通達」参照条文】

（申告書の提出期限の延長の特例の適用がある法人）

17-1-4　法第75条の2第1項《確定申告書の提出期限の延長の特例》に規定する「その他これに類する理由」により決算が当該事業年度終了の日から2月以内に確定しない法人とは、次のような法人をいう。

⑴　会計監査人の監査を必要としないが、定款において事業年度終了の日から3月以内に株主総会を開催する旨を定めている法人

⑵　保険業法第11条《基準日》の規定により、事業年度終了後4月以内に株主総会を開催することが認められている保険株式会社

⑶　外国法人で、その本社の決算確定手続が事業年度終了後2月以内に完了しないもの

⑷　外国株主との関係で、決算確定までに日数を要する合弁会社

⑸　会社以外の法人で、当該法人の支部又は加入者である単位協同組合等の数が多いこと、監督官庁の決算承認を要すること等のため、決算確定までに日数を要する全国組織の共済組合、協同組合連合会等

246

第46条（総会の招集）

【「地方税法」参照条文】

（中間申告を要しない法人の事業税の申告納付）

第72条の25　事業を行う法人（清算中の法人を除く。以下この条、次条及び第72
　　条の28において同じ。）は、次条の規定に該当する場合を除くほか、各事業年度
　　に係る所得割（第72条の2第1項第一号イに掲げる法人にあつては、付加価値割、
　　資本割及び所得割とする。以下この節において「所得割等」という。）又は収入
　　割を各事業年度終了の日から2月以内（外国法人が第72条の9第1項に規定する
　　納税管理人を定めないでこの法律の施行地に事務所又は事業所を有しないこと
　　なる場合（同条第2項の認定を受けた場合を除く。）においては、当該事業年度
　　終了の日から2月を経過した日の前日と当該事務所又は事業所を有しないことと
　　なる日とのいずれか早い日まで。第72条の28第1項において同じ。）に、確定し
　　た決算に基づき、事務所又は事業所所在の道府県に申告納付しなければならない。

3　　第1項の場合において、同項の法人が、会計監査人の監査を受けなければなら
　　ないことその他これに類する理由により決算が確定しないため、当該事業年度以
　　後の各事業年度に係る所得割等又は収入割をそれぞれ同項の期間内に申告納付す
　　ることができない常況にあると認められるときは、当該法人は、事務所又は事業
　　所所在地の道府県知事（2以上の道府県において事務所又は事業所を設けて事業
　　を行う法人にあつては、主たる事務所又は事業所所在地の道府県知事）の承認を
　　受け、当該事業年度以後の各事業年度に係る所得割等又は収入割を当該各事業年
　　度（第5項の規定の適用に係る事業年度を除く。）終了の日から3月以内（特別
　　の事情により各事業年度終了の日から3月以内に当該各事業年度の決算について
　　の定時総会が招集されないことその他やむを得ない事情があると認められる場合
　　には、当該道府県知事が指定する月数の期間内）に申告納付することができる。

【「消費税法」参照条文】

（課税資産の譲渡等及び特定課税仕入れについての確定申告）

第45条　事業者（第9条第1項本文の規定により消費税を納める義務が免除され
　　る事業者を除く。）は、課税期間ごとに、当該課税期間の末日の翌日から2月以
　　内に、次に掲げる事項を記載した申告書を税務署長に提出しなければならない。
　　ただし、国内における課税資産の譲渡等（第7条第1項、第8条第1項その他の
　　法律又は条約の規定により消費税が免除されるものを除く。）及び特定課税仕入

247

第2章　中小企業等協同組合

> れがなく、かつ、第四号に掲げる消費税額がない課税期間については、この限りでない。

　総会の招集手続については、電磁的方法によって行うことが可能である。

　総会招集通知は、郵送による送付に代えて、組合から、希望する組合員が申し出た電子メールアドレスに宛てて発して行うことができ、この場合、当該電子メールは、通常到達すべきであった時に到達したものとみなされる。

　総会招集通知を電磁的方法によって行う場合には、定款にその旨を定めるとともに、組合員の個別の同意を要する。

　組合員から、書面又は電子メールによって、電子メールによる総会招集通知を受けない旨の申出があった場合には、当該組合員に対する総会招集通知の書面を発してしなければならない。

　当該組合員の同意は、2回連続して電磁的方法による招集通知が組合員に着信しない場合には撤回されたものとみなされる。これは、総会招集通知を文書で受け取ることを望む組合員の意思は尊重されなければならず、同通知を電子メールで受け取ることについては、各組合員の同意を前提としていることから、2回連続して着信しない場合には、当該組合員は電子メールで通知を受け取ることの同意を撤回したものとして取り扱うことが適当であるとの考え方に基づいている。ただし、組合の不注意により、着信不能を同意の撤回と扱わなかったことをもって、直ちに総会その他の行為が無効とされるものではない。

　組合からの書面をもってする総会招集通知は、「組合員名簿に記載し、又は記録したその者の住所」に宛てればよく、この場合の通知は、通常到達すべきであった時に到達したものとみなされる（法50条1項、2項）。

　総会招集通知をウェブサイトに掲載しただけでは「各別の通知」をしたことにはならないため、その旨の通知を別途電子メールにより組合員に発する必要がある。

　通常総会の招集通知には、「決算関係書類」（財産目録、貸借対照表、損益計算書、剰余金処分案又は損失処理案）、「事業報告書」、「監査報告書等」の資料全てを添付することが必要である。

　これらの書類については、書類の全てを電磁的方法によって送信することができる。

第47条

　また、電子メールでは、決算関係書類を添付し、総会の目的たる事項、日時、場所のみを通知し、事業報告書については組合のウェブサイトに掲載し、組合員においてウェブサイトにアクセスし、必要な資料はPDFファイル（PDF（Portable Document Format））等でダウンロードすることとすることを認めるが、この場合には、閲覧ソフトが無料でダウンロードできることを組合員宛ての通知に記載する必要がある。

　さらに、電磁的記録媒体（磁気ディスク、光ディスク）等の交付によることも差し支えない。

第47条　臨時総会は、必要があるときは、定款の定めるところにより、いつでも招集することができる。

2　組合員が総組合員の5分の1（これを下回る割合を定款で定めた場合にあつては、その割合）以上の同意を得て、会議の目的である事項及び招集の理由を記載した書面を理事会に提出して総会の招集を請求したときは、理事会は、その請求のあつた日から20日以内に臨時総会を招集すべきことを決しなければならない。

3　前項の場合において、電磁的方法により議決権を行うことが定款で定められているときは、当該書面の提出に代えて、当該書面に記載すべき事項及び理由を当該電磁的方法により提供することができる。この場合において、当該組合員は、当該書面を提出したものとみなす。

4　前項前段の電磁的方法（主務省令で定める方法を除く。）により行われた当該書面に記載すべき事項及び理由の提供は、理事会の使用に係る電子計算機に備えられたファイルへの記録がされた時に当該理事会に到達したものとみなす。

　　1項…全部改正・2項…一部改正〔昭和26年4月法律138号〕、3・4項…追加〔平成12年11月法律126号〕、1・2項…一部改正〔平成17年7月法律87号〕

　　委任　4項の「主務省令」＝〈本法施行規則〉134条

---

(1)　毎事業年度1回定期に招集される通常総会以外の総会は全て臨時総会である。臨時総会は、回数に制限がなく、いつでも必要に応じて招集することができるが、招集の決定は理事会の決議によることを要し、招集手続は定款の定めに従って代表理事が行う（1項）。

249

第2章　中小企業等協同組合

(2)　少数組合員に対しては、その利益保護の見地から、臨時総会の招集請求権が
　　与えられている。すなわち、組合員は、総組合員の5分の1（これを下回る割
　　合を定款で定めたときはその割合）以上の同意を得て、会議の目的である事項
　　及び招集の理由を記載した書面を提出することにより、臨時総会を招集すべき
　　ことを理事会に請求することができる。理事会に提出することとされているの
　　は、総会招集の決定権が理事会にあるからであるが、実際には、理事会宛ての
　　請求書を代表理事に提出することになる（2項）。

(3)　組合員が電磁的方法により臨時総会の招集を請求しようとするときは、臨時
　　総会招集請求書に総組合員の5分の1（これを下回る割合を定款で定めたとき
　　はその割合）以上の組合員の電子署名が付された同意ファイルを添付し、組合
　　電子メールアドレスに宛てて電子メールを発する方法等によって行うことがで
　　きる。

　　　この場合、その請求書に添付される「同意ファイル」については、他人によ
　　るなりすましや改ざんを防止し、本人が同意したことの真正性を担保する必要
　　があるため、通常のID又はパスワードの入力に代えて、「電子署名が付された
　　同意ファイル」であることが要求される。

(4)　臨時総会招集請求の同意を求めるメッセージをウェブサイトに掲載してこれ
　　に同意する組合員を募り、これに同意する組合員が当該メッセージに書込みを
　　し、これを取りまとめて組合に送付する方式は、本請求の性質上なじまないた
　　め適当でないことから認められていない。

　　　臨時総会招集請求書の到達時点については、磁気ディスクやCD-ROM等で
　　提供する場合には、通常の書面での提出と何ら変わるところはないことからこ
　　れと同様の扱いとし、電子メール、EDI（データをまとめてファイルとして一
　　括送信する方法）、ウェブサイトのホームページを利用する方法等で提供する
　　場合には、理事会の使用に係る電子計算機に備えられたファイルへの記録がな
　　されたとき、すなわち、組合のパソコンが電子メールを受信したときに、また、
　　電磁的記録をファイルに記録する機能を有するファクシミリに送信する方法で
　　提供する場合には、組合のファクシミリが受信したときに、それぞれ理事会に
　　到達したものとみなされる（4項、施行規則134条）。

　　　この請求が適法になされたときは、代表理事は理事会を開き、理事会はその
　　請求に係る臨時総会の招集を決定しなければならないが、その総会の会日は、
　　請求のあった日の翌日から起算して20日以内の一定の日でなければならない。

これは、理事会を開催して総会招集を決定すべき期間が、請求のあった日から20日以内ということを意味するものではない。

なお、理事会は、この請求に応じないこととすることもできるものと解されている。これは、少数組合員による臨時総会招集請求に正当な理由がないと理事会が判断し、この招集請求に応じないという決定をすることも否定されていないと考えるべきであるし、また、救済規定が法48条に設けられてもいるからである。しかしながら、代表理事が招集手続をしない場合において、組合員に正当な理由があり、行政庁の承認を得て総会を招集したときは、その内容によっては、理事が責任を追及されることになる。

> **第48条**　前条第２項の規定による請求をした組合員は、同項の請求をした日から10日以内に理事が総会招集の手続をしないときは、行政庁の承認を得て総会を招集することができる。理事の職務を行う者がない場合において、組合員が総組合員の５分の１（これを下回る割合を定款で定めた場合にあつては、その割合）以上の同意を得たときも同様である。
>
> 本条…全部改正〔昭和26年４月法律138号〕、一部改正〔平成17年７月法律87号〕

法47条の規定により、組合員が臨時総会の招集を請求したにもかかわらず、代表理事が請求の日から10日以内に招集手続をとらない場合には、その組合員は、行政庁の許可を得て自ら臨時総会を招集することができる。

臨時総会は、その招集請求があった日から20日以内に開催されることとなるが、各組合員に対する招集通知は臨時総会の会日から10日前までに到達することを要し、招集請求の日から10日以内に招集通知が到達しなければ代表理事が招集手続をしなかったこととなり、また、この期間が経過した後に到達した招集通知は郵送事故による遅延等の場合を除いては違法の招集手続となる。

本条において「10日以内」とされているのは、臨時総会招集請求をした日から10日以内に招集手続がなされたか否かを判断することとなるためである。

理事の職務を行う者がいない場合にも、組合員は総組合員の５分の１（これを下回る割合を定款で定めたときはその割合）以上の同意を得、かつ、行政庁の承認を得て自ら総会を招集することができる。ただし、役員には任期満了又は辞任による退任の場合には、残任義務が課されているので（法36条の２）、理事の職務を行う者がいない場合はほとんどあり得ず、強いて例を求められれば、理事全員を解任したにもかかわらず後任理事の選出を行わなかった場合や理事全員が死

251

第2章　中小企業等協同組合

亡した場合等に限られよう。

　行政庁の承認は、招集権の取得要件である。行政庁の承認行為については、何らの規定がないから、行政庁の承認には、裁量権があるものと考える。行政庁は、その承認の申請につき形式的及び内容的に不法不当であるか否かの事実を審査して承認することとなるが、恣意的に承認を却下し、あるいは正当な理由がなく遅延するようなことがあってはならない。

（総会招集の手続）

第49条　総会の招集は、会日の10日（これを下回る期間を定款で定めた場合にあつては、その期間）前までに、会議の目的である事項を示し、定款で定めた方法に従つてしなければならない。

2　総会の招集は、この法律に別段の定めがある場合を除き、理事会が決定する。

3　第1項の規定にかかわらず、総会は、組合員の全員の同意があるときは、招集の手続を経ることなく開催することができる。

1項…一部改正・2・3項…追加〔平成17年7月法律87号〕

　総会が有効に成立するためには、その前提条件として、手続を総会の会日の10日前（これを下回る期間を定款で定めたときはその期間）までに、会議の目的たる事項を示し、定款に定めた方法に従ってしなければならない。

　組合員が10日前までに議案を知り得る状態になければならないから、組合が郵便などによる書面通知の方法をとる場合には、10日前までに到達するよう発信しなければならない。

　なお、組合員に示すべき事項で、本法が規定しているものは、会議の目的（議案）のみであるが、総会が一定日に一定場所において適法に招集されたときにのみ存在する機関であることにかんがみ、当然に日時及び場所を示すべきであり、これは定款に記載すべき事項である。

　さらに、書面議決及び代理人による議決が組合員の絶対権として定められている関係上、議案については、できるだけ詳細に内容を説明して示すのが適当である。

　総会の招集は、本法で特別に招集に関して規定してある場合以外は、常に理事会において決定されなければならない。本法における特別の規定は、組合員が行

第50条（通知又は催告）

政庁の承認を得てみずから招集する場合（法48条）のみである。本条における総会は、組合が成立した後の総会、すなわち、通常総会及び臨時総会を意味するから、創立総会とは関係がない。

理事会の決定を経ずに代表理事が独断で招集した総会は、一応有効に成立するが、その総会の決議は、取消しの訴え（法54条、会社法831条）の対象となる。たとえ行政庁が総会を招集すべきことを組合に命令（法106条1項）した場合でも、代表理事は、理事会の決定によって招集手続をしなければならない。

なお、総会は、組合員全員の同意を条件として、招集の手続をとらずに開催することができる。

> **（通知又は催告）**
> **第50条** 組合の組合員に対してする通知又は催告は、組合員名簿に記載し、又は記録したその者の住所（その者が別に通知又は催告を受ける場所又は連絡先を組合に通知した場合にあつては、その場所又は連絡先）にあてて発すれば足りる。
> **2** 前項の通知又は催告は、通常到達すべきであつた時に到達したものとみなす。
> 　　1項…一部改正〔平成17年7月法律87号〕

組合が組合員に対して、通知又は催告をする場合の宛先は、組合員名簿に記載（記録）されている住所、組合員が特別の場所又は連絡先を指定した場合にはその場所又は連絡先に宛てて発することを要し、それで足りる。

この通知又は催告は、何らかの事故によって不着又は延着しても、正常な場合には当然到達したであろうと認められるときに到達したものとみなされるから、組合は、通知又は催告の義務を果たしたことになる。

なお、通知とは、ある一定の事実、処分又は意思を相手方に知らせることをいい、催告とは、相手方に対して一定の行為をなすべきことを請求することをいう。

いずれも、原則として必ずしも文書によることを要しないが、その効果が相手方に対する対抗要件となる場合、一定の法律効果を生じる場合等重要な要件となるので、文書によることが適当であろう。

第２章　中小企業等協同組合

（総会の議決事項）

第51条　次の事項は、総会の議決を経なければならない。

一　定款の変更

二　規約及び共済規程又は火災共済規程の設定、変更又は廃止

三　毎事業年度の収支予算及び事業計画の設定又は変更

四　組合の子会社の株式又は持分の全部又は一部の譲渡（次のいずれにも該当する場合における譲渡に限る。）

　イ　当該譲渡により譲り渡す株式又は持分の帳簿価額が当該組合の総資産額として主務省令で定める方法により算定される額の５分の１（これを下回る割合を定款で定めた場合にあつては、その割合）を超えるとき。

　ロ　当該組合が、当該譲渡の効力を生ずる日において当該子会社の議決権の総数の過半数の議決権を有しないとき。

五　経費の賦課及び徴収の方法

六　その他定款で定める事項

2　定款の変更（信用協同組合及び第９条の９第１項第一号の事業を行う協同組合連合会の定款の変更にあつては、内閣府令で定める事項の変更を除く。）は、行政庁の認可を受けなければ、その効力を生じない。

3　前項の認可（第９条の７の２第４項の規定により前項の認可があつたものとみなされる場合を除く。）については、第27条の２第４項から第６項までの規定を準用する。

4　第１項第二号に掲げる事項の変更のうち、軽微な事項その他の主務省令で定める事項に係るものについては、同項の規定にかかわらず、定款で、総会の議決を経ることを要しないものとすることができる。この場合においては、総会の議決を経ることを要しない事項の範囲及び当該変更の内容の組合員に対する通知、公告その他の周知の方法を定款で定めなければならない。

　　　2・3項…追加〔昭和26年４月法律138号〕、1・2項…一部改正〔昭和27年４月法律100号〕、2・3項…一部改正〔昭和30年８月法律121号〕、3項…一部改正〔昭和32年11月法律186号〕、1項…一部改正〔平成７年12月法律137号〕、2項…一部改正〔平成13年11月法律117号〕、1項…一部改正・4項…追加〔平成18年６月法律75号〕、3項…一部改正〔平成24年９月法律85号〕、1項…一部改正〔平成26年６月法律91号〕

　　　委任　2項の「内閣府令」＝〈中小企業等協同組合法による信用協同組合及び信用協同組

第51条（総会の議決事項）

> 合連合会の事業に関する内閣府令〉4条、4項の「主務省令」＝〈本法施行規則〉
> 137条

　総会の議決事項には、法律の規定により総会の議決を必要とするもの（法定議決事項）と、定款の規定により総会の議決事項として定められたもの（任意議決事項）とがある。

(1)　法定議決事項（1項一号～五号、4項）

　法定で総会において対応が求められる事項は、1項一号から五号までに掲げられた法定議決事項のほか、組合員の除名（法19条2項）、役員の選挙（法35条3項）又は選任（法35条13項）、組合員による役員の解任請求（法42条1項）、新設合併の場合における設立委員の選任（法64条2項）、決算関係書類の承認（法40条8項）、信用協同組合及び信用協同組合連合会の事業の全部又は一部の譲渡（法57条の3）、組合の解散（法62条1項一号）、組合の合併（法63条）等があり、これらの事項は、他の機関又は第三者の決定に委ねることはできない。

① 　定款の変更（一号）

　定款は、組合の最高の根本規範であるから、定款中に規定している事項の変更は、全て総会の議決事項となる。この議決については、特別議決とすることを要し、かつ、行政庁の認可を受けなければならない。

　定款の変更には、単なる字句の修正を含む。例えば、組合の地区を行政区画によって定めている組合にあっては、行政区画の変更があった場合には、旧行政区画によるか新行政区画によるかを決定しなければならず、地区の範囲を変えないとすれば、定款上の文字の修正が必要となる。この場合も定款変更の議決を必要とし、かつ、行政庁の認可も必要とされるものと解する。

② 　規約、共済規程、火災共済規程の設定、変更又は廃止（二号、4項）

　規約、共済規程、火災共済規程は、定款の補足ないし細則として全組合員を拘束するものであるから、その制定、変更又は廃止は、必ず総会の議決によらなければならない。

　ただし、規約及び共済規程又は火災共済規程の変更のうち、軽微な事項その他の主務省令で定める事項に係るものについては、定款で、総会の議決を経ることを要しないものとすることができるが、この場合には、総会の議決を経ることを要しない事項の範囲及び当該変更の内容の組合員に

255

対する通知、公告その他の周知の方法を定款で定める必要がある（4項）。総会の議決を経ることを要しないものとすることができる事項は、具体的には、①関係法令の改正（条項の移動等当該法令に規定する内容の実質的な変更を伴わないものに限る。）に伴う規定の整理、及び、②責任共済等の事業についての共済規程の変更とされている（施行規則137条）。

③　毎事業年度の収支予算及び事業計画の設定又は変更（三号）

事業計画は、定款で定める組合事業の具体的実施計画である。各事業別に取扱品目、数量、収支予想、施設及び運用計画などをその内容として定める。組合事業の実施は最大の目的であることから、事業計画の設定、変更は、必ず総会で議決しなければならない。この事業計画に資金的な裏付けを与える収支予算の設定、変更も総会の議決を必要とする。なお、収支予算の変更については、細かいことまで全て総会の議決を必要とするわけではなく、一定限度内の変更、例えば、目節内の相互流用や予備費などについては、総会の議決によって理事会の権限に委任することを妨げない。しかし、少なくとも、事業計画に変更を与える程度の予算面の変更は総会の議決を要する。

④　組合の子会社の株式又は持分の全部又は一部の譲渡（四号）

子会社の株式等（株式又は持分）が組合の総資産額のうちで大きな割合を占める場合、組合がその子会社の株式等を譲渡し、子会社の事業に対する支配権を喪失することは、当該組合自身に大きな影響を及ぼすこととなるので、これにつき組合員の意思が反映される必要がある。そこで、組合の子会社の株式等の全部又は一部の譲渡であって、当該譲渡により譲り渡す株式等の帳簿価額が当該組合の総資産額として主務省令で定める方法により算定される額の5分の1（これを下回る割合を定款で定めた場合にあっては、その割合）を超え、かつ、当該組合が、当該譲渡の効力を生ずる日において当該子会社の議決権の総数の過半数の議決権を有しないときは、総会の議決を経なければならないとされる。

⑤　経費の賦課及び徴収の方法（五号）

経費に関する基本的事項は、必ず定款で定めなければならないが、その具体的な賦課徴収方法については、その都度総会で議決しなければならない。経費は、全組合員が負担すべき公課的なものであり、組合員の利害に重大な関係があるからである。

第52条（総会の議事）

(2) 任意議決事項（1項六号）

定款で総会の議決を必要とするものとして定めた事項（六号）で、一般には、借入金残高の最高限度、1組合員に対する貸付金残高の最高限度及び債務保証残高の最高限度その他理事会において必要と認めた事項などがある。

(3) 定款変更の認可（2項、3項）

定款は組合の最高の根本規範であり、その定款の変更については、組合の設立認可と同様の趣旨で行政庁の認可を要することとされている。

行政庁の定款変更の認可は、定款の効力発生要件である。したがって、総会で変更の議決をしただけでは、法律上は旧定款がなお効力を有するから、改正定款による行為を行った場合は定款違反となる。

定款変更の認可基準として、法27条の2第4項から6項の規定（設立認可基準）を準用し（火災共済事業の認可（法9条の7の2第1項）により、当該認可を受けた事業協同組合の定款の変更について法51条2項の認可があったものとみなされる場合（法9条の7の2第4項）を除く。）、行政庁は、定款の変更の内容をこれらの基準に照らして審査し、これに該当しない場合には、認可しなければならないものとしている。

定款変更の認可申請が、これらの基準に照らして不適当であるとして却下された場合は、組合は改めて総会で議決し直さなければならない。

（総会の議事）

第52条 総会の議事は、この法律又は定款若しくは規約に特別の定めがある場合を除いて、出席者の議決権の過半数で決し、可否同数のときは、議長の決するところによる。

2 議長は、総会において選任する。

3 議長は、組合員として総会の議決に加わる権利を有しない。

4 総会においては、第49条第1項の規定によりあらかじめ通知した事項についてのみ議決することができる。ただし、定款に別段の定めがある場合及び同条第3項に規定する場合は、この限りでない。

　　　1・4項…一部改正〔平成17年7月法律87号〕

　　参照　1項の「この法律又は定款若しくは規約に特別の定め」＝〈本法〉53条・64条4項

---

(1) 総会の議事は、一般の合議体における多数決原理に従い、出席者の議決権の

257

第2章　中小企業等協同組合

過半数で決することを原則とする。出席者には、書面又は代理人により議決権を行使する組合員を含み、また、特別利害関係人についても議決権行使が認められている。

なお、出席者の議決権の過半数で決することの原則には、次の三つの例外がある。

① 本法に特別の定めがある場合

② 定款又は規約に特別の定めがある場合

③ 可否同数の場合の議長の決定権　　可否同数の場合は、本来否決と解されるが、法は、特にこの場合に、議長に決定権を付与している。

(2) 総会の議事は、議長によって運営されるが、議長は、総会において選任することになっている。総会において選任するとは、各総会ごとに、その総会の議事の一つとして、その総会の場において選任するという意味である。また、選任とあるから必ずしも選挙手続をとる必要はない（2項）。

(3) 議長は、その職務を公正に遂行しなければならないという趣旨から、組合員として、総会の議決に加わることができないこととされている。この場合、書面又は代理人によって議決権を行使し得ないことはもちろんである。

(4) 総会の議案は、原則として、招集通知に記載された事項に限られ、緊急議案は、定款に別段の定めをした場合に限って認められる。除名や役員のリコールのように事前の手続を必要とする事項は、緊急議案によることは許されない。また、緊急議案を提案し、あるいは、その議決に加わり得る者は、自ら出席した組合員に限られる。

（特別の議決）

第53条　次の事項は、総組合員の半数以上が出席し、その議決権の3分の2以上の多数による議決を必要とする。

一　定款の変更

二　組合の解散又は合併

三　組合員の除名

四　事業の全部の譲渡

五　組合員の出資口数に係る限度の特例

六　第38条の2第5項の規定による責任の免除

　　本条…一部改正〔昭和59年5月法律31号・平成17年7月87号〕

第53条の2（理事及び監事の説明義務）　第53条の3（延期又は続行の決議）

　特に重要な一定の事項については、特別の議決方法によらなければならない場合がある。この特別議決は、総組合員の半数以上が出席して、その3分の2以上の多数による議決が必要である。これによる議決を要する事項は一号から六号までに掲げられた事項である。

　このほか、新設合併の場合における設立委員の選任（法64条4項）についても特別議決とすることが要求されている。

　本条に掲げられている事項については、定款の定めをもってしても、これを緩和するような変更を行うことはできない。

（理事及び監事の説明義務）
第53条の2　理事及び監事は、総会において、組合員から特定の事項について説明を求められた場合には、当該事項について必要な説明をしなければならない。ただし、当該事項が総会の目的である事項に関しないものである場合、その説明をすることにより組合員の共同の利益を著しく害する場合その他正当な理由がある場合として主務省令で定める場合は、この限りでない。

　　　　本条…追加〔平成18年6月法律75号〕
　　　　委任　「主務省令」＝〈本法施行規則〉138条

　理事及び監事は、総会において、組合員から特定の事項について説明を求められた場合には、当該事項について必要な説明をしなければならない。

　ただし、当該事項が総会の目的である事項に関しないものである場合、その説明をすることにより組合員の共同の利益を著しく害する場合その他正当な理由がある場合として主務省令で定める場合には、説明をする義務は負わない。具体的には、施行規則138条を参照のこと。

（延期又は続行の決議）
第53条の3　総会においてその延期又は続行について決議があつた場合には、第49条の規定は、適用しない。

　　　　本条…追加〔平成17年7月法律87号〕、旧53条の2…繰下〔平成18年6月法律75号〕

　総会開始前にその総会の開催自体を先に延ばすことを「延期」、総会において

259

議案の審議を開始した後に議事を中断し残る議案の審議を後日開催する総会において行うことを「続行」という。延期又は続行の決議をした場合には、その総会は同一性を保持しながら継続するから、改めて開催手続を必要とせず、議決された日時に当然に再開することになる。

続行の議決（過半数）がなされた場合、総会を10日以内に開催するのであれば「継続会」となるが、10日を超えて開催する場合には「臨時総会」となり、改めて招集手続をとることが必要となると解されている。

この場合、継続会において議決権を行使し得る組合員は、最初の総会に出席することのできた組合員とされる。このような組合員であれば、最初の総会に欠席した場合であっても継続会において議決権を行使できる。

最初の総会に提出された委任状は、継続会においても効力を有するものと解する。ただし、最初の総会の後に、本人が代理権の授与行為を撤回したときは委任状は無効となり、代理権の授与行為の撤回が立証されないときは代理権があり、委任状は有効であると解されている（通説・判例）。

（総会の議事録）

第53条の４　総会の議事については、主務省令で定めるところにより、議事録を作成しなければならない。

２　組合は、総会の会日から10年間、前項の議事録をその主たる事務所に備え置かなければならない。

３　組合は、総会の会日から５年間、第１項の議事録の写しをその従たる事務所に備え置かなければならない。ただし、当該議事録が電磁的記録をもつて作成されている場合であつて、従たる事務所における次項第二号に掲げる請求に応じることを可能とするための措置として主務省令で定めるものをとつているときは、この限りでない。

４　組合員及び組合の債権者は、組合に対して、その業務取扱時間内は、いつでも、次に掲げる請求をすることができる。この場合においては、組合は、正当な理由がないのにこれを拒んではならない。

一　第１項の議事録が書面をもつて作成されているときは、当該書面又は当該書面の写しの閲覧又は謄写の請求

二　第１項の議事録が電磁的記録をもつて作成されているときは、当該電磁的記録に記録された事項を主務省令で定める方法により表示したもの

第53条の4（総会の議事録）

の閲覧又は謄写の請求

　　本条…追加〔平成17年7月法律87号〕、旧53条の3…繰下〔平成18年6月法律75号〕
　　委任　1項の「主務省令」＝〈本法施行規則〉139条、3項の「主務省令」＝同60条、4
　　　　項二号の「主務省令」＝同54条
　　罰則　1項関係＝〈本法〉115条1項十号、4項関係＝〈本法〉115条1項十七号

(1)　総会の議事録は、施行規則139条の定めるところにより、書面又は電磁的記録をもって作成しなければならず、①総会が開催された日時及び場所（当該場所に存しない役員又は組合員若しくは中央会の会員が総会に出席をした場合における当該出席の方法を含む。）、②総会の議事の経過の要領及びその結果、③総会において述べられた意見又は発言があるときは、その意見又は発言の内容の概要（イ　監事が監事の選任、解任、辞任について述べた意見、ロ　辞任した監事が辞任後最初に招集される総会に出席して述べた辞任した旨及びその理由、ハ　監事が理事の総会に提出しようとする議案、書類その他を調査した結果、法令定款違反又は著しく不当な事項があると認めるときにその調査の結果を総会においてした報告、ニ　監事が監事の報酬等について述べた意見、ホ　監事が理事が総会に提出しようとする会計に関する議案、書類その他の主務省令で定めるものを調査し、その調査の結果を総会においてした報告、ヘ　大規模共済事業実施組合において、決算関係書類及び連結決算関係書類が法令又は定款に適合するかどうかについて会計監査人が監事と意見を異にするときに会計監査人が通常総会に出席して述べた意見、ト　大規模共済事業実施組合において、通常総会において会計監査人の出席を求める決議があったときに、会計監査人が通常総会に出席して述べた意見）、④総会に出席した役員の氏名又は名称、⑤総会の議長の氏名、⑥議事録の作成に係る職務を行った理事の氏名を記載することが求められている。

(2)　主たる事務所への議事録の備置き期間は10年間であり、従たる事務所には5年間その写しを備え置かなければならない。ただし、その議事録が電磁的記録で作成されている場合であって、従たる事務所でこれを表示できるようにしてある場合には、議事録の写しを備え置く必要はない（2項、3項）。

(3)　組合員及び組合の債権者は、組合に対して、業務取扱時間内はいつでも総会議事録の閲覧・謄写を請求できる（4項）。

261

第2章　中小企業等協同組合

（総会の決議の不存在若しくは無効の確認又は取消しの訴え）

第54条　総会の決議の不存在若しくは無効の確認又は取消しの訴えについ
ては、会社法第830条、第831条、第834条（第十六号及び第十七号に係る
部分に限る。）、第835条第1項、第836条第1項及び第3項、第837条、第
838条並びに第846条（株主総会の決議の不存在若しくは無効の確認又は取
消しの訴え）の規定（監査権限限定組合にあつては、監査役に係る部分を
除く。）を準用する。

> 本条…全部改正〔昭和26年4月法律138号〕、一部改正〔昭和27年4月法律100号・49年4
> 月23日・56年6月75号・平成13年11月129号〕、全部改正〔平成17年7月法律87号〕、一部
> 改正〔平成18年6月法律75号〕

【「会社法」準用条文】

（総会〔株主総会等〕の決議の不存在又は無効の確認の訴え）

第830条　総会〔株主総会若しくは種類株主総会又は創立総会若しくは種類創立総会
（以下この節及び第937条第1項第一号トにおいて「株主総会等」という。）〕の決議
については、決議が存在しないことの確認を、訴えをもって請求することができる。

2　総会〔株主総会等〕の決議については、決議の内容が法令に違反することを理
由として、決議が無効であることの確認を、訴えをもって請求することができる。

（総会〔株主総会等〕の決議の取消しの訴え）

第831条　次の各号に掲げる場合には、組合員、理事、監査権限限定組合以外の組
合の監事又は清算人〔株主等（当該各号の株主総会等が創立総会又は種類創立総
会である場合にあっては、株主等、設立時株主、設立時取締役又は設立時監査
役）〕は、総会〔株主総会等〕の決議の日から3箇月以内に、訴えをもって当該
決議の取消しを請求することができる。当該決議の取消しにより理事、監査権限
限定組合以外の組合の監事又は清算人（中小企業等協同組合法第36条の2（同法
第69条において準用する場合を含む。）の規定により理事、監査権限限定組合以
外の組合の監事又は清算人としての権利義務を有する者を含む。）〔株主（当該決
議が創立総会の決議である場合にあっては、設立時株主）又は取締役（監査等委
員会設置会社にあっては、監査等委員である取締役又はそれ以外の取締役。以下
この項において同じ。）、監査役若しくは清算人（当該決議が株主総会又は種類株
主総会の決議である場合にあっては第346条第1項（第479条第4項において準用
する場合を含む。）の規定により取締役、監査役又は清算人としての権利義務を

262

第54条（総会の決議の不存在若しくは無効の確認又は取消しの訴え）

有する者を含み、当該決議が創立総会又は種類創立総会の決議である場合にあっては設立時取締役（設立しようとする株式会社が監査等委員会設置会社である場合にあっては、設立時監査等委員である設立時取締役又はそれ以外の設立時取締役）又は設立時監査役を含む。）〕となる者も、同様とする。

一　総会〔株主総会等〕の招集の手続又は決議の方法が法令若しくは定款に違反し、又は著しく不公正なとき。

二　総会〔株主総会等〕の決議の内容が定款に違反するとき。

三　総会〔株主総会等〕の決議について特別の利害関係を有する者が議決権を行使したことによって、著しく不当な決議がされたとき。

2　前項の訴えの提起があった場合において、総会〔株主総会等〕の招集の手続又は決議の方法が法令又は定款に違反するときであっても、裁判所は、その違反する事実が重大でなく、かつ、決議に影響を及ぼさないものであると認めるときは、同項の規定による請求を棄却することができる。

（被告）

第834条　次の各号に掲げる訴え（以下この節において「組合〔会社〕の組織に関する訴え」と総称する。）については、当該各号に定める者を被告とする。

十六　総会〔株主総会等〕の決議が存在しないこと又は総会〔株主総会等〕の決議の内容が法令に違反することを理由として当該決議が無効であることの確認の訴え　当該組合〔株式会社〕

十七　総会〔株主総会等〕の決議の取消しの訴え　当該組合〔株式会社〕

（訴えの管轄及び移送）

第835条　組合〔会社〕の組織に関する訴えは、被告となる組合〔会社〕の主たる事務所〔本店〕の所在地を管轄する地方裁判所の管轄に専属する。

（担保提供命令）

第836条　組合〔会社〕の組織に関する訴えであって、組合員〔株主又は設立時株主〕が提起することができるものについては、裁判所は、被告の申立てにより、当該組合〔会社〕の組織に関する訴えを提起した組合員〔株主又は設立時株主〕に対し、相当の担保を立てるべきことを命ずることができる。ただし、当該組合員〔株主〕が理事、監査権限限定組合以外の組合の監事若しくは清算人〔取締役、監査役、執行役若しくは清算人であるとき、又は当該設立時株主が設立時取締役若しくは設立時監査役〕であるときは、この限りでない。

3　被告は、第1項〔（前項において準用する場合を含む。）〕の申立てをするには、

第2章　中小企業等協同組合

> 　　原告の訴えの提起が悪意によるものであることを疎明しなければならない。
> **（弁論等の必要的併合）**
> **第837条**　同一の請求を目的とする組合〔会社〕の組織に関する訴えに係る訴訟が
> 　　数個同時に係属するときは、その弁論及び裁判は、併合してしなければならない。
> **（認容判決の効力が及ぶ者の範囲）**
> **第838条**　組合〔会社〕の組織に関する訴えに係る請求を認容する確定判決は、第
> 　　三者に対してもその効力を有する。
> **（原告が敗訴した場合の損害賠償責任）**
> **第846条**　組合〔会社〕の組織に関する訴えを提起した原告が敗訴した場合におい
> 　　て、原告に悪意又は重大な過失があったときは、原告は、被告に対し、連帯して
> 　　損害を賠償する責任を負う。

　総会の決議の不存在・無効の確認・取消しの訴えについては、会社法の規定を準用している。

1　総会の決議の不存在・無効の確認の訴え

　総会の決議については、決議が存在しないことの確認及び決議の内容が法令に違反することを理由として、決議が無効であることの確認を、裁判所に訴えをもって請求することができる（会社法830条）。

2　総会の決議の取消しの訴え

　組合員は、総会の決議の日から3か月以内に訴えをもって当該決議の取消しを請求することができる（会社法831条）。

　ただし、決議の取消しを請求することができるのは、次の場合に限られている。①総会の招集の手続又は決議の方法が法令・定款に違反し、又は著しく不公正なとき、②総会の決議の内容が定款に違反するとき、③総会の決議について特別の利害関係を有する者が議決権を行使したことによって著しく不当な決議がされたとき。

> **（総代会）**
> **第55条**　組合員の総数が200人を超える組合（企業組合を除く。）は、定款
> 　　の定めるところにより、総会に代わるべき総代会を設けることができる。

第55条（総代会）

2　総代は、定款の定めるところにより、組合員のうちから、その住所、事業の種類等に応じて公平に選挙されなければならない。

3　総代の定数は、その選挙の時における組合員の総数の10分の1（組合員の総数が1,000人を超える組合にあつては100人）を下つてはならない。

4　総代の選挙については、第35条第8項及び第9項の規定を準用する。

5　総代の任期は、3年以内において定款で定める期間とする。

6　総代会については、総会に関する規定を準用する。この場合において、第11条第2項中「その組合員の親族若しくは使用人又は他の組合員」とあるのは「他の組合員」と、同条第5項中「5人」とあるのは「2人」と読み替えるものとする。

7　総代会においては、前項の規定にかかわらず、総代の選挙（補欠の総代の選挙を除く。）をし、又は第53条第二号若しくは第四号の事項（次条において「合併等」という。）について議決することができない。

　　2・3項…一部改正・5項…追加〔昭和25年3月法律57号〕、3・4項…一部改正・6項…全部改正・7項…追加〔昭和27年4月法律100号〕、1項…一部改正〔昭和30年8月法律121号〕、7項…一部改正〔平成4年6月法律87号〕、1・3・6項…一部改正〔平成12年11月法律126号〕、4項…一部改正〔平成18年6月法律75号〕

1　総代会の設置（1項）

　組合は、組合員の全てをもって構成される総会によって、その最高意思の決定をなすことを原則とするが、組合員数があまりに多く、全組合員を招集することは、場所等から考えて容易でない場合があるので、組合員中から選挙した総代をもって組合の意思を決定する総代会が認められたものである。

　企業組合以外の組合は、定款に規定することによって、総会の代わりに総代会を置くことができる。ただし、総代会は、組合員の総数が200人を超える組合でなければ設けることができない。なお、組合員の総数が200人を超えることが総代会設置の必要要件であり、かつ、その存続要件であることに注意する必要がある。したがって、組合員数200人を超える組合が、定款をもって総代会を設けた後、組合員数が200人以下となった場合には、総代会は当然に機関としての機能を失うことになり、議案審議は定款の規定にかかわらず、総会で行うことになる。

2　総代の選挙等（2項～5項）

　総代は、地域別ないし業種別代表として組合員の中から組合員によって公平に

選挙され、組合の最高の意思決定に参加する重要な地位に立つものである。すなわち、総代の被選挙資格は組合員に限られ、組合員の地位を失ったときは、当然に総代の地位を失い、員外総代はあり得ない。総代の選挙は、必ずしも総会で行う必要はない。選挙の方法は、定款に委任されているが、組合員のうちから、その地域、事業の種類などに応じて公平に選挙されなければならない。総代の選挙は無記名投票により行うことが必要であり、指名推選制や選任制によることはできない。総代の定数は、定款で定めるが、その数は、その選挙のときにおける組合員総数の10分の1以上でなければならない。これは、少数者による独裁を防止する趣旨である。しかし組合員数が1,000人を超える組合に対しても10分の1以上の原則を貫くのでは、この総代会制度を設けた趣旨が十分生かせないので、組合員数が1,000人を超える組合の総代の定数は、最低100人でよい。総代の任期は、3年以内において定款で定める期間である。

3　総会の規定の準用（6項、7項）

　総代会については、総会に関する規定が準用されている。したがって、総代会は、原則として、総会の権限に基づくあらゆる事項について議決し得る。

　ただし、総代の選挙（補欠の総代の選挙を除く。）、組合の解散又は合併、事業の全部の譲渡については総代会においてすることはできない（7項）。

　なお、総代会の権限に属する事項に関する総代会と総会との地位についてであるが、総代会を設置すれば、総代会の権限に属する事項については、総代会が最高機関としての総会の地位に置き換えられたものとみるべきである。したがって、総代会の議決事項については、総会は法的に不在となり、総代会がただ一つの決定機関となる。したがって、総会が総代会の議決を変更することはできない。ただ、総代会は、定款の定めるところにより設けられるものであるから、その定款の定めとして、本来総代会の権限に属すべき事項のうち、特に一定の事項に限って総会の権限に属させることは可能である。

　また、総代会の招集、議事、運営などについては総会に準ずる。したがって、代理議決も認められるが、これについては、議事の責任ある運営を確保するため、代理人及び代理し得る人数について、総会における場合よりも制限を加えられており、代理人は他の組合員のみとされ、しかも2人以上の総代の代理をすることはできない（6項、7項）。

第55条の2（総代会の特例）

（総代会の特例）
第55条の2　共済事業を行う組合又は信用協同組合若しくは第9条の9第
　1項第一号の事業を行う協同組合連合会の総代会においては、前条第7項、
　第57条の2の2第1項、第57条の3第1項及び第2項、第62条第1項並び
　に第63条の規定にかかわらず、合併等について議決することができる。
2　前項に規定する組合は、総代会において合併等の議決をしたときは、そ
　の議決の日から10日以内に、組合員に議決の内容を通知しなければならな
　い。
3　前項の通知をした組合にあつては、当該通知に係る事項を会議の目的と
　して、第47条第2項又は第48条の規定により総会を招集することができる。
　この場合において、第47条第2項の規定による書面の提出又は第48条後段
　の場合における承認の申請は、当該通知に係る事項についての総代会の議
　決の日から30日以内にしなければならない。
4　前項の総会において当該通知に係る事項を承認しなかつた場合には、総
　代会における当該事項の議決は、その効力を失う。
　　本条…追加〔平成4年6月法律87号〕、1項…一部改正〔平成8年6月法律94号〕、見出・
　　1項…一部改正〔平成18年6月法律75号〕

　解散又は合併若しくは事業の全部の譲渡の議決は、総会の議決事項であり、前
条7項の規定により総代会ではこれを議決することができない。
　しかし、共済事業を行う組合、信用協同組合及び信用協同組合連合会において
は、多数の組合員を擁することから、総会で合併等の議決をすることは、機動的
対応が困難であるとの理由から、平成5年4月に施行された金融制度改革法及び
平成18年改正により特例が設けられたものである（1項）。
　本条の総代会の特例により、合併等の手続が従来より容易にできることとなっ
た反面、組合員の権利を擁護する必要が生じるために、組合は、総代会において
議決した日から10日以内に当該議決事項を組合員に通知しなければならないこと
としている（2項）。
　また、この通知を受けた組合員は、総代会の議決の日から30日以内に当該通知
に係る事項を会議の目的とし、組合員の5分の1以上の同意を得て総会を招集す
ることを理事会に請求することができる。この場合、理事会は、20日以内に臨時
総会を招集すべきことを決しなければならず（法47条2項）、理事が10日以内に
これを行わないときは、組合員は行政庁の承認を得て総会を招集することができ

第2章　中小企業等協同組合

る（法48条）。

　なお、当該総会で総代会の議決事項を承認しなかった場合は、総代会における議決は効力を失うこととなる（4項）。

（出資1口の金額の減少）

第56条　組合は、総会において出資1口の金額の減少の議決があつたときは、その議決の日から2週間以内に、財産目録及び貸借対照表を作成し、かつ、これらを主たる事務所に備え置かなければならない。

2　組合員及び組合の債権者は、組合に対して、その業務取扱時間内は、いつでも、次に掲げる請求をすることができる。この場合においては、組合は、正当な理由がないのにこれを拒んではならない。

一　前項の財産目録及び貸借対照表が書面をもつて作成されているときは、当該書面の閲覧の請求

二　前項の財産目録及び貸借対照表が電磁的記録をもつて作成されているときは、当該電磁的記録に記録された事項を主務省令で定める方法により表示したものの閲覧の請求

　　　3項…一部改正〔昭和30年8月法律121号〕、2項…一部改正〔平成4年6月法律87号〕、見出…削り・本条…全部改正〔平成17年7月法律87号〕

　　委任　2項二号の「主務省令」=〈本法施行規則〉54条

　　罰則　1項関係=〈本法〉115条1項七号・二十二号、2項関係=〈本法〉115条1項七号

　出資1口の金額は、定款の絶対的必要記載事項であり、同時に登記事項でもあるから、これを減少するには、総会で定款の変更を議決し、定款の変更につき所管行政庁の認可を受け、さらに変更の登記をしなければならない。

　組合は、出資1口金額の減少の議決をしたときは、その議決の日から2週間以内に財産目録、貸借対照表を作成し、主たる事務所に備え置かなければならない。

　組合員及び組合の債権者は、組合に対し、その業務時間内はいつでもこれらの書類の閲覧を請求することができ、組合は正当な理由がないのにこれを拒んではならない。

　出資1口の金額の減少を行うことができる場合を法は明記していないが、概ね二つの場合がある。すなわち、第一は、組合の事業の縮小等により予定の出資額を必要としなくなったときに、組合員の未払込出資金の払込義務を免除するために、未払込出資金相当額を減少する場合である。第二は、組合の財産に欠損を生

268

第56条の2（債権者の異議）

じたとき、出資額を純財産額と一致させて剰余金の算出を可能にするために、いわゆる払込出資金切捨てを行う場合である。

　財産目録、貸借対照表は、書面又は電磁的記録のいずれかで作成する。

　本条の規定に違反して、書類又は電磁的記録を備え置かず、記載・記録すべき事項を記載・記録せず、あるいは虚偽の記載・記録をし、又は正当な理由がないのに閲覧・謄写を拒んだときには、組合の役員は20万円以下の過料に処せられる（法115条1項七号）。

（債権者の異議）

第56条の2　組合が出資1口の金額の減少をする場合には、組合の債権者は、当該組合に対し、出資1口の金額の減少について異議を述べることができる。

2　前項の場合には、組合は、次に掲げる事項を官報に公告し、かつ、預金者、定期積金の積金者その他政令で定める債権者以外の知れている債権者には、各別にこれを催告しなければならない。ただし、第二号の期間は、1月を下ることができない。

一　出資1口の金額を減少する旨

二　債権者が一定の期間内に異議を述べることができる旨

3　前項の規定にかかわらず、組合が同項の規定による公告を、官報のほか、第33条第4項の規定による定款の定めに従い、同項第二号又は第三号に掲げる公告方法によりするときは、前項の規定による各別の催告は、することを要しない。

4　債権者が第2項第二号の期間内に異議を述べなかつたときは、当該債権者は、当該出資1口の金額の減少について承認をしたものとみなす。

5　債権者が第2項第二号の期間内に異議を述べたときは、組合は、当該債権者に対し、弁済し、若しくは相当の担保を提供し、又は当該債権者に弁済を受けさせることを目的として信託会社等（信託会社及び信託業務を営む金融機関（金融機関の信託業務の兼営等に関する法律（昭和18年法律第43号）第1条第1項の認可を受けた金融機関をいう。）をいう。）に相当の財産を信託しなければならない。ただし、当該出資1口の金額の減少をしても当該債権者を害するおそれがないときは、この限りでない。

　　本条…追加〔平成17年7月法律87号〕

第2章　中小企業等協同組合

> **委任**　2項の「政令」=〈本法施行令〉26条
> **罰則**　2項関係=〈本法〉115条1項二十三号、5項関係=〈本法〉115条1項二十二号

　組合が出資1口の金額の減少をする場合には、組合の債権者は、異議を述べることができる。この場合には、組合は、①出資1口の金額を減少する旨、②債権者が一定の期間内（1か月）に異議を述べることができる旨を官報に公告し、かつ、預金者、定期積金の積金者その他政令で定める債権者以外の知れている債権者には、各別にこれを催告しなければならない。定款所定の公告方法が日刊新聞紙公告又は電子公告である場合において、官報公告のほか、定款の定めに従いこれらの公告方法によりするときは、各別の催告は不要となる。

（出資1口の金額の減少の無効の訴え）

第57条　組合の出資1口の金額の減少の無効の訴えについては、会社法第828条第1項（第五号に係る部分に限る。）及び第2項（第五号に係る部分に限る。）、第834条（第五号に係る部分に限る。）、第835条第1項、第836条から第839条まで並びに第846条の規定（監査権限限定組合にあつては、監査役に係る部分を除く。）を準用する。

　　　本条…一部改正〔昭和49年4月法律23号〕、2項…一部改正〔平成9年6月法律72号・16年12月154号〕、本条…全部改正〔平成17年7月法律87号〕、一部改正〔平成18年6月法律75号〕

【「会社法」準用条文】

（組合〔会社〕の組織に関する行為の無効の訴え）

第828条　次の各号に掲げる行為の無効は、当該各号に定める期間に、訴えをもってのみ主張することができる。

　　五　組合〔株式会社〕における出資1口の金額〔資本金の額〕の減少　出資1口の金額〔資本金の額〕の減少の効力が生じた日から6箇月以内

2　次の各号に掲げる行為の無効の訴えは、当該各号に定める者に限り、提起することができる。

　　五　前項第五号に掲げる行為　当該組合〔株式会社〕の組合員、理事、監査権限限定組合以外の組合の監事清算人〔株主等〕、破産管財人又は出資1口の金額〔資本金の額〕の減少について承認をしなかった債権者

（被告）

第834条　次の各号に掲げる訴え（以下この節において「組合〔会社〕の組織に関

270

第57条（出資１口の金額の減少の無効の訴え）

する訴え」と総称する。）については、当該各号に定める者を被告とする。

　五　組合における出資１口の金額〔株式会社における資本金の額〕の減少の無
　　効の訴え　当該組合〔株式会社〕

（訴えの管轄及び移送）

第835条　組合〔会社〕の組織に関する訴えは、被告となる組合〔会社〕の主たる
　事務所〔本店〕の所在地を管轄する地方裁判所の管轄に専属する。

（担保提供命令）

第836条　組合〔会社〕の組織に関する訴えであって、組合員〔株主又は設立時株主〕
　が提起することができるものについては、裁判所は、被告の申立てにより、当該
　組合〔会社〕の組織に関する訴えを提起した組合員〔株主又は設立時株主〕に対
　し、相当の担保を立てるべきことを命ずることができる。ただし、当該組合員〔株
　主〕が理事、監査権限限定組合以外の組合の監事若しくは清算人〔取締役、監査
　役、執行役若しくは清算人であるとき、又は当該設立時株主が設立時取締役若し
　くは設立時監査役〕であるときは、この限りでない。

2　前項の規定は、組合〔会社〕の組織に関する訴えであって、債権者が提起する
　ことができるものについて準用する。

3　被告は、第１項（前項において準用する場合を含む。）の申立てをするには、
　原告の訴えの提起が悪意によるものであることを疎明しなければならない。

（弁論等の必要的併合）

第837条　同一の請求を目的とする組合〔会社〕の組織に関する訴えに係る訴訟が
　数個同時に係属するときは、その弁論及び裁判は、併合してしなければならない。

（認容判決の効力が及ぶ者の範囲）

第838条　組合〔会社〕の組織に関する訴えに係る請求を認容する確定判決は、第
　三者に対してもその効力を有する。

（無効〔又は取消し〕の判決の効力）

第839条　組合〔会社〕の組織に関する訴え（第834条第五号〔第一号から第十二号
　まで、第十八号及び第十九号〕に掲げる訴えに限る。）に係る請求を認容する判
　決が確定したときは、当該判決において無効とされ〔、又は取り消され〕た行為
　〔（当該行為によって会社が設立された場合にあっては当該設立を含み、当該行為
　に際して株式又は新株予約権が交付された場合にあっては当該株式又は新株予約
　権を含む。）〕は、将来に向かってその効力を失う。

（原告が敗訴した場合の損害賠償責任）

第2章　中小企業等協同組合

> **第846条**　組合〔会社〕の組織に関する訴えを提起した原告が敗訴した場合におい
> て、原告に悪意又は重大な過失があったときは、原告は、被告に対し、連帯して
> 損害を賠償する責任を負う。

　組合の出資1口金額の減少無効の訴えについては、会社法の株式会社における
資本金の額の減少の無効の訴えの規定を準用している。
　したがって、出資1口金額の減少無効の訴えは、その効力が生じた日から6か
月以内に、組合員、破産管財人、出資1口の金額の減少について承認をしなかっ
た債権者に限り訴えを提起することができる。

> **（第9条の9第1項第三号の事業を行う協同組合連合会の火災共済規程の変更）**
> **第57条の2**　第9条の9第1項第三号の事業を行う協同組合連合会は、火
> 災共済規程で定めた事項の変更をするには、行政庁の認可を受けなければ
> ならない。
> 　　　本条…追加〔昭和32年11月法律186号〕、見出…全部改正・本条…一部改正〔平成18年6月
> 　　　法律75号〕、見出・本条…一部改正〔平成24年9月法律85号〕
> 　　**罰則**　〈本法〉114条の6第1項八号

　会員が火災共済事業を行うことによって負う共済責任の再共済の事業（法9条
の9第1項三号）を行う協同組合連合会は、火災共済規程（火災共済事業の実施
方法、共済契約、共済掛金及び責任準備金の額の算出方法に関して主務省令で定
める事項を記載した書面。法9条の7の2第2項）で定めた事項の変更をするに
は、行政庁の認可を受けなければならないものとされる。なお、火災共済等協同
組合及び火災共済等協同組合連合会（法9条の9第3項）の火災共済規程の変更
又は廃止は、行政庁の認可を受けなければその効力を生じないものとされる（法
9条の7の2第5項、9条の9第5項）。

> **（共済事業の譲渡等）**
> **第57条の2の2**　共済事業を行う事業協同組合若しくは事業協同小組合又
> は協同組合連合会が第57条の4の規定により譲渡することができないこと
> とされている事業以外の共済事業（この事業に附帯する事業を含む。以下
> この条において同じ。）の全部又は一部を譲渡するには、総会の議決によ
> らなければならない。

272

第57条の3（信用協同組合等の事業等の譲渡又は譲受け）

2　前項に規定する組合は、総会の議決により契約をもつて責任準備金の算
　　出の基礎が同じである共済契約の全部を包括して、共済事業を行う他の組
　　合に移転することができる。
3　第1項に規定する組合は、前項に規定する共済契約を移転する契約をも
　　つて共済事業に係る財産を移転することを定めることができる。
4　前2項の規定にかかわらず、責任共済等の事業の全部又は一部の譲渡及
　　び当該事業に係る財産の移転は、当該事業を行う他の組合に対して行うこ
　　とができる。
5　第1項に規定する共済事業の全部又は一部の譲渡及び第3項に規定する
　　共済事業に係る財産の移転については、第56条から第57条までの規定を準
　　用する。

> 本条…追加〔平成7年12月法律137号〕、4項…一部改正〔平成17年7月法律87号〕、見出・
> 1−3項…一部改正・4項…追加・旧4項…一部改正し5項に繰下〔平成18年6月法律75
> 号〕、1項…一部改正〔平成24年9月法律85号〕
> **委任**　5項で準用する56条2項二号の「主務省令」＝〈本法施行規則〉54条
> **罰則**　5項関係＝〈本法〉115条1項七号・二十二号・二十三号

　火災等共済組合又は火災等共済組合連合会（法9条の9第3項）は、火災共済
事業を譲渡することができず（法57条の4第1項）、会員が火災共済事業を行う
ことによって負う共済責任の再共済の事業（法9条の9第1項三号）を行う協同
組合連合会は、当該事業を譲渡することができないとされているが（法57条の4
第2項）、これらの場合を除き、共済事業を行う事業協同組合若しくは事業協同
小組合又は協同組合連合会は、総会の議決により共済事業（この事業に附帯する
事業を含む。）の全部又は一部を譲渡し又は共済契約の全部を包括して移転する
ことができる。なお、共済契約の全部の包括移転については、譲渡される組合の
事業継続における利便性を考慮し、同種の共済契約を包括して行うことが適切で
あることから、責任準備金の算出の基礎が同じであるものとしている。
　なお、譲渡等にあたっては、債権者を保護すべく法56条から57条の規定が準用
されている。

（信用協同組合等の事業等の譲渡又は譲受け）
第57条の3　信用協同組合又は第9条の9第1項第一号の事業を行う協同
　　組合連合会（以下この条において「信用協同組合等」という。）は、総会

第2章　中小企業等協同組合

の議決を経て、その事業の全部又は一部を銀行、他の信用協同組合等、信用金庫又は労働金庫（信用金庫又は労働金庫をもつて組織する連合会を含む。次項において同じ。）に譲り渡すことができる。

2　信用協同組合等は、総会の議決を経て、銀行の事業の一部又は他の信用協同組合等、信用金庫若しくは労働金庫の事業の全部若しくは一部を譲り受けることができる。この場合において、その対価が最終の貸借対照表により当該信用協同組合等に現存する純資産額の5分の1を超えない場合は、総会の決議を要しない。

3　信用協同組合等が前項後段の規定により総会の議決を経ないで事業の全部又は一部の譲受けをする場合において、信用協同組合等の総組合員又は総会員の6分の1以上の組合員又は会員が次項の規定による公告又は通知の日から2週間以内に事業の全部又は一部の譲受けに反対する旨を信用協同組合等に対し通知したときは、事業の全部又は一部の譲受けをする日の前日までに、総会の決議によつて、当該事業の全部又は一部の譲受けに係る契約の承認を受けなければならない。

4　信用協同組合等が第2項後段の規定により総会の議決を経ないで事業の全部又は一部の譲受けをする場合には、信用協同組合等は、事業の全部又は一部の譲受けをする日の20日前までに、事業の全部又は一部の譲受けをする旨並びに契約の相手方の名称又は商号及び住所を公告し、又は組合員若しくは会員に通知しなければならない。

5　第1項の事業の譲渡又は第2項の事業の譲受けについては、政令で定めるものを除き、行政庁の認可を受けなければ、その効力を生じない。

6　第1項及び第2項の事業の全部の譲渡又は譲受けについては、第57条の規定を準用する。

7　信用協同組合等は、第2項の事業の全部又は一部の譲受けにより契約（その契約に関する業務が銀行法第2条第2項（定義等）に規定する行為に係るものであるものに限る。以下この項において同じ。）に基づく権利義務を承継した場合において、その契約が、信用協同組合等の事業に関する法令により、当該信用協同組合等の行うことができない業務に属するものであるとき、又は当該信用協同組合等について制限されているものであるときは、その契約で期限の定めのあるものは期限満了まで、期限の定めのないものは承継の日から1年以内の期間に限り、その契約に関する業務を継

第57条の3（信用協同組合等の事業等の譲渡又は譲受け）

> 続することができる。
>
> 　本条…追加〔昭和30年8月法律121号〕、4項…一部改正・旧57条の2…繰下〔昭和32年11月法律186号〕、本条…全部改正〔平成8年6月法律94号〕、2項…一部改正・3・4項…追加・旧3－5項…一部改正し2項ずつ繰下〔平成17年7月法律87号〕、7項…一部改正〔平成20年6月法律65号〕
>
> 　**委任**　5項の「政令」＝〈本法施行令〉27条

　信用協同組合及び信用協同組合連合会が、事業の全部又は一部を譲渡する場合、銀行の営業の一部を譲り受ける場合、他の信用協同組合、信用協同組合連合会、信用金庫、労働金庫の事業の全部又は一部を譲り受ける場合の手続に関する規定である。

1　信用協同組合及び信用協同組合連合会の事業譲渡等（1項、2項）

①　事業の全部若しくは一部譲渡については、総会の議決を経て、銀行、他の信用協同組合、信用協同組合連合会、信用金庫、信用金庫連合会、労働金庫、労働金庫連合会に譲り渡すことができる（第1項）。

②　銀行の営業の譲受けについては、総会の議決を経て、一部を譲り受けることができる（第2項）。

③　他の信用協同組合及び信用協同組合連合会、信用金庫、信用金庫連合会、労働金庫、労働金庫連合会の事業の譲受けについては、総会の議決を経て、全部若しくは一部を譲り受けることができる（第2項）。

　銀行の営業については一部譲受けのみしか規定されていないが、これは、異業種間の合併等について規定している「金融機関の合併及び転換に関する法律」では、信用協同組合と銀行が合併を行う場合には銀行のみが吸収合併存続金融機関・新設合併設立金融機関として認められていることとの整合性を図ったことによるものである。

　また、事業譲渡等が行える金融機関の範囲に農協や漁協が含まれていない理由は、「金融機関の合併及び転換に関する法律」及び「預金保険法」においても農漁協は対象とされていないことから、両法との整合性を図ったものである。

2　行政庁の認可（第5項）

　事業譲受け等は合併と同様に経営の根幹に関わる事項であり、また、事業譲受け等と同様の経済的効果を有する合併が認可事項（法66条）となっていること

第2章 中小企業等協同組合

との整合性を図る観点や信用金庫、労働金庫等他の金融機関の規定と整合性を保つ観点から行政庁の認可事項としている。

3 業務継続の特例措置（第7項）

　第2項の規定により営業等の譲受けを行った場合、譲受先の金融機関から預金や貸出金等を引き継ぐこととなるが、信用協同組合及び信用協同組合連合会には員外利用規制が課せられている（法9条の8第3項、4項、9条の9第6項）ため、特例措置を設け営業等の譲受けを行った場合には、一定期間業務の継続が行えることとし、営業譲渡等が円滑に実施できるよう手当されている。

（火災共済事業の譲渡の禁止）

第57条の4　火災等共済組合又は火災等共済組合連合会は、火災共済事業を譲渡することができない。

2　第9条の9第1項第三号の事業を行う協同組合連合会は、当該事業を譲渡することができない。

　　本条…追加〔昭和32年11月法律186号〕、見出・1項…一部改正・2項…追加〔平成24年9月法律85号〕

　　罰則　1・2項関係＝〈本法〉114条の6第1項九号

火災等共済組合又は火災等共済組合連合会（法9条の9第3項）につき、火災共済事業の譲渡を禁止し（法57条の4第1項）、会員が火災共済事業を行うことによって負う共済責任の再共済の事業（法9条の9第1項三号）を行う協同組合連合会につき、当該事業の譲渡を禁止する規定である。

（余裕金運用の制限）

第57条の5　共済事業を行う組合及び共済事業を行う組合以外の組合（信用協同組合及び第9条の9第1項第一号の事業を行う協同組合連合会を除く。）であつて組合員（協同組合連合会にあつては、会員たる組合の組合員）の総数が第35条第6項の政令で定める基準を超えるものは、その業務上の余裕金を次の方法によるほか運用してはならない。ただし、行政庁の認可を受けた場合は、この限りでない。

　一　銀行、株式会社商工組合中央金庫、農林中央金庫、信用金庫、信用金庫連合会、信用協同組合又は農業協同組合連合会、漁業協同組合連合会、

第57条の6（会計の原則）

　　水産加工業協同組合連合会若しくは協同組合連合会で業として預金若し
　　くは貯金の受入れをすることができるものへの預金、貯金又は金銭信託
　二　国債、地方債又は主務省令で定める有価証券の取得
　　　本条…追加〔昭和32年11月法律186号〕、一部改正〔平成4年6月法律87号〕、見出・本条
　　　…一部改正〔平成7年12月法律137号〕、本条…一部改正〔平成11年12月法律160号・16年
　　　12月154号・18年6月75号・17年10月102号・19年6月74号〕
　　委任　二号の「主務省令」＝〈本法施行規則〉143条
　　罰則　〈本法〉115条1項二十四号

　共済事業を行う全ての組合及び共済事業は行わないが組合員数が1,000人を超え
る組合は、業務上の余裕金を次の方法によってしか運用することができない。ただ
し、行政庁の認可を受けた場合は、この限りでない。
　なお、平成19年10月1日に施行された「郵政民営化法等の施行に伴う関係法
律の整備等に関する法律（平成17年法律第102号）」により、二号（郵便貯金）
が削除され、三号が二号とされた。
　①　銀行、株式会社商工組合中央金庫、農林中央金庫、信用金庫、信用金庫連
　　　合会、信用協同組合又は農業協同組合連合会、漁業協同組合連合会、水産加
　　　工業協同組合連合会若しくは協同組合連合会で業として預金若しくは貯金の
　　　受入れをすることができるものへの預金、貯金又は金銭信託
　②　国債、地方債又は主務省令で定める有価証券の取得（特別法人債、金融債、
　　　担保付社債、上場株式会社が発行する社債・コマーシャル・ペーパー、日本
　　　銀行・商工中金株式、上場株式、証券投資信託又は貸付信託の受益証券（施
　　　行規則143条、施行規程5条））
　施行日時点（平成19年4月1日）で、運用先として認められない運用をしてい
る組合において、その時点でこれを強制的に処分した場合、経済的な不利益を生
じさせることも想定されることから、こうした場合については、処分までに一定
の猶予が与えられ、施行日以後3年内に処分することとされた（平成18年法律75
号附則15条）。

（会計の原則）
第57条の6　組合の会計は、一般に公正妥当と認められる会計の慣行に従
　うものとする。
　　　本条…追加〔平成18年6月法律75号〕

第2章　中小企業等協同組合

組合の会計は、一般に公正妥当と認められる会計の慣行に従わなければならない。

（準備金及び繰越金）

第58条　組合は、定款で定める額に達するまでは、毎事業年度の剰余金の10分の1（共済事業を行う組合にあつては、5分の1）以上を準備金として積み立てなければならない。

2　前項の定款で定める準備金の額は、出資総額の2分の1（共済事業を行う組合にあつては、出資総額）を下つてはならない。

3　第1項の準備金は、損失のてん補に充てる場合を除いては、取りくずしてはならない。

4　第9条の2第1項第四号又は第9条の9第1項第六号の事業を行う組合は、その事業の費用に充てるため、毎事業年度の剰余金の20分の1以上を翌事業年度に繰り越さなければならない。

5　共済事業を行う組合は、毎事業年度末に、責任準備金及び支払準備金を計算し、これを積み立てなければならない。

6　共済事業を行う組合は、契約者割戻し（共済契約者に対し、共済掛金及び共済掛金として収受する金銭を運用することによつて得られる収益のうち、共済金、返戻金その他の給付金（第69条の2第6項第六号を除き、以下「共済金等」という。）の支払、事業費の支出その他の費用に充てられないものの全部又は一部を分配することを共済規程又は火災共済規程で定めている場合において、その分配をいう。以下同じ。）を行う場合には、公正かつ衡平な分配をするための基準として主務省令で定める基準に従い、行わなければならない。

7　第5項の責任準備金及び支払準備金並びに前項の契約者割戻しに充てるための準備金の積立てその他契約者割戻しに関し必要な事項は、主務省令で定める。

> 4項…一部改正〔昭和30年8月法律121号〕、4項…一部改正・5・6項…追加〔昭和32年11月法律186号〕、6項…一部改正〔平成11年12月法律160号〕、1・2・5項…一部改正・6項…追加・旧6項…一部改正し7項に繰下〔平成18年6月法律75号〕、6項…一部改正〔平成21年6月法律58号〕
>
> **委任**　6項の「主務省令」＝〈本法施行規則〉146条、7項の「主務省令」＝同144条・145条・147条・148条

278

第58条（準備金及び繰越金）

> **罰則**　1－4項関係＝〈本法〉115条1項二十五号、5項関係…〈本法〉114条の6第1項十号

(1)　法定利益準備金の意義（1項～3項）

　　組合は、定款で定める額に達するまでは、毎事業年度の剰余金の10分の1（共済事業を行う組合にあっては5分の1）以上を準備金として積み立てなければならない。剰余金が出た場合にこれを全部配当してしまうと、ひとたび組合の事業が失敗したり、あるいは経済変動などのため、組合財産が減少するようになった場合には、組合の存立基盤を危うくし、組合員及び組合債権者を害することとなる。そこで法律は、組合の剰余金の一部を割いてこれを積み立て、損失てん補に充てさせることとしている。これが準備金であって、法律が必ず積み立てることを規定していることからこれを法定利益準備金という。この準備金の積立ての基礎となる毎事業年度の利益剰余金とは、毎事業年度末決算において総益金から総損金を控除した金額（ただし、前期繰越損失がある場合には、これをてん補した後の金額。したがって、繰越損失が当期利益を上回っている場合は、積立ては行わず、繰越損失のてん補後に残余がある場合のみ、積み立てることとなる。）である。なお、組合が定款に規定して積み立てる特別積立金又は総会の議決によって積み立てるいわゆる任意積立金とは区別される。

　　法定利益準備金を積み立てることは、現金、預金、有価証券その他特定の財産の形で別途に留保することではなく、貸借対照表の貸方（純資産の部）に資本に関する勘定として法定準備金勘定を設けて、ここに表示することである。したがって、この表示相当額が純財産から控除され、組合の財産の一部として留保されることになる。なお、法定利益準備金のほかに組合が任意積立金として、利益の留保を行い得ることは、もちろんである。

(2)　法定利益準備金の積立ての方法

　　法定利益準備金の積立総額は、各組合が定款で定めることになっているが、その額は共済事業を行う組合にあっては、出資総額に相当する額まで、その他の組合にあっては、出資総額の2分の1に相当する額である。この出資総額は、必ずしも固定しているわけではない。持分の譲渡によらない組合員の加入又は脱退あるいは出資持口数の増減によって変動するからである。したがって、定款において出資総額又は2分の1に相当する金額を準備金として積み立てた場合でも、その準備金の額が必ずしも一定となるものではない。

279

第2章　中小企業等協同組合

　なお、準備金の額は、法定額より少なくしてはならないが、定款の定めによって、それ以上とすることは差し支えない。しかし、実際に積み立てた額が、定款に規定した額よりも超過したときは、その超過分に限り任意積立金としての性質を持つものであって、総会の議決により自由に処分することができると解されている。

　準備金の積立率は、毎事業年度の剰余金の10分の1以上であって、10分の1未満とすることはできない。法定準備金の積立率は、必ず定款で定められなければならないが（法33条1項）、定款では、必ずしもその率を確定的に規定する必要はなく、単に10分の1以上と規定して差し支えない。ただ、この場合には、各事業年度ごとに剰余金処分案中に確定した積立率が示され、通常総会の承認（法40条2項、8項）を経て、決定されることになる。

(3)　法定利益準備金の取崩し

　この法定利益準備金は、損失てん補に充てる場合を除いては取り崩してはならない。ここにいう取崩しとは、貸借対照表の貸方（純資産の部）に計上されている法定利益準備金勘定を減額させるとともに、借方（資産の部）に計上されている損失を同額だけ減額することである。なお、任意積立金を積み立てている場合は、法定利益準備金の取崩しに先立って、この任意積立金で損失てん補することは差し支えない。

(4)　法定繰越金（4項）

　組合員の事業に関する経営及び技術の改善向上又は組合事業に関する知識の普及を図るための教育及び情報の提供に関する事業、いわゆる教育情報事業を行う組合は、毎事業年度の剰余金の20分の1以上を翌事業年度に繰り越さなければならない。この繰越金は教育情報費用繰越金と呼ばれ、その使途は、教育情報事業の経費に限られ、法定準備金と同様、法において強制するものである。法が特にこれを強制しているのは、この事業が重要だからである。これを他に流用することはできない。

　教育・情報提供事業の実施に当たって、法定繰越金に相当する額の支出のみで足りないときは、その不足額を賦課金で支出することは、もとより差し支えない。なお、この繰越金の基礎となる毎事業年度の利益剰余金とは、法定利益準備金の場合と同様である。

(5)　責任準備金及び支払準備金（5項）

　共済事業を行う組合は、毎事業年度末に、責任準備金及び支払準備金を計

算し、これを積み立てなければならない。

　本項の規定に違反したときは、共済事業を行う組合の役員、会計監査人又は清算人は20万円以下の過料に処せられる（法114条の6第1項十号）。

　毎事業年度末に積み立てるべき責任準備金については、①共済掛金積立金、②未経過共済掛金、③異常危険準備金の区分に応じ、収入共済掛金を基礎に共済規程又は火災共済規程に基づいて積み立てることとなる（施行規則145条）。異常危険準備金の積立基準及びその積立限度は各所管行政庁が金額を定めており、その内容に沿って共済規程又は火災共済規程に規定する必要がある。

　なお、異常危険準備金の積立取崩しにあたって、組合の業務又は財産の状況等に照らし、やむを得ない事情がある場合には、この基準によらないことが可能である。ただしその場合は、所管行政庁への事前の届出が必要である（施行規則198条1項二号）。また、支払準備金のうち、既発生未報告事案についての準備金については、各所管行政庁が定める金額を積み立てるものとし、組合の業務又は財産の状況等に照らしやむを得ない事情がある場合には、一定期間に限り共済規程又は火災共済規程に規定する方法による積立てを行うことが可能である（施行規則144条）。

(6)　契約者割戻しの基準（6項）

　共済事業を行う組合が契約者割戻しを行う場合には、公正かつ衡平な分配をするための基準に従って行わなければならない。この契約者割戻しの基準は、共済契約の特性に応じて設定した区分ごとに、契約者割戻しの対象となる金額を計算し、次のいずれかの方法又はこれらの方法の併用により行わなければならない（施行規則146条）。

① 　当該組合が収受した共済掛金及び当該組合が共済掛金として収受した金銭を運用することによって得られる収益から、共済金等の支払、事業費の支出その他の費用等を控除した金額に応じて分配する方法
② 　契約者割戻しの対象となる金額をその発生の原因ごとに把握し、それぞれ各共済契約の責任準備金、共済金その他の基準となる金額に応じて分配する方法
③ 　契約者割戻しの対象となる金額を共済期間等により把握し、各共済契約の責任準備金、共済掛金その他の基準となる金額に応じて計算した金額を分配する方法

第2章　中小企業等協同組合

④　①～③に準ずる方法

　また、契約者割戻しに充てるための準備金を「契約者割戻準備金」として毎事業年度末に積み立てることを要し、積立ての限度額についても定める必要がある（施行規則147条）。

　なお、契約者割戻しが公正かつ衡平に行われているかどうかについては、共済計理人が決算書類の作成後最初に招集される理事会に提出する意見書に記載されることとなっている（施行規則165条1項）。

(7)　再共済契約等の責任準備金及び支払準備金（7項）

　共済事業を行う組合が、共済契約を再共済又は再保険に付した場合には、その再共済又は再保険を付した部分については、責任準備金及び支払準備金を積み立てないことができる（施行規則148条、144条）。

　この場合における再共済とは、他の中小企業組合又は他の法律に基づいて設立された協同組合であって当該再共済に付した組合の経営の健全性を損なうおそれがないものに再共済を行うことをいい、再保険とは、共済契約によって負う共済責任を保険会社等に保険することをいう。

（共済事業の会計区分）

第58条の2　共済事業を行う組合は、共済事業に係る会計を他の事業に係る会計と区分して経理しなければならない。

2　責任共済等の事業を行う組合は、責任共済等の事業に係る会計を他の事業に係る会計と区分して経理しなければならない。

　　　　本条…追加〔平成7年12月法律137号〕、見出…一部改正・1項…追加・旧1項…2項に繰下〔平成18年6月法律75号〕

　　　罰則　1・2項関係＝〈本法〉114条の6第1項十一号

　共済事業と他の事業を兼業する場合には（特定共済組合については、原則兼業が禁止されている）、他の事業の実施状況が共済金の支払に影響し共済金が支払われない事態が起こることは避けるべきである。そのため公的性格を有する責任共済等の事業を行う組合のみならず、共済事業を行う全ての組合に対し、共済事業に係る会計を他の事業に係る会計と区分して経理することを義務づけられている。

第58条の３（共済事業に係る会計の他の会計への資金運用等の禁止）　第58条の４（健全性の基準）

> **（共済事業に係る会計の他の会計への資金運用等の禁止）**
> **第58条の３**　共済事業を行う組合は、共済事業に係る会計からそれ以外の事業に係る会計へ資金を運用し、又は共済事業に係る会計に属する資産を担保に供してそれ以外の事業に係る会計に属する資金を調達してはならない。
> 　本条…追加〔平成18年６月法律75号〕

　他の事業と共済事業を区分した上で、共済事業に係る資産の保全を明確に担保すべく、共済事業に係る会計から他の事業への資金流用の禁止及び共済事業に係る資産を担保にして他の事業のためにする資金調達は禁止されている。

> **（健全性の基準）**
> **第58条の４**　行政庁は、特定共済組合、第９条の９第１項第三号の事業を行う協同組合連合会及び特定共済組合連合会の共済事業の健全な運営に資するため、次に掲げる額を用いて、当該組合の経営の健全性を判断するための基準として共済金等の支払能力の充実の状況が適当であるかどうかの基準その他の基準を定めることができる。
> 　一　出資の総額、利益準備金の額その他の主務省令で定めるものの額の合計額
> 　二　共済契約に係る共済事故の発生その他の理由により発生し得る危険であつて通常の予測を超えるものに対応する額として主務省令で定めるところにより計算した額
> 　　本条…追加〔平成18年６月法律75号〕、一部改正〔平成24年９月法律85号〕
> 　　委任　一号の「主務省令」＝〈本法施行規則〉149条、二号の「主務省令」＝同150条、各号列記以外の部分の「定め」＝〈中小企業等協同組合法施行規程〉11条

　行政庁（各本府省庁及び都道府県）は、特定共済組合（法９条の２第７項）、会員が火災共済事業を行うことによって負う共済責任の再共済の事業（法９条の９第１項三号）を行う協同組合連合会及び特定共済組合連合会（法９条の９第４項）の共済事業について、健全性に関する基準を設定し、併せて組合の支払余力によって必要があると認められたときの業務停止命令等の監督上の措置を講ずることができる。
　健全性の基準は、大規模災害など不測の事態で共済金支払額が急増した場合でも、組合が契約どおりに共済金を支払う原資を持っているかどうかを示す指標で、

283

第2章　中小企業等協同組合

経営の健全性を示す目安になる。健全性の基準の算出方法は、施行規則（149条、150条）及び施行規程（11条〜14条）で具体的に定められている。

　監督上の措置については、法106条の2第2項・3項及び施行規則191条、192条で規定されており、支払余力比率が200％を下回ると所管行政庁より早期是正措置が発動され、支払余力比率の程度に応じた業務改善指導（経営改善計画の策定・実施命令、支払能力の充実の命令、業務の縮小、業務の停止等）を受けることになる。

（重要事項の説明等）

第58条の5　共済事業を行う組合は、この法律及び他の法律に定めるもののほか、主務省令で定めるところにより、当該共済事業に係る重要な事項の利用者への説明その他の健全かつ適切な運営を確保するための措置を講じなければならない。

　　　本条…追加〔平成18年6月法律75号〕

　　　委任　「主務省令」＝〈本法施行規則〉151条−158条

1　共済募集人による重要事項の説明

　共済事業を行う組合は、その共済事業に係る重要な事項を利用者に説明するなど、健全かつ適切な運営を確保するための措置を講じなければならない。

　具体的には、施行規則により定められている。

① 　共済金等の額を外国通貨等をもって表示する共済契約の締結に際して、共済募集人が、共済契約者に対し、外国為替相場の変動により、共済金等の支払時の額と共済契約時の額を下回る場合があることを記載した書面の交付により説明を行うことを確保するための措置（施行規則151条一号）

② 　共済掛金の計算に際して予定解約率を用い、かつ、共済契約の解約による返戻金を支払わないことを約した共済契約の募集に際して、共済募集人が、共済契約者に対し、共済契約の解約による返戻金がないことを記載した書面の交付により説明を行うことを確保するための措置（施行規則151条二号）

③ 　既に締結されている共済契約（既契約）を消滅させると同時に既契約の責任準備金、返戻金の額その他の被共済者のために積み立てられている額を、新たに締結する共済契約（新契約）の責任準備金又は共済掛金に充当することによって成立する共済契約の募集に際して、共済募集人が、共済契約者に

第58条の5（重要事項の説明等）

対し、次に掲げる事項を記載した書面の交付により、説明を行うことを確保するための措置（施行規則151条三号）

イ　共済約款及び給付のある主要な特約ごとの既契約及び新契約に関する共済の種類、共済金額、共済期間、共済掛金

ロ　既契約及び新契約に関する共済掛金払込期間その他共済契約に関して重要な事項

ハ　既契約を継続したまま保障内容を見直す方法がある事実及びその方法

④　共済募集人の公正な共済契約の募集を行う能力の向上を図るための措置（施行規則151条四号）

⑤　共済代理店を置く組合にあっては、次に掲げる基準を満たすために必要な措置（施行規則151条五号）

イ　当該共済代理店の利用者の情報の管理が適切に行われること。

ロ　当該共済代理店において、代理業務に係る財産と共済代理店の固有の財産とが分別して管理されること。

ハ　当該組合が当該共済代理店の業務の健全かつ適切な運営を確保するための措置を講ずることができること。

ニ　当該共済代理店が保険募集を併せ行う場合には、業務の方法に応じ、利用者の知識、経験、財産の状況及び取引を行う目的を踏まえ、利用者に対し、書面の交付その他の適切な方法により、共済契約と保険契約との誤認を防止するため、次に掲げる事項の説明を行うこと。

(1)　共済契約ではないこと。

(2)　契約の主体

(3)　その他共済契約との誤認防止に関し参考となると認められる事項

⑥　共済契約の募集に際して、共済募集人が、共済契約者及び被共済者に対し、共済契約の内容のうち重要な事項を記載した書面の交付その他の適切な方法により、説明を行うことを確保するための措置（施行規則151条六号）

2　保険契約と共済契約との誤認防止

共済事業を行う組合は、保険募集（保険会社の業務の代理、事務の代行、関連事務）を行う場合には、契約の種類に応じ、利用者の知識、経験、財産の状況を踏まえ、利用者に対し、書面の交付その他の適切な方法により、共済契約と保険契約との誤認を防止するため、次に掲げる事項の説明を行わなければならない（施

第2章　中小企業等協同組合

行規則152条）。
①　共済契約ではないこと。
②　契約の主体
③　その他共済契約との誤認防止に関し参考となるべき事項

3　共済事業を行う組合と他の者との誤認防止

　共済事業を行う組合は、電磁的方法により共済事業を行う場合には、利用者が当該組合と他の者を誤認することを防止するための適切な措置を講じなければならない（施行規則153条）。

4　銀行等に共済契約の募集を行わせる際の業務運営に関する措置

　共済事業を行う組合は、銀行等である共済代理店に共済契約の募集を行わせるときは、当該銀行等の信用を背景とする過剰な共済契約の募集により業務の健全かつ適切な運営及び公正な共済契約の募集が損なわれることのないよう、銀行等への委託に関して方針を定めること、当該銀行等の共済契約の募集の状況を的確に把握することその他の必要な措置を講じなければならない（施行規則154条）。

5　共済事業を行う組合の内部規則等

　共済事業を行う組合は、共済事業の内容及び方法に応じ、利用者の知識、経験、財産の状況及び取引を行う目的を踏まえた重要な事項の利用者への説明その他の健全かつ適切な共済事業の運営を確保するための措置に関する内部規則を定めるとともに、役員又は使用人に対する研修その他の当該内部規則等に基づいて共済事業が運営されるための十分な体制を整備しなければならない（施行規則155条）。

6　個人利用者情報の安全管理措置等

　共済事業を行う組合は、その取り扱う個人である利用者に関する情報の安全管理、従業者の監督及び当該情報の取扱いを委託する場合にはその委託先の監督に際して、当該情報の漏洩、滅失又は毀損の防止を図るために必要かつ適切な措置を講じなければならない（施行規則156条）。

7　返済能力情報の取扱い

　共済事業を行う組合は、信用情報に関する機関から提供を受けた情報であって

第58条の5の2（共済事業の利用者等の利益の保護のための体制整備）　第58条の6（共済計理人の選任等）

個人である資金需要者の借入金返済能力に関するものを、資金需要者の返済能力の調査以外の目的のために利用しないことを確保するための措置を講じなければならない（施行規則157条）。

8　特別の非公開情報の取扱い

　共済事業を行う組合は、その業務上取り扱う個人である利用者に関する人種、信条、門地、本籍地、保健医療又は犯罪経歴についての情報その他の特別の非公開情報（その業務上知り得た公表されていない情報）を、当該業務の適切な運営の確保その他必要と認められる目的以外の目的のために利用しないことを確保するための措置を講じなければならない（施行規則158条）。

（共済事業の利用者等の利益の保護のための体制整備）

第58条の5の2　共済事業を行う組合は、当該組合又はその子金融機関等が行う取引に伴い、これらの者が行う事業又は業務（共済事業その他の主務省令で定める事業又は業務に限る。）に係る利用者又は顧客の利益が不当に害されることのないよう、主務省令で定めるところにより、当該事業又は業務に関する情報を適正に管理し、かつ、当該事業又は業務の実施状況を適切に監視するための体制の整備その他必要な措置を講じなければならない。

2　前項の「子金融機関等」とは、前項の組合の子会社その他の当該組合と密接な関係を有する者として政令で定める者のうち、保険会社、銀行、金融商品取引業者（金融商品取引法第2条第9項（定義）に規定する金融商品取引業者をいう。）その他政令で定める金融業を行う者をいう。

　　　本条…追加〔平成20年6月法律65号〕

　　　委任　1項第一の「主務省令」＝〈本法施行規則〉158条の2、1項第二の「主務省令」＝同158条の3、2項第一の「政令」＝〈本法施行令〉27条の2第1項、2項第二の「政令」＝同27条の2第2項

（共済計理人の選任等）

第58条の6　共済事業を行う組合（主務省令で定める要件に該当する組合を除く。）は、理事会において共済計理人を選任し、共済掛金の算出方法その他の事項に係る共済の数理に関する事項として主務省令で定めるものに関与させなければならない。

287

第2章　中小企業等協同組合

> 2　共済計理人は、共済の数理に関して必要な知識及び経験を有する者とし
> て主務省令で定める要件に該当する者でなければならない。
>
> 　　本条…追加〔平成18年6月法律75号〕
> 　　**委任**　1項第一の「主務省令」＝〈本法施行規則〉159条、1項第二の「主務省令」＝同160条、
> 　　　　2項の「主務省令」＝同161条
> 　　**罰則**　1・2項関係＝〈本法〉114条の6第1項十二号

1　共済計理人の選任を要する組合の要件

　共済事業を行う組合（「共済期間が長期にわたる共済契約であって共済の数理
の知識及び経験を要するものに係る共済掛金及び責任準備金の算出」及び「契約
者割戻準備金の算出及び積立て」のいずれも行わない組合を除く（施行規則159
条）。）は、理事会において共済計理人を選任し、共済掛金の算出方法その他の事
項に係る共済の数理に関する以下の事項（施行規則160条）に関与させなければ
ならない。

① 　共済掛金の算出方法
② 　責任準備金の算出方法
③ 　契約者割戻しに係る算出方法
④ 　契約者価額の算出方法
⑤ 　未収共済掛金の算出
⑥ 　支払準備金の算出
⑦ 　その他共済計理人がその職務を行うに際し必要な事項

2　共済計理人の要件

　共済計理人は、①公益社団法人日本アクチュアリー会の正会員であり、かつ、
共済又は保険の数理に関する業務に5年以上従事した者、②公益社団法人日本ア
クチュアリー会の準会員（資格試験のうち5科目以上に合格した者に限る。）で
あり、かつ、共済又は保険の数理に関する業務に10年以上従事した者のいずれか
に該当する者でなければならない（施行規則161条）。

> **第58条の7**　共済計理人は、毎事業年度末において、次に掲げる事項につ
> いて、主務省令で定めるところにより確認し、その結果を記載した意見書
> を理事会に提出しなければならない。
> 一　主務省令で定める共済契約に係る責任準備金が健全な共済の数理に基

づいて積み立てられているかどうか。
　二　契約者割戻しが公正かつ衡平に行われているかどうか。
　三　その他主務省令で定める事項
2　共済計理人は、前項の意見書を理事会に提出したときは、遅滞なく、その写しを行政庁に提出しなければならない。
3　行政庁は、共済計理人に対し、前項の意見書の写しについて説明を求め、その他その職務に属する事項について意見を求めることができる。
4　前3項に定めるもののほか、第1項の意見書に関し必要な事項は、主務省令で定める。

　　　本条…追加〔平成18年6月法律75号〕

　　　委任　1項各号列記以外の部分の「主務省令」＝〈本法施行規則〉163条、1項一号の「主務省令」＝同164条、1項三号の「主務省令」＝同162条、4項の「主務省令」＝同165条

　共済計理人は、毎事業年度末において、次に掲げる事項について、主務省令で定めるところにより確認し、その結果を記載した意見書を理事会に提出しなければならない（本条1項、施行規則162条〜165条）。
　①　主務省令で定める共済契約（責任共済等を除く全ての共済契約）に係る責任準備金が健全な共済の数理に基づいて積み立てられているかどうか。
　②　契約者割戻しが公正かつ衡平に行われているかどうか。
　③　将来の収支を共済の数理に基づき合理的に予測した結果に照らし、共済事業の継続が困難であるかどうか
　共済計理人は、毎事業年度末において、次に掲げる基準その他行政庁が定める基準により、前記事項について確認しなければならない。
　①　責任準備金が施行規則145条に規定するところにより適正に積み立てられていること。
　②　契約者割戻しが施行規則146条に規定するところにより適正に行われていること。
　③　将来の時点における資産の額として合理的な予測に基づき算定される額が、当該将来の時点における負債の額として合理的な予測に基づき算定される額に照らして、共済事業の継続の観点から適正な水準に満たないと見込まれること。
　行政庁は、共済事業を行う組合の財産の状況が著しく悪化し、共済事業を継続

第2章　中小企業等協同組合

することが組合員その他の共済契約者の保護の見地から適当でないと認めるとき
は、組合の設立の認可を取り消すことができる（法106条の２第４項）。

　共済計理人は、意見書を理事会に提出したときは、遅滞なくその写しを行政庁
に提出しなければならず、行政庁は、意見書の写しについて説明・意見を求める
ことができる。

　なお、共済計理人は、決算書類の作成後、最初に招集される理事会に以下の事
項を記載した意見書を提出しなければならない（施行規則165条１項）。

①　組合の名称及び共済計理人の氏名
②　提出年月日
③　責任準備金の積立てに関する事項
④　契約者割戻しに関する事項
⑤　契約者割戻準備金の積立てに関する事項
⑥　将来の収支を共済の数理に基づき合理的に予測した結果に照らし共済事業
　　の継続が困難であるかの確認事項に関する事項
⑦　③〜⑥の事項に対する共済計理人の意見

　また、理事会への意見書の提出、行政庁への意見書の写しの提出に当たって
は、責任準備金の積立状況等（１項各号）の事項についての確認の方法等、確認
の際に基礎とした事項を記載した附属報告書を添付しなければならない（施行規
則165条２項）。

　共済計理人は、監事又は会計監査人に対し、上記のうち、③責任準備金の積立
てに関する事項、④契約者割戻しに関する事項、⑤契約者割戻準備金の積立てに
関する事項、⑥将来の収支を共済の数理に基づき合理的に予測した結果に照らし
共済事業の継続が困難であるかの確認事項に関する事項、⑦③〜⑥の事項に対す
る共済計理人の意見の内容を通知することができる（施行規則165条３項）。

第58条の8　行政庁は、共済計理人が、この法律又はこの法律に基づいて
　する行政庁の処分に違反したときは、当該組合に対し、その解任を命ずる
　ことができる。

　　本条…追加〔平成18年６月法律75号〕
　　罰則　〈本法〉114条の６第１項十三号

　行政庁は、共済計理人が法律又は行政庁の処分に違反したときは、組合に対し、

第59条（剰余金の配当）

共済計理人の解任を命ずることができる。

（剰余金の配当）

第59条　組合は、損失をてん補し、第58条第1項の準備金及び同条第4項の繰越金を控除した後でなければ、剰余金の配当をしてはならない。

2　剰余金の配当は、定款の定めるところにより、組合員が組合の事業を利用した分量に応じ、又は年1割を超えない範囲内において払込済出資額に応じてしなければならない。

3　企業組合にあつては、前項の規定にかかわらず、剰余金の配当は、定款の定めるところにより、年2割を超えない範囲内において払込済出資額に応じてし、なお剰余があるときは、組合員（特定組合員を除く。）が企業組合の事業に従事した程度に応じてしなければならない。

　　3項…一部改正〔昭和27年4月法律100号〕、2・3項…全部改正〔昭和30年8月法律121号〕、2項…一部改正〔昭和55年6月法律79号・59年5月31号〕、1項…一部改正〔平成11年12月法律160号〕、3項…一部改正〔平成14年11月法律110号〕、2項…一部改正〔平成24年9月法律85号〕

　　罰則　〈本法〉115条1項二十五号

---

(1)　**配当し得る金額（1項）**

　　組合は、剰余金の配当については、まず第一に前期繰越損失又は当期純損失がある場合はそれをてん補し、次に法定準備金及び法定繰越金（教育情報費用繰越金）を控除して、なお残額があったときのみ認められる。なお、組合の定款で特別積立金等を積み立てる旨規定してあるときはこれを控除しなければならない。これに違反して配当をした場合には、役員は20万円以下の過料に処せられる（法115条1項二十五号）。

(2)　**企業組合以外の組合の配当の方法（2項）**

　　以上の方法によって、控除した後なお残額があるときは、これを組合員に配当することができる。この配当については、必ず定款で定めなければならない。すなわち、配当には利用分量配当と出資配当とがあり、これ以外の方法によって配当することはできない。利用分量配当は、組合事業の手数料、使用料などの過徴額の割戻的性格を有するものであるから、その算定は各組合員が当該事業年度において納付した手数料、使用料などの額、又は共同事業の利用分量を基準に行う。出資配当については、出資金に対する金利的な

291

第2章　中小企業等協同組合

性格を有するものであるから、この配当は払込済出資額に応じてしなければならないが、その限度は法律で年1割までと定められている。剰余金の配当の相手方は、火災共済協同組合以外の組合にあっては組合員に限られ、員外利用者は除外されるが、脱退した組合員については、脱退した日の属する事業年度分の剰余金の配当の場合は含まれる。また、連合会の会員たる組合の組合員（間接構成員）については、所属連合会の共同事業を利用した場合であっても（法9条の9第1項四号以下）、会員権を有しないので、当然に除外される。配当の順序については、組合の基本原則からすれば、利用分量配当が優先されるが、組合の実際の運営方法としては、共同経営体としての資本の充実を図るために出資金に対して適正金利を支払うという意味で、まず出資配当をし、残額を利用分量配当とすることが望ましい。

(3)　企業組合の配当の方法（3項）

企業組合の剰余金の配当も、必ず定款で定められなければならず、また、これにも、出資配当と従事分量配当とがある。配当の順序は、まず払込済出資額に応じて年2割を超えない範囲内で出資配当を行い、なお、剰余がある場合には、組合員が組合の事業に従事した程度に応じてしなければならない。

なお、利用分量配当については、法人税法上、損金算入が認められている。

従来、企業組合の出資配当は、年1割以内とされていた。しかし、平成14年の法改正により導入された特定組合員については、組合事業に従事することを認めないこととし、従事分量配当を受けることができないこととされた。このため、特定組合員に対する出資へのインセンティブはもちろんのこと、他の投資機会との比較において、当該企業組合への投資が同等ないしは、優位であることが明示できる制度の整備が必要であったため、剰余金の配当割合が年2割に引き上げられたものである。

第60条　組合は、定款の定めるところにより、組合員が出資の払込を終るまでは、その組合員に配当する剰余金をその払込に充てることができる。

組合は、未払込出資金がある場合には、出資金を充実させる意味から、組合員に配当する剰余金を、定款で定めるところによって、出資の払込みに充てることができる。本条は、未払込出資金を有する組合のみに適用があり、出資の全額の払込みを完了している組合には適用がない。「組合員に配当する剰余金」とは、

第61条（組合の持分取得の禁止）　第61条の2（業務及び財産の状況に関する説明書類の縦覧等）

前条で述べたとおり、出資配当及び利用（又は従事）分量配当をいうのであるから、これらの全てを出資の払込みに充当することはもちろん差し支えないが、利用（又は従事）分量配当の金額については、組合員により相違があるので、出資1口当たりの払込済出資額の均一を保つために、出資配当分だけを充当することが適当である。なお、出資に充当するに当たっては、払込請求等の手続を一切必要としないが、総会において、剰余金として配当する旨の決議がなされていなければならない点に注意を要する。

（組合の持分取得の禁止）

第61条　組合は、組合員の持分を取得し、又は質権の目的としてこれを受けることができない。

　　　罰則　〈本法〉115条1項二十六号

組合が組合員の持分を取得し、又は質権の目的としてこれを受けることを禁止した規定である。組合に対して、組合員の持分の取得を禁止したのは、法17条（持分の譲渡）の解説で述べたように、持分を組合員としての地位としてみた場合には、組合が持分を取得することによって組合が自らの組合員になるという不合理を生じることになり、持分を財産権としてみた場合には、組合は持分を取得すれば、混同（民法520条）によって消滅することとなるからである。また、組合に対して、組合員より質権の目的として持分を受けることを禁止したのは、質権の実行によって、持分が組合に帰属することになり、持分の取得の場合と同様の不合理を生じることになるからである。なお、持分を組合以外の者に質入れすることは、法により禁止されていないが、質権者が権利を実行しようとする場合においては、持分の譲渡手続によることを要するので、譲受人が組合員でないときは、その者は、組合員としての資格を有する者であることを要し、また質権の設定には持分の移転が予想されるから、持分の質入れに当たっては、あらかじめ組合の承諾を得ておくことが将来の問題を生じさせないこととなる。

（業務及び財産の状況に関する説明書類の縦覧等）

第61条の2　共済事業を行う組合は、毎事業年度、業務及び財産の状況に関する事項として主務省令で定めるものを記載した説明書類を作成し、当該組合の事務所〔主として共済事業以外の事業の用に供される事務所その

第2章　中小企業等協同組合

他の主務省令で定める事務所を除く。以下この条において同じ。）に備え置き、公衆の縦覧に供しなければならない。

2　前項の組合のうち第40条の2第1項の規定により会計監査人の監査を要するものが子会社その他当該組合と主務省令で定める特殊の関係にある者（以下「子会社等」という。）を有する場合には、当該組合は、毎事業年度、前項の説明書類のほか、当該組合及び当該子会社等の業務及び財産の状況に関する事項として主務省令で定めるものを当該組合及び当該子会社等につき連結して記載した説明書類を作成し、当該組合の事務所に備え置き、公衆の縦覧に供しなければならない。

3　前2項に規定する説明書類は、電磁的記録をもつて作成することができる。

4　第1項又は第2項に規定する説明書類が電磁的記録をもつて作成されているときは、組合の事務所において、当該電磁的記録に記録された情報を電磁的方法により不特定多数の者が提供を受けることができる状態に置く措置として主務省令で定めるものをとることができる。この場合においては、これらの規定に規定する説明書類を、これらの規定により備え置き、公衆の縦覧に供したものとみなす。

5　前各項に定めるもののほか、第1項又は第2項の説明書類を公衆の縦覧に供する期間その他これらの規定の適用に関し必要な事項は、主務省令で定める。

6　第1項の組合は、同項又は第2項に規定する事項のほか、共済事業の利用者が当該組合及びその子会社等の業務及び財産の状況を知るために参考となるべき事項の開示に努めなければならない。

　　　本条…追加〔平成18年6月法律75号〕

　　委任　1項第一の「主務省令」＝〈本法施行規則〉166条1項、1項第二の「主務省令」＝同166条2項、2項第一の「主務省令」＝同167条、2項第二の「主務省令」＝同168条、4項の「主務省令」＝同170条、5項の「主務省令」＝同169条

　　罰則　1・2項関係＝〈本法〉112条の6第一号・114条の4、4項関係＝〈本法〉112条の6第二号・114条の4

1　説明書類の作成・公衆縦覧（1項）

　共済事業を行う組合は、毎事業年度、業務及び財産の状況に関する事項等を記載した説明書類を作成し（電磁的記録による作成が可能）、組合の事務所（主たる事務所以外の一時的に設置する事務所や無人の事務所等を含む。）に備え置き、

第61条の2（業務及び財産の状況に関する説明書類の縦覧等）

公衆の縦覧に供しなければならない。

　説明書類への記載事項は、①組合の概況及び組織に関する事項、②組合の主要な業務の内容、③組合の主要な業務に関する事項、④責任準備金残高及び予定利率、⑤組合の業務の運営に関する事項、⑥組合の直近の2事業年度における財産の状況に関する事項である（施行規則166条）。なお、特定共済組合においては、さらに別途必要書類が定められている。

2　連結説明書類の作成・公衆縦覧（2項）

　共済事業を行う組合のうち、会計監査人の監査を受けなければならない組合が子会社等（子法人等、関連法人等）（施行規則167条）を有する場合には、組合は、子会社等につき連結して記載した説明書類を作成し、公衆縦覧に供しなければならない（施行規則168条）。

　書類の縦覧は、事業年度経過後5か月以内に開始しなければならない（施行規則169条）。

　1項及び2項の規定に違反して、これらの書類を公衆縦覧に供せず、又は記載すべき事項を記載せず、若しくは虚偽の記載をして公衆縦覧に供した者は、100万円以下の罰金に処せられる（法112条の6第一号）。

295

第2章　中小企業等協同組合

第6節　解散及び清算並びに合併

（解散の事由）
第62条　組合は、次の事由によつて解散する。
　一　総会の決議
　二　組合の合併
　三　組合についての破産手続開始の決定
　四　定款で定める存続期間の満了又は解散事由の発生
　五　第106条第2項の規定による解散の命令
2　組合は、前項第一号又は第四号の規定により解散したときは、解散の日から2週間以内に、その旨を行政庁に届け出なければならない。
3　第9条の9第1項第三号の事業を行う協同組合連合会は、第1項各号に掲げる事由のほか、第106条の2第4項又は第5項の規定により第27条の2第1項の認可を取り消されたときは、これによつて解散する。
4　責任共済等の事業を行う組合又は火災等共済組合若しくは火災等共済組合連合会若しくは第9条の9第1項第三号の事業を行う協同組合連合会の解散の決議は、行政庁の認可を受けなければ、その効力を生じない。

　　　1・2項…一部改正〔昭和30年8月法律121号〕、3・4項…追加〔昭和32年11月法律186号〕、3項…一部改正〔平成7年6月法律106号〕、1・4項…一部改正〔平成7年12月法律137号〕、1項…一部改正〔平成16年6月法律76号・17年7月87号〕、1・3項…一部改正〔平成18年6月法律75号〕、3・4項…一部改正〔平成24年9月法律85号〕
　　罰則　2項関係＝〈本法〉115条1項十一号

　組合の解散とは、組合という法人がその目的である事業活動を停止し、法人格を消滅させる状態に入ること、言い換えれば、組合の財産関係の清算をなすべき状態に入ることをいう。したがって、組合は、合併の場合を除いて、解散によって直ちに法人格がなくなるものではない。清算又は破産の手続が完了するまで、その目的の範囲内において、解散前の組合と同一の法人格を持続する。

　このため、事業を行わなくなったことにより、主たる事務所の移転、従たる事務所の廃止を総会において決議し、定款を変更することも可能である。

　なお、この場合の総会の招集は、清算人会の決議に基づき代表清算人が行うこととなる。

第62条（解散の事由）

(1) 解散の事由（1項）

① 総会の決議（一号）

　　組合は、組合員の自由意思によって、組合の存続を必要と認めなくなったときは、解散することができる。しかし、解散は重大なことであるため、法律では特別議決の方法によることを定めている（法53条）。総代会においては解散の議決をすることはできない。

　　解散の議決は、総会の議決があったときに効力を発する。ただし、責任共済等の事業を行う組合、火災等共済組合、火災等共済組合連合会（法9条の9第3項）又は会員が火災共済事業を行うことによって負う共済責任の再共済の事業（法9条の9第1項三号）を行う協同組合連合会にあっては、行政庁の認可を受けなければ、議決の効力を生じない（4項）。解散の日から2週間以内に行政庁に届け出る必要がある（2項）。

② 組合の合併（二号）

　　組合の合併には、新設合併及び吸収合併がある。新設合併にあっては、合併しようとする全ての組合が解散する。吸収合併にあっては、吸収される組合が解散する。組合が合併する場合には、総会の特別議決を要するほか、行政庁の認可を受けなければその効力を生じない。総代会においては合併の議決をすることができない。

③ 組合の破産（三号）

　　組合の破産宣告は、支払不能だけでなく、債務超過すなわち、組合の財産をもって債務を完済することのできなくなったとき、申立てにより裁判所が破産宣告を行い、組合はこれによって解散し、破産の目的の範囲内においてのみ存続することになる。

④ 定款で定める存続期間の満了又は解散事由の発生（四号）

　　組合が定款によって、その存続期間又は解散の事由を定めたときは、その存続期間の満了又は解散の事由が発生したときに解散の議決を要することなく、当然に解散する。したがって、存続期間又は解散事由を定款で定める場合には、必ず具体的、かつ、最終的に決定しておく必要がある。例えば、「本組合は、組合員が1人となったときは、解散するものとする。」等である。解散の日から2週間以内に行政庁に届け出る必要がある（2項）。

⑤ 行政庁による解散命令（五号）

　　行政庁による解散命令（法106条2項）があったときは、組合は当然に

297

第2章　中小企業等協同組合

解散し、別に解散の議決を要しない。解散の登記は、行政庁の嘱託によって行われる。

(2)　会員が火災共済事業を行うことによって負う共済責任の再共済の事業を行う協同組合連合会の特則（3項）

　会員が火災共済事業を行うことによって負う共済責任の再共済の事業（法9条の9第1項三号）を行う協同組合連合会は、1項各号の事由のほか、法106条の2第4項又は5項の規定により設立の認可（法27条の2第1項）の認可を取り消されたときは、これによって解散する。なお、法106条の2第4項の規定は、共済事業を行う組合の財産の状況が著しく悪化し、共済事業を継続することが組合員その他の共済契約者の保護の見地から適当でないと認めるときに関するものであり、同条5項は、共済事業を行う組合が法令若しくは法令に基づいてする行政庁の処分若しくは定款、規約、共済規程若しくは火災共済規程に定めた事項のうち特に重要なものに違反したとき、又は公益を害する行為をしたときに関するものである。

(3)　行政庁の認可（4項）

　責任共済等の事業を行う組合又は火災等共済組合若しくは火災等共済組合連合会若しくは会員が火災共済事業を行うことによって負う共済責任の再共済の事業（法9条の9第1項三号）を行う協同組合連合会の解散の決議は、行政庁の認可を受けなければ、その効力を生じない。

(4)　信用協同組合等の特則

　信用協同組合及び信用協同組合連合会は、1項各号の事由のほか、解散命令があったときは、これによって当然に解散する（「協同組合による金融事業に関する法律」6条において準用する銀行法40条）。

(5)　補説

　組合の組合員数が法定数を下回った場合においても、法定数は存続要件ではないので組合は存続すると解される。法10条4項の規定からも明らかなように、法は、法定数を下回る場合を十分に予想しているからである。しかし、一人組合員となったような場合は、このような組合は、新たに組合員を加入させることにより本来の姿に戻すべきであり、いつまでも一人組合員のままでいることは立法目的から考えて適当でないので、必要に応じて業務改善命令の対象として措置することもあり得るものと解する。

第63条（合併契約）第63条の2（吸収合併）第63条の3（新設合併）

（合併契約）

第63条 組合は、総会の議決を経て、他の組合と合併をすることができる。この場合においては、合併をする組合は、合併契約を締結しなければならない。

　　1・2項…一部改正・3・4項…追加〔昭和30年8月法律121号〕、4項…一部改正〔昭和32年11月法律186号〕、2項…一部改正〔平成8年6月法律94号〕、見出…削り・本条…全部改正〔平成17年7月法律87号〕、本条…一部改正〔平成18年6月法律75号〕

（吸収合併）

第63条の2 組合が吸収合併（組合が他の組合とする合併であつて、合併により消滅する組合の権利義務の全部を合併後存続する組合に承継させるものをいう。以下この章において同じ。）をする場合には、吸収合併契約において、次に掲げる事項を定めなければならない。

一　吸収合併後存続する組合（以下この章において「吸収合併存続組合」という。）及び吸収合併により消滅する組合（以下この章において「吸収合併消滅組合」という。）の名称及び住所

二　吸収合併存続組合の地区及び出資1口の金額（吸収合併存続組合が企業組合である場合にあつては、出資1口の金額）

三　吸収合併消滅組合の組合員に対する出資の割当てに関する事項

四　吸収合併消滅組合の組合員に対して支払をする金額を定めたときは、その定め

五　吸収合併がその効力を生ずべき日（以下この章において「効力発生日」という。）

六　その他主務省令で定める事項

　　本条…追加〔平成17年7月法律87号〕

（新設合併）

第63条の3 2以上の組合が新設合併（2以上の組合がする合併であつて、合併により消滅する組合の権利義務の全部を合併により設立する組合に承継させるものをいう。以下この章において同じ。）をする場合には、新設合併契約において、次に掲げる事項を定めなければならない。

一　新設合併により消滅する組合（以下この章において「新設合併消滅組

第2章　中小企業等協同組合

合」という。）の名称及び住所

二　新設合併により設立する組合（以下この章において「新設合併設立組合」という。）の事業、名称、地区、主たる事務所の所在地及び出資1口の金額（新設合併設立組合が企業組合である場合にあつては、事業、名称、主たる事務所の所在地及び出資1口の金額）

三　新設合併消滅組合の組合員に対する出資の割当てに関する事項

四　新設合併消滅組合の組合員に対して支払をする金額を定めたときは、その定め

五　その他主務省令で定める事項

本条…追加〔平成17年7月法律87号〕

（吸収合併消滅組合の手続）

第63条の4　吸収合併消滅組合は、次に掲げる日のいずれか早い日から吸収合併の効力が生ずる日までの間、吸収合併契約の内容その他主務省令で定める事項を記載し、又は記録した書面又は電磁的記録をその主たる事務所に備え置かなければならない。

一　第3項の総会の会日の2週間前の日

二　第5項において準用する第56条の2第2項の規定による公告の日又は第5項において準用する同条第2項の規定による催告の日のいずれか早い日

2　吸収合併消滅組合の組合員及び債権者は、当該吸収合併消滅組合に対して、その業務取扱時間内は、いつでも、次に掲げる請求をすることができる。ただし、第二号又は第四号に掲げる請求をするには、当該吸収合併消滅組合の定めた費用を支払わなければならない。

一　前項の書面の閲覧の請求

二　前項の書面の謄本又は抄本の交付の請求

三　前項の電磁的記録に記録された事項を主務省令で定める方法により表示したものの閲覧の請求

四　前項の電磁的記録に記録された事項を電磁的方法であつて主務省令で定めるものにより提供することの請求又はその事項を記載した書面の交付の請求

3　吸収合併消滅組合は、効力発生日の前日までに、総会の決議によつて、

第63条の5（吸収合併存続組合の手続）

合併契約の承認を受けなければならない。

4　吸収合併が法令又は定款に違反する場合において、吸収合併消滅組合の組合員が不利益を受けるおそれがあるときは、吸収合併消滅組合の組合員は、吸収合併消滅組合に対し、当該吸収合併をやめることを請求することができる。

5　吸収合併消滅組合については、第56条の2の規定を準用する。

6　吸収合併消滅組合は、吸収合併存続組合との合意により、効力発生日を変更することができる。

7　前項の場合には、吸収合併消滅組合は、変更前の効力発生日（変更後の効力発生日が変更前の効力発生日前の日である場合にあつては、当該変更後の効力発生日）の前日までに、変更後の効力発生日を公告しなければならない。

8　第6項の規定により効力発生日を変更したときは、変更後の効力発生日を効力発生日とみなして、この条、次条及び第65条の規定を適用する。

> 本条…追加〔平成17年7月法律87号〕、1項…一部改正・4項…追加・旧7項…一部改正し8項に繰下・旧4－6項…1項ずつ繰下〔平成26年6月法律91号〕
>
> 委任　1項の「主務省令」＝〈本法施行規則〉172条、2項三号の「主務省令」＝同54条、2項四号の「主務省令」＝同173条、5項で準用する56条の2第2項の「政令」＝〈本法施行令〉26条
>
> 罰則　1・2項関係＝〈本法〉115条1項七号、5項関係＝〈本法〉115条1項二十二号・二十三号

（吸収合併存続組合の手続）

第63条の5　吸収合併存続組合は、次に掲げる日のいずれか早い日から吸収合併の効力が生じた日後6月を経過する日までの間、吸収合併契約の内容その他主務省令で定める事項を記載し、又は記録した書面又は電磁的記録をその主たる事務所に備え置かなければならない。

一　吸収合併契約について総会の決議によつてその承認を受けなければならないときは、当該総会の会日の2週間前の日

二　第5項の規定による公告又は通知の日のいずれか早い日

三　第7項において準用する第56条の2第2項の規定による公告の日又は第7項において準用する同条第2項の規定による催告の日のいずれか早い日

2　吸収合併存続組合の組合員及び債権者は、当該吸収合併存続組合に対して、その業務取扱時間内は、いつでも、次に掲げる請求をすることができる。ただし、第二号又は第四号に掲げる請求をするには、当該吸収合併存続組合の定めた費用を支払わなければならない。

一　前項の書面の閲覧の請求

二　前項の書面の謄本又は抄本の交付の請求

三　前項の電磁的記録に記録された事項を主務省令で定める方法により表示したものの閲覧の請求

四　前項の電磁的記録に記録された事項を電磁的方法であつて吸収合併存続組合の定めたものにより提供することの請求又はその事項を記載した書面の交付の請求

3　吸収合併存続組合は、効力発生日の前日までに、総会の決議によつて、吸収合併契約の承認を受けなければならない。ただし、吸収合併消滅組合の総組合員の数が吸収合併存続組合の総組合員の数の５分の１を超えない場合であつて、かつ、吸収合併消滅組合の最終の貸借対照表により現存する総資産額が吸収合併存続組合の最終の貸借対照表により現存する総資産額の５分の１を超えない場合の合併については、この限りでない。

4　吸収合併存続組合が前項ただし書の規定により総会の決議を経ないで合併をする場合において、吸収合併存続組合の総組合員の６分の１以上の組合員が次項の規定による公告又は通知の日から２週間以内に合併に反対する旨を吸収合併存続組合に対し通知したときは、効力発生日の前日までに、総会の決議によつて、吸収合併契約の承認を受けなければならない。

5　吸収合併存続組合が第３項ただし書の規定により総会の決議を経ないで合併をする場合には、吸収合併存続組合は、効力発生日の20日前までに、合併をする旨並びに吸収合併消滅組合の名称及び住所を公告し、又は組合員に通知しなければならない。

6　吸収合併が法令又は定款に違反する場合において、吸収合併存続組合の組合員が不利益を受けるおそれがあるときは、吸収合併存続組合の組合員は、吸収合併存続組合に対し、当該吸収合併をやめることを請求することができる。ただし、吸収合併存続組合が第３項ただし書の規定により総会の決議を経ないで合併をする場合（第４項の規定による通知があつた場合を除く。）は、この限りでない。

第63条の6（新設合併消滅組合の手続）

7　吸収合併存続組合については、第56条の2の規定を準用する。

8　吸収合併存続組合は、吸収合併の効力が生じた日後遅滞なく、吸収合併により吸収合併存続組合が承継した吸収合併消滅組合の権利義務その他の吸収合併に関する事項として主務省令で定める事項を記載し、又は記録した書面又は電磁的記録を作成しなければならない。

9　吸収合併存続組合は、吸収合併の効力が生じた日から6月間、前項の書面又は電磁的記録をその主たる事務所に備え置かなければならない。

10　吸収合併存続組合の組合員及び債権者は、当該吸収合併存続組合に対して、その業務取扱時間内は、いつでも、次に掲げる請求をすることができる。ただし、第二号又は第四号に掲げる請求をするには、当該吸収合併存続組合の定めた費用を支払わなければならない。

一　前項の書面の閲覧の請求

二　前項の書面の謄本又は抄本の交付の請求

三　前項の電磁的記録に記録された事項を主務省令で定める方法により表示したものの閲覧の請求

四　前項の電磁的記録に記録された事項を電磁的方法であつて吸収合併存続組合の定めたものにより提供することの請求又はその事項を記載した書面の交付の請求

> 本条…追加〔平成17年7月法律87号〕、1項…一部改正・6項…追加・旧6－9項…1項ずつ繰下〔平成26年6月法律91号〕
>
> > 委任　1項の「主務省令」＝〈本法施行規則〉174条、2項三号・10項三号の「主務省令」＝同54条、8項の「主務省令」＝同175条、7項で準用する56条の2第2項の「政令」＝〈本法施行令〉26条
> >
> > 罰則　1・2・8－10項関係＝〈本法〉115条1項七号、7項関係＝〈本法〉115条1項二十二号・二十三号

（新設合併消滅組合の手続）

第63条の6　新設合併消滅組合は、次に掲げる日のいずれか早い日から新設合併設立組合の成立の日までの間、新設合併契約の内容その他主務省令で定める事項を記載し、又は記録した書面又は電磁的記録をその主たる事務所に備え置かなければならない。

一　第3項の総会の会日の2週間前の日

二　第5項において準用する第56条の2第2項の規定による公告の日又は

303

第2章　中小企業等協同組合

第5項において準用する同条第2項の規定による催告の日のいずれか早い日

2　新設合併消滅組合の組合員及び債権者は、当該新設合併消滅組合に対して、その業務取扱時間内は、いつでも、次に掲げる請求をすることができる。ただし、第二号又は第四号に掲げる請求をするには、当該新設合併消滅組合の定めた費用を支払わなければならない。

一　前項の書面の閲覧の請求

二　前項の書面の謄本又は抄本の交付の請求

三　前項の電磁的記録に記録された事項を主務省令で定める方法により表示したものの閲覧の請求

四　前項の電磁的記録に記録された事項を電磁的方法であつて新設合併消滅組合の定めたものにより提供することの請求又はその事項を記載した書面の交付の請求

3　新設合併消滅組合は、総会の決議によつて、新設合併契約の承認を受けなければならない。

4　新設合併が法令又は定款に違反する場合において、新設合併消滅組合の組合員が不利益を受けるおそれがあるときは、新設合併消滅組合の組合員は、新設合併消滅組合に対し、当該新設合併をやめることを請求することができる。

5　新設合併消滅組合については、第56条の2の規定を準用する。

> 本条…追加〔平成17年7月法律87号〕、1項…一部改正・4項…追加・旧4項…5項に繰下〔平成26年6月法律91号〕
>> 委任　1項の「主務省令」＝〈本法施行規則〉176条、2項三号の「主務省令」＝同54条、5項で準用する56条の2第2項の「政令」＝〈本法施行令〉26条
>> 罰則　1・2項関係＝〈本法〉115条1項七号、5項関係＝〈本法〉115条1項二十二号・二十三号

（新設合併設立組合の手続等）

第64条　第4節（第30条を除く。）の規定は、新設合併設立組合の設立については、適用しない。

2　合併によつて組合を設立するには、各組合がそれぞれ総会において組合員のうちから選任した設立委員が共同して定款を作成し、役員を選任し、その他設立に必要な行為をしなければならない。

第63条（合併契約）〜　第64条（新設合併設立組合の手続等）

3　前項の規定による役員の任期は、最初の通常総会の日までとする。
4　第2項の規定による設立委員の選任については、第53条の規定を準用する。
5　第2項の規定による役員の選任については、第35条第4項本文、第5項本文及び第6項の規定を準用する。
6　新設合併設立組合は、成立の日後遅滞なく、新設合併により新設合併設立組合が承継した新設合併消滅組合の権利義務その他の新設合併に関する事項として主務省令で定める事項を記載し、又は記録した書面又は電磁的記録を作成しなければならない。
7　新設合併設立組合は、成立の日から6月間、前項の書面又は電磁的記録をその主たる事務所に備え置かなければならない。
8　新設合併設立組合の組合員及び債権者は、当該新設合併設立組合に対して、その業務取扱時間内は、いつでも、次に掲げる請求をすることができる。ただし、第二号又は第四号に掲げる請求をするには、当該新設合併設立組合の定めた費用を支払わなければならない。
一　前項の書面の閲覧の請求
二　前項の書面の謄本又は抄本の交付の請求
三　前項の電磁的記録に記録された事項を主務省令で定める方法により表示したものの閲覧の請求
四　前項の電磁的記録に記録された事項を電磁的方法であつて新設合併設立組合の定めたものにより提供することの請求又はその事項を記載した書面の交付の請求

　　　2項…全部改正・4項…追加〔昭和27年4月法律100号〕、見出・1・6-8項…追加・旧3・4項…一部改正し1項ずつ繰下・旧1・2項…1項ずつ繰下〔平成17年7月法律87号〕、5項…一部改正〔平成18年6月法律75号〕
　　　委任　6項の「主務省令」=〈本法施行規則〉177条、8項三号の「主務省令」=同54条
　　　罰則　6-8項関係=〈本法〉115条1項七号

　組合が他の組合と合併するには、合併契約を締結する必要がある（法63条）。
　組合の合併には、吸収合併と新設合併とがある。いずれの場合も法律の手続によって行うこととなる。

1　吸収合併

　吸収合併については、吸収合併契約において、存続組合及び消滅組合の名称、

305

第2章　中小企業等協同組合

住所、存続組合の地区、出資1口金額等を定め（法63条の2）、この合併契約内容を記載した書面又は記録した電磁的記録を主たる事務所に備え置かなければならない（法63条の4第1項）。

債権者保護手続については、出資1口の金額の減少の規定（法56条の2）を準用している（法63条の4第5項、法63条の5第7項）。

消滅組合の組合員及び債権者は、吸収合併契約の内容を記載した書面又は記録した電磁的記録の閲覧・謄写等を請求することができる（法63条の4第2項）。

存続組合及び消滅組合は、総会で合併契約の承認を受けなければならない（法63条の4第3項、63条の5第3項本文）。ただし、消滅組合の総組合員数が存続組合の総組合員数の5分の1を超えない場合であって、かつ、消滅組合の総資産額が存続組合の総資産額の5分の1を超えない場合の合併については存続組合の総会の承認は不要である（法63条の5第3項但書）。

2　新設合併

新設合併については、新設合併契約において、消滅組合の名称、住所、設立組合の事業、名称、地区、主たる事務所の所在地及び出資1口の金額等を定め（法63条の3）、消滅組合は、この合併契約内容を記載した書面又は記録した電磁的記録を主たる事務所に備え置かなければならない（法63条の6）。

新設合併設立組合の設立については、法30条の規定を除き、4節（設立）の規定は適用されない（法64条1項）。

設立委員は、合併しようとする各組合が、組合員のうちから、総会の特別決議によって選任する（法64条2項、4項、法53条）。選任の方法は、必ずしも選挙の方法による必要はない。総代会で選任することもできる（法55条7項反対解釈）。設立委員は、必ず組合員のうちから選任しなければならない。設立委員の定数については別に規定はないが、各組合がそれぞれ選任するとの文言（法64条2項）により、各組合は少なくとも1名の委員を選出しなければならず、これらの者が集まることにより共同して定款を作成する（法64条2項）。

合併によって新設される組合の初代役員は、設立委員の全員一致の決議によって選任される（法64条2項）。初代役員は、いわば仮役員として組合発足当時の業務を行うものであるから、その任期については、一般原則（法36条1項）に対する例外を設け、最初の通常総会の日までとされている（法64条3項）。なお、員外役員については、法64条5項において、法35条4項本文、5項本文及び6項

第63条（合併契約）〜 第64条（新設合併設立組合の手続等）

を準用し、理事（企業組合を除く。）の定数の少なくとも3分の2は組合員又は組合員たる法人の役員でなければならないことになっており、企業組合の役員は、組合員（特定組合員を除く。）でなければならず、組合員の総数が1,000人を超える組合は、監事のうち1人以上は員外監事でなければならないことになっているから注意を要する。

3　債権者保護手続

　組合が合併するには、吸収合併にあっても、新設合併にあっても、当事者たる各組合は、出資1口の金額の減少の場合の手続（法56条の2）に準じて、必ず債権者保護の手続を行わなければならない（法63条の4第5項、63条の5第7項、63条の6第5項）。なぜなら、合併によって解散する組合の権利義務が、合併後存続する組合又は合併によって新設される組合に包括承継される結果（法65条）、組合の債権者の利益に重大な影響を与える可能性があるからである。この手続を行わなければ、合併認可の申請ができず（施行規則178条1項十号）、合併の登記も不可能となり、この結果、法律上合併の効力を生じなくなるから注意を要する。

4　合併の差止請求

　組合員が不利益を受けるような合併に対する事前の救済手段として、合併の差止請求が認められる。すなわち、①吸収合併が法令又は定款に違反する場合において、吸収合併消滅組合の組合員が不利益を受けるおそれがあるときは、吸収合併消滅組合の組合員は、吸収合併消滅組合に対し、当該吸収合併をやめることを請求することができ（法63条の4第4項）、②吸収合併が法令又は定款に違反する場合において、吸収合併存続組合の組合員が不利益を受けるおそれがあるときは、吸収合併存続組合の組合員は、吸収合併存続組合に対し、当該吸収合併をやめることを請求することができ（法63条の5第6項）、③新設合併が法令又は定款に違反する場合において、新設合併消滅組合の組合員が不利益を受けるおそれがあるときは、新設合併消滅組合の組合員は、新設合併消滅組合に対し、当該新設合併をやめることを請求することができる（法63条の6第4項）。ただし、前記②の場合において、吸収合併存続組合が法63条の5第3項但書の規定により総会の決議を経ないで合併をする場合（法63条の5第4項の規定による通知があった場合を除く。）は、吸収合併の差止請求は認められない。

307

第2章　中小企業等協同組合

5　合併の認可

　組合の合併は、行政庁の認可を受けなければその効力を生じない。この認可については、設立の認可基準に関する規定が準用されている（法66条、27条の2第4項～6項）。

（合併の効果）

第65条　吸収合併存続組合は、効力発生日又は次条第1項の行政庁の認可を受けた日のいずれか遅い日に、吸収合併消滅組合の権利義務（その組合がその行う事業に関し、行政庁の許可、認可その他の処分に基づいて有する権利義務を含む。次項において同じ。）を承継する。

2　新設合併設立組合は、その成立の日に、新設合併消滅組合の権利義務を承継する。

　　　　本条…全部改正〔平成17年7月法律87号〕

　合併の法律上の効果としては、権利義務の包括承継が行われる。合併によって消滅する組合の権利義務は、吸収合併にあっては効力発生日又は行政庁の許可を受けた日のいずれか遅い日に合併後存続する組合に、新設合併にあっては成立の日（登記完了日）に合併によって設立される組合に、それぞれ承継される。この権利義務の承継は、相続の場合と同じく包括承継であり、行政庁の許認可などに基づいて有する権利義務も含まれる。したがって、組合は、改めてこれらの許認可を受け直す必要はない。組合が組合員に対して有する債権債務が承継されることはもちろんである。この包括承継は、合併の効力に伴い法律上当然になされるものである。このほか、合併の効果としては、組合員の移転、組合の消滅があげられる。

（合併の認可）

第66条　組合の合併については、行政庁の認可を受けなければ、その効力を生じない。

2　前項の認可については、第27条の2第4項から第6項までの規定を準用する。

　　　　　本条…一部改正〔昭和26年4月法律138号・27年4月100号・平成8年6月94号・9年6月72号〕、全部改正〔平成17年7月法律87号〕

308

第67条（合併の無効の訴え）

　組合の合併は、行政庁の認可を受けなければその効力を生じない。この認可については、設立の認可基準に関する規定が準用されている（法27条の２第４項～６項）。

（合併の無効の訴え）

第67条　組合の合併の無効の訴えについては、会社法第828条第１項（第七号及び第八号に係る部分に限る。）及び第２項（第七号及び第八号に係る部分に限る。）、第834条（第七号及び第八号に係る部分に限る。）、第835条第１項、第836条から第839条まで、第843条（第１項第三号及び第四号並びに第２項ただし書を除く。）並びに第846条（合併の無効の訴え）の規定（監査権限限定組合にあつては、監査役に係る部分を除く。）を、この条において準用する同法第843条第４項の申立てについては、同法第868条第６項、第870条第２項（第六号に係る部分に限る。）、第870条の２、第871条本文、第872条（第五号に係る部分に限る。）、第872条の２、第873条本文、第875条及び第876条（非訟）の規定を準用する。

　　本条…削除〔昭和30年８月法律121号〕、追加〔平成17年７月法律87号〕、一部改正〔平成18年６月法律75号・23年５月53号・26年６月91号〕

【「会社法」準用条文】

（組合〔会社〕の組織に関する行為の無効の訴え）

第828条　次の各号に掲げる行為の無効は、当該各号に定める期間に、訴えをもってのみ主張することができる。

　七　組合〔会社〕の吸収合併　吸収合併の効力が生じた日から６箇月以内

　八　組合〔会社〕の新設合併　新設合併の効力が生じた日から６箇月以内

２　次の各号に掲げる行為の無効の訴えは、当該各号に定める者に限り、提起することができる。

　七　前項第七号に掲げる行為　当該行為の効力が生じた日において吸収合併をする組合の組合員等（組合員、理事、監査権限限定組合以外の組合の監事又は清算人をいう。以下この項において同じ。）〔会社の株主等若しくは社員等〕であった者又は吸収合併後存続する組合の組合員等〔会社の株主等、社員等〕、破産管財人若しくは吸収合併について承認をしなかった債権者

　八　前項第八号に掲げる行為　当該行為の効力が生じた日において新設合併を

309

第2章　中小企業等協同組合

　　する組合の組合員等〔会社の株主等若しくは社員等〕であった者又は新設合
　　併により設立する組合の組合員等〔会社の株主等、社員等〕、破産管財人若し
　　くは新設合併について承認をしなかった債権者
　（被告）
第834条　次の各号に掲げる訴え（以下この節において「組合〔会社〕の組織に
　　関する訴え」と総称する。）については、当該各号に定める者を被告とする。
　　七　組合〔会社〕の吸収合併の無効の訴え　吸収合併後存続する組合〔会社〕
　　八　組合〔会社〕の新設合併の無効の訴え　新設合併により設立する組合〔会社〕
　（訴えの管轄及び移送）
第835条　組合〔会社〕の組織に関する訴えは、被告となる組合〔会社〕の主た
　　る事務所〔本店〕の所在地を管轄する地方裁判所の管轄に専属する。
　（担保提供命令）
第836条　組合〔会社〕の組織に関する訴えであって、組合員〔株主又は設立時株主〕
　　が提起することができるものについては、裁判所は、被告の申立てにより、当該
　　組合〔会社〕の組織に関する訴えを提起した組合員〔株主又は設立時株主〕に対し、
　　相当の担保を立てるべきことを命ずることができる。ただし、当該組合員〔株主〕
　　が理事、監査権限限定組合以外の組合の監事若しくは清算人〔取締役、監査役、
　　執行役若しくは清算人であるとき、又は当該設立時株主が設立時取締役若しくは
　　設立時監査役〕であるときは、この限りでない。
　2　前項の規定は、組合〔会社〕の組織に関する訴えであって、債権者が提起する
　　ことができるものについて準用する。
　3　被告は、第1項（前項において準用する場合を含む。）の申立てをするには、
　　原告の訴えの提起が悪意によるものであることを疎明しなければならない。
　（弁論等の必要的併合）
第837条　同一の請求を目的とする組合〔会社〕の組織に関する訴えに係る訴訟が
　　数個同時に係属するときは、その弁論及び裁判は、併合してしなければならない。
　（認容判決の効力が及ぶ者の範囲）
第838条　組合〔会社〕の組織に関する訴えに係る請求を認容する確定判決は、第
　　三者に対してもその効力を有する。
　（無効〔又は取消し〕の判決の効力）
第839条　組合〔会社〕の組織に関する訴え（第834条第七号及び第八号〔第一号か
　　ら第十二号まで、第十八号及び第十九号〕に掲げる訴えに限る。）に係る請求を

認容する判決が確定したときは、当該判決において無効とされ〔、又は取り消され〕た行為（当該行為によって組合〔会社〕が設立された場合にあっては当該設立を含み、当該行為に際して持分〔株式又は新株予約権〕が交付された場合にあっては当該持分〔株式又は新株予約権〕を含む。）は、将来に向かってその効力を失う。

（合併〔又は会社分割〕の無効判決の効力）

第843条　次の各号に掲げる行為の無効の訴えに係る請求を認容する判決が確定したときは、当該行為をした組合〔会社〕は、当該行為の効力が生じた日後に当該各号に定める組合〔会社〕が負担した債務について、連帯して弁済する責任を負う。

　一　組合〔会社〕の吸収合併　吸収合併後存続する組合〔会社〕

　二　組合〔会社〕の新設合併　新設合併により設立する組合〔会社〕

2　前項に規定する場合には、同項各号に掲げる行為の効力が生じた日後に当該各号に定める組合〔会社〕が取得した財産は、当該行為をした組合〔会社〕の共有に属する。

3　第1項及び前項本文に規定する場合には、各組合〔会社〕の第1項の債務の負担部分及び前項本文の財産の共有持分は、各組合〔会社〕の協議によって定める。

4　各組合〔会社〕の第1項の債務の負担部分又は第2項本文の財産の共有持分について、前項の協議が調わないときは、裁判所は、各組合〔会社〕の申立てにより、第1項各号に掲げる行為の効力が生じた時における各組合〔会社〕の財産の額その他一切の事情を考慮して、これを定める。

（原告が敗訴した場合の損害賠償責任）

第846条　組合〔会社〕の組織に関する訴えを提起した原告が敗訴した場合において、原告に悪意又は重大な過失があったときは、原告は、被告に対し、連帯して損害を賠償する責任を負う。

（非訟事件の管轄）

第868条

6　第843条第4項の申立てに係る事件は、同条第1項第一号及び第二号〔各号〕に掲げる行為の無効の訴えの第一審の受訴裁判所の管轄に属する。

（陳述の聴取）

第870条

2　裁判所は、次号〔次の各号〕に掲げる裁判をする場合には、審問の期日を開いて、申立人及び当該〔各〕号に定める者の陳述を聴かなければならない。ただし、不適法又は理由がないことが明らかであるとして申立てを却下する裁判をすると

きは、この限りでない。

　　六　第843条第4項の申立てについての裁判　同項に規定する行為をした組合
　　　〔会社〕

（申立書の写しの送付等）

第870条の2　裁判所は、前条第2項第六号〔各号〕に掲げる裁判の申立てがあっ
　　たときは、同号〔当該各号〕に定める者に対し、申立書の写しを送付しなければ
　　ならない。

2　前項の規定により申立書の写しを送付することができない場合には、裁判長は、
　　相当の期間を定め、その期間内に不備を補正すべきことを命じなければならない。
　　申立書の写しの送付に必要な費用を予納しない場合も、同様とする。

3　前項の場合において、申立人が不備を補正しないときは、裁判長は、命令で、
　　申立書を却下しなければならない。

4　前項の命令に対しては、即時抗告をすることができる。

5　裁判所は、第1項の申立てがあった場合において、当該申立てについての裁判
　　をするときは、相当の猶予期間を置いて、審理を終結する日を定め、申立人及び
　　前条第2項第六号〔各号〕に定める者に告知しなければならない。ただし、これ
　　らの者が立ち会うことができる期日においては、直ちに審理を終結する旨を宣言
　　することができる。

6　裁判所は、前項の規定により審理を終結したときは、裁判をする日を定め、こ
　　れを同項の者に告知しなければならない。

7　裁判所は、第1項の申立てが不適法であるとき、又は申立てに理由がないこと
　　が明らかなときは、同項及び前2項の規定にかかわらず、直ちに申立てを却下す
　　ることができる。

8　前項の規定は、前条第2項第六号〔各号〕に掲げる裁判の申立てがあった裁判
　　所が民事訴訟費用等に関する法律（昭和46年法律第40号）の規定に従い同号〔当
　　該各号〕に定める者に対する期日の呼出しに必要な費用の予納を相当の期間を定
　　めて申立人に命じた場合において、その予納がないときについて準用する。

（理由の付記）

第871条　この法律の規定による非訟事件についての裁判には、理由を付さなけれ
　　ばならない。

（即時抗告）

第872条　第五号〔次の各号〕に掲げる裁判に対しては、同号〔当該各号〕に定め

第68条（清算人）

　　る者に限り、即時抗告をすることができる。
　　五　第870条第2項第六号〔各号〕に掲げる裁判　申立人及び当該各号に定める者
　（抗告状の写しの送付等）
第872条の2　裁判所は、第870条第2項第六号〔各号〕に掲げる裁判に対する即
　　時抗告があったときは、申立人及び当該各号に定める者（抗告人を除く。）に対し、
　　抗告状の写しを送付しなければならない。この場合においては、第870条の2第
　　2項及び第3項の規定を準用する。
2　第870条の2第5項から第8項までの規定は、前項の即時抗告があった場合に
　　ついて準用する。
　（原裁判の執行停止）
第873条　第872条の即時抗告は、執行停止の効力を有する。
　（非訟事件手続法の規定の適用除外）
第875条　この法律の規定による非訟事件については、非訟事件手続法第40条及び
　　第57条第2項第二号の規定は、適用しない。
　（最高裁判所規則）
第876条　この法律に定めるもののほか、この法律の規定による非訟事件の手続に
　　関し必要な事項は、最高裁判所規則で定める。

　　本条は、合併無効の訴えに関する規定である。合併の手続に瑕疵がある場合に
民法の一般原則に従って無効とするときは、取引の安全を害するおそれがあるの
で、本条においては、会社法の規定を準用し、合併の無効は訴えをもってのみ主
張することができ、合併無効の判決は、第三者をも拘束するが遡及しないものと
している。

　（清算人）
第68条　組合が解散したときは、合併及び破産手続開始の決定による解散
　　の場合を除いては、理事が、その清算人となる。ただし、総会において他
　　人を選任したときは、この限りでない。
2　第9条の9第1項第三号の事業を行う協同組合連合会が第106条の2第
　　4項又は第5項の規定による第27条の2第1項の認可の取消しにより解散
　　したときは、前項の規定及び第69条において準用する会社法第478条第2
　　項の規定にかかわらず、行政庁が清算人を選任する。

313

第2章　中小企業等協同組合

> 2項…追加〔昭和32年11月法律186号〕、一部改正〔平成7年6月法律106号〕、1項…一部
> 改正〔平成16年6月法律76号〕、2項…一部改正〔平成17年7月法律87号・18年6月50号・
> 75号・24年9月85号〕

　組合は、合併及び破産による場合を除き、解散した後においても清算の目的の
範囲内においてなお存続する。これを清算組合という。清算組合は、解散前の組
合と同一人格の継続とみるべきであるが、この権利義務能力が清算の目的の範囲
に制限されるに過ぎない。したがって、組合は、組合員のために共同事業を行う
ことができない。

　清算人は、清算組合の機関であって、清算事務を担当するものである。清算人
には原則として組合の理事がなるものと規定されており、これは、第一には、清
算法人にあっては機関としての理事が廃止される代わりに清算人という機関が法
律上当然に新設されることを意味し、第二には、その機関としての清算人の地位
に、従来の理事の地位にあった自然人が法律上当然に就任することを意味してい
る。

　この原則に対して、次のような例外がある。

① 　清算人には原則として理事が就任するが、これによらず、総会において理
　事以外の者を清算人に選任することができる（法68条1項但書）。

② 　清算人となる者がないときは、裁判所は、利害関係人の申立てにより、清
　算人を選任する（法69条、会社法478条2項）。

③ 　会員が火災共済事業を行うことによって負う共済責任の再共済（法9条の
　9第1項三号）の事業を行う協同組合連合会は、法106条の2第4項又は5
　項の規定により設立の認可（法27条の2第1項）の認可を取り消されたとき
　は当然に解散するが、この場合は、行政庁が清算人を選任する。したがって、
　理事は当然には清算人にならず、また、総会又は裁判所においても清算人を
　選任することができない。

　　清算人と組合とは、委任の関係に立つから、裁判所又は行政庁が清算人を
　選任した場合を除き、清算人はいつでも辞任することができ、また、組合は
　いつでも総会の議決をもってこれを解任することができる。

（解散後の共済金額の支払）

第68条の2　共済事業を行う組合は、総会の決議、第106条の2第4項又は
　　第5項の規定による第27条の2第1項の認可の取消し又は第106条第2項

の規定による解散命令により解散したときは、共済金額を支払うべき事由が解散の日から90日以内に生じた共済契約については、共済金額を支払わなければならない。

2　前項の組合は、第62条第1項第四号に掲げる事由により解散したときは、その解散の日から共済契約の期間の末日までの期間に対する共済掛金を払い戻さなければならない。

3　第1項の組合は、同項に掲げる事由により解散したときは、同項の期間が経過した日から共済契約の期間の末日までの期間に対する共済掛金を払い戻さなければならない。

　　　本条…追加〔昭和32年11月法律186号〕、1項…一部改正〔平成7年6月法律106号〕、1－
　　　3項…一部改正〔平成18年6月法律75号〕

　共済事業を行う組合が解散した場合における共済金額の支払又は共済掛金の払戻しについての規定である。

(1)　**総会の決議、設立認可の取消し又は解散命令により解散した場合（1項、3項）**

　　総会の決議、設立認可の取消し又は解散命令により解散した場合は、共済金額を支払わなければならない事由が解散の日から90日以内に生じた共済契約については、共済金額を支払い、90日を経過した共済契約については、90日を経過した日から火災共済契約の期間の末日までの期間に対する共済掛金を払い戻すものとする。共済金額の支払を解散後90日以内に発生した事故に限ったのは、清算事務をできるだけすみやかに終了せしめる必要があるからである。

(2)　**定款で定める存続期間の満了又は解散事由の発生により解散した場合（2項）**

　　解散の日から契約期間の末日までの期間に対する共済掛金を払い戻さなければならない。

（会社法等の準用）

第69条　組合の解散及び清算については、会社法第475条（第一号及び第三号を除く。）、第476条、第478条第2項及び第4項、第479条第1項及び第2項（各号列記以外の部分に限る。）、第481条、第483条第4項及び第5項、第484条、

第485条、第489条第4項及び第5項、第492条第1項から第3項まで、第499条から第503条まで、第507条（株式会社の清算）、第868条第1項、第869条、第870条第1項（第一号及び第二号に係る部分に限る。）、第871条、第872条（第四号に係る部分に限る。）、第874条（第一号及び第四号に係る部分に限る。）、第875条並びに第876条（非訟）の規定を、組合の清算人については、第35条の3、第35条の4、第36条の2、第36条の3第1項及び第2項、第36条の5から第38条の4まで（第36条の7第4項を除く。）、第40条（第1項、第11項及び第13項を除く。）、第47条第2項から第4項まで、第48条並びに第53条の2並びに同法第357条第1項、同法第360条第3項の規定により読み替えて適用する同条第1項並びに同法第361条第1項及び第4項、第381条第2項、第382条、第383条第1項本文、第2項及び第3項、第384条、第385条、第386条第1項（第一号に係る部分に限る。）及び第2項（第一号及び第二号に係る部分に限る。）並びに第508条の規定を、組合の清算人の責任を追及する訴えについては、同法第7編第2章第2節（第847条第2項、第847条の2、第847条の3、第849条第2項、第3項第二号及び第三号並びに第6項から第11項まで、第851条並びに第853条第1項第二号及び第三号を除き、監査権限限定組合にあつては、監査役に係る部分を除く。）（株式会社における責任追及等の訴え）の規定を、監査権限限定組合の清算人については、同法第353条、第360条第1項及び第364条の規定を準用する。この場合において、第40条第2項中「財産目録、貸借対照表、損益計算書、剰余金処分案又は損失処理案」とあるのは「財産目録、貸借対照表」と、「事業報告書」とあるのは「事務報告書」と、同条第3項、第5項から第10項まで並びに第12項第一号及び第三号中「事業報告書」とあるのは「事務報告書」と、同法第382条中「取締役（取締役会設置会社にあっては、取締役会）」とあるのは「清算人会」と、同法第384条、第492条第1項、第507条第1項並びに第847条第1項及び第4項中「法務省令」とあるのは「主務省令」と、同法第479条第2項各号列記以外の部分中「次に掲げる株主」とあるのは「総組合員の5分の1以上の同意を得た組合員」と、同法第499条第1項中「官報に公告し」とあるのは「公告し」と読み替えるものとするほか、必要な技術的読替えは、政令で定める。

本条…全部改正〔昭和26年4月法律138号〕、一部改正〔昭和27年4月法律100号・30年8月121号・49年4月23号・56年6月75号・平成8年6月94号・9年6月72号・12年11月126号・13年6月80号・11月129号・12月150号・14年5月45号〕、全部改正〔平成17年7月法律87号〕、

第69条（会社法等の準用）

　　１項…一部改正〔平成18年６月法律75号〕、見出…全部改正・１項…一部改正・２・３項
　　…削除〔平成18年６月法律50号〕、本条…一部改正〔平成23年５月法律53号・26年６月91号〕
　委任　本条の「政令」＝〈本法施行令〉28条、本条で準用する36条の６第６項の「政令」
　　　　＝同20条、本条で準用する36条の３第２項の「主務省令」＝〈本法施行規則〉62条、
　　　　本条で準用する36条の３第３項で読み替えて準用する会社法384条の「主務省令」
　　　　＝同63条、本条で準用する36条の７第１項の「主務省令」＝同66条、本条で準用す
　　　　る36条の７第２項の「主務省令」＝同67条、本条で準用する36条の７第５項二号・
　　　　40条12項三号の「主務省令」＝同54条、本条で準用する38条の２第５項の「主務省令」
　　　　＝同68条１項、本条で準用する38条の２第８項の「主務省令」＝同68条２項、本条
　　　　で準用する40条２項の「主務省令」＝同72条・74条・82条・83条・181条、本条で
　　　　準用する40条５項の「主務省令」＝同114条、本条で準用する40条７項の「主務省令」
　　　　＝同124条・127条、本条で準用する47条４項の「主務省令」＝同134条、本条で準
　　　　用する53条の２の「主務省令」＝同138条、本条で読み替えて準用する会社法第492
　　　　条１項の「主務省令」＝同179条・180条、本条で読み替えて準用する会社法第507
　　　　条１項の「主務省令」＝同182条、本条で読み替えて準用する会社法第847条１項の
　　　　「主務省令」＝同69条、本条で読み替えて準用する会社法第847条４項の「主務省令」
　　　　＝同70条
　罰則　〈本法〉115条１項七号・十号・十六号－二十号・二十三号・二十七号－三十号

【「会社法」準用条文】

（組合の解散及び清算について）

（清算の開始原因）

第475条　組合〔株式会社〕は、次に掲げる場合には、この章の定めるところにより、清算をしなければならない。

　二　設立の無効の訴えに係る請求を認容する判決が確定した場合

（清算組合〔清算株式会社〕の能力）

第476条　前条の規定により清算をする組合〔株式会社〕（以下「清算組合〔清算株式会社〕」という。）は、清算の目的の範囲内において、清算が結了するまではなお存続するものとみなす。

（清算人の就任）

第478条

２　中小企業等協同組合法第68条第１項〔前項〕の規定により清算人となる者がないときは、裁判所は、利害関係人の申立てにより、清算人を選任する。

４　中小企業等協同組合法第68条第１項の規定及び同法第69条において準用する第478条第２項〔第１項及び第２項〕の規定にかかわらず、第475条第二号〔第475

317

第2章　中小企業等協同組合

条第二号又は第三号〕に掲げる場合に該当することとなった清算組合〔清算株式
会社〕については、裁判所は、利害関係人の申立てにより、清算人を選任する。

（清算人の解任）

第479条　清算人（前条第2項及び第4項〔前条第2項から第4項まで〕の規定に
より裁判所が選任したものを除く。）は、いつでも、総会〔株主総会〕の決議によっ
て解任することができる。

2　重要な事由があるときは、裁判所は、総組合員の5分の1以上の同意を得た組
合員〔次に掲げる株主〕の申立てにより、清算人を解任することができる。

（清算人の職務）

第481条　清算人は、次に掲げる職務を行う。

　一　現務の結了

　二　債権の取立て及び債務の弁済

　三　残余財産の分配

（清算組合〔清算株式会社〕の代表）

第483条

4　中小企業等協同組合法第68条第1項〔第478条第1項第一号〕の規定により理
事〔取締役〕が清算人となる場合において、代表理事〔代表取締役〕を定めてい
たときは、当該代表理事〔代表取締役〕が代表清算人となる。

5　裁判所は、第478条第2項及び第4項〔第478条第2項から第4項まで〕の規定
により清算人を選任する場合には、その清算人の中から代表清算人を定めること
ができる。

（清算組合〔清算株式会社〕についての破産手続の開始）

第484条　清算組合〔清算株式会社〕の財産がその債務を完済するのに足りないこ
とが明らかになったときは、清算人は、直ちに破産手続開始の申立てをしなけれ
ばならない。

2　清算人は、清算組合〔清算株式会社〕が破産手続開始の決定を受けた場合にお
いて、破産管財人にその事務を引き継いだときは、その任務を終了したものとす
る。

3　前項に規定する場合において、清算組合〔清算株式会社〕が既に債権者に支払
い、又は組合員〔株主〕に分配したものがあるときは、破産管財人は、これを取
り戻すことができる。

（裁判所の選任する清算人の報酬）

318

第69条（会社法等の準用）

第485条　裁判所は、第478条第2項及び第4項〔第478条第2項から第4項まで〕の規定により清算人を選任した場合には、清算組合〔清算株式会社〕が当該清算人に対して支払う報酬の額を定めることができる。

（清算人会の権限等）

第489条

4　清算人会は、その選定した代表清算人及び第483条第4項の規定により代表清算人となった者を解職することができる。

5　第483条第5項の規定により裁判所が代表清算人を定めたときは、清算人会は、代表清算人を選定し、又は解職することができない。

（財産目録等の作成等）

第492条　清算人〔（清算人会設置会社にあっては、第489条第7項各号に掲げる清算人）〕は、その就任後遅滞なく、清算組合〔清算株式会社〕の財産の現況を調査し、主務省令〔法務省令〕で定めるところにより、組合（中小企業等協同組合法第3条に規定する組合をいう。）が解散した場合（合併及び破産手続開始の決定による解散の場合を除く。）及び第475条第二号〔第475条各号〕に掲げる場合に該当することとなった日における財産目録及び貸借対照表（以下この条及び次条において「財産目録等」という。）を作成しなければならない。

2　清算組合〔清算人会設置会社〕においては、財産目録等は、清算人会の承認を受けなければならない。

3　清算人は、財産目録等（前項の規定の適用がある場合にあっては、同項の承認を受けたもの）を総会〔株主総会〕に提出し、又は提供し、その承認を受けなければならない。

（債権者に対する公告等）

第499条　清算組合〔清算株式会社〕は、組合（中小企業等協同組合法第3条に規定する組合をいう。）が解散した場合（合併及び破産手続開始の決定による解散の場合を除く。）及び第475条第二号〔第475条各号〕に掲げる場合に該当することとなった後、遅滞なく、当該清算組合〔清算株式会社〕の債権者に対し、一定の期間内にその債権を申し出るべき旨を公告し〔官報に公告し〕、かつ、知れている債権者には、各別にこれを催告しなければならない。ただし、当該期間は、2箇月を下ることができない。

2　前項の規定による公告には、当該債権者が当該期間内に申出をしないときは清算から除斥される旨を付記しなければならない。

319

第2章　中小企業等協同組合

（債務の弁済の制限）

第500条　清算組合〔清算株式会社〕は、前条第1項の期間内は、債務の弁済をすることができない。この場合において、清算組合〔清算株式会社〕は、その債務の不履行によって生じた責任を免れることができない。

2　前項の規定にかかわらず、清算組合〔清算株式会社〕は、前条第1項の期間内であっても、裁判所の許可を得て、少額の債権、清算組合〔清算株式会社〕の財産につき存する担保権によって担保される債権その他これを弁済しても他の債権者を害するおそれがない債権に係る債務について、その弁済をすることができる。この場合において、当該許可の申立ては、清算人が2人以上あるときは、その全員の同意によってしなければならない。

（条件付債権等に係る債務の弁済）

第501条　清算組合〔清算株式会社〕は、条件付債権、存続期間が不確定な債権その他その額が不確定な債権に係る債務を弁済することができる。この場合においては、これらの債権を評価させるため、裁判所に対し、鑑定人の選任の申立てをしなければならない。

2　前項の場合には、清算組合〔清算株式会社〕は、同項の鑑定人の評価に従い同項の債権に係る債務を弁済しなければならない。

3　第1項の鑑定人の選任の手続に関する費用は、清算組合〔清算株式会社〕の負担とする。当該鑑定人による鑑定のための呼出し及び質問に関する費用についても、同様とする。

（債務の弁済前における残余財産の分配の制限）

第502条　清算組合〔清算株式会社〕は、当該清算組合〔清算株式会社〕の債務を弁済した後でなければ、その財産を組合員〔株主〕に分配することができない。ただし、その存否又は額について争いのある債権に係る債務についてその弁済をするために必要と認められる財産を留保した場合は、この限りでない。

（清算からの除斥）

第503条　清算組合〔清算株式会社〕の債権者（知れている債権者を除く。）であって第499条第1項の期間内にその債権の申出をしなかったものは、清算から除斥される。

2　前項の規定により清算から除斥された債権者は、分配がされていない残余財産に対してのみ、弁済を請求することができる。

3　清算組合〔清算株式会社〕の残余財産を組合員〔株主〕の一部に分配した場合

第69条（会社法等の準用）

には、当該組合員〔株主〕の受けた分配と同一の割合の分配を当該組合員以外の組合員〔株主以外の株主〕に対してするために必要な財産は、前項の残余財産から控除する。

第507条　清算組合〔清算株式会社〕は、清算事務が終了したときは、遅滞なく、主務省令〔法務省令〕で定めるところにより、決算報告を作成しなければならない。

2　清算組合〔清算人会設置会社〕においては、決算報告は、清算人会の承認を受けなければならない。

3　清算人は、決算報告（前項の規定の適用がある場合にあっては、同項の承認を受けたもの）を総会〔株主総会〕に提出し、又は提供し、その承認を受けなければならない。

4　前項の承認があったときは、任務を怠ったことによる清算人の損害賠償の責任は、免除されたものとみなす。ただし、清算人の職務の執行に関し不正の行為があったときは、この限りでない。

（非訟事件の管轄）

第868条　この法律の規定による非訟事件〔非訟事件（次項から第6項までに規定する事件を除く。）〕は、組合の主たる事務所〔会社の本店〕の所在地を管轄する地方裁判所の管轄に属する。

（疎明）

第869条　この法律の規定による許可の申立てをする場合には、その原因となる事実を疎明しなければならない。

（陳述の聴取）

第870条　裁判所は、この法律の規定〔（第2編第9章第2節を除く。）〕による非訟事件についての裁判のうち、次の各号に掲げる裁判をする場合には、当該各号に定める者の陳述を聴かなければならない。ただし、不適法又は理由がないことが明らかであるとして申立てを却下する裁判をするときは、この限りでない。

一　清算人、一時清算人若しくは代表清算人の職務を行うべき者〔第346条第2項、第351条第2項若しくは第401条第3項（第403条第3項及び第420条第3項において準用する場合を含む。）の規定により選任された一時取締役（監査等委員会設置会社にあっては、監査等委員である取締役又はそれ以外の取締役）、会計参与、監査役、代表取締役、委員（指名委員会、監査委員会又は報酬委員会の委員をいう。第874条第一号において同じ。）、執行役若しくは代表執行役の職務を行うべき者、清算人、第479条第4項において準用する第346

321

第2章　中小企業等協同組合

条第2項若しくは第483条第6項において準用する第351条第2項の規定により選任された一時清算人若しくは代表清算人の職務を行うべき者、検査役又は第825条第2項（第827条第2項において準用する場合を含む。）の管理人〕の報酬の額の決定　当該組合〔会社（第827条第2項において準用する第825条第2項の管理人の報酬の額の決定にあっては、当該外国会社）〕及び報酬を受ける者

二　清算人〔清算人又は社債管理者〕の解任についての裁判　当該清算人〔清算人又は社債管理者〕

（理由の付記）

第871条　この法律の規定による非訟事件についての裁判には、理由を付さなければならない。ただし、次に掲げる裁判については、この限りでない。

一　第870条第1項第一号に掲げる裁判

二　第874条第一号及び第四号〔第874条各号〕に掲げる裁判

（即時抗告）

第872条　次の各号に掲げる裁判に対しては、当該各号に定める者に限り、即時抗告をすることができる。

四　第870条第1項第一号及び第二号〔第870条第1項各号〕に掲げる裁判　申立人及び当該各号に定める者（同項第一号〔同項第一号、第三号及び第四号〕に掲げる裁判にあっては、同号〔当該各号〕に定める者）

（不服申立ての制限）

第874条　次に掲げる裁判に対しては、不服を申し立てることができない。

一　第870条第1項第一号に規定する一時清算人若しくは代表清算人の職務を行うべき者、第501条第1項の鑑定人又は第508条2項の帳簿資料の保存をする者〔一時取締役、会計参与、監査役、代表取締役、委員、執行役若しくは代表執行役の職務を行うべき者、清算人、代表清算人、清算持分会社を代表する清算人、同号に規定する一時清算人若しくは代表清算人の職務を行うべき者、検査役、第501条第1項（第822条第3項において準用する場合を含む。）若しくは第662条第1項の鑑定人、第508条第2項（第822条第3項において準用する場合を含む。）若しくは第672条第3項の帳簿資料の保存をする者、社債管理者の特別代理人又は第714条第3項の事務を承継する社債管理者〕の選任又は選定の裁判

四　この法律の規定による許可の申立てを認容する裁判（第870条第1項第九号

第69条（会社法等の準用）

及び第２項第一号に掲げる裁判を除く。）

（非訟事件手続法の規定の適用除外）

第875条　この法律の規定による非訟事件については、非訟事件手続法第40条及び
第57条第２項第二号の規定は、適用しない。

（最高裁判所規則）

第876条　この法律に定めるもののほか、この法律の規定による非訟事件の手続に
関し必要な事項は、最高裁判所規則で定める。

（組合の清算人について）

（清算人〔取締役〕の報告義務）

第357条　清算人〔取締役〕は、組合〔株式会社〕に著しい損害を及ぼすおそれの
ある事実があることを発見したときは、直ちに、当該事実を組合員（監査権限限
定組合(中小企業等協同組合法第27条第８項に規定する監査権限限定組合をいう。
以下同じ。）以外の組合にあっては監事〔株主（監査役設置会社にあっては、監
査役)〕）に報告しなければならない。

（組合員〔株主〕による清算人〔取締役〕の行為の差止め）

第360条　６箇月（これを下回る期間を定款で定めた場合にあっては、その期間）
前から引き続き持分〔株式〕を有する組合員〔株主〕は、清算人〔取締役〕が組
合〔株式会社〕の目的の範囲外の行為その他法令若しくは定款に違反する行為を
し、又はこれらの行為をするおそれがある場合において、当該行為によって当該
組合〔株式会社〕に回復することができない損害〔著しい損害〕が生ずるおそれ
があるときは、当該清算人〔取締役〕に対し、当該行為をやめることを請求する
ことができる。

（清算人〔取締役〕の報酬等）

第361条　清算人〔取締役〕の報酬、賞与その他の職務執行の対価として組合〔株
式会社〕から受ける財産上の利益（以下この章において「報酬等」という。）に
ついての次に掲げる事項は、定款に当該事項を定めていないときは、総会〔株主
総会〕の決議によって定める。

　一　報酬等のうち額が確定しているものについては、その額

　二　報酬等のうち額が確定していないものについては、その具体的な算定方法

　三　報酬等のうち金銭でないものについては、その具体的な内容

4　第１項第二号又は第三号に掲げる事項を定め、又はこれを改定する議案を総

第2章　中小企業等協同組合

会〔株主総会〕に提出した清算人〔取締役〕は、当該総会〔株主総会〕において、当該事項を相当とする理由を説明しなければならない。

（監事〔監査役〕の権限）

第381条

2　監事〔監査役〕は、いつでも、清算人並びに参事〔取締役及び会計参与並びに支配人〕及びその他の使用人に対して事業の報告を求め、又は監査権限限定組合以外の組合〔監査役設置会社〕の業務及び財産の状況の調査をすることができる。

（清算人〔取締役〕への報告義務）

第382条　監事〔監査役〕は、清算人〔取締役〕が不正の行為をし、若しくは当該行為をするおそれがあると認めるとき、又は法令若しくは定款に違反する事実若しくは著しく不当な事実があると認めるときは、遅滞なく、その旨を清算人会〔取締役（取締役会設置会社にあっては、取締役会）〕に報告しなければならない。

（清算人会〔取締役会〕への出席義務等）

第383条　監事〔監査役〕は、清算人会〔取締役会〕に出席し、必要があると認めるときは、意見を述べなければならない。

2　監事〔監査役〕は、前条に規定する場合において、必要があると認めるときは、清算人〔取締役〕（第366条第1項ただし書に規定する場合にあっては、招集権者）に対し、清算人会〔取締役会〕の招集を請求することができる。

3　前項の規定による請求があった日から5日以内に、その請求があった日から2週間以内の日を清算人会〔取締役会〕の日とする清算人会〔取締役会〕の招集の通知が発せられない場合は、その請求をした監事〔監査役〕は、清算人会〔取締役会〕を招集することができる。

（総会〔株主総会〕に対する報告義務）

第384条　監事〔監査役〕は、清算人〔取締役〕が総会〔株主総会〕に提出しようとする議案、書類その他主務省令〔法務省令〕で定めるものを調査しなければならない。この場合において、法令若しくは定款に違反し、又は著しく不当な事項があると認めるときは、その調査の結果を総会〔株主総会〕に報告しなければならない。

（監事〔監査役〕による清算人〔取締役〕の行為の差止め）

第385条　監事〔監査役〕は、清算人〔取締役〕が監査権限限定組合以外の組合〔監査役設置会社〕の目的の範囲外の行為その他法令若しくは定款に違反する行為をし、又はこれらの行為をするおそれがある場合において、当該行為によって当該

監査権限限定組合以外の組合〔監査役設置会社〕に著しい損害が生ずるおそれが
あるときは、当該清算人〔取締役〕に対し、当該行為をやめることを請求するこ
とができる。

2　前項の場合において、裁判所が仮処分をもって同項の清算人〔取締役〕に対し、
その行為をやめることを命ずるときは、担保を立てさせないものとする。

（監査権限限定組合以外の組合〔監査役設置会社〕と理事〔取締役〕との間の訴え
における組合〔会社〕の代表等）

第386条　中小企業等協同組合法第69条において準用する同法第36条の８第２項
〔第349条第４項、第353条及び第364条〕の規定にかかわらず、次号〔次の各号〕
に掲げる場合には、当該号〔各号〕の訴えについては、監事が〔監査役が〕監査
権限限定組合以外の組合〔監査役設置会社〕を代表する。

一　監査権限限定組合以外の組合〔監査役設置会社〕が理事〔取締役〕（理事〔取
締役〕であった者を含む。以下この条において同じ。）に対し、又は理事〔取
締役〕が監査権限限定組合以外の組合〔監査役設置会社〕に対して訴えを提起
する場合

2　中小企業等協同組合法第69条において準用する同法第36条の８第２項〔第349
条第４項〕の規定にかかわらず、次に掲げる場合には、監事が〔監査役が〕監査
権限限定組合以外の組合〔監査役設置会社〕を代表する。

一　監査権限限定組合以外の組合〔監査役設置会社〕が第847条第１項〔、第847
条の２第１項若しくは第３項（同条第４項及び第５項において準用する場合を
含む。）又は第847条の３第１項〕の規定による請求（理事〔取締役〕の責任を
追及する訴えの提起の請求に限る。）を受ける場合

二　監査権限限定組合以外の組合〔監査役設置会社〕が第849条第４項の訴訟告
知（理事〔取締役〕の責任を追及する訴えに係るものに限る。）並びに第850条
第２項の規定による通知及び催告（理事〔取締役〕の責任を追及する訴えに係
る訴訟における和解に関するものに限る。）を受ける場合

第508条　清算人（清算組合〔清算人会設置会社〕にあっては、第489条第７項各
号に掲げる清算人）は、清算組合の主たる事務所〔清算株式会社の本店〕の所在
地における清算結了の登記の時から10年間、清算組合〔清算株式会社〕の帳簿並
びにその事業及び清算に関する重要な資料（以下この条において「帳簿資料」と
いう。）を保存しなければならない。

2　裁判所は、利害関係人の申立てにより、前項の清算人に代わって帳簿資料を保

第2章　中小企業等協同組合

存する者を選任することができる。この場合においては、同項の規定は、適用しない。

3　前項の規定により選任された者は、清算組合〔清算株式会社〕の主たる事務所〔本店〕の所在地における清算結了の登記の時から10年間、帳簿資料を保存しなければならない。

4　第2項の規定による選任の手続に関する費用は、清算組合〔清算株式会社〕の負担とする。

（組合の清算人の責任を追及する訴えについて）

　　　第7編　雑則　第2章　訴訟　第2節　組合〔株式会社〕における責任追及等の訴え

（組合員〔株主〕による責任追及〔等〕の訴え）

第847条　6箇月（これを下回る期間を定款で定めた場合にあっては、その期間）前から引き続き持分〔株式〕を有する組合員〔株主（第189条第2項の定款の定めによりその権利を行使することができない単元未満株主を除く。）〕は、組合〔株式会社〕に対し、書面その他の主務省令〔法務省令〕で定める方法により、清算人〔発起人、設立時取締役、設立時監査役、役員等（第423条第1項に規定する役員等をいう。）若しくは清算人（以下この節において「発起人等」という。）〕の責任を追及する訴え〔、第102条の2第1項、第212条第1項若しくは第285条第1項の規定による支払を求める訴え、第120条第3項の利益の返還を求める訴え又は第213条の2第1項若しくは第286条の2第1項の規定による支払若しくは給付を求める訴え〕（以下この節において「責任追及〔等〕の訴え」という。）の提起を請求することができる。ただし、責任追及〔等〕の訴えが当該組合員〔株主〕若しくは第三者の不正な利益を図り又は当該組合〔株式会社〕に損害を加えることを目的とする場合は、この限りでない。

3　組合〔株式会社〕が第1項の規定による請求の日から60日以内に責任追及〔等〕の訴えを提起しないときは、当該請求をした組合員〔株主〕は、組合〔株式会社〕のために、責任追及〔等〕の訴えを提起することができる。

4　組合〔株式会社〕は、第1項の規定による請求の日から60日以内に責任追及〔等〕の訴えを提起しない場合において、当該請求をした組合員〔株主〕又は同項の発起人等から請求を受けたときは、当該請求をした者に対し、遅滞なく、責任追及〔等〕の訴えを提起しない理由を書面その他の法務省令で定める方法により通知

第69条（会社法等の準用）

しなければならない。

5　第1項及び第3項の規定にかかわらず、同項の期間の経過により組合〔株式会社〕に回復することができない損害が生ずるおそれがある場合には、第1項の組合員〔株主〕は、組合〔株式会社〕のために、直ちに責任追及〔等〕の訴えを提起することができる。ただし、同項ただし書に規定する場合は、この限りでない。

（責任追及〔等〕の訴えに係る訴訟費用等）

第847条の4　第847条第3項若しくは第5項〔、第847条の2第6項若しくは第8項又は前条第7項若しくは第9項〕の責任追及〔等〕の訴えは、訴訟の目的の価額の算定については、財産権上の請求でない請求に係る訴えとみなす。

2　組合員〔株主等（株主、適格旧株主又は最終完全親会社等の株主をいう。以下この節において同じ。）〕が責任追及〔等〕の訴えを提起したときは、裁判所は、被告の申立てにより、当該組合員〔株主等〕に対し、相当の担保を立てるべきことを命ずることができる。

3　被告が前項の申立てをするには、責任追及〔等〕の訴えの提起が悪意によるものであることを疎明しなければならない。

（訴えの管轄）

第848条　責任追及〔等〕の訴えは、組合〔株式会社又は株式交換等完全子会社（以下この節において「株式会社等」という。）〕の主たる事務所〔本店〕の所在地を管轄する地方裁判所の管轄に専属する。

（訴訟参加）

第849条　組合員〔株主〕等又は組合〔株式会社等〕は、共同訴訟人として、又は当事者の一方を補助するため、責任追及〔等〕の訴え〔（適格旧株主にあっては第847条の2第1項各号に掲げる行為の効力が生じた時までにその原因となった事実が生じた責任又は義務に係るものに限り、最終完全親会社等の株主にあっては特定責任追及の訴えに限る。）〕に係る訴訟に参加することができる。ただし、不当に訴訟手続を遅延させることとなるとき、又は裁判所に対し過大な事務負担を及ぼすこととなるときは、この限りでない。

3　組合〔株式会社等、株式交換等完全親会社又は最終完全親会社等〕が、当該組合〔株式会社等、当該株式交換等完全親会社の株式交換等完全子会社又は当該最終完全親会社等の完全子会社等である株式会社〕の清算人及び清算人であった者〔取締役（監査等委員及び監査委員を除く。）、執行役及び清算人並びにこれらの者であった者〕を補助するため、責任追及〔等〕の訴えに係る訴訟に参加するには、

327

第2章　中小企業等協同組合

次号〔次の各号〕に掲げる組合〔株式会社〕の区分に応じ、当該号〔各号〕に定める者の同意を得なければならない。

　一　監査権限限定組合(中小企業等協同組合法第27条第8項に規定する監査権限限定組合をいう。)以外の組合　監事(監事が2人以上ある場合にあっては、各監事)〔監査役設置会社　監査役(監査役が2人以上ある場合にあっては、各監査役)〕

4　組合員〔株主等〕は、責任追及〔等〕の訴えを提起したときは、遅滞なく、当該組合〔株式会社等〕に対し、訴訟告知をしなければならない。

5　組合〔株式会社等〕は、責任追及〔等〕の訴えを提起したとき、又は前項の訴訟告知を受けたときは、遅滞なく、その旨を公告し、又は組合員〔株主〕に通知しなければならない。

（和解）

第850条　民事訴訟法第267条の規定は、組合〔株式会社等〕が責任追及〔等〕の訴えに係る訴訟における和解の当事者でない場合には、当該訴訟における訴訟の目的については、適用しない。ただし、当該組合〔株式会社等〕の承認がある場合は、この限りでない。

2　前項に規定する場合において、裁判所は、組合〔株式会社等〕に対し、和解の内容を通知し、かつ、当該和解に異議があるときは2週間以内に異議を述べるべき旨を催告しなければならない。

3　組合〔株式会社等〕が前項の期間内に書面により異議を述べなかったときは、同項の規定による通知の内容で組合員〔株主等〕が和解をすることを承認したものとみなす。

4　中小企業等協同組合法第69条において準用する同法第38条の2第4項〔第55条、第102条の2第2項、第103条第3項、第120条第5項、第213条の2第2項、第286条の2第2項、第424条（第486条第4項において準用する場合を含む。)、第462条第3項（同項ただし書に規定する分配可能額を超えない部分について負う義務に係る部分に限る。)、第464条第2項及び第465条第2項〕の規定は、責任追及〔等〕の訴えに係る訴訟における和解をする場合には、適用しない。

　　【「民事訴訟法」参照条文】
　　（和解調書等の効力）
　　第267条　和解又は請求の放棄若しくは認諾を調書に記載したときは、その記載は、確定判決と同一の効力を有する。

第69条（会社法等の準用）

（費用等の請求）

第852条　責任追及〔等〕の訴えを提起した組合員〔株主等〕が勝訴（一部勝訴を含む。）した場合において、当該責任追及〔等〕の訴えに係る訴訟に関し、必要な費用（訴訟費用を除く。）を支出したとき又は弁護士若しくは弁護士法人に報酬を支払うべきときは、当該組合〔株式会社等〕に対し、その費用の額の範囲内又はその報酬額の範囲内で相当と認められる額の支払を請求することができる。

2　責任追及〔等〕の訴えを提起した組合員〔株主等〕が敗訴した場合であっても、悪意があったときを除き、当該組合員〔株主等〕は、当該組合〔株式会社等〕に対し、これによって生じた損害を賠償する義務を負わない。

3　前2項の規定は、第849条第1項の規定により同項の訴訟に参加した組合員〔株主等〕について準用する。

（再審の訴え）

第853条　責任追及〔等〕の訴えが提起された場合において、原告及び被告が共謀して責任追及〔等〕の訴えに係る訴訟の目的である組合〔株式会社等〕の権利を害する目的をもって判決をさせたときは、次号〔次の各号〕に掲げる者は、当該号〔各号〕に定める訴えに係る確定した終局判決に対し、再審の訴えをもって、不服を申し立てることができる。

一　組合員〔株主〕又は組合〔株式会社等〕　責任追及等の訴え

2　前条の規定は、前項の再審の訴えについて準用する。

（監査権限限定組合の清算人について）

（組合〔株式会社〕と清算人〔取締役〕との間の訴えにおける組合〔会社〕の代表）

第353条　中小企業等協同組合法第69条において準用する同法第36条の8第2項〔第349条第4項〕の規定にかかわらず、組合〔株式会社〕が清算人（清算人であった者を含む。以下この条において同じ。）〔取締役（取締役であった者を含む。以下この条において同じ。）〕に対し、又は清算人〔取締役〕が組合〔株式会社〕に対して訴えを提起する場合には、総会〔株主総会〕は、当該訴えについて組合〔株式会社〕を代表する者を定めることができる。

（組合員〔株主〕による清算人〔取締役〕の行為の差止め）

第360条　6箇月（これを下回る期間を定款で定めた場合にあっては、その期間）前から引き続き持分〔株式〕を有する組合員〔株主〕は、清算人〔取締役〕が組

329

第2章　中小企業等協同組合

合〔株式会社〕の目的の範囲外の行為その他法令若しくは定款に違反する行為を
し、又はこれらの行為をするおそれがある場合において、当該行為によって当該
組合〔株式会社〕に著しい損害が生ずるおそれがあるときは、当該清算人〔取締
役〕に対し、当該行為をやめることを請求することができる。

**（監査権限限定組合〔取締役会設置会社〕と清算人〔取締役〕との間の訴えにおけ
る組合〔会社〕の代表）**

第364条　第353条に規定する場合には、清算人会〔取締役会〕は、同条の規定に
よる総会〔株主総会〕の定めがある場合を除き、同条の訴えについて監査権限限
定組合（中小企業等協同組合法第27条第8項に規定する監査権限限定組合をい
う。）〔取締役会設置会社〕を代表する者を定めることができる。

第69条の２（紛争解決等業務を行う者の指定）

第７節　指定紛争解決機関

本節…追加〔平成21年６月法律58号〕

（紛争解決等業務を行う者の指定）

第69条の２　行政庁は、次に掲げる要件を備える者を、その申請により、紛争解決等業務を行う者として、指定することができる。

一　法人（人格のない社団又は財団で代表者又は管理人の定めのあるものを含み、外国の法令に準拠して設立された法人その他の外国の団体を除く。第四号ニにおいて同じ。）であること。

二　第69条の４において準用する保険業法第308条の24第１項の規定若しくは第69条の５において準用する銀行法（以下この節及び第６章において「準用銀行法」という。）第52条の84第１項の規定によりこの項の規定による指定を取り消され、その取消しの日から５年を経過しない者又は他の法律の規定による指定であつて紛争解決等業務に相当する業務に係るものとして政令で定めるものを取り消され、その取消しの日から５年を経過しない者でないこと。

三　この法律（信用事業等に係る紛争解決等業務を行う場合にあつては、この法律又は協同組合による金融事業に関する法律（昭和24年法律第183号）。次号ニ及びホにおいて同じ。）若しくは弁護士法（昭和24年法律第205号）又はこれらに相当する外国の法令の規定に違反し、罰金の刑（これに相当する外国の法令による刑を含む。）に処せられ、その刑の執行を終わり、又はその刑の執行を受けることがなくなつた日から５年を経過しない者でないこと。

四　役員のうちに、次のいずれかに該当する者がないこと。

イ　成年被後見人若しくは被保佐人又は外国の法令上これらと同様に取り扱われている者

ロ　破産者で復権を得ないもの又は外国の法令上これと同様に取り扱われている者

ハ　禁錮以上の刑（これに相当する外国の法令による刑を含む。）に処せられ、その刑の執行を終わり、又はその刑の執行を受けることがなくなつた日から５年を経過しない者

331

ニ　第69条の4において準用する保険業法第308条の24第1項の規定若しくは準用銀行法第52条の84第1項の規定によりこの項の規定による指定を取り消された場合若しくはこの法律に相当する外国の法令の規定により当該外国において受けている当該指定に類する行政処分を取り消された場合において、その取消しの日前1月以内にその法人の役員（外国の法令上これと同様に取り扱われている者を含む。以下このニにおいて同じ。）であつた者でその取消しの日から5年を経過しない者又は他の法律の規定による指定であつて紛争解決等業務に相当する業務に係るものとして政令で定めるもの若しくは当該他の法律に相当する外国の法令の規定により当該外国において受けている当該政令で定める指定に類する行政処分を取り消された場合において、その取消しの日前1月以内にその法人の役員であつた者でその取消しの日から5年を経過しない者

ホ　この法律若しくは弁護士法又はこれらに相当する外国の法令の規定に違反し、罰金の刑（これに相当する外国の法令による刑を含む。）に処せられ、その刑の執行を終わり、又はその刑の執行を受けることがなくなつた日から5年を経過しない者

五　紛争解決等業務を的確に実施するに足りる経理的及び技術的な基礎を有すること。

六　役員又は職員の構成が紛争解決等業務の公正な実施に支障を及ぼすおそれがないものであること。

七　紛争解決等業務の実施に関する規程（以下この条及び次条において「業務規程」という。）が法令に適合し、かつ、この法律の定めるところにより紛争解決等業務を公正かつ的確に実施するために十分であると認められること。

八　次項の規定により意見を聴取した結果、手続実施基本契約（紛争解決等業務の実施に関し指定紛争解決機関（この項の規定による指定を受けた者をいう。以下同じ。）と特定共済事業協同組合等又は信用協同組合等との間で締結される契約をいう。以下同じ。）の解除に関する事項その他の手続実施基本契約の内容（特定共済事業等に係るものについては第69条の4において準用する保険業法第308条の7第2項各号に掲げる事項を、信用事業等に係るものについては準用銀行法第52条の67第2項

各号に掲げる事項を除く。）その他の業務規程の内容（特定共済事業等に係るものについては第69条の4において準用する保険業法第308条の7第3項の規定、信用事業等に係るものについては準用銀行法第52条の67第3項の規定によりその内容とするものでなければならないこととされる事項並びに特定共済事業等に係るものについては第69条の4において準用する保険業法第308条の7第4項各号及び第5項第一号に掲げる基準に適合するために必要な事項を、信用事業等に係るものについては準用銀行法第52条の67第4項各号及び第5項第一号に掲げる基準に適合するために必要な事項を除く。）について異議（合理的な理由が付されたものに限る。）を述べた特定共済事業協同組合等又は信用協同組合等の数の特定共済事業協同組合等又は信用協同組合等のそれぞれの総数に占める割合が政令で定める割合以下の割合となつたこと。

2　前項の申請をしようとする者は、あらかじめ、主務省令で定めるところにより、特定共済事業協同組合等又は信用協同組合等に対し、業務規程の内容を説明し、これについて異議がないかどうかの意見（異議がある場合には、その理由を含む。）を聴取し、及びその結果を記載した書類を作成しなければならない。

3　行政庁は、第1項の規定による指定をしようとするときは、同項第五号から第七号までに掲げる要件（紛争解決手続（特定共済事業等又は信用事業等に関する紛争で当事者が和解をすることができるものについて訴訟手続によらずに解決を図る手続をいう。第6項第一号において同じ。）の業務に係る部分に限り、第1項第七号に掲げる要件にあつては、特定共済事業等に係る業務規程については第69条の4において準用する保険業法第308条の7第4項各号及び第5項各号に掲げる基準に係るもの、信用事業等に係る業務規程については準用銀行法第52条の67第4項各号及び第5項各号に掲げる基準に係るものに限る。）に該当していることについて、あらかじめ、法務大臣に協議しなければならない。

4　第1項の規定による指定は、紛争解決等業務の種別（紛争解決等業務に係る特定共済事業等及び信用事業等の種別をいう。以下この節において同じ。）ごとに行うものとする。

5　行政庁は、第1項の規定による指定をしたときは、指定紛争解決機関の名称又は商号及び主たる事務所又は営業所の所在地、当該指定に係る紛争

解決等業務の種別並びに当該指定をした日を官報で告示しなければならない。

6 この条において、次の各号に掲げる用語の意義は、当該各号に定めるところによる。

一 紛争解決等業務 苦情処理手続（特定共済事業等又は信用事業等に関する苦情を処理する手続をいう。）及び紛争解決手続に係る業務並びにこれに付随する業務

二 削除

三 特定共済事業協同組合等 共済事業を行う事業協同組合のうち組合員並びに組合員と生計を一にする親族及び組合員たる組合を直接又は間接に構成する者であつて小規模の事業者であるもの以外の者にその共済事業を利用させているもの、共済事業を行う事業協同小組合のうち組合員及び組合員と生計を一にする親族以外の者にその共済事業を利用させているもの並びに共済事業を行う協同組合連合会のうち会員並びに所属員たる小規模の事業者及び所属員たる小規模の事業者と生計を一にする親族以外の者にその共済事業を利用させているもの

四 信用協同組合等 信用協同組合及び第9条の9第1項第一号の事業を行う協同組合連合会

五 削除

六 特定共済事業等 特定共済事業協同組合等が行う共済事業（責任共済に係る共済金等（自動車損害賠償保障法第23条の3第1項において読み替えて準用する同法第16条の2に規定する共済金等をいう。）の支払及び支払に係る手続に関する業務に係るものを除く。）及びこれに附帯する事業、第9条の2第6項（協同組合連合会にあつては第9条の9第5項又は第8項において準用する第9条の2第6項）の事業並びに当該特定共済事業協同組合等のために共済代理店が行う共済契約の締結の代理又は媒介

七 信用事業等 信用協同組合等が第9条の8第1項、第2項及び第7項の規定により行う事業又は第9条の9第1項第一号及び第二号の規定により行う事業並びにこれに附帯する事業並びに同条第6項の規定により行う事業並びに他の法律により行う事業並びに当該信用協同組合等のために信用協同組合代理業（協同組合による金融事業に関する法律第6条の3

第69条の2（紛争解決等業務を行う者の指定）

> 第2項（信用協同組合代理業の許可）に規定する信用協同組合代理業を
> いう。以下この号において同じ。）を行う者が行う信用協同組合代理業
>
> 本条…追加〔平成21年6月法律58号〕、1－4・6項…一部改正〔平成24年9月法律85号〕
>
> 委任　1項二号・四号ニの「政令」＝〈本法施行令〉28条の2、1項八号の「政令」＝同
> 　　　28条の3、2項の「主務省令」＝〈本法施行規則〉182条の3

1　指定紛争解決機関の指定

　金融ADR制度において、指定紛争解決機関が存在する場合、特定火災共済協同組合等は、当該指定紛争解決機関と紛争解決等に関する手続実施基本契約を締結する義務を負い、当該指定紛争解決機関から紛争解決手続に応じるように求められた特定火災共済協同組合等は正当な理由なくこれを拒んではならないこととなる等、指定紛争解決機関には重要な位置づけが与えられている。

2　指定要件

　指定紛争解決機関として指定をするための要件としては、①法人（人格のない社団等で一定の要件を備えたものを含む。）であること、②指定紛争解決機関の指定の取消しを受けてから5年を経過しない者等でないこと、③中協法等に違反し、罰金の刑に処せられ、その刑の執行が終わった日から5年を経過しない者等でないこと、④役員のうちに成年被後見人等に該当する者がないこと、⑤紛争解決等業務を的確に実施するに足りる経理的及び技術的な基礎を有すること、⑥役員又は職員の構成が紛争解決等業務の公正な実施に支障を及ぼすおそれがないものであること、⑦業務規程が法令に適合し、かつ、紛争解決等業務を公正かつ的確に実施するために十分であると認められることが必要とされるが、さらに、⑧法69条の2第2項の規定により意見を聴取した結果、手続実施基本規程その他の業務規程の内容について異議（合理的な理由が付されたものに限る。）を述べた特定共済事業協同組合等又は信用協同組合等の数の特定共済事業協同組合等又は信用協同組合等のそれぞれの総数に占める割合が政令で定める割合以下の割合となったことが必要とされる（1項）。この場合における特定共済事業協同組合等は、共済事業を行う事業協同組合のうち組合員並びに組合員と生計を一にする親族及び組合員たる組合を直接又は間接に構成する者であって小規模の事業者であるもの以外の者にその共済事業を利用させているもの、共済事業を行う事業協同小組合のうち組合員及び組合員と生計を一にする親族以外の者にその共済事業を

第2章　中小企業等協同組合

利用させているもの並びに共済事業を行う協同組合連合会のうち会員並びに所属員たる小規模の事業者及び所属員たる小規模の事業者と生計を一にする親族以外の者にその共済事業を利用させているものをいい（法69条の2第6項三号）、信用協同組合等は、信用協同組合及び会員の預金又は定期積金の受入れの事業（法9条の9第1項一号）を行う協同組合連合会をいう（法69条の2第6項四号）。

3　手続等

　行政庁の指定は指定要件を備える者の申請に基づき行われるが（1項）、行政庁が指定をしようとするときは、前記2⑤から⑦に該当していることにつき、あらかじめ法務大臣に協議しなければならない（3項）。また、指定は、紛争解決等業務の種別（紛争解決等業務に係る特定共済事業等及び信用事業等の種別をいう。）ごとに行うものとされ（4項）、行政庁は、指定をしたときは、指定紛争解決機関の名称又は商号及び主たる事務所又は営業所の所在地、当該指定に係る紛争解決等業務の種別並びに当該指定をした日を官報で告示する（5項）。

（業務規程）

第69条の3　指定紛争解決機関は、次に掲げる事項に関する業務規程を定めなければならない。

一　手続実施基本契約の内容に関する事項

二　手続実施基本契約の締結に関する事項

三　紛争解決等業務（前条第6項第一号に規定する紛争解決等業務をいう。以下この条及び第112条の6の2において同じ。）の実施に関する事項

四　紛争解決等業務に要する費用について加入協同組合等（手続実施基本契約を締結した相手方である特定共済事業協同組合等（同項第三号に規定する特定共済事業協同組合等をいう。第111条第1項第四号イ及び第111条の2第二号イにおいて同じ。）又は信用協同組合等（前条第6項第四号に規定する信用協同組合等をいう。）をいう。次号において同じ。）が負担する負担金に関する事項

五　当事者である加入協同組合等又はその利用者（特定共済事業等（前条第6項第六号に規定する特定共済事業等をいう。次条において同じ。）に係る紛争解決等業務にあつては、利用者以外の被共済者、共済金額を受け取るべき者その他の関係者を含む。）から紛争解決等業務の実施に

336

第69条の４（保険業法の準用）

　　関する料金を徴収する場合にあつては、当該料金に関する事項
　六　他の指定紛争解決機関その他相談、苦情の処理又は紛争の解決を実施
　　する国の機関、地方公共団体、民間事業者その他の者との連携に関する
　　事項
　七　紛争解決等業務に関する苦情の処理に関する事項
　八　前各号に掲げるもののほか、紛争解決等業務の実施に必要な事項とし
　　て紛争解決等業務の種別ごとに主務省令で定めるもの

　　　本条…追加〔平成21年６月法律58号〕、一部改正〔平成24年９月法律85号〕
　　　委任　八号の「主務省令」＝〈本法施行規則〉182条の６、〈中小企業等協同組合法による
　　　　信用協同組合及び信用協同組合連合会の事業に関する内閣府令〉７条

　指定紛争解決機関は、紛争解決等業務に係る業務規程を定めなければならな
い。定めるべき事項は、本条により、手続実施基本契約の内容及び締結に関する
事項、紛争解決等業務の実施に関する事項、紛争解決等業務に要する費用に関す
る負担金に関する事項、紛争解決等業務の実施に関する料金に関する事項、他の
指定紛争解決機関等との連携に関する事項、紛争解決等業務に関する苦情の処理
に関する事項等とされている。

　（保険業法の準用）
第69条の４　保険業法第４編（第308条の２（紛争解決等業務を行う者の指定）
　　及び第308条の７第１項（業務規程）を除く。）（指定紛争解決機関）並び
　　に第311条第１項（第308条の21に係る部分に限る。）及び第２項（検査職員
　　の証票の携帯及び提示等）の規定は、指定特定共済事業等紛争解決機関（指
　　定紛争解決機関であつてその紛争解決等業務の種別が特定共済事業等であ
　　るものをいう。第111条第１項第四号イ、第111条の２第二号イ及び第115条
　　の２第二号において同じ。）について準用する。この場合において、同編の
　　規定中「内閣総理大臣」とあるのは「行政庁」と、「内閣府令」とあるのは「主
　　務省令」と、同編（同法第308条の５第２項を除く。）の規定中「加入保険
　　業関係者」とあるのは「加入特定共済事業協同組合等」と、「顧客」とあ
　　るのは「利用者」と、同編（第308条の７第２項第一号及び第四号を除く。）
　　の規定中「保険業務等関連紛争」とあるのは「特定共済事業等関連紛争」と、
　　「保険業務等関連苦情」とあるのは「特定共済事業等関連苦情」と、同法

337

第308条の3第1項中「前条第1項」とあるのは「中小企業等協同組合法第69条の2第1項」と、同項第一号中「紛争解決等業務の種別」とあるのは「紛争解決等業務の種別（中小企業等協同組合法第69条の2第4項に規定する紛争解決等業務の種別をいう。）」と、同項第三号中「紛争解決等業務」とあるのは「紛争解決等業務（中小企業等協同組合法第69条の2第6項第一号に規定する紛争解決等業務をいう。以下同じ。）」と、同条第2項第一号中「前条第1項第三号」とあるのは「中小企業等協同組合法第69条の2第1項第三号」と、同項第六号中「前条第2項」とあるのは「中小企業等協同組合法第69条の2第2項」と、同法第308条の5第1項中「この法律」とあるのは「中小企業等協同組合法」と、同条第2項中「加入保険業関係業者（手続実施基本契約」とあるのは「加入特定共済事業協同組合等（手続実施基本契約（中小企業等協同組合法第69条の2第1項第八号に規定する手続実施基本契約をいう。以下同じ。）」と、「保険業関係業者をいう。以下この編において」とあるのは「特定共済事業協同組合等（同条第6項第三号に規定する特定共済事業協同組合等をいう。以下同じ。）をいう。以下」と、「顧客（顧客以外の保険契約者等を含む。以下この編において」とあるのは「利用者（利用者以外の被共済者、共済金額を受け取るべき者その他の関係者を含む。以下」と、同法第308条の6中「又は他の法律」とあるのは「又は中小企業等協同組合法以外の法律」と、「苦情処理手続」とあるのは「苦情処理手続（同法第69条の2第6項第一号に規定する苦情処理手続をいう。以下同じ。）」と、「紛争解決手続」とあるのは「紛争解決手続（同条第3項に規定する紛争解決手続をいう。以下同じ。）」と、同法第308条の7第2項中「前項第一号」とあるのは「中小企業等協同組合法第69条の3第一号」と、同項第一号中「保険業務等関連苦情」とあるのは「特定共済事業等関連苦情（特定共済事業等（同法第69条の2第6項第六号に規定する特定共済事業等をいう。以下同じ。）に関する苦情をいう。以下同じ。）」と、「当事者」とあるのは「当事者である加入特定共済事業協同組合等若しくは利用者（以下単に「当事者」という。）」と、同項第四号中「保険業務等関連紛争」とあるのは「特定共済事業等関連紛争（特定共済事業等に関する紛争で当事者が和解をすることができるものをいう。以下同じ。）」と、同条第3項中「第1項第二号」とあるのは「中小企業等協同組合法第69条の3第二号」と、「保険業関係業者」とあるのは「特定共済事業協同組合等」と、

第69条の4（保険業法の準用）

同条第４項中「第１項第三号」とあるのは「中小企業等協同組合法第69条の３第三号」と、同条第５項中「第１項第四号」とあるのは「中小企業等協同組合法第69条の３第四号」と、同項第一号中「同項第五号」とあるのは「同条第五号」と、同法第308条の13第３項第二号中「保険業務等」とあるのは「特定共済事業等」と、同法第308条の14第２項中「第308条の２第１項」とあるのは「中小企業等協同組合法第69条の２第１項」と、同法第308条の19第一号中「保険業関係業者」とあるのは「特定共済事業協同組合等」と、同法第308条の22第２項第一号中「第308条の２第１項第五号から第七号までに掲げる要件（」とあるのは「中小企業等協同組合法第69条の２第１項第五号から第七号までに掲げる要件（」と、「又は第308条の２第１項第五号」とあるのは「又は同法第69条の２第１項第五号」と、同法第308条の23第３項中「又は他の法律」とあるのは「又は中小企業等協同組合法以外の法律」と、同法第308条の24第１項中「、第308条の２第１項」とあるのは「、中小企業等協同組合法第69条の２第１項」と、同項第一号中「第308条の２第１項第二号」とあるのは「中小企業等協同組合法第69条の２第１項第二号」と、同項第二号中「第308条の２第１項」とあるのは「中小企業等協同組合法第69条の２第１項」と、同条第２項第一号中「第308条の２第１項第五号」とあるのは「中小企業等協同組合法第69条の２第１項第五号」と、「第308条の２第１項の」とあるのは「同法第69条の２第１項の」と、同条第３項及び第４項中「第308条の２第１項」とあるのは「中小企業等協同組合法第69条の２第１項」と読み替えるものとするほか、必要な技術的読替えは、政令で定める。

本条…追加〔平成21年６月法律58号〕、１項…削除・旧２項…一部改正し１項に繰上〔平成24年９月法律85号〕

委任　「政令」＝〈本法施行令〉28条の５、本条で準用する保険業法308条の６・308条の23第３項の「政令」＝同28条の２、本条で準用する保険業法308条の17の「政令」＝同28条の４、本条で読み替えて準用する保険業法308条の３第２項五号の「主務省令」＝〈本法施行規則〉182条の５第１項、本条で読み替えて準用する保険業法308条の３第２項六号の「主務省令」＝同182条の５第２項、本条で読み替えて準用する保険業法308条の３第２項七号の「主務省令」＝同182条の５第３項、本条で読み替えて準用する保険業法308条の７第２項十一号の「主務省令」＝同182条の７、本条で読み替えて準用する保険業法308条の７第４項三号の「主務省令」＝同182条の８・182条の９、本条で読み替えて準用する保険業法308条の11の「主務省令」＝同182条の10、本条で読み替えて準用する保険業法308条の13第３項三号の「主務省

第2章　中小企業等協同組合

　　　　令」＝同182条の11第2項、本条で読み替えて準用する保険業法308条の13第3項五
　　　　号の「主務省令」＝同182条の11第3項、本条で読み替えて準用する保険業法308条
　　　　の13第8項各号列記以外の部分の「主務省令」＝同182条の12第1項、本条で読み
　　　　替えて準用する保険業法308条の13第8項三号の「主務省令」＝同182条の12第2項、
　　　　本条で読み替えて準用する保険業法308条の13第9項各号列記以外の部分の「主務
　　　　省令」＝同182条の13第1項、本条で読み替えて準用する保険業法308条の13第9項
　　　　六号の「主務省令」＝同182条の13第2項、本条で読み替えて準用する保険業法308
　　　　条の19各号列記以外の部分の「主務省令」＝同182条の14第1項、本条で読み替え
　　　　て準用する保険業法308条の19第二号の「主務省令」＝同182条の14第2項・3項、
　　　　本条で読み替えて準用する保険業法308条の20第2項の「主務省令」＝同182条の15
　罰則　〈本法〉112条の2の2・112条の4の2・112条の6第三号・112条の6の2・112条
　　　　の7第三号－五号・114条の4・114条の5第三号・115条の2第二号

【「保険業法」準用条文】

（指定の申請）

第308条の3　中小企業等協同組合法第69条の2第1項〔前条第1項〕の規定によ
　る指定を受けようとする者は、次に掲げる事項を記載した指定申請書を行政庁〔内
　閣総理大臣〕に提出しなければならない。
　一　指定を受けようとする紛争解決等業務の種別（中小企業等協同組合法第69条
　　　の2第4項に規定する紛争解決等業務の種別をいう。）〔紛争解決等業務の種別〕
　二　商号又は名称
　三　主たる営業所又は事務所その他紛争解決等業務（中小企業等協同組合法第69
　　　条の2第6項第一号に規定する紛争解決等業務をいう。以下同じ。）〔紛争解決
　　　等業務〕を行う営業所又は事務所の名称及び所在地
　四　役員の氏名又は商号若しくは名称
2　前項の指定申請書には、次に掲げる書類を添付しなければならない。
　一　中小企業等協同組合法第69条の2第1項第三号〔前条第1項第三号〕及び第
　　　四号に掲げる要件に該当することを誓約する書面
　二　定款及び法人の登記事項証明書（これらに準ずるものを含む。）
　三　業務規程
　四　組織に関する事項を記載した書類
　五　財産目録、貸借対照表その他の紛争解決等業務を行うために必要な経理的な
　　　基礎を有することを明らかにする書類であって主務省令〔内閣府令〕で定める
　　　もの

第69条の4（保険業法の準用）

六　中小企業等協同組合法第69条の２第２項〔前条第２項〕に規定する書類その
　　他同条第１項第八号に掲げる要件に該当することを証する書類として主務省令
　　〔内閣府令〕で定めるもの

七　前各号に掲げるもののほか、主務省令〔内閣府令〕で定める書類

3　前項の場合において、定款、財産目録又は貸借対照表が電磁的記録で作成され
　ているときは、書類に代えて当該電磁的記録を添付することができる。

（秘密保持義務等）

第308条の４　指定紛争解決機関の紛争解決委員（第308条の13第２項の規定によ
　り選任された紛争解決委員をいう。次項、次条第２項並びに第308条の７第２項
　及び第４項において同じ。）若しくは役員若しくは職員又はこれらの職にあった
　者は、紛争解決等業務に関して知り得た秘密を漏らし、又は自己の利益のために
　使用してはならない。

2　指定紛争解決機関の紛争解決委員又は役員若しくは職員で紛争解決等業務に従
　事する者は、刑法その他の罰則の適用については、法令により公務に従事する職
　員とみなす。

（指定紛争解決機関の業務）

第308条の５　指定紛争解決機関は、中小企業等協同組合法〔この法律〕及び業務
　規程の定めるところにより、紛争解決等業務を行うものとする。

2　指定紛争解決機関（紛争解決委員を含む。）は、当事者である加入特定共済事
　業協同組合等（手続実施基本契約（中小企業等協同組合法第69条の２第１項第八
　号に規定する手続実施基本契約をいう。以下同じ。）〔加入保険業関係業者（手続
　実施基本契約〕を締結した相手方である特定共済事業協同組合等（同条第６項第
　三号に規定する特定共済事業協同組合等をいう。以下同じ。）をいう。以下〔保
　険業関係業者をいう。以下この編において〕同じ。）若しくはその利用者（利用
　者以外の被共済者、共済金額を受け取るべき者その他の関係者を含む。以下〔顧
　客（顧客以外の保険契約者等を含む。以下この編において〕同じ。）又はこれら
　の者以外の者との手続実施基本契約その他の契約で定めるところにより、紛争解
　決等業務を行うことに関し、負担金又は料金その他の報酬を受けることができる。

（苦情処理手続又は紛争解決手続の業務の委託）

第308条の６　指定紛争解決機関は、他の指定紛争解決機関又は中小企業等協同組
　合法以外の法律〔又は他の法律〕の規定による指定であって紛争解決等業務に相
　当する業務に係るものとして政令で定めるものを受けた者（第308条の13第４項

341

第2章　中小企業等協同組合

及び第5項において「受託紛争解決機関」という。）以外の者に対して、苦情処理手続（同法第69条の2第6項第一号に規定する苦情処理手続をいう。以下同じ。）〔苦情処理手続〕又は紛争解決手続（同条第3項に規定する紛争解決手続をいう。以下同じ。）〔紛争解決手続〕の業務を委託してはならない。

（業務規程）

第308条の7

2　中小企業等協同組合法第69条の3第一号〔前項第一号〕の手続実施基本契約は、次に掲げる事項を内容とするものでなければならない。

一　指定紛争解決機関は、加入特定共済事業協同組合等〔加入保険業関係業者〕の利用者〔顧客〕からの特定共済事業等関連苦情（特定共済事業等（同法第69条の2第6項第六号に規定する特定共済事業等をいう。以下同じ。）に関する苦情をいう。以下同じ。）〔保険業務等関連苦情〕の解決の申立て又は当事者である加入特定共済事業協同組合等若しくは利用者（以下単に「当事者」という。）〔当事者〕からの紛争解決手続の申立てに基づき苦情処理手続又は紛争解決手続を開始すること。

二　指定紛争解決機関又は紛争解決委員は、苦情処理手続を開始し、又は加入特定共済事業協同組合等〔加入保険業関係業者〕の利用者〔顧客〕からの申立てに基づき紛争解決手続を開始した場合において、加入特定共済事業協同組合等〔加入保険業関係業者〕にこれらの手続に応じるよう求めることができ、当該加入特定共済事業協同組合等〔加入保険業関係業者〕は、その求めがあったときは、正当な理由がないのに、これを拒んではならないこと。

三　指定紛争解決機関又は紛争解決委員は、苦情処理手続又は紛争解決手続において、加入特定共済事業協同組合等〔加入保険業関係業者〕に対し、報告又は帳簿書類その他の物件の提出を求めることができ、当該加入特定共済事業協同組合等〔加入保険業関係業者〕は、その求めがあったときは、正当な理由がないのに、これを拒んではならないこと。

四　紛争解決委員は、紛争解決手続において、特定共済事業等関連紛争（特定共済事業等に関する紛争で当事者が和解をすることができるものをいう。以下同じ。）〔保険業務等関連紛争〕の解決に必要な和解案を作成し、当事者に対し、その受諾を勧告することができること。

五　紛争解決委員は、紛争解決手続において、前号の和解案の受諾の勧告によっては当事者間に和解が成立する見込みがない場合において、事案の性質、当事

第69条の４（保険業法の準用）

者の意向、当事者の手続追行の状況その他の事情に照らして相当であると認めるときは、特定共済事業等関連紛争〔保険業務等関連紛争〕の解決のために必要な特別調停案を作成し、理由を付して当事者に提示することができること。

六　加入特定共済事業協同組合等〔加入保険業関係業者〕は、訴訟が係属している請求を目的とする紛争解決手続が開始された場合には、当該訴訟が係属している旨、当該訴訟における請求の理由及び当該訴訟の程度を指定紛争解決機関に報告しなければならないこと。

七　加入特定共済事業協同組合等〔加入保険業関係業者〕は、紛争解決手続の目的となった請求に係る訴訟が提起された場合には、当該訴訟が提起された旨及び当該訴訟における請求の理由を指定紛争解決機関に報告しなければならないこと。

八　前２号に規定する場合のほか、加入特定共済事業協同組合等〔加入保険業関係業者〕は、紛争解決手続の目的となった請求に係る訴訟に関し、当該訴訟の程度その他の事項の報告を求められた場合には、当該事項を指定紛争解決機関に報告しなければならないこと。

九　加入特定共済事業協同組合等〔加入保険業関係業者〕は、第六号若しくは第七号の訴訟が裁判所に係属しなくなった場合又はその訴訟について裁判が確定した場合には、その旨及びその内容を指定紛争解決機関に報告しなければならないこと。

十　加入特定共済事業協同組合等〔加入保険業関係業者〕は、その利用者〔顧客〕に対し指定紛争解決機関による紛争解決等業務の実施について周知するため、必要な情報の提供その他の措置を講じなければならないこと。

十一　前各号に掲げるもののほか、特定共済事業等関連苦情〔保険業務等関連苦情〕の処理又は特定共済事業等関連紛争〔保険業務等関連紛争〕の解決の促進のために必要であるものとして主務省令〔内閣府令〕で定める事項

3　中小企業等協同組合法第69条の３第二号〔第１項第二号〕の手続実施基本契約の締結に関する事項に関する業務規程は、特定共済事業協同組合等〔保険業関係業者〕から手続実施基本契約の締結の申込みがあった場合には、当該特定火災共同組合〔保険業関係業者〕が手続実施基本契約に係る債務その他の紛争解決等業務の実施に関する義務を履行することが確実でないと見込まれるときを除き、これを拒否してはならないことを内容とするものでなければならない。

4　中小企業等協同組合法第69条の３第三号〔第１項第三号〕に掲げる事項に関す

343

第2章　中小企業等協同組合

る業務規程は、次に掲げる基準に適合するものでなければならない。

一　苦情処理手続と紛争解決手続との連携を確保するための措置が講じられていること。

二　紛争解決委員の選任の方法及び紛争解決委員が特定共済事業等関連紛争〔保険業務等関連紛争〕の当事者と利害関係を有することその他の紛争解決手続の公正な実施を妨げるおそれがある事由がある場合において、当該紛争解決委員を排除するための方法を定めていること。

三　指定紛争解決機関の実質的支配者等（指定紛争解決機関の株式の所有、指定紛争解決機関に対する融資その他の事由を通じて指定紛争解決機関の事業を実質的に支配し、又はその事業に重要な影響を与える関係にあるものとして主務省令〔内閣府令〕で定める者をいう。）又は指定紛争解決機関の子会社等（指定紛争解決機関が株式の所有その他の事由を通じてその事業を実質的に支配する関係にあるものとして主務省令〔内閣府令〕で定める者をいう。）を特定共済事業等関連紛争〔保険業務等関連紛争〕の当事者とする特定共済事業等関連紛争〔保険業務等関連紛争〕について紛争解決手続の業務を行うこととしている指定紛争解決機関にあっては、当該実質的支配者等若しくは当該子会社等又は指定紛争解決機関が紛争解決委員に対して不当な影響を及ぼすことを排除するための措置が講じられていること。

四　紛争解決委員が弁護士でない場合（司法書士法（昭和25年法律第197号）第3条第1項第七号（業務）に規定する紛争について行う紛争解決手続において、紛争解決委員が同条第2項に規定する司法書士である場合を除く。）において、紛争解決手続の実施に当たり法令の解釈適用に関し専門的知識を必要とするときに、弁護士の助言を受けることができるようにするための措置を定めていること。

五　紛争解決手続の実施に際して行う通知について相当な方法を定めていること。

六　紛争解決手続の開始から終了に至るまでの標準的な手続の進行について定めていること。

七　加入特定共済事業協同組合等〔加入保険業関係業者〕の利用者〔顧客〕が指定紛争解決機関に対し特定共済事業等関連紛争〔保険業務等関連苦情〕の解決の申立てをする場合又は特定共済事業等関連紛争〔保険業務等関連紛争〕の当事者が指定紛争解決機関に対し紛争解決手続の申立てをする場合の要件及び方

344

第69条の４（保険業法の準用）

式を定めていること。

八　指定紛争解決機関が加入特定共済事業協同組合等〔加入保険業関係業者〕から紛争解決手続の申立てを受けた場合において、特定共済事業等関連紛争〔保険業務等関連紛争〕の他方の当事者となる当該加入特定共済事業協同組合等〔加入保険業関係業者〕の利用者〔顧客〕に対し、速やかにその旨を通知するとともに、当該利用者〔顧客〕がこれに応じて紛争解決手続の実施を依頼するか否かを確認するための手続を定めていること。

九　指定紛争解決機関が加入特定共済事業協同組合等〔加入保険業関係業者〕の利用者〔顧客〕から第七号の紛争解決手続の申立てを受けた場合において、特定共済事業等関連紛争〔保険業務等関連紛争〕の他方の当事者となる当該加入特定共済事業協同組合等〔加入保険業関係業者〕に対し、速やかにその旨を通知する手続を定めていること。

十　紛争解決手続において提出された帳簿書類その他の物件の保管、返還その他の取扱いの方法を定めていること。

十一　紛争解決手続において陳述される意見又は提出され、若しくは提示される帳簿書類その他の物件に含まれる特定共済事業等関連紛争〔保険業務等関連紛争〕の当事者又は第三者の秘密について、当該秘密の性質に応じてこれを適切に保持するための取扱いの方法を定めていること。第308条の13第９項に規定する手続実施記録に記載されているこれらの秘密についても、同様とする。

十二　特定共済事業等関連紛争〔保険業務等関連紛争〕の当事者が紛争解決手続を終了させるための要件及び方式を定めていること。

十三　紛争解決委員が紛争解決手続によっては特定共済事業等関連紛争〔保険業務等関連紛争〕の当事者間に和解が成立する見込みがないと判断したときは、速やかに当該紛争解決手続を終了し、その旨を特定共済事業等関連紛争〔保険業務等関連紛争〕の当事者に通知することを定めていること。

十四　指定紛争解決機関の紛争解決委員、役員及び職員について、これらの者が紛争解決等業務に関し知り得た秘密を確実に保持するための措置を定めていること。

5　中小企業等協同組合法第69条の３第四号〔第１項第四号〕及び第五号に掲げる事項に関する業務規程は、次に掲げる基準に適合するものでなければならない。

一　中小企業等協同組合法第69条の３第四号〔第１項第四号〕に規定する負担金及び同条第五号〔同項第五号〕に規定する料金の額又は算定方法及び支払方法

345

（次号において「負担金額等」という。）を定めていること。

二　負担金額等が著しく不当なものでないこと。

6　第2項第五号の「特別調停案」とは、和解案であって、次に掲げる場合を除き、加入特定共済事業協同組合等〔加入保険業関係業者〕が受諾しなければならないものをいう。

一　当事者である加入特定共済事業協同組合等〔加入保険業関係業者〕の利用者〔顧客〕（以下この項において単に「利用者〔顧客〕」という。）が当該和解案を受諾しないとき。

二　当該和解案の提示の時において当該紛争解決手続の目的となった請求に係る訴訟が提起されていない場合において、利用者〔顧客〕が当該和解案を受諾したことを加入特定共済事業協同組合等〔加入保険業関係業者〕が知った日から1月を経過する日までに当該請求に係る訴訟が提起され、かつ、同日までに当該訴訟が取り下げられないとき。

三　当該和解案の提示の時において当該紛争解決手続の目的となった請求に係る訴訟が提起されている場合において、利用者〔顧客〕が当該和解案を受諾したことを加入特定共済事業協同組合等〔加入保険業関係業者〕が知った日から1月を経過する日までに当該訴訟が取り下げられないとき。

四　利用者〔顧客〕が当該和解案を受諾したことを加入特定共済事業協同組合等〔加入保険業関係業者〕が知った日から1月を経過する日までに、当該紛争解決手続が行われている特定共済事業等関連紛争〔保険業務等関連紛争〕について、当事者間において仲裁法（平成15年法律第138号）第2条第1項（定義）に規定する仲裁合意がされ、又は当該和解案によらずに和解若しくは調停が成立したとき。

7　業務規程の変更は、行政庁〔内閣総理大臣〕の認可を受けなければ、その効力を生じない。

8　行政庁〔内閣総理大臣〕は、前項の規定による認可をしようとするときは、当該認可に係る業務規程が第4項各号及び第5項各号に掲げる基準（紛争解決手続の業務に係る部分に限る。）に適合していることについて、あらかじめ、法務大臣に協議しなければならない。

（手続実施基本契約の不履行の事実の公表等）

第308条の8　指定紛争解決機関は、手続実施基本契約により加入特定共済事業協同組合等〔加入保険業関係業者〕が負担する義務の不履行が生じた場合において、

第69条の4（保険業法の準用）

当該加入特定共済事業協同組合等〔加入保険業関係業者〕の意見を聴取し、当該不履行につき正当な理由がないと認めるときは、遅滞なく、当該加入特定共済事業協同組合等〔加入保険業関係業者〕の名称〔商号、名称又は氏名〕及び当該不履行の事実を公表するとともに、行政庁〔内閣総理大臣〕に報告しなければならない。

2　指定紛争解決機関は、特定共済事業等関連苦情〔保険業務等関連苦情〕及び特定共済事業等関連紛争〔保険業務等関連紛争〕を未然に防止し、並びに特定共済事業等関連苦情〔保険業務等関連苦情〕の処理及び特定共済事業等関連紛争〔保険業務等関連紛争〕の解決を促進するため、加入特定共済事業協同組合等〔加入保険業関係業者〕その他の者に対し、情報の提供、相談その他の援助を行うよう努めなければならない。

（暴力団員等の使用の禁止）

第308条の9　指定紛争解決機関は、暴力団員等（暴力団員による不当な行為の防止等に関する法律第2条第六号（定義）に規定する暴力団員（以下この条において「暴力団員」という。）又は暴力団員でなくなった日から5年を経過しない者をいう。）を紛争解決等業務に従事させ、又は紛争解決等業務の補助者として使用してはならない。

（差別的取扱いの禁止）

第308条の10　指定紛争解決機関は、特定の加入特定共済事業協同組合等〔加入保険業関係業者〕に対し不当な差別的取扱いをしてはならない。

（記録の保存）

第308条の11　指定紛争解決機関は、第308条の13第9項の規定によるもののほか、主務省令〔内閣府令〕で定めるところにより、紛争解決等業務に関する記録を作成し、これを保存しなければならない。

（指定紛争解決機関による苦情処理手続）

第308条の12　指定紛争解決機関は、加入特定共済事業協同組合等〔加入保険業関係業者〕の利用者〔顧客〕から特定共済事業等関連苦情〔保険業務等関連苦情〕について解決の申立てがあったときは、その相談に応じ、当該利用者〔顧客〕に必要な助言をし、当該特定共済事業等関連苦情〔保険業務等関連苦情〕に係る事情を調査するとともに、当該加入特定共済事業協同組合等〔加入保険業関係業者〕に対し、当該特定共済事業等関連苦情〔保険業務等関連苦情〕の内容を通知してその迅速な処理を求めなければならない。

347

第2章　中小企業等協同組合

（指定紛争解決機関による紛争解決手続）

第308条の13　加入特定共済事業協同組合等〔加入保険業関係業者〕に係る特定共
済事業等関連紛争〔保険業務等関連紛争〕の解決を図るため、当事者は、当該加
入特定共済事業協同組合等〔加入保険業関係業者〕が手続実施基本契約を締結し
た指定紛争解決機関に対し、紛争解決手続の申立てをすることができる。

2　指定紛争解決機関は、前項の申立てを受けたときは、紛争解決委員を選任する
ものとする。

3　紛争解決委員は、人格が高潔で識見の高い者であって、次の各号のいずれかに
該当する者（第1項の申立てに係る当事者と利害関係を有する者を除く。）のう
ちから選任されるものとする。この場合において、紛争解決委員のうち少なくと
も1人は、第一号又は第三号（当該申立てが司法書士法第3条第1項第七号（業
務）に規定する紛争に係るものである場合にあっては、第一号、第三号又は第四
号）のいずれかに該当する者でなければならない。

一　弁護士であってその職務に従事した期間が通算して5年以上である者

二　特定共済事業等〔保険業務等〕に従事した期間が通算して10年以上である者

三　消費生活に関する消費者と事業者との間に生じた苦情に係る相談その他の消
費生活に関する事項について専門的な知識経験を有する者として主務省令〔内
閣府令〕で定める者

四　当該申立てが司法書士法第3条第1項第七号に規定する紛争に係るものであ
る場合にあっては、同条第2項に規定する司法書士であって同項に規定する簡
裁訴訟代理等関係業務に従事した期間が通算して5年以上である者

五　前各号に掲げる者に準ずる者として主務省令〔内閣府令〕で定める者

4　指定紛争解決機関は、第1項の申立てを第2項の規定により選任した紛争解決
委員（以下この条及び次条第1項において単に「紛争解決委員」という。）によ
る紛争解決手続に付するものとする。ただし、紛争解決委員は、当該申立てに係
る当事者である加入特定共済事業協同組合等〔加入保険業関係業者〕の利用者〔顧
客〕が当該特定共済事業等関連紛争〔保険業務等関連紛争〕を適切に解決するに
足りる能力を有する者であると認められることその他の事由により紛争解決手続
を行うのに適当でないと認めるとき、又は当事者が不当な目的でみだりに第1項
の申立てをしたと認めるときは、紛争解決手続を実施しないものとし、紛争解決
委員が当該申立てを受託紛争解決機関における紛争解決手続に相当する手続に付
することが適当と認めるときは、指定紛争解決機関は、受託紛争解決機関に紛争

348

第69条の4（保険業法の準用）

解決手続の業務を委託するものとする。

5　前項ただし書の規定により紛争解決委員が紛争解決手続を実施しないこととしたとき、又は受託紛争解決機関に業務を委託することとしたときは、指定紛争解決機関は、第1項の申立てをした者に対し、その旨を理由を付して通知するものとする。

6　紛争解決委員は、当事者若しくは参考人から意見を聴取し、若しくは報告書の提出を求め、又は当事者から参考となるべき帳簿書類その他の物件の提出を求め、和解案を作成して、その受諾を勧告し、又は特別調停（第308条の7第6項に規定する特別調停案を提示することをいう。）をすることができる。

7　紛争解決手続は、公開しない。ただし、紛争解決委員は、当事者の同意を得て、相当と認める者の傍聴を許すことができる。

8　指定紛争解決機関は、紛争解決手続の開始に先立ち、当事者である加入特定共済事業協同組合等〔加入保険業関係業者〕の利用者〔顧客〕に対し、主務省令〔内閣府令〕で定めるところにより、次に掲げる事項について、これを記載した書面を交付し、又はこれを記録した電磁的記録を提供して説明をしなければならない。

一　当該利用者〔顧客〕が支払う料金に関する事項

二　第308条の7第4項第六号に規定する紛争解決手続の開始から終了に至るまでの標準的な手続の進行

三　前2号に掲げるもののほか、主務省令〔内閣府令〕で定める事項

9　指定紛争解決機関は、主務省令〔内閣府令〕で定めるところにより、その実施した紛争解決手続に関し、次に掲げる事項を記載した手続実施記録を作成し、保存しなければならない。

一　特定共済事業等関連紛争〔保険業務等関連紛争〕の当事者が紛争解決手続の申立てをした年月日

二　特定共済事業等関連紛争〔保険業務等関連紛争〕の当事者及びその代理人の氏名、商号又は名称

三　紛争解決委員の氏名

四　紛争解決手続の実施の経緯

五　紛争解決手続の結果（紛争解決手続の終了の理由及びその年月日を含む。）

六　前各号に掲げるもののほか、実施した紛争解決手続の内容を明らかにするために必要な事項であって主務省令〔内閣府令〕で定めるもの

第2章　中小企業等協同組合

（時効の中断）

第308条の14　紛争解決手続によっては特定共済事業等関連紛争〔保険業務等関連紛争〕の当事者間に和解が成立する見込みがないことを理由に紛争解決委員が当該紛争解決手続を終了した場合において、当該紛争解決手続の申立てをした当該特定共済事業等関連紛争〔保険業務等関連紛争〕の当事者がその旨の通知を受けた日から1月以内に当該紛争解決手続の目的となった請求について訴えを提起したときは、時効の中断に関しては、当該紛争解決手続における請求の時に、訴えの提起があったものとみなす。

2　指定紛争解決機関の紛争解決等業務の廃止が第308条の23第1項の規定により認可され、又は中小企業等協同組合法第69条の2第1項〔第308条の2第1項〕の規定による指定が第308条の24第1項の規定により取り消され、かつ、その認可又は取消しの日に紛争解決手続が実施されていた特定共済事業等関連紛争〔保険業務等関連紛争〕がある場合において、当該紛争解決手続の申立てをした当該特定共済事業等関連紛争〔保険業務等関連紛争〕の当事者が第308条の23第3項若しくは第308条の24第4項の規定による通知を受けた日又は当該認可若しくは取消しを知った日のいずれか早い日から1月以内に当該紛争解決手続の目的となった請求について訴えを提起したときも、前項と同様とする。

（訴訟手続の中止）

第308条の15　特定共済事業等関連紛争〔保険業務等関連紛争〕について当該特定共済事業等関連紛争〔保険業務等関連紛争〕の当事者間に訴訟が係属する場合において、次の各号のいずれかに掲げる事由があり、かつ、当該特定共済事業等関連紛争〔保険業務等関連紛争〕の当事者の共同の申立てがあるときは、受訴裁判所は、4月以内の期間を定めて訴訟手続を中止する旨の決定をすることができる。

一　当該特定共済事業等関連紛争〔保険業務等関連紛争〕について、当該特定共済事業等関連紛争〔保険業務等関連紛争〕の当事者間において紛争解決手続が実施されていること。

二　前号の場合のほか、当該特定共済事業等関連紛争〔保険業務等関連紛争〕の当事者間に紛争解決手続によって当該特定共済事業等関連紛争〔保険業務等関連紛争〕の解決を図る旨の合意があること。

2　受訴裁判所は、いつでも前項の決定を取り消すことができる。

3　第1項の申立てを却下する決定及び前項の規定により第1項の決定を取り消す決定に対しては、不服を申し立てることができない。

第69条の4（保険業法の準用）

（加入特定共済事業協同組合等〔加入保険業関係業者〕の名簿の縦覧）

第308条の16 指定紛争解決機関は、加入特定共済事業協同組合等〔加入保険業関係業者〕の名簿を公衆の縦覧に供しなければならない。

（名称の使用制限）

第308条の17 指定紛争解決機関でない者（金融商品取引法第156条の39第１項（紛争解決等業務を行う者の指定）の規定による指定を受けた者その他これに類する者として政令で定めるものを除く。）は、その名称又は商号中に指定紛争解決機関であると誤認されるおそれのある文字を用いてはならない。

（変更の届出）

第308条の18 指定紛争解決機関は、第308条の３第１項第二号から第四号までのいずれかに掲げる事項に変更があったときは、その旨を行政庁〔内閣総理大臣〕に届け出なければならない。

2　行政庁〔内閣総理大臣〕は、前項の規定により指定紛争解決機関の商号若しくは名称又は主たる営業所若しくは事務所の所在地の変更の届出があったときは、その旨を官報で告示しなければならない。

（手続実施基本契約の締結等の届出）

第308条の19 指定紛争解決機関は、次の各号のいずれかに該当するときは、主務省令〔内閣府令〕で定めるところにより、その旨を行政庁〔内閣総理大臣〕に届け出なければならない。

　一　特定共済事業協同組合等〔保険業関係業者〕と手続実施基本契約を締結したとき、又は当該手続実施基本契約を終了したとき。

　二　前号に掲げるもののほか、主務省令〔内閣府令〕で定めるとき。

（業務に関する報告書の提出）

第308条の20 指定紛争解決機関は、事業年度ごとに、当該事業年度に係る紛争解決等業務に関する報告書を作成し、行政庁〔内閣総理大臣〕に提出しなければならない。

2　前項の報告書に関する記載事項、提出期日その他必要な事項は、主務省令〔内閣府令〕で定める。

（報告徴収及び立入検査）

第308条の21 行政庁〔内閣総理大臣〕は、紛争解決等業務の公正かつ的確な遂行のため必要があると認めるときは、指定紛争解決機関に対し、その業務に関し報告若しくは資料の提出を命じ、又は当該職員に、指定紛争解決機関の営業所若し

くは事務所その他の施設に立ち入らせ、当該指定紛争解決機関の業務の状況に関し質問させ、若しくは帳簿書類その他の物件を検査させることができる。

2　行政庁〔内閣総理大臣〕は、紛争解決等業務の公正かつ的確な遂行のため特に必要があると認めるときは、その必要の限度において、指定紛争解決機関の加入特定共済事業協同組合等〔加入保険関係業者〕若しくは当該指定紛争解決機関から業務の委託を受けた者に対し、当該指定紛争解決機関の業務に関し参考となるべき報告若しくは資料の提出を命じ、又は当該職員に、これらの者の営業所若しくは事務所その他の施設に立ち入らせ、当該指定紛争解決機関の業務の状況に関し質問させ、若しくはこれらの者の帳簿書類その他の物件を検査させることができる。

（業務改善命令）

第308条の22　行政庁〔内閣総理大臣〕は、指定紛争解決機関の紛争解決等業務の運営に関し、紛争解決等業務の公正かつ的確な遂行を確保するため必要があると認めるときは、その必要の限度において、当該指定紛争解決機関に対して、その業務の運営の改善に必要な措置を命ずることができる。

2　行政庁〔内閣総理大臣〕は、指定紛争解決機関が次の各号のいずれかに該当する場合において、前項の規定による命令をしようとするときは、あらかじめ、法務大臣に協議しなければならない。

　一　中小企業等協同組合法第69条の2第1項第五号から第七号までに掲げる要件（〔第308条の2第1項第五号から第七号までに掲げる要件（〕紛争解決手続の業務に係る部分に限り、同号に掲げる要件にあっては、第308条の7第4項各号及び第5項各号に掲げる基準に係るものに限る。以下この号において同じ。）に該当しないこととなった場合又は同法第69条の2第1項第五号〔又は第308条の2第1項第五号〕から第七号までに掲げる要件に該当しないこととなるおそれがあると認められる場合

　二　第308条の5、第308条の6、第308条の9又は第308条の13の規定に違反した場合（その違反行為が紛争解決手続の業務に係るものである場合に限る。）

（紛争解決等業務の休廃止）

第308条の23　指定紛争解決機関は、紛争解決等業務の全部若しくは一部の休止（次項に規定する理由によるものを除く。）をし、又は廃止をしようとするときは、行政庁〔内閣総理大臣〕の認可を受けなければならない。

2　指定紛争解決機関が、天災その他のやむを得ない理由により紛争解決等業務の

第69条の４（保険業法の準用）

全部又は一部の休止をした場合には、直ちにその旨を、理由を付して行政庁〔内閣総理大臣〕に届け出なければならない。指定紛争解決機関が当該休止をした当該紛争解決等業務の全部又は一部を再開するときも、同様とする。

3　第１項の規定による休止若しくは廃止の認可を受け、又は前項の休止をした指定紛争解決機関は、当該休止又は廃止の日から２週間以内に、当該休止又は廃止の日に苦情処理手続又は紛争解決手続（他の指定紛争解決機関又は中小企業等協同組合法以外の法律〔又は他の法律〕の規定による指定であって紛争解決等業務に相当する業務に係るものとして政令で定めるものを受けた者（以下この項において「委託紛争解決機関」という。）から業務の委託を受けている場合における当該委託に係る当該委託紛争解決機関の苦情を処理する手続又は紛争の解決を図る手続を含む。次条第４項において同じ。）が実施されていた当事者、当該当事者以外の加入特定共済事業協同組合等〔加入保険業関係業者〕及び他の指定紛争解決機関に当該休止又は廃止をした旨を通知しなければならない。指定紛争解決機関が当該休止をした当該紛争解決等業務の全部又は一部を再開するときも、同様とする。

（指定の取消し等）

第308条の24　行政庁〔内閣総理大臣〕は、指定紛争解決機関が次の各号のいずれかに該当するときは、中小企業等協同組合法第69条の２第１項〔、第308条の２第１項〕の規定による指定を取り消し、又は６月以内の期間を定めて、その業務の全部若しくは一部の停止を命ずることができる。

一　中小企業等協同組合法第69条の２第１項第二号〔第308条の２第１項第二号〕から第七号までに掲げる要件に該当しないこととなったとき、又は指定を受けた時点において同項各号のいずれかに該当していなかったことが判明したとき。

二　不正の手段により中小企業等協同組合法第69条の２第１項〔第308条の２第１項〕の規定による指定を受けたとき。

三　法令又は法令に基づく処分に違反したとき。

2　行政庁〔内閣総理大臣〕は、指定紛争解決機関が次の各号のいずれかに該当する場合において、前項の規定による処分又は命令をしようとするときは、あらかじめ、法務大臣に協議しなければならない。

一　中小企業等協同組合法第69条の２第１項第五号〔第308条の２第１項第五号〕から第七号までに掲げる要件（紛争解決手続の業務に係る部分に限り、同号に掲げる要件にあっては、第308条の７第４項各号及び第５項各号に掲げる基準

353

第2章　中小企業等協同組合

に係るものに限る。以下この号において同じ。）に該当しないこととなった場合又は同法第69条の2第1項〔第308条の2第1項〕の規定による指定を受けた時点において同項第五号から第七号までに掲げる要件に該当していなかったことが判明した場合

二　第308条の5、第308条の6、第308条の9又は第308条の13の規定に違反した場合（その違反行為が紛争解決手続の業務に係るものである場合に限る。）

3　行政庁〔内閣総理大臣〕は、第1項の規定により中小企業等協同組合法第69条の2第1項〔第308条の2第1項〕の規定による指定を取り消したときは、その旨を官報で告示するものとする。

4　第1項の規定により中小企業等協同組合法第69条の2第1項〔第308条の2第1項〕の規定による指定の取消しの処分を受け、又はその業務の全部若しくは一部の停止の命令を受けた者は、当該処分又は命令の日から2週間以内に、当該処分又は命令の日に苦情処理手続又は紛争解決手続が実施されていた当事者、当該当事者以外の加入特定共済事業協同組合等〔加入保険業関係業者〕及び他の指定紛争解決機関に当該処分又は命令を受けた旨を通知しなければならない。

（検査職員の証票の携帯及び提示等）

第311条　〔第122条の2第4項、第129条（第179条第2項及び第271条第3項において準用する場合を含む。）、第201条（第212条第6項及び第271条第3項において準用する場合を含む。）、第227条（第235条第5項及び第271条第3項において準用する場合を含む。）、第265条の46、第271条の9、第271条の13（第272条の34第1項において準用する場合を含む。）、第271条の28（第272条の40第2項において準用する場合を含む。）、第272条の23（第179条第2項及び第271条第3項において準用する場合を含む。）、第305条又は〕第308条の21の規定による立入り、質問又は検査をする職員は、その身分を示す証票を携帯し、関係人の請求があったときは、これを提示しなければならない。

2　前項に規定する各規定による立入り、質問又は検査の権限は、犯罪捜査のために認められたものと解してはならない。

1　指定特定共済事業等紛争解決機関の業務等

指定紛争解決機関であってその紛争解決等業務の種別が特定共済事業等であるものを指定特定共済事業等紛争解決機関という（法69条の4）。

「特定共済事業等」は、特定共済事業協同組合等が行う共済事業（責任共済に

第69条の4（保険業法の準用）

係る共済金等の支払い及び支払いに係る手続に関する業務に係るものを除く。）及びこれに附帯する事業、保険募集の事業（法9条の2第6項の事業。なお協同組合連合会にあっては9条の9第5項又は第8項において準用する9条の2第6項の事業）並びに当該特定共済事業協同組合等のために共済代理店が行う共済契約の締結の代理又は媒介をいう（法69条の2第6項六号）。また、「特定共済事業協同組合等」は、共済事業を行う事業協同組合のうち組合員並びに組合員と生計を一にする親族及び組合員たる組合を直接又は間接に構成する者であって小規模の事業者であるもの以外の者にその共済事業を利用させているもの、共済事業を行う事業協同小組合のうち組合員及び組合員と生計を一にする親族以外の者にその共済事業を利用させているもの並びに共済事業を行う協同組合連合会のうち会員並びに所属員たる小規模の事業者及び所属員たる小規模の事業者と生計を一にする親族以外の者にその共済事業を利用させているものをいう（法69条の2第6項三号）。指定特定共済事業等紛争解決機関は、中協法及び業務規定の定めるところにより紛争解決業務を行うが、一部、保険業法の規定が準用される。

2　手続実施基本契約

　指定特定共済事業等紛争解決機関が特定共済事業協同組合等との間で締結する手続実施基本契約は、次に掲げる事項等を内容とするものでなければならないとされている（法69条の4、保険業法308条の7第2項）。

①　指定特定共済事業等紛争解決機関は、加入特定共済事業協同組合等（手続実施基本契約を締結した相手方である特定共済事業協同組合等）の利用者からの特定共済事業等関連苦情（特定共済事業等に関する苦情）の解決の申立て又は当事者である加入特定共済事業協同組合等若しくは利用者からの紛争解決手続の申立てに基づき苦情処理手続又は紛争解決手続を開始すること。

②　指定特定共済事業等紛争解決機関又は紛争解決委員は、苦情処理手続を開始し、又は加入特定共済事業協同組合等の利用者からの申立てに基づき紛争解決手続を開始した場合において、加入特定共済事業協同組合等にこれらの手続に応じるよう求めることができ、当該加入特定共済事業協同組合は、その求めがあったときは、正当な理由がないのに、これを拒んではならないこと。

③　指定特定共済事業等紛争解決機関又は紛争解決委員は、苦情処理手続又は紛争解決手続において、加入特定共済事業協同組合等に対し、報告又は帳簿書類その他の物件の提出を求めることができ、当該加入は、その求めがあっ

355

第2章　中小企業等協同組合

たときは、正当な理由がないのに、これを拒んではならないこと。

④　紛争解決委員は、紛争解決手続において、特定共済事業等関連紛争（特定共済事業等に関する紛争で当事者が和解をすることができるもの）の解決に必要な和解案を作成し、当事者に対し、その受諾を勧告することができること。

⑤　紛争解決委員は、紛争解決手続において、④の和解案の受諾の勧告によっては当事者間に和解が成立する見込みがない場合において、事案の性質、当事者の意向、当事者の手続追行の状況その他の事情に照らして相当であると認めるときは、特定共済事業等関連紛争の解決のために必要な特別調停案を作成し、理由を付して当事者に提示することができること。

3　苦情処理手続の概要（法69条の4、保険業法308条の12）

　紛争解決等業務には苦情処理手続及び紛争解決手続が含まれる。指定特定共済事業等紛争解決機関は、加入特定共済事業協同組合等の利用者から特定共済事業等関連苦情について解決の申立てがあったときは、その相談に応じ、当該利用者に必要な助言をし、当該特定共済事業等関連苦情に係る事情を調査するとともに、当該加入特定共済事業協同組合等に対し、当該特定共済事業等関連苦情の内容を通知してその迅速な処理を求めなければならないとされる。

4　紛争解決手続の概要（法69条の4、保険業法308条の13）

　加入特定共済事業協同組合等に係る特定共済事業等関連紛争の解決を図るため、当事者は、当該加入特定共済事業協同組合等が手続実施基本契約を締結した指定特定共済事業等紛争解決機関に対し、紛争解決手続の申立てをすることができる。申立てを受けた指定特定共済事業等紛争解決機関は、紛争解決委員を選任して、当該申立てを紛争解決委員による紛争解決手続に付する。

　紛争解決委員は、当事者若しくは参考人から意見を聴取し、若しくは報告書の提出を求め、又は当事者から参考となるべき帳簿書類その他の物件の提出を求め、和解案を作成して、その受諾を勧告し、又は特別調停（特別調停案を提出すること）をすることができる。　なお、「特別調停案」は、和解案であって、利用者がこれを受諾しないときや、利用者が和解案を受諾したことを加入特定共済事業協同組合等が知った日から1か月を経過する日までに、当該請求に係る訴訟が提起され、かつ、同日までに当該訴訟が取り下げられないとき等の一定の場合を除き、加入特定共済事業協同組合等が受諾しなければならないものをいう（法69条の4、

356

第69条の5（銀行法の準用）

保険業法308条の7第6項）。

　紛争解決手続は、非公開であるが、紛争解決委員は、当事者の同意を得て、相当と認める者の傍聴を許すことができる。

　指定特定共済事業等紛争解決機関は、その実施した紛争解決手続に関し、紛争解決手続の実施の経緯及び紛争解決手続の結果等を記載した手続実施記録を作成し、実施した紛争解決手続が終了した日から少なくとも10年間保存しなければならない。

5　時効の中断（法69条の4、保険業法308条の14）

　紛争解決手続によっては特定共済事業等関連紛争の当事者間に和解が成立する見込みがないことを理由に紛争解決委員が当該紛争解決手続を終了した場合において、当該紛争解決手続の申立てをした当該特定共済事業等関連紛争の当事者がその旨の通知を受けた日から1か月以内に当該紛争解決手続の目的となった請求について訴えを提起したときは、時効の中断に関しては、当該紛争解決手続における請求の時に、訴えの提起があったものとみなされる。

（銀行法の準用）

第69条の5　銀行法第7章の5（第52条の62（紛争解決等業務を行う者の指定）及び第52条の67第1項（業務規程）を除く。）（指定紛争解決機関）及び第56条（第十三号に係る部分に限る。）（内閣総理大臣の告示）の規定は、指定信用事業等紛争解決機関（指定紛争解決機関であつてその紛争解決等業務の種別が信用事業等（第69条の2第6項第七号に規定する信用事業等をいう。）であるものをいう。第111条第1項第四号ロ、第111条の2第二号ロ及び第115条の2第二号において同じ。）について準用する。この場合において、これらの規定中「紛争解決等業務」とあるのは「中小企業等協同組合法第69条の2第6項第一号に規定する紛争解決等業務」と、「加入銀行」とあるのは「加入信用協同組合等」と、「手続実施基本契約」とあるのは「中小企業等協同組合法第69条の2第1項第八号に規定する手続実施基本契約」と、「苦情処理手続」とあるのは「中小企業等協同組合法第69条の2第6項第一号に規定する苦情処理手続」と、「紛争解決手続」とあるのは「中小企業等協同組合法第69条の2第3項に規定する紛争解決手続」と、「銀行業務関連苦情」とあるのは「信用事業等関連苦情（中小企

357

業等協同組合法第69条の2第6項第七号に規定する信用事業等に関する苦情をいう。）」と、「銀行業務関連紛争」とあるのは「信用事業等関連紛争（中小企業等協同組合法第69条の2第6項第七号に規定する信用事業等に関する紛争で当事者が和解をすることができるものをいう。）」と、「銀行業務」とあるのは「中小企業等協同組合法第69条の2第6項第七号に規定する信用事業等」と、同法第52条の63第1項中「前条第1項」とあるのは「中小企業等協同組合法第69条の2第1項」と、同条第2項第一号中「前条第1項第三号」とあるのは「中小企業等協同組合法第69条の2第1項第三号」と、同項第六号中「前条第2項」とあるのは「中小企業等協同組合法第69条の2第2項」と、同法第52条の65第1項中「この法律」とあるのは「中小企業等協同組合法」と、同条第2項中「銀行を」とあるのは「中小企業等協同組合法第69条の2第6項第四号に規定する信用協同組合等を」と、同法第52条の66中「又は他の法律」とあるのは「若しくは中小企業等協同組合法第69条の4に規定する指定特定共済事業等紛争解決機関又は同法以外の法律」と、同法第52条の67第2項中「前項第一号」とあるのは「中小企業等協同組合法第69条の3第一号」と、同条第3項中「第1項第二号」とあるのは「中小企業等協同組合法第69条の3第二号」と、「銀行」とあるのは「同法第69条の2第6項第四号に規定する信用協同組合等」と、同条第4項中「第1項第三号」とあるのは「中小企業等協同組合法第69条の3第三号」と、同条第5項中「第1項第四号」とあるのは「中小企業等協同組合法第69条の3第四号」と、同項第一号中「同項第五号」とあるのは「同条第五号」と、同法第52条の74第2項中「第52条の62第1項」とあるのは「中小企業等協同組合法第69条の2第1項」と、同法第52条の79第一号中「銀行」とあるのは「中小企業等協同組合法第69条の2第6項第四号に規定する信用協同組合等」と、同法第52条の82第2項第一号中「第52条の62第1項第五号から第七号までに掲げる要件（」とあるのは「中小企業等協同組合法第69条の2第1項第五号から第七号までに掲げる要件（」と、「又は第52条の62第1項第五号」とあるのは「又は同法第69条の2第1項第五号」と、同法第52条の83第3項中「又は他の法律」とあるのは「若しくは中小企業等協同組合法第69条の4に規定する指定特定共済事業等紛争解決機関又は同法以外の法律」と、同法第52条の84第1項中「、第52条の62第1項」とあるのは「、中小企業等協同組合法第69条の2第1項」と、同項第一号

第69条の5（銀行法の準用）

中「第52条の62第1項第二号」とあるのは「中小企業等協同組合法第69条の2第1項第二号」と、同項第二号中「第52条の62第1項」とあるのは「中小企業等協同組合法第69条の2第1項」と、同条第2項第一号中「第52条の62第1項第五号」とあるのは「中小企業等協同組合法第69条の2第1項第五号」と、「第52条の62第1項の」とあるのは「同法第69条の2第1項の」と、同条第3項及び同法第56条第13号中「第52条の62第1項」とあるのは「中小企業等協同組合法第69条の2第1項」と読み替えるものとするほか、必要な技術的読替えは、政令で定める。

> 本条…追加〔平成21年6月法律58号〕、一部改正〔平成24年9月法律85号〕

> **委任**　「政令」＝〈本法施行令〉28条の6、本条で準用する銀行法52条の66・52条の83第3項の「政令」＝同28条の2、本条で準用する銀行法52条の77の「政令」＝同28条の4、本条で読み替えて準用する銀行法52条の63第2項五号の「主務省令」＝〈中小企業等協同組合法による信用協同組合及び信用協同組合連合会の事業に関する内閣府令〉9条1項、本条で読み替えて準用する銀行法52条の63第2項六号の「主務省令」＝同9条2項、本条で読み替えて準用する銀行法52条の63第2項七号の「主務省令」＝同9条3項、本条で読み替えて準用する銀行法52条の67第2項十一号の「主務省令」＝同10条、本条で読み替えて準用する銀行法52条の67第4項三号の「主務省令」＝同11条・12条、本条で読み替えて準用する銀行法52条の71の「主務省令」＝同13条、本条で読み替えて準用する銀行法52条の73第3項三号の「主務省令」＝同14条2項、本条で読み替えて準用する銀行法52条の73第3項五号の「主務省令」＝同14条3項、本条で読み替えて準用する銀行法52条の73第8項各号列記以外の部分の「主務省令」＝同15条1項、本条で読み替えて準用する銀行法52条の73第8項三号の「主務省令」＝同15条2項、本条で読み替えて準用する銀行法52条の73第9項各号列記以外の部分の「主務省令」＝同16条1項、本条で読み替えて準用する銀行法52条の73第9項六号の「主務省令」＝同16条2項、本条で読み替えて準用する銀行法52条の79各号列記以外の部分の「主務省令」＝同17条1項、本条で読み替えて準用する銀行法52条の79第二号の「主務省令」＝同17条2項・3項、本条で読み替えて準用する銀行法52条の80第2項の「主務省令」＝同18条

> **罰則**　1・2項関係＝〈本法〉112条の2の2・112条の4の2・112条の6第三号・112条の6の2・112条の7第三号－五号・114条の4・114条の5第三号・115条の2第二号

指定信用事業等紛争解決機関の業務等

（1）　指定紛争解決機関であってその紛争解決等業務の種別が信用事業等であるものを「指定信用事業等紛争解決機関」という。「信用事業等」は、信用協同組合等が行う組合員に対する資金の貸付け等をいうが（法69の2第6項七

第2章　中小企業等協同組合

号）、当該信用協同組合等のために信用協同組合代理業を行う者が行う信用協同組合代理業もこれに含まれる。また、「信用協同組合等」は、信用協同組合及び会員の預金又は定期積金の受入れを行う協同組合連合会（信用協同組合連合会）をいう（法69条の2第6項四号）。

(2)　指定信用事業等紛争解決機関は、中協法及び業務規程の定めるところにより紛争解決等業務を行うが、一部、銀行法の規定が準用される。なお、紛争解決等業務の仕組みは、指定特定共済事業等紛争解決機関の場合とほぼ同様である。

第70条（種類）　第71条（人格及び住所）

第3章　中小企業団体中央会

第1節　通　則

（種類）

第70条　中小企業団体中央会（以下「中央会」という。）は、都道府県中小
　企業団体中央会（以下「都道府県中央会」という。）及び全国中小企業団
　体中央会（以下「全国中央会」という。）とする。

　本条…全部改正〔昭和30年8月法律121号・32年11月185号〕

　中央会の種類には、都道府県中央会及び全国中央会の2種類があって、これ以
外の中央会は設立できない。

　中央会の種類について、立法論としては、旧工業組合法、旧商業組合法等の組
合立法においてとられていたように、全国的な組織とし、その数も1個に限定し、
各都道府県にはその支部を設けて運営するのが事業の性格から適当であるという
論がある。また、組合といってもその種類によって性格を相当異にしているので、
中央会は組合の種類別に、すなわち、事業協同組合中央会、信用協同組合中央会、
企業組合中央会を設けるべきであるという論もある。中央会の法制化に当たって、
これらの考え方がとられなかった理由は、前者の論については、現在の行政機構
において採用されている地方自治の原則からこれをとることに難点があるし、ま
た、戦前と異なって組合制度が非常に普及発達している現状からいっても都道府
県ごとに中央会を設けることが適当であるからである。後者の論については、組
合はその種類により相当性格が異なるので、その意義は十分存するのであるが、
このような制度をとるときは、組織論として、更にその上部機構としての指導機
関の設置が必要になってくるし、また、組合を種類別に区分することは、中央会
法制化の目的である総合的な指導連絡団体を設立するという趣旨に沿いがたいた
めである。

（人格及び住所）

第71条　中央会は、法人とする。

　2　中央会の住所は、その主たる事務所の所在地にあるものとする。

361

第3章　中小企業団体中央会

> 4項…一部改正〔昭和27年4月法律100号〕、本条…全部改正〔昭和30年8月法律121号〕

　中央会は、純粋な指導連絡団体であるが、その事業を遂行するに当たっては、社会の取引関係に参加して権利義務の主体となることは不可欠であることから法人格が与えられている。中央会の法人としての性格は、私法人である社団法人であり、中央会の目的からは、営利法人ではなく公益法人である。中央会は、組合等の指導連絡を行うことによって、組合員の健全な発展を図ることを目的としている指導機関であるから、営利法人でないことは明らかである。

　中央会の住所は、その主たる事務所の所在地にあり、これは定款の絶対的必要記載事項であり、また、登記事項である。

（名称）

第72条　中央会は、その名称中に、次の文字を用いなければならない。
　一　都道府県中央会にあつては、その地区の都道府県の名称を冠する中小企業団体中央会
　二　全国中央会にあつては、全国中小企業団体中央会
2　中央会以外の者は、その名称中に、都道府県中央会又は全国中央会であることを示す文字を用いてはならない。

> 本条…全部改正〔昭和30年8月法律121号〕、1項…一部改正〔昭和32年11月法律185号〕
>
> **罰則**　2項関係＝〈本法〉115条の2第三号

　中央会の名称については、都道府県中央会にあっては、都道府県名を冠して中小企業団体中央会という文字を使用しなければならない。全国中央会にあっては、全国中小企業団体中央会という文字を使用しなければならない。

　中央会が、名称中にこのような特定の文字を使用するのは、中央会がこの法律に基づく中央会であることを明確にするためである。中央会以外の者が中央会であることを示した文字を使用することはできない。これに違反した者は、10万円以下の過料に処せられる（法115条の2第三号）。

第73条（数）　第74条（都道府県中央会）

（数）
第73条　都道府県中央会は、都道府県ごとに１個とし、その地区は、都道
　府県の区域による。
2　全国中央会は、全国を通じて１個とする。
　　　本条…全部改正〔昭和30年８月法律121号〕

　都道府県中央会は、各都道府県ごとにそれぞれ１個設立できる。その地区は、
必ず都道府県の区域によらなければならない。
　全国中央会は、全国を通じて１個のみ設立できる。その地区は当然に全都道府
県の区域にわたるものである。

第２節　事　業

（都道府県中央会）
第74条　都道府県中央会は、次の事業を行うものとする。
　一　組合、協業組合、商工組合、商工組合連合会、商店街振興組合及び商
　　店街振興組合連合会（以下「組合等」という。）の組織、事業及び経営
　　の指導並びに連絡
　二　組合等の監査
　三　組合等に関する教育及び情報の提供
　四　組合等に関する調査及び研究
　五　組合等の事業に関する展示会、見本市等の開催又はその開催のあつせ
　　ん
　六　前各号の事業のほか、組合等及び中小企業の健全な発達を図るために
　　必要な事業
2　都道府県中央会は、組合等、中央会及び中小企業に関する事項について、
　国会、地方公共団体の議会又は行政庁に建議することができる。
　　　本条…全部改正〔昭和30年８月法律121号〕、１・２項…一部改正〔昭和32年11月185号〕、
　　　１項…一部改正〔昭和37年５月法律141号・42年７月98号・59年５月31号〕

363

第3章　中小企業団体中央会

1　事業の種類（1項）

　中央会は、組合制度の普及発達及び個別企業、任意グループ等を含めた中小企業全体の健全な発展を図ることを目的とした指導連絡団体であるから、行う事業としては、組合等の組織、事業及び経営の指導、組合等の監査、組合に関する教育・情報の提供、調査研究等の指導事業並びに個別企業、任意グループ等を含めた中小企業の指導事業である。

　都道府県中央会が行う事業は、本条1項に制限列挙されており、この事業以外の事業を行うことはできず、その対象は、中央会の会員、非会員を問わない。しかも、1項に列挙された事業はその全部を行うことが必要であり、定款に具体的に規定しなければならない（法82条の4）。都道府県中央会がこの法定の事業以外の事業を行ったときは、会長は20万円以下の過料に処せられる（法115条1項一号）。

　なお、全国中央会の事業には、組合等の組織、事業及び経営の指導が規定されていないことから、全国を地区とする組合であっても、これらの事業は都道府県中央会が行うことになる。

　中央会が組合等及び中小企業の健全な発達を図るために必要な事業を行った結果、収益が生じること自体については問題を生じない。

　この場合、中央会は、法人税法上「公益法人等」とされており、収益事業を営む場合に限り法人税を納める義務があることとされており、収益事業以外の事業から生ずる収益については非課税が維持される（法人税法2条十三号、4条1項）。

　また、収益事業から生ずる所得に関する経理と収益事業以外の事業から生ずる所得に関する経理とを区分して行わなければならないこととされており（法人税法施行令6条）、収益事業から生ずる所得についてのみ法人税を納付することとなる。

　さらに、国会、地方公共団体の議会又は行政庁に組合等の意思を反映するため、組合等、中央会及び中小企業に関する事項について建議することができる。

(1)　組合等の組織、事業及び経営の指導並びに連絡（一号）

　　都道府県中央会の行う事業のうちで、最も基本的なものであり、主たる事業である。組合の指導とは、組合の組織がそれぞれの業界の実態や一般経済情勢の推移に応じて異なることから、それぞれの業界の実情に応じて最も適正な組合形態を作り上げるための指導を意味する。例えば、組合の行う共同

第74条（都道府県中央会）

事業と組合の規模（出資額、組合員数、地区等）との関係、役員の構成、組合の運営方法等に関する設立に当たっての指導あるいは設立後の指導である。事業の指導とは、組合の行う共同事業の適否、共同施設の選択、その設置場所、製造又は販売の技術の指導等である。経営の指導は、組合運営一般の指導であって、経理、金融、税務の面にわたる指導がある。

組合等の連絡事業は、組合等の相互の意思の疎通を図る事業である。

(2) **組合等の監査（二号）**

組合等の監査は、会計監査のみでなく、業務の監査も含まれる。監査とは、主として観察的見地から業務又は会計の状況を検査し、その正否を調べることをいう。したがって、指導とは異なる。この監査は、対象組合等の同意が必要であり、強制的に監査を行うことはできない。

(3) **組合等に関する教育及び情報の提供（三号）**

教育・情報提供事業は、組合等の育成強化を図るために、極めて重要なものである。組合等の合理的運営を確保するためには、組合等の役職員あるいは組合員が、事業経営、生産技術、一般経済情勢について、十分な知識と経験を持つことが最も肝要である。

教育事業としては、組合役職員の再教育講習会、組合運営研究会、経理講習会、技術講習会等の開催がある。情報提供事業としては、諸外国の組合制度の状況、優良組合の実状、組合運営及び技術についての知識を提供するための中央会の機関誌等の発行、図書及び資料の刊行等がある。

(4) **組合等に関する調査及び研究（四号）**

都道府県中央会がその事業を行うには、調査及び研究が不可欠である。組合に対する適切な指導を行うためには、常に科学的、計数的な基礎資料が必要不可欠であるから、都道府県中央会は、組合の制度上の諸問題、現存組合の実態、それぞれの業界の実状、経理、技術等について、絶えず調査研究を行う必要がある。

(5) **組合等の事業に関する展示会、見本市等の開催又はその開催の斡旋（五号）**

組合等が開発した新製品、新技術等を広く紹介するとともに、その市場化を助けるために、展示会、見本市等の開催又はその開催の斡旋を行う事業である。

展示会、見本市等としては、博覧会、求評会、物産展、組合まつり等がある。

365

第3章　中小企業団体中央会

⑹　その他組合等及び中小企業の健全な発展を図るために必要な事業（六号）

六号の事業は、組合等及び個別企業、任意グループ等を含めた中小企業全体の健全な発達をもたらすあらゆる事業を意味し、一号から五号に掲げる事業は、六号の例示的な事業であるということができる。

2　建議（2項）

都道府県中央会は、組合等及び中小企業全般の問題について、国会、地方公共団体の議会又は行政庁に対して建議することができる。

建議とは、意見を上申することをいい、都道府県中央会が、組合等及び中小企業が直面している諸課題の解決を求める意見・要望等を広く全ての行政機関に対して建議することにより、その実現を求めるものである。

すなわち、都道府県中央会に対しては、都道府県内の組合等及び中小企業の総意を形成し、その実現を訴えていく機能を発揮することが求められている。

（全国中央会）

第75条　全国中央会は、次の事業を行うものとする。

一　都道府県中央会の組織及び事業の指導並びに連絡

一の二　組合等の連絡

二　組合等に関する教育及び情報の提供

三　組合等に関する調査及び研究

四　組合等の組織、事業及び経営に関する知識についての検定

五　組合等の事業に関する展示会、見本市等の開催又はその開催のあつせん

六　前各号の事業のほか、組合等、都道府県中央会及び中小企業の健全な発達を図るために必要な事業

2　全国中央会は、その事業を行うために必要があるときは、定款の定めるところにより、都道府県中央会に対し、その業務若しくは会計に関する報告を求め、又は事業計画の設定若しくは変更その他業務若しくは会計に関する重要な事項について指示することができる。

3　全国中央会については、前条第2項の規定を準用する。

本条…全部改正〔昭和30年8月法律121号〕、1項…一部改正〔昭和32年11月法律185号・59年5月31号〕

366

第75条（全国中央会）

　全国中央会は、原則として、都道府県中央会が行う直接の組合等に対する指導は行わず、都道府県中央会の指導及び連絡を主たる事業とし、これによって都道府県中央会の事業の健全な発達を図り、これにより間接的に組合の育成強化を図ることとしている。

　全国中央会が行う事業は、本条１項に制限列挙されており、この事業以外の事業を行うことはできず、しかも、１項に列挙された事業の全部を行うことが必要であり、定款に具体的に規定しなければならない（法82条の４）。全国中央会がこの法定の事業以外の事業を行ったときは、会長は20万円以下の過料に処せられる（法115条１項一号）。

　全国中央会が組合等及び中小企業の健全な発達を図るために必要な事業を行った結果収益が生じること自体については問題を生じない。

　この場合、全国中央会は、法人税法上「公益法人等」とされており、収益事業を営む場合に限り法人税を納める義務があることとされており、収益事業以外の事業から生ずる収益については非課税が維持される（法人税法２条十三号、４条１項）。

　また、収益事業から生ずる所得に関する経理と収益事業以外の事業から生ずる所得に関する経理とを区分して行わなければならないこととされており（法人税法施行令６条）、収益事業から生ずる所得についてのみ法人税を納付することとなる。

　さらに、国会又は行政庁に組合等の意思を反映するため、組合等、中央会及び中小企業に関する事項について建議することができる。

1　事業の種類（１項）
(1)　都道府県中央会の組織及び事業の指導並びに連絡（一号）

　　全国中央会の事業のうち、都道府県中央会の組織及び事業の指導並びに連絡を行うことが最も基本的なものである。

　　「組織及び事業の指導」とは、都道府県中央会の組織の適正化のための指導、事業の実施方法の指導のほか、都道府県中央会が行う組合等の指導に関する指導指針等の作成・配布も含まれる。

　　「都道府県中央会との連絡」とは、都道府県中央会が事業を行うに当たって、全国的な調整を図ることが必要な事業があり、全国中央会と都道府県中央会とが常に密接な連絡を取り、効果的に事業を遂行しようとするものであ

367

第3章　中小企業団体中央会

る。例えば、組合の指導方針についての調整、組合大会、講習会の開催、国会・行政庁に対する建議等について、都道府県中央会に連絡し、その全国的調整を図ること等がこの「連絡」に含まれるものと解する。

(2)　**組合等の連絡（一号の二）**

(3)　**組合等に関する教育及び情報の提供（二号）**

　　教育・情報提供事業は、組合等の育成強化を図るために、極めて重要なものである。組合等の合理的運営を確保するためには、組合等の役職員あるいは組合員が、事業経営、生産技術、一般経済情勢について、十分な知識と経験を持つことが最も肝要である。

　　教育事業としては、組合役職員の再教育講習会、組合運営研究会、経理講習会、技術講習会等の開催がある。情報提供事業としては、諸外国の組合制度の状況、優良組合の実状、組合運営及び技術についての知識を提供するための機関誌等の発行、図書及び資料の刊行等がある。

　　本事業については、情報通信機器の利用により、効率的、効果的に進めることが肝要である。

(4)　**組合等に関する調査及び研究（三号）**

　　全国中央会がその事業を行うには、調査及び研究が不可欠である。都道府県中央会が組合に対する適切な指導を行うためには、常に科学的、計数的な基礎資料が必要不可欠であり、都道府県中央会自身が、組合の制度上の諸問題、現存組合の実態、それぞれの業界の実状、経理、技術等について、絶えず調査研究を行う必要があるが、全国中央会はこれを総合的に支援する立場から広く組合等及び中小企業問題に関する調査及び研究に取り組む必要がある。

(5)　**組合等の組織、事業及び経営に関する知識についての検定（四号）**

　　全国中央会が、組合における有能な人材の確保・養成を図るため、昭和49年より組合の運営等に関する知識に関する検定試験（中小企業組合検定）を実施してきたが、昭和59年の法改正により、全国中央会の法定事業とされた。組合等の組織、事業及び経営に関する知識とは、①組合制度（中協法、中団法の解釈、組合組織の内容、歴史等）、②組合運営（共同事業の運営方法・内容、委員会等の運営方法等）、③組合会計（組合の決算方法、簿記、会計事務一般等）である。

第75条（全国中央会）

(6) **組合等の事業に関する展示会、見本市等の開催又はその開催の斡旋（五号）**

組合等が開発した新製品、新技術等を広く紹介するとともに、その市場化を助けるために、展示会、見本市等の開催又はその開催の斡旋を行う事業である。

展示会、見本市等としては、博覧会、求評会、全国の産地・地場産業の物産の展示会、組合まつり等がある。

(7) **その他組合等、都道府県中央会及び中小企業の健全な発展を図るために必要な事業（六号）**

六号の事業は、組合等、都道府県中央会及び個別企業、任意グループ等を含めた中小企業全体の健全な発達をもたらすあらゆる事業を意味し、一号から五号に掲げる事業は、六号の例示的な事業であるということができる。

2 都道府県中央会に対する指示権（2項）

全国中央会は、都道府県中央会の事業の指導を行うとともに、組合指導に関する一般的指針を作成する等の関係から、都道府県中央会との関係を密にする必要があり、常に緊密な連絡を保持し、必要があるときは、都道府県中央会に対し、業務・会計に関する報告を求め、事業計画の設定、変更その他業務・会計に関する重要な事項について指示することができる。

一般に「指示」とは、法律的には命令よりは弱く、報告よりは強い意味を持ち、その拘束力は命令に準じるものであるが、本項の規定は拘束力については何らの規定も置かれていないことから、指示の実効性の確保については、都道府県中央会の協力によるほかはない。なお、「指示」は、上級機関が下級機関に対してなすときのみに用いられるものではなく、一般に関係機関あるいは関係者に対して行う場合にも用いられるものであるから、本項の規定は、全国中央会を都道府県中央会の上級機関にしようとする趣旨によるものではない。要するに、全国中央会と都道府県中央会とが密接不離の関係を保ち、組合の健全な発達を図るために必要な事業を円滑に推進することを期待するという趣旨にほかならない。

3 建議（3項）

全国中央会は、組合等、都道府県中央会及び中小企業全般の問題について、国会又は行政庁に対して建議することができる。

建議とは、意見を上申することをいい、全国中央会が、組合等、都道府県中央

369

第3章　中小企業団体中央会

会及び中小企業が直面している諸課題の解決を求める意見・要望等を広く全ての行政機関に対して建議することにより、その実現を求めるものである。

すなわち、全国中央会に対しては、全国の組合等、都道府県中央会及び中小企業の総意を形成しその実現を訴えていく機能を発揮することが求められている。

（私的独占禁止法の適用除外）

第75条の2　私的独占禁止法第8条第一号及び第四号の規定は、中央会が行う第74条第1項各号及び前条第1項各号の事業については、適用しない。ただし、不公正な取引方法を用いる場合又は一定の取引分野における競争を実質的に制限することにより不当に対価を引き上げることとなる場合は、この限りでない。

　　　　　　本条…追加〔平成11年6月法律80号〕、一部改正〔平成21年6月法律51号〕

独占禁止法8条一号及び四号は、事業者団体が、①一定の取引分野における競争を実質的に制限すること、②事業者団体の構成員である事業者の機能又は活動を不当に制限することを禁じているが、この規定は都道府県中央会の行う事業（法74条1項各号の事業）及び全国中央会の行う事業（法75条1項一号の事業）については適用されない。

第3節　会　員

（会員の資格）

第76条　都道府県中央会の会員たる資格を有する者は、次の者とする。
　　一　都道府県中央会の地区内に事務所を有する組合等
　　二　前号の者以外の者であつて、定款で定めるもの
　2　全国中央会の会員たる資格を有する者は、次の者とする。
　　一　都道府県中央会
　　二　全都道府県の区域を地区とする組合等
　　三　前2号の者以外の者であつて、定款で定めるもの

　　　　　　2項…一部改正〔昭和26年6月法律239号〕、本条…全部改正〔昭和30年8月法律121号〕、1・2項…一部改正〔昭和32年11月法律185号〕

370

第76条（会員の資格）

中央会の会員となる資格を有する者の範囲を定めている。会員資格は、定款の絶対的必要記載事項であり（法82条の4第四号）、定款に具体的に定めなければならない。

ただし、中央会の会員資格については、組合の場合と異なり、都道府県中央会にあっては、その地区内に事務所を有する組合等、全国中央会にあっては、都道府県中央会及び全国を地区とする組合等は、それぞれの中央会の会員資格を有することが法定されている。これらの者に対しては、定款の定めをもってしても、その範囲を制限することは許されない。例えば、都道府県中央会において、定款で会員資格を「その地区内に主たる事務所を有する組合」と規定して、その地区内に従たる事務所のみを有する組合に会員資格を認めないこととした場合には、その定款は、絶対的必要記載事項の内容が法令に違反するから無効となるものと解する。

1　都道府県中央会の会員資格（1項）

(1)　法定会員資格（一号）

都道府県中央会の会員資格を有する者は、その都道府県中央会の地区内に主たる事務所であると従たる事務所であるとを問わず、法律上の事務所を有する組合等である。単なる出張所や連絡所を有するだけでは会員資格を有するとはいえない。

また、後述する全国中央会の会員資格を有する組合であっても、その事務所の所在地の都道府県中央会の会員資格を有することはもちろんである。

(2)　定款会員資格（二号）

都道府県中央会は、法定会員資格を有する者のほかに、定款で定めるものに会員資格を付与することができる。定款で定めれば、都道府県中央会の意思により自由に定めることができる。定款会員資格としては、中小企業者又は組合等と関係の深い金融機関、商工業者の団体、中央会と同種の事業を行う団体、学識経験者、中央会の趣旨に賛同する者等が考えられる。

2　全国中央会の会員資格（2項）

(1)　法定会員資格（一号、二号）

全国中央会の会員資格を有する者は、都道府県中央会と全国を地区とする組合等である。都道府県中央会は、全国中央会の会員資格を有することが法

371

第3章　中小企業団体中央会

定されており、かつ、法律上当然に全国中央会に加入することとなっている。

　全国を地区とする組合等とは、全国を地区とする組合及び都道府県を地区とする組合の連合会等である。

(2)　定款会員資格（三号）

　全国中央会は、法定会員資格を有する者のほかに、定款で定めるものに会員資格を付与することができる。定款で定めれば、全国中央会の意思により自由に定めることができる。定款会員資格としては、中小企業者又は組合等と関係の深い金融機関、商工業者の団体、中央会と同種の事業を行う団体、学識経験者、中央会の趣旨に賛同する者等が考えられる。

（議決権及び選挙権）

第77条　都道府県中央会の会員は、各々1個の議決権及び役員又は総代の選挙権を有する。

2　全国中央会の会員は、各々1個の議決権及び役員の選挙権を有する。ただし、前条第2項第一号の者に対しては、定款の定めるところにより、議決権又は選挙権の総数の50分の1を超えない範囲内において、2個以上の議決権又は選挙権を与えることができる。

3　会員は、定款の定めるところにより、第82条の10第4項において準用する第49条第1項の規定によりあらかじめ通知のあつた事項につき、書面又は代理人をもつて、議決権又は選挙権を行うことができる。

4　会員は、定款の定めるところにより、前項の規定による書面をもつてする議決権の行使に代えて、議決権を電磁的方法により行うことができる。

5　前2項の規定により議決権又は選挙権を行う者は、出席者とみなす。

6　都道府県中央会にあつては、代理人は、5人以上の会員を代理することができない。

7　全国中央会にあつては、代理人は、議決権又は選挙権の総数の50分の1を超える議決権又は選挙権を代理して行うことができない。

8　代理人は、代理権を証する書面を中央会に提出しなければならない。この場合において、電磁的方法により議決権を行うことが定款で定められているときは、当該書面の提出に代えて、代理権を当該電磁的方法により証明することができる。

　　　5項…一部改正〔昭和26年6月法律239号〕、3項…削除・旧4・5項…1項ずつ繰上〔昭

372

第77条（議決権及び選挙権）

和27年4月法律100号）、本条…全部改正〔昭和30年8月法律121号〕、1・2項…一部改正・4項…追加・旧4・6・7項…一部改正し1項ずつ繰下・旧5項…6項に繰下〔平成12年11月法律126号〕、3項…一部改正〔平成17年7月法律87号〕

1　議決権及び選挙権（1項、2項）

(1)　都道府県中央会（1項）

都道府県中央会の会員は、法定会員、定款会員を問わず、議決権及び役員又は総代の選挙権を平等に1個有する。これは、会員の基本的権利であるから、定款又は総会の議決をもってしても、これと異なる取扱いはできない。

(2)　全国中央会（2項）

全国中央会の会員は、原則として、各々1個の議決権及び役員の選挙権を有するが、全国中央会の会員である都道府県中央会は、定款でその旨を規定したときは、議決権又は選挙権総数の50分の1を超えない範囲内で2個以上の複数議決権又は選挙権を持つことができる。

この全国中央会の会員である都道府県中央会の複数議決権又は選挙権は、定款で規定したときに初めて与えられる権利であるため、複数議決権又は選挙権を与えない定款としても違法ではない。また、これを認める場合に、議決権又は選挙権総数の50分の1以内であれば、付与する範囲をさらに制約することができる。

このような措置をとることができる理由は、全国中央会の運営において、都道府県中央会の意思を主流として反映させるためである。

「議決権又は選挙権の総数」とは、総会開催時における総会員の議決権又は選挙権の総数をいう。この場合、問題となる点は、全国中央会は、後述するとおり都道府県中央会以外の会員の加入脱退は自由であり、会社の株主確定のごとき、会員確定の法的措置がとられていないので、全国中央会の会員数は、常に不安定の状態にある。したがって、全国中央会の会員たる都道府県中央会に対して付与する議決権又は選挙権の数は、総会の開催時において計算するほかはないものと解する。しかし、総会招集の通知を発する場合に、あらかじめ総会開催時における会員数を予定し、その予定会員数に基づき、都道府県中央会に与える議決権又は選挙権数を算出して、これをあらかじめ都道府県中央会に付与しておき、総会の開催時において予定していた会員数に変動がないとき、その議決権数又は選挙権数を行使させることは差し支え

373

ないものと解する。

都道府県中央会に与えることができる議決権又は選挙権の数は、次の算式により算出される。

T　会員の総数

a　会員たる都道府県中央会の数

b　都道府県中央会以外の会員数＝（T－a）

x　都道府県中央会に付与する議決権数

この場合の全国中央会の議決権の総数は、（ax＋b）である。したがって都道府県中央会の複数議決権数は

$$x \leq \frac{ax+(T-a)}{50} \quad \therefore \quad 50x \leq ax+T-a$$

$$\therefore \quad 50x-ax \leq T-a$$

$$x \leq \frac{T-a}{50-a}$$

2　書面による議決権の行使又は代理人による議決権及び選挙権の行使（3項、5〜8項）

中央会の会員は、組合における組合員の場合と同様に、あらかじめ通知のあった事項（法82条の10第4項が準用する法49条）に限り、総会において、書面によって議決権を行使することができ、また、代理人によって議決権又は選挙権を行使することができる（3項）。この権利は、会員の絶対権であるから定款でこれを剥奪することはできない。また、その権利行使の手続、態様は、必ず定款に規定しなければならない。

中央会の会員の代理人については、組合の場合（法11条2項）と異なり、代理人資格を制限していないため誰でも代理人となることができる。

書面による議決権の行使又は代理人による議決権及び選挙権の行使を行う者は、総会の定足数及び議決権数又は選挙権数の計算に当たっては、出席者とみなされる（5項）。

代理人が代理し得る限度は、都道府県中央会にあっては4人まで（6項）、全国中央会にあっては議決権数又は選挙権数の総数の50分の1までである（7項）。しかし、この範囲内において、定款でさらにこれを制約することは差し支えない。

代理人は、中央会に代理権限を証する書面を提出して、代理権が与えられたこ

第77条（議決権及び選挙権）

とを立証しなければ、議決権又は選挙権を行使することができない（8項）。

3　電磁的方法による議決権の行使（4項）

　平成12年改正により、会員は、総会における書面をもってする議決権の行使に代えて、電磁的方法によって議決権を行使することが可能となった。

　ただし、役員の選挙は、無記名投票によって行うこととされており（法35条8項）、電磁的方法による場合には送信者が特定されてしまうことから、電磁的方法による選挙権の行使はできない点に留意する必要がある（役員選出方法として「選任」制を採用する組合にあっては、それが「議決権の行使」であることから、電磁的方法によることができる。）。

　この議決権に係る情報通信の技術を利用する方法は、施行規則において次のように定められている（施行規則55条1項）。

(1)　電子情報処理組織を使用する方法のうちイ又はロに掲げるもの
　　イ　送信者の使用に係る電子計算機と受信者の使用に係る電子計算機とを接続する電気通信回線を通じて送信し、受信者の使用に係る電子計算機に備えられたファイルに記録する方法
　　ロ　送信者の使用に係る電子計算機に備えられたファイルに記録された情報の内容を電気通信回線を通じて情報の提供を受ける者の閲覧に供し、当該情報の提供を受ける者の使用に係る電子計算機に備えられたファイルに当該情報を記録する方法
(2)　磁気ディスクその他これに準ずる方法により一定の情報を確実に記録しておくことができる物をもって調製するファイルに情報を記録したものを交付する方法

　これらの方法は、受信者がファイルへの記録を出力することにより書面を作成することができるものでなければならない（施行規則55条2項）。

　電磁的方法を採用する中央会にあっては、定款にさらに具体的な方法を記載する必要があり、その具体的な方法としては、①電子メール、データをまとめてファイルとして一括送信する方法（EDI等）、電磁的記録をファイルに記載する機能を有するファクシミリ等に送信する方法、ウェブサイトのホームページを利用する方法、②電磁的記録媒体（磁気ディスク、光ディスク等）を交付する方法があるが、単なるファクシミリによる送信及びiモード等の携帯電話による電子メールによる送信については、電磁的記録がファイルに記録されないため、電磁的方

第3章　中小企業団体中央会

法による送信には該当しないものとされている。

　また、「電磁的方法による中央会運営に関する規約」を作成し、総会において承認を受けておく必要がある。

　電磁的方法による議決権の行使については、あらかじめ通知のあった事項について、①中央会の電子メールアドレスに宛てて、自己の電子署名を付した議案ごとの賛否の意思を表示した電子メールを中央会の指定した期日までに発してする方法（電子メールが中央会の電子計算機のファイルへの記録がなされたときに到達したものとされる。）、②中央会のウェブサイトを利用する方法によって議案ごとの賛否の意思を発する方法（中央会の電子計算機のファイルへの記録がなされたときに到達したものとされる。）、③議案ごとの賛否の意思を表示したファイルを記録したCD-ROM等を送付・手交してする方法があるが、中央会として採用する方法をあらかじめ規約で定めておく必要がある。

　また、代理人による議決権及び選挙権の行使については、電磁的方法により議決権を行うことが定款で定められているときは、代理権限を証する書面の中央会への提出に代えて、代理権を電磁的方法により証明することができる（6項）。

　会員が代理人をもって議決権及び選挙権を行使しようとする場合には、①自己の電子署名を付した、あるいは、ID又はパスワードを入力した委任状を中央会の電子メールアドレスに宛てて電子メールを発してする（中央会に宛てて委任状を発しない場合には、代理人に宛てて委任状を発する）方法、②議決権及び選挙権を委任する旨の意思を表示したファイルを記録したCD-ROM等を中央会に発してする方法があるが、中央会として採用する方法をあらかじめ規約で定めておく必要がある。

（経費の賦課）

第78条　中央会は、定款の定めるところにより、会員に経費を賦課することができる。

2　会員は、前項の経費の支払について、相殺をもつて中央会に対抗することができない。

　　　本条…全部改正〔昭和30年8月法律121号〕

　中央会は組合と異なり、非出資団体であるから、その事業の実施に必要な経費については、原則として会員から徴収してこれを賄うこととなる。経費の賦課は、会員にとっては公課的な性格を有するものであり、直接重大な利害関係を持つも

第79条（加入）

のであるから、中央会の事業の遂行について基本的な問題となる。したがって、会員が公平に分担し得るように経費の賦課徴収の方法を定めることが、中央会の円滑な運営のために必要とされる。

　経費の賦課徴収については、必ず定款で規定することが必要であるし（１項、法82条の４第六号）、その具体的な徴収方法は、総会の議決によらなければならない（法82条の10第４項において準用する51条１項五号）。また、会員は、経費の払込みについて、相殺をもって中央会に対抗することはできない（２項）。これは、経費の徴収を確保しようとする趣旨である。

　なお、中央会には、使用料・手数料の徴収に関する規定を欠くが、事業体として、その利用者からその対価を徴収し得ることは当然であり、中央会は、監査指導を行った組合等や機関誌の利用者から対価を徴収することができる。

（加入）

第79条　都道府県中央会の会員たる資格を有する者が都道府県中央会に加入しようとするときは、都道府県中央会は、正当な理由がないのに、その加入を拒み、又はその加入につき現在の会員が加入の際に付されたよりも困難な条件を付してはならない。

２　都道府県中央会は、全国中央会が成立したときは、すべてその会員となる。全国中央会が成立した後において成立した都道府県中央会についても同様である。

３　第76条第２項第二号及び第三号の者が全国中央会に加入しようとする場合については、第１項の規定を準用する。

　　　　本条…全部改正〔昭和30年８月法律121号〕、１項…一部改正〔平成17年７月法律87号〕
　　　　罰則　１・３項関係＝〈本法〉115条１項八号

1　自由加入（１項、３項）

　都道府県中央会の会員資格を有する者及び全国中央会の会員資格を有する者であって都道府県中央会以外の者は、それぞれの中央会に自由に加入できる。しかし、正当な理由があれば加入を拒否することができる。中央会が加入を拒否し得る場合の正当な理由の一般的基準としては、その者の加入により中央会の円滑な運営が阻害されるおそれが大きい場合を指す。

　加入の諾否の決定は、業務執行機関である会長が行うものであるが、実際には、

377

第3章　中小企業団体中央会

会長の職務補佐機関たる理事会に諮って決定する方法をとるのが適当であろう。

また、加入に際しては、現在の会員が加入の際に付されたよりも困難な条件を付してはならない（1項）。「困難な条件」とは、経費の額及びその支払方法について、他の会員より加重負担になるような条件や寄附金の強要等を意味する。

2　当然加入（2項）

都道府県中央会は、当然に全国中央会の会員となる。

全国中央会が成立した後において成立した都道府県中央会もその成立と同時にその会員となる。例えば、全国中央会は、都道府県中央会が25以上あれば設立することができるので（法81条3項）、25の都道府県中央会で全国中央会を設立した場合、設立行為に参加しない都道府県中央会もその成立と同時にその会員となる。

都道府県中央会の全国中央会への加入については、他の会員資格を有する者が加入する場合に必要な一切の行為を必要としない（反対解釈）。

都道府県中央会を全国中央会の当然会員とした趣旨は、全国中央会に都道府県中央会の連合会的性格をもたせ、その主流的構成員とし、積極的に都道府県中央会の事業の健全な発達を図るような事業を行わしめようとすることにほかならない。

（脱退）

第80条　都道府県中央会の会員及び都道府県中央会以外の全国中央会の会員は、30日前までに予告して、脱退することができる。

2　全国中央会の会員たる都道府県中央会は、解散によって脱退する。

3　都道府県中央会の会員及び都道府県中央会以外の全国中央会の会員については、第19条の規定を準用する。

　　本条…全部改正〔昭和30年8月法律121号〕

　　罰則　3項関係＝〈本法〉115条1項九号

1　自由脱退（1項）

都道府県中央会の会員及び都道府県中央会以外の全国中央会の会員は、30日前までに予告すれば、いつでも会員の意思に基づき自由に脱退できる。「30日前までに」とは、脱退を予告した日の翌日から起算して30日を経過した日から脱退の

378

効力が生じるという意味である。

2 法定脱退（2項、3項）

都道府県中央会の会員及び都道府県中央会以外の全国中央会の会員は、会員たる資格の喪失、死亡又は解散、除名の事由によって中央会を脱退する。

全国中央会の会員である都道府県中央会は、解散によってのみ全国中央会を脱退することができる。したがって、解散以外の事由では脱退することができない。これは加入について当然加入としたことに基づく当然の規定である。また、全国中央会は、会員である都道府県中央会を除名できないものとされている。

第4節　設　立

（発起人）
第81条　中央会を設立するには、その会員になろうとする8人以上の者が発起人となることを要する。この場合において、その発起人中に、都道府県中央会にあつては5以上の第76条第1項第一号の者を、全国中央会にあつては5以上の都道府県中央会を含まなければならない。
2　都道府県中央会は、その地区内に主たる事務所を有する組合等の5分の1以上が会員となるのでなければ、設立することができない。
3　全国中央会は、25以上の都道府県中央会が会員となるのでなければ、設立することができない。
　　本条…全部改正〔昭和30年8月法律121号〕、2項…一部改正〔昭和32年11月法律185号〕

1 発起人（1項）

中央会の発起人は、8人以上でなければならない。発起人は、中央会の基本的事項である定款とか事業計画案等の作成を行うので、相当数の合議体とすることが必要であり、その数は、中央会の役員の最低数である8人以上と定められている。発起人の資格としては、当然に「会員になろうとする者」であることを要する。「会員になろうとする者」とは、「定款に定める会員資格を有する者であり、かつ、中央会が設立されたときは会員となる意思を有する者である」という意味である。したがって、会員資格を有しない者が発起人となって、設立行為のみを

379

第3章　中小企業団体中央会

担当するということは許されない。

　なお、発起人は、いわゆる胎児である中央会の重要事項に関する作業を行うものであるから、一定の要件を付されている。すなわち、中央会の発起人は、そのなかに、都道府県中央会にあっては「その地区内に事務所を有する組合等」（法76条1項一号）が5以上含まれていなければならないし、全国中央会にあっては5以上の都道府県中央会が含まれていなければならない。これは、中央会の本体をなす会員資格者が設立行為中からその中心をなすべきであるという趣旨によるものである。

2　設立要件（2項、3項）

　中央会は、原則として加入脱退の自由な自主的団体であるが、完全な地域団体であり（法73条）、また、その事業の性格からいって、構成員があまりに少数に過ぎることは好ましくない。したがって、中央会を設立するには、その本体をなすべき会員が一定数以上含まれていなければならないものとされている。すなわち、都道府県中央会にあっては、その地区内に主たる事務所を有する組合等の5分の1以上がその会員となるのでなければ設立することができない。「その地区内に主たる事務所を有する組合等」とは、組合等の種類及びその所管行政庁のいかんを問わず、その組合等の主たる事務所についての登記（法84条2項四号）をした所在地がその都道府県中央会の地区内にあるものを意味する。中央会の本体をなす会員は、「その地区内に事務所を有する組合等」であるが、設立要件を「主たる事務所を有する組合等」に求めた理由は、その地区内に従たる事務所を有する組合等の確認が、現行法上困難であるという手続上の理由によるものである。全国中央会にあっては、25以上の都道府県中央会が、その会員となるのでなければ設立することはできない。

　これらの要件は、設立の要件であるが、一般に設立行為中に加入することはできないものと解されるので、創立総会開催時において設立同意者数として充足されていなければならないものと解する。

（創立総会）

第82条　発起人は、定款を作成し、これを会議の日時及び場所とともに公告して、創立総会を開かなければならない。

2　創立総会においてその延期又は続行について決議があつた場合には、前

第82条（創立総会）

項の規定は、適用しない。

3　創立総会の議事については、主務省令で定めるところにより、議事録を作成しなければならない。

4　創立総会の決議については、第27条第2項から第5項まで及び第77条の規定を、創立総会の決議の不存在若しくは無効の確認又は取消しの訴えについては、会社法第830条、第831条、第834条（第十六号及び第十七号に係る部分に限る。）、第835条第1項、第836条第1項及び第3項、第837条、第838条並びに第846条（株主総会の決議の不存在若しくは無効の確認又は取消しの訴え）の規定（これらの規定中監査役に係る部分を除く。）を準用する。

　　　1項…一部改正〔昭和27年4月法律100号〕、本条…全部改正〔昭和30年8月法律121号〕、2項…一部改正〔昭和56年6月法律75号・平成13年11月129号〕、2項…全部改正・3・4項…追加〔平成17年7月法律87号〕

　　委任　3項の「主務省令」＝〈本法施行規則〉56条

　　罰則　3項関係＝〈本法〉115条1項十号

【「会社法」準用条文】

（創立総会〔株主総会等〕の決議の不存在又は無効の確認の訴え）

第830条　創立総会〔株主総会若しくは種類株主総会又は創立総会若しくは種類創立総会（以下この節及び第937条第1項第一号トにおいて「株主総会等」という。）〕の決議については、決議が存在しないことの確認を、訴えをもって請求することができる。

2　創立総会〔株主総会等〕の決議については、決議の内容が法令に違反することを理由として、決議が無効であることの確認を、訴えをもって請求することができる。

（創立総会〔株主総会等〕の決議の取消しの訴え）

第831条　次の各号に掲げる場合には、会員、会長、理事又は清算人〔株主等（当該各号の株主総会等が創立総会又は種類創立総会である場合にあっては、株主等、設立時株主、設立時取締役又は設立時監査役）〕は、創立総会〔株主総会等〕の決議の日から3箇月以内に、訴えをもって当該決議の取消しを請求することができる。当該決議の取消しにより会員、会長、理事又は清算人〔株主（当該決議が創立総会の決議である場合にあっては、設立時株主）又は取締役（監査等委員会設置会社にあっては、監査等委員である取締役又はそれ以外の取締役。以下この

381

第3章　中小企業団体中央会

項において同じ。）、監査役若しくは清算人（当該決議が株主総会又は種類株主総
会の決議である場合にあっては第346条第1項（第479条第4項において準用する
場合を含む。）の規定により取締役、監査役又は清算人としての権利義務を有す
る者を含み、当該決議が創立総会又は種類創立総会の決議である場合にあっては
設立時取締役（設立しようとする株式会社が監査等委員会設置会社である場合に
あっては、設立時監査等委員である設立時取締役又はそれ以外の設立時取締役）
又は設立時監査役を含む。）］となる者も、同様とする。
　一　創立総会〔株主総会等〕の招集の手続又は決議の方法が法令若しくは定款
　　に違反し、又は著しく不公正なとき。
　二　創立総会〔株主総会等〕の決議の内容が定款に違反するとき。
　三　創立総会〔株主総会等〕の決議について特別の利害関係を有する者が議決
　　権を行使したことによって、著しく不当な決議がされたとき。
2　前項の訴えの提起があった場合において、創立総会〔株主総会等〕の招集の手
　続又は決議の方法が法令又は定款に違反するときであっても、裁判所は、その違
　反する事実が重大でなく、かつ、決議に影響を及ぼさないものであると認めると
　きは、同項の規定による請求を棄却することができる。

（被告）
第834条　次の各号に掲げる訴え（以下この節において「中央会〔会社〕の組織に
　関する訴え」と総称する。）については、当該各号に定める者を被告とする。
　十六　創立総会〔株主総会等〕の決議が存在しないこと又は創立総会〔株主総
　　会等〕の決議の内容が法令に違反することを理由として当該決議が無効であ
　　ることの確認の訴え　当該中央会〔株式会社〕
　十七　創立総会〔株主総会等〕の決議の取消しの訴え　当該中央会〔株式会社〕

（訴えの管轄及び移送）
第835条　中央会〔会社〕の組織に関する訴えは、被告となる中央会の主たる事務
　所〔会社の本店〕の所在地を管轄する地方裁判所の管轄に専属する。

（担保提供命令）
第836条　中央会〔会社〕の組織に関する訴えであって、会員〔株主又は設立時株主〕
　が提起することができるものについては、裁判所は、被告の申立てにより、当該
　中央会〔会社〕の組織に関する訴えを提起した会員〔株主又は設立時株主〕に対
　し、相当の担保を立てるべきことを命ずることができる。ただし、当該会員〔株主〕
　が会長、理事又は清算人〔取締役、監査役、執行役若しくは清算人であるとき、

第82条（創立総会）

又は当該設立時株主が設立時取締役若しくは設立時監査役〕であるときは、この限りでない。

3　被告は、第1項〔（前項において準用する場合を含む。）〕の申立てをするには、原告の訴えの提起が悪意によるものであることを疎明しなければならない。

（弁論等の必要的併合）

第837条　同一の請求を目的とする中央会〔会社〕の組織に関する訴えに係る訴訟が数個同時に係属するときは、その弁論及び裁判は、併合してしなければならない。

（認容判決の効力が及ぶ者の範囲）

第838条　中央会〔会社〕の組織に関する訴えに係る請求を認容する確定判決は、第三者に対してもその効力を有する。

（原告が敗訴した場合の損害賠償責任）

第846条　中央会〔会社〕の組織に関する訴えを提起した原告が敗訴した場合において、原告に悪意又は重大な過失があったときは、原告は、被告に対し、連帯して損害を賠償する責任を負う。

　本条は、いわゆる胎児である中央会の最高の意思決定機関たる創立総会に関する規定である。中央会の創立総会については、組合の創立総会に関する本法の規定が準用されているので、創立総会開催の手続、議決事項、議事等については、組合の場合とまったく同様である。

1　発起人の設立行為（1項）

　定款の作成は、発起人に専属する義務であり、創立総会においてもその修正ができるのであるから、発起人は、まず定款を作成することを要し、しかる後、定款、日時及び場所を公告して創立総会を開催しなければならない。

2　延期又は続行の決議（2項）

　発起人が公告した会日に創立総会が終了しないときは、総会の決議により、創立総会を延期又は続行することができるが、この場合、公告は不要である。

3　創立総会の議事録（3項）

　創立総会においては、議事の経過の要領及びその結果等を記載した議事録を作

383

第3章　中小企業団体中央会

成することを要する（施行規則56条）。

4　創立総会の決議等（4項）
(1)　創立総会の公告（法27条2項）
　　創立総会の公告は、少なくとも会日の2週間前までに行うことを要する。
(2)　創立総会の議決事項（法27条3項）
　　創立総会においては、定款の承認、事業計画書、収支予算書その他設立に必要な事項を必ず議決しなければならないし、役員の選挙も行わなければならない。
(3)　定款修正の制限（法27条4項）
　　創立総会においては、発起人が作成した定款の修正はできるが、特に地区及び会員資格については修正できないこととされている。
(4)　創立総会の議事（法27条5項）
　　創立総会の議事は、設立同意者の半数以上が出席し、その議決権の3分の2以上で決することが必要である。この場合、全国中央会の設立同意者も各々1個の議決権を有するのみである。本条4項において法77条の規定（議決権及び選挙権）を準用しているが、全国中央会の会員たる都道府県中央会に対する複数議決権及び選挙権の付与は、会員の絶対権ではなく「定款の定めるところにより」はじめて付与されるものであるから、創立総会においては、まだ定款の効力は発生しておらず、全国中央会の設立同意者である都道府県中央会に対して、複数議決権又は選挙権を付与することはできない。

5　創立総会の決議の取消し又は不存在若しくは無効確認の訴え
　中央会の創立総会において、その招集の手続若しくは決議の方法が法令若しくは定款に違反し又は著しく不公正なとき、決議の内容が定款に違反するとき、又は特別利害関係人が議決権を行使した結果著しく不当な決議がなされたときは、決議取消しの訴えが提起できる（会社法831条）こと並びに総会の決議の不存在確認の訴え及び決議の無効確認の訴えを提起できる（会社法830条）ことは、組合と同様である。
　なお、中央会については、組合に準用されている設立無効の訴え（法32条、会社法828条1項1号等）に関する会社法の規定は準用されておらず、中央会に対する訴えについては、民事訴訟法の原則によることとされている。

第82条の2（設立の認可）　第82条の3（準用）

> **（設立の認可）**
> **第82条の2**　発起人は、創立総会終了後遅滞なく、定款並びに事業計画、
> 　役員の氏名及び住所その他必要な事項を記載した書面を行政庁に提出し
> 　て、設立の認可を受けなければならない。
> 　　本条…追加〔昭和30年8月法律121号〕

　本条は、中央会の設立の認可に関する規定である。行政庁の設立の認可は、設
立行為の補充行為であるから、中央会は、所管行政庁の認可を受けなければ設立
することができない。設立認可の法的性質については、組合の説明と同様である
（法27条の2の解説を参照）。

　発起人は、創立総会が終了したときは遅滞なく、定款並びに事業計画、役員の
氏名及び住所その他必要な事項を記載した書面を認可申請書に添付して行政庁に
提出し、設立の認可を受けなければならない。設立の認可申請は発起人の重要な
仕事の一つであるが、発起人は、設立の認可を受けた後その事務を会長に引き渡
して（法82条の3、28条）その任務を終了する。

　中央会の所管行政庁は、都道府県中央会にあってはその地区を管轄する都道府
県知事、全国中央会にあっては経済産業大臣である（法111条1項六号、七号）。

　本条の規定は組合の場合と異なり、認可基準が法定されていない。したがって、
中央会の設立の認可は、行政庁の認可行為について何らの拘束を加えない自由裁
量認可となっている。これは、中央会を地域団体とし、その数を制限したことに
よる当然の帰結である。しかし、中央会は、その目的及び性格からみて、健全な
運営が期待される姿は、おのずから明らかであるので、行政庁の裁量権は、その
面から制約されるものと解する。

> **（準用）**
> **第82条の3**　設立については、第28条及び第30条の規定を準用する。
> 　　本条…追加〔昭和30年8月法律121号〕、一部改正〔平成6年11月法律97号〕

　本条は、組合の設立についての規定を準用したものである。

1　設立事務の会長への引継ぎ（法28条）

　中央会の発起人は、行政庁の設立の認可を受けたときは、すみやかにその事務

385

第3章　中小企業団体中央会

を会長に引き渡さなければならない。会長は、発起人より事務を引き継いだ後、設立の認可のあった日から2週間以内に中央会の設立の登記をすることを要する（法84条3項）。

2　成立の時期（法30条）

中央会の成立の時期は、組合と同様に主たる事務所の所在地において設立の登記を完了したときである。

第5節　管　理

（定款）

第82条の4　中央会の定款には、次の事項を記載し、又は記録しなければならない。

一　事業

二　名称

三　事務所の所在地

四　会員たる資格に関する規定

五　会員の加入及び脱退に関する規定

六　経費の分担に関する規定

七　役員の定数及びその選挙又は選任に関する規定

八　事業年度

九　公告方法

本条…追加〔昭和30年8月法律121号〕、一部改正〔昭和55年6月法律79号・平成17年7月87号〕

本条は、定款の絶対的必要記載事項に関する規定である。本条各号に掲げる事項は、必要記載事項のうち、絶対的必要記載事項であって、定款に必ず規定することが必要であり、これらの事項の一つでも欠けるとき、又はその記載事項の内容が法令に違反するときは、その定款全部が無効である。このほか、定款の記載事項には、中央会がその事項を決定したときは、必ず定款に規定しなければならない相対的必要記載事項と任意的記載事項があるが、任意的記載事項は、定款が

386

第82条の5（規約）　第82条の6（役員）

中央会の根本規則であるから、そのうち重要なもののみを規定し、他は規約に譲ることが適当である。

なお、定款の変更は総会の特別議決によって行うことを要し（法82条の10第4項で準用する法51条1項一号、法82条の10第3項一号）、かつ、行政庁の認可を受けなければその効力を生じない（法82条の10第4項で準用する法51条2項）。

（規約）

第82条の5　次の事項は、定款で定めなければならない事項を除いて、規約で定めることができる。

　一　総会又は総代会に関する規定

　二　業務の執行及び会計に関する規定

　三　役員に関する規定

　四　会員に関する規定

　五　その他必要な事項

　　　本条…追加〔昭和30年8月法律121号〕

本条は、規約に関する規定である。規約は、定款と同じく、中央会の組織運営に関する根本規則であるから、会員は全て規約の定めに従わなければならない。したがって、規約の設定・変更・廃止は総会の議決を要する（法82条の10第4項で準用する法51条1項二号）。

本条は強制規定ではないから、規約は、必ずしも設定する必要はない。本条各号に掲げる事項は例示であるから、中央会は、定款で定めなければならない事項を除いては、いかなる事項でも規約で定めることができる。

（役員）

第82条の6　中央会に、役員として会長1人、理事5人以上及び監事2人以上を置く。

　　　本条…追加〔昭和30年8月法律121号〕

1　役員の種類

中央会の役員の種類は、会長、理事及び監事であり、いずれも中央会の必要常設機関である。組合と異なる点は、組合がその代表機関である代表理事を理事の

387

第3章　中小企業団体中央会

うちから理事会において選出するのに対し、中央会においては、代表者である会長は理事ではなく、直接に会長として総会で選出されることである。これらの役員は、中央会の必要常設機関であるから、定款をもってしてもこれを廃止することはできない。

　中央会の役員として副会長を置くべきであるという意見もあるが、組合の普及発達状況が都道府県ごとに相当異なっており、必ずしも副会長制度をとる必要のないところもあるので、副会長制度を法的に強制しなかったのである。しかしながら、中央会の運営において副会長制度を必要とする場合には、理事のうちより定款上の役員の種類として副会長を選出することは何ら差し支えない。

2　役員の定数

　役員の定数は、定款の絶対的必要記載事項であり、確定数で規定する。「○○人以上」あるいは「○○人以内」と記載することは不定数となり法令違反となるが、「○○人以上○○人以内」と記載することは問題ない。本条の規定は、中央会の機関として必要な役員の最低数を規定したもので、この数を下回るような定款の定めは、違法であって許されない。

　役員の選出方法、その補充義務等については、組合の役員に関する規定が準用されているが（法82条の8、法35条3項、7項）、組合の役員と異なり、中央会の役員には員外役員についの制限が付されていない。したがって、中央会の役員は、総会において選出されればだれでも就任でき、会員であることは問われない。

（役員の職務）

第82条の7　会長は、中央会を代表し、その業務を総理する。

2　理事は、定款の定めるところにより、会長を補佐して中央会の業務を掌理し、会長に事故があるときはその職務を代理し、会長が欠員のときはその職務を行う。

3　監事は、中央会の業務及び会計の状況を監査する。
　　　　本条…追加〔昭和30年8月法律121号〕

　本条は、中央会の必要常設機関である役員の職務を定める規定である。

　中央会の業務の執行は、組合の場合と異なり、その決定権と執行権が分離されておらず、組合における業務執行の意思決定機関である理事会は制度化されてい

第82条の7（役員の職務）

ない。なお、理事に対しては、中央会の代表権も業務執行の決定権も付与されていないので、中央会の業務執行権は代表機関である会長１人に専属する。

1　会長の職務（1項）

　会長は、中央会の代表機関として中央会を代表するとともに、その業務を総理する。「総理する」とは、全体を統一して管理することを意味しており、業務の執行とほぼ同様の意味を持つ。したがって、会長は、中央会の業務執行機関であり、代表機関であって、中央会の業務を法令、定款、規約及び総会の議決に従って忠実に執行しなければならない。

2　理事の職務（2項）

　中央会の理事は、会長の補佐機関であり、中央会の代表権も業務執行権も持たない。理事の職務は、定款の定めに従い、会長を補佐して中央会の業務を掌理する。「掌理する」とは、ある仕事を担当してとりまとめることを意味している。理事の「業務を掌理する」範囲は、会長の業務執行を補佐するという範囲に限られ、その決定に参画することは含まれない。したがって、中央会には理事会が必要機関として制度化されていない。しかし、会長の補佐機関として、理事の合議体たる理事会を定款上の機関として設けることは差し支えなく、また、それが適当であろう。

　中央会の理事は、会長の職務の補佐のほかに、組合の理事と異なり、会長に事故があるときはその職務を代理し、会長が欠員のときはその職務を行うことができる。ただし、定款にその旨の定めを置くことが必要である。

　代理、代行者を置く場合には、その旨の登記をすることを要する。

　「事故があるときはその職務を代理し」、「欠員のときはその職務を行う」という場合、両者とも、本来の代表者である会長に代わって中央会を代表し、会務を総理する者であることに変わりなく、一方は「本来の職務にあるべき者がある期間のみ代表権の行使ができない一時的なもの」であり、他方は、「かかる者の存在すらない」という違いがあるに過ぎず、いずれの場合も「代表権を有する者」となる点について、本質的な差異はない。

　ただし、「事故」という事実の発生は、「欠員」という事実に比べて極めて明確性を欠き、いかなる事実を事故といい、また、それがいつ生じ、いつ消滅したかについて明確に把握しにくいという問題がある。

　登記は、一定の事項の公示により取引の安全を図るものであり、事故の事実が

389

第3章　中小企業団体中央会

生じ、次順位のものが代表権を有するに至っているにもかかわらず、代表権を有する者としての登記ができないということは、登記本来の目的に反するものといわざるを得ず、ひいては、代理、代行に関する規定の意義を半減させる結果ともなる。

「事故」とは、病気・旅行等ある程度継続した障害であり、単に事務多忙等では事故が生じたとはいえない。

事故については、理事の過半数による証明書や医師の診断書、欠員については死亡診断書を添付することが適当である。

なお、申請者たる代理者、代行者についても「代表権を有する者」としての登記が必要である。

3　監事の職務（3項）

中央会の監事は、会計の状況の監査のみならず、業務の監査を行うことができる。

（準用規定）

第82条の8　中央会については、第10条の2、第34条の2及び第40条（第1項、第6項から第9項まで及び第13項を除く。）の規定を、会長、理事及び監事については、第35条第3項及び第7項から第13項まで、第35条の2、第35条の3、第36条（第5項を除く。）並びに第36条の3第1項の規定を、会長については、第36条の8第4項及び第38条並びに一般社団法人及び一般財団法人に関する法律第78条の規定を、理事については、第40条第7項から第9項までの規定を、監事については、第37条第1項の規定を準用する。この場合において、第35条第9項中「1人」とあるのは「1人（全国中央会にあつては、選挙権1個）」と、第38条第1項中「理事会において」とあるのは「監事に」と、同条第3項中「理事会」とあるのは「監事」と読み替えるものとする。

　　本条…追加〔昭和30年8月法律121号〕、一部改正〔昭和55年6月法律79号・56年6月75号・平成16年12月147号〕、見出…全部改正・本条…一部改正〔平成17年7月法律87号〕、本条…一部改正〔平成18年6月法律75号・50号〕

　　委任　本条で準用する10条の2第3項二号第一の「主務省令」＝〈本法施行規則〉53条、本条で準用する10条の2第3項二号第二・34条の2第2項二号・40条12項三号の「主務省令」＝同54条、本条で準用する34条の2第3項・40条11項の「主務省令」＝同

第82条の8（準用規定）

> 60条、本条で準用する40条2項の「主務省令」＝同72条・74条、本条で準用する40
> 条5項の「主務省令」＝同114条、本条で準用する40条7項の「主務省令」＝同124条・
> 127条
> 罰則 〈本法〉115条1項七号・十一号・十四号・十八号－二十号

【「一般社団法人及び一般財団法人に関する法律」準用条文】
（代表者の行為についての損害賠償責任）
第78条 中央会〔一般社団法人〕は、会長〔代表理事〕その他の代表者がその職務を行うについて第三者に加えた損害を賠償する責任を負う。

本条は、中央会及び中央会の役員についての本法及び一般社団法人及び一般財団法人に関する法律中の必要な規定の準用に関する規定である。

1 中央会に準用されている規定

組合名簿の作成等、定款の備置き等、決算関係書類の作成等につき本法の規定が準用される。

2 会長、理事及び監事について準用されている規定

選出方法、補充義務、中央会との関係、任期、忠実義務等について本法の規定が準用されている。

中央会の理事については、会長の業務執行を補佐するという範囲に限られ、その決定に参画することは含まれないことから、組合の役員の責任に関する規定（法38条の2）を準用していない。

3 会長に準用される規定

会長については、特定の行為の代理、中央会との自己契約の制限等につき本法の規定が準用され、法人の不法行為能力に関する一般社団法人及び一般財団法人に関する法律78条の規定が準用されている。

4 理事について準用されている規定

通常総会における決算関係書類の提供等につき本法の規定が準用されている。

第3章　中小企業団体中央会

5　監事について準用されている規定

役員の兼職禁止につき本法の規定が準用されている。

（顧問）

第82条の9　中央会は、学識経験のある者を顧問とし、常時中央会の重要事項に関し助言を求めることができる。ただし、顧問は、中央会を代表することができない。

　　　　本条…追加〔昭和30年8月法律121号〕

本条は、中央会の顧問についての規定であり、中央会の業務執行の適正を図るため、会長が、中小企業問題あるいは組合問題等について造詣の深い学識経験のある者のうちから委嘱するものである。

（総会）

第82条の10　会長は、定款の定めるところにより、毎事業年度1回通常総会を招集しなければならない。

2　会長は、必要があると認めるときは、定款の定めるところにより、いつでも臨時総会を招集することができる。

3　次の事項は、都道府県中央会にあつては総会員の半数以上が、全国中央会にあつては議決権の総数の半数以上に当たる議決権を有する会員が出席し、それぞれその議決権の3分の2以上の多数による議決を必要とする。

　一　定款の変更

　二　中央会の解散

　三　会員の除名

4　総会については、第47条第2項から第4項まで、第48条から第50条まで、第51条第1項及び第2項、第52条、第53条の3並びに第53条の4の規定を、総会の決議の不存在若しくは無効の確認又は取消しの訴えについては、会社法第830条、第831条、第834条（第十六号及び第十七号に係る部分に限る。）、第835条第1項、第836条第1項及び第3項、第837条、第838条並びに第846条（株主総会の決議の不存在若しくは無効の確認又は取消しの訴え）の規定（これらの規定中監査役に係る部分を除く。）を準用する。この場合において、第47条第2項及び第4項中「理事会」とあり、及び第48

392

条中「理事」とあるのは、「会長」と読み替えるものとする。

　　本条…追加〔昭和30年8月法律121号〕、4項…一部改正〔昭和56年6月法律75号〕、3・
　　4項…一部改正〔平成12年11月法律126号〕、4項…一部改正〔平成13年11月法律129号〕、
　　2項…一部改正・4項…全部改正〔平成17年7月法律87号〕、4項…一部改正〔平成18年
　　6月法律75号〕

　委任　4項で準用する47条4項の「主務省令」＝〈本法施行規則〉134条、4項で準用す
　　　　る53条の4第1項の「主務省令」＝同139条、4項で準用する53条の4第3項の「主
　　　　務省令」＝同60条、4項で準用する53条の4第4項二号の「主務省令」＝同54条

　罰則　1項関係＝〈本法〉115条1項二十一号、4項関係＝〈本法〉115条1項十号・十七号

【「会社法」準用条文】

（総会〔株主総会等〕の決議の不存在又は無効の確認の訴え）

第830条　総会〔株主総会若しくは種類株主総会又は創立総会若しくは種類創立総
会（以下この節及び第937条第1項第一号トにおいて「株主総会等」という。）〕
の決議については、決議が存在しないことの確認を、訴えをもって請求すること
ができる。

2　総会〔株主総会等〕の決議については、決議の内容が法令に違反することを理
由として、決議が無効であることの確認を、訴えをもって請求することができる。

（総会〔株主総会等〕の決議の取消しの訴え）

第831条　次の各号に掲げる場合には、会員、会長、理事又は清算人〔株主等（当
該各号の株主総会等が創立総会又は種類創立総会である場合にあっては、株主等、
設立時株主、設立時取締役又は設立時監査役）〕は、総会〔株主総会等〕の決議
の日から3箇月以内に、訴えをもって当該決議の取消しを請求することができる。
当該決議の取消しにより会員、会長、理事又は清算人〔株主（当該決議が創立総
会の決議である場合にあっては、設立時株主）又は取締役（監査等委員会設置会
社にあっては、監査等委員である取締役又はそれ以外の取締役。以下この項にお
いて同じ。）、監査役若しくは清算人（当該決議が株主総会又は種類株主総会の決
議である場合にあっては第346条第1項（第479条第4項において準用する場合を
含む。）の規定により取締役、監査役又は清算人としての権利義務を有する者を
含み、当該決議が創立総会又は種類創立総会の決議である場合にあっては設立時
取締役（設立しようとする株式会社が監査等委員会設置会社である場合にあって
は、設立時監査等委員である設立時取締役又はそれ以外の設立時取締役）又は設
立時監査役を含む。）〕となる者も、同様とする。

第3章　中小企業団体中央会

一　総会〔株主総会等〕の招集の手続又は決議の方法が法令若しくは定款に違反し、
又は著しく不公正なとき。

二　総会〔株主総会等〕の決議の内容が定款に違反するとき。

三　総会〔株主総会等〕の決議について特別の利害関係を有する者が議決権を行
使したことによって、著しく不当な決議がされたとき。

2　前項の訴えの提起があった場合において、総会〔株主総会等〕の招集の手続又
は決議の方法が法令又は定款に違反するときであっても、裁判所は、その違反す
る事実が重大でなく、かつ、決議に影響を及ぼさないものであると認めるときは、
同項の規定による請求を棄却することができる。

（被告）

第834条　次の各号に掲げる訴え（以下この節において「中央会〔会社〕の組織に
関する訴え」と総称する。）については、当該各号に定める者を被告とする。

十六　総会〔株主総会等〕の決議が存在しないこと又は総会〔株主総会等〕の
決議の内容が法令に違反することを理由として当該決議が無効であることの
確認の訴え　当該中央会〔株式会社〕

十七　総会〔株主総会等〕の決議の取消しの訴え　当該中央会〔株式会社〕

（訴えの管轄及び移送）

第835条　中央会〔会社〕の組織に関する訴えは、被告となる中央会の主たる事務
所〔会社の本店〕の所在地を管轄する地方裁判所の管轄に専属する。

（担保提供命令）

第836条　中央会〔会社〕の組織に関する訴えであって、会員〔株主又は設立時株主〕
が提起することができるものについては、裁判所は、被告の申立てにより、当該
中央会〔会社〕の組織に関する訴えを提起した会員〔株主又は設立時株主〕に対
し、相当の担保を立てるべきことを命ずることができる。ただし、当該会員〔株主〕
が会長、理事又は清算人〔取締役、監査役、執行役若しくは清算人であるとき、
又は当該設立時株主が設立時取締役若しくは設立時監査役〕であるときは、この
限りでない。

（弁論等の必要的併合）

第837条　同一の請求を目的とする中央会〔会社〕の組織に関する訴えに係る訴訟が
数個同時に係属するときは、その弁論及び裁判は、併合してしなければならない。

（認容判決の効力が及ぶ者の範囲）

第838条　中央会〔会社〕の組織に関する訴えに係る請求を認容する確定判決は、

第82条の10（総会）

第三者に対してもその効力を有する。

（原告が敗訴した場合の損害賠償責任）

第846条　中央会〔会社〕の組織に関する訴えを提起した原告が敗訴した場合において、原告に悪意又は重大な過失があったときは、原告は、被告に対し、連帯して損害を賠償する責任を負う。

　本条は、中央会の総会に関する規定であり、総会の招集、特別議決事項に関する規定と総会に関する本法及び会社法中の規定の準用条文とからなっている。

1　総会の招集（1項、2項）

　総会の招集は会長が行う。ただし、本条4項で準用する法48条の規定により、特定の場合には、会員が招集することもできる。

　通常総会は、毎事業年度1回必ず定期的に招集することを要し、その具体的な時期及び手続は、定款で定めることを要する。なお、通常総会には、必ず決算関係書類の承認の議案を提出する必要がある。

　臨時総会は、必要があるときはいつでも招集することができ、その招集の手続は定款に定めることを要する。

2　特別議決事項（3項）

　総会の議決事項のうち、中央会の組織運営に関する最も重要な事項である定款の変更、中央会の解散及び会員の除名については、特別議決事項として特に厳重な要件を課している。

3　会社法の準用等（4項）

(1)　会員による総会の招集（法47条2項～4項）

　中央会の会員は、総会員の5分の1（これを下回る割合を定款で定めた場合にあってはその割合）以上の同意を得たときは、会議の目的及び招集の理由を記載した書面を会長に提出して、総会の招集を請求することができる。この場合、会長は、その請求のあった日から20日以内の一定の日に、臨時総会を招集すべく決定することが必要である。

(2)　会員による総会の招集（法48条）

　前記の総会招集を請求した会員は、会長がその請求した日から10日たって

第3章　中小企業団体中央会

も総会招集の手続をとらないときは、行政庁の承認を得て、みずから総会を招集することができる。会長の職務を行う者がいないときにおいても、会員の5分の1（これを下回る割合を定款で定めた場合にあってはその割合）以上の同意を得、かつ、行政庁の承認を得て総会を招集することができる。

(3)　**総会招集の手続（法49条）**

　　総会の招集は、会日の10日（これを下回る期間を定款で定めた場合にあっては、その期間）前までに会議の目的たる事項を示し、定款の定めに従って行うことを必要とする。

(4)　**通知又は催告（法50条）**

　　中央会が会員に対し、通知又は催告を必要とする場合は、会員名簿記載の住所（別に通知・催告を受ける場所等の通知がなされた場合にあっては、その場所等）にあてて発すれば足り、通知又は催告が不着又は延着しても通常到達したであろうと認められる日に到達したものとみなされる。

(5)　**総会の議決事項（法51条1項、2項）**

　　定款の変更、規約及び共済規程又は火災共済規程の設定、変更又は廃止、毎事業年度の収支予算及び事業計画の設定又は変更、経費の賦課徴収の方法並びにその他法律又は定款で定める事項については、必ず総会の議決を経なければならないものとされている。

　　なお、定款の変更については、行政庁の認可を必要とし、認可を受けなければその効力を発生しない。

(6)　**総会の議事（法52条）**

　　中央会の総会の議事は、特別議決事項を除いて、出席した会員の議決権の過半数で決するものとし、可否同数であれば議長が決定するものとされている。

　　議長は、総会で選任するものとし、会員が議長となったときにおいては、議決権を行使することができない。

　　総会は、本条4項で準用する法49条の規定により、あらかじめ通知された事項を議決するのであるが、定款で緊急議案の議決を認めるときは、緊急議案についても議決することができる。

(7)　**総会の延期又は続行の決議（法53条の3）**

　　総会は、総会の決議によって延期又は続行することができ、この場合は、招集の手続（49条）を要しない。

第82条の11（総代会）

(8)　**総会の議事録（法53条の４）**

　　総会の議事については、所定の事項を記載した議事録を作ることを必要とする。また、議事録は主たる事務所に10年間、その写しを従たる事務所に５年間備え置かなければならない。なお、従たる事務所における議事録の写しの備置きについては、電磁的記録によることも認められている。

(9)　**総会の決議の取消し又は不存在若しくは無効確認の訴え**

　　総会において、その招集の手続若しくは決議の方法が法令若しくは定款に違反し又は著しく不公平なとき、決議の内容が定款違反のとき、又は特別利害関係人が議決権を行使した結果著しく不当な決議がなされたときは、決議取消しの訴えを提起できる（会社法831条）こととなっている。また、総会の決議の不存在確認の訴え及び決議の無効確認の訴えも認められている（会社法830条）。

（総代会）

第82条の11　会員の総数が200人を超える都道府県中央会は、定款の定めるところにより、総会に代わるべき総代会を設けることができる。

２　総代会については、都道府県中央会の総会に関する規定及び第55条第２項から第５項までの規定を準用する。この場合において、第77条第６項中「５人」とあるのは「２人」と読み替えるものとする。

３　総代会においては、前項の規定にかかわらず、総代の選挙（補欠の総代の選挙を除く。）をし、又は前条第３項第二号の事項について議決することができない。

　　　　本条…追加〔昭和30年８月法律121号〕、１・２項…一部改正〔平成12年11月法律126号〕

　本条は、都道府県中央会の総代会に関する規定である。総代会は、会員の総数が200人を超える大規模な都道府県中央会において、総会に代わるべきものとして、定款上設けられる意思決定機関であり、全国中央会は総代会を設けることができない。

　都道府県中央会に総代会を設けた趣旨は、組合の場合とまったく同様であり、都道府県中央会の総代会については、都道府県中央会の総会の規定及び組合の総代会の規定を準用している。ただし、総代会において代理人が代理し得る限度は、１人のみである。

397

第3章　中小企業団体中央会

> **（部会）**
> **第82条の12　中央会は、定款の定めるところにより、組合等の種類ごとに部会を設けることができる。**
> 本条…追加〔昭和30年8月法律121号〕、一部改正〔昭和32年11月法律185号〕

1　部会設置の趣旨

中央会は、主として組合によって構成される組合の指導団体であるが、会員たる組合は、その種類によって、構成なり事業目的なりを著しく異にしているので、組合の種類によって固有の問題があり、組合の指導面においても相当異なる点が生じてくる。

部会は、これらの組合の種類の一つに属する重要な事項を調査審議し、会長にその経過及び結果を具申して、中央会事業である組合指導を適正なものにさせようとする定款上の合議体である。

2　部会の性格

部会は、定款上の機関であって、必ずしも設置する必要はないが、その性格は、中央会内部における調査審議機関であるとともに会長の諮問機関たる性格をもつものであり、中央会の意思決定機関ではない。したがって、部会の決議をもって総会又は総代会の決議に代えることができるというように部会を運用することは許されない。

3　部会の種類

部会は、組合の種類ごとに設けることができる。すなわち、部会は、定款で定めれば事業協同組合部会、事業協同小組合部会、火災共済協同組合部会、信用協同組合部会、協同組合連合会部会、企業組合部会、協業組合部会、商工組合部会、商工組合連合会部会等を設けることができる。部会は定款上の機関であるから、必ずしもこの種の部会を設置する必要はなく、それぞれの中央会の実状に応じ、必要な部会のみを設置することは差し支えない。しかし、設置する部会については、必ず定款に規定しなければならない。

4　部会の構成及び運営

部会の構成及び運営については、何ら法定されておらず、中央会の内部問題と

第82条の13（解散の事由）

して定款に委ねられている。したがって、少なくとも部会の構成及びその運営方法については、定款に規定しなければならない。部会の構成は、都道府県中央会にあっては会員たる組合をそれぞれの部会に分属させて部会を構成することになるであろうが、会員数が多数であるときは、部会委員会制度を設けて、実質的な部会運営を行うのが適当であろう。全国中央会にあっては直接会員をもって構成することがその性格上困難であるので、主として都道府県中央会の部会の長をもって、それぞれの部会を構成することが適当であろう。

なお、中央会の内部において、業種別組合の調査審議機関とか金融、税務、貿易等の経済現象の問題別の研究機関等が必要となってくるであろうが、この場合、部会という名称を使用しないで、委員会又は専門委員会等の名称を使用して、法定の部会との混同を避けることが、立法の趣旨からいって望ましい。

第6節　解散及び清算

> **（解散の事由）**
> **第82条の13**　中央会は、次の事由によつて解散する。
> 　一　総会の決議
> 　二　破産手続開始の決定
> 　三　第106条第2項の規定による解散の命令
> 2　中央会は、前項第一号の規定により解散したときは、解散の日から2週間以内に、その旨を行政庁に届け出なければならない。
> 　　本条…追加〔昭和30年8月法律121号〕、1項…一部改正〔平成7年12月法律137号・16年6月76号、18年6月75号〕
> 　　罰則　2項関係＝〈本法〉115条1項十一号

本条は、中央会の解散事由、解散の届出に関する規定である。中央会は、解散の決議、破産及び行政庁の解散命令を事由として法律上当然に解散する。

中央会は、解散の決議によって解散したときは、所管行政庁に解散届を提出しなければならない。この届出の趣旨は、中央会の実態を把握することにある。破産の場合には、裁判所から所管行政庁に対し通知があり、解散命令は所管行政庁が発するものであるから、所管行政庁は、解散の事実をあらかじめ把握することができるので、これらの事由によって解散したときには届出を必要としない。

399

第3章　中小企業団体中央会

（清算中の中央会の能力）

第82条の13の2　解散した中央会は、清算の目的の範囲内において、その清算の結了に至るまではなお存続するものとみなす。

　　　　本条…追加〔平成18年6月法律50号〕

　中央会が解散したときは、法律上絶対的に消滅するものではなく、清算の目的の範囲内において存続するものとみなされる。

（清算人）

第82条の14　中央会が解散したときは、破産手続開始の決定による解散の場合を除いては、会長がその清算人となる。ただし、総会において他人を選任したときは、この限りでない。

　　　　本条…追加〔昭和30年8月法律121号〕、一部改正〔平成16年6月法律76号〕

　清算人は、清算法人の機関として清算事務を担当するものであるが、中央会が解散したときは、原則として会長が清算人に就任する。この原則に対して二つの例外がある。すなわち、総会において会長以外の者を清算人として選任した場合（本条但書）と法82条の14の2の規定により裁判所が清算人を選任した場合である。この場合には、その選任された者が清算人となる。

　破産による解散の場合は、破産法の規定により裁判所が選任した破産管財人によってその事務が処理されるから、清算を必要としない。したがって、清算人の問題は生じない。

　中央会の清算については、中央会が非出資団体である関係から、組合の清算と異なり、その清算事務が簡素化されている。

（裁判所による清算人の選任）

第82条の14の2　前条の規定により清算人となる者がないとき、又は清算人が欠けたため損害を生ずるおそれがあるときは、裁判所は、利害関係人若しくは検察官の請求により又は職権で、清算人を選任することができる。

　　　　本条…追加〔平成18年6月法律50号〕

　中央会の清算に当たっては、原則として会長が清算人となるのであるが（法82

400

第82条の14の3（清算人の解任）〜　第82条の15（清算事務）

条の14）、清算人になる者がないとき、又は清算人が欠けたため損害を生ずるおそれがあるときは、裁判所は、利害関係人若しくは検察官の請求により又は職権で清算人を選任することができる。

（清算人の解任）
第82条の14の3　重要な事由があるときは、裁判所は、利害関係人若しくは検察官の請求により又は職権で、清算人を解任することができる。

　　　本条…追加〔平成18年6月法律50号〕

重要な事由があるときは、裁判所は、利害関係人若しくは検察官の請求によって又は職権で、清算人を解任することができる。

（清算人の職務及び権限）
第82条の14の4　清算人の職務は、次のとおりとする。
　一　現務の結了
　二　債権の取立て及び債務の弁済
　三　残余財産の引渡し
　2　清算人は、前項各号に掲げる職務を行うために必要な一切の行為をすることができる。

　　　本条…追加〔平成18年6月法律50号〕

清算人の職務は、中央会の現務の結了、債権の取立て及び債務の弁済、残余財産の引渡し等であるが、この職務を行うために必要な一切の行為を行うことができる。

（清算事務）
第82条の15　清算人は、就職の後遅滞なく、中央会の財産の状況を調査し、財産目録及び貸借対照表を作り、財産処分の方法を定め、これを総会に提出して、その承認を求めなければならない。

　　　本条…追加〔昭和30年8月法律121号〕
　　　罰則　〈本法〉115条1項十号

401

第3章　中小企業団体中央会

　清算人は、清算に着手する前に、解散時における財産状況を明らかにし、清算事務の正確を期するため、その就職後遅滞なく、解散時の中央会の財産状況を調査し、その調査に基づき財産目録及び清算貸借対照表を作成するとともに、財産の処分方法を決定して総会の承認を求めなければならない。

（清算中の中央会についての破産手続の開始）

第82条の15の2　清算中に中央会の財産がその債務を完済するのに足りないことが明らかになつたときは、清算人は、直ちに破産手続開始の申立てをし、その旨を公告しなければならない。

2　清算人は、清算中の中央会が破産手続開始の決定を受けた場合において、破産管財人にその事務を引き継いだときは、その任務を終了したものとする。

3　前項に規定する場合において、清算中の中央会が既に債権者に支払い、又は権利の帰属すべき者に引き渡したものがあるときは、破産管財人は、これを取り戻すことができる。

4　第1項の規定による公告は、官報に掲載してする。

　　本条…追加〔平成18年6月法律50号〕

　　罰則　1項関係＝〈本法〉115条1項二十三号・二十七号

　清算中の中央会がその財産で債務を完済できないことが明らかになったときは、清算人は、破産手続開始の申立てをするとともに、その旨を公告しなければならない。この場合、清算人は、破産管財人にその事務を引き渡してその任務を結了する。

　なお、清算中に破産した場合においては、すでに債権者に弁済し、又は帰属権利者に引き渡された財産についても、破産管財人は、これを取り戻すことができる。

（債権の申出の催告等）

第82条の15の3　清算人は、その就職の日から2月以内に、少なくとも3回の公告をもつて、債権者に対し、一定の期間内にその債権の申出をすべき旨の催告をしなければならない。この場合において、その期間は、2月を下ることができない。

2　前項の公告には、債権者がその期間内に申出をしないときは清算から除

第82条の15の4（期間経過後の債権の申出）　第82条の16（財産分配の制限）

斥されるべき旨を付記しなければならない。ただし、清算人は、知れている債権者を除斥することができない。

3　清算人は、知れている債権者には、各別にその申出の催告をしなければならない。

4　第1項の公告は、官報に掲載してする。

本条…追加〔平成18年6月法律50号〕

罰則　1項関係＝〈本法〉115条1項二十三号

清算人は、中央会の債務を完済するため、就職の日から2か月以内に、3回以上の公告をもって、中央会の債権者に、2か月以上の期間内にその債権を申し出るよう催告しなければならない。この場合、申出のない債権者の債権は、清算より除斥する旨付記することが必要である。しかし、清算人は、知れたる債権者は清算より除斥できないし、その債権者には格別に申出を催告することが必要である。

（期間経過後の債権の申出）

第82条の15の4　前条第1項の期間の経過後に申出をした債権者は、中央会の債務が完済された後まだ権利の帰属すべき者に引き渡されていない財産に対してのみ、請求をすることができる。

本条…追加〔平成18年6月法律50号〕

清算人が公告した期間の経過後に申し出た債権者は、債務完済後まだ帰属権利者に引き渡されていない財産に対してのみ債権確保の請求をすることができる。

（財産分配の制限）

第82条の16　清算人は、中央会の債務を弁済した後でなければ、中央会の財産を分配することができない。

本条…追加〔昭和30年8月法律121号〕

罰則　〈本法〉115条1項三十号

清算人は、債権を取り立て、債務を弁済した後になお残余財産があるときは、会員にこれを分配することができる。債務の弁済が、全部結了しないうちに、中央会の財産を会員に分配することは許されない。清算人は、中央会の債権者に対

第3章　中小企業団体中央会

して、債権申出の公告をなすとともに、知れたる債権者に対しては、各別にその申出を催告して、債務の完済を期さなければならない（法82条の15の３）。

　清算人は、債務を完済しないうちに、財産を会員に分配したときは、20万円以下の過料に処せられる（法115条１項三十号）。中央会は、組合と異なり非出資団体であるから、残余財産の分配は、会員に平等に行うのが適当であろう。

（決算の承認）
第82条の17　清算事務が終つたときは、清算人は、遅滞なく、決算報告書を作り、これを総会に提出して、その承認を求めなければならない。
　　　　本条…追加〔昭和30年８月法律121号〕

　本条は、清算結了総会に関する規定である。清算人は、清算事務が終わったとき、すなわち、債権を取り立て、債務を完済し、残余財産の分配を行ったときは、総会を開催し、これに決算報告書を提出して承認を求めなければならない。清算人は、この総会において決算報告書の承認を得た後、清算結了の登記をして、その職務を完了する。

（裁判所による監督）
第82条の17の２　中央会の解散及び清算は、裁判所の監督に属する。
２　裁判所は、職権で、いつでも前項の監督に必要な検査をすることができる。
３　中央会の解散及び清算を監督する裁判所は、中央会の業務を監督する行政庁に対し、意見を求め、又は調査を嘱託することができる。
４　前項に規定する行政庁は、同項に規定する裁判所に対し、意見を述べることができる。
　　　　本条…追加〔平成18年６月法律50号〕

　中央会の解散及び清算は、裁判所の監督に属し、裁判所は、いつでも監督に必要な範囲内で清算中の中央会を検査することができる。

（解散及び清算の監督等に関する事件の管轄）
第82条の17の３　中央会の解散及び清算の監督並びに清算人に関する事件

第82条の17の4（不服申立ての制限）～第82条の18（準用規定）

は、その主たる事務所の所在地を管轄する地方裁判所の管轄に属する。

　　　　　本条…追加〔平成18年6月法律50号〕

（不服申立ての制限）
第82条の17の4　清算人の選任の裁判に対しては、不服を申し立てること
　ができない。

　　　　　本条…追加〔平成18年6月法律50号〕

（裁判所の選任する清算人の報酬）
第82条の17の5　裁判所は、第82条の14の2の規定により清算人を選任し
　た場合には、中央会が当該清算人に対して支払う報酬の額を定めることが
　できる。この場合においては、裁判所は、当該清算人及び監事の陳述を聴
　かなければならない。

　　　　　本条…追加〔平成18年6月法律50号〕

第82条の17の6　削除〔平成23年5月法律53号〕

（検査役の選任）
第82条の17の7　裁判所は、中央会の解散及び清算の監督に必要な調査を
　させるため、検査役を選任することができる。
2　第82条の17の4及び第82条の17の5の規定は、前項の規定により裁判所
　が検査役を選任した場合について準用する。この場合において、同条中
　「清算人及び監事」とあるのは、「中央会及び検査役」と読み替えるもの
　とする。

　　　　　本条…追加〔平成18年6月法律50号〕、2項…一部改正〔平成23年5月法律53号〕

（準用規定）
第82条の18　清算人については、第35条の3、第36条の3第1項、第37条第
　1項、第38条、第39条、第40条第2項から第10項まで（第6項を除く。）、第
　47条第2項から第4項まで、第48条並びに第82条の10第1項及び第2項並
　びに一般社団法人及び一般財団法人に関する法律第78条の規定を準用する。
　この場合において、第38条第1項中「理事会において」とあるのは「監事に」

405

第3章　中小企業団体中央会

と、同条第３項中「理事会」とあるのは「監事」と読み替えるものとする。

　　本条…追加〔昭和30年８月法律121号〕、一部改正〔昭和56年６月法律75号・平成12年11月
　　126号〕、見出…全部改正・１項…一部改正・２・３項…追加〔平成17年７月法律87号〕、
　　１項…一部改正〔平成18年６月法律75号〕、見出…全部改正・１項…一部改正・２・３項
　　…削除〔平成18年６月法律50号〕

　委任　本条で準用する39条で読み替えて準用する会社法第847条１項の「主務省令」＝〈本
　　　　法施行規則〉69条、本条で準用する39条で読み替えて準用する会社法第847条４項
　　　　の「主務省令」＝同70条、本条で準用する40条２項の「主務省令」＝同72条・74条、
　　　　本条で準用する40条５項の「主務省令」＝同114条、本条で準用する40条７項の「主
　　　　務省令」＝同124条・127条、本条で準用する47条４項の「主務省令」＝同134条

　罰則　〈本法〉115条１項七号・十八号－二十号

【「一般社団法人及び一般財団法人に関する法律」準用条文】

（代表者の行為についての損害賠償責任）

第78条　中央会〔一般社団法人〕は、会長〔代表理事〕その他の代表者がその職
　　務を行うについて第三者に加えた損害を賠償する責任を負う。

　中央会は、解散してもなお清算の目的の範囲内において存続するものであるか
ら、清算中の中央会として法人格をもつ組織体であることに変わりはない。した
がって、清算人は、清算中の中央会の代表機関であり、業務執行の意思決定機関
であるから、清算人について中央会の業務執行に必要な規定を準用している。

第83条（登記の効力）　第84条（組合等の設立の登記）

第4章　登　記

第1節　総　則

> （登記の効力）
> **第83条**　この法律の規定により登記すべき事項は、登記の後でなければ、これをもつて第三者に対抗することができない。
> 　　　本条…追加〔平成17年7月法律87号〕

　本条は、組合及び中央会がこの法律に基づく法人として社会を構成する一分子となっている以上、これと取引する者の安全を保護するため、組合又は中央会の存在、内容等を公示すべき原則を定めた規定である。

　本条に基づき登記すべき事項及びその手続に関しては、第4章に一括して規定されているが（法83条〜法103条）、これらの事項は、登記が完了し、登記簿に記載されないうちは、その事実の発生、変更又は消滅につき第三者（善意たると悪意たるとを問わない。）に対して裁判その他法律上の主張を組合の側から行うことはできない。しかしながら、第三者が登記未済の事項について事実を認め、取引その他の行為をすることを妨げるものではない。

　なお、登記は一般的に、事実の存在、不存在とは関係なく、単に第三者対抗要件として意義を有するものであるが、設立については、さらに効力発生要件でもあるから（法30条）、この点特に注意を要する。

第2節　組合及び中央会の登記

第1款　主たる事務所の所在地における登記

> （組合等の設立の登記）
> **第84条**　組合の設立の登記は、その主たる事務所の所在地において、第29条の規定による出資の払込みがあつた日から2週間以内にしなければならない。
> 2　前項の登記においては、次に掲げる事項（企業組合の設立の登記にあつ

407

第4章 登 記

ては、第三号に掲げる事項を除く。）を登記しなければならない。

一　事業

二　名称

三　地区

四　事務所の所在場所

五　出資1口の金額及びその払込の方法並びに出資の総口数及び払込済出資総額

六　存続期間又は解散の事由を定めたときは、その時期又は事由

七　代表権を有する者の氏名、住所及び資格

八　公告方法

九　第33条第4項の定款の定めが電子公告を公告方法とする旨のものであるときは、次に掲げる事項

　イ　電子公告により公告すべき内容である情報について不特定多数の者がその提供を受けるために必要な事項であつて法務省令で定めるもの

　ロ　第33条第5項後段の規定による定款の定めがあるときは、その定め

3　中央会の設立の登記は、その主たる事務所の所在地において、設立の認可があつた日から2週間以内にしなければならない。

4　前項の登記においては、次に掲げる事項を登記しなければならない。

一　事業

二　名称

三　事務所の所在場所

四　代表権を有する者の氏名、住所及び資格

五　公告方法

　2項…一部改正〔昭和26年4月法律138号〕、2項…一部改正・3・4項…追加・旧3項…一部改正し5項に繰下〔昭和30年8月法律121号〕、2・4項…一部改正〔昭和38年7月法律126号〕、見出・1・3項…全部改正・2・4項…一部改正・5項…削除・旧83条…繰下〔平成17年7月法律87号〕

　委任　2項九号イの「法務省令」＝〈電子公告に関する登記事項を定める省令〉

　一般に登記は、第三者対抗要件であるが、組合又は中央会においては成立要件でもある（法30条、82条の3）。組合又は中央会は、主たる事務所の所在地において設立の登記をすることによって初めて法人格を取得し成立する。本条は、その設立の登記に関する規定である。

第85条（変更の登記）

　すなわち、組合にあっては出資第1回の払込み（法29条1項）又は出資の全額の払込み（法29条4項）完了の日、中央会にあっては設立の認可（法82条の2）があった日の翌日より起算して2週間以内に、2項（組合）又は4項（中央会）に規定する事項を登記してはじめて法人格をもつことになる。

（変更の登記）

第85条　組合又は中央会（以下この章において「組合等」という。）において前条第2項各号又は第4項各号に掲げる事項に変更が生じたときは、2週間以内に、その主たる事務所の所在地において、変更の登記をしなければならない。

2　前項の規定にかかわらず、前条第2項第五号に掲げる事項中出資の総口数及び払込済出資総額の変更の登記は、毎事業年度末日現在により、当該末日から4週間以内にすれば足りる。

　　　1・2項…一部改正〔昭和30年8月法律121号〕、一項…一部改正〔昭和38年7月法律126号〕、本条…全部改正〔平成17年7月87号〕

【「商業登記法」準用条文】（法103条参照）

（同一の所在場所における同一の名称〔商号〕の登記の禁止）

第27条　名称〔商号〕の登記は、その名称〔商号〕が他人の既に登記した名称〔商号〕と同一であり、かつ、その主たる事務所〔営業所（会社にあつては、本店。以下この条において同じ。）〕の所在場所が当該他人の名称〔商号〕の登記に係る営業所の所在場所と同一であるときは、することができない。

（従たる事務所〔支店〕所在地における登記）

第48条　主たる事務所〔本店〕及び従たる事務所〔支店〕の所在地において登記すべき事項について従たる事務所〔支店〕の所在地においてする登記の申請書には、主たる事務所〔本店〕の所在地においてした登記を証する書面を添付しなければならない。この場合においては、他の書面の添付を要しない。

【「各種法人等登記規則」参照条文】

（商業登記規則等の準用）

第5条　商業登記規則（昭和39年法務省令第23号）第1条の2第1項、第2条から第6条まで、第9条から第11条まで、第13条から第22条まで、第27条から第45条

第4章　登記

まで、第48条から第50条まで、第53条第2項、第58条から第60条まで、第75条、第98条から第109条まで、第111条、第112条及び第114条から第118条までの規定は各種法人等の登記について、商業登記法（昭和38年法律第125号）第46条第1項並びに同規則第1条の2第2項、第61条第1項、第4項及び第6項、第62条から第68条まで、第70条から第74条まで、第76条から第78条まで、第80条から第81条の2まで、第110条並びに第113条の規定は各種法人の登記について、同規則第1条の2第3項、第93条、第94条第2項、第95条、第96条第1項（第三号から第六号までを除く。）及び第2項並びに第97条の規定は各種外国法人の登記について準用する。この場合において、同規則第1条の2第1項中「登記所及び次の各号に掲げる区分」とあるのは「登記所」と、同条第2項中「法第79条に規定する新設合併」とあるのは「新設合併」と、同規則第96条第1項第二号中「登記所の管轄区域内に日本における代表者の住所地がある場合（すべての日本における営業所を閉鎖した場合に限る。）」とあるのは「清算の開始の命令がある場合」と読み替えるものとする。

【「商業登記規則」準用条文】

（組合の場合）

（添付書面）

第61条

4　代表理事〔代表取締役又は代表執行役〕の就任による変更の登記の申請書には、次の各号に掲げる場合の区分に応じ、それぞれ当該各号に定める印鑑につき市区町村長の作成した証明書を添付しなければならない。ただし、当該印鑑と変更前の代表理事〔代表取締役又は代表執行役（取締役を兼ねる者に限る。）〕が登記所に提出している印鑑とが同一であるときは、この限りでない。

一　総会〔株主総会又は種類株主総会〕の決議によって代表理事〔代表取締役〕を定めた場合　議長及び出席した理事〔取締役〕が総会〔株主総会又は種類株主総会〕の議事録に押印した印鑑

二　理事〔取締役〕の互選によって代表理事〔代表取締役〕を定めた場合　理事〔取締役〕がその互選を証する書面に押印した印鑑

三　理事会〔取締役会〕の決議によって代表理事〔代表取締役又は代表執行役〕を選定した場合　出席した理事〔取締役〕及び監事〔監査役〕が理事会〔取締役会〕の議事録に押印した印鑑

第85条（変更の登記）

【「商業登記法」参照条文】

（行政区画等の変更）

第26条　行政区画、郡、区、市町村内の町若しくは字又はそれらの名称の変更が
あつたときは、その変更による登記があつたものとみなす。

【「登録免許税法」参照条文】

（非課税登記等）

第5条　次に掲げる登記等（第四号又は第五号に掲げる登記又は登録にあつては、
当該登記等がこれらの号に掲げる登記又は登録に該当するものであることを証す
る財務省令で定める書類を添付して受けるものに限る。）については、登録免許
税を課さない。

　四　住居表示に関する法律（昭和37年法律第119号）第3条第1項及び第2項又
は第4条（住居表示の実施手続等）の規定による住居表示の実施又は変更に伴
う登記事項又は登録事項の変更の登記又は登録

　五　行政区画、郡、区、市町村内の町若しくは字又はこれらの名称の変更（その
変更に伴う地番の変更及び次号に規定する事業の施行に伴う地番の変更を含
む。）に伴う登記事項又は登録事項の変更の登記又は登録

【「登録免許税法施行規則」参照条文】

（登録免許税の免除を受けるための書類）

第1条　登録免許税法（昭和42年法律第35号。以下「法」という。）第5条に規定する書
類は、次の各号に掲げる登記又は登録の区分に応じ当該各号に定める書類とする。

　一　法第5条第四号に掲げる登記又は登録　その登記又は登録が同号に規定する
住居表示の実施又は変更に伴つて受けるものであることを証する当該実施又は
変更に係る市町村長（特別区の区長を含む。次号において同じ。）の書類

　二　法第5条第五号に掲げる登記又は登録　その登記又は登録が同号に規定する
行政区画、郡、区、市町村内の町若しくは字又はこれらの名称の変更に伴つて受
けるものであることを証する当該変更に係る市町村長又は同号に規定する事業の
施行者（国及び法別表第2に掲げる者以外の者にあつては、その者が、当該事
業の施行について都道府県知事又は市町村長の認可を受けた者であることを当
該都道府県知事又は市町村長の証明により明らかにされたものに限る。）の書類

411

第4章 登 記

1 事業の変更の登記

組合又は中央会は、定款変更の手続によって事業を変更することができる。

組合又は中央会が事業を変更したときは、定款変更に関する行政庁の認可の日（認可の告知のあった日）から、主たる事務所の所在地において2週間以内に事業の変更の登記を申請しなければならない（1項）。

添付書面は、定款変更に関する総会議事録及び定款変更に関する行政庁の認可書である。

2 名称、地区、公告方法の変更の登記

組合又は中央会の名称、地区又は公告方法は、定款の絶対的必要記載事項であるから、総会（又は総代会）の特別議決を経て行政庁の認可を受けなければ変更することはできない。

このうち、公告方法の変更については、組合又は中央会の掲示場への掲示、官報又は時事に関する事項を掲載する日刊新聞紙を公告方法とする場合には上記の手続で足りるが、電子公告を公告方法とする場合には、電子公告を掲載するウェブページの具体的なURLを定める必要があり、これを変更するときは、その旨のほか、事故その他やむを得ない事由によって電子公告をすることができない場合の予備的公告方法の定款の定めがあるときは、その登記もしなければならない（法33条5項）。

組合又は中央会は、これらの事項を変更したときは、定款変更に関する行政庁の認可の日（認可の告知があった日）から、主たる事務所の所在地において2週間以内に名称、地区又は公告方法の変更の登記を申請することを要する。

登記すべき事項は、変更後の名称、地区又は公告方法及び変更年月日である。

なお、名称の変更の登記を申請する場合において、変更後の名称と同一の名称が同一の所在場所ですでに登記されているとき、又は変更後の名称が法令によって使用を禁止されている名称であるときは登記できないから注意する必要がある（法103条、商業登記法27条）。

従たる事務所の所在地においてする登記の申請書には、主たる事務所においてした登記を証する書面（登記事項証明書）を添付しなければならず、この場合、委任状その他の添付資料は必要ない（法103条、商業登記法48条1項）。

第85条（変更の登記）

3 代表権を有する者の氏名、住所及び資格の変更の登記

　組合にあっては、代表理事１名以上を（法36条の８）、中央会にあっては、会長１人を（法82条の６）置くことを要する。

　組合又は中央会は、代表権を有する者の氏名、住所及び資格が登記事項とされている（法84条２項七号、法84条４項四号）から、これらの事項に変更（氏名、住所の変更、就任（重任を含む。）、死亡、辞任、解散、理事の辞任、理事の解任、理事の任期満了等による代表理事の資格喪失による退任等）があったときは、２週間以内に主たる事務所の所在地において変更の登記をしなければならない（法85条１項）。なお、「重任」とは、「任期満了後に直ちに就任すること」とされ、同一人の退任（任期満了に限る。）と就任が連続して行われることを表す登記実務上の用語である。

(1) 代表権を有する者の就任の場合

　代表権を有する者の就任による変更の登記の申請における登記すべき事項は、代表権を有する者の氏名、住所及び資格（法84条２項七号、法84条４項四号）並びに就任年月日である。

　組合における代表理事の就任による変更の登記の申請書に添付する書面は、次のとおりである。

① 代表理事の選定に関する理事会の議事録

② 印鑑証明書 （代表理事の選定に関する理事会の議事録に記名押印した理事（理事会に出席した理事及び監事全員）の印鑑についての市区町村長の発行した印鑑証明書である。ただし、理事会議事録に変更前の代表理事がその就任に際し登記所に提出した印鑑と同一のものが押印されているときは、印鑑証明書は添付しなくてよい（各種法人等登記規則５条、商業登記規則61条４項）。）

(2) 代表権を有する者の退任の場合

　代表権を有する者の退任事由は、辞任、死亡、解任、任期満了、資格喪失（欠格事由に該当する場合）等である。

　退任による変更の登記の申請における登記すべき事項は、退任の旨（退任事由）及び退任年月日である。

　組合の代表理事の退任による変更の登記の申請における添付書面は、退任を証する書面であるが（法99条１項）、退任事由に応じて、具体的には次のとおりである。

413

第4章　登　記

① 辞任　辞任届

② 理事辞任に伴う代表理事の資格喪失による退任　理事の辞任届

③ 死亡　戸籍謄抄本、死亡診断書、住民票、遺族等からの死亡届等

④ 解任

　ⅰ　代表理事解職に関する理事会の議事録

　ⅱ　理事解任に関する総会の議事録（理事解任に伴う代表理事の資格喪失による退任の場合）

⑤ 任期満了

　総会議事録に任期満了により退任した旨の記載がある場合には、これで足りる（昭53・9・18民四5003号回答）。これに対して、議事録に任期満了により退任した旨の記載がない場合には、総会の議事録及び定款の添付を要する（昭33・12・23民事甲2655号回答）。

⑥ 資格喪失

　代表理事が以下の欠格事由に該当するに至った場合には、その代表理事は役員の資格の喪失によって退任し、その者は当然に代表理事でなくなる（法35条の４）。それにもかかわらず、組合が代表理事の退任の登記をしないときは、組合は退任をもって善意の第三者に対抗することができない（83条）。

　ⅰ　成年被後見人、被保佐人、外国の法令上これらと同様に取り扱われている者

　ⅱ　本法、会社法若しくは社団法人及び一般財団法人に関する法律の規定に違反し、又は、民事再生法、破産法の罪を犯し、刑に処せられ、その執行を終わり又はその執行を受けることがなくなった日から２年を経過しない者

　ⅲ　ⅱ以外の法令の規定に違反し、禁錮以上の刑に処せられ、その執行を終わるまで又はその執行を受けることがなくなるまでの者（刑の執行猶予中の者を除く。）

　ⅳ　破産手続開始決定を受け復権を得ない者（共済事業を行う組合の役員のみ）

4　事務所の所在場所（行政区画の変更と住居表示の実施等による主たる事務所又は従たる事務所）の変更の登記

第86条（他の登記所の管轄区域内への主たる事務所の移転の登記）

(1)　変更登記の擬制

　　市町村の合併、境界の変更等により、「行政区画、郡、区、市町村の町若しくは字又はそれらの名称の変更があったとき」には、法律上、変更による登記があったものとみなすこととされており（法103条、商業登記法26条）、登記記録上は旧市町村名になっていても、新市町村名に読み替えられることとなる。さらに、登記官が職権で修正の登記をすることとなり、当事者に変更登記申請の義務は生じない。

(2)　住居表示の実施等

　　行政区画の変更に伴い地番が変更された場合、住居表示が実施された場合、土地改良事業・土地区画整理事業等の施行のために地番が変更された場合は、「行政区画の変更」とは区別されており、当事者に変更登記申請の義務が生じるため（昭4・9・18、民事8379号回答）、地番が変更された日から2週間以内に、主たる事務所、従たる事務所、代表権を有する者の住所等につき変更登記の申請をしなければならない。

　　これらの登記申請に当たり、市町村長の証明書、土地改良事業等の施行者の証明書又は住居表示の実施等に係る住居番号決定通知書を添付したときは、その登記については登録免許税が課されない（登録免許税法5条四号・五号、登録免許税法施行規則1条、昭37・9・11民事甲2609号通達）。

（他の登記所の管轄区域内への主たる事務所の移転の登記）

第86条　組合等がその主たる事務所を他の登記所の管轄区域内に移転したときは、2週間以内に、旧所在地においては移転の登記をし、新所在地においては次の各号に掲げる組合等の区分に応じ当該各号に定める事項を登記しなければならない。

一　組合　　第84条第2項各号に掲げる事項

二　中央会　第84条第4項各号に掲げる事項

　　　1項…一部改正〔昭和30年8月法律121号〕、本条…全部改正〔平成17年7月法律87号〕

【「商業登記法」準用条文】（法103条参照）

（主たる事務所〔本店〕移転の登記）

第51条　主たる事務所〔本店〕を他の登記所の管轄区域内に移転した場合の新所在地における登記の申請は、旧所在地を管轄する登記所を経由してしなければな

415

第4章 登 記

らない。第20条第1項又は第2項の規定により新所在地を管轄する登記所にする
印鑑の提出も、同様とする。

2 前項の登記の申請と旧所在地における登記の申請とは、同時にしなければなら
ない。

3 第1項の登記の申請書には、第18条の書面を除き、他の書面の添付を要しない。

第53条 新所在地における登記においては、組合〔会社〕成立の年月日並びに主
たる事務所〔本店〕を移転した旨及びその年月日をも登記しなければならない。

【「各種法人等登記規則」参照条文】

（商業登記規則等の準用）

第5条 商業登記規則（昭和39年法務省令第23号）第1条の2第1項、第2条から
第6条まで、第9条から第11条まで、第13条から第22条まで、第27条から第45条
まで、第48条から第50条まで、第53条第2項、第58条から第60条まで、第75条、
第98条から第109条まで、第111条、第112条及び第114条から第118条までの規定
は各種法人等の登記について、商業登記法（昭和38年法律第125号）第46条第1
項並びに同規則第1条の2第2項、第61条第1項、第4項及び第6項、第62条か
ら第68条まで、第70条から第74条まで、第76条から第78条まで、第80条から第81
条の2まで、第110条並びに第113条の規定は各種法人の登記について、同規則第
1条の2第3項、第93条、第94条第2項、第95条、第96条第1項（第三号から第
六号までを除く。）及び第2項並びに第97条の規定は各種外国法人の登記につい
て準用する。この場合において、同規則第1条の2第1項中「登記所及び次の各
号に掲げる区分」とあるのは「登記所」と、同条第2項中「法第79条に規定する
新設合併」とあるのは「新設合併」と、同規則第96条第1項第二号中「登記所の
管轄区域内に日本における代表者の住所地がある場合（すべての日本における営
業所を閉鎖した場合に限る。）」とあるのは「清算の開始の命令がある場合」と読
み替えるものとする。

【「商業登記規則」準用条文】

（組合の場合）

（主たる事務所〔本店〕移転の登記）

第65条

2 主たる事務所〔本店〕を他の登記所の管轄区域内に移転した場合の新所在地に

第86条（他の登記所の管轄区域内への主たる事務所の移転の登記）

おける登記においては、理事及び監事〔取締役、会計参与、監査役、代表取締役、特別取締役、委員、執行役、代表執行役及び会計監査人〕の就任の年月日をも登記しなければならない。

【「商業登記法」準用条文】

（従たる事務所〔支店〕所在地における登記）

第48条 主たる事務所及び従たる事務所〔本店及び支店〕の所在地において登記すべき事項について従たる事務所〔支店〕の所在地においてする登記の申請書には、主たる事務所〔本店〕の所在地においてした登記を証する書面を添付しなければならない。この場合においては、他の書面の添付を要しない。

1 主たる事務所移転の登記（登記所の管轄区域外への移転）

(1) 手続

　組合又は中央会の主たる事務所の移転については、その所在地である最小行政区画が変更になる場合には、総会の特別議決により定款を変更した上で、理事会の決議によって「移転の時期」及び「場所（定款の定める最小行政区画内の具体的場所）」を定めることによって行うこととなる。

　一方、定款で主たる事務所の所在地について「市町村、東京都の区まで」を定め、その範囲内で移転するときは、最小行政区画が変更にならないため、総会の議決による定款の変更は不要であり、組合の場合は理事会の決議で足りる。

　登記所の管轄区域外に主たる事務所を移転した場合には、主たる事務所の新所在地及び旧所在地において2週間以内に主たる事務所移転の登記をする必要があるほか、従たる事務所の所在地においても3週間以内に主たる事務所移転の登記をする必要がある（法93条3項）。

(2) 主たる事務所所在地における登記手続

　主たる事務所を移転したときは、2週間以内に、旧所在地において移転の登記をし、新所在地においては新所在地の登記をしなければならないこととされている。

　しかし、新所在地における登記の申請は、旧所在地を管轄する登記所を経由してしなければならないものとされていることから（法103条、商業登記法51条）、旧所在地における登記の申請書と新所在地における登記の申請書

417

第4章　登　記

とを同時に、旧所在地を管轄する登記所に提出することとなる。

① 旧所在地における登記の申請書

　a　登記すべき事項

　　登記すべき事項は、移転後の主たる事務所の所在場所及び移転年月日である。

　　この移転年月日は、主たる事務所を現実に移転した日をいう。

　b　添付書面

　　添付書面は、総会の議事録及び理事会の議事録である。

② 新所在地における登記の申請書

　a　登記すべき事項

　　・登記すべき事項は、設立の登記事項と同一の事項（法84条）。

　　・組合の成立の年月日（法103条、商業登記法53条）

　　・主たる事務所を移転した旨及びその年月日（法103条、商業登記法53条）

　　・現に存する役員の就任年月日（各種法人等登記規則5条、商業登記規則65条2項）

　b　添付書面

　　委任状以外の添付書面は不要である（法103条、商業登記法48条1項）。

(3) 従たる事務所所在地における登記手続

　主たる事務所を移転したときには、従たる事務所所在地においても登記をしなければならないが、1通の申請書を提出すれば足りる。

　添付書面は、新主たる事務所所在地においてした登記を証する書面（登記事項証明書）のみである。

2　主たる事務所移転の登記（登記所の管轄区域内の移転）

(1) 手続

　主たる事務所の移転は、登記所の管轄区域内の移転であっても、その所在地である最小行政区画が変更になる場合には、総会の特別議決により定款を変更した上で、理事会の決議によって「移転の時期」及び「場所（定款の定める最小行政区画内の具体的場所）」を定めることによって行うこととなる。

　登記所の管轄区域内において主たる事務所を移転した場合には、主たる事務所の所在地のほか、従たる事務所の所在地においても、主たる事務所移転の登記をする必要がある。

第86条（他の登記所の管轄区域内への主たる事務所の移転の登記）

(2)　**主たる事務所所在地における登記手続**

　　登記所の管轄区域外への移転と異なり、1通の申請書を提出すれば足りる。

①　登記すべき事項

　　登記すべき事項は、移転後の主たる事務所の所在場所及び移転年月日である。

　　この移転年月日は、主たる事務所を現実に移転した日をいう。

②　添付書面

　　添付書面は、組合の場合は理事会の議事録である。なお、総会の議決を要する場合には、その議事録も添付書面となる。

(3)　**従たる事務所所在地における登記手続**

　　登記所の管轄区域外への主たる事務所移転における従たる事務所所在地あての登記申請書と同様である。

3　従たる事務所の設置、移転又は廃止の登記

(1)　**手続**

　　組合又は中央会の事務所の所在地は、定款記載事項であるから（定款には最小行政区画まで記載すれば足りる。）、従たる事務所を設置し、移転又は廃止する場合には、定款を変更し、次いで理事会の決議により設置、移転の時期及び場所を定めることによって行う。

　　従たる事務所の設置、移転又は廃止をした場合には、主たる事務所の所在地のほか、設置、移転又は廃止に係る当該従たる事務所の所在地においても、その登記をする必要がある（法93条1項、2項）。

(2)　**主たる事務所所在地における登記手続**

①　登記すべき事項

　　登記すべき事項は、設置又は移転後の従たる事務所の所在場所（廃止の場合は、その旨）及び変更年月日である。

②　添付書面

　　添付書面は、組合の場合は理事会の議事録である。

(3)　**従たる事務所所在地における登記手続**

①　従たる事務所の設置の場合

　a）登記すべき事項

　　i　管轄区域内に初めて従たる事務所を設置した場合

419

第4章 登 記

　　　　　組合又は中央会の名称、主たる事務所の所在場所、従たる事務所（その所在地を管轄する登記所の管轄区域内にあるものに限る。）の所在場所（法93条2項）
　　ⅱ　既存の従たる事務所の所在地内に従たる事務所を設置した場合
　　　　当該設置した従たる事務所及び従たる事務所設置の年月日
　ｂ）添付書面
　　　　主たる事務所においてした登記を証する書面（登記事項証明書）のみである（法103条、商業登記法48条1項）。
②　従たる事務所の移転の場合
　ａ）登記すべき事項
　　ⅰ　管轄区域内における従たる事務所の移転
　　　　当該従たる事務所及び従たる事務所移転の年月日
　　ⅱ　管轄区域を超える従たる事務所の移転の場合
　　　　旧従たる事務所所在地においては、従たる事務所が（管轄外に）移転した旨及び移転年月日であり、新従たる事務所所在地においては、当該管轄区域内に初めて従たる事務所を置くのか、又は既存の従たる事務所の所在地内に従たる事務所を置くのかの別に応じて、従たる事務所の設置と同様である。
　ｂ）添付書面
　　　　主たる事務所においてした登記を証する書面（登記事項証明書）のみである（法103条、商業登記法48条1項）。
③　従たる事務所の廃止の場合
　ａ）登記すべき事項は、廃止する従たる事務所及び廃止の年月日である。
　ｂ）添付書面は、主たる事務所においてした登記を証する書面（登記事項証明書）のみである（法103条、商業登記法48条1項）。

（職務執行停止の仮処分等の登記）
第87条　次の各号に掲げる組合等の区分に応じ、当該各号に定める者の職務の執行を停止し、若しくはその職務を代行する者を選任する仮処分命令又はその仮処分命令を変更し、若しくは取り消す決定がされたときは、その主たる事務所の所在地において、その登記をしなければならない。
一　組合　組合を代表する理事

第88条（参事の登記）〜　第90条（新設合併の登記）

二　中央会　会長
　　　本条…全部改正〔平成17年 7 月法律87号〕

　組合の代表理事若しくは中央会の会長の職務の執行を停止する仮処分若しくは
その職務代行者を選任する仮処分があったとき、又はその仮処分の変更若しくは
取消しがあったときには、主たる事務所の所在地において、その登記をしなけれ
ばならない。

（参事の登記）
第88条　組合が参事を選任したときは、 2 週間以内に、その主たる事務所
　　の所在地において、参事の氏名及び住所並びに参事を置いた事務所を登記
　　しなければならない。その登記した事項の変更及び参事の代理権の消滅に
　　ついても、同様とする。
　　　本条…一部改正〔昭和30年 8 月法律121号・平成16年 6 月76号〕、全部改正〔平成17年 7 月
　　法律87号〕

　組合が参事を選任したときは、 2 週間以内に、主たる事務所の所在地において参
事の氏名及び住所、事務所を登記しなければならない。その登記した事項の変更
及び参事の代理権が消滅した場合についても同様の登記をすることが必要である。

（吸収合併の登記）
第89条　組合が吸収合併をしたときは、その効力が生じた日から 2 週間以
　　内に、その主たる事務所の所在地において、吸収合併により消滅する組合
　　については解散の登記をし、吸収合併後存続する組合については変更の登
　　記をしなければならない。
　　　本条…全部改正〔平成17年 7 月法律87号〕

（新設合併の登記）
第90条　 2 以上の組合が新設合併をする場合には、次に掲げる日のいずれ
　　か遅い日から 2 週間以内に、その主たる事務所の所在地において、新設合
　　併により消滅する組合については解散の登記をし、新設合併により設立す
　　る組合については設立の登記をしなければならない。
　一　第63条の 6 第 3 項の総会の決議の日

421

第4章　登　記

　　二　第63条の6第5項において準用する第56条の2の規定による手続が終
　　　了した日
　　三　新設合併により消滅する組合が合意により定めた日
　　四　第66条第1項の認可を受けた日
　　　　本条…削除〔昭和38年7月法律126号〕、追加〔平成17年7月法律87号〕、一部改正〔平成
　　　　26年6月法律91号〕

　組合の合併の場合にも登記を要するが、登記に際しては、合併の登記の申請を
するのではなく、吸収合併においては解散の登記（消滅組合）と変更の登記（存
続組合）をし、新設合併においては解散の登記（消滅組合）と設立の登記（新設
組合）をすることとなる。
　これらの登記は、合併に必要な行為を終了してから主たる事務所においては2
週間以内にしなければならない。
　なお、新設合併にあっては設立の登記と解散の登記とが、また、吸収合併にあっ
ては変更の登記と解散の登記とが、同時になされなければならない。

　（解散の登記）
　第91条　第62条第1項第一号若しくは第四号又は第82条の13第1項第一号
　　の規定により組合等が解散したときは、2週間以内に、その主たる事務所
　　の所在地において、解散の登記をしなければならない。
　　　　本条…一部改正〔昭和30年8月法律121号〕、全部改正〔平成17年7月法律87号〕

　組合又は中央会が解散したときは、合併及び破産の場合を除いて、主たる事務
所所在地においては2週間以内に解散の登記をしなければならない。
　合併の登記は法89条及び90条の規定による。破産によって解散した場合の解散
の登記は裁判所の嘱託によってなされる。
　なお、行政庁の解散命令によって解散した場合は、解散を命じた行政庁の嘱託
によってなされる。

　（清算結了の登記）
　第92条　清算が結了したときは、次の各号に掲げる組合等の区分に応じ、
　　当該各号に定める日から2週間以内に、その主たる事務所の所在地におい

第93条（従たる事務所の所在地における登記）

て、清算結了の登記をしなければならない。
一　組合　第69条において準用する会社法第507条第３項の承認の日
二　中央会　第82条の17の承認の日

> １項…一部改正〔昭和26年４月法律138号〕、１・２項…一部改正〔昭和30年８月法律121号〕、
> ２項…一部改正〔昭和32年11月法律185号・186号〕、１項…一部改正〔平成11年12月法律
> 160号〕、本条…全部改正〔平成17年７月法律87号〕、一部改正〔平成18年６月法律50号〕

　組合又は中央会の清算が結了したときは、清算結了の日（清算事務終了後における清算総会で決算報告書が承認された日）から２週間以内に、主たる事務所の所在地において清算結了の登記をしなければならない。

　なお、嘱託により解散の登記がなされた場合であっても組合又は中央会は清算の手続を行うこととなり、当然清算結了の登記も行うこととなる。

第２款　従たる事務所の所在地における登記

（従たる事務所の所在地における登記）
第93条　次の各号に掲げる場合（当該各号に規定する従たる事務所が主たる事務所の所在地を管轄する登記所の管轄区域内にある場合を除く。）には、当該各号に定める期間内に、当該従たる事務所の所在地において、従たる事務所の所在地における登記をしなければならない。
一　組合等の設立に際して従たる事務所を設けた場合（次号に掲げる場合を除く。）　主たる事務所の所在地における設立の登記をした日から２週間以内
二　新設合併により設立する組合が新設合併に際して従たる事務所を設けた場合　第90条に規定する日から３週間以内
三　組合等の成立後に従たる事務所を設けた場合　従たる事務所を設けた日から３週間以内
２　従たる事務所の所在地における登記においては、次に掲げる事項を登記しなければならない。ただし、従たる事務所の所在地を管轄する登記所の管轄区域内に新たに従たる事務所を設けたときは、第三号に掲げる事項を登記すれば足りる。

423

第4章　登記

　　一　名称
　　二　主たる事務所の所在場所
　　三　従たる事務所（その所在地を管轄する登記所の管轄区域内にあるもの
　　　に限る。）の所在場所
　3　前項各号に掲げる事項に変更が生じたときは、3週間以内に、当該従た
　　る事務所の所在地において、変更の登記をしなければならない。
　　　　　1・2項…一部改正〔昭和30年8月法律121号〕、1項…削除・旧2・3項…一部改正し1
　　　　項ずつ繰上〔昭和38年7月法律126号〕、2項…一部改正〔平成9年6月法律72号・16年6
　　　　月124号〕、本条…全部改正〔平成17年7月法律87号〕

（他の登記所の管轄区域内への従たる事務所の移転の登記）
第94条　組合等がその従たる事務所を他の登記所の管轄区域内に移転した
　　ときは、旧所在地（主たる事務所の所在地を管轄する登記所の管轄区域内
　　にある場合を除く。）においては3週間以内に移転の登記をし、新所在地（主
　　たる事務所の所在地を管轄する登記所の管轄区域内にある場合を除く。以
　　下この条において同じ。）においては4週間以内に前条第2項各号に掲げ
　　る事項を登記しなければならない。ただし、従たる事務所の所在地を管轄
　　する登記所の管轄区域内に新たに従たる事務所を移転したときは、新所在
　　地においては、同項第三号に掲げる事項を登記すれば足りる。
　　　　　本条…削除〔昭和38年7月法律126号〕、追加〔平成17年7月法律87号〕

（従たる事務所における変更の登記等）
第95条　第89条、第90条及び第92条に規定する場合には、これらの規定に
　　規定する日から3週間以内に、従たる事務所の所在地においても、これら
　　の規定に規定する登記をしなければならない。ただし、第89条に規定する
　　変更の登記は、第93条第2項各号に掲げる事項に変更が生じた場合に限り、
　　するものとする。
　　　　　1項…全部改正・2項…一部改正〔昭和30年8月法律121号〕、1項…全部改正・2項…削除・
　　　　3項…追加・旧3項…2項に繰上〔昭和38年7月法律126号〕、2項…一部改正〔平成9年
　　　　6月法律72号〕、3項…一部改正〔平成16年6月法律124号〕、本条…全部改正〔平成17年
　　　　7月法律87号〕

第96条

第3節　登記の嘱託

第96条　組合の設立の無効の訴えに係る請求を認容する判決が確定した場合については、会社法第937条第1項（第一号イに係る部分に限る。）の規定を準用する。この場合において、必要な技術的読替えは、政令で定める。

2　組合の出資1口の金額の減少の無効の訴えに係る請求を認容する判決が確定した場合については、会社法第937条第1項（第一号ニに係る部分に限る。）の規定を準用する。この場合において、必要な技術的読替えは、政令で定める。

3　組合の創立総会又は総会の決議の不存在若しくは無効の確認又は取消しの訴えに係る請求を認容する判決が確定した場合については、会社法第937条第1項（第一号トに係る部分に限る。）の規定を準用する。この場合において、必要な技術的読替えは、政令で定める。

4　組合の合併の無効の訴えに係る請求を認容する判決が確定した場合については、会社法第937条第3項（第二号及び第三号に係る部分に限る。）及び第4項の規定を準用する。この場合において、必要な技術的読替えは、政令で定める。

5　行政庁は、第106条第2項の規定により組合等の解散を命じたときは、遅滞なく、解散の登記を嘱託しなければならない。

　　　本条…削除〔昭和38年7月法律126号〕、追加〔平成17年7月法律87号〕、5項…一部改正〔平成18年6月法律75号〕

　　　委任　3項の「政令」＝〈本法施行令〉29条、4項の「政令」＝同30条

【「会社法」準用条文】

（裁判による登記の嘱託）

第937条　次に掲げる場合には、裁判所書記官は、職権で、遅滞なく、組合〔会社〕の主たる事務所〔本店〕（第一号トに規定する場合であって当該決議によって中小企業等協同組合法第93条第2項各号〔第930条第2項各号〕に掲げる事項についての登記がされているときにあっては、主たる事務所〔本店〕及び当該登記に係る従たる事務所〔支店〕）の所在地を管轄する登記所にその登記を嘱託しなければならない。

425

第4章　登　記

　　一　次に掲げる訴えに係る請求を認容する判決が確定したとき。
　　　イ　組合〔会社〕の設立の無効の訴え
　　　ニ　組合〔株式会社〕における出資金〔資本金〕の額の減少の無効の訴え
　　　ト　総会〔株主総会等〕の決議した事項についての登記があった場合における
　　　　次に掲げる訴え
　　　　⑴　総会〔株主総会等〕の決議が存在しないこと又は総会〔株主総会等〕の
　　　　　決議の内容が法令に違反することを理由として当該決議が無効であること
　　　　　の確認の訴え
　　　　⑵　総会〔株主総会等〕の決議の取消しの訴え
　3　次の各号に掲げる訴えに係る請求を認容する判決が確定した場合には、裁判所
　　書記官は、職権で、遅滞なく、各組合の主たる事務所〔会社の本店〕の所在地を
　　管轄する登記所に当該各号に定める登記を嘱託しなければならない。
　　二　組合〔会社〕の吸収合併の無効の訴え　吸収合併後存続する組合〔会社〕に
　　　ついての変更の登記及び吸収合併により消滅する組合〔会社〕についての回復
　　　の登記
　　三　組合〔会社〕の新設合併の無効の訴え　新設合併により設立する組合〔会社〕
　　　についての解散の登記及び新設合併により消滅する組合〔会社〕についての回
　　　復の登記
　4　前項に規定する場合において、同項第二号及び第三号〔同項各号〕に掲げる訴
　　えに係る請求の目的に係る合併〔組織変更、合併又は会社分割〕により中小企業
　　等協同組合法第93条第2項各号〔第930条第2項各号〕に掲げる事項についての
　　登記がされているときは、各組合〔会社〕の従たる事務所〔支店〕の所在地を管
　　轄する登記所にも前項第二号及び第三号〔前項各号〕に定める登記を嘱託しなけ
　　ればならない。

　組合の設立、合併若しくは出資1口の金額の減少を無効とし、又は総会の議決
を取り消し、若しくはその不存在若しくは無効とする判決が確定した場合につい
ての登記は、会社法の規定が準用されている。

第97条（管轄登記所及び登記簿）　第98条（設立の登記の申請）

第4節　登記の手続等

（管轄登記所及び登記簿）

第97条　組合等の登記については、その事務所の所在地を管轄する法務局
　　若しくは地方法務局若しくはこれらの支局又はこれらの出張所を管轄登記
　　所とする。

2　各登記所に、事業協同組合登記簿、事業協同小組合登記簿、信用協同組
　　合登記簿、中小企業等協同組合連合会登記簿、企業組合登記簿及び中小企
　　業団体中央会登記簿を備える。

　　　　　1項…一部改正・3項…全部改正〔昭和30年8月法律121号〕、1項…削除・旧2項…一部
　　　　改正し1項に繰上・旧3項…2項に繰上〔昭和38年7月法律126号〕、本条…全部改正〔平
　　　　成17年7月法律87号〕、2項…一部改正〔平成24年9月法律85号〕

（設立の登記の申請）

第98条　組合等の設立の登記は、組合等を代表すべき者の申請によつてする。

2　設立の登記の申請書には、法令に別段の定めがある場合を除き、次の各
　　号に掲げる組合等の区分に応じ、当該各号に定める書面を添付しなければ
　　ならない。

　一　組合　定款、代表権を有する者の資格を証する書面並びに出資の総口
　　　数及び第29条の規定による出資の払込みのあつたことを証する書面

　二　中央会　定款及び代表権を有する者の資格を証する書面

　　　本条…削除〔昭和38年7月法律126号〕、追加〔平成17年7月法律87号〕

　組合の設立の登記の申請書には、定款、代表権を有する者の資格を証する書面
（役員の選出に関する創立総会の議事録及び理事会の議事録の謄本及び当選人の
就任承諾書の写し）並びに出資総口数及び出資第1回の払込みのあったことを証
する書面（出資証券の控え、特定の金融機関に出資金を払い込ませた場合にはそ
の金融機関の発行する証明書、監事の証明書等）を、中央会にあっては、定款及
び代表権を有する者の資格を証する書面を添付しなければならない。

　なお、合併による組合の設立登記申請書には、以上の書面のほか、次の書面を
添付しなければならない。

427

第4章　登　記

① 合併の公告及び催告をしたことを証する書面
② 合併の公告及び催告によって、合併について異議を述べた債権者があるときは、これに対し弁済し、若しくは担保を供し、若しくは財産を信託したこと又は合併をしてもその債権者を害するおそれがないことを証する書面
③ 合併によって消滅する組合の登記簿の謄本

（変更の登記の申請）

第99条　組合等の事務所の新設若しくは移転又は第84条第2項各号若しくは第4項各号に掲げる事項の変更の登記の申請書には、事務所の新設若しくは移転又は同条第2項各号若しくは第4項各号に掲げる事項の変更を証する書面を添付しなければならない。

2　出資1口の金額の減少による変更の登記の申請書には、前項の書面のほか、第56条の2第2項の規定による公告及び催告（同条第3項の規定により公告を官報のほか第33条第4項の規定による定款の定めに従い同項第二号又は第三号に掲げる公告方法によってした組合にあっては、これらの方法による公告）をしたこと並びに異議を述べた債権者があるときは、当該債権者に対し、弁済し、若しくは相当の担保を提供し、若しくは当該債権者に弁済を受けさせることを目的として相当の財産を信託したこと又は当該出資1口の金額の減少をしても当該債権者を害するおそれがないことを証する書面を添付しなければならない。

　　　　本条…削除〔昭和38年7月法律126号〕、追加〔平成17年7月法律87号〕

（解散の登記の申請）

第100条　第91条の規定による組合等の解散の登記の申請書には、解散の事由を証する書面を添付しなければならない。

　　　　1・2項…一部改正〔昭和30年8月法律121号〕、1項…削除・旧2項…一部改正し1項に繰上〔昭和38年7月法律126号〕、本条…全部改正〔平成17年7月法律87号〕

　組合又は中央会の解散の登記の申請書には、解散の議決をした総会の議事録の謄本、解散事由の発生を証する書面、存立時期の満了を証する書面（定款）等の解散の事由を証する書面を添付しなければならない。

　なお、破産によって解散した場合の解散の登記は裁判所の嘱託によって、行政庁

第101条（清算結了の登記の申請）　第102条（吸収合併による変更の登記の申請）

が組合又は中央会に対して解散を命じた場合における解散の登記は行政庁の嘱託によって行われるので（法96条5項）、組合又は中央会はこの登記をする必要がない。

（清算結了の登記の申請）

第101条　組合等の清算結了の登記の申請書には、清算人が第69条において準用する会社法第507条第3項の規定又は第82条の17の規定による決算報告書の承認があつたことを証する書面を添付しなければならない。

　　本条…一部改正〔昭和38年7月法律126号・56年6月75号〕、全部改正〔平成17年7月法律87号〕、一部改正〔平成18年6月法律50号〕

【「会社法」準用条文】

第507条

3　清算人は、決算報告（前項の規定の適用がある場合にあっては、同項の承認を受けたもの）を総会〔株主総会〕に提出し、又は提供し、その承認を受けなければならない。

　組合又は中央会の清算結了の登記の申請書には、清算人が清算結了により作成した決算報告書について総会の承認を得たことを証する書面（清算結了総会の議事録の謄本）を添付しなければならない。

（吸収合併による変更の登記の申請）

第102条　組合の吸収合併による変更の登記の申請書には、第84条第2項各号に掲げる事項の変更を証する書面のほか、第63条の4第5項及び第63条の5第7項において準用する第56条の2第2項の規定による公告及び催告（第63条の4第5項及び第63条の5第7項において準用する第56条の2第3項の規定により公告を官報のほか第33条第4項の規定による定款の定めに従い同項第二号又は第三号に掲げる公告方法によってした組合にあつては、これらの方法による公告）をしたこと並びに異議を述べた債権者があるときは、当該債権者に対し、弁済し、若しくは相当の担保を提供し、若しくは当該債権者に弁済を受けさせることを目的として相当の財産を信託したこと又は当該吸収合併をしても当該債権者を害するおそれがないこと

429

第4章　登　記

を証する書面並びに吸収合併により消滅する組合（当該登記所の管轄区域内に主たる事務所があるものを除く。）の登記事項証明書を添付しなければならない。

　　　　本条…一部改正〔昭和26年4月法律138号〕、全部改正〔平成17年7月法律87号〕、一部改正〔平成26年6月法律91号〕

（新設合併による設立の登記の申請）

第102条の2　組合の新設合併による設立の登記の申請書には、第98条第2項第一号に定める書面のほか、第63条の6第5項において準用する第56条の2第2項の規定による公告及び催告（第63条の6第5項において準用する第56条の2第3項の規定により公告を官報のほか第33条第4項の規定による定款の定めに従い同項第二号又は第三号に掲げる公告方法によつてした組合にあつては、これらの方法による公告）をしたこと並びに異議を述べた債権者があるときは、当該債権者に対し、弁済し、若しくは相当の担保を提供し、若しくは当該債権者に弁済を受けさせることを目的として相当の財産を信託したこと又は当該新設合併をしても当該債権者を害するおそれがないことを証する書面並びに新設合併により消滅する組合（当該登記所の管轄区域内に主たる事務所があるものを除く。）の登記事項証明書を添付しなければならない。

　　　　本条…追加〔平成17年7月法律87号〕、一部改正〔平成26年6月法律91号〕

（商業登記法の準用）

第103条　組合等の登記については、商業登記法（昭和38年法律第125号）第2条から第5条まで（登記所及び登記官）、第7条から第15条まで、第17条から第23条の2まで、第24条（第十五号及び第十六号を除く。）、第25条から第27条まで（登記簿等、登記手続の通則及び同一の所在場所における同一の商号の登記の禁止）、第48条から第53条まで、第71条第1項及び第3項（株式会社の登記）並びに第132条から第148条まで（登記の更正及び抹消並びに雑則）の規定を、組合の登記については、同法第24条（第十五号に係る部分に限る。）（申請の却下）、第45条（会社の支配人の登記）、第79条、第82条及び第83条（合併の登記）の規定を準用する。この場合において、同法第12条第1項中「会社更生法（平成14年法律第154号）」とあ

第103条（商業登記法の準用）

るのは「金融機関等の更生手続の特例等に関する法律（平成8年法律第95号）」と、同法第48条第2項中「会社法第930条第2項各号」とあるのは「中小企業等協同組合法第93条第2項各号」と、同法第71条第3項ただし書中「会社法第478条第1項第一号の規定により清算株式会社の清算人となつたもの（同法第483条第4項に規定する場合にあつては、同項の規定により清算株式会社の代表清算人となつたもの）」とあるのは、中央会については、「中小企業等協同組合法第82条の14本文の規定による清算人」と読み替えるものとする。

本条…一部改正〔昭和26年6月法律213号・30年8月121号〕、全部改正〔昭和38年7月法律126号〕、一部改正〔昭和43年6月法律85号・63年6月81号・平成8年6月95号・10年6月107号・14年12月155号・16年6月124号〕、全部改正〔平成17年7月法律87号〕

【「商業登記法」準用条文】

（組合等の登記についての準用条文）

（事務の委任）

第2条　法務大臣は、一の登記所の管轄に属する事務を他の登記所に委任することができる。

（事務の停止）

第3条　法務大臣は、登記所においてその事務を停止しなければならない事由が生じたときは、期間を定めて、その停止を命ずることができる。

（登記官）

第4条　登記所における事務は、登記官（登記所に勤務する法務事務官のうちから、法務局又は地方法務局の長が指定する者をいう。以下同じ。）が取り扱う。

（登記官の除斥）

第5条　登記官又はその配偶者若しくは4親等内の親族（配偶者又は4親等内の親族であつた者を含む。以下この条において同じ。）が登記の申請人であるときは、当該登記官は、当該登記をすることができない。登記官又はその配偶者若しくは4親等内の親族が申請人を代表して申請するときも、同様とする。

（会社法人等番号）

第7条　登記簿には、法務省令で定めるところにより、会社法人等番号（特定の会社、外国会社その他の商人を識別するための番号をいう。第19条の3において同じ。）を記録する。

431

第4章　登　記

（登記簿等の持出禁止）

第7条の2　登記簿及びその附属書類（第17条第4項に規定する電磁的記録（電子的方式、磁気的方式その他人の知覚によつては認識することができない方式で作られる記録であつて、電子計算機による情報処理の用に供されるものをいう。以下同じ。）及び第19条の2に規定する登記の申請書に添付すべき電磁的記録（以下「第19条の2に規定する電磁的記録」という。）を含む。以下この条、第9条、第11条の2、第140条及び第141条において同じ。）は、事変を避けるためにする場合を除き、登記所外に持ち出してはならない。ただし、登記簿の附属書類については、裁判所の命令又は嘱託があつたときは、この限りでない。

（登記簿の滅失と回復）

第8条　登記簿の全部又は一部が滅失したときは、法務大臣は、一定の期間を定めて、登記の回復に必要な処分を命ずることができる。

（登記簿等の滅失防止）

第9条　登記簿又はその附属書類が滅失するおそれがあるときは、法務大臣は、必要な処分を命ずることができる。

（登記事項証明書の交付等）

第10条　何人も、手数料を納付して、登記簿に記録されている事項を証明した書面（以下「登記事項証明書」という。）の交付を請求することができる。

2　前項の交付の請求は、法務省令で定める場合を除き、他の登記所の登記官に対してもすることができる。

3　登記事項証明書の記載事項は、法務省令で定める。

（登記事項の概要を記載した書面の交付）

第11条　何人も、手数料を納付して、登記簿に記録されている事項の概要を記載した書面の交付を請求することができる。

（附属書類の閲覧）

第11条の2　登記簿の附属書類の閲覧について利害関係を有する者は、手数料を納付して、その閲覧を請求することができる。この場合において、第17条第4項に規定する電磁的記録又は第19条の2に規定する電磁的記録に記録された情報の閲覧は、その情報の内容を法務省令で定める方法により表示したものを閲覧する方法により行う。

第103条（商業登記法の準用）

（印鑑証明）

第12条　第20条の規定により印鑑を登記所に提出した者又は参事〔支配人〕、破産法（平成16年法律第75号）の規定により組合等〔会社〕につき選任された破産管財人若しくは保全管理人、民事再生法（平成11年法律第225号）の規定により組合等〔会社〕につき選任された管財人若しくは保全管理人、金融機関等の更生手続の特例等に関する法律（平成8年法律第95号）〔会社更生法（平成14年法律第154号）〕の規定により選任された管財人若しくは保全管理人若しくは外国倒産処理手続の承認援助に関する法律（平成12年法律第129号）の規定により組合等〔会社〕につき選任された承認管財人若しくは保全管理人でその印鑑を登記所に提出した者は、手数料を納付して、その印鑑の証明書の交付を請求することができる。

2　第10条第2項の規定は、前項の証明書に準用する。

（電磁的記録の作成者を示す措置の確認に必要な事項等の証明）

第12条の2　前条第1項に規定する者（以下この条において「印鑑提出者」という。）は、印鑑を提出した登記所が法務大臣の指定するものであるときは、この条に規定するところにより次の事項（第二号の期間については、法務省令で定めるものに限る。）の証明を請求することができる。ただし、代表権の制限その他の事項でこの項の規定による証明に適しないものとして法務省令で定めるものがあるときは、この限りでない。

一　電磁的記録に記録することができる情報が印鑑提出者の作成に係るものであることを示すために講ずる措置であつて、当該情報が他の情報に改変されているかどうかを確認することができる等印鑑提出者の作成に係るものであることを確実に示すことができるものとして法務省令で定めるものについて、当該印鑑提出者が当該措置を講じたものであることを確認するために必要な事項

二　この項及び第3項の規定により証明した事項について、第8項の規定による証明の請求をすることができる期間

2　前項の規定による証明の請求は、同項各号の事項を明らかにしてしなければならない。

3　第1項の規定により証明を請求した印鑑提出者は、併せて、自己に係る登記事項であつて法務省令で定めるものの証明を請求することができる。

4　第1項の規定により証明を請求する印鑑提出者は、政令で定める場合を除くほか、手数料を納付しなければならない。

5　第1項及び第3項の規定による証明は、法務大臣の指定する登記所の登記官が

第4章 登 記

する。ただし、これらの規定による証明の請求は、第1項の登記所を経由してしなければならない。

6 第1項及び前項の指定は、告示してしなければならない。

7 第1項の規定により証明を請求した印鑑提出者は、同項第二号の期間中において同項第一号の事項が当該印鑑提出者が同号の措置を講じたものであることを確認するために必要な事項でなくなつたときは、第5項本文の登記所に対し、第1項の登記所を経由して、その旨を届け出ることができる。

8 何人でも、第5項本文の登記所に対し、次の事項の証明を請求することができる。

　一　第1項及び第3項の規定により証明した事項の変更（法務省令で定める軽微な変更を除く。）の有無

　二　第1項第二号の期間の経過の有無

　三　前項の届出の有無及び届出があつたときはその年月日

　四　前3号に準ずる事項として法務省令で定めるもの

9 第1項及び第3項の規定による証明並びに前項の規定による証明及び証明の請求は、法務省令で定めるところにより、登記官が使用する電子計算機と請求をする者が使用する電子計算機とを接続する電気通信回線を通じて送信する方法その他の方法によつて行うものとする。

10 前項に規定する証明及び証明の請求については、行政手続等における情報通信の技術の利用に関する法律（平成14年法律第151号。以下「情報通信技術利用法」という。）第3条及び第4条の規定は、適用しない。

（手数料）

第13条　第10条から前条までの手数料の額は、物価の状況、登記事項証明書の交付等に要する実費その他一切の事情を考慮して、政令で定める。

2 第10条から前条までの手数料の納付は、収入印紙をもつてしなければならない。ただし、法務省令で定める方法で登記事項証明書又は印鑑の証明書の交付を請求するときは、法務省令で定めるところにより、現金をもつてすることができる。

（当事者申請主義）

第14条　登記は、法令に別段の定めがある場合を除くほか、当事者の申請又は官庁の嘱託がなければ、することができない。

（嘱託による登記）

第15条　第5条、第17条から第19条の2まで、第21条、第22条、第23条の2、第24条、

第48条から第50条まで（第95条、第111条及び第118条において準用する場合を含む。）、第51条第1項及び第2項、第52条、第78条第1項及び第3項、第82条第2項及び第3項、第83条、第87条第1項及び第2項、第88条、第91条第1項及び第2項、第92条、第132条並びに第134条の規定は、官庁の嘱託による登記の手続について準用する。

（登記申請の方式）

第17条 登記の申請は、書面でしなければならない。

2 申請書には、次の事項を記載し、申請人又はその代表者（当該代表者が法人である場合にあつては、その職務を行うべき者）若しくは代理人が記名押印しなければならない。

一 申請人の氏名及び住所、申請人が組合又は中央会〔会社〕であるときは、その名称〔商号〕及び主たる事務所〔本店〕並びに代表者の氏名又は名称及び住所（当該代表者が法人である場合にあつては、その職務を行うべき者の氏名及び住所を含む。）

二 代理人によつて申請するときは、その氏名及び住所

三 登記の事由

四 登記すべき事項

五 登記すべき事項につき官庁の許可を要するときは、許可書の到達した年月日

六 登録免許税の額及びこれにつき課税標準の金額があるときは、その金額

七 年月日

八 登記所の表示

3 組合等〔会社〕の従たる事務所〔支店〕の所在地においてする登記の申請書には、その従たる事務所〔支店〕をも記載しなければならない。

4 第2項第四号に掲げる事項又は前項の規定により申請書に記載すべき事項を記録した電磁的記録が法務省令で定める方法により提供されたときは、前2項の規定にかかわらず、申請書には、当該電磁的記録に記録された事項を記載することを要しない。

（申請書の添付書面）

第18条 代理人によつて登記を申請するには、申請書（前条第4項に規定する電磁的記録を含む。以下同じ。）にその権限を証する書面を添付しなければならない。

第19条 官庁の許可を要する事項の登記を申請するには、申請書に官庁の許可書又はその認証がある謄本を添附しなければならない。

435

第4章　登　記

（申請書に添付すべき電磁的記録）

第19条の２　登記の申請書に添付すべき定款、議事録若しくは最終の貸借対照表が電磁的記録で作られているとき、又は登記の申請書に添付すべき書面につきその作成に代えて電磁的記録の作成がされているときは、当該電磁的記録に記録された情報の内容を記録した電磁的記録（法務省令で定めるものに限る。）を当該申請書に添付しなければならない。

（添付書面の特例）

第19条の３　この法律の規定により登記の申請書に添付しなければならないとされている登記事項証明書は、申請書に会社法人等番号を記載した場合その他の法務省令で定める場合には、添付することを要しない。

（印鑑の提出）

第20条　登記の申請書に押印すべき者は、あらかじめ、その印鑑を登記所に提出しなければならない。改印したときも、同様とする。

２　前項の規定は、委任による代理人によつて登記の申請をする場合には、委任をした者又はその代表者について適用する。

３　前２項の規定は、組合等〔会社〕の従たる事務所〔支店〕の所在地においてする登記の申請については、適用しない。

（受付）

第21条　登記官は、登記の申請書を受け取つたときは、受付帳に登記の種類、申請人の氏名、組合等〔会社〕が申請人であるときはその名称〔商号〕、受付の年月日及び受付番号を記載し、申請書に受付の年月日及び受付番号を記載しなければならない。

２　情報通信技術利用法第３条第１項の規定により同項に規定する電子情報処理組織を使用してする登記の申請については、前項の規定中申請書への記載に関する部分は、適用しない。

３　登記官は、二以上の登記の申請書を同時に受け取つた場合又は二以上の登記の申請書についてこれを受け取つた時の前後が明らかでない場合には、受付帳にその旨を記載しなければならない。

（受領証）

第22条　登記官は、登記の申請書その他の書面（第19条の２に規定する電磁的記録を含む。）を受け取つた場合において、申請人の請求があつたときは、受領証を交付しなければならない。

第103条（商業登記法の準用）

（登記の順序）

第23条　登記官は、受附番号の順序に従つて登記をしなければならない。

（登記官による本人確認）

第23条の２　登記官は、登記の申請があつた場合において、申請人となるべき者以外の者が申請していると疑うに足りる相当な理由があると認めるときは、次条の規定により当該申請を却下すべき場合を除き、申請人又はその代表者若しくは代理人に対し、出頭を求め、質問をし、又は文書の提示その他必要な情報の提供を求める方法により、当該申請人の申請の権限の有無を調査しなければならない。

２　登記官は、前項に規定する申請人又はその代表者若しくは代理人が遠隔の地に居住しているとき、その他相当と認めるときは、他の登記所の登記官に同項の調査を嘱託することができる。

（申請の却下）

第24条　登記官は、次の各号のいずれかに掲げる事由がある場合には、理由を付した決定で、登記の申請を却下しなければならない。ただし、当該申請の不備が補正することができるものである場合において、登記官が定めた相当の期間内に、申請人がこれを補正したときは、この限りでない。

一　申請に係る当事者の事務所〔営業所〕の所在地が当該申請を受けた登記所の管轄に属しないとき。

二　申請が登記すべき事項以外の事項の登記を目的とするとき。

三　申請に係る登記がその登記所において既に登記されているとき。

四　申請の権限を有しない者の申請によるとき。

五　第21条第３項に規定する場合において、当該申請に係る登記をすることにより同項の登記の申請書のうち他の申請書に係る登記をすることができなくなるとき。

六　申請書がこの法律に基づく命令又はその他の法令の規定により定められた方式に適合しないとき。

七　第20条の規定による印鑑の提出がないとき、又は申請書、委任による代理人の権限を証する書面若しくは第30条第２項若しくは第31条第２項に規定する譲渡人の承諾書に押された印鑑が第20条の規定により提出された印鑑と異なるとき。

八　申請書に必要な書面（第19条の２に規定する電磁的記録を含む。）を添付しないとき。

437

第4章　登　記

九　申請書又はその添付書面（第19条の2に規定する電磁的記録を含む。以下同じ。）の記載又は記録が申請書の添付書面又は登記簿の記載又は記録と合致しないとき。

十　登記すべき事項につき無効又は取消しの原因があるとき。

十一　申請につき経由すべき登記所を経由しないとき。

十二　同時にすべき他の登記の申請を同時にしないとき。

十三　申請が第27条の規定により登記することができない名称〔商号〕の登記を目的とするとき。

十四　申請が法令の規定により使用を禁止された名称〔商号〕の登記を目的とするとき。

（提訴期間経過後の登記）

第25条　登記すべき事項につき訴えをもつてのみ主張することができる無効又は取消しの原因がある場合において、その訴えがその提起期間内に提起されなかつたときは、前条第十号の規定は、適用しない。

2　前項の場合の登記の申請書には、同項の訴えがその提起期間内に提起されなかつたことを証する書面及び登記すべき事項の存在を証する書面を添附しなければならない。この場合には、第18条の書面を除き、他の書面の添附を要しない。

3　組合等〔会社〕は、その主たる事務所〔本店〕の所在地を管轄する地方裁判所に、第1項の訴えがその提起期間内に提起されなかつたことを証する書面の交付を請求することができる。

（行政区画等の変更）

第26条　行政区画、郡、区、市町村内の町若しくは字又はそれらの名称の変更があつたときは、その変更による登記があつたものとみなす。

（同一の所在場所における同一の名称〔商号〕の登記の禁止）

第27条　名称〔商号〕の登記は、その名称〔商号〕が他人の既に登記した名称〔商号〕と同一であり、かつ、その主たる事務所〔営業所（会社にあつては、本店。以下この条において同じ。）〕の所在場所が当該他人の名称〔商号〕の登記に係る営業所の所在場所と同一であるときは、することができない。

（従たる事務所〔支店〕所在地における登記）

第48条　主たる事務所〔本店〕及び従たる事務所〔支店〕の所在地において登記すべき事項について従たる事務所〔支店〕の所在地においてする登記の申請書には、主たる事務所〔本店〕の所在地においてした登記を証する書面を添付しなけ

第103条（商業登記法の準用）

ればならない。この場合においては、他の書面の添付を要しない。

2　従たる事務所〔支店〕の所在地において中小企業等協同組合法第93条第2項各号〔会社法第930条第2項各号〕に掲げる事項を登記する場合には、組合等〔会社〕成立の年月日並びに従たる事務所〔支店〕を設置し又は移転した旨及びその年月日をも登記しなければならない。

第49条　法務大臣の指定する登記所の管轄区域内に主たる事務所〔本店〕を有する組合等〔会社〕が主たる事務所〔本店〕及び従たる事務所〔支店〕の所在地において登記すべき事項について従たる事務所〔支店〕の所在地においてする登記の申請は、その従たる事務所〔支店〕が法務大臣の指定する他の登記所の管轄区域内にあるときは、主たる事務所〔本店〕の所在地を管轄する登記所を経由してすることができる。

2　前項の指定は、告示してしなければならない。

3　第1項の規定による登記の申請と主たる事務所〔本店〕の所在地における登記の申請とは、同時にしなければならない。

4　申請書の添付書面に関する規定は、第1項の規定による登記の申請については、適用しない。

5　第1項の規定により登記を申請する者は、手数料を納付しなければならない。

6　前項の手数料の額は、物価の状況、次条第2項及び第3項の規定による通知に要する実費その他一切の事情を考慮して、政令で定める。

7　第13条第2項の規定は、第5項の規定による手数料の納付に準用する。

第50条　主たる事務所〔本店〕の所在地を管轄する登記所においては、前条第1項の登記の申請について第24条各号のいずれかに掲げる事由があるときは、その申請を却下しなければならない。前条第5項の手数料を納付しないときも、同様とする。

2　主たる事務所〔本店〕の所在地を管轄する登記所においては、前条第1項の場合において、主たる事務所〔本店〕の所在地において登記すべき事項を登記したときは、遅滞なく、同項の登記の申請があつた旨を従たる事務所〔支店〕の所在地を管轄する登記所に通知しなければならない。ただし、前項の規定によりその申請を却下したときは、この限りでない。

3　前項本文の場合において、前条第1項の登記の申請が設立の登記の申請であるときは、主たる事務所〔本店〕の所在地を管轄する登記所においては、組合等〔会社〕成立の年月日をも通知しなければならない。

439

第4章 登 記

4 前2項の規定による通知があつたときは、当該従たる事務所〔支店〕の所在地
を管轄する登記所の登記官が前条第1項の登記の申請書を受け取つたものとみな
して、第21条の規定を適用する。

（主たる事務所〔本店〕移転の登記）

第51条 主たる事務所〔本店〕を他の登記所の管轄区域内に移転した場合の新所
在地における登記の申請は、旧所在地を管轄する登記所を経由してしなければな
らない。第20条第1項又は第2項の規定により新所在地を管轄する登記所にする
印鑑の提出も、同様とする。

2 前項の登記の申請と旧所在地における登記の申請とは、同時にしなければなら
ない。

3 第1項の登記の申請書には、第18条の書面を除き、他の書面の添付を要しない。

第52条 旧所在地を管轄する登記所においては、前条第2項の登記の申請のいず
れかにつき第24条各号のいずれかに掲げる事由があるときは、これらの申請を共
に却下しなければならない。

2 旧所在地を管轄する登記所においては、前項の場合を除き、遅滞なく、前条第
1項の登記の申請書及びその添付書面並びに同項の印鑑を新所在地を管轄する登
記所に送付しなければならない。

3 新所在地を管轄する登記所においては、前項の申請書の送付を受けた場合にお
いて、前条第1項の登記をしたとき、又はその登記の申請を却下したときは、遅
滞なく、その旨を旧所在地を管轄する登記所に通知しなければならない。

4 旧所在地を管轄する登記所においては、前項の規定により登記をした旨の通知
を受けるまでは、登記をすることができない。

5 新所在地を管轄する登記所において前条第1項の登記の申請を却下したとき
は、旧所在地における登記の申請は、却下されたものとみなす。

第53条 新所在地における登記においては、組合等〔会社〕成立の年月日並びに
主たる事務所〔本店〕を移転した旨及びその年月日をも登記しなければならない。

（解散の登記）

第71条 解散の登記において登記すべき事項は、解散の旨並びにその事由及び年
月日とする。

3 代表清算人の申請に係る解散の登記の申請書には、その資格を証する書面を添
付しなければならない。ただし、組合にあつては当該代表清算人が中小企業等協
同組合法第69条において準用する会社法第483条第4項の規定により清算組合の

第103条（商業登記法の準用）

清算人となつたものであるとき、及び中央会にあつては当該代表清算人が中小企業等協同組合法第82条の14本文の規定により清算中央会の清算人となったもの〔会社法第478条第1項第一号の規定により清算株式会社の清算人となつたもの（同法第483条第4項に規定する場合にあつては、同項の規定により清算株式会社の代表清算人となつたもの）〕であるときは、この限りでない。

（更正）

第132条　登記に錯誤又は遺漏があるときは、当事者は、その登記の更正を申請することができる。

2　更正の申請書には、錯誤又は遺漏があることを証する書面を添付しなければならない。ただし、氏、名又は住所の更正については、この限りでない。

第133条　登記官は、登記に錯誤又は遺漏があることを発見したときは、遅滞なく、登記をした者にその旨を通知しなければならない。ただし、その錯誤又は遺漏が登記官の過誤によるものであるときは、この限りでない。

2　前項ただし書の場合においては、登記官は、遅滞なく、監督法務局又は地方法務局の長の許可を得て、登記の更正をしなければならない。

（抹消の申請）

第134条　登記が次の各号のいずれかに該当するときは、当事者は、その登記の抹消を申請することができる。

一　第24条第一号から第三号まで又は第五号に掲げる事由があること。

二　登記された事項につき無効の原因があること。ただし、訴えをもつてのみその無効を主張することができる場合を除く。

2　第132条第2項の規定は、前項第二号の場合に準用する。

（職権抹消）

第135条　登記官は、登記が前条第1項各号のいずれかに該当することを発見したときは、登記をした者に、1月をこえない一定の期間内に書面で異議を述べないときは登記を抹消すべき旨を通知しなければならない。

2　登記官は、登記をした者の住所又は居所が知れないときは、前項の通知に代え官報で公告しなければならない。

3　登記官は、官報のほか相当と認める新聞紙に同一の公告を掲載することができる。

第136条　登記官は、異議を述べた者があるときは、その異議につき決定をしなければならない。

第4章 登 記

第137条 登記官は、異議を述べた者がないとき、又は異議を却下したときは、登記を抹消しなければならない。

第138条 前3条の規定は、主たる事務所〔本店〕及び従たる事務所〔支店〕の所在地において登記すべき事項の登記については、主たる事務所〔本店〕の所在地においてした登記にのみ適用する。ただし、従たる事務所〔支店〕の所在地における登記のみにつき抹消の事由があるときは、この限りでない。

2　前項本文の場合において、登記を抹消したときは、登記官は、遅滞なく、その旨を従たる事務所〔支店〕の所在地の登記所に通知しなければならない。

3　前項の通知を受けたときは、登記官は、遅滞なく、登記を抹消しなければならない。

（行政手続法の適用除外）

第139条 登記官の処分については、行政手続法（平成5年法律第88号）第2章及び第3章の規定は、適用しない。

（行政機関の保有する情報の公開に関する法律の適用除外）

第140条 登記簿及びその附属書類については、行政機関の保有する情報の公開に関する法律（平成11年法律第42号）の規定は、適用しない。

（行政機関の保有する個人情報の保護に関する法律の適用除外）

第141条 登記簿及びその附属書類に記録されている保有個人情報（行政機関の保有する個人情報の保護に関する法律（平成15年法律第58号）第2条第3項に規定する保有個人情報をいう。）については、同法第4章 の規定は、適用しない。

（審査請求）

第142条 登記官の処分を不当とする者は、当該登記官を監督する法務局又は地方法務局の長に審査請求をすることができる。

第143条 審査請求は、登記官を経由してしなければならない。

（審査請求事件の処理）

第144条 登記官は、審査請求を理由があると認めるときは、相当の処分をしなければならない。

第145条 登記官は、審査請求を理由がないと認めるときは、その請求の日から3日内に、意見を付して事件を第142条の法務局又は地方法務局の長に送付しなければならない。

第146条 第142条の法務局又は地方法務局の長は、審査請求を理由があると認めるときは、登記官に相当の処分を命じ、その旨を審査請求人のほか登記上の利害

第103条（商業登記法の準用）

関係人に通知しなければならない。

（行政不服審査法の適用除外）

第147条 登記官の処分に係る審査請求については、行政不服審査法（昭和37年法律第160号）第14条、第17条、第24条、第25条第1項ただし書、第34条第2項から第7項まで、第37条第6項、第40条第3項から第6項まで及び第43条の規定は、適用しない。

（省令への委任）

第148条 この法律に定めるもののほか、登記簿の調製、登記申請書の様式及び添付書面その他この法律の施行に関し必要な事項は、法務省令で定める。

（組合の登記についての準用条文）

商業登記法

（申請の却下）

第24条 登記官は、次の各号のいずれかに掲げる事由がある場合には、理由を付した決定で、登記の申請を却下しなければならない。ただし、当該申請の不備が補正することができるものである場合において、登記官が定めた相当の期間内に、申請人がこれを補正したときは、この限りでない。

　十五　名称〔商号〕の登記を抹消されている組合〔会社〕が名称〔商号〕の登記をしないで他の登記を申請したとき。

第45条 組合〔会社〕の参事〔支配人〕の選任の登記の申請書には、参事〔支配人〕の選任を証する書面を添付しなければならない。

2　組合〔会社〕の参事〔支配人〕の代理権の消滅の登記の申請書には、これを証する書面を添付しなければならない。

（合併の登記）

第79条 吸収合併による変更の登記又は新設合併による設立の登記においては、合併をした旨並びに吸収合併により消滅する組合（以下「吸収合併消滅組合という。」）〔吸収合併により消滅する会社（以下「吸収合併消滅会社」という。）〕又は新設合併により消滅する組合（以下「新設合併消滅組合」という。）〔新設合併により消滅する会社（以下「新設合併消滅会社」という。）〕の名称〔商号〕及び主たる事務所〔本店〕をも登記しなければならない。

第82条 合併による解散の登記の申請については、吸収合併後存続する組合（以下「吸収合併存続組合」という。）〔吸収合併後存続する会社（以下「吸収合併存続会社」という。）〕又は新設合併により設立する組合（以下「新設合併設立組合」

443

第4章　登　記

という。）〔新設合併により設立する会社（以下「新設合併設立会社」という。）〕
を代表すべき者が吸収合併消滅組合〔吸収合併消滅会社〕又は新設合併消滅組合
〔新設合併消滅会社〕を代表する。

2　　主たる事務所〔本店〕の所在地における前項の登記の申請は、当該登記所の管
轄区域内に吸収合併存続組合〔吸収合併存続会社〕又は新設合併設立組合〔新設
合併設立会社〕の主たる事務所〔本店〕がないときは、その主たる事務所〔本店〕
の所在地を管轄する登記所を経由してしなければならない。

3　　主たる事務所〔本店〕の所在地における第1項の登記の申請と第80条又は前条
の登記の申請とは、同時にしなければならない。

4　　申請書の添付書面に関する規定並びに第20条第1項及び第2項の規定は、主た
る事務所〔本店〕の所在地における第1項の登記の申請については、適用しない。

第83条　吸収合併存続組合〔吸収合併存続会社〕又は新設合併設立組合〔新設合
併設立会社〕の主たる事務所〔本店〕の所在地を管轄する登記所においては、前
条第3項の登記の申請のいずれかにつき第24条各号のいずれかに掲げる事由があ
るときは、これらの申請を共に却下しなければならない。

2　　吸収合併存続組合〔吸収合併存続会社〕又は新設合併設立組合〔新設合併設立
会社〕の主たる事務所〔本店〕の所在地を管轄する登記所においては、前条第2
項の場合において、吸収合併による変更の登記又は新設合併による設立の登記を
したときは、遅滞なく、その登記の日を同項の登記の申請書に記載し、これを吸
収合併消滅組合〔吸収合併消滅会社〕又は新設合併消滅組合〔新設合併消滅会社〕
の主たる事務所〔本店〕の所在地を管轄する登記所に送付しなければならない。

444

第104条（不服の申出）

第5章　雑　則

（不服の申出）
第104条　組合若しくは中央会の業務若しくは会計が法令若しくは法令に基づいてする行政庁の処分若しくは定款、規約、共済規程若しくは火災共済規程に違反し、又は組合若しくは中央会の運営が著しく不当であると思料する組合員又は会員は、その事由を添えて、文書をもつてその旨を行政庁に申し出ることができる。
2　行政庁は、前項の申出があつたときは、この法律の定めるところに従い、必要な措置を採らなければならない。
　　　1項…一部改正・2項…全部改正・3項…削除〔昭和30年8月法律121号〕、1項…一部改正〔平成7年12月法律137号・18年6月75号〕
　　　参照　2項の「この法律の定め」＝〈本法〉105条の4・106条

　本条は、組合又は中央会の業務、会計が法令若しくは法令に基づいてする行政庁の処分、定款、規約、共済規程若しくは火災共済規程に違反していると考え、あるいは組合又は中央会の運営が著しく不当であると考える組合員又は会員が、行政庁に不服を申し出ることができ、行政庁は本法の規定に従って必要な措置を採らなければならない旨を規定するものである。

1　不服の申出
(1)　不服の申出権
　　組合員又は会員は、組合若しくは中央会の業務、会計が法令若しくは法令に基づいてする行政庁の処分、定款、規約、共済規程若しくは火災共済規程に違反し、又は組合若しくは中央会の運営が著しく不当であると認めるときは、組合の場合にあっては、理事若しくは監事のそのような行為に対して代表訴訟を提起し、又は理事のそのような行為を差し止めることができることになっているし、中央会の場合にあっては、一般の民事訴訟の手続によることができるが、その程度が訴訟にまでいたらないものである場合あるいは訴の提起が可能であってもこれを好まない場合等においての救済手段として本条による所管行政庁に対する不服の申出制を設けたものである。この申出は、

445

第5章 雑 則

組合員であれば単独ですることができ、しかもこれをなし得る場合がきわめて広範囲に認められていて、所管行政庁は、申出があったときは、この法律の定めるところに従って、必要な措置を採らなければならないのであるから、不服の申出権は、組合員の権利として強力なものといえる。

不服の申出をなし得る者は、現に組合員又は会員である者に限られ、脱退者、被除名者等現に組合員又は会員でない者は、不当に権利を侵害されたものとして訴訟の手段に訴えるほかはない。組合員又は会員には役員（員外役員を除く。）を含むものと解する。

(2) 不服の申出の事由

申出をなし得る事由は、1項に規定するようにきわめて広い。「業務」とは組合又は中央会の業務の全般を、「会計」とは予算、決算、剰余金の処分、経費の賦課等組合又は中央会の経理一般を、「運営が不当」とは業務、会計はもちろん総会、理事会の議決その他もろもろの活動が、法令、定款、規約、共済規程又は火災共済規程に違反はしていないが実質的に妥当でないと思料される一切の場合をさすものと解する。「法令に違反する」とは、単に本法に対する違反に限らず、他のすべての法令に対する違反を含む。

2 不服申出の手続

この申出は、組合員又は会員であれば、単独ですることができる。不服の申出は、施行規則185条に定めるところによって、理由を付した不服申出書をもって行うことになる。

特に一定の手続を定めた理由は、申出により所管行政庁が必要な措置を採るべきことを義務づけられる以上、行政庁は必要な事項をあらかじめ了知しておく必要があり、また、不服の申出は必ずしも正当であるとは限らないから、調査又は検査の結果、善良な組合又は中央会の利益を害することになる場合もあり得るので、その間の事情を文書により明らかにしておくことが必要であるからである。この申出をなし得る者は、現に組合員又は会員たる者に限られることは前に述べたとおりであるが、それを証する書面としては、組合員又は会員名簿の写、出資証券の控、その他これによって申出人が現に組合員又は会員であることを所管行政庁が確認し得る書面であればよい。

3　必要な措置

　行政庁は、不服の申出を受理したときは、本法の規定に従って必要な措置を採らなければならない。しかし、このことは、行政庁が恣意的に監督権を発動するのではなく、本法の該当規定に基づいて権限を行使することを定めているものであって、例えば、その申出が明らかに事実でなく、また、その組合又は中央会の運営が法105条の4又は106条1項の規定に該当しないようなときは、行政庁は、その申出に基づき必要な措置を採ることができないことはもちろんである。このような場合、組合又は中央会は、実情に応じその組合員又は会員に対して損害賠償の訴えを提起し、又はこれを除名することを妨げないであろう。

（検査の請求）
第105条　組合員又は会員は、その総数の10分の1以上の同意を得て、その組合又は中央会の業務又は会計が法令若しくは法令に基づいてする行政庁の処分又は定款、規約、共済規程若しくは火災共済規程に違反する疑いがあることを理由として、行政庁にその検査を請求することができる。
2　前項の請求があつたときは、行政庁は、その組合又は中央会の業務又は会計の状況を検査しなければならない。

　　1・2項…一部改正〔昭和30年8月法律121号〕、1項…一部改正〔平成7年12月法律137号・18年6月75号〕
　　罰則　2項関係＝〈本法〉114条・114条の4

　組合員又は会員は、総数の5分の1以上の同意を得られれば、臨時総会の招集を請求することができるが（法47条2項、法82条の10第4項）、5分の1以上の同意が得られないときや同意が得られ臨時総会が開催されても、自らの主張に対する多数の支持が得られない場合などの救済手段として、総数の10分の1以上の同意が得られれば、組合又は中央会の業務又は会計が法令若しくは法令に基づいてする行政庁の処分、定款、規約、共済規程若しくは火災共済規程に違反する疑いがあることを理由として、行政庁に検査を請求することができる。施行規則186条に定めるところに従い、理由を付した検査請求書をもって行うことになる。

　行政庁は、適法な検査請求書を受理したときは、組合又は中央会の業務又は会計の状況を検査しなければならない。

　行政庁による検査を拒み、妨げ、忌避した者は、30万円以下の罰金（信用協同

第5章　雑　則

組合又は信用協同組合連合会に係る報告又は検査にあっては、1年以下の懲役又は300万円以下の罰金）に処せられる（法114条）。

（決算関係書類の提出）

第105条の2　組合（信用協同組合及び第9条の9第1項第一号の事業を行う協同組合連合会を除く。）及び中央会は、毎事業年度、通常総会の終了の日から2週間以内に、事業報告書、財産目録、貸借対照表、損益計算書及び剰余金の処分又は損失の処理の方法を記載した書面を行政庁に提出しなければならない。

2　第40条の2第1項の規定により会計監査人の監査を要する組合が子会社等を有する場合には、当該組合は、毎事業年度、前項の書類のほか、当該組合及び当該子会社等の業務及び財産の状況を連結して記載した書類を作成し、行政庁に提出しなければならない。

3　前2項の書類の記載事項その他必要な事項は、主務省令で定める。

　　　本条…追加〔昭和26年4月法律138号〕、全部改正〔昭和30年8月法律121号〕、2・3項…
　　　追加〔平成18年6月法律75号〕
　　委任　3項の「主務省令」＝〈本法施行規則〉187条
　　罰則　1項関係＝〈本法〉115条1項三十一号、2項関係＝〈本法〉114条の6第1項十五号

組合及び中央会は、毎事業年度、通常総会後2週間以内に決算関係書類を行政庁に提出しなければならない。

信用協同組合等は、銀行法の規定により（協金法6条1項が準用する銀行法19条）、別途提出義務が課されている。

また、会計監査人設置組合（最終の貸借対照表の負債の部に計上した額の合計額が200億円を超える組合）が、子会社等を有する場合は子会社等との連結決算関係書類の行政庁への提出義務も課されている。

（報告の徴収）

第105条の3　行政庁は、毎年1回を限り、組合又は中央会から、その組合員又は会員、役員、使用人、事業の分量その他組合又は中央会の一般的状況に関する報告であって、組合又は中央会に関する行政を適正に処理するために特に必要なものを徴することができる。

2　行政庁は、組合若しくは中央会の業務若しくは会計が法令若しくは法令

第105条の3（報告の徴収）

に基づいてする行政庁の処分若しくは定款、規約、共済規程若しくは火災共済規程に違反する疑いがあり、又は組合若しくは中央会の運営が著しく不当である疑いがあると認めるときは、その組合又は中央会からその業務又は会計に関し必要な報告を徴することができる。

3　行政庁は、共済事業を行う組合の業務の健全かつ適切な運営を確保し、組合員その他の共済契約者の保護を図るため必要があると認めるときは、共済事業を行う組合に対し、その業務又は財産の状況に関し報告又は資料の提出を求めることができる。

4　行政庁は、共済事業を行う組合の業務の健全かつ適切な運営を確保し、組合員その他の共済契約者の保護を図るため特に必要があると認めるときは、その必要の限度において、当該組合の子法人等（子会社その他組合がその経営を支配している法人として主務省令で定めるものをいう。次項並びに次条第4項及び第5項において同じ。）又は共済代理店に対し、当該組合の業務又は会計の状況に関し参考となるべき報告又は資料の提出を求めることができる。

5　組合の子法人等又は共済代理店は、正当な理由があるときは、前項の規定による報告又は資料の提出を拒むことができる。

> 本条…追加〔昭和27年4月法律100号〕、一部改正〔昭和30年8月法律121号〕、2－5項…追加〔平成18年6月法律75号〕
> **委任**　4項の「主務省令」＝〈本法施行規則〉189条
> **罰則**　1項関係＝〈本法〉115条1項三十二号、2－4項関係＝〈本法〉114条・114条の4

　行政庁は、年1回、組合又は中央会から、状況報告を求めることができる（1項）。

　共済事業を行う組合については、健全性の確保、組合員・共済契約者の保護の観点から行政庁は、必要に応じ、組合、子法人等、代理店に対し、報告・資料の提出を求めることができる（3項、4項）。

　本条は、所管行政庁による組合又は中央会の定期実態調査に関する規定であって、組合又は中央会に関する行政を適正に処理するために欠くことのできない基本的な資料の入手を確保するための法的な根拠を定めたものである。したがって、本条に基づく調査は、あくまでも定期実態調査の目的の範囲内における一般調査であって、行政庁は、この調査によって知り得た事実に基づき個々の組合に対して監督規定を発動することは許されないものと解すべきである。なお、所管行政庁が行政上の個別的な必要に基づいて、強制力を伴わない調査の実施につき協力

449

第5章　雑　則

を求めることを妨げるものではない。

（検査等）

第105条の4　行政庁は、組合若しくは中央会の業務若しくは会計が法令若
しくは法令に基づいてする行政庁の処分若しくは定款、規約、共済規程若
しくは火災共済規程に違反する疑いがあり、又は組合若しくは中央会の運
営が著しく不当である疑いがあると認めるときは、その組合若しくは中央
会の業務若しくは会計の状況を検査することができる。

2　行政庁は、共済事業を行う組合の業務の健全かつ適切な運営を確保し、
組合員その他の共済契約者の保護を図るため必要があると認めるときは、
当該職員に、共済事業を行う組合の事務所その他の施設に立ち入らせ、そ
の業務若しくは財産の状況に関し質問させ、又は帳簿書類その他の物件を
検査させることができる。

3　行政庁は、責任共済等の事業を行う組合の業務又は会計の状況につき、
毎年1回を常例として検査をしなければならない。

4　行政庁は、前2項の規定による立入り、質問又は検査を行う場合におい
て特に必要があると認めるときは、その必要の限度において、当該職員に、
組合の子法人等若しくは当該組合の共済代理店の施設に立ち入らせ、当該
組合に対する質問若しくは検査に必要な事項に関し質問させ、又は帳簿書
類その他の物件を検査させることができる。

5　組合の子法人等又は当該組合の共済代理店は、正当な理由があるときは、
前項の規定による質問及び検査を拒むことができる。

6　第1項から第4項までの規定による立入り、質問又は検査をする職員は、
その身分を示す証明書を携帯し、関係人の請求があつたときは、これを提
示しなければならない。

7　第1項から第4項までの規定による立入り、質問又は検査の権限は、犯
罪捜査のために認められたものと解してはならない。

　　　　本条…追加〔昭和30年8月法律121号〕、1項…一部改正・2・3項…追加〔平成7年12月
　　　　法律137号〕、1項…一部改正・2項…全部改正・4－7項…追加〔平成18年6月法律75号〕
　　　　罰則　1－4項関係＝〈本法〉114条・114条の4

行政庁は、組合又は中央会の業務若しくは会計が、法令若しくは法令に基づい

450

第106条（法令等の違反に対する処分）

てする行政庁の処分、定款、規約、共済規程若しくは火災共済規程に違反する疑いがあり、又は、組合若しくは中央会の運営が著しく不当である疑いがあると認めるときは、その組合又は中央会の業務若しくは会計の状況を検査することができる。

共済事業を行う組合の健全性の確保、組合員・共済契約者保護の観点から、行政庁は組合に対し立入検査をできることとしている。

なお、責任共済等の事業を行う組合については、行政庁に年1回の常例検査を義務付けている。

また、必要に応じ、子法人等及び共済代理店についても立入検査ができることとしている。この場合、組合の子法人等又は当該組合の共済代理店は、正当な理由があるときは、本条4項の規定による質問及び検査を拒むことができる。

本条1項から4項の規定に基づき、立入り、質問又は検査をする職員は、その身分を示す証明書を携帯し、関係人の請求があったときは、これを提示しなければならない。なお、これらの規定による立入り、質問又は検査の権限は、犯罪捜査のために認められたものと解してはならないとされている。

（法令等の違反に対する処分）

第106条　行政庁は、第105条の3第2項の規定により報告を徴し、又は第105条第2項若しくは前条第1項の規定により検査をした場合において、組合若しくは中央会の業務若しくは会計が法令若しくは法令に基づいてする行政庁の処分若しくは定款、規約、共済規程若しくは火災共済規程に違反し、又は組合若しくは中央会の運営が著しく不当であると認めるときは、その組合又は中央会に対し、期間を定めて必要な措置を採るべき旨を命ずることができる。

2　行政庁は、組合若しくは中央会が前項の命令に違反したとき、又は組合若しくは中央会が正当な理由がないのにその成立の日から1年以内に事業を開始せず、若しくは引き続き1年以上その事業を停止していると認めるときは、その組合又は中央会に対し、解散を命ずることができる。

3　行政庁は、組合若しくは中央会の代表権を有する者が欠けているとき、又はその所在が知れないときは、前項の規定による命令の通知に代えてその要旨を官報に掲載することができる。

4　前項の場合においては、当該命令は、官報に掲載した日から20日を経過

451

第5章　雑　則

した日にその効力を生ずる。

1項…一部改正〔昭和26年4月法律138号〕、1項…一部改正・2項…削除〔昭和27年4月法律100号〕、本条…全部改正〔昭和30年8月法律121号〕、1・2項…一部改正〔昭和55年6月法律79号〕、見出…全部改正・1項…一部改正・2・3項…追加・旧2項…一部改正し4項に繰下〔平成7年12月法律137号〕、見出…全部改正・1項…一部改正・2項…削除・3項…削り・追加・4項…追加・旧4項…一部改正し2項に繰上〔平成18年6月法律75号〕

罰則　1項関係＝〈本法〉114条の2

　本条は、行政庁の業務改善命令とその命令に違反した場合の解散命令に関する規定である。

(1)　業務改善命令（1項）

　行政庁は、報告を徴し（法105条の3第2項）、検査（法105条2項、法105条の4第1項）をした場合において、組合又は中央会の業務若しくは会計が、法令若しくは法令に基づいてする行政庁の処分、定款、規約、共済規程若しくは火災共済規程に違反し、又は、組合又は中央会の運営が著しく不当であると認めるときは、その組合又は中央会に対し、期間を定めて必要な措置を採るべきことを命じることができる。

　所管行政庁が命令を発するには、自由裁量によってするのではなくて、一定の条件が前提とされる。すなわち、法105条の3第2項の規定により報告を徴し、又は法105条2項若しくは105条の4第1項の規定により検査をした結果、組合又は中央会の業務、会計又は運営が不法不当であると認められる場合に限られる。これは、組合又は中央会に対して、不当な干渉を避けるという趣旨にほかならない。なお、法は「著しく不当であると認めるとき」と表現しているが、不当であるかどうか、また、その程度が著しいものであるか否かについての判断は、行政庁が中協法の本旨あるいは社会通念に照らして決定することとなる。

　命令の内容は、必ずしも特定の行為である必要はない。また、命令は、必ず「期間を定めて」しなければならないかという問題があるが、命令が組合員又は会員の権利あるいは取引の安全の確保という特別の必要から、やむを得ない手段として発動されるものであるという意味合いからいって、所管行政庁は、その命令にかかる事項がいつまでに実施されるかについては重大な関心を有するはずであるから、当然期間を定めて実施を命ずべきである。

　行政処分の一般原則からいって、命令は、法律に特別の規定がない限り、

452

第106条の2（共済事業に係る監督上の処分）

必ずしも文書によることを要しないが、本条1項に基づく命令は、組合にとって重大な利害関係を伴うものであり、罰則との関係からいっても、文書によって、その間の事情を明らかにして実施すべきである。なお、所管行政庁の担当官が単に行政上の指導を行うために発する指示は、文字どおり単なる指示であって、本条1項の命令とは全然別個のものであることはもちろんである。

この命令に違反したときは、その組合の理事又は中央会の会長は30万円以下の罰金に処せられる（法114条の2）。

(2) **解散命令（2項）**

組合又は中央会が本条1項の規定に基づく業務改善命令に違反したとき、又は正当な理由なく成立した日から1年以内に事業を開始しなかったり、引き続き1年以上その事業を停止しているときは、行政庁は、解散命令を発動できる。

解散命令があった場合には、法62条1項の規定により、直ちに解散し、その解散の登記は行政庁の嘱託により行われる（法96条5項）。

「正当な理由」とは、具体的な事業に応じて個別的に判断すべきであり、一般的に論ずることは困難であるが、例えば、①天災等により、その事業を行うことが不可能であった場合、②産業構造の急激な変化等により事業の変更を準備中の場合、③市街地再開発事業等のため、当該事業が終了するまで、商店街、共同店舗等の組合員が別々の仮店舗で営業していること等により、組合活動を行うことが不可能な場合、④組合の意思にかかわらず、行政庁等の処分により事業遂行が行えないような場合等が考えられる。

行政庁は、組合若しくは中央会の代表権を有する者が欠けているとき、又はその所在が知れないときは、本条2項の規定による命令の通知に代えてその要旨を官報に掲載することができる。この場合においては、当該命令は、官報に掲載した日から20日を経過した日にその効力を生ずる。

（共済事業に係る監督上の処分）

第106条の2 行政庁は、共済事業を行う組合の業務若しくは財産の状況に照らして、又は事情の変更により、共済事業を行う組合の業務の健全かつ適切な運営を確保し、組合員その他の共済契約者の保護を図るため必要があると認めるときは、当該組合に対し、その必要の限度において、定款、規約、共済規程若しくは火災共済規程に定めた事項の変更又は業務執行の

453

第5章　雑　則

方法の変更を命ずることができる。

2　行政庁は、共済事業を行う組合の業務若しくは財産又は共済事業を行う組合及びその子会社等の財産の状況に照らして、当該組合の業務の健全かつ適切な運営を確保し、組合員その他の共済契約者の保護を図るため必要があると認めるときは、当該組合に対し、措置を講ずべき事項及び期限を示して、経営の健全性を確保するための改善計画の提出を求め、若しくは提出された改善計画の変更を命じ、又はその必要の限度において、期限を付して当該組合の業務の全部若しくは一部の停止を命じ、若しくは当該組合の財産の供託その他監督上必要な措置を命ずることができる。

3　前項の規定による命令(改善計画の提出を求めることを含む。)であって、特定共済組合、第9条の9第1項第三号の事業を行う協同組合連合会又は特定共済組合連合会の共済金等の支払能力の充実の状況によって必要があると認めるときにするものは、これらの組合の共済金等の支払能力の充実の状況に係る区分に応じ主務省令で定めるものでなければならない。

4　行政庁は、共済事業を行う組合の財産の状況が著しく悪化し、共済事業を継続することが組合員その他の共済契約者の保護の見地から適当でないと認めるときは、当該組合の第9条の6の2第1項（第9条の9第5項又は第8項において準用する場合を含む。）の認可若しくは第9条の7の2第1項（第9条の9第5項において準用する場合を含む。）の認可を取り消し、又は第9条の9第1項第三号の事業を行う協同組合連合会については、第27条の2第1項の認可を取り消すことができる。

5　行政庁は、共済事業を行う組合が法令若しくは法令に基づいてする行政庁の処分若しくは定款、規約、共済規程若しくは火災共済規程に定めた事項のうち特に重要なものに違反したとき、又は公益を害する行為をしたときは、当該組合の業務の全部若しくは一部の停止若しくは役員の解任を命じ、若しくは第9条の6の2第1項（第9条の9第5項又は第8項において準用する場合を含む。）の認可若しくは第9条の7の2第1項（第9条の9第5項において準用する場合を含む。）の認可を取り消し、又は第9条の9第1項第三号の事業を行う協同組合連合会については、第27条の2第1項の認可を取り消すことができる。

　　　本条…追加〔昭和55年6月法律79号〕、1項…一部改正・旧106条の2の2…繰上〔平成5年11月法律89号〕、1項…一部改正〔平成7年12月法律137号〕、本条…全部改正〔平成18

第106条の2（共済事業に係る監督上の処分）

> 年6月法律75号〕、3－5項…一部改正〔平成24年9月法律85号〕
> **委任**　3項の「主務省令」＝〈本法施行規則〉191条・192条
> **罰則**　1・2・5項関係＝〈本法〉114条の6第1項十三号

　共済事業の健全性の確保、組合員・共済契約者の健全性の確保の観点から、さまざまな監督上の処分が定められている。

①　行政庁は、一定の場合、組合に対し、その必要の限度において、定款、規約、共済規程若しくは火災共済規程に定めた事項の変更又は業務執行の方法の変更を命ずることができる（1項）。

②　行政庁は、一定の場合、組合に対し、経営の健全性を確保するための改善計画の提出を求め、若しくは提出された改善計画の変更を命じ、又はその必要の限度において、期限を付して当該組合の業務の全部若しくは一部の停止を命じ、若しくは当該組合の財産の供託その他監督上必要な措置を命ずることができる（2項）。この場合の命令（改善計画の提出を求めることを含む。）であって、特定共済組合、会員が火災共済事業を行うことによって負う共済責任の再共済の事業（法9条の9第1項三号）を行う協同組合連合会又は特定共済組合連合会の共済金等の支払能力の充実の状況によって必要があると認めるときにするものは、これらの組合の共済金等の支払能力の充実の状況に係る区分に応じ主務省令で定めるものでなければならない（3項）。

③　行政庁は、一定の場合、共済事業に係る認可（法9条の6の2第1項（法9条の9第5項又は8項において準用する場合を含む。））若しくは火災共済事業に係る認可（法9条の7の2第1項（法9条の9第5項において準用する場合を含む。））を取り消し、又は会員が火災共済事業を行うことによって負う共済責任の再共済の事業（法9条の9第1項三号）を行う協同組合連合会については、設立の認可（法27条の2第1項）を取り消すことができる（4項）。

④　行政庁は、一定の場合、組合の業務の全部若しくは一部の停止若しくは役員の解任を命じ、若しくは共済事業に係る認可（法9条の6の2第1項（法9条の9第5項又は8項において準用する場合を含む。））若しくは火災共済事業に係る認可（法9条の7の2第1項（法9条の9第5項において準用する場合を含む。））を取り消し、又は会員が火災共済事業を行うことによって負う共済責任の再共済の事業（法9条の9第1項三号）を行う協同組合連合会については、設立の認可（法27条の2第1項）を取り消すことができる（5項）。

第5章　雑　則

（行政庁への届出）

第106条の3　共済事業を行う組合（第一号に掲げる場合においては、組合
又は届出に係る共済代理店）は、次の各号のいずれかに該当するときは、
主務省令で定めるところにより、その旨を行政庁に届け出なければならない。

一　共済代理店の設置又は廃止をしようとするとき。

二　共済計理人を選任したとき、又は共済計理人が退任したとき。

三　子会社等を新たに有することとなつたとき。

四　子会社等が子会社等でなくなつたとき。

五　第61条の2第1項又は第2項の規定により説明書類の縦覧を開始した
とき。

六　その他主務省令で定める場合に該当するとき。

> 本条…追加〔昭和32年11月法律186号〕、一部改正〔平成7年6月法律106号・9年6月102号・
> 10年6月107号・10月131号・11年12月160号〕、全部改正〔平成18年6月法律75号〕
>
> 　委任　各号列記以外の部分の「主務省令」=〈本法施行規則〉193条-197条、六号の「主
> 務省令」=同198条
>
> 　罰則　〈本法〉114条の6第1項十六号

　共済募集を行うことができない者が共済募集を行うことを防止するため、共済
代理店の設置にあたっては事前に届け出ることとされている。

　共済計理人についても選任義務違反を防止するため届け出ることとされている。

　共済事業の適切な運営を監督すべく子会社等を含む業務、財務の状況を把握し、
こうした代理店や子会社等に対して行う行政庁の報告徴収や検査等の実効性を担
保するために、子会社の設置、廃止を届け出ることとされている。

　業務・財産に関する書類の公衆縦覧の実施を確実に担保し、共済契約者等に正
確な情報を伝えるために縦覧を開始したときには届け出ることとされている。

（排除措置）

第107条　公正取引委員会は、組合（事業協同小組合を除く。）の組合員た
る事業者でその常時使用する従業員の数が100人を超えるものが実質的に
小規模の事業者でないと認めるときは、この法律の目的を達成するために、
次条に規定する手続に従い、その事業者を組合から脱退させることができ
る。

> 本条…一部改正〔昭和27年4月法律100号・32年11月186号・平成17年7月87号〕

456

第108条

> **第108条** 前条の場合については、私的独占禁止法第40条から第42条まで（公正取引委員会の権限）、第45条、第47条から第61条まで、第65条第1項及び第2項、第66条から第68条まで、第70条の3第3項及び第4項、第70条の6、第70条の7、第70条の9から第70条の12まで（事実の報告、事件の調査、排除措置命令その他事件処理の手続）、第75条、第76条（雑則）、第77条、第85条（第一号に係る部分に限る。）、第86条、第87条並びに第88条（訴訟）の規定を準用する。
>
> 本条…一部改正〔昭和29年5月法律127号・37年5月140号・9月161号・52年6月63号・平成5年11月89号・11年6月80号・14年5月47号・12月152号〕、全部改正〔平成17年4月法律35号・25年12月100号〕
>
> 罰則 〈本法〉117条・118条

　法107条は、公正取引委員会の排除権に関する規定であり、法108条は、この排除措置を行う場合の独占禁止法の規定の準用について定めるものである。

　公正取引委員会は、組合の組合員である事業者について、小規模事業者でないと認められるときは、組合制度の目的を達成するため、法108条で準用する独占禁止法の規定に従って所定の手続を経てその事業者を組合から脱退させることができる。

　①事業協同組合又は信用協同組合であって、その組合員たる事業者が、資本金の額又は出資の総額が3億円（小売業・サービス業を主たる事業とする事業者については5,000万円、卸売業を主たる事業とする事業者については1億円）を超えない法人たる事業者であるものであるか、又は常時使用する従業員の数が300人（小売業を主たる事業とする事業者については50人、卸売業・サービス業を主たる事業とする事業者については100人）を超えない事業者であるもの、②事業協同小組合、及び③これらの組合をもって組織する協同組合連合会は、独占禁止法22条一号の要件を備える組合として同法の適用を免除されているが（法7条）、公正取引委員会は、組合（事業協同小組合を除く。）の組合員たる事業者でその常時使用する従業員の数が100人を超えるものが実質的に小規模の事業者でないと認めるときは、その事業者を組合から脱退させることができることとされている（法107条）。なお、本条の排除権と法7条2項の認定権との関係については、公正取引委員会は、常時従業員数が300人（50人、100人）かつ資本金3億円（5,000万円、1億円）を超える規模の事業者を構成員に含む組合（事業協同小組合を除く。）に対しては、認定権を行使して組合（事業協同小組合を除く。）そのものに

457

第5章　雑　則

独占禁止法を適用するか、あるいは本条によって常時従業員数が100人を超える事業者であって大企業と認められるものを排除するか、いずれか一方の措置を選択することができるものと解する。

　所定の手続を経て排除の審決がなされたときは、その組合員は法律上当然に脱退することとなる（法19条1項四号）。

第109条及び第110条　削除〔平成25年12月法律100号〕

（所管行政庁）

第111条　この法律中「行政庁」とあるのは、第65条第1項及び第74条第2項（第75条第3項において準用する場合を含む。）の場合を除いては、次の各号に定めるところによる。

一　事業協同組合、事業協同小組合及び協同組合連合会（第9条の9第1項第一号の事業を行うものを除く。）については、その地区が都道府県の区域を超えないものであって、その組合員の資格として定款に定められる事業が財務大臣の所管に属する事業以外のものにあっては、その主たる事務所の所在地を管轄する都道府県知事（以下「管轄都道府県知事」という。）とし、その地区が都道府県の区域を超えないものであって、その組合員の資格として定款に定められる事業が財務大臣の所管に属する事業とその他の事業とであるものにあっては、財務大臣及びその管轄都道府県知事とし、その他のものにあっては、その組合員の資格として定款に定められる事業の所管大臣とする。

二　信用協同組合及び第9条の9第1項第一号の事業を行う協同組合連合会については、内閣総理大臣とする。

三　削除

四　次のイ及びロに掲げる指定紛争解決機関については、それぞれイ及びロに定めるものとする。

　　イ　指定特定共済事業等紛争解決機関　手続実施基本契約の締結の相手方となるべき特定共済事業協同組合等の組合員の資格として定款に定められる事業の所管大臣

　　ロ　指定信用事業等紛争解決機関　内閣総理大臣

五　企業組合については、その行う事業の全てが財務大臣の所管に属する

事業であるものにあっては、財務大臣とし、財務大臣の所管に属する事業とその他の事業とを行うものにあっては、財務大臣及びその管轄都道府県知事とし、その他のものにあっては、その管轄都道府県知事とする。

　　六　都道府県中央会については、その管轄都道府県知事とする。

　　七　全国中央会については、経済産業大臣とする。

2　内閣総理大臣は、この法律による権限（政令で定めるものを除く。）を金融庁長官に委任する。

3　この法律に規定する行政庁（管轄都道府県知事を除く。以下この条において同じ。）の権限（内閣総理大臣にあっては、前項の規定により金融庁長官に委任されたものを除く。）に属する事務の一部は、政令で定めるところにより、都道府県知事が行うこととすることができる。

4　行政庁は、政令の定めるところにより、この法律による権限の一部を地方支分部局の長に委任することができる。

5　金融庁長官は、政令の定めるところにより、第2項の規定により委任された権限の一部を財務局長又は財務支局長に委任することができる。

> 1項…全部改正〔昭和27年4月法律100号〕、一部改正〔昭和30年8月法律121号〕、1項…一部改正・3項…追加〔昭和32年11月法律186号〕、1項…一部改正・2・4項…追加・旧2項…一部改正し3項に繰下・旧3項…一部改正し5項に繰下〔平成9年6月法律102号〕、1・3項…一部改正・2項…全部改正・5項…追加・旧5項…一部改正し6項に繰下〔平成10年10月法律131号〕、1・2項…一部改正・3項…追加・旧3・4・6項…一部改正し1項ずつ繰下・旧5項…6項に繰下〔平成11年7月法律87号〕、2・5－7項…一部改正・1・3・4項…一部改正・2項…全部改正・6項…削除・旧7項…一部改正し6項に繰上〔平成11年12月法律160号〕、1項…一部改正〔平成17年7月法律87号・18年6月75号・21年6月58号〕、1・3項…一部改正・6項…削除〔平成24年9月法律85号〕、1項…一部改正〔平成26年6月法律51号〕
>
> **委任**　2項の「政令」＝〈本法施行令〉31条、3項の「政令」＝同32条、4項の「政令」＝同33条

　本条は、組合及び中央会に対する行政庁の所管区分及び主務大臣の権限の委任に関する規定である。

　所管行政庁は、組合の事業ではなく、組合員の業種（組合員資格として定款に定められる事業）の所管区分により決定される。

(1)　事業協同組合、事業協同小組合及び協同組合連合会（会員の預金又は定期積金の受入れの事業（法9条の9第1項一号）を行うものを除く。）

　その地区が都道府県の区域を超えないものであって、その組合員の資格と

第5章 雑 則

して定款に定められる事業が財務大臣の所管に属する事業以外のものにあっては、その主たる事務所の所在地を管轄する都道府県知事（管轄都道府県知事）とし、その地区が都道府県の区域を超えないものであって、その組合員の資格として定款に定められる事業が財務大臣の所管に属する事業とその他の事業とであるものにあっては、財務大臣及びその管轄都道府県知事とし、その他のものにあっては、その組合員の資格として定款に定められる事業の所管大臣とする。

(2) **信用協同組合及び会員の預金又は定期積金の受入れの事業（法9条の9第1項一号）を行う協同組合連合会**

内閣総理大臣とする。

(3) **紛争解決機関**

① 指定特定共済事業等紛争解決機関

手続実施基本契約の締結の相手方となるべき特定共済事業協同組合等の組合員の資格として定款に定められる事業の所管大臣とする。

② 指定信用事業等紛争解決機関

内閣総理大臣とする。

(4) **企業組合**

その行う事業の全てが財務大臣の所管に属する事業であるものにあっては、財務大臣とし、財務大臣の所管に属する事業とその他の事業とを行うものにあっては、財務大臣及びその管轄都道府県知事とし、その他のものにあっては、その管轄都道府県知事とする。

(5) **都道府県中央会**

その管轄都道府県知事とする。

(6) **全国中央会**

経済産業大臣とする。

(7) **権限の委任**

① 内閣総理大臣は、中協法による権限（政令で定めるものを除く。）を金融庁長官に委任する。

② 中協法に規定する行政庁（管轄都道府県知事を除く。）の権限（内閣総理大臣にあっては、本条2項の規定により金融庁長官に委任されたものを除く。）に属する事務の一部は、政令で定めるところにより、都道府県知事が行うこととすることができる。

第111条の2（主務省令）

③　行政庁は、政令の定めるところにより、中協法による権限の一部を地方
　　支分部局の長に委任することができる。

④　金融庁長官は、政令の定めるところにより、前記②及び③により委任さ
　　れた権限の一部を財務局長又は財務支局長に委任することができる。

（主務省令）

第111条の2　この法律における主務省令は、次のとおりとする。

一　事業協同組合、事業協同小組合及び協同組合連合会（第9条の9第1
　　項第一号の事業を行うものを除く。）に関しては、その組合員の資格と
　　して定款に定められる事業を所管する大臣が共同で発する命令

二　次のイ及びロに掲げる指定紛争解決機関に関しては、それぞれイ及び
　　ロに定めるものとする。

　　イ　指定特定共済事業等紛争解決機関　手続実施基本契約の締結の相手
　　　　方となるべき特定共済事業協同組合等の組合員の資格として定款に定
　　　　められる事業を所管する大臣が共同で発する命令

　　ロ　指定信用事業等紛争解決機関　内閣府令

　　本条…追加〔平成11年12月法律160号〕、一部改正〔平成21年6月法律58号・24年9月85号〕

461

第6章　罰　則

第6章　罰　則

第112条　組合の役員がいかなる名義をもつてするを問わず、組合の事業の
　範囲外において、貸付けをし、手形の割引をし、若しくは預金若しくは定
　期積金の受入れをし、又は投機取引のために組合の財産を処分したときは、
　3年以下の懲役又は100万円以下の罰金（信用協同組合又は第9条の9第
　1項第一号の事業を行う協同組合連合会の役員にあつては、3年以下の懲
　役又は300万円以下の罰金）に処する。
2　前項の罪を犯した者には、情状により懲役及び罰金を併科することがで
　きる。
3　第1項の規定は、刑法（明治40年法律第45号）に正条がある場合には適
　用しない。
　　　　1項…一部改正〔昭和26年6月法律239号・59年5月31号・平成9年12月117号〕
　　　　参照　3項の「刑法（明治40年法律第45号）に正条」＝〈刑法〉247条

第112条の2　第9条の7の5第2項（第9条の9第5項又は第8項におい
　て準用する場合を含む。）において準用する金融商品取引法（以下「準用
　金融商品取引法」という。）第39条第1項の規定に違反した者は、3年以
　下の懲役若しくは300万円以下の罰金に処し、又はこれを併科する。
　　　　本条…追加〔平成18年6月法律65号〕、一部改正〔平成20年6月法律57号〕

第112条の2の2　次の各号のいずれかに該当する者は、1年以下の懲役若
　しくは300万円以下の罰金に処し、又はこれを併科する。
　一　第69条の4において準用する保険業法第308条の3第1項の規定若し
　　くは準用銀行法第52条の63第1項の規定による指定申請書又は第69条の
　　4において準用する保険業法第308条の3第2項の規定若しくは準用銀
　　行法第52条の63第2項の規定によりこれに添付すべき書類若しくは電磁
　　的記録に虚偽の記載又は記録をしてこれらを提出した者
　二　第69条の4において準用する保険業法第308条の9の規定又は準用銀
　　行法第52条の69の規定に違反した者

三　第69条の4において準用する保険業法第308条の20第1項の規定又は
　　　準用銀行法第52条の80第1項の規定による報告書を提出せず、又は虚偽
　　　の記載をした報告書を提出した者
　　四　第69条の4において準用する保険業法第308条の21第1項若しくは第
　　　2項の規定又は準用銀行法第52条の81第1項若しくは第2項の規定によ
　　　る報告若しくは資料の提出をせず、若しくは虚偽の報告若しくは資料の
　　　提出をし、又はこれらの規定による当該職員の質問に対して答弁をせず、
　　　若しくは虚偽の答弁をし、若しくはこれらの規定による検査を拒み、妨
　　　げ、若しくは忌避した者
　　五　第69条の4において準用する保険業法第308条の22第1項の規定又は
　　　準用銀行法第52条の82第1項の規定による命令に違反した者
　　　　本条…追加〔平成21年6月法律58号〕、一部改正〔平成24年9月法律85号〕

第112条の3　準用金融商品取引法第39条第2項の規定に違反した者は、1
　年以下の懲役若しくは100万円以下の罰金に処し、又はこれを併科する。
　　　　本条…追加〔平成18年6月法律65号〕

第112条の4　前条の場合において、犯人又は情を知つた第三者が受けた財
　産上の利益は、没収する。その全部又は一部を没収することができないと
　きは、その価額を追徴する。
2　金融商品取引法第209条の2及び第209条の3第2項の規定は、前項の規
　定による没収について準用する。この場合において、同法第209条の2第
　1項中「第198条の2第1項又は第200条の2」とあるのは「中小企業等協
　同組合法第112条の4第1項」と、「この条、次条第1項及び第209条の4
　第1項」とあるのは「この項」と、「次項及び次条第1項」とあるのは「次
　項」と、同条第2項中「混和財産（第200条の2の規定に係る不法財産が
　混和したものに限る。）」とあるのは「混和財産」と、同法第209条の3第
　2項中「第198条の2第1項又は第200条の2」とあるのは「中小企業等協
　同組合法第112条の4第1項」と読み替えるものとする。
　　　　本条…追加〔平成18年6月法律65号〕、2項…追加〔平成26年5月法律44号〕

第112条の4の2　第69条の4において準用する保険業法第308条の4第1

第6章 罰 則

項の規定又は準用銀行法第52条の64第1項の規定に違反して、その職務に
関して知り得た秘密を漏らし、又は自己の利益のために使用した者は、1
年以下の懲役若しくは100万円以下の罰金に処し、又はこれを併科する。

　　　本条…追加〔平成21年6月法律58号〕、一部改正〔平成24年9月法律85号〕

第112条の5　次の各号のいずれかに該当する者は、6月以下の懲役若しく
は50万円以下の罰金に処し、又はこれを併科する。
一　準用金融商品取引法第37条第1項（第二号を除く。）に規定する事項
　を表示せず、又は虚偽の表示をした者
二　準用金融商品取引法第37条第2項の規定に違反した者
三　準用金融商品取引法第37条の3第1項（第二号及び第六号を除く。）
　の規定に違反して、書面を交付せず、若しくは同項に規定する事項を記
　載しない書面若しくは虚偽の記載をした書面を交付した者又は同条第2
　項において準用する金融商品取引法第34条の2第4項に規定する方法に
　より当該事項を欠いた提供若しくは虚偽の事項の提供をした者
四　準用金融商品取引法第37条の4第1項の規定による書面を交付せず、
　若しくは虚偽の記載をした書面を交付した者又は同条第2項において準
　用する金融商品取引法第34条の2第4項に規定する方法により虚偽の事
　項の提供をした者

　　　本条…追加〔平成18年6月法律65号〕、一部改正〔平成20年6月法律65号〕

第112条の6　次の各号のいずれかに該当する者は、100万円以下の罰金に
処する。
一　第61条の2第1項若しくは第2項の規定に違反して、これらの規定に
　規定する書類を公衆の縦覧に供せず、又はこれらの規定に違反して、こ
　れらの書類に記載すべき事項を記載せず、若しくは虚偽の記載をして、
　公衆の縦覧に供した者
二　第61条の2第4項の規定により同条第1項又は第2項に規定する書類
　をこれらの規定により備え置き公衆の縦覧に供したものとみなされる場
　合において、同条第4項に定める電磁的記録に記録すべき事項を記録せ
　ず、又は虚偽の記録をして、電磁的記録に記録された情報を電磁的方法
　により不特定多数の者が提供を受けることができる状態に置く措置をと

つた者
　三　第69条の4において準用する保険業法第308条の11若しくは第308条の13
　　　第9項の規定又は準用銀行法第52条の71若しくは第52条の73第9項の規
　　　定による記録の作成若しくは保存をせず、又は虚偽の記録を作成した者
　　　　本条…追加〔平成18年6月法律75号〕、旧112条の2…繰下〔平成18年6月法律65号〕、全
　　　　部改正〔平成21年6月法律58号〕、一部改正〔平成24年9月法律85号〕

第112条の6の2　第69条の4において準用する保険業法第308条の23第1
　項の規定又は準用銀行法第52条の83第1項の規定による認可を受けないで
　紛争解決等業務の全部若しくは一部の休止又は廃止をした者は、50万円以
　下の罰金に処する。
　　　本条…追加〔平成21年6月法律58号〕、一部改正〔平成24年9月法律85号〕

第112条の7　次の各号のいずれかに該当する者は、30万円以下の罰金に処
　する。
　一　第9条の7の5第1項（第9条の9第5項又は第8項において準用す
　　　る場合を含む。）において準用する保険業法第275条第1項の規定に違反
　　　して共済契約の募集を行つた者
　二　第9条の7の5第1項（第9条の9第5項又は第8項において準用す
　　　る場合を含む。）において準用する保険業法第300条第1項の規定に違反
　　　して同項第一号から第三号までに掲げる行為をした者
　三　第69条の4において準用する保険業法第308条の8第1項の規定又は
　　　準用銀行法第52条の68第1項の規定による報告をせず、又は虚偽の報告
　　　をした者
　四　第69条の4において準用する保険業法第308条の18第1項、第308条の
　　　19若しくは第308条の23第2項の規定又は準用銀行法第52条の78第1項、
　　　第52条の79若しくは第52条の83第2項の規定による届出をせず、又は虚
　　　偽の届出をした者
　五　第69条の4において準用する保険業法第308条の23第3項若しくは第
　　　308条の24第4項の規定又は準用銀行法第52条の83第3項若しくは第52
　　　条の84第3項の規定による通知をせず、又は虚偽の通知をした者
　　　　本条…追加〔平成7年6月法律106号〕、一部改正〔平成12年5月法律92号〕、一部改正・

第6章　罰　則

旧112条の2…繰下〔平成18年6月法律75号〕、旧112条の3…繰下〔平成18年6月法律65号〕、
一部改正〔平成20年6月法律57号・21年6月58号・24年9月85号〕

〔注〕　第112条の7は、平成26年5月30日法律第45号により改正され、平成28年5月29日から施行
　　第112条の7第二号中「第300条第1項」を「第300条（第1項ただし書を除く。）」に、
　　「同項第一号」を「同条第1項第一号」に改める。

> **第113条**　組合が第7条第3項の規定に違反して届出を怠り、又は虚偽の届
> 出をしたときは、その組合の理事は、30万円以下の罰金に処する。
>
> 本条…一部改正〔昭和30年8月法律121号・59年5月31日・平成17年7月87号〕

> **第114条**　第9条の3第4項において準用する倉庫業法第27条第1項若しく
> はこの法律第105条の3第2項の規定による報告をせず、若しくは虚偽の
> 報告をし、若しくは同条第3項若しくは第4項の規定による報告若しくは
> 資料の提出をせず、若しくは虚偽の報告若しくは資料の提出をし、又は第
> 9条の3第4項において準用する倉庫業法第27条第1項若しくはこの法律
> 第105条第2項若しくは第105条の4第1項若しくは第3項の規定による検
> 査を拒み、妨げ、若しくは忌避し、若しくは同条第2項若しくは第4項の
> 規定による質問に対して答弁をせず、若しくは虚偽の答弁をし、若しくは
> これらの規定による検査を拒み、妨げ、若しくは忌避した者は、30万円以
> 下の罰金（信用協同組合又は第9条の9第1項第一号の事業を行う協同組
> 合連合会に係る報告又は検査にあつては、1年以下の懲役又は300万円以
> 下の罰金）に処する。
>
> 1項…一部改正〔昭和26年4月法律138号〕、1・2項…一部改正〔昭和30年8月法律121
> 号〕、1項…一部改正〔昭和31年6月法律121号・59年5月31日・平成7年12月137号〕、1・
> 2項…一部改正〔平成9年12月法律117号〕、1項…一部改正・2項…削除〔平成17年7月
> 法律87号〕、本条…一部改正〔平成18年6月法律75号〕

> **第114条の2**　組合又は中央会が第106条第1項の規定による命令に違反し
> たときは、その組合の理事又はその中央会の会長は、30万円以下の罰金に
> 処する。
>
> 本条…追加〔昭和27年4月法律100号〕、一部改正〔昭和30年8月法律121号・59年5月31日・
> 平成17年7月87号〕

> **第114条の3**　第33条第7項において準用する会社法第955条第1項の規定
> に違反して、同項に規定する調査記録簿等に同項に規定する電子公告調査

に関し法務省令で定めるものを記載せず、若しくは記録せず、若しくは虚偽の記載若しくは記録をし、又は調査記録簿等を保存しなかつた者は、30万円以下の罰金に処する。

本条…追加〔平成17年7月法律87号〕

第114条の4　法人（人格のない社団又は財団で代表者又は管理人の定めのあるものを含む。以下この項において同じ。）の代表者若しくは管理人又は法人若しくは人の代理人、使用人その他の従業者が、その法人又は人の業務に関し、次の各号に掲げる規定の違反行為をしたときは、行為者を罰するほか、その法人に対して当該各号に定める罰金刑を、その人に対して各本条の罰金刑を科する。

一　第112条の2　3億円以下の罰金刑

二　第112条の2の2（第二号を除く。）　2億円以下の罰金刑

三　第112条の3　1億円以下の罰金刑

四　第112条の2の2第二号、第112条の4の2から第112条の6の2まで、第112条の7第三号から第五号まで又は前条　各本条の罰金刑

五　第114条　同条の罰金刑（信用協同組合又は第9条の9第1項第一号の事業を行う協同組合連合会にあつては、2億円以下の罰金刑）

2　人格のない社団又は財団について前項の規定の適用がある場合には、その代表者又は管理人がその訴訟行為につきその人格のない社団又は財団を代表するほか、法人を被告人又は被疑者とする場合の刑事訴訟に関する法律の規定を準用する。

本条…追加〔平成17年7月法律87号〕、一部改正〔平成18年6月法律75号・65号〕、1項…一部改正・2項…追加〔平成21年6月法律58号〕

第114条の5　次の各号のいずれかに該当する者は、100万円以下の過料に処する。

一　第33条第7項において準用する会社法第946条第3項の規定に違反して、報告をせず、又は虚偽の報告をした者

二　正当な理由がないのに、第33条第7項において準用する会社法第951条第2項各号又は第955条第2項各号に掲げる請求を拒んだ者

三　第69条の4において準用する保険業法第308条の16の規定又は準用銀

第6章　罰　則

行法第52条の76の規定に違反した者

本条…追加〔平成17年7月法律87号〕、一部改正〔平成21年6月法律58号・24年9月85号〕

第114条の6　次の場合には、共済事業を行う組合の役員、会計監査人又は清算人は、20万円以下の過料に処する。

一　第9条の2第7項又は第9条の9第4項の規定に違反して、承認を受けないでこれらの規定に規定する事業を行つたとき。

二　第9条の6の2第1項（第9条の9第5項又は第8項において準用する場合を含む。）の規定に違反したとき。

二の二　第9条の7の2第1項（第9条の9第5項において準用する場合を含む。）の規定に違反して、認可を受けないで火災共済事業を行つたとき。

三　削除

四　第40条の2第3項において準用する会社法第396条第2項の規定に違反して、正当な理由がないのに書面又は電磁的記録に記録された事項を主務省令で定める方法により表示したものの閲覧又は謄写を拒んだとき。

五　第40条の2第3項において準用する会社法第398条第2項の規定により意見を述べるに当たり、通常総会に対し、虚偽の申述を行い、又は事実を隠蔽したとき。

六　第40条の2第3項又は第40条の3第2項において準用する会社法第340条第3項の規定により報告するに当たり、総会に対し、虚偽の申述を行い、又は事実を隠蔽したとき。

七　第40条の3第1項の規定に違反したとき。

八　第57条の2の規定に違反したとき。

九　第57条の4第1項又は第2項の規定に違反して組合の事業の譲渡をしたとき。

十　第58条第5項の規定に違反したとき。

十一　第58条の2第1項又は第2項の規定に違反したとき。

十二　第58条の6第1項の規定に違反して、共済計理人の選任手続をせず、又は同条第2項の主務省令で定める要件に該当する者でない者を共済計理人に選任したとき。

十三　第58条の8又は第106条の2第1項、第2項若しくは第5項の規定

による命令（改善計画の提出を求めることを含む。）に違反したとき。

十四　削除

十五　第105条の2第2項の規定に違反して、書面を提出せず、又は虚偽の書面を提出したとき。

十六　第106条の3の規定に違反したとき。

2　会社法第976条に規定する者が、第40条の2第3項において準用する同法第396条第3項の規定による調査を妨げたときも、前項と同様とする。

> 本条…追加〔昭和32年11月法律186号〕、一部改正〔平成7年6月法律106号・12月137号・8年6月94号・10年6月107号〕、旧114条の3…繰下〔平成17年7月法律87号〕、1項…一部改正・2項…追加〔平成18年6月法律75号〕、1項…一部改正〔平成24年9月法律85号・26年6月91号〕

第114条の7　共済代理店が、第9条の7の5第1項（第9条の9第5項又は第8項において準用する場合を含む。）において準用する保険業法第305条の規定による報告若しくは資料の提出をせず、若しくは虚偽の報告若しくは資料の提出をし、若しくは質問に対して答弁をせず、若しくは虚偽の答弁をし、若しくは同条の規定による検査を拒み、妨げ、若しくは忌避し、又は第9条の7の5第1項において準用する同法第306条若しくは第307条第1項の規定による命令に違反したときは、20万円以下の過料に処する。

> 本条…追加〔平成7年6月法律106号〕、一部改正〔平成8年6月法律94号〕、旧114条の4…繰下〔平成17年7月法律87号〕、一部改正〔平成18年6月法律75号・20年6月57号〕

> 〔注〕　第114条の7は、平成26年5月30日法律第45号により改正され、平成28年5月29日から施行
> 第114条の7中「第305条」を「第305条第1項」に、「同条」を「同項」に改める。

第115条　次に掲げる場合には、組合又は中央会の発起人、役員又は清算人は、20万円以下の過料に処する。

一　この法律の規定に基づいて組合又は中央会が行うことができる事業以外の事業を行つたとき。

二　この法律の規定による登記をすることを怠つたとき。

三　第9条の2第3項（第9条の9第5項又は第8項において準用する場合を含む。）の規定に違反したとき。

四　第9条の8第3項（第9条の9第7項において準用する場合を含む。）の規定に違反して、預金又は定期積金の受入れをしたとき。

第6章 罰 則

五 第9条の8第4項（第9条の9第7項において準用する場合を含む。）
の規定に違反して、貸付けをし、又は手形の割引をしたとき。

六 第9条の9第2項又は第3項の規定に違反したとき。

七 第10条の2若しくは第34条の2（これらの規定を第82条の8において
準用する場合を含む。）、第40条（第69条、第82条の8又は第82条の18第
1項において準用する場合を含む。）、第56条（第57条の2の2第5項に
おいて準用する場合を含む。）、第63条の4第1項若しくは第2項、第63
条の5第1項、第2項若しくは第8項から第10項まで、第63条の6第1
項若しくは第2項又は第64条第6項から第8項までの規定に違反して、
書類若しくは電磁的記録を備え置かず、書類若しくは電磁的記録に記載
し、若しくは記録すべき事項を記載せず、若しくは記録せず、若しくは
虚偽の記載若しくは記録をし、又は正当な理由がないのに書類若しくは
電磁的記録に記録された事項を主務省令で定める方法により表示したも
のの閲覧若しくは謄写若しくは書類の謄本若しくは抄本の交付、電磁的
記録に記録された事項を電磁的方法により提供すること若しくはその事
項を記載した書面の交付を拒んだとき。

八 第14条又は第79条第1項（同条第3項において準用する場合を含む。）
の規定に違反したとき。

九 第19条第2項（第80条第3項において準用する場合を含む。）、第42条
第5項若しくは第6項又は第45条第5項若しくは第6項の規定に違反し
たとき。

十 第27条第7項、第36条の7第1項（第69条において準用する場合を含
む。）、第53条の4第1項（第82条の10第4項において準用する場合を含
む。）、第82条第3項若しくは第82条の15の規定又は第69条において準用
する会社法第492条第1項の規定に違反して、議事録若しくは財産目録
若しくは貸借対照表を作成せず、又はこれらの書類若しくは電磁的記録
に記載し、若しくは記録すべき事項を記載せず、若しくは記録せず、若
しくは虚偽の記載若しくは記録をしたとき。

十一 第31条、第35条の2（第82条の8において準用する場合を含む。）、
第62条第2項又は第82条の13第2項の規定に違反したとき。

十二 第33条第7項において準用する会社法第941条の規定に違反して、
同条の調査を求めなかつたとき。

十三　第35条第6項の規定に違反して、同項に規定する者に該当する者を監事に選任しなかつたとき。

十四　第35条第7項（第82条の8において準用する場合を含む。）の規定に違反したとき。

十五　第36条の3第3項において準用する会社法第343条第2項の規定による請求があつた場合において、その請求に係る事項を総会の目的とせず、又はその請求に係る議案を総会に提出しなかつたとき。

十六　第36条の3第3項において準用する会社法第381条第2項若しくは第384条の規定、第36条の3第5項において準用する会社法第389条第5項の規定又は第69条において準用する会社法第381条第2項、第384条若しくは第492条第1項の規定による調査を妨げたとき。

十七　第36条の3第5項において準用する会社法第389条第4項の規定又は第36条の7第5項（第69条において準用する場合を含む。）、第41条第3項若しくは第53条の4第4項（第82条の10第4項において準用する場合を含む。）の規定に違反して、正当な理由がないのに書面又は電磁的記録に記録された事項を主務省令で定める方法により表示したものの閲覧又は謄写を拒んだとき。

十八　第37条第1項（第69条、第82条の8又は第82条の18第1項において準用する場合を含む。）又は第2項（第69条において準用する場合を含む。）の規定に違反したとき。

十九　第38条第1項（第69条、第82条の8又は第82条の18第1項において準用する場合を含む。）の規定又は第38条の2第6項の規定による開示をすることを怠つたとき。

二十　第38条第3項（第69条、第82条の8又は第82条の18第1項において準用する場合を含む。）の規定に違反して、理事会に報告せず、又は虚偽の報告をしたとき。

二十一　第46条又は第82条の10第1項の規定に違反したとき。

二十二　第56条第1項若しくは第56条の2第5項の規定に違反して出資1口の金額を減少し、又は第57条の2の2第5項において準用する第56条第1項の規定若しくは第57条の2の2第5項、第63条の4第5項、第63条の5第7項若しくは第63条の6第5項において準用する第56条の2第5項の規定に違反して共済事業の全部若しくは一部の譲渡、共済事業に

第6章　罰　則

係る財産の移転若しくは組合の合併をしたとき。

二十三　第56条の2第2項（第57条の2の2第5項、第63条の4第5項、第63条の5第7項又は第63条の6第5項において準用する場合を含む。）の規定、第69条において準用する会社法第499条第1項の規定又は第82条の15の2第1項若しくは第82条の15の3第1項の規定による公告をすることを怠つたとき、又は不正の公告をしたとき。

二十四　第57条の5の規定に違反したとき。

二十五　第58条第1項から第4項まで又は第59条の規定に違反したとき。

二十六　第61条の規定に違反して、組合員の持分を取得し、又は質権の目的としてこれを受けたとき。

二十七　第69条において準用する会社法第484条第1項の規定又は第82条の15の2第1項の規定に違反して、破産手続開始の申立てを怠つたとき。

二十八　清算の結了を遅延させる目的で、第69条において準用する会社法第499条第1項の期間を不当に定めたとき。

二十九　第69条において準用する会社法第500条第1項の規定に違反して、債務の弁済をしたとき。

三十　第69条において準用する会社法第502条の規定又は第82条の16の規定に違反して、組合又は中央会の財産を分配したとき。

三十一　第105条の2第1項の規定に違反して、書面を提出せず、又は虚偽の書面を提出したとき。

三十二　第105条の3第1項の規定による報告をせず、又は虚偽の報告をしたとき。

2　会社法第976条に規定する者が、第36条の3第3項において準用する同法第381条第3項又は第36条の3第5項において準用する同法第389条第5項の規定による調査を妨げたときも、前項と同様とする。

> 本条…一部改正〔昭和26年4月法律138号・27年4月100号・30年8月121号・32年11月186号・48年7月42号・49年4月23号・56年6月60号・75号・59年5月31号・平成4年6月87号・6年11月97号・7年12月137号・8年6月94号・13年11月129号・12月150号〕、全部改正〔平成17年7月法律87号〕、1項…一部改正・2項…追加〔平成18年6月法律75号〕、1項…一部改正〔平成18年6月法律50号・24年9月85号・26年6月91号〕

第115条の2　次の各号のいずれかに該当する者は、10万円以下の過料に処する。

一 第6条第3項において準用する会社法第8条第1項の規定に違反した者

二 第69条の4において準用する保険業法第308条の17の規定又は準用銀行法第52条の77の規定に違反してその名称又は商号中に、指定特定共済事業等紛争解決機関又は指定信用事業等紛争解決機関と誤認されるおそれのある文字を使用した者

三 第72条第2項の規定に違反した者

本条…追加〔昭和26年4月法律138号〕、一部改正〔昭和30年8月法律121号・59年5月31号・平成8年6月94号〕、全部改正〔平成17年7月法律87号・21年6月58号〕、一部改正〔平成24年9月法律85号〕

第116条 削除〔平成25年12月法律100号〕

第117条 次の各号のいずれかに該当する者は、1年以下の懲役又は300万円以下の罰金に処する。

一 第108条において準用する私的独占禁止法第47条第1項第一号又は第2項の規定による事件関係人又は参考人に対する処分に違反して出頭せず、陳述をせず、若しくは虚偽の陳述をし、又は報告をせず、若しくは虚偽の報告をした者

二 第108条において準用する私的独占禁止法第47条第1項第二号又は第2項の規定による鑑定人に対する処分に違反して出頭せず、鑑定をせず、又は虚偽の鑑定をした者

三 第108条において準用する私的独占禁止法第47条第1項第三号又は第2項の規定による物件の所持者に対する処分に違反して物件を提出しない者

四 第108条において準用する私的独占禁止法第47条第1項第四号又は第2項の規定による検査を拒み、妨げ、又は忌避した者

本条…追加〔平成17年4月法律35号〕、一部改正〔平成25年12月法律100号〕

第118条 第108条において準用する私的独占禁止法第40条の規定による処分に違反して出頭せず、報告、情報若しくは資料を提出せず、又は虚偽の報告、情報若しくは資料を提出した者は、20万円以下の罰金に処する。

本条…追加〔平成17年4月法律35号〕、一部改正〔平成25年12月法律100号〕

第7章　没収に関する手続等の特例

第7章　没収に関する手続等の特例

（第三者の財産の没収手続等）

第119条　第112条の4第1項の規定により没収すべき財産である債権等（不動産及び動産以外の財産をいう。次条及び第121条において同じ。）が被告人以外の者（以下この条において「第三者」という。）に帰属する場合において、当該第三者が被告事件の手続への参加を許されていないときは、没収の裁判をすることができない。

2　第112条の4第1項の規定により、地上権、抵当権その他の第三者の権利がその上に存在する財産を没収しようとする場合において、当該第三者が被告事件の手続への参加を許されていないときも、前項と同様とする。

3　金融商品取引法第209条の4第3項から第5項までの規定は、地上権、抵当権その他の第三者の権利がその上に存在する財産を没収する場合において、第112条の4第2項において準用する同法第209条の3第2項の規定により当該権利を存続させるべきときについて準用する。この場合において、同法第209条の4第3項及び第4項中「前条第2項」とあるのは、「中小企業等協同組合法第112条の4第2項において準用する前条第2項」と読み替えるものとする。

4　第1項及び第2項に規定する財産の没収に関する手続については、この法律に特別の定めがあるもののほか、刑事事件における第三者所有物の没収手続に関する応急措置法（昭和38年法律第138号）の規定を準用する。

　　本条…追加〔平成26年5月法律44号〕

（没収された債権等の処分等）

第120条　金融商品取引法第209条の5第1項の規定は第112条の3の罪に関し没収された債権等について、同法第209条の5第2項の規定は第112条の3の罪に関し没収すべき債権の没収の裁判が確定したときについて、同法第209条の6の規定は権利の移転について登記又は登録を要する財産を第112条の3の罪に関し没収する裁判に基づき権利の移転の登記又は登録を関係機関に嘱託する場合について、それぞれ準用する。

第121条（刑事補償の特例）

本条…追加〔平成26年5月法律44号〕

（刑事補償の特例）

第121条　第112条の3の罪に関し没収すべき債権等の没収の執行に対する刑事補償法（昭和25年法律第1号）による補償の内容については、同法第4条第6項の規定を準用する。

本条…追加〔平成26年5月法律44号〕

附　則

　　　附　則
　この法律施行の期日は、公布の日から起算して１箇月を経過した日とする。但し、この法律中協同組合連合会に関する規定は、この法律施行後８箇月を経過した日から施行する。

　　　附　則　〔昭和25年３月31日法律第57号抄〕
　この法律は、公布の日から施行する。

（中略）

　　　附　則　〔平成18年６月15日法律第75号抄〕
（施行期日）
第１条　この法律は、平成19年４月１日から施行する。
（中小企業等協同組合法の一部改正に伴う経過措置）
第２条　この法律の施行の際現に存する事業協同組合若しくは事業協同小組合であって第１条の規定による改正後の中小企業等協同組合法（以下「新協同組合法」という。）第９条の２第７項に規定する特定共済組合に該当するもの又はこの法律の施行の際現に存する協同組合連合会であって新協同組合法第９条の９第４項に規定する特定共済組合連合会に該当するものについては、新協同組合法第６条第１項の規定は、この法律の施行の日（以下「施行日」という。）以後最初に招集される通常総会の終了の時から適用し、当該通常総会の終了前は、なお従前の例による。
第３条　この法律の施行の際現に共済事業及びこれに附帯する事業並びに新協同組合法第９条の２第６項に規定する事業以外の事業を行う事業協同組合又は事業協同小組合であって同条第７項に規定する特定共済組合に該当するものは、施行日から起算して５年を経過する日までの間は、同項本文の規定にかかわらず、引き続き当該事業を行うことができる。
第４条　この法律の施行の際現に共済事業を行う事業協同組合又は事業協同小組合は、施行日から起算して６月を経過する日までの間は、新協同組合法第９条の６の２第１項の規定にかかわらず、引き続き当該共済事業を行うことができる。
２　前項の規定により引き続き共済事業を行うことができる場合においては、

その事業協同組合又は事業協同小組合を新協同組合法第9条の6の2第1項に定める行政庁の認可を受けた事業協同組合又は事業協同小組合とみなして、新協同組合法の規定を適用する。

3　この法律の施行の際現に共済事業を行う協同組合連合会は、施行日から起算して6月を経過する日までの間は、新協同組合法第9条の9第5項において準用する新協同組合法第9条の6の2第1項の規定にかかわらず、引き続き当該共済事業を行うことができる。

4　前項の規定により引き続き共済事業を行うことができる場合においては、その協同組合連合会を新協同組合法第9条の9第5項において準用する新協同組合法第9条の6の2第1項に定める行政庁の認可を受けた協同組合連合会とみなして、新協同組合法の規定を適用する。

第5条　この法律の施行の際現に共済事業及び新協同組合法第9条の9第1第二号の事業並びにこれらに附帯する事業並びに同条第5項において準用する新協同組合法第9条の2第6項に規定する事業以外の事業を行う協同組合連合会であって新協同組合法第9条の9第4項に規定する特定共済組合連合会に該当するものは、施行日から起算して5年を経過する日までの間は、同項本文の規定にかかわらず、引き続き当該事業を行うことができる。

第6条　この法律の施行の際現に共済事業を行う協同組合（新協同組合法第3条に規定する中小企業等協同組合をいう。以下同じ。）（火災共済協同組合及び新協同組合法第9条の9第1項第3号の事業を行う協同組合連合会を除く。）については、新協同組合法第12条第2項の規定は、施行日以後最初に招集される通常総会の終了の時までは、適用しない。

第7条　この法律の施行の際現に存する次に掲げる協同組合であってその出資の総額が1,000万円に満たないものについては、新協同組合法第25条第1項の規定は、施行日から起算して5年を経過する日までの間は、適用しない。この場合において、火災共済協同組合の出資の総額については、なお従前の例による。

一　新協同組合法第9条の2第7項に規定する特定共済組合（再共済又は再再共済の事業を行うものを除く。）に該当する事業協同組合又は事業協同小組合

二　火災共済協同組合

三　新協同組合法第9条の9第4項に規定する特定共済組合連合会（再共済

477

附　則

又は再再共済の事業を行うものを除く。）に該当する協同組合連合会

2　この法律の施行の際現に新協同組合法第9条の2第7項に規定する特定共済組合（再共済又は再再共済の事業を行うものに限る。）に該当する事業協同組合若しくは事業協同小組合又は新協同組合法第9条の9第4項に規定する特定共済組合連合会（再共済又は再再共済の事業を行うものに限る。）に該当する協同組合連合会であってその出資の総額が3,000万円に満たないものについては、新協同組合法第25条第2項の規定は、施行日から起算して5年を経過する日までの間は、適用しない。

3　この法律の施行の際現に新協同組合法第9条の9第1項第三号の事業を行う協同組合連合会であってその出資の総額が5,000万円に満たないものについては、新協同組合法第25条第3項の規定は、施行日から起算して5年を経過する日までの間は、適用しない。この場合において、当該協同組合連合会の出資の総額については、なお従前の例による。

第8条　この法律の施行の際現に共済事業を行う協同組合（火災共済協同組合及び新協同組合法第9条の9第1項第三号の事業を行う協同組合連合会を除く。）については、新協同組合法第33条第2項の規定は、施行日以後最初に招集される通常総会の終了の時までは、適用しない。

第9条　この法律の施行の際現に存する協同組合であって新協同組合法第35条第6項に規定する組合に該当するものについては、同項の規定は、施行日以後最初に終了する事業年度に係る決算に関する通常総会の終了の時までは、適用しない。

第10条　この法律の施行の際現に存する協同組合又は新協同組合法第70条に規定する中小企業団体中央会の役員であって施行日以後最初に終了する事業年度に係る決算に関する通常総会の終了前に在任するものの任期に関しては、この法律の施行後も、なお従前の例による。

第11条　この法律の施行の際現に存する協同組合については、新協同組合法第36条の3の規定は、施行日以後最初に終了する事業年度に係る決算に関する通常総会の終了の時から適用し、当該通常総会の終了前は、なお従前の例による。

第12条　この法律の施行の際現に存する協同組合については、新協同組合法第36条の7第1項の規定は、施行日以後最初に終了する事業年度に係る決算に関する通常総会の終了の時から適用し、当該通常総会の終了前は、なお従

前の例による。

第13条 第１条の規定による改正前の中小企業等協同組合法（以下「旧協同組合法」という。）の規定による役員の施行日前の行為に基づく損害賠償責任については、なお従前の例による。

第14条 この法律の施行の際現に存する協同組合であって新協同組合法第40条の２第１項に規定する組合に該当するものについては、同条及び新協同組合法第40条の３の規定は、施行日以後最初に終了する事業年度に係る決算に関する通常総会の終了の時までは、適用しない。

第15条 この法律の施行の際現に新協同組合法第57条の５に規定する方法以外でその業務上の余裕金を運用する共済事業を行う協同組合及び共済事業を行う協同組合以外の協同組合（信用協同組合及び新協同組合法第９条の９第１項第一号の事業を行う協同組合連合会を除く。）であって組合員（協同組合連合会にあっては、会員たる組合の組合員）の総数が新協同組合法第35条第６項の政令で定める基準を超えるものは、施行日から起算して３年を経過する日までの間に当該運用に係る資産を処分しなければならない。

第16条 新協同組合法第58条第１項及び第５項の規定は、施行日以後に開始する事業年度に係る準備金の積立てから適用し、施行日前に開始した事業年度に係る準備金の積立てについては、なお従前の例による。

２ この法律の施行の際現に存する協同組合については、新協同組合法第58条第２項の規定は、施行日以後最初に招集される通常総会の終了の時から適用し、当該通常総会の終了前は、なお従前の例による。

第17条 新協同組合法第58条の２の規定は、施行日以後に開始する事業年度に係る会計の区分から適用し、施行日前に開始した事業年度に係る会計の区分については、なお従前の例による。

第18条 新協同組合法第58条の３の規定は、施行日以後に開始する事業年度に係る資金運用について適用する。

第19条 新協同組合法第58条の６の規定は、この法律の施行の際現に存する協同組合であって同条第１項に規定する組合に該当するものについては、施行日から起算して６月を経過する日までの間は、適用しない。

第20条 新協同組合法第58条の７の規定は、共済計理人を選任した日以後に開始する事業年度に係る事項に関する共済計理人の職務について適用する。

第21条 新協同組合法第61条の２第１項及び第２項の規定は、施行日以後に

附　則

　開始する事業年度に係る説明書類について適用する。
第22条　この法律の施行の際現に存する協同組合については、新協同組合法
　第105条の２第２項の規定は、施行日以後最初に終了する事業年度の翌事業
　年度から適用する。
第23条　この法律の施行の際現に存する協同組合については、新協同組合法
　第106条の３の規定は、施行日から起算して６月を経過する日までの間は、
　適用しない。

　　　附　則〔平成18年６月21日法律第83号抄〕
（施行期日）
第１条　この法律は、平成18年10月１日から施行する。ただし、次の各号に掲
　げる規定は、それぞれ当該各号に定める日から施行する。
　一　第10条並びに附則第４条、〔中略〕第131条から第133条までの規定　公
　　布の日
　二・三　〔略〕
　四　〔前略〕附則第２条第２項、〔中略〕第109条〔中略〕の規定　平成20年
　　４月１日
　五・六　〔略〕

　　　附　則〔平成18年12月15日法律第109号〕
　この法律は、新信託法〔平成18年12月法律第108号〕の施行の日〔平成19年
９月30日〕から施行する。〔後略〕

　　　附　則〔平成19年５月25日法律第58号抄〕
（施行期日）
第１条　この法律は、平成20年10月１日から施行する。〔後略〕

　　　附　則〔平成19年６月１日法律第74号抄〕
（施行期日）
第１条　この法律は、平成20年10月１日から施行する。ただし、次の各号に掲
　げる規定は、当該各号に定める日から施行する。
　一　附則第３条から第22条まで、第25条から第30条まで、第101条及び第102

附　則

条の規定　公布の日から起算して６月を超えない範囲内において政令で定
める日
　二　〔略〕
（中小企業等協同組合法の一部改正に伴う経過措置）
第52条　施行日前に転換前の法人が発行した短期商工債についての中小企業
　等協同組合法の規定の適用については、当該短期商工債を同法第９条の８第
　６項第一号に規定する短期社債等とみなす。
（処分等に関する経過措置）
第100条　この法律の施行前に改正前のそれぞれの法律（これに基づく命令を
　含む。以下この条において同じ。）の規定によってした処分、手続その他の
　行為であって、改正後のそれぞれの法律の規定に相当の規定があるものは、
　この附則に別段の定めがあるものを除き、改正後のそれぞれの法律の相当の
　規定によってしたものとみなす。
（罰則の適用に関する経過措置）
第101条　この法律（附則第１条各号に掲げる規定にあっては、当該規定。以
　下この条において同じ。）の施行前にした行為並びにこの附則の規定により
　なお従前の例によることとされる場合及びこの附則の規定によりなおその効
　力を有することとされる場合におけるこの法律の施行後にした行為に対する
　罰則の適用については、なお従前の例による。
（その他の経過措置の政令への委任）
第102条　この附則に定めるもののほか、この法律の施行に伴い必要な経過措
　置は、政令で定める。

　　〔平成20年６月６日法律第57号抄〕
（中小企業等協同組合法の一部改正に伴う経過措置）
第８条　施行日前に締結された前条の規定による改正前の中小企業等協同組合
　法第９条の７の５第１項に規定する共済事業を行う事業協同組合若しくは事
　業協同小組合又は火災共済協同組合（以下この条において「共済事業を行う
　協同組合」という。）が締結する一定の偶然の事故によって生ずることのあ
　る損害をてん補することを約し共済掛金を収受する共済契約、火災共済協同
　組合が締結する火災共済契約、共済事業を行う協同組合（火災共済協同組合
　を除く。）が締結する一定の偶然の事故によって生ずることのある運送品の

481

附　則

損害をてん補することを約し共済掛金を収受する共済契約及び共済事業を行
う協同組合（火災共済協同組合を除く。）が締結する人の生存又は死亡（当
該人の余命が一定の期間以内であると医師により診断された身体の状態を含
む。）に関し一定の金額を支払うことを約し共済掛金を収受する共済契約に
ついては、保険法附則第３条から第６条までの規定により同法の規定が適用
される場合を除き、なお従前の例による。

（政令への委任）

第25条　この法律に定めるもののほか、この法律の規定による法律の改正に
伴い必要な経過措置は、政令で定める。

　　　附　　則〔平成20年６月６日法律第57号〕

この法律は、保険法〔平成20年６月法律第56号〕の施行の日〔平成22年４月
１日〕から施行する。

　　　附　　則〔平成20年６月13日法律第65号抄〕

（施行期日）

第１条　この法律は、公布の日から起算して６月を超えない範囲内において政
令で定める日から施行する。ただし、次の各号に掲げる規定は、当該各号に
定める日から施行する。

　　　　〔平成20年12月政令368号により、平成20・12・12から施行〕

　一・二　〔略〕

　三　〔前略〕第６条中中小企業等協同組合法第58条の５の次に１条を加える
　　改正規定〔中略〕　公布の日から起算して１年を超えない範囲内において
　　政令で定める日

　　　　〔平成21年１月政令７号により、平成21・６・１から施行〕

　　　附　　則〔平成21年４月30日法律第29号抄〕

（施行期日）

第１条　この法律は、公布の日から起算して３月を超えない範囲内において政
令で定める日から施行する。〔後略〕

　　　　〔平成21年６月政令154号により、平成21・６・22から施行〕

附　則

　　　附　　則〔平成21年6月10日法律第51号抄〕
（施行期日）
第1条　この法律は、公布の日から起算して1年を超えない範囲内において政
　　令で定める日（以下「施行日」という。）から施行する。ただし、〔中略〕附
　　則第23条及び第24条の規定は、公布の日から起算して1月を経過した日から
　　施行する。
　　　　〔平成21年10月政令252号により、平成22年1月1日から施行〕

　　　附　　則〔平成21年6月24日法律第58号抄〕
（施行期日）
第1条　この法律は、公布の日から起算して1年を超えない範囲内において政
　　令で定める日から施行する。ただし、次の各号に掲げる規定は、当該各号に
　　定める日から施行する。
　　　　〔平成21年12月政令302号により、平成22・4・1から施行〕
　　一・二　〔略〕
　　三　〔前略〕第6条中中小企業等協同組合法第9条の7の3及び第9条の7
　　　の4並びに第9条の7の5第2項の改正規定並びに同法第9条の9の次に
　　　2条を加える改正規定〔中略〕　公布の日から起算して1年6月を超えな
　　　い範囲内において政令で定める日
　　　　〔平成21年12月政令302号により、平成22・10・1から施行〕
　　四〜六　〔略〕

　　　附　　則〔平成21年6月24日法律第58号抄〕
（中小企業等協同組合法の一部改正に伴う調整規定）
第7条　附則第1条第3号に掲げる規定の施行の日が保険法の施行に伴う関係
　　法律の整備に関する法律（平成20年法律第57号）の施行の日前である場合に
　　は、第6条のうち中小企業等協同組合法第9条の7の5第2項の改正規定中
　　「第9条の7の5第2項」とあるのは、「第9条の7の5第3項」とする。
2　施行日が保険法の施行に伴う関係法律の整備に関する法律の施行の日前で
　　ある場合には、同日の前日までの間における附則第3条第4項の規定の適用
　　については、同項中「第9条の7の5第2項」とあるのは、「第9条の7の
　　5第3項」とする。

483

附　則

（罰則の適用に関する経過措置）

第19条　この法律（附則第１条各号に掲げる規定にあっては、当該規定。以下この条において同じ。）の施行前にした行為及びこの附則の規定によりなお従前の例によることとされる場合におけるこの法律の施行後にした行為に対する罰則の適用については、なお従前の例による。

（政令への委任）

第20条　附則第２条から第５条まで及び前条に定めるもののほか、この法律の施行に関し必要な経過措置は、政令で定める。

> **委任**　「政令」＝〈金融商品取引法等の一部を改正する法律の施行に伴う関係政令の整備等に関する政令〉〔平成21年12月政令303号〕附則４条

（検討）

第21条　政府は、この法律の施行後３年以内に、この法律による改正後のそれぞれの法律（以下「改正後の各法律」という。）に規定する指定紛争解決機関（以下単に「指定紛争解決機関」という。）の指定状況及び改正後の各法律に規定する紛争解決等業務の遂行状況その他経済社会情勢等を勘案し、消費者庁及び消費者委員会設置法（平成21年法律第48号）附則第３項に係る検討状況も踏まえ、消費者庁の関与の在り方及び業態横断的かつ包括的な紛争解決体制の在り方も含めた指定紛争解決機関による裁判外紛争解決手続に係る制度の在り方について検討を加え、必要があると認めるときは、その結果に基づいて所要の措置を講ずるものとする。

２　政府は、前項に定める事項のほか、この法律の施行後５年以内に、この法律による改正後の規定の実施状況について検討を加え、必要があると認めるときは、その結果に基づいて所要の措置を講ずるものとする。

　　附　則〔平成22年11月19日法律第51号抄〕

（施行期日）

第１条　この法律は、公布の日から起算して６月を超えない範囲内において政令で定める日から施行する。

〔平成23年５月政令137号により、平成23・５・13から施行〕

（検討）

第４条　政府は、この法律の施行後５年を目途として、この法律による改正後の規定の実施状況、共済に係る制度の整備の状況、経済社会情勢の変化等を

附　則

勘案し、この法律に規定する特定保険業に係る制度について検討を加え、必要があると認めるときは、その結果に基づいて所要の措置を講ずるものとする。

　　附　　則〔平成23年5月25日法律第49号抄〕

（施行期日）

第1条　この法律は、公布の日から起算して1年を超えない範囲内において政令で定める日から施行する。ただし、次の各号に掲げる規定は、当該各号に定める日から施行する。

　〔平成24年2月政令31号により、平成24・4・1から施行〕

　一　〔前略〕附則第30条及び第31条の規定　公布の日から起算して20日を経過した日

　二　〔略〕

（罰則の適用に関する経過措置）

第30条　この法律（附則第1条各号に掲げる規定にあっては、当該規定。以下この条において同じ。）の施行前にした行為及びこの附則の規定によりなお従前の例によることとされる場合におけるこの法律の施行後にした行為に対する罰則の適用については、なお従前の例による。

（政令への委任）

第31条　この附則に規定するもののほか、この法律の施行に関し必要な経過措置（罰則に関する経過措置を含む。）は、政令で定める。

（検討）

第32条　政府は、この法律の施行後5年以内に、この法律の施行の状況について検討を加え、必要があると認めるときは、その結果に基づいて所要の措置を講ずるものとする。

　　附　　則〔平成23年5月25日法律第53号抄〕

（罰則に関する経過措置）

第168条　第6条又は第7条に規定するもののほか、この法律の施行前にした行為及びこの法律の他の規定によりなお従前の例によることとされる場合におけるこの法律の施行後にした行為に対する罰則の適用については、なお従前の例による。

附　則

（政令への委任）

第169条　この法律に定めるもののほか、この法律の規定による法律の廃止又は改正に伴い必要な経過措置は、政令で定める。

　　　附　則〔平成23年５月25日法律第53号〕

　この法律は、新非訟事件手続法〔非訟事件手続法＝平成23年５月法律第51号〕の施行の日〔平成25年１月１日〕から施行する。

　　　附　則〔平成23年６月24日法律第74号抄〕

（施行期日）

第１条　この法律は、公布の日から起算して20日を経過した日から施行する。〔後略〕

　　　附　則〔平成24年３月31日法律第23号抄〕

（施行期日）

第１条　この法律は、公布の日から起算して１年を超えない範囲内において政令で定める日から施行する。ただし、次の各号に掲げる規定は、当該各号に定める日から施行する。

一　〔略〕

二　〔前略〕第２条中保険業法等の一部を改正する法律附則第２条第１項、〔中略〕第36条第１項及び第２項の改正規定、第３条の規定並びに次条第１項及び第３項、附則第３条第１項及び第２項、〔中略〕第９条から第13条までの規定　公布の日から起算して６月を超えない範囲内において政令で定める日

〔平成24年７月政令191号により、平成24・７・20から施行〕

　　　附　則〔平成24年９月12日法律第85号〕

（施行期日）

第１条　この法律は、平成26年４月１日から施行する。

（旧火災共済協同組合の存続）

第２条　この法律による改正前の中小企業等協同組合法（以下「旧法」という。）の規定による火災共済協同組合であってこの法律の施行の際現に存するもの

（以下「旧火災共済協同組合」という。）は、この法律の施行の日（以下「施行日」という。）以後は、この法律による改正後の中小企業等協同組合法（以下「新法」という。）第９条の９第３項に規定する火災等共済組合として存続するものとする。

2　前項の場合において、旧火災共済協同組合の定款、規約、火災共済規程（旧法第27条の２第３項に規定する火災共済規程をいう。附則第21条において同じ。）、事業計画、組合員、出資１口及び持分を、それぞれ前項の規定により存続する火災等共済組合の定款、規約、火災共済規程（新法第９条の７の２第２項に規定する火災共済規程をいう。）、事業計画、組合員、出資１口及び持分とみなす。

（旧法第９条の９第１項第三号の事業を行う協同組合連合会に関する経過措置）

第３条　旧法第９条の９第１項第三号の事業を行う協同組合連合会であってこの法律の施行の際現に存するものは、新法第９条の９第１項第三号の事業を行う協同組合連合会とみなす。

（公正取引委員会への届出に関する経過措置）

第４条　附則第２条第１項の規定により存続する火災等共済組合は、その組合員に新法第７条第１項第一号イ又はロに掲げる者以外の事業者があるときは、施行日から30日以内に、その旨を公正取引委員会に届け出なければならない。

2　附則第２条第１項の規定により存続する火災等共済組合が前項の規定に違反して届出を怠り、又は虚偽の届出をしたときは、その火災等共済組合の理事は、30万円以下の罰金に処する。

（火災共済事業に係る特例）

第５条　中小企業等協同組合法の一部を改正する法律（昭和32年法律第186号）附則第２条の規定により同法による改正後の中小企業等協同組合法第９条の２第２項（同法第９条の９第４項において準用する場合を含む。）の規定を適用しないものとされた事業協同組合又は協同組合連合会であって、この法律の施行の際現に新法第９条の７の２第１項に規定する火災共済事業を行っているものについては、新法第９条の２第２項（新法第９条の９第５項において準用する場合を含む。）及び新法第９条の７の２（新法第９条の９第５項において準用する場合を含む。）の規定にかかわらず、なお従前の例による。

（指定特定火災共済事業等紛争解決機関との契約締結義務等に関する経過措置）

附 則

第6条 旧法第69条の2第6項第二号に規定する特定火災共済協同組合に該当する附則第2条第1項の規定により存続する火災等共済組合が施行日前に旧法第9条の7の3第1項各号に定める措置を講じたときは、当該火災等共済組合が施行日において新法第69条の2第6項第三号に規定する特定共済事業協同組合等に該当する場合に限り、当該火災等共済組合が新法第9条の9の2第1項各号に定める措置を講じたものとみなす。

2　旧法第69条の2第6項第二号に規定する特定火災共済協同組合に該当する附則第2条第1項の規定により存続する火災等共済組合が施行日前に旧法第69条の4第1項に規定する指定特定火災共済事業等紛争解決機関との間で締結した旧法第69条の2第6項第五号に規定する特定火災共済事業等に係る同条第1項第八号に規定する手続実施基本契約は、当該火災等共済組合が施行日において新法第69条の2第6項第三号に規定する特定共済事業協同組合等に該当する場合に限り、当該火災等共済組合が附則第18条の規定により新法第69条の4に規定する指定特定共済事業等紛争解決機関となる者との間で締結した新法第69条の2第6項第六号に規定する特定共済事業等に係る同条第1項第八号に規定する手続実施基本契約とみなす。

（組合員名簿に関する経過措置）

第7条 旧火災共済協同組合の組合員名簿は、新法第10条の2第1項の組合員名簿とみなす。

（旧法の規定による火災共済協同組合の設立手続の効力）

第8条 旧法の規定による火災共済協同組合の設立について施行日前に行った創立総会の決議その他の手続は、施行日前にこれらの行為の効力が生じない場合には、その効力を失う。

（定款の記載等に関する経過措置）

第9条 旧火災共済協同組合の定款における旧法第33条第1項各号に掲げる事項の記載又は記録は、附則第2条第1項の規定により存続する火災等共済組合の定款における新法第33条第1項各号に掲げる事項の記載又は記録とみなす。

（役員等の行為に関する経過措置）

第10条 ある者が旧火災共済協同組合の役員、会計監査人、共済計理人又は清算人として施行日前にした又はすべきであった旧法に規定する行為については、当該行為をした又はすべきであった日に、それぞれその者が附則第2条第1項の規定により存続する火災等共済組合の役員、会計監査人、共済計

附　則

　　理人又は清算人としてした又はすべきであった新法の相当規定に規定する行
　　為とみなす。
　（役員等の損害賠償責任に関する経過措置）
第11条　旧火災共済協同組合の役員、会計監査人又は清算人の施行日前の行
　　為に基づく損害賠償責任については、なお従前の例による。
　（決算関係書類の作成等に関する経過措置）
第12条　旧火災共済協同組合が旧法の規定に基づいて施行日前に作成した旧
　　法第40条第２項に規定する決算関係書類、事業報告書、会計帳簿その他の会
　　計又は経理に関する書類は、その作成の日に、附則第２条第１項の規定によ
　　り存続する火災等共済組合が新法の相当規定に基づいて作成したものとみな
　　す。
２　施行日前にその末日が到来した事業年度のうち最終のものに係る前項の会
　　計又は経理に関する書類（会計帳簿を除く。）の作成、監査及び承認の方法
　　については、なお従前の例による。
３　第１項の規定は、前項の規定により作成した会計又は経理に関する書類に
　　ついて準用する。
　（総会の決議に関する経過措置）
第13条　施行日前に旧火災共済協同組合の総会（総代会を設けているときは、
　　総代会。以下この条及び附則第15条第１項において同じ。）が旧法の規定に
　　基づいてした役員の選任その他の事項に関する決議は、当該決議があった日
　　に、附則第２条第１項の規定により存続する火災等共済組合の総会が新法の
　　相当規定に基づいてした決議とみなす。
　（剰余金の配当に関する経過措置）
第14条　附則第２条第１項の規定により存続する火災等共済組合が行う施行
　　日前に到来した最終の決算期以前の決算期に係る剰余金の配当については、
　　なお従前の例による。
　（旧火災共済協同組合の組織に関する訴え等に関する経過措置）
第15条　施行日前に提起された、旧火災共済協同組合の創立総会の決議の不
　　存在若しくは無効の確認若しくは取消しの訴え、設立の無効の訴え、総会の
　　決議の不存在若しくは無効の確認若しくは取消しの訴え、出資１口の金額の
　　減少の無効の訴え又は合併の無効の訴えについては、なお従前の例による。
２　施行日前に組合員が旧法第39条（旧法第40条の２第５項において準用する

附　則

場合を含む。）又は旧法第69条において準用する会社法（平成17年法律第86号）第847条第１項の訴えの提起を請求した場合における当該訴えについては、なお従前の例による。

（行政庁の選任した清算人に関する経過措置）

第16条　この法律の施行の際現に旧法第68条第２項の規定により選任されている旧火災共済協同組合の清算人は、附則第２条第１項の規定により存続する火災等共済組合の新法の規定による清算人とみなす。

（財産処分の順序に関する経過措置）

第17条　施行日前に解散した旧法の規定による火災共済協同組合又は旧法第９条の９第１項第三号の事業を行う協同組合連合会の清算人が行うこれらの組合の財産の処分の順序については、なお従前の例による。

（紛争解決等業務を行う者の指定に関する経過措置）

第18条　この法律の施行の際現に旧法第69条の２第１項の規定により同条第６項第五号に規定する特定火災共済事業等又は同項第六号に規定する特定共済事業等に係る紛争解決等業務を行う者としての指定を受けている者は、新法第69条の２第１項の規定により同条第６項第六号に規定する特定共済事業等に係る紛争解決等業務を行う者としての指定を受けた者とみなす。

（登記に関する経過措置）

第19条　この法律の施行前に旧法第４章の規定により火災共済協同組合登記簿に登記された事項は、施行日において新法第４章の規定により事業協同組合登記簿に登記されたものとみなす。

（登記の手続に関する経過措置）

第20条　この法律の施行前に旧法第103条において準用する商業登記法（昭和38年法律第125号）の規定によってした処分、手続その他の行為は、新法第103条において準用する商業登記法の規定によってしたものとみなす。

（共済事業に係る監督上の処分に関する経過措置）

第21条　新法第106条の２第５項の規定は、附則第２条第１項の規定により存続する火災等共済組合が施行日前にした法令若しくは法令に基づいてする行政庁の処分若しくは定款、規約若しくは火災共済規程に定めた事項のうち特に重要なものに違反する行為又は公益を害する行為についても適用する。

（処分等の効力）

第22条　この法律の施行前に旧法（これに基づく命令を含む。）の規定によっ

附　則

てした処分、手続その他の行為であって、新法（これに基づく命令を含む。
以下この条において同じ。）の規定に相当の規定があるものは、この附則に
別段の定めがあるものを除き、新法の相当の規定によってしたものとみなす。

（罰則に関する経過措置）

第23条　施行日前にした行為及びこの附則の規定によりなお従前の例による
こととされる場合における施行日以後にした行為に対する罰則の適用につい
ては、なお従前の例による。

（政令への委任）

第24条　この附則に定めるもののほか、この法律の施行に関し必要な経過措
置は、政令で定める。

（輸出入取引法の一部改正）

第25条　輸出入取引法（昭和27年法律第299号）の一部を次のように改正する。

（略）

（輸出水産業の振興に関する法律の一部改正）

第26条　輸出水産業の振興に関する法律（昭和29年法律第154号）の一部を次
のように改正する。

（略）

（中小企業団体の組織に関する法律の一部改正）

第27条　中小企業団体の組織に関する法律（昭和32年法律第185号）の一部を
次のように改正する。

（略）

（国税徴収法の一部改正）

第28条　国税徴収法（昭和34年法律第147号）の一部を次のように改正する。

（略）

（金融庁設置法の一部改正）

第29条　金融庁設置法（平成10年法律第130号）の一部を次のように改正する。

（略）

　　附　　則〔平成24年9月12日法律第86号抄〕

（施行期日）

第1条　この法律は、公布の日から起算して1年6月を超えない範囲内におい
て政令で定める日から施行する。ただし、次の各号に掲げる規定は、当該各

附　則

号に定める日から施行する。

一　附則第４条第13項及び第18条の規定　公布の日

二　第１条、次条及び附則第17条の規定　公布の日から起算して１年を超えない範囲内において政令で定める日

三　第３条並びに附則第７条、第９条から第11条まで及び第16条の規定　公布の日から起算して３年を超えない範囲内において政令で定める日

（罰則の適用に関する経過措置）

第17条　この法律（附則第１条第二号及び第三号に掲げる規定については、当該規定）の施行前にした行為に対する罰則の適用については、なお従前の例による。

（政令への委任）

第18条　附則第２条から第５条まで及び前条に定めるもののほか、この法律の施行に関し必要な経過措置（罰則に関する経過措置を含む。）は、政令で定める。

（検討）

第19条　政府は、この法律の施行後５年以内に、この法律による改正後の規定の実施状況について検討を加え、必要があると認めるときは、その結果に基づいて所要の措置を講ずるものとする。

附　則〔平成25年６月19日法律第45号抄〕

（施行期日）

第１条　この法律は、公布の日から起算して１年を超えない範囲内において政令で定める日から施行する。ただし、次の各号に掲げる規定は、当該各号に定める日から施行する。

〔平成 26 年１月政令 14 号により、平成 26・４・１から施行〕

一　〔前略〕附則第30条〔中略〕、第36条及び第37条の規定　公布の日から起算して20日を経過した日

二　〔略〕

三　〔前略〕附則第７条から第13条まで、第15条、第16条及び第26条の規定　公布の日から起算して１年６月を超えない範囲内において政令で定める日

（権限の委任）

第16条　内閣総理大臣は、この附則の規定による権限を金融庁長官に委任す

る。

2　前項の規定により金融庁長官に委任された権限並びにこの附則の規定による農林水産大臣及び厚生労働大臣の権限については、政令で定めるところにより、その一部を財務局長又は財務支局長（農林水産大臣及び厚生労働大臣の権限にあっては、地方支分部局の長）に委任することができる。

（罰則の適用に関する経過措置）

第36条　この法律（附則第1条各号に掲げる規定にあっては、当該規定。以下この条において同じ。）の施行前にした行為及びこの附則の規定によりなお従前の例によることとされる場合におけるこの法律の施行後にした行為に対する罰則の適用については、なお従前の例による。

（政令への委任）

第37条　附則第2条から第15条まで及び前条に定めるもののほか、この法律の施行に関し必要な経過措置（罰則に関する経過措置を含む。）は、政令で定める。

（検討）

第38条　政府は、この法律の施行後5年を目途として、この法律による改正後のそれぞれの法律（以下この条において「改正後の各法律」という。）の施行の状況等を勘案し、必要があると認めるときは、改正後の各法律の規定について検討を加え、その結果に基づいて所要の措置を講ずるものとする。

　　　附　則〔平成25年12月13日法律第100号抄〕

（施行期日）

第1条　この法律は、公布の日から起算して1年6月を超えない範囲内において政令で定める日から施行する。〔後略〕

〔平成27年1月政令14号により、平成27・4・1から施行〕

（中小企業等協同組合法の一部改正に伴う経過措置）

第21条　施行日前に前条の規定による改正前の中小企業等協同組合法第108条において準用する旧法第49条第5項の規定による通知があった場合における排除措置の処理の手続については、なお従前の例による。

　　　附　則〔平成26年5月30日法律第44号抄〕

（施行期日）

附　則

第1条　この法律は、公布の日から起算して1年を超えない範囲内において政令で定める日から施行する。ただし、次の各号に掲げる規定は、当該各号に定める日から施行する。

〔平成27年5月政令232号により、平成27・5・29から施行〕

一　〔前略〕附則第17条及び第18条の規定　公布の日

二　〔前略〕第7条（中小企業等協同組合法第9条の7の5第2項の改正規定を除く。）〔中略〕の規定　公布の日から起算して6月を超えない範囲内において政令で定める日

〔平成26年11月政令371号により、平成26・11・29から施行〕

（罰則の適用に関する経過措置）

第17条　この法律（附則第1条各号に掲げる規定にあっては、当該規定。以下この条において同じ。）の施行前にした行為及びこの附則の規定によりなお従前の例によることとされる場合におけるこの法律の施行後にした行為に対する罰則の適用については、なお従前の例による。

（政令への委任）

第18条　附則第2条から第6条まで及び前条に定めるもののほか、この法律の施行に関し必要な経過措置（罰則に関する経過措置を含む。）は、政令で定める。

（検討）

第19条　政府は、この法律の施行後5年を目途として、この法律による改正後のそれぞれの法律（以下この条において「改正後の各法律」という。）の施行の状況等を勘案し、必要があると認めるときは、改正後の各法律の規定について検討を加え、その結果に基づいて所要の措置を講ずるものとする。

附　則〔平成26年5月30日法律第45号抄〕

（施行期日）

第1条　この法律は、公布の日から起算して2年を超えない範囲内において政令で定める日から施行する。ただし、次の各号に掲げる規定は、当該各号に定める日から施行する。

〔平成27年5月政令240号により、平成28・5・29から施行〕

一　〔前略〕附則第6条及び第7条の規定　公布の日から起算して3月を超えない範囲内において政令で定める日

附　則

二　〔略〕

（罰則の適用に関する経過措置）

第6条　この法律（附則第1条各号に掲げる規定にあっては、当該規定。以下この条において同じ。）の施行前にした行為及びこの附則の規定によりなお従前の例によることとされる場合におけるこの法律の施行後にした行為に対する罰則の適用については、なお従前の例による。

（政令への委任）

第7条　この附則に規定するもののほか、この法律の施行に関し必要な経過措置（罰則に関する経過措置を含む。）は、政令で定める。

（検討）

第8条　政府は、この法律の施行後5年を目途として、この法律の施行の状況について検討を加え、必要があると認めるときは、その結果に基づいて所要の措置を講ずるものとする。

　　　附　則〔平成26年6月4日法律第51号抄〕

（施行期日）

第1条　この法律は、平成27年4月1日から施行する。〔後略〕

（処分、申請等に関する経過措置）

第7条　この法律（附則第1条各号に掲げる規定については、当該各規定。以下この条及び次条において同じ。）の施行前にこの法律による改正前のそれぞれの法律の規定によりされた許可等の処分その他の行為（以下この項において「処分等の行為」という。）又はこの法律の施行の際現にこの法律による改正前のそれぞれの法律の規定によりされている許可等の申請その他の行為（以下この項において「申請等の行為」という。）で、この法律の施行の日においてこれらの行為に係る行政事務を行うべき者が異なることとなるものは、附則第2条から前条までの規定又はこの法律による改正後のそれぞれの法律（これに基づく命令を含む。）の経過措置に関する規定に定めるものを除き、この法律の施行の日以後におけるこの法律による改正後のそれぞれの法律の適用については、この法律による改正後のそれぞれの法律の相当規定によりされた処分等の行為又は申請等の行為とみなす。

2　この法律の施行前にこの法律による改正前のそれぞれの法律の規定により国又は地方公共団体の機関に対し報告、届出、提出その他の手続をしなけれ

495

附　則

ばならない事項で、この法律の施行の日前にその手続がされていないものについては、この法律及びこれに基づく政令に別段の定めがあるもののほか、これを、この法律による改正後のそれぞれの法律の相当規定により国又は地方公共団体の相当の機関に対して報告、届出、提出その他の手続をしなければならない事項についてその手続がされていないものとみなして、この法律による改正後のそれぞれの法律の規定を適用する。

（罰則に関する経過措置）

第8条　この法律の施行前にした行為に対する罰則の適用については、なお従前の例による。

（政令への委任）

第9条　附則第2条から前条までに規定するもののほか、この法律の施行に関し必要な経過措置（罰則に関する経過措置を含む。）は、政令で定める。

〔平成26年6月27日法律第91号抄〕

（中小企業等協同組合法の一部改正に伴う経過措置）

第93条　この法律の施行の際現に旧協同組合法第35条第6項に規定する者に該当する者を監事に選任している中小企業等協同組合（信用協同組合及び旧協同組合法第9条の9第1項第一号の事業を行う協同組合連合会を除く。）の監事については、この法律の施行後最初に終了する事業年度に関する通常総会の終結の時までは、新協同組合法第35条第6項の規定にかかわらず、なお従前の例による。

2　施行日前に会計監査人の選任若しくは解任又は会計監査人を再任しないことに関する決議をするための総会（総代会を設けているときは、総代会）の招集手続が開始された場合における会計監査人の選任若しくは解任又は会計監査人を再任しないことに係る手続については、新協同組合法第40条の2第3項において準用する新会社法第344条第1項及び第2項の規定にかかわらず、なお従前の例による。

3　施行日前に中小企業等協同組合の子会社（旧協同組合法第35条第6項に規定する子会社をいう。）の株式又は持分の全部又は一部の譲渡に係る契約が締結された場合におけるその譲渡については、新協同組合法第51条第1項（第四号に係る部分に限る。）の規定にかかわらず、なお従前の例による。

4　施行日前に合併契約が締結された場合における中小企業等協同組合の合併

については、なお従前の例による。

（罰則に関する経過措置）

第117条　施行日前にした行為及びこの法律の規定によりなお従前の例によることとされる場合における施行日以後にした行為に対する罰則の適用については、なお従前の例による。

（政令への委任）

第118条　この法律に定めるもののほか、この法律の施行に関し必要な経過措置は、政令で定める。

　　附　　則〔平成26年６月27日法律第91号〕

　この法律は、会社法の一部を改正する法律〔平成26年６月法律第90号〕の施行の日〔平成27年５月１日〕から施行する。〔後略〕

関 係 法 令

中小企業等協同組合法施行法〔抄〕

〔昭和24年6月1日法律第182号〕

最終改正：昭和55年6月9日法律第79号

（商工協同組合法等の廃止）
第1条　左に掲げる法律は、廃止する。
　　商工協同組合法（昭和21年法律第51号）
　　林業会法（昭和21年法律第35号）
　　市街地信用組合法（昭和18年法律第45号）

（現存する商工協同組合等）
第3条　この法律施行（市街地信用組合にあつては市街地信用組合法の廃止。以下同じ。）
　　の際現に存する商工協同組合及び商工協同組合中央会、林業会及び林産組合、市街地信用
　　組合、蚕糸協同組合並びに塩業組合及び塩業組合連合会（以下「旧組合」と総称する。）
　　については、第1条に掲げる法律、改正前の蚕糸業法並びに塩専売法（昭和24年法律第
　　112号）附則第15項の規定によりなお効力を有する旧塩専売法（明治38年法律第11号）（以
　　下「旧法」と総称する。）は、この法律施行後でも、なおその効力を有する。
2　　旧組合であつて、この法律施行の日から起算して8箇月（商工協同組合中央会にあつて
　　は3箇月）を経過した時に現に存するもの（清算中のものを除く。）は、その時に解散する。
3　　裁判所は、公益上必要があると認めるときは、利害関係人又は行政庁の申立により、旧
　　組合に対し、解散を命ずることができる。この場合は、その旧組合は、その命令によつて
　　解散する。

（中小企業等協同組合への組織変更）
第4条　旧組合は、総会の議決を経て、前条第2項の期間内に中小企業等協同組合法（昭和
　　24年法律第181号。以下「新法」という。）による中小企業等協同組合になることができる。
　　この場合において、その旧組合の定款又は組織が新法の規定に反するときは、定款の変更
　　その他必要な行為をしなければならない。
2　　前項の規定による旧組合の定款の変更は、旧法の規定にかかわらず、行政庁の認可を受
　　けることを要しない。
3　　第1項の場合において、旧組合の役員は、第6条の規定による役員の改選があるまで、
　　組合の役員として、引き続きその職にあるものとする。

501

関係法令

第5条　前条第１項の規定による中小企業等協同組合への組織変更は、第３条第２項の期間内に、主たる事務所の所在地において、新法第83条第２項の事項を登記することによつて、その効力を生ずる。

2　前項の登記については、新法第83条第３項、第92条第１項、第93条第１項及び第２項並びに第94条の規定を準用する。

3　第１項の登記の申請書には、その旧組合の主たる事務所の所在地で登記をする場合を除いて、その旧組合の登記簿の謄本を添附しなければならない。

4　旧組合の主たる事務所の所在地で、第１項の規定による登記をしたときは、登記官吏は、職権で、その旧組合の登記用紙にその事由を記載して、その登記用紙を閉鎖しなければならない。

5　旧組合の主たる事務所の所在地以外の地で、第１項の規定による登記をしたときは、登記官吏は、その旧組合の主たる事務所の所在地の登記所に対し、その旨を通知しなければならない。

6　前項の通知があつた場合については、第４項の規定を準用する。

7　第４項（前項において準用する場合を含む。）の手続をしたときは、登記官吏は、その旧組合の従たる事務所の所在地の登記所に対し、その旨を通知しなければならない。

8　前項の通知があつた場合については、第４項の規定を準用する。

第6条　第４条第１項の規定により、旧組合が中小企業等協同組合になつたときは、前条第１項の登記をした日から90日以内に、役員全部の改選を行わなければならない。

第7条　第４条第１項の規定により、旧組合が中小企業等協同組合になつたときは、その旧組合の組合員のうち中小企業等協同組合の組合員たる資格を有しない者は、中小企業等協同組合への組織変更が効力を生じた時に、旧組合を脱退したものとみなす。

2　第４条第１項の場合において、旧組合の従前の組合員の持分の上に存した質権は、その組合員が中小企業等協同組合の組合員となつたときは、その者の有すべき新法第20条第１項の規定による払戻請求権、第59条又は第82条第２項の規定による配当請求権及び組合が解散した場合における財産分配請求権の上に存するものとする。

3　第４条第１項の場合において中小企業等協同組合が従前旧組合として行つていた事業の範囲を縮小したときは、その縮小した事業の残務を処理するために必要な行為は、新法の規定にかかわらず行うことができる。

第8条　林業会については、前４条の規定を適用しない。

中小企業等協同組合法施行法〔抄〕

第9条 塩業組合が第4条第1項の規定により中小企業等協同組合になつた場合において、その塩業組合が保証責任の組合であつたときは、塩業組合の組合員で中小企業等協同組合の組合員になつたものは、組織変更前に生じた塩業組合の債務については、旧塩専売法第17条ノ8第3項但書の規定による責任を免れることができない。

2 　前項の責任は、第4条第1項の規定による組織変更の後2年以内に請求又は請求の予告をしない債権者に対しては、その期間を経過した時に消滅する。

（貸付の継続）

第10条 　市街地信用組合が第4条第1項の規定により中小企業等協同組合になつたときは、その中小企業等協同組合は、新法第76条又は第77条の規定にかかわらず、その市街地信用組合の組合員で組織変更の時に組合を脱退したものに対し、組織変更の際に存した貸付を継続することができる。

（協同組合連合会による財産承継）

第11条 　第3条第2項の規定により解散した旧組合（以下「解散組合」という。）の組合員たる旧組合であつて第4条第1項の規定により中小企業等協同組合になつたものが会員となつている協同組合連合会は、解散組合に対し、財産の分割に関する協議を求めることができる。

2 　前項の場合において相当の期間内に協議が整わないとき、又は協議をすることができないときは、行政庁は、当事者双方の申請により、その裁定をすることができる。この場合において、裁定があつたときは、前項の協議が整つたものとみなす。

3 　前項の裁定の取消又は変更を求める訴は、裁定のあつたことを知つた日から30日を経過したときは、提起することができない。

4 　第1項の協議又は第2項の裁定の定めるところにより財産の帰属があつたときは、協同組合連合会の会員は、その財産の帰属の時に、その者が解散組合において有していた持分の額の割合に応じてその財産の価額を分割して得た額に相当する額の持分を取得したものとし、その全部又は一部を協同組合連合会の出資に引き当てることができる。この場合は、その者は、その財産の帰属の時に、解散組合を脱退し、且つ、解散組合からその持分の払戻を受けたものとみなす。

5 　第1項の協議又は第2項の裁定の定めるところにより協同組合連合会に帰属する財産の額の解散組合の財産の総額に対する割合は、解散組合の組合員の持分の総額のうち解散組合の組合員でその協同組合連合会の会員たるものの持分の総額の占める割合をこえてはならない。

6 　前2項の規定の適用については、持分の額は、第1項の協議が整つた時又は第2項の裁定があつた時以前でこれに最も近い時において、その解散組合の定款の定めるところによ

関係法令

り算定された持分の額による。

（中小企業等協同組合による財産承継）

第12条　旧組合の組合員たる者の一部を組合員とする中小企業等協同組合は、その旧組合
に対し、財産の分割に関する協議を求めることができる。この場合については、前条の規
定を準用する。

（農業協同組合への組織変更）

第13条　農業協同組合法（昭和22年法律第132号）による農業協同組合又は農業協同組合連
合会の組合員又は会員たる資格を有する者を組合員とする林産組合又は蚕糸協同組合は、
総会の議決を経て、第3条第2項の期間内に、農業協同組合又は農業協同組合連合会にな
ることができる。この場合において、その林産組合又は蚕糸協同組合の定款又は組織が農
業協同組合法の規定に反するときは、定款の変更その他必要な行為をしなければならない。

2　前項の規定による農業協同組合又は農業協同組合連合会への組織変更については、第4
条第2項及び第3項、第6条、第7条並びに農業協同組合法第59条から第61条まで（設立
の認可）の規定を準用する。

3　第1項の規定による農業協同組合又は農業協同組合連合会への組織変更は、第3条第2
項の期間内に、主たる事務所の所在地において、農業協同組合法第74条第2項の事項を登
記することによつて、その効力を生ずる。

4　前項の登記については、第5条第3項から第8項まで並びに農業協同組合法第74条第3
項、第82条第1項、第83条及び第84条（設立の登記）の規定を準用する。

（農業協同組合による財産承継）

第14条　林業会若しくは林産組合の会員若しくは組合員たる林産組合又は蚕糸協同組合の
組合員たる蚕糸協同組合であつて、前条第1項の規定により農業協同組合又は農業協同組
合連合会になつたものが会員となつている農業協同組合連合会は、その林業会若しくは林
産組合又は蚕糸協同組合に対し、財産の分割に関する協議を求めることができる。

2　林産組合又は蚕糸協同組合の組合員たる者の一部を組合員又は会員とする農業協同組合
又は農業協同組合連合会は、その林産組合又は蚕糸協同組合に対し、財産の分割に関する
協議を求めることができる。

3　前2項の場合については、第11条の規定を準用する。

（財産承継の場合の金融機関再建整備法の適用）

第15条　預金等の受入をすることができる旧組合の財産を承継した中小企業等協同組合は、

中小企業等協同組合法施行法〔抄〕

金融機関再建整備法（昭和21年法律第39号）第37条の８第１項（調整勘定）及び第42条の
２から第42条の５まで（退職金）の規定の適用については、これらの規定の定める譲渡金
融機関からその事業の全部又は一部の譲渡を受けた金融機関とみなす。

（財産承継の場合の所得の計算）

第16条　旧組合の財産のうち、第11条、第12条又は第14条の規定により中小企業等協同組
合又は農業協同組合若しくは農業協同組合連合会に帰属した財産の価格は、法人税法（昭
和22年法律第28号）による所得の計算上、その中小企業等協同組合又は農業協同組合若し
くは農業協同組合連合会の益金及びその旧組合の損金に算入しない。

第17条及び第18条　削除

（財産承継の場合の地方税）

第19条　第４条又は第11条から第14条までの規定により財産を承継する場合においては、
その移転に関しては、地方公共団体は、地方税を課することができない。

（産業組合の信用協同組合への組織変更）

第20条　この法律施行の際現に存する旧産業組合法（明治33年法律第34号）による信用事
業を行う産業組合又はその合併によつて設立した産業組合は、総会の議決を経て、第３条
第２項の期間内に新法による信用協同組合になることができる。この場合において、その
産業組合の定款又は組織が新法の規定に反するときは、定款の変更その他必要な行為をし
なければならない。

２　前項の産業組合が同項の規定により信用協同組合になつた場合において、その産業組合
が無限責任又は保証責任の組合であつたときは、産業組合の組合員で信用協同組合の組合
員になつたものは、組織変更前に生じた産業組合の債務については、旧産業組合法第２条
第２項の規定による責任を免れることができない。

３　前項の規定による責任は、第１項の規定による組織変更の後２年以内に請求又は請求の
予告をしない債権者に対しては、その期間を経過した時に消滅する。

４　第１項の規定による組織変更については、第４条第２項及び第３項、第５条から第７条
まで並びに前３条の規定を準用する。

（関係法令改正の経過規定）

第33条　旧組合については、第21条、第22条、第24条、第25条及び前４条の規定にかかわらず、
この法律施行後でも、なお従前の例による。

505

関係法令

（罰則の経過規定）

第34条 この法律施行前（旧組合については、第３条第１項の規定により効力を有する旧法の失効前）にした行為に対する罰則の適用については、この法律施行後（旧組合については、同条同項の規定により効力を有する旧法の失効後）でも、なお従前の例による。

（蚕糸業法の経過規定）

第35条 蚕糸業法第31条第３項、第39条及び第51条（但し、第39条において第23条第２項を準用する場合に限る。）の適用については、第２条の規定にかかわらずなお従前の例による。

（中小企業等協同組合の解散の特例等）

第36条 昭和56年10月１日において、最後の登記をした後10年を経過している中小企業等協同組合は、その日に解散したものとみなす。

2 前項の規定により解散したものとみなされた中小企業等協同組合は、同項に定める日から３年以内に、総会において、総組合員又は総会員の半数以上が出席し、その議決権の３分の２以上の多数による議決を行うことにより、中小企業等協同組合を継続することができる。

3 前項の規定による決議は、新法第111条第１項の行政庁の認可を受けなければ、その効力を生じない。

4 第２項の規定により中小企業等協同組合を継続する場合には、前項の認可があつた日から、主たる事務所の所在地においては２週間以内に、従たる事務所の所在地においては３週間以内に継続の登記をしなければならない。

5 前項の規定による中小企業等協同組合の継続の登記の申請書には、第２項の規定による決議があつたことを証する書面を添付しなければならない。

6 第１項の規定による中小企業等協同組合の解散の登記については、商業登記法（昭和38年法律第125号）第91条の２（職権による解散の登記）の規定を準用する。

7 第２項の規定による中小企業等協同組合の継続については、新法第55条第７項の規定を準用する。

8 第３項の認可については、新法第27条の２第４項から第６項までの規定を準用する。

9 第３項の規定による行政庁の権限については、新法第111条第２項及び第３項の規定を準用する。

　　　附　則　　　　略

中小企業等協同組合法施行令

〔昭和33年3月28日政令第43号〕

最終改正：平成27年5月27日政令第241号

（企業組合の組合員たる資格を有する者）

第1条 中小企業等協同組合法（以下「法」という。）第8条第7項第二号の政令で定める者は、次に掲げる者とする。

一 当該企業組合に対し、その事業活動に必要な物資の供給又は役務の提供を継続して行う者

二 当該企業組合に対し、その事業活動に必要な施設、設備又は技術の提供を行う者

三 当該企業組合からその事業に係る物資の供給又は役務の提供を継続して受ける者

四 当該企業組合からその事業に係る技術の提供を受ける者

五 当該企業組合に対し、その事業活動に必要な技術、知識又は経験を有する使用人を派遣する者

2 法第8条第7項第三号の政令で定める投資事業有限責任組合は、企業組合の組合員となる時点において、当該投資事業有限責任組合が保有する次に掲げる資産の合計額の当該投資事業有限責任組合の総組合員の出資の総額に占める割合が100分の50を超える投資事業有限責任組合とする。

一 特定株式会社（中小企業者（法第8条第7項第三号に規定する中小企業者をいう。以下この項において同じ。）に該当する株式会社その他の株式会社であつて次のいずれかに該当するもののうち、金融商品取引法（昭和23年法律第25号）第2条第16項に規定する金融商品取引所に上場されておらず、かつ、同法第67条の11第1項の店頭売買有価証券登録原簿に登録されていない株式を発行するものをいう。以下この項において同じ。）の設立に際して取得する株式又は企業組合の設立に際して取得する持分

イ 資本金の額が5億円以下のもの

ロ 常時使用する従業員の数が1,000人以下のもの

ハ 最終の貸借対照表の負債の部に計上した金額の合計額が200億円以下のもの

ニ 前事業年度において次の(1)に掲げる額の(2)に掲げる額に対する割合が100分の3を超えるもの

(1) 試験研究費及び開発費（法人税法施行令（昭和40年政令第97号）第14条第1項第三号に規定する開発費及び新たな事業の開始のために特別に支出する費用をいう。）

関係法令

の合計額

 (2) 総収入金額から固定資産又は法人税法（昭和40年法律第34号）第2条第二十一号に規定する有価証券の譲渡による収入金額を控除した金額

 ホ 設立の日以後1年を経過していないものであつて、常勤の研究者の数が2人以上であり、かつ、当該研究者の数の常勤の役員及び従業員の数の合計に対する割合が10分の1以上であるもの

二 特定株式会社の発行する株式若しくは新株予約権又は企業組合の持分

三 特定株式会社の発行する社債若しくは約束手形又は企業組合の発行する約束手形

四 中小企業者等（特定株式会社、企業組合、協業組合並びに中小企業者に該当する合名会社、合資会社、合同会社及び個人をいう。以下この項において同じ。）に対する金銭債権

五 中小企業者等を相手方とする匿名組合契約（商法（明治32年法律第48号）第535条の匿名組合契約をいう。）の出資の持分又は信託の受益権（中小企業者等の営む事業から生ずる収益又は利益の分配を受ける権利に限る。）

六 工業所有権又は著作権（中小企業者等から取得したものに限る。）

（組合員以外の者による組合事業の利用に係る特例等）

第2条 事業協同組合及び事業協同小組合は、法第9条の2第4項第一号に掲げる事業については、同号に規定する計画に基づく工場又は事業場の設置が完了した日のうち最も早いものを含む事業年度（以下「利用開始事業年度」という。）以後の各事業年度のうちその終了の日が当該利用開始事業年度の開始の日以後の3年間に含まれる事業年度の間に限り、1事業年度における組合員以外の者の事業の利用分量の総額の当該事業年度における組合員の当該事業の利用分量の総額に対する割合（以下「員外者利用割合」という。）が100分の100を超えない範囲内において、組合員以外の者に利用させることができる。

第3条 事業協同組合及び事業協同小組合は、法第9条の2第4項第二号に掲げる事業（以下「特例対象事業」という。）については、第一号に規定する期間（以下「特例適用期間」という。）に属する各事業年度に限り、当該各事業年度における員外者利用割合が当該各事業年度に係る第二号に規定する割合を超えない範囲内において、組合員以外の者に利用させることができる。

一 組合員が脱退した日を含む事業年度（以下「脱退事業年度」という。）以後の各事業年度のうち、その終了の日が当該脱退事業年度の開始の日以後の2年間に含まれる各事業年度（当該脱退事業年度に脱退した組合員（以下「脱退組合員」という。）の全部が法第18条の規定により脱退した場合にあつては、当該脱退事業年度を除く。）により構

中小企業等協同組合法施行令

成される期間

二　当該脱退事業年度の直前の事業年度（以下「算定基準事業年度」という。）における脱退組合員（脱退組合員の一部が法第19条第１項の規定により脱退した場合における当該脱退事業年度にあつては、同項の規定により脱退した脱退組合員に限る。）の特例対象事業の利用分量の総額の当該算定基準事業年度における当該脱退組合員以外の組合員の当該特例対象事業の利用分量の総額に対する割合（以下「算定基準割合」という。）に100分の120を乗じて得た数値に100分の20を加えて得た数値（その数値が100分の100を超える場合にあつては、100分の100）に相当する割合

2　一の特例適用期間に属するいずれかの事業年度において、当該事業年度における組合員及び組合員以外の者の特例対象事業の利用分量の総額が当該一の特例適用期間に係る算定基準事業年度に該当する事業年度における組合員の当該特例対象事業の利用分量の総額に100分の120を乗じて得た額以上の額になつた場合には、前項の規定は、当該事業年度までの間に限り、適用する。

3　一の事業年度以前の２以上の事業年度において組合員の脱退があつた場合（組合員の脱退があつた当該各事業年度を脱退事業年度とする各特例適用期間に係る算定基準割合で当該一の事業年度に係るもの（以下「特定算定基準割合」という。）の個数が２以上である場合に限る。）で、特例加算値（特定算定基準割合を合計した数値をいう。）に100分の120を乗じて得た数値が100分の80以下であるときにおける当該一の事業年度に関する第１項第二号の規定の適用については、同号中「に100分の20を加えて得た数値（その数値が100分の100を超える場合にあつては、100分の100）」とあるのは、「と、100分の20を第３項に規定する特定算定基準割合の個数で除して得た数値との合計値」とする。

4　一の事業年度以前の２以上の事業年度において組合員の脱退があつた場合で、特定算定基準割合の個数が２以上であるとき（前項に規定する場合を除く。）における当該一の事業年度に関する第１項第二号の規定の適用については、同号中「100分の120を乗じて得た数値に100分の20を加えて得た数値（その数値が100分の100を超える場合にあつては、100分の100）」とあるのは、「100分の80を乗じて得た数値を第３項に規定する特例加算値で除して得た数値と、100分の20を同項に規定する特定算定基準割合の個数で除して得た数値との合計値」とする。

第４条　前２条の規定は、協同組合連合会（法第９条の９第１項第一号又は第三号の事業を行うものを除く。）の事業に準用する。

第５条　法第９条の２第５項（法第９条の９第５項において準用する場合を含む。）の政令で定める施設は、次に掲げる施設とする。

509

関係法令

　　一　体育施設
　　二　教養文化施設

（特定共済組合となる事業協同組合等の範囲）

第6条　法第9条の2第7項の政令で定める基準は、組合員の総数（組合を組合員に含む事業協同組合にあつては、当該事業協同組合の組合員の数に当該事業協同組合の構成組合（事業協同組合の組合員たる組合をいう。以下同じ。）の組合員の数を加えた数から当該事業協同組合の構成組合の数を減じた数とする。）が1,000人であることとする。

（団体協約を締結するための交渉の申出）

第7条　事業協同組合若しくは事業協同小組合の代表者（これらの組合が会員となつている協同組合連合会の代表者を含む。）又は協同組合連合会（法第9条の9第1項第一号又は第三号の事業を行うものを除く。）の代表者が法第9条の2第12項（法第9条の9第5項において準用する場合を含む。）に規定する交渉をしようとするときは、その交渉をしようとする日の3日前までに、その交渉をしようとする事項を記載した書面を送付して申し出なければならない。

2　前項の規定による申出をする者の数は、5人を超えてはならない。

（共済契約の申込みの撤回等ができない場合）

第8条　法第9条の7の5第1項（法第9条の9第5項及び第8項において準用する場合を含む。以下この条及び次条において同じ。）において準用する保険業法（平成7年法律第105号）第309条第1項第六号に規定する政令で定める場合は、次に掲げる場合とする。

　　一　申込者等（法第9条の7の5第1項において準用する保険業法第309条第1項に規定する申込者等をいう。以下同じ。）が、共済事業を行う組合又は共済代理店の営業所、事務所その他これに準ずる場所において共済契約の申込みをした場合

　　二　申込者等が、自ら指定した場所において共済契約の申込みをすることを請求した場合において、当該共済契約の申込みをしたとき。

　　三　申込者等が、郵便その他の主務省令で定める方法を利用して共済契約の申込みをした場合

　　四　申込者等が、共済事業を行う組合の指定する医師による被共済者の診査をその成立の条件とする共済契約の申込みをした場合において、当該診査が終了したとき。

　　五　当該共済契約が、金銭消費貸借契約、賃貸借契約その他の契約に係る債務の履行を担保することを目的とするものであるとき。

　　六　当該共済契約が、既に締結されている共済契約（以下この号において「既契約」とい

中小企業等協同組合法施行令

う。）の更改（共済金額その他の給付の内容又は共済期間の変更に係るものに限る。）若しくは更新に係るもの又は既契約の共済金額、共済期間その他の内容の変更に係るものであるとき。

（共済契約の申込みの撤回等に係る情報通信の技術を利用する方法）
第９条　共済事業を行う組合は、法第９条の７の５第１項において準用する保険業法第309条第２項の規定により同項の書面に記載すべき事項を提供しようとするときは、主務省令で定めるところにより、あらかじめ、当該申込者等に対し、その用いる同項前段に規定する方法（以下この条において「電磁的方法」という。）の種類及び内容を示し、書面又は電磁的方法による承諾を得なければならない。

２　前項の規定による承諾を得た共済事業を行う組合は、当該申込者等から書面又は電磁的方法により電磁的方法による提供を受けない旨の申出があつたときは、当該申込者等に対し、法第９条の７の５第１項において準用する保険業法第309条第２項の書面に記載すべき事項の提供を電磁的方法によつてしてはならない。ただし、当該申込者等が再び前項の規定による承諾をした場合は、この限りでない。

（情報通信の技術を利用して提供する方法）
第10条　共済事業を行う組合又は共済代理店は、法第９条の７の５第２項（法第９条の９第５項及び第８項において準用する場合を含む。以下この条から第13条までにおいて同じ。）において準用する金融商品取引法第34条の２第４項（法第９条の７の５第２項において準用する金融商品取引法第34条の３第12項（法第９条の７の５第２項において準用する金融商品取引法第34条の４第６項において準用する場合を含む。）、第34条の４第３項、第37条の３第２項及び第37条の４第２項において準用する場合を含む。以下この条において同じ。）の規定により法第９条の７の５第２項において準用する金融商品取引法第34条の２第４項に規定する事項を提供しようとするときは、主務省令で定めるところにより、あらかじめ、当該事項を提供する相手方に対し、その用いる同項に規定する方法（以下この条において「電磁的方法」という。）の種類及び内容を示し、書面又は電磁的方法による承諾を得なければならない。

２　前項の規定による承諾を得た共済事業を行う組合又は共済代理店は、当該相手方から書面又は電磁的方法により電磁的方法による提供を受けない旨の申出があつたときは、当該相手方に対し、法第９条の７の５第２項において準用する金融商品取引法第34条の２第４項に規定する事項の提供を電磁的方法によつてしてはならない。ただし、当該相手方が再び前項の規定による承諾をした場合は、この限りでない。

511

関係法令

（情報通信の技術を利用して同意を得る方法）

第11条　共済事業を行う組合は、法第９条の７の５第２項において準用する金融商品取引法第34条の２第12項（法第９条の７の５第２項において準用する金融商品取引法第34条の３第３項（法第９条の７の５第２項において準用する金融商品取引法第34条の４第６項において準用する場合を含む。）において準用する場合を含む。以下この条において同じ。）の規定により法第９条の７の５第２項において準用する金融商品取引法第34条の２第12項に規定する同意を得ようとするときは、主務省令で定めるところにより、あらかじめ、当該同意を得ようとする相手方に対し、その用いる同項に規定する方法（以下この条において「電磁的方法」という。）の種類及び内容を示し、書面又は電磁的方法による承諾を得なければならない。

２　前項の規定による承諾を得た共済事業を行う組合は、当該相手方から書面又は電磁的方法により電磁的方法による同意を行わない旨の申出があつたときは、当該相手方に対し、法第９条の７の５第２項において準用する金融商品取引法第34条の２第12項に規定する同意の取得を電磁的方法によつてしてはならない。ただし、当該相手方が再び前項の規定による承諾をした場合は、この限りでない。

（利用者の判断に影響を及ぼす重要事項）

第12条　法第９条の７の５第２項において準用する金融商品取引法第37条第１項第三号に規定する政令で定めるものは、次に掲げるものとする。

一　特定共済契約（法第９条の７の５第２項に規定する特定共済契約をいう。以下同じ。）に関して利用者が支払うべき手数料、報酬その他の対価に関する事項であつて主務省令で定めるもの

二　利用者が行う特定共済契約の締結について金利、通貨の価格、金融商品取引法第２条第14項に規定する金融商品市場における相場その他の指標に係る変動を直接の原因として損失（当該特定共済契約が締結されることにより利用者の支払うこととなる共済掛金の合計額が当該特定共済契約が締結されることにより当該利用者の取得する共済金等（法第58条第６項に規定する共済金等をいう。）の合計額を上回る場合における当該共済掛金の合計額から当該共済金等の合計額を控除した金額をいう。以下この号において同じ。）が生ずることとなるおそれがある場合にあつては、次に掲げる事項

イ　当該指標

ロ　当該指標に係る変動により損失が生ずるおそれがある旨及びその理由

三　前二号に掲げる事項に準ずるものとして主務省令で定めるもの

中小企業等協同組合法施行令

（共済事業を行う組合が行う特定共済契約の締結について準用する金融商品取引法の規定の読替え）

第13条　法第９条の７の５第２項の規定により共済事業を行う組合が行う特定共済契約の締結について金融商品取引法第34条の規定を準用する場合においては、同条中「同条第31項第四号」とあるのは、「第２条第31項第四号」と読み替えるものとする。

（信用協同組合の組合員以外の者に対する資金の貸付け等）

第14条　信用協同組合が法第９条の８第２項第五号の規定により行うことができる資金の貸付け及び手形の割引は、次に掲げるものとする。

　一　組合員以外の者に対する預金又は定期積金を担保とする資金の貸付け

　二　組合員以外の者で組合員たる資格を有するものに対し、金融庁長官の定める金額の範囲内において行う資金の貸付け及び手形の割引

　三　組合員の外国子会社に対する資金の貸付け

　四　独立行政法人通則法（平成11年法律第103号）第２条第１項に規定する独立行政法人又は地方独立行政法人法（平成15年法律第118号）第２条第１項に規定する地方独立行政法人に対する資金の貸付け（第七号に規定する独立行政法人勤労者退職金共済機構及び独立行政法人住宅金融支援機構に対する資金の貸付けを除く。）及び手形の割引

　五　民間資金等の活用による公共施設等の整備等の促進に関する法律（平成11年法律第117号）第２条第５項に規定する選定事業者に対する同条第４項に規定する選定事業に係る資金の貸付け

　六　地方公共団体に対する資金の貸付け

　七　独立行政法人勤労者退職金共済機構、独立行政法人住宅金融支援機構、沖縄振興開発金融公庫又は勤労者財産形成促進法（昭和46年法律第92号）第12条第１項に規定する共済組合等に対する同法第11条に規定する資金の貸付け

　八　地方住宅供給公社その他これに準ずる法人で金融庁長官の指定するものに対する資金の貸付け及び手形の割引

　九　金融機関に対する資金の貸付け及び手形の割引

２　前項第一号から第六号まで及び第八号に掲げる資金の貸付け及び手形の割引の額の合計額は、当該信用協同組合の資金の貸付け及び手形の割引（同項第九号に該当するものを除く。）の総額の100分の20に相当する金額を超えてはならない。

３　第１項第三号に規定する外国子会社とは、外国の法令に準拠して設立された法人その他の団体（第二号において「外国法人等」という。）であつて、次のいずれかに該当するものをいう。

　一　組合員がその総株主等の議決権（外国における協同組合による金融事業に関する法律

513

関係法令

（昭和24年法律第183号）第４条第１項に規定する総株主等の議決権に相当するものをいう。次号において同じ。）の100分の50を超える議決権（外国における同項に規定する議決権に相当するものをいう。同号において同じ。）を保有しているもの

二　その本国（当該外国法人等の設立に当たつて準拠した法令を制定した国をいう。）の法令又は慣行その他やむを得ない理由により、組合員がその総株主等の議決権の100分の50を超える議決権の保有が認められない外国法人等であつて、人的関係、財産の拠出に係る関係その他の関係において当該組合員と密接な関係を相当程度有するものとして内閣府令で定めるもの

（預金等の受入れを行う協同組合連合会の会員以外の者に対する資金の貸付け等）

第15条　法第９条の９第１項第一号の事業を行う協同組合連合会が同条第６項の規定により行うことができる法第９条の８第２項第五号の資金の貸付け及び手形の割引は、次に掲げる資金の貸付け及び手形の割引で協同組合による金融事業に関する法律第３条第１項第三号の規定による金融庁長官の認可を受けたものとする。

一　会員である信用協同組合の組合員に対する資金の貸付け及び手形の割引

二　金融機関に対する資金の貸付け及び手形の割引

三　会員以外の者（前二号に規定する者を除く。）に対する資金の貸付け及び手形の割引

2　前項第三号に掲げる資金の貸付け及び手形の割引の額の合計額は、法第９条の９第１項第一号の事業を行う当該協同組合連合会の預金その他の内閣府令で定めるものの総額の100分の20に相当する金額を超えてはならない。

（信託に係る事務に関する事業等に関する法令の適用）

第16条　法第９条の８第７項第四号及び第９条の９第６項第五号に掲げる事業に関しては、信託業法（平成16年法律第154号）第50条の２の規定の適用については、信用協同組合等（信用協同組合又は法第９条の９第１項第一号の事業を行う協同組合連合会をいう。以下この条及び第26条において同じ。）を信託業法第50条の２第１項の規定により登録を受けることができる会社とみなす。この場合において、同条第12項の規定により適用する同法第11条第１項中「本店」とあるのは「主たる事務所」と、同法第50条の２第12項の規定により適用する同法第34条第３項中「営業所」とあるのは「事務所」と読み替えるほか、次の表の上欄に掲げる同法第50条の２の規定中の字句で同表の中欄に掲げるものは、それぞれ同表の下欄の字句と読み替えるものとする。

読み替える信託業法の規定	読み替えられる字句	読み替える字句
第50条の２第３項第一号	商号	名称
第50条の２第３項第二号	資本金の額	出資の総額

中小企業等協同組合法施行令

第50条の2第3項第三号	取締役及び監査役	理事及び監事
第50条の2第3項第七号	営業所	事務所
第50条の2第6項第二号	資本金の額	出資の総額
第50条の2第6項第八号	取締役若しくは執行役、会計参与又は監査役	理事又は監事
第50条の2第12項の表第34条第1項の項	行うすべての営業所	行うすべての事務所
第50条の2第12項の表第41条第2項第二号の項	又は監査役	取締役若しくは執行役又は監査役
	若しくは監査役又は業務を執行する社員	理事又は監事
第50条の2第12項の表第41条第3項の項	行うすべての営業所	行うすべての事務所
第50条の2第12項の表第42条第1項の項	これらの業務	営業所その他の施設若しくは当該信託会社を子会社とする持株会社の営業所若しくは事務所に立ち入らせ、これらの業務
	これらの事務	事務所その他の施設に立ち入らせ、これらの事務
第50条の2第12項の表第45条第2項の項	又は監査役	取締役若しくは執行役、会計参与又は監査役
	若しくは監査役又は業務を執行する社員	理事又は監事

2　法第9条の8第7項第五号及び第六号に掲げる事業並びに法第9条の9第6項の規定により行われる同項第六号に掲げる事業（次項において「社債募集の受託等事業」という。）に関しては、地方財政法施行令（昭和23年政令第267号）第33条第1項第十一号その他の法令の規定で、社債等（地方債又は社債その他の債券（信用協同組合にあつては、組合員、地方公共団体その他内閣府令で定める者の発行するものに限る。）をいう。以下この項において同じ。）の募集若しくは管理の委託に係るもの又は社債等の発行その他の社債等に関する事務の委託に係るものの適用については、信用協同組合等をこれらの委託を受けることができる会社又は銀行とみなす。

3　社債募集の受託等事業に関しては、担保付社債信託法（明治38年法律第52号）の規定（他の法令において準用する場合を含む。）の適用については、信用協同組合等を同法第3条の規定により担保付社債に関する信託事業の免許を受けることができる会社とみなす。

515

関係法令

（特定共済組合連合会となる協同組合連合会の範囲）

第17条　法第9条の9第4項の政令で定める基準は、会員たる組合の組合員の総数が1,000人であることとする。

（組合員等以外の者からの監事の選任を要する組合の範囲）

第18条　法第35条第6項の政令で定める基準は、事業年度の開始の時における組合員（協同組合連合会（法第9条の9第1項第一号の事業を行うものを除く。）にあつては、会員たる組合の組合員。以下この条において同じ。）の総数（共済事業を行う事業協同組合であつて組合を組合員に含むものにあつては、当該事業協同組合の組合員の数に当該事業協同組合の構成組合の組合員の数を加えた数から当該事業協同組合の構成組合の数を減じた数とする。以下この条において同じ。）が1,000人であることとする。

2　組合（信用協同組合及び法第9条の9第1項第一号の事業を行う協同組合連合会を除く。以下この条において同じ。）の事業年度の開始の時における組合員の総数が新たに1,000人を超えることとなつた場合においては、当該事業年度の開始後最初に招集される通常総会の終了の時までは、当該組合は、法第35条第6項の政令で定める基準を超える組合に該当しないものとみなす。

3　組合の事業年度の開始の時における組合員の総数が新たに1,000人以下となつた場合においては、当該事業年度の開始後最初に招集される通常総会の終了の時までは、当該組合は、法第35条第6項の政令で定める基準を超える組合に該当するものとみなす。

（役員の職務及び権限について準用する会社法の規定の読替え）

第19条　法第36条の3第3項の規定により組合の役員の職務及び権限について会社法（平成17年法律第86号）の規定を準用する場合における同法の規定に係る技術的読替えは、次の表のとおりとする。

読み替える会社法の規定	読み替えられる字句	読み替える字句
第357条第1項	監査役設置会社にあつては、監査役	監査権限限定組合（中小企業等協同組合法第27条第8項に規定する監査権限限定組合をいう。以下同じ。）以外の組合にあつては、監事
第381条第2項、第385条並びに第386条第1項第一号並びに第2項第一号及び第二号	取締役	理事

中小企業等協同組合法施行令

第381条第2項及び第3項、第385条第1項並びに第386条第1項（第一号に係る部分に限る。）及び第2項（第一号及び第二号に係る部分に限る。）	監査役設置会社	監査権限限定組合以外の組合
第381条第3項	子会社に	子会社（中小企業等協同組合法第35条第6項第二号に規定する子会社をいい、共済事業（同法第9条の2第7項に規定する共済事業をいう。）を行う組合にあっては、同法第61条の2第2項に規定する子会社等をいう。以下同じ。）に
第386条第1項	第349条第4項、第353条及び第364条	中小企業等協同組合法第36条の8第2項
第386条第2項	第349条第4項	中小企業等協同組合法第36条の8第2項

2　法第36条の3第5項の規定により監事の監査の範囲を会計に関するものに限定する旨の定款の定めがある組合の役員の職務及び権限について会社法の規定を準用する場合における同法の規定に係る技術的読替えは、次の表のとおりとする。

読み替える会社法の規定	読み替えられる字句	読み替える字句
第353条	第349条第4項	中小企業等協同組合法第36条の8第2項
第389条第2項	前項	中小企業等協同組合法第36条の3第4項
第389条第3項及び第4項	取締役	理事
第389条第5項	子会社に	子会社（中小企業等協同組合法第35条第6項第二号に規定する子会社をいい、共済事業（同法第9条の2第7項に規定する共済事業をいう。）を行う組合にあっては、同法第61条の2第2項に規定する子会社等をいう。以下同じ。）に

517

関係法令

| 第389条第7項 | 第381条から第386条まで | 中小企業等協同組合法第36条の3第3項において準用する第381条（第1項を除く。）、第382条、第383条第1項本文、第2項及び第3項、第384条、第385条並びに第386条第1項（第一号に係る部分に限る。）及び第2項（第一号及び第二号に係る部分に限る。） |
| | 第1項 | 同法第36条の3第4項 |

（理事会等の招集について準用する会社法の規定の読替え）

第20条　法第36条の6第6項（法第69条において準用する場合を含む。）の規定により理事会又は清算人会の招集について会社法の規定を準用する場合における同法の規定に係る技術的読替えは、次の表のとおりとする。

読み替える会社法の規定	読み替えられる字句	読み替える字句
第367条第1項	監査役設置会社	監査権限限定組合（中小企業等協同組合法第27条第8項に規定する監査権限限定組合をいう。以下同じ。）以外の組合
第368条	監査役設置会社	監査権限限定組合以外の組合
第368条第1項	各監査役	各監事
第368条第2項	及び監査役	及び監事

（役員の組合に対する損害賠償責任について準用する会社法の規定の読替え）

第21条　法第38条の2第9項の規定により役員の組合に対する損害賠償責任について会社法の規定を準用する場合における同法の規定に係る技術的読替えは、次の表のとおりとする。

読み替える会社法の規定	読み替えられる字句	読み替える字句
第426条第1項及び第427条第1項	第424条	中小企業等協同組合法第38条の2第4項
	第423条第1項	同法第38条の2第1項
第426条第1項	監査役設置会社	監査権限限定組合（同法第27条第8項に規定する監査権限限定組合をいう。）以外の組合
	前条第1項	同条第5項
第426条第2項	前条第3項	中小企業等協同組合法第38条の2第7項

中小企業等協同組合法施行令

第426条第3項	前条第2項各号	中小企業等協同組合法第38条の2第6項各号
第426条第8項	前条第4項及び第5項	中小企業等協同組合法第38条の2第8項
第427条第1項	取締役（業務執行取締役等であるものを除く。）、会計参与、監査役又は会計監査人（以下この条及び第911条第3項第二十五号において「非業務執行取締役等」という。）	組合員外理事（組合の理事であって、当該組合の組合員又は組合員である法人の役員でないものをいう。以下同じ。）又は監事
	非業務執行取締役等が	組合員外理事又は監事が
	非業務執行取締役等と	組合員外理事又は監事と
第427条第2項、第4項（第一号及び第二号を除く。）及び第5項	非業務執行取締役等	組合員外理事又は監事
第427条第3項	第425条第3項	中小企業等協同組合法第38条の2第7項
	同項に規定する取締役	組合員外理事
第427条第4項第一号	第425条第2項第一号及び第二号	中小企業等協同組合法第38条の2第6項第一号及び第二号
第427条第4項第三号	第423条第1項	中小企業等協同組合法第38条の2第1項
第427条第5項	第425条第4項及び第5項	中小企業等協同組合法第38条の2第8項

（役員等の責任を追及する訴えについて準用する会社法の規定の読替え）

第22条　法第39条（法第40条の2第5項において準用する場合を含む。）の規定により役員又は会計監査人の責任を追及する訴えについて会社法の規定を準用する場合における同法の規定に係る技術的読替えは、次の表のとおりとする。

読み替える会社法の規定	読み替えられる字句	読み替える字句
第849条第3項第一号	監査役設置会社	監査権限限定組合（中小企業等協同組合法第27条第8項に規定する監査権限限定組合をいう。）以外の組合

519

関係法令

| 第850条第4項 | 第55条、第102条の2第2項、第103条第3項、第120条第5項、第213条の2第2項、第286条の2第2項、第424条（第486条第4項において準用する場合を含む。）、第462条第3項（同項ただし書に規定する分配可能額を超えない部分について負う義務に係る部分に限る。）、第464条第2項及び第465条第2項 | 中小企業等協同組合法第38条の2第4項 |

（会計監査人の監査を要する組合の範囲）

第23条 法第40条の2第1項の政令で定める基準は、最終の貸借対照表（同条第2項において準用する会社法第439条前段に規定する場合にあつては、法第40条の2第2項において準用する会社法第439条の規定により通常総会に報告された貸借対照表をいい、組合の成立後最初の通常総会までの間においては、法第40条第1項の貸借対照表をいう。）の負債の部に計上した額の合計額が200億円であることとする。

（会計監査人の監査を要する組合について準用する会社法の規定の読替え）

第24条 法第40条の2第2項の規定により会計監査人の監査を要する組合について会社法の規定を準用する場合における同法の規定に係る技術的読替えは、次の表のとおりとする。

読み替える会社法の規定	読み替えられる字句	読み替える字句
第439条	会計監査人設置会社	会計監査人監査組合（中小企業等協同組合法第40条の2第1項に規定する会計監査人の監査を要する組合をいう。以下同じ。）
	第436条第3項	同法第40条第6項
	計算書類が	決算関係書類（同条第2項に規定する決算関係書類をいう。）が
	前条第2項	同条第8項
	取締役	理事
	計算書類の	決算関係書類の

第444条第1項及び第7項 （第二号を除く。）	会計監査人設置会社	会計監査人監査組合
第444条第1項、第2項、 第4項から第6項まで及 び第7項（第二号を除く。）	連結計算書類	連結決算関係書類
第444条第1項	企業集団	集団
第444条第4項	監査役	監事
第444条第5項	会計監査人設置会社が取 締役会設置会社である場 合に	会計監査人監査組合において
	取締役会	理事会
第444条第6項	会計監査人設置会社が取 締役会設置会社である場 合には、取締役	会計監査人監査組合の理事
第444条第7項	取締役	理事

2 　法第40条の２第３項の規定により会計監査人について会社法の規定を準用する場合にお
　ける同法の規定に係る技術的読替えは、次の表のとおりとする。

読み替える会社法の規定	読み替えられる字句	読み替える字句
第337条第３項第一号	第435条第２項に規定する計算書類	決算関係書類（中小企業等協同組合法第40条第２項に規定する決算関係書類をいう。以下同じ。）
第337条第３項第二号	子会社	子会社等（中小企業等協同組合法第61条の２第２項に規定する子会社等をいう。以下同じ。）
第344条第１項	監査役設置会社	会計監査人監査組合（中小企業等協同組合法第40条の２第１項に規定する会計監査人の監査を要する組合をいう。以下同じ。）
	監査役が	監事が
第344条第２項	監査役	監事

関係法令

第396条第1項	次章の定めるところ	中小企業等協同組合法第40条の2第1項の規定及び同条第2項において準用する第444条第1項の規定
	計算書類及びその附属明細書、臨時計算書類並びに連結計算書類	決算関係書類及び連結決算関係書類(当該組合及びその子会社等から成る集団の財産及び損益の状況を示すために必要かつ適当なものとして主務省令で定めるものをいう。)
第396条第2項	取締役及び会計参与並びに支配人その他の	理事及び監事並びに
第396条第3項並びに第5項第二号及び第三号	会計監査人設置会社	会計監査人監査組合
第396条第3項、第4項並びに第5項第二号及び第三号	子会社	子会社等

3 法第40条の2第4項の規定により会計監査人の責任について法第38条の2第9項の規定を準用する場合における同項の規定により準用する会社法の規定に係る技術的読替えは、次の表のとおりとする。

読み替える会社法の規定	読み替えられる字句	読み替える字句
第426条第1項及び第427条第1項	第424条	中小企業等協同組合法第40条の2第4項において準用する同法第38条の2第4項
	第423条第1項	同法第40条の2第4項において準用する同法第38条の2第1項
第426条第1項	監査役設置会社	監査権限限定組合(同法第27条第8項に規定する監査権限限定組合をいう。)以外の組合
	前条第1項	同法第40条の2第4項において準用する同法第38条の2第5項
第426条第2項	前条第3項	中小企業等協同組合法第40条の2第4項において準用する同法第38条の2第7項
	取締役の	理事の
	取締役会	理事会

第426条第3項	取締役会設置会社にあっては、取締役会の決議	理事会の決議
	取締役は	理事は
	前条第2項各号	中小企業等協同組合法第40条の2第4項において準用する同法第38条の2第6項各号
第426条第7項	役員等	理事
第426条第8項	前条第4項及び第5項	中小企業等協同組合法第40条の2第4項において準用する同法第38条の2第8項
第427条第1項	取締役（業務執行取締役等であるものを除く。）、会計参与、監査役又は会計監査人（以下この条及び第911条第3項第二十五号において「非業務執行取締役等」という。）	会計監査人
	非業務執行取締役等が	会計監査人が
	非業務執行取締役等と	会計監査人と
第427条第2項、第4項（第一号及び第二号を除く。）及び第5項	非業務執行取締役等	会計監査人
第427条第2項	株式会社	組合の理事若しくは監事又はその子会社
第427条第3項	第425条第3項	中小企業等協同組合法第40条の2第4項において準用する同法第38条の2第7項
	同項に規定する取締役	会計監査人
第427条第4項第一号	第425条第2項第一号及び第二号	中小企業等協同組合法第40条の2第4項において準用する同法第38条の2第6項第一号及び第二号
第427条第4項第三号	第423条第1項	中小企業等協同組合法第40条の2第4項において準用する同法第38条の2第1項
第427条第5項	第425条第4項及び第5項	中小企業等協同組合法第40条の2第4項において準用する同法第38条の2第8項

関係法令

4 法第40条の2第4項の規定により会計監査人の責任について法第38条の3第2項の規定を準用する場合においては、同項第二号中「監事」とあるのは、「監事又は会計監査人」と読み替えるものとする。

（書面に記載すべき事項等の電磁的方法による提供の承諾等）

第25条 次に掲げる規定に規定する事項を電磁的方法（法第11条第3項に規定する電磁的方法をいう。以下同じ。）により提供しようとする者（次項において「提供者」という。）は、主務省令で定めるところにより、あらかじめ、当該事項の提供の相手方に対し、その用いる電磁的方法の種類及び内容を示し、書面又は電磁的方法による承諾を得なければならない。

一 法第42条第4項

二 法第42条第7項

三 法第45条第3項

四 法第45条第7項

2 前項の規定による承諾を得た提供者は、同項の相手方から書面又は電磁的方法により電磁的方法による事項の提供を受けない旨の申出があつたときは、当該相手方に対し、当該事項の提供を電磁的方法によつてしてはならない。ただし、当該相手方が再び同項の規定による承諾をした場合は、この限りでない。

（出資1口の金額の減少等の場合に各別に異議の催告をすることを要しない債権者）

第26条 法第56条の2第2項（法第63条の4第5項、第63条の5第7項及び第63条の6第5項の規定により準用する場合を含む。）に規定する政令で定める債権者は、保護預り契約に係る債権者その他の信用協同組合等の事業に係る多数人を相手方とする定型的契約の債権者で主務省令で定めるものとする。

（行政庁の認可を要しない事業の譲渡又は譲受け）

第27条 法第57条の3第5項に規定する政令で定めるものは、次に掲げる業務のみに係る事業の譲渡又は譲受けとする。

一 国、地方公共団体、会社等の金銭の収納その他金銭に係る事務の取扱い

二 有価証券、貴金属その他の物品の保護預り

三 両替

（子金融機関等の範囲）

第27条の2 法第58条の5の2第2項に規定する政令で定める者は、次に掲げる者とする。

一 当該組合の子法人等（法第105条の3第4項に規定する子法人等をいう。以下同じ。）

中小企業等協同組合法施行令

　二　当該組合の関連法人等

2　法第58条の5の2第2項に規定する政令で定める金融業を行う者は、次に掲げる者とする。

　一　外国保険会社等（保険業法第2条第7項に規定する外国保険会社等をいう。）

　二　少額短期保険業者（保険業法第2条第18項に規定する少額短期保険業者をいう。）

　三　金銭の貸付け又は金銭の貸借の媒介（手形の割引、売渡担保その他これらに類する方法によつてする金銭の交付又は当該方法によつてする金銭の授受の媒介を含む。）を業として行う者（保険会社（保険業法第2条第2項に規定する保険会社をいう。次号において同じ。）、銀行（銀行法（昭和56年法律第59号）第2条第1項に規定する銀行をいう。次号において同じ。）、金融商品取引業者（金融商品取引法第2条第9項に規定する金融商品取引業者をいう。次号において同じ。）及び前二号に掲げる者を除く。）

　四　外国の法令に準拠して外国において次に掲げる事業を行う者（保険会社、銀行、金融商品取引業者及び前三号に掲げる者を除く。）

　　イ　保険業法第2条第1項に規定する保険業

　　ロ　銀行法第2条第2項に規定する銀行業

　　ハ　金融商品取引法第2条第8項に規定する金融商品取引業

3　第1項第二号に規定する「関連法人等」とは、組合（当該組合の子法人等を含む。）が出資、取締役その他これに準ずる役職への当該組合の役員若しくは使用人である者若しくはこれらであつた者の就任、融資、債務の保証若しくは担保の提供、技術の提供又は営業上若しくは事業上の取引等を通じて、財務及び営業又は事業の方針の決定に対して重要な影響を与えることができる他の法人等（会社その他これに準ずる事業体（外国におけるこれらに相当するものを含む。）をいい、子法人等を除く。）として主務省令で定めるものをいう。

（組合の解散及び清算等について準用する会社法の規定の読替え）

第28条　法第69条の規定により組合の解散及び清算について会社法の規定を準用する場合における同法の規定に係る技術的読替えは、次の表のとおりとする。

読み替える会社法の規定	読み替えられる字句	読み替える字句
第478条第2項	前項	中小企業等協同組合法第68条第1項
第478条第4項	第1項及び第2項	中小企業等協同組合法第68条第1項の規定及び同法第69条において準用する第478条第2項
	第475条第二号又は第三号	第475条第二号
第479条第1項	前条第2項から第4項まで	前条第2項及び第4項

525

関係法令

第483条第4項	第478条第1項第一号	中小企業等協同組合法第68八条第1項
	取締役が清算人	理事が清算人
	代表取締役	代表理事
第483条第5項及び第485条	第478条第2項から第4項まで	第478条第2項及び第4項
第492条第1項及び第499条第1項	第475条各号	組合（中小企業等協同組合法第3条に規定する組合をいう。）が解散した場合（合併及び破産手続開始の決定による解散の場合を除く。）及び第475条第二号
第871条第二号	第874条各号	第874条第一号及び第四号
第872条第四号	第870条第1項各号	第870条第1項第一号及び第二号
	同項第一号、第三号及び第四号	同項第一号
	、当該各号	、同号

2　法第69条の規定により組合の清算人について法第38条の2第9項の規定を準用する場合における同項の規定により準用する会社法の規定に係る技術的読替えは、次の表のとおりとする。

読み替える会社法の規定	読み替えられる字句	読み替える字句
第426条第1項及び第427条第1項	第424条	中小企業等協同組合法第69条において準用する同法第38条の2第4項
	第423条第1項	同法第69条において準用する同法第38条の2第1項
第426条第1項	監査役設置会社	監査権限限定組合（同法第27条第8項に規定する監査権限限定組合をいう。）以外の組合
	前条第1項	同法第69条において準用する同法第38条の2第5項
第426条第2項	前条第3項	中小企業等協同組合法第69条において準用する同法第38条の2第7項
第426条第3項	前条第2項各号	中小企業等協同組合法第69条において準用する同法第38条の2第6項各号

526

第426条第8項	前条第4項及び第5項	中小企業等協同組合法第69条において準用する同法第38条の2第8項
第427条第1項	取締役（業務執行取締役等であるものを除く。）、会計参与、監査役又は会計監査人（以下この条及び第911条第3項第二十五号において「非業務執行取締役等」という。）	清算人
	非業務執行取締役等が	清算人が
	非業務執行取締役等と	清算人と
第427条第2項、第4項（第一号及び第二号を除く。）及び第5項	非業務執行取締役等	清算人
第427条第3項	第425条第3項	中小企業等協同組合法第69条において準用する同法第38条の2第7項
	同項に規定する取締役	清算人
第427条第4項第一号	第425条第2項第一号及び第二号	中小企業等協同組合法第69条において準用する同法第38条の2第6項第一号及び第二号
第427条第4項第三号	第423条第1項	中小企業等協同組合法第69条において準用する同法第38条の2第1項
第427条第5項	第425条第4項及び第5項	中小企業等協同組合法第69条において準用する同法第38条の2第8項

3　法第69条の規定により組合の清算人について会社法の規定を準用する場合における同法の規定に係る技術的読替えは、次の表のとおりとする。

読み替える会社法の規定	読み替えられる字句	読み替える字句
第357条第1項	監査役設置会社にあっては、監査役	監査権限限定組合（中小企業等協同組合法第27条第8項に規定する監査権限限定組合をいう。以下同じ。）以外の組合にあっては、監事

関係法令

第381条第2項及び第385条第1項	監査役は	監事は
第381条第2項、第385条第1項並びに第386条第1項（第一号に係る部分に限る。）及び第2項（第一号及び第二号に係る部分に限る。）	監査役設置会社	監査権限限定組合以外の組合
第386条第1項	第349条第4項、第353条及び第364条	中小企業等協同組合法第69条において準用する同法第36条の8第2項
第386条第1項及び第2項	監査役が	監事が
第386条第2項	第349条第4項	中小企業等協同組合法第69条において準用する同法第36条の8第2項

4　法第69条の規定により組合の清算人の責任を追及する訴えについて会社法の規定を準用する場合における同法の規定に係る技術的読替えは、次の表のとおりとする。

読み替える会社法の規定	読み替えられる字句	読み替える字句
第849条第3項第一号	監査役設置会社　監査役（監査役が2人以上ある場合にあっては、各監査役）	監査権限限定組合（中小企業等協同組合法第27条第8項に規定する監査権限限定組合をいう。）以外の組合　監事（監事が2人以上ある場合にあっては、各監事）
第850条第4項	第55条、第102条の2第2項、第103条第3項、第120条第5項、第213条の2第2項、第286条の2第2項、第424条（第486条第4項において準用する場合を含む。）、第462条第3項（同項ただし書に規定する分配可能額を超えない部分について負う義務に係る部分に限る。）、第464条第2項及び第465条第2項	中小企業等協同組合法第69条において準用する同法第38条の2第4項

中小企業等協同組合法施行令

5　法第69条の規定により監査権限定組合の清算人について会社法の規定を準用する場合における同法の規定に係る技術的読替えは、次の表のとおりとする。

読み替える会社法の規定	読み替えられる字句	読み替える字句
第353条	第349条第4項	中小企業等協同組合法第69条において準用する同法第36条の8第2項
第364条	取締役会設置会社	監査権限定組合（中小企業等協同組合法第27条第8項に規定する監査権限定組合をいう。）

（紛争解決等業務に相当する業務に係る他の法律の規定による指定）

第28条の2　法第69条の2第1項第二号及び第四号ニ、法第69条の4において準用する保険業法第308条の6及び第308条の23第3項並びに法第69条の5において準用する銀行法第52条の66及び第52条の83第3項に規定する政令で定めるものは、次に掲げるものとする。

一　金融商品取引法第156条の39第1項の規定による指定

二　第28条の4各号に掲げる指定

（異議を述べた特定共済事業協同組合等の数の特定共済事業協同組合等の総数に占める割合等）

第28条の3　法第69条の2第1項第八号に規定する政令で定める割合は、3分の1とする。

（名称の使用制限の適用除外）

第28条の4　法第69条の4において準用する保険業法第308条の17並びに法第69条の5において準用する銀行法第52条の77に規定する政令で定めるものは、次に掲げる指定のいずれかを受けた者とする。

一　無尽業法（昭和6年法律第42号）第35条の2第1項の規定による指定

二　金融機関の信託業務の兼営等に関する法律（昭和18年法律第43号）第12条の2第1項の規定による指定

三　農業協同組合法（昭和22年法律第132号）第92条の6第1項の規定による指定

四　水産業協同組合法（昭和23年法律第242号）第121条の6第1項の規定による指定

五　信用金庫法（昭和26年法律第238号）第85条の4第1項の規定による指定

六　長期信用銀行法（昭和27年法律第187号）第16条の8第1項の規定による指定

七　労働金庫法（昭和28年法律第227号）第89条の5第1項の規定による指定

八　銀行法第52条の62第1項の規定による指定

九　貸金業法（昭和58年法律第32号）第41条の39第1項の規定による指定

529

関係法令

十　保険業法第308条の２第１項の規定による指定

十一　農林中央金庫法（平成13年法律第93号）第95条の６第１項の規定による指定

十二　信託業法第85条の２第１項の規定による指定

十三　資金決済に関する法律（平成21年法律第59号）第99条第１項の規定による指定

（指定特定共済事業等紛争解決機関について準用する保険業法の規定の読替え）

第28条の５　法第69条の４の規定により指定特定共済事業等紛争解決機関（同条に規定する指定特定共済事業等紛争解決機関をいう。）について保険業法第308条の８第１項の規定を準用する場合においては、同項中「商号、名称又は氏名」とあるのは、「名称」と読み替えるものとする。

（指定信用事業等紛争解決機関について準用する銀行法の規定の読替え）

第28条の６　法第69条の５の規定により指定信用事業等紛争解決機関（同条に規定する指定信用事業等紛争解決機関をいう。）について銀行法第52条の68第１項の規定を準用する場合においては、同項中「商号」とあるのは、「名称」と読み替えるものとする。

（組合の創立総会又は総会の決議の不存在若しくは無効の確認又は取消しの訴えに係る請求を認容する判決が確定した場合について準用する会社法の規定の読替え）

第29条　法第96条第３項の規定により組合の創立総会又は総会の決議の不存在若しくは無効の確認又は取消しの訴えに係る請求を認容する判決が確定した場合について会社法第937条第１項（第一号トに係る部分に限る。）の規定を準用する場合においては、同項中「第930条第２項各号」とあるのは、「中小企業等協同組合法第93条第２項各号」と読み替えるものとする。

（組合の合併の無効の訴えに係る請求を認容する判決が確定した場合について準用する会社法の規定の読替え）

第30条　法第96条第４項の規定により組合の合併の無効の訴えに係る請求を認容する判決が確定した場合について会社法第937条第４項の規定を準用する場合においては、同項中「同項各号」とあるのは「同項第二号及び第三号」と、「組織変更、合併又は会社分割」とあるのは「合併」と、「第930条第２項各号」とあるのは「中小企業等協同組合法第93条第２項各号」と、「前項各号」とあるのは「前項第二号及び第三号」と読み替えるものとする。

（内閣総理大臣から金融庁長官へ委任される権限から除かれる権限）

第31条　法第111条第２項に規定する政令で定める権限は、法第９条の９第１項第一号又は

中小企業等協同組合法施行令

第三号の事業を行う協同組合連合会に対する権限のうち次に掲げるもの並びに事業協同組合、事業協同小組合及び協同組合連合会のうちその組合員の資格として定款に定める事業が金融庁長官の所管に属しないものに係る権限とする。

一　法第27条の2第1項の規定による設立の認可

二　法第106条第2項の規定による解散の命令

三　法第106条の2第4項及び第5項の規定による設立の認可の取消し

（都道府県が処理する事務）

第32条　法第9条の2第7項、法第9条の2の3、第9条の6の2第1項及び第4項並びに第9条の7の2第1項、第2項及び第5項（これらの規定を法第9条の9第5項において準用する場合を含む。）、法第9条の7の5第1項（法第9条の9第5項において準用する場合を含む。）において準用する保険業法第305条、第306条及び第307条第1項第三号並びに法第9条の9第4項、第27条の2第1項、第31条、第35条の2、第48条、第51条第2項、第57条の3第5項、第57条の5、第58条の4、第58条の7第2項及び第3項、第58条の8、第62条第2項及び第4項、第66条第1項、第96条第5項、第104条、第105条、第105条の2第1項及び第2項、第105条の3第1項から第4項まで、第105条の4第1項から第4項まで、第106条第1項から第3項まで、第106条の2（第3項を除く。）並びに第106条の3に規定する行政庁（管轄都道府県知事を除く。以下同じ。）の権限に属する事務のうち次の各号に掲げるものは、当該各号に定める都道府県知事が行うこととする。

一　事業協同組合、事業協同小組合及び協同組合連合会（法第9条の9第1項第一号又は第三号の事業を行うものを除く。以下この項において同じ。）でその組合員の資格として定款に定められる事業の全部又は一部が貸金業法第2条第1項に規定する貸金業であるもの（その地区が都道府県の区域を超えるものに限る。）に関する内閣総理大臣の権限に属する事務　その主たる事務所の所在地を管轄する都道府県知事

二　事業協同組合、事業協同小組合及び協同組合連合会でその組合員の資格として定款に定められる事業の一部が財務大臣の所管に属するものであつてその行う事業として定款に定められる事業に財務大臣の所管に属する事業及び財務大臣の所管に属する事業と密接に関連する事業を含まないもの（その地区が都道府県の区域を超えるものを除く。）に関する財務大臣の権限に属する事務　その主たる事務所の所在地を管轄する都道府県知事

三　事業協同組合、事業協同小組合及び協同組合連合会でその組合員の資格として定款に定められる事業（職業紹介事業、労働者供給事業及び労働者派遣事業を除く。）の全部又は一部が厚生労働大臣の所管に属するもの（全国を地区とするものを除く。）に関する厚生労働大臣の権限に属する事務　その主たる事務所の所在地を管轄する都道府県知事

531

関係法令

2 前項の場合においては、法中同項に規定する事務に係る行政庁に関する規定は、都道府県知事に関する規定として都道府県知事に適用があるものとする。

〔注〕第32条は、平成27年5月27日政令第241号により改正され、平成28年5月29日から施行
第32条第1項及び第33条中「第305条」を「第305条第1項」に改める。

（権限の委任）
第33条 法第9条の2第7項、法第9条の2の3、第9条の6の2第1項及び第4項並びに第9条の7の2第1項、第2項及び第5項（これらの規定を法第9条の9第5項において準用する場合を含む。）、法第9条の7の5第1項（法第9条の9第5項において準用する場合を含む。）において準用する保険業法第305条、第306条及び第307条第1項第三号並びに法第9条の9第4項、第27条の2第1項、第31条、第35条の2、第48条、第51条第2項、第57条の3第5項、第57条の5、第58条の7第2項及び第3項、第58条の8、第62条第2項及び第4項、第66条第1項、第96条第5項、第104条、第105条、第105条の2第1項及び第2項、第105条の3第1項から第4項まで、第105条の4第1項から第4項まで、第106条第1項から第3項まで、第106条の2（第3項を除く。）並びに第106条の3の規定による行政庁の権限のうち次の各号に掲げるものは、当該各号に定める者に委任されるものとする。

一　事業協同組合、事業協同小組合及び協同組合連合会（法第9条の9第1項第一号又は第三号の事業を行うものを除く。次号から第六号までにおいて同じ。）でその組合員の資格として定款に定められる事業の全部又は一部が財務大臣の所管に属するもの（全国を地区とするもの及び前条第1項第二号に定めるものを除く。）に関する財務大臣の権限並びに企業組合でその行う事業の全部又は一部が財務大臣の所管に属するものに関する財務大臣の権限　その主たる事務所の所在地を管轄する財務局長（当該所在地が福岡財務支局の管轄区域内にある場合にあつては、福岡財務支局長。以下同じ。）、税関長又は国税局長

二　事業協同組合、事業協同小組合及び協同組合連合会でその組合員の資格として定款に定められる事業の全部又は一部が農林水産大臣の所管に属するもの（全国を地区とするもの及び北海道の区域内に主たる事務所を有するものを除く。）に関する農林水産大臣の権限　その主たる事務所の所在地を管轄する地方農政局長

三　事業協同組合、事業協同小組合及び協同組合連合会でその組合員の資格として定款に定められる事業の全部又は一部が経済産業大臣の所管に属するもの（全国を地区とするものを除く。）に関する経済産業大臣の権限　その主たる事務所の所在地を管轄する経済産業局長

中小企業等協同組合法施行令

四　事業協同組合、事業協同小組合及び協同組合連合会でその組合員の資格として定款に
　定められる事業の全部又は一部が国土交通大臣の所管に属するもの（全国を地区とす
　るものを除く。）に関する国土交通大臣の権限　その主たる事務所の所在地を管轄する
　地方整備局長又は地方運輸局長（国土交通省設置法（平成11年法律第100号）第４条第
　十五号、第十八号、第八十六号、第八十七号、第九十二号、第九十三号及び第百二十八
　号に掲げる事務並びに同条第八十六号に掲げる事務に係る同条第十九号及び第二十二号
　に掲げる事務に係る権限については、運輸監理部長を含む。）

五　事業協同組合、事業協同小組合及び協同組合連合会でその組合員の資格として定款に
　定められる事業の全部又は一部が環境大臣の所管に属するもの（全国を地区とするもの
　を除く。）に関する環境大臣の権限　その主たる事務所の所在地を管轄する地方環境事
　務所長

六　事業協同組合、事業協同小組合及び協同組合連合会でその組合員の資格として定款に
　定められる事業の全部又は一部が金融庁長官の所管に属するもの（全国を地区とするも
　の及び前条第１項第一号に定めるものを除く。）に関する内閣総理大臣の権限のうち法
　第111条第２項の規定により金融庁長官に委任されたもの　その主たる事務所の所在地
　を管轄する財務局長

七　信用協同組合及び法第９条の９第１項第一号の事業を行う協同組合連合会（全国を地
　区とするものを除く。）に関する内閣総理大臣の権限のうち法第111条第２項の規定によ
　り金融庁長官に委任されたもの　その主たる事務所の所在地を管轄する財務局長

〔注〕第33条は、平成27年5月27日政令第241号により改正され、平成28年5月29日から施行
　　　第32条第１項及び第33条中「第305条」を「第305条第１項」に改める。

（主務省令）
第34条　この政令における主務省令は、次のとおりとする。

一　事業協同組合、事業協同小組合及び協同組合連合会（法第９条の９第１項第一号の事
　業を行うものを除く。）に関しては、その組合員の資格として定款に定められる事業を
　所管する大臣が共同で発する命令

二　信用協同組合及び法第９条の９第１項第一号の事業を行う協同組合連合会に関して
　は、内閣府令

三　企業組合に関しては、その行う事業を所管する大臣が共同で発する命令

　　　附　則　　　　略

533

中小企業等協同組合法施行規則

〔平成20年2月12日号外内閣府、財務省、厚生労働省、農林
水産省、経済産業省、国土交通省、環境省令第1号〕

最終改正：平成27年5月27日内閣府、財務省、厚生労働省、農林
水産省、経済産業省、国土交通省、環境省令第3号

目次

第1章　削除

第2章　事業（第2条—第52条の2）

第3章　組合員名簿における電磁的記録等（第53条—第55条）

第4章　設立（第56条—第59条）

第5章　管理

　第1節　電磁的記録の備置きに関する特則（第60条）

　第2節　役員（第61条—第70条）

　第3節　決算関係書類

　　第1款　総則（第71条—第74条）

　　第2款　会計監査人監査組合の連結決算関係書類（第75条—第81条）

　　第3款　財産目録（第82条）

　　第4款　貸借対照表（第83条—第95条）

　　第5款　損益計算書（第96条—第105条）

　　第6款　剰余金処分案又は損失処理案（第106条—第108条）

　第4節　事業報告書（第109条—第113条）

　第5節　決算関係書類及び事業報告書の監査

　　第1款　通則（第114条）

　　第2款　会計監査人監査組合以外の組合又は中央会における監査（第115条—第117条）

　　第3款　会計監査人監査組合における監査（第118条—第123条）

　第6節　決算関係書類等及び事業報告書の組合員又は会員への提供及び決算関係書類等の承認の特則に関する要件

　　第1款　決算関係書類等の組合員又は会員への提供（第124条・第125条）

　　第2款　決算関係書類等の承認の特則に関する要件（第126条）

　　第3款　事業報告書の組合員又は会員への提供（第127条）

535

関係法令

　　第7節　会計帳簿
　　　第1款　総則（第128条）
　　　第2款　資産及び負債の評価（第129条・第130条）
　　　第3款　純資産（第131条・第132条）
　　第8節　総会の招集手続等（第133条—第140条）
　　第9節　信用協同組合等の事業の譲渡等（第141条・第142条）
　　第10節　余裕金運用の制限（第143条）
　　第11節　共済事業を行う組合の経理等（第144条—第170条）
　第6章　解散及び清算並びに合併（第171条—第182条）
　第6章の2　指定紛争解決機関
　　第1節　通則（第182条の2—第182条の5）
　　第2節　業務（第182条の6—第182条の13）
　　第3節　監督（第182条の14・第182条の15）
　第7章　中小企業団体中央会（第183条・第184条）
　第8章　雑則（第185条—第201条）
　附則

第1章　削除〔平成26年3月内・財・厚・農・経・国・環令1号〕

第1条　削除〔平成26年3月内・財・厚・農・経・国・環令1号〕

第2章　事業

（事業協同組合等の共済金額の制限）

第2条　中小企業等協同組合法（以下「法」という。）第9条の2第2項（法第9条の9第5項又は第8項において準用する場合を含む。）の主務省令で定める金額は、30万円とする。

（保険会社に準ずる者）

第3条　法第9条の2第6項（法第9条の9第5項又は第8項において準用する場合を含む。次条において同じ。）の保険会社（保険業法（平成7年法律第105号）第2条第2項に規定する保険会社をいう。以下同じ。）に準ずる者として主務省令で定めるものは、外国保険会社等（同条第7項に規定する外国保険会社等をいう。以下同じ。）とする。

中小企業等協同組合法施行規則

（保険募集に関連する事務）

第4条 法第9条の2第6項の保険募集（保険業法第2条第26項に規定する保険募集をいう。以下同じ。）に関連する事務として主務省令で定めるものは、保険募集の業務に関連する電子計算機に関する事務（電子計算機を使用することにより機能するシステムの設計若しくは保守又はプログラムの設計、作成若しくは保守を行う業務を含む。）であって、事業協同組合、事業協同小組合又は協同組合連合会（法第9条の9第1項第一号の事業を行うものを除く。）が保険会社又は外国保険会社等の委託を受けて行うものとする。

（共済事業）

第5条 法第9条の2第7項の組合員その他の共済契約者の保護を確保することが必要なものとして主務省令で定めるものは、一の被共済者当たりの共済金額が10万円を超える共済契約の締結を行う事業とする。

（特定共済組合が他の事業を行う場合の行政庁の承認）

第6条 特定共済組合（法第9条の2第7項に規定する特定共済組合をいう。以下同じ。）は、同項ただし書に規定する承認を受けようとするときは、様式第1による承認申請書に次に掲げる書類を添えて行政庁に提出しなければならない。

一　承認申請に係る事業の内容を記載した書面

二　承認申請に係る事業に係る3事業年度の事業計画書

三　承認申請に係る事業に係る3事業年度の収支予算書

四　その他参考となるべき事項を記載した書類

（あっせん又は調停）

第7条 法第9条の2の2第1項（法第9条の9第5項において準用する場合を含む。）の規定によりあっせん又は調停の申請をしようとする者は、様式第2による申請書に、法第9条の2第12項（法第9条の9第5項において準用する場合を含む。）の交渉の相手方及び内容並びにあっせん又は調停を受けようとする理由を記載した書面を添えて提出しなければならない。

（組合員以外の者の事業の利用の特例の認可の申請）

第8条 法第9条の2の3第1項（法第9条の9第5項において準用する場合を含む。以下この条において同じ。）の規定により行政庁の認可を申請しようとする者は、様式第3による申請書2通に、それぞれ次の書類を添えて提出しなければならない。

一　定款

537

関係法令

二　直近３事業年度の事業報告書、財産目録、貸借対照表及び損益計算書

三　組合員数又は所属員数の推移を記載した書面

四　法第９条の２の３第１項の認可を受けようとする事業の内容を記載した書面

五　前号の事業に係る施設の配置及び構造を示す図面並びに当該施設の利用状況を記載した書面

六　第四号の事業に係る事業計画書

七　第四号の事業の運営の適正化を図るための事業の内容を記載した書面

八　第四号の事業について、法第９条の２第３項ただし書（法第９条の９第５項において準用する場合を含む。）の限度を超えて組合員又は所属員以外の者に当該事業を利用させることが必要な期間及び当該期間が必要なものである理由を記載した書面

九　その他法第９条の２の３第１項の認可に関する審査を行うため参考となるべき事項を記載した書類

（共済規程の認可の申請）

第9条　法第９条の６の２第１項（法第９条の９第５項又は第８項において準用する場合を含む。次条において同じ。）の規定により事業協同組合、事業協同小組合又は協同組合連合会の共済規程の認可を受けようとする者（次条に規定する者を除く。）は、様式第４による申請書２通に、それぞれ次の書類を添えて提出しなければならない。

一　定款

二　共済規程

三　共済事業に係る３事業年度の事業計画書

四　共済事業に係る３事業年度の収支予算書

五　常務に従事する役員の氏名及びその経歴を記載した書面

六　共済規程の設定を議決した総会又は総代会の議事録又はその謄本

七　共済事業以外の事業に係る３事業年度の事業計画書及び収支予算書

（責任共済等の事業についての共済規程の認可の申請）

第10条　法第９条の６の２第１項の規定により責任共済等（同条第３項（法第９条の９第５項又は第８項において準用する場合を含む。第12条において同じ。）に規定する責任共済等をいう。以下同じ。）の事業についての共済規程の認可を受けようとする者は、様式第４による申請書３通に、それぞれ次の書類を添えて提出しなければならない。

一　定款

二　責任共済等の事業についての共済規程

三　責任共済等の事業に係る３事業年度の事業計画書

四　責任共済等の事業に係る３事業年度の収支予算書

　　五　常務に従事する役員の氏名及びその経歴を記載した書面

　　六　責任共済等の事業についての共済規程の設定を議決した総会又は総代会の議事録又は
　　　その謄本

　　七　責任共済等の事業以外の事業に係る３事業年度の事業計画書及び収支予算書

　　八　その他自動車損害賠償保障法（昭和30年法律第97号）第27条の２第２項において準用
　　　する同法第27条第１項の規定による審査を行うため参考となるべき事項を記載した書類

（共済規程の記載事項）

第11条　法第９条の６の２第２項（法第９条の９第５項又は第８項において準用する場合
　を含む。）の主務省令で定める事項は、次のとおりとする。

　一　事業の実施方法に関する事項

　　イ　被共済者又は共済の目的の範囲

　　ロ　事業協同組合、事業協同小組合又は協同組合連合会（法第９条の９第１項第一号の
　　　事業を行うものを除く。）（以下この章において「事業協同組合等」と総称する。）の
　　　共済代理店の共済契約の締結の代理又は媒介に係る権限に関する事項

　　ハ　共済金額及び共済期間の制限

　　ニ　被共済者又は共済の目的の選択及び共済契約締結の手続に関する事項

　　ホ　共済掛金の収受、共済金の支払及び共済掛金の払戻しその他の返戻金に関する事項

　　ヘ　共済証書の記載事項並びに共済契約申込書の記載事項及びこれに添付すべき書類の
　　　種類

　　ト　再共済又は再保険（第148条に規定する再共済又は再保険をいう。次条第一号ト及
　　　び第14条の３第１項第一号トにおいて同じ。）に関する事項

　　チ　共済契約の特約（以下「共済特約」という。）に関する事項

　　リ　契約者割戻し（法第58条第６項に規定する契約者割戻しをいう。以下同じ。）に関
　　　する事項

　　ヌ　共済約款の規定による貸付けに関する事項

　　ル　共済金額、共済の種類又は共済期間を変更する場合の取扱いに関する事項

　　ヲ　法第９条の９第１項第三号又は第五号の事業を行う協同組合連合会との契約によ
　　　り、当該協同組合連合会と連帯して共済契約に係る共済責任を負担し、かつ、当該共
　　　済責任について負担部分を有しない共済事業を行う事業協同組合等（以下「共同共済
　　　事業組合」という。）においては、その旨

　　ワ　その他事業の実施に関し必要な事項

　二　共済契約に関する事項

関係法令

　　イ　事業協同組合等が共済金を支払わなければならない事由

　　ロ　共済契約無効の原因

　　ハ　事業協同組合等が共済契約に基づく義務を免れる事由

　　ニ　事業協同組合等の義務の範囲を定める方法及びその義務の履行の時期

　　ホ　共済契約者又は被共済者がその義務を履行しないことによって受ける損失

　　ヘ　共済契約の全部又は一部の解除の原因並びにその解除の場合において当事者が有する権利及び義務

　　ト　契約者割戻しを受ける権利を有する者がいる場合においては、その権利の範囲

　　チ　共済約款の適用に関する事項

　三　共済掛金及び責任準備金の額の算出方法に関する事項

　　イ　共済掛金の計算の方法（その計算の基礎となる係数を要する場合においては、その係数を含む。）に関する事項

　　ロ　責任準備金（法第58条第5項に規定する責任準備金をいう。以下同じ。）の計算の方法（その計算の基礎となる係数を要する場合においては、その係数を含む。）に関する事項

　　ハ　返戻金の額その他の被共済者のために積み立てるべき額を基礎として計算した金額（以下「契約者価額」という。）の計算の方法及びその基礎に関する事項

　　ニ　契約者割戻しに充てるための準備金及び契約者割戻しの計算の方法に関する事項

　　ホ　第145条第1項第一号イに掲げる共済掛金積立金を計算する共済契約については、共済金額、共済の種類又は共済期間を変更する場合における計算の方法に関する事項

　　ヘ　その他共済の数理に関して必要な事項

2　共同共済事業組合は、前項第一号トに掲げる事項、同号イからヘまで及びチからルまでに掲げる事項に係る技術的事項、同項第二号イからチまでに掲げる事項並びに同項第三号イ及びハからヘまでに掲げる事項を共済規程に記載しないことができる。

（責任共済等についての共済規程の記載事項）

第12条　法第9条の6の2第3項の責任共済等の事業の実施方法、共済契約及び共済掛金に関して主務省令で定める事項は、次のとおりとする。

　一　事業の実施方法に関する事項

　　イ　被共済者又は共済の目的の範囲

　　ロ　事業協同組合又は協同組合連合会（法第9条の9第1項第一号の事業を行うものを除く。以下この条において同じ。）の共済代理店の共済契約の締結の代理又は媒介に係る権限に関する事項

　　ハ　共済金額及び共済期間の制限

540

中小企業等協同組合法施行規則

　　ニ　共済契約締結の手続に関する事項

　　ホ　共済掛金の収受、共済金の支払及び共済掛金の払戻しその他の返戻金に関する事項

　　ヘ　共済証書の記載事項並びに共済契約申込書の記載事項及びこれに添付すべき書類の
　　　種類

　　ト　再共済又は再保険に関する事項

　　チ　その他事業の実施に関し必要な事項

　二　共済契約に関する事項

　　イ　事業協同組合又は協同組合連合会が共済金を支払わなければならない事由

　　ロ　共済契約無効の原因

　　ハ　事業協同組合又は協同組合連合会が共済契約に基づく義務を免れる事由

　　ニ　事業協同組合又は協同組合連合会の義務の範囲を定める方法及びその義務の履行の
　　　時期

　　ホ　共済契約者又は被共済者がその義務を履行しないことによって受ける損失

　　ヘ　共済契約の全部又は一部の解除の原因並びにその解除の場合において当事者が有す
　　　る権利及び義務

　　ト　共済約款の適用に関する事項

　三　共済掛金に関する事項

　　イ　予定損害率に関する事項

　　ロ　予定事業費率に関する事項

　　ハ　共済掛金の計算に関する事項

　　ニ　自動車損害賠償保障法第28条の３第４項において準用する同条第１項に規定する準
　　　備金の計算等に関する事項

（共済規程の変更の認可の申請）

第13条　法第９条の６の２第４項（法第９条の９第５項又は第８項において準用する場合
　を含む。）の規定により事業協同組合等の共済規程の変更の認可を受けようとする者（次
　項に定めるものを除く。）は、様式第５による申請書２通に、それぞれ次の書類を添えて
　提出しなければならない。

　一　変更理由書

　二　共済規程中の変更しようとする箇所を記載した書面

　三　共済規程の変更を議決した総会又は総代会の議事録又はその謄本

２　責任共済等の事業についての共済規程の変更の認可を受けようとする者は、様式第５に
　よる申請書３通に、それぞれ前項に掲げる書類のほか自動車損害賠償保障法第27条の２第
　２項において準用する同法第27条第２項の規定による審査を行うため参考となるべき事項

541

関係法令

を記載した書類を添えて提出しなければならない。

3 事業協同組合等の共済規程の変更が事業計画又は収支予算に係るものであるときは、前2項の書類のほか、共済規程変更後の事業計画書又は収支予算書を提出しなければならない。

（共済事故の範囲）

第14条 法第9条の7の2第1項（法第9条の9第5項において準用する場合を含む。次条において同じ。）の主務省令で定める偶然な事故は、次のとおりとする。

一 破裂

二 爆発

三 落雷

四 建物の外部からの物体の落下、飛来、衝突又は倒壊

五 騒じょう若しくはこれに類似の集団行動又は労働争議に伴う暴力行為又は破壊行為

六 漏水、放水又はいっ水による水ぬれ

七 盗難

八 風災、水災、雪災、ひょう災その他の天災

九 前各号に準ずる事故として財産の滅失、き損又は汚損をもたらすもの

（火災共済事業の認可の申請）

第14条の2 法第9条の7の2第1項の認可を受けようとする者は、様式第5の2による申請書2通に、それぞれ次の書類を添えて提出しなければならない。

一 定款

二 火災共済規程（法第9条の7の2第2項に規定する火災共済規程をいう。以下同じ。）

三 火災共済事業（法第9条の7の2第1項に規定する火災共済事業をいう。以下同じ。）に係る3事業年度の事業計画書

四 火災共済事業に係る3事業年度の収支予算書

五 常務に従事する役員の氏名及びその経歴を記載した書面

六 火災共済規程の設定を議決した総会又は総代会の議事録又はその謄本

七 火災共済事業以外の事業に係る3事業年度の事業計画書及び収支予算書

（火災共済規程の記載事項）

第14条の3 法第9条の7の2第2項（法第9条の9第5項において準用する場合を含む。）の主務省令で定める事項は、次のとおりとする。

一 事業の実施方法に関する事項

イ 被共済者又は共済の目的の範囲

ロ　火災等共済組合（法第９条の９第３項に規定する火災等共済組合をいう。以下同じ。）、火災等共済組合連合会（同項に規定する火災等共済組合連合会をいう。以下同じ。）又は同条第１項第三号の事業を行う協同組合連合会（以下「火災等共済組合等」と総称する。）の共済代理店の共済契約の締結の代理又は媒介に係る権限に関する事項

ハ　共済金額及び共済期間の制限

ニ　被共済者又は共済の目的の選択及び共済契約締結の手続に関する事項

ホ　共済掛金の収受、共済金の支払及び共済掛金の払戻しその他の返戻金に関する事項

ヘ　共済証書の記載事項並びに共済契約申込書の記載事項及びこれに添付すべき書類の種類

ト　再共済又は再保険に関する事項

チ　共済特約に関する事項

リ　契約者割戻しに関する事項

ヌ　共済約款の規定による貸付けに関する事項

ル　共済金額、共済の種類又は共済期間を変更する場合の取扱いに関する事項

ヲ　法第９条の９第１項第三号の事業を行う協同組合連合会との契約により、当該協同組合連合会と連帯して共済契約に係る共済責任を負担し、かつ、当該共済責任について負担部分を有しない火災共済事業を行う火災等共済組合又は火災等共済組合連合会（以下「共同火災共済事業組合」と総称する。）においては、その旨

ワ　その他事業の実施に関し必要な事項

二　共済契約に関する事項

イ　火災等共済組合等が共済金を支払わなければならない事由

ロ　共済契約無効の原因

ハ　火災等共済組合等が共済契約に基づく義務を免れる事由

ニ　火災等共済組合等の義務の範囲を定める方法及びその義務の履行の時期

ホ　共済契約者又は被共済者がその義務を履行しないことによって受ける損失

ヘ　共済契約の全部又は一部の解除の原因並びにその解除の場合において当事者が有する権利及び義務

ト　契約者割戻しを受ける権利を有する者がいる場合においては、その権利の範囲

チ　共済約款の適用に関する事項

三　共済掛金及び責任準備金の額の算出方法に関する事項

イ　共済掛金の計算の方法（その計算の基礎となる係数を要する場合においては、その係数を含む。）に関する事項

ロ　責任準備金の計算の方法（その計算の基礎となる係数を要する場合においては、その係数を含む。）に関する事項

関係法令

　　ハ　契約者価額の計算の方法及びその基礎に関する事項

　　ニ　契約者割戻しに充てるための準備金及び契約者割戻しの計算の方法に関する事項

　　ホ　第145条第1項第一号イに掲げる共済掛金積立金を計算する共済契約については、共済金額、共済の種類又は共済期間を変更する場合における計算の方法に関する事項

　　ヘ　その他共済の数理に関して必要な事項

2　共同火災共済事業組合は、前号第一号トに掲げる事項、同号イからヘまで及びチからルまでに掲げる事項に係る技術的事項、同項第二号イからチまでに掲げる事項並びに同項第三号イ及びハからヘまでに掲げる事項を火災共済規程に記載しないことができる。

（火災共済規程の変更の認可の申請）

第14条の4　法第9条の7の2第5項（法第9条の9第5項において準用する場合を含む。）の規定により火災等共済組合等の火災共済規程の変更の認可を受けようとする者は、様式第5の3による申請書2通に、それぞれ次の書類を添えて提出しなければならない。

　一　変更理由書

　二　火災共済規程中の変更しようとする箇所を記載した書面

　三　火災共済規程の変更を議決した総会又は総代会の議事録又はその謄本

2　火災等共済組合等の火災共済規程の変更が事業計画又は収支予算に係るものであるときは、前項に掲げる書類のほか、火災共済規程変更後の事業計画書又は収支予算書を提出しなければならない。

（銀行等が共済代理店として共済契約の募集を行うことのできる場合）

第15条　法第9条の7の5第1項（法第9条の9第5項及び第8項において準用する場合を含む。以下同じ。）において準用する保険業法第275条第1項第二号に規定する主務省令で定める場合は、共済代理店である銀行等（同法第275条第1項第一号の銀行等をいう。以下同じ。）又はその役員若しくは使用人が次の各号に掲げる共済契約の締結の代理又は媒介を行う場合であって、次項各号及び第3項各号に掲げる要件（第一号、第二号及び第四号から第七号までに掲げる共済契約の締結の代理又は媒介を行う場合にあっては、次項各号に掲げる要件）のいずれにも該当する場合とする。

　一　生命共済契約（人の生存又は死亡（当該人の余命が一定の期間以内であると医師により診断された身体の状態を含む。）に関し、一定額の共済金を支払うことを約し、共済掛金を収受する共済契約（傷害を受けたことを直接の原因とする人の死亡のみに係るものを除く。）をいう。以下同じ。）のうち、その共済金が住宅（居住の用に供する建物（その一部を事業の用に供するものを含む。）をいう。以下この項において同じ。）の建設、購入若しくは改良（これらに付随する土地又は借地権の取得を含む。）に係る債務の返

544

済に充てられるもの又は充てられることが確実なもの（当該共済金の額が当該債務の残高と同一であるものに限る。）

二　生命共済契約（共済契約者が法人であるものを除く。）のうち、被共済者の生存に関して共済金を支払うことを主たる目的とする共済契約であって、次に掲げる要件のいずれにも該当するもの

　イ　共済契約に基づき払い込まれる共済掛金（第151条第1項第三号に規定する既契約の責任準備金、返戻金の額その他の被共済者のために積み立てられている額（第七号イにおいて「転換価額」という。）を含む。以下この号において同じ。）の総額又は被共済者のために積み立てた金額により共済金の額及び当該共済契約の解約による返戻金の額が定められるもの

　ロ　当該共済契約に基づき被共済者の生存に関して支払う共済金以外の金銭の支払（契約者割戻し又は組合員に対する剰余金の分配及び解約による返戻金の支払を除く。）が、当該共済契約で定める被共済者の死亡（余命が一定の期間以内であると医師により診断された身体の状態及び重度の障害に該当する状態を含む。次号及び第九号並びに第4項第一号において同じ。）に関し支払う共済金に限られ、当該共済金の額が、当該共済金を支払う時点までに払い込まれた共済掛金の総額又は被共済者のために積み立てた金額に比して妥当なもの

三　生命共済契約（前2号に掲げるものを除く。）のうち、次に掲げる共済契約

　イ　被共済者の死亡に関し共済金を支払うことを約する共済契約（その締結の日から一定期間を経過した後共済金の額が減額されることが定められるものを除く。）であって、その共済期間が被共済者の死亡の時までとされるもの（共済掛金を一時に払い込むことを内容とするものに限る。）

　ロ　被共済者の生存又はその共済期間の満了前の被共済者の死亡に関し共済金を支払うことを約する共済契約（被共済者の死亡に関する共済金の額が被共済者の生存に関する共済金の額を超えるものを除く。）であって、共済期間が10年以下のもの（共済契約者が法人であるものを除く。）又は共済掛金を一時に払い込むことを内容とするもの

四　共済期間が1年を超える火災共済契約のうち、その共済の目的である住宅の建設、購入若しくは改良（これらに付随する土地又は借地権の取得を含む。）のための資金の全部若しくは一部として銀行等からの借入金が充当されているもの又は充当されることが確実なもの

五　次号ロに掲げる事由に関する共済契約又は損害共済契約（一定の偶然の事故によって生ずることのある損害をてん補することを約し、共済掛金を収受する共済契約（次号に規定する身体障害共済契約を除く。）をいう。以下同じ。）のうち、その共済金が住宅の建設、購入又は改良（これらに付随する土地又は借地権の取得を含む。）に係る債務の返済の

関係法令

支援に充てられることを目的として共済契約者又は被共済者の所得を補償するもの

六　身体障害共済契約（次に掲げる事由に関し、一定額の共済金を支払うこと又はこれらによって生ずることのある当該人の損害をてん補することを約し、共済掛金を収受する共済契約をいう。以下同じ。）若しくは損害共済契約のうち、人が外国への旅行のために住居を出発した後、住居に帰着するまでの間（以下この号において「海外旅行期間」という。）に発生した事由に関し共済金が支払われるもの又は生命共済契約のうち、海外旅行期間における当該人の死亡又は人が海外旅行期間中にかかった疾病を直接の原因とする当該人の死亡に関する共済契約

　イ　人が疾病にかかったこと。

　ロ　傷害を受けたこと又は疾病にかかったことを原因とする人の状態

　ハ　傷害を受けたことを直接の原因とする人の死亡

　ニ　イ又はロに掲げるものに類するものとして次に掲げるもの

　　(1)　出産及びこれを原因とする人の状態

　　(2)　老衰を直接の原因とする常時の介護を要する身体の状態

　　(3)　骨髄の提供及びこれを原因とする人の状態

　ホ　イ、ロ又はニに掲げるものに関し、治療（治療に類する行為として次に掲げるものを含む。以下同じ。）を受けたこと。

　　(1)　保健師助産師看護師法（昭和23年法律第203号）第３条に規定する助産師が行う助産

　　(2)　柔道整復師法（昭和45年法律第19号）第２条に規定する柔道整復師が行う施術

　　(3)　あん摩マッサージ指圧師、はり師、きゅう師等に関する法律（昭和22年法律第217号）に基づくあん摩マッサージ指圧師、はり師又はきゅう師が行う施術（医師の指示に従って行うものに限る。）

七　身体障害共済契約（傷害を受けたことを原因とする人の状態及び傷害を受けたことを直接の原因とする人の死亡に関するもの(共済契約者が法人であるものを除く。)のうち、その共済掛金の払込みが行われる期間の終了した後の一定期間において定期的に返戻金を支払うことを主たる目的とする共済契約に限る。）であって、次に掲げる要件のいずれにも該当するもの

　イ　共済契約に基づき払い込まれる共済掛金の総額（転換価額を含む。以下この号において同じ。）又は当該共済契約に係る返戻金を受け取る者のために逓増的に積み立てられた金額により返戻金の合計額及び当該共済契約の解約による返戻金が定められるもの

　ロ　共済契約に係る共済金の額が、当該共済金を支払う時点までに払い込まれた共済掛金の総額又は当該共済契約に係る返戻金を受け取る者のために逓増的に積み立てられ

た金額に比して妥当なもの

八　損害共済契約（事業活動に伴い、事業者が被る損害を対象とするもの、第四号から第六号までに掲げるもの及び自動車の管理又は運行に伴う損害を対象とする共済契約（責任共済等の契約を含む。）を除く。）のうち、次に掲げる要件のいずれかに該当するもの

イ　共済期間の満了後満期返戻金を支払うことを約する共済契約

ロ　法人その他の団体若しくは集団（以下この号において「団体等」という。）又はその代表者を共済契約者とし、当該団体等の構成員を被共済者とするものでなく、かつ、団体等の構成員を共済契約者とし、当該団体等若しくはその代表者又はそれらの委託を受けた者が組合のために共済契約者から共済掛金の収受を行うことを内容とする契約を伴うものでないもの

九　身体障害共済契約（次に掲げる事由に関するものに係るものに限る。）のうち、共済期間の満了後満期返戻金を支払うことを約する共済契約（第七号に掲げるものを除く。）

イ　傷害を受けたことを原因とする人の状態

ロ　傷害を受けたことを直接の原因とする人の死亡

ハ　イに定めるものに関し、治療を受けたこと。

十　前各号に掲げる共済契約以外のもの

2　共済代理店である銀行等又はその役員若しくは使用人が前項各号に掲げる共済契約の締結の代理又は媒介を行うときは、当該銀行等は、次に掲げる要件を満たさなければならない。

一　銀行等が、顧客に関する情報の利用について、次に掲げる措置を講じていること。

イ　その業務（共済契約の募集に係るものを除く。）において取り扱う顧客に関する非公開金融情報（その役員又は使用人が職務上知り得た顧客の預金、為替取引又は資金の借入れに関する情報その他の顧客の金融取引又は資産に関する公表されていない情報（第157条に規定する情報及び第158条に規定する特別の非公開情報を除く。）をいう。以下同じ。）が、事前に書面その他の適切な方法により当該顧客の同意を得ることなく共済契約の募集に係る業務（顧客が次項に規定する銀行等共済募集制限先に該当するかどうかを確認する業務を除く。）に利用されないことを確保するための措置

ロ　その共済契約の募集に係る業務において取り扱う顧客に関する非公開共済情報（その役員又は使用人が職務上知り得た顧客の生活、身体又は財産その他の事項に関する公表されていない情報で共済契約の募集のために必要なもの（第157条に規定する情報及び第158条に規定する特別の非公開情報を除く。）をいう。以下同じ。）が、事前に書面その他の適切な方法により当該顧客の同意を得ることなく資金の貸付けその他の共済契約の募集に係る業務以外の業務に利用されないことを確保するための措置

二　銀行等が、共済契約の募集の公正を確保するため、共済契約の募集に係る共済事業を行う組合の名称の明示、共済契約の締結にあたり顧客が自主的な判断を行うために必要

関係法令

と認められる情報の提供その他の事項に関する指針を定め、公表し、その実施のために必要な措置を講じていること。

三　銀行等が、共済契約の募集に係る法令等（法令、法令に基づく行政官庁の処分、当該銀行等の内部規則その他これらに準ずるものをいう。以下この号において同じ。）の遵守を確保する業務に係る責任者を共済契約の募集に係る業務を行う営業所又は事務所（他の法令等の遵守を確保する業務が複数の営業所又は事務所を一つの単位（共済契約の募集に係る業務を行う営業所又は事務所を含むものに限る。）として行われている場合にあっては当該単位）ごとに、当該責任者を指揮し共済契約の募集に係る法令等の遵守を確保する業務を統括管理する統括責任者を本店又は主たる事務所に、それぞれ配置していること。

3　共済代理店である銀行等又はその役員若しくは使用人が第1項第三号及び第八号から第十号までに掲げる共済契約の締結の代理又は媒介を行うときは、当該銀行等は、次に掲げる要件を満たさなければならない。

一　銀行等が、次に掲げる者（当該銀行等が、第5項に規定する定めをした協同組織金融機関（信用金庫、労働金庫、信用協同組合及び農業協同組合等（農業協同組合法（昭和22年法律第132号）第10条第1項第三号（信用事業）の事業を行う農業協同組合並びに水産業協同組合法（昭和23年法律第242号）第11条第1項第四号又は第93条第1項第二号（信用事業）の事業を行う漁業協同組合及び水産加工業協同組合をいう。以下この号において同じ。）をいう。以下同じ。）である場合にあっては、当該協同組織金融機関の会員又は組合員（会員又は組合員である法人の代表者を含み、当該協同組織金融機関が農業協同組合等である場合にあっては、組合員と同一の世帯に属する者を含む。以下同じ。）である者を除く。以下「銀行等共済募集制限先」という。）を共済契約者又は被共済者とする共済契約（第1項第三号及び第八号から第十号までに掲げるものに限り、既に締結されている共済契約（その締結の代理又は媒介を当該銀行等又はその役員若しくは使用人が手数料その他の報酬を得て行ったものに限る。）の更改（共済金額その他の給付の内容の拡充（当該共済契約の目的物の価値の増加その他これに類する事情に基づくものを除く。）又は共済期間の延長を含むものを除く。第19条第1項第十号において同じ。）又は更新に係るものを除く。）の締結の代理又は媒介を手数料その他の報酬を得て行わないことを確保するための措置を講じていること。

イ　当該銀行等が法人等（法人その他の団体であって、国、地方公共団体及び銀行法施行令（昭和57年政令第40号）第4条第13項各号に掲げるものその他の事業所管大臣（組合員の資格として定款に定められる事業を所管する大臣をいう。以下同じ。）が定めるものを除いたものをいう。以下この号、次項及び第19条第1項第十号において同じ。）又はその代表者に対し当該法人等の事業に必要な資金の貸付け（手形の割引を含む。

以下同じ。）を行っている場合における当該法人等及びその代表者

ロ　当該銀行等が事業を行う個人に対し当該事業に必要な資金の貸付けを行っている場合における当該個人

ハ　当該銀行等が小規模事業者（常時使用する従業員の数が50人（当該銀行等が特例地域金融機関である場合にあっては、20人）以下の事業者をいう。以下この号において同じ。）である個人又は法人等若しくはその代表者に対し、当該小規模事業者の事業に必要な資金の貸付けを行っている場合における当該小規模事業者が常時使用する従業員及び当該法人等の役員（代表者を除く。）

二　銀行等が、顧客が銀行等共済募集制限先に該当するかどうかを確認する業務その他組合から委託を受けた業務を的確に遂行するための措置及び共済契約の募集に係る業務が当該銀行等のその他の業務の健全かつ適切な運営に支障を及ぼさないようにするための措置を講じていること。

三　銀行等が、その使用人のうち事業に必要な資金の貸付けに関して顧客と応接する業務を行う者が、共済契約の募集（第1項第三号及び第八号から第十号までに掲げる共済契約に係るものに限る。）を行わないことを確保するための措置（当該銀行等が特例地域金融機関である場合にあっては、当該措置に代わるものとして事業所管大臣が定める措置）を講じていること。

4　この条において「特例地域金融機関」とは、その営業地域が特定の都道府県に限られているものとして事業所管大臣が定める金融機関であって、当該金融機関又はその役員若しくは使用人が、当該金融機関の融資先従業員等（当該金融機関が事業を行う個人又は法人等若しくはその代表者に対し当該事業に必要な資金の貸付けを行っている場合における当該個人若しくは法人等が常時使用する従業員又は当該法人等の役員（代表者を除く。）をいう。）を共済契約者として第1項第三号又は第十号に掲げる共済契約（これに相当する内容の共済特約を含む。次項において同じ。）の締結の代理又は媒介を行う場合において、次の各号に掲げる共済契約については、それぞれ当該各号の区分に応じ、当該共済契約者1人当たりの共済金その他の給付金の額の合計が当該各号に定める金額までを限り、共済契約の募集を行う旨の定めを第2項第二号に規定する指針に記載しているものをいう。

一　人の生存又は死亡に関し、一定額の共済金を支払うことを約し、共済掛金を収受する共済契約（傷害を受けたことを直接の原因とする人の死亡のみに係るものを除く。）1,000万円

二　次に掲げる事由に関し、一定額の共済金を支払うこと又はこれらによって生ずることのある当該人の損害をてん補することを約し、共済掛金を収受する共済契約のうち事業所管大臣が定めるもの　事業所管大臣が定める金額

イ　人が疾病にかかったこと。

関係法令

ロ　疾病にかかったことを原因とする人の状態（重度の障害に該当する状態を除く。）

ハ　第１項第六号ニに掲げる事由

ニ　イからハまでに掲げるものに関し、治療を受けたこと。

5　共済代理店である協同組織金融機関は、当該協同組織金融機関又はその役員若しくは使用人が、第３項第一号イからハまでに掲げる者に該当する当該協同組織金融機関の会員又は組合員を共済契約者として第１項第三号又は第十号に掲げる共済契約の締結の代理又は媒介を行う場合において、前項各号に掲げる共済契約については、それぞれ当該各号の区分に応じ、当該共済契約者１人当たりの共済金その他の給付金の額の合計が当該各号に定める金額までを限り、共済契約の募集を行う旨の定めを第２項第二号に規定する指針に記載しなければならない。

6　共済代理店である銀行等又はその役員若しくは使用人が第１項第一号、第二号及び第四号から第七号までに掲げる共済契約の締結の代理又は媒介を行う場合において、次に掲げる場合は、当該共済契約に付される共済特約は、当該共済契約の内容と関連性が高く、かつ、当該共済特約に係る共済掛金及び共済金額が当該共済契約に係る共済掛金及び共済金額と比して妥当なものでなければならない。

一　当該銀行等が第３項各号に掲げる要件を満たしていない場合

二　当該共済契約の共済契約者又は被共済者が銀行等共済募集制限先である場合（前号の場合を除く。）

（利用者に対する説明）

第16条　法第９条の７の５第１項において準用する保険業法第294条第三号の主務省令で定める事項は、共済事業を行う組合の役員及び使用人並びに当該共済事業を行う組合の共済代理店並びにその役員及び使用人（以下「共済募集人」という。）の商号、名称又は氏名とする。

〔注〕第16条は、平成27年５月27日省令第３号により改正され、平成28年５月29日から施行

第16条中「第294条第三号」を「第294条第３項第三号」に改める。

（自己契約に係る共済掛金の合計額）

第17条　法第９条の７の５第１項において準用する保険業法第295条第２項に規定する共済契約の募集を行った自己契約に係る共済掛金（以下この項において「共済契約の募集を行った自己契約に係る共済掛金」という。）の合計額として主務省令で定めるところにより計算した額は、共済代理店が直近の２事業年度において共済契約の募集を行った自己契約に係る共済掛金（自己又は自己を雇用する者を共済契約者とする共済契約にあっては、次に掲げるすべての条件を満たす共済契約に係る共済掛金を除く。）の１事業年度当たりの平

550

中小企業等協同組合法施行規則

均額に相当する額とする。

一　共済契約者に被共済利益（共済事故が発生しないことについて被共済者の有する経済的利益）がないこと。

二　共済掛金は、被共済者が負担していること。

三　自己又は自己を雇用する者を共済契約者とすることについて、やむを得ない事情があること。

2　法第9条の7の5第1項において準用する保険業法第295条第2項に規定する共済契約の募集を行った共済契約に係る共済掛金の合計額として主務省令で定めるところにより計算した額は、共済代理店が直近の2事業年度において共済契約の募集を行った共済契約に係る共済掛金の1事業年度当たりの平均額に相当する額とする。

3　前2項に規定する共済掛金については、共済代理店が2以上の組合の共済契約の締結を代理又は媒介する場合には、当該2以上の組合のすべてに係る共済掛金を合計するものとする。

4　第1項及び第2項に規定する共済掛金は、実際に収受した額により計算するものとし、分割払いの共済契約及び共済期間が1年を超える共済契約にあっては、1年間当たりの額に換算した額の共済掛金とする。

（将来における金額が不確実な事項）

第18条　法第9条の7の5第1項において準用する保険業法第300条第1項第七号に規定する主務省令で定める事項は、資産の運用実績その他の要因によりその金額が変動する共済金、返戻金その他の給付金又は共済掛金とする。

（共済契約の締結又は共済契約の募集に関する禁止行為）

第19条　法第9条の7の5第1項において準用する保険業法第300条第1項第九号に規定する主務省令で定める行為は、次に掲げる行為とする。

一　何らの名義によってするかを問わず、法第9条の7の5第1項において準用する保険業法第300条第1項第五号に規定する行為の同項の規定による禁止を免れる行為

二　共済契約者又は被共済者に対して、威迫し、又は業務上の地位等を不当に利用して共済契約の申込みをさせ、又は既に成立している共済契約を消滅させる行為

三　共済事業を行う組合との間で共済契約を締結することを条件として当該組合の子会社等（法第61条の2第2項に規定する子会社等をいう。以下同じ。）が当該共済契約に係る共済契約者又は被共済者に対して信用を供与し、又は信用の供与を約していることを知りながら、当該共済契約者に対して当該共済契約の申込みをさせる行為

四　共済契約者若しくは被共済者又は不特定の者に対して、共済契約等に関する事項で

551

関係法令

あってその判断に影響を及ぼすこととなる重要なものにつき、誤解させるおそれのある
ことを告げ、又は表示する行為

五　共済契約者に対して、共済契約の種類又は共済事業を行う組合の名称を他のものと誤
解させるおそれのあることを告げる行為

六　共済掛金を一時に払い込むことを内容とする共済契約の締結の代理又は媒介を行う際
に、その利用者が行う当該共済契約の申込みが法第９条の７の５第１項において準用す
る保険業法第309条第１項に規定する共済契約の申込みの撤回等を行うことができない
場合（同項第一号から第五号まで及び中小企業等協同組合法施行令（以下「令」という。）
第８条第五号に掲げる場合並びに当該共済事業を行う組合が当該申込みの撤回等に応じ
ることとしている場合を除く。）に該当する場合において、当該利用者に対しその旨の
説明を書面の交付により行わず、又は当該利用者から当該書面を受領した旨の確認を署
名若しくは押印を得ることにより行わずに当該共済契約の申込みをさせる行為

七　共済代理店である銀行等又はその役員若しくは使用人が、当該銀行等が行う信用供与
の条件として共済契約の募集をする行為その他の当該銀行等の取引上の優越的な地位を
不当に利用して共済契約の募集をする行為

八　共済代理店である銀行等又はその役員若しくは使用人が、あらかじめ、顧客に対し、
当該共済契約の締結の代理又は媒介に係る取引が当該銀行等の当該顧客に関する業務に
影響を与えない旨の説明を書面の交付により行わずに共済契約の募集をする行為

九　共済代理店である銀行等又はその役員若しくは使用人が、あらかじめ、顧客に対し、
銀行等共済募集制限先に該当するかどうかを確認する業務に関する説明を書面の交付に
より行わずに第15条第１項第三号及び第八号から第十号までに掲げる共済契約の締結の
代理又は媒介を行う行為

十　共済代理店である銀行等又はその役員若しくは使用人が、顧客が当該銀行等に対し資
金の貸付けの申込みを行っていることを知りながら、当該顧客又はその密接関係者（当
該顧客が法人等である場合の当該法人等の代表者、又は当該顧客が法人等の代表者であ
り、当該資金の貸付けが当該法人等の事業に必要な資金の貸付けである場合の当該法人
等をいう。以下同じ。）（当該銀行等が協同組織金融機関である場合にあっては、当該協
同組織金融機関の会員又は組合員である者を除く。以下同じ。）に対し、第15条第１項
第三号及び第八号から第十号までに掲げる共済契約（金銭消費貸借契約、賃貸借契約そ
の他の契約（事業に必要な資金に係るものを除く。）に係る債務の履行を担保するため
の共済契約及び既に締結されている共済契約（その締結の代理又は媒介を当該銀行等の
役員若しくは使用人が手数料その他の報酬を得て行ったものに限る。）の更新又は更改
に係る共済契約を除く。）の締結の代理又は媒介を行う行為

十一　共済代理店である銀行等又はその役員若しくは使用人が、第15条第１項第一号に掲

げる共済契約の締結の代理又は媒介を行う際に、共済契約者に対し、当該共済契約者が当該共済契約に係る共済金が充てられるべき債務の返済に困窮した場合の当該銀行等における相談窓口及びその他の相談窓口の説明を書面の交付により行わずに当該共済契約の申込みをさせる行為

十二　共済代理店である銀行等の特定関係者（銀行法施行令第4条の2第1項第一号から第十号まで（長期信用銀行法施行令（昭和57年政令第42号）第6条第1項において準用する場合を含む。）、信用金庫法施行令（昭和43年政令第142号）第11条の2第1項第一号、労働金庫法施行令（昭和57年政令第46号）第5条の2第1項第一号、協同組合による金融事業に関する法律施行令（昭和57年政令第44号）第3条の2第1項第一号、農業協同組合法施行令（昭和37年政令第271号）第5条の8各号（第三号にあっては、農業協同組合及び農業協同組合連合会の信用事業に関する命令（平成5年大蔵省・農林水産省令第1号）第10条第1項第一号に掲げる者に限る。）、水産業協同組合法施行令（平成5年政令第328号）第9条第1項第一号及び農林中央金庫法施行令（平成13年政令第285号）第8条第1項第一号に規定する者をいう。以下この項において同じ。）又はその役員若しくは使用人が、自己との間で共済契約の締結の代理又は媒介を行うことを条件として当該銀行等が当該共済契約に係る共済契約者又は被共済者に対して信用を供与し、又は信用の供与を約していることその他の取引上の優越的地位を不当に利用していることを知りながら共済契約の募集をする行為

十三　共済代理店である銀行等の特定関係者又はその役員若しくは使用人が、その共済契約者又は被共済者が当該銀行等に係る銀行等共済募集制限先に該当することを知りながら、共済契約（第15条第1項第一号、第二号及び第四号から第七号までに掲げる共済契約（当該共済契約に共済特約が付される場合にあっては、当該共済特約が当該共済契約の内容と関連性が高く、かつ、当該共済特約に係る共済掛金及び共済金額が当該共済契約に係る共済掛金及び共済金額と比して妥当なものに限る。次号において同じ。）を除く。）の締結の代理又は媒介を行う行為

十四　共済代理店である銀行等の特定関係者又はその役員若しくは使用人が、顧客が当該銀行等に対し資金の貸付けの申込みをしていることを知りながら、当該顧客又はその密接関係者に対し、共済契約（第15条第1項第一号、第二号及び第四号から第七号までに掲げる共済契約を除く。）の締結の代理又は媒介を行う行為

十五　共済代理店が、その取り扱う個人である利用者に関する情報の安全管理、従業者の監督及び当該情報の取扱いを委託する場合にはその委託先の監督について、当該情報の漏えい、滅失又はき損の防止を図るために必要かつ適切な措置を怠ること。

十六　信用情報に関する機関（資金需要者の借入金返済能力に関する情報の収集及び共済事業を行う組合に対する当該情報の提供を行うものをいう。）から提供を受けた情報で

関係法令

あって個人である資金需要者の借入金返済能力に関するものを、資金需要者の返済能力の調査以外の目的のために利用しないことを確保するための措置を怠ること。

十七　その業務上取り扱う個人である利用者に関する人種、信条、門地、本籍地、保健医療又は犯罪経歴についての情報その他の特別の非公開情報（その業務上知り得た公表されていない情報をいう。）を、当該業務の適切な運営の確保その他必要と認められる目的以外の目的のために利用しないことを確保するための措置を怠ること。

十八　共済事業を行う組合又は共済代理店である銀行代理業者等（銀行法（昭和56年法律第59号）第２条第15項に規定する銀行代理業者、長期信用銀行法（昭和27年法律第187号）第16条の５第３項に規定する長期信用銀行代理業者、信用金庫法（昭和26年法律第238号）第85条の２第３項に規定する信用金庫代理業者、労働金庫法（昭和28年法律第227号）第89条の３第３項に規定する労働金庫代理業者、協同組合による金融事業に関する法律（昭和24年法律第183号）第６条の３第３項に規定する信用協同組合代理業者、農業協同組合法第92条の２第３項に規定する特定信用事業代理業者、水産業協同組合法第121条の２第３項に規定する特定信用事業代理業者及び農林中央金庫法（平成13年法律第93号）第95条の２第３項に規定する農林中央金庫代理業者をいう。以下同じ。）が、次に掲げる措置を怠ること。

イ　その銀行代理業等（銀行法第２条第14項に規定する銀行代理業、長期信用銀行法第16条の５第２項に規定する長期信用銀行代理業、信用金庫法第85条の２第２項に規定する信用金庫代理業、労働金庫法第89条の３第２項に規定する労働金庫代理業、協同組合による金融事業に関する法律第６条の３第２項に規定する信用協同組合代理業、農業協同組合法第92条の２第２項に規定する特定信用事業代理業、水産業協同組合法第121条の２第２項に規定する特定信用事業代理業及び農林中央金庫法第95条の２第２項に規定する農林中央金庫代理業をいう。）において取り扱う顧客に関する非公開金融情報を、事前に書面その他の適切な方法により当該顧客の同意を得ることなく共済契約の募集に係る業務に利用しないことを確保するための措置

ロ　その共済契約の募集に係る業務において取り扱う顧客に関する非公開共済情報を、事前に書面その他の適切な方法により当該顧客の同意を得ることなく銀行代理業等及び銀行代理業等に付随する業務に利用しないことを確保するための措置

十九　共済事業を行う組合又は共済代理店である銀行代理業者等が、共済契約の募集に係る法令等（法令、法令に基づく行政官庁の処分、当該銀行代理業者等の内部規則その他これらに準ずるものをいう。以下この号において同じ。）の遵守を確保する業務に係る責任者を共済契約の募集に係る業務を行う営業所又は事務所（他の法令等の遵守を確保する業務が複数の営業所又は事務所を一つの単位（共済契約の募集に係る業務を行う営業所又は事務所を含むものに限る。）として行われている場合にあっては当該単位）ご

とに、当該責任者を指揮し共済契約の募集に係る法令等の遵守を確保する業務を統括管理する統括責任者を本店又は主たる事務所に、それぞれ配置するために必要かつ適切な措置を怠ること。

2 前項第七号に規定する行為は、共済事業を行う組合である銀行代理業者等の役員（代表理事及び監事を除く。以下この項において同じ。）若しくは使用人又は共済代理店である銀行代理業者等若しくはその役員若しくは使用人について、同項第十一号に規定する行為は、生命共済契約の締結を行う組合である銀行代理業者等の役員若しくは使用人又は生命共済契約の募集を行う共済代理店である銀行代理業者等若しくはその役員若しくは使用人について、それぞれ準用する。この場合において、同項第七号中「当該銀行等」とあるのは「当該銀行代理業者等」と、「信用供与」とあるのは「資金の貸付け又は手形の割引を内容とする契約の締結の代理又は媒介」と、同項第十一号中「当該銀行等」とあるのは「当該銀行代理業者等及びその所属銀行等（銀行法第２条第16項に規定する所属銀行、長期信用銀行法第16条の５第３項に規定する所属長期信用銀行、信用金庫法第85条の２第３項に規定する所属信用金庫、労働金庫法第89条の３第３項に規定する所属労働金庫、協同組合による金融事業に関する法律第６条の３第３項に規定する所属信用協同組合、農業協同組合法第92条の２第３項に規定する所属組合、水産業協同組合法第121条の２第３項に規定する所属組合及び農林中央金庫法第95条の２第３項に規定する農林中央金庫をいう。以下この条において同じ。）」と読み替えるものとする。

3 第１項第十二号に規定する行為は、共済事業を行う組合又は共済代理店である銀行代理業者等の特定関係者（銀行法施行令第４条の２第１項第十一号から第十三号まで（第十一号にあっては、同号に規定する銀行代理業者を除き、これらの規定を長期信用銀行法施行令第６条第１項において準用する場合を含む。）、信用金庫法施行令第11条の２第１項第二号から第四号まで（第二号にあっては、同号に規定する信用金庫代理業者を除く。）、労働金庫法施行令第５条の２第１項第二号から第四号まで（第二号にあっては、同号に規定する労働金庫代理業者を除く。）、協同組合による金融事業に関する法律施行令第３条の２第１項第二号から第四号まで（第二号にあっては、同号に規定する信用協同組合代理業者を除く。）、水産業協同組合法施行令第９条第１項第二号から第四号まで（第二号にあっては、同号に規定する特定信用事業代理業者を除く。）、農林中央金庫法施行令第８条第１項第二号から第四号まで（第二号にあっては、同号に規定する農林中央金庫代理業者を除く。）及び農業協同組合及び農業協同組合連合会の信用事業に関する命令第10条第１項第二号から第四号まで（第二号にあっては、同号に規定する特定信用事業代理業者を除く。）に規定する者をいう。）又はその役員若しくは使用人について準用する。この場合において、第１項第十二号中「当該銀行等が当該共済契約に係る共済契約者又は被共済者に対して信用を供与し、又は信用の供与を約していること」とあるのは、「当該銀行代理業者等が当

関係法令

該共済契約に係る共済契約者又は被共済者に対してその所属銀行等が行う資金の貸付け又は手形の割引を内容とする契約の締結を代理若しくは媒介し、又は当該代理若しくは媒介を約していること」と読み替えるものとする。

4　銀行等である共済代理店は、第1項第八号及び第九号の規定による書面の交付に代えて、第7項で定めるところにより、当該顧客の承諾を得て、当該書面に記載すべき事項を電子情報処理組織を使用する方法その他の情報通信の技術を利用する方法であって次に掲げるもの（以下この条において「電磁的方法」という。）により提供することができる。この場合において、当該銀行等である共済代理店は、当該書面の交付をしたものとみなす。

一　電子情報処理組織を使用する方法であって、銀行等である共済代理店の使用に係る電子計算機に備えられたファイルに記録された書面に記載すべき事項を電気通信回線を通じて顧客の閲覧に供する方法

二　磁気ディスク、シー・ディー・ロムその他これらに準ずる方法により一定の事項を確実に記録しておくことができる物をもって調製するファイルに書面に記載すべき事項を記録したものを交付する方法

5　前項各号に掲げる方法は、顧客がファイルへの記録を出力することにより書面を作成できるものでなければならない。

6　第4項第一号の「電子情報処理組織」とは、銀行等である共済代理店の使用に係る電子計算機と、顧客の使用に係る電子計算機とを電気通信回線で接続した電子情報処理組織をいう。

7　銀行等である共済代理店は、第4項の規定により同項に規定する事項を提供しようとするときは、あらかじめ、当該顧客に対し、その用いる次に掲げる電磁的方法の種類及び内容を示し、書面又は電磁的方法による承諾を得なければならない。

一　第4項各号に規定する方法のうち銀行等である共済代理店が使用するもの

二　ファイルへの記録の方式

8　前項の規定による承諾を得た銀行等である共済代理店は、当該顧客から書面又は電磁的方法により電磁的方法による提供を受けない旨の申出があったときは、当該顧客に対し、書面に記載すべき事項の提供を電磁的方法によってしてはならない。ただし、当該顧客が再び同項の規定による承諾をした場合は、この限りでない。

（書面の内容等）

第20条　法第9条の7の5第1項において準用する保険業法第309条第1項第一号に規定する書面には、共済契約の申込みの撤回又は解除に関する同条各項に規定する事項を記載しなければならない。

2　前項の書面には、工業標準化法（昭和24年法律第185号）に基づく日本工業規格（第44

条において「日本工業規格」という。）Z8305に規定する 8 ポイント以上の文字及び数字を用いなければならない。

3　第 1 項の書面を申込者等（法第 9 条の 7 の 5 第 1 項において準用する保険業法第309条第 1 項に規定する申込者等をいう。以下同じ。）に交付する場合は、申込者等に当該書面を十分に読むべき旨を告げて交付する方法その他の申込者等が確実に当該書面の記載内容を了知する方法により交付しなければならない。

（共済契約の申込みの撤回等に係る情報通信の技術を利用する方法）

第21条　法第 9 条の 7 の 5 第 1 項において準用する保険業法第309条第 2 項の主務省令で定める方法は、次に掲げる方法とする。

一　電子情報処理組織を使用する方法のうちイ又はロに掲げるもの

イ　共済事業を行う組合の使用に係る電子計算機と申込者等の使用に係る電子計算機とを接続する電気通信回線を通じて送信し、受信者の使用に係る電子計算機に備えられたファイルに記録する方法

ロ　共済事業を行う組合の使用に係る電子計算機に備えられたファイルに記録された書面に記載すべき事項を電気通信回線を通じて申込者等の閲覧に供し、当該申込者等の使用に係る電子計算機に備えられたファイルに当該事項を記録する方法（法第 9 条の 7 の 5 第 1 項において準用する保険業法第309条第 2 項前段に規定する方法による提供を受ける旨の承諾又は受けない旨の申出をする場合にあっては、共済事業を行う組合の使用に係る電子計算機に備えられたファイルにその旨を記録する方法）

二　磁気ディスク、シー・ディー・ロムその他これらに準ずる方法により一定の事項を確実に記録しておくことができる物をもって調製するファイルに書面に記載すべき事項を記録したものを交付する方法

2　前項各号に掲げる方法は、申込者等がファイルへの記録を出力することにより書面を作成することができるものでなければならない。

3　第 1 項各号に掲げる方法により書面に記載すべき事項を提供する場合は、申込者等に当該事項を十分に読むべき旨が表示された画像を閲覧させることその他の申込者等が確実に当該事項の内容を了知する方法により提供しなければならない。

4　第 1 項第一号の「電子情報処理組織」とは、共済事業を行う組合の使用に係る電子計算機と、申込者等の使用に係る電子計算機とを電気通信回線で接続した電子情報処理組織をいう。

第22条　令第 9 条第 1 項の規定により示すべき方法の種類及び内容は、次に掲げる事項とする。

関係法令

　　一　前条第1項各号に規定する方法のうち共済事業を行う組合が使用するもの
　　二　ファイルへの記録の方式

第23条　法第9条の7の5第1項において準用する保険業法第309条第3項の主務省令で定める方法は、第21条第1項第二号に掲げる方法とする。

（共済契約の申込みの撤回等ができない場合）
第24条　令第8条第三号に規定する主務省令で定める方法は、次に掲げる方法とする。
　　一　郵便を利用する方法
　　二　ファクシミリ装置その他これに準ずる通信機器又は情報処理の用に供する機器を利用する方法
　　三　預金又は貯金の口座に対する払込みによる方法
　　四　共済事業を行う組合が設置した機器を利用する方法

（共済契約の解除の場合における当該解除までの期間に相当する共済掛金）
第25条　法第9条の7の5第1項において準用する保険業法第309条第5項に規定する主務省令で定める金額は、当該共済契約に係る共済掛金として既に受領し、又は受領すべき金銭の額を当該共済契約の共済期間のうち当該金銭の額に対応する期間（以下「共済掛金期間」という。）の総日数で除した額に、当該共済掛金期間の開始の日から当該共済契約の解除の日までの日数を乗じた額に相当する金額を限度とする。
2　前項の規定により算出した金額について生じた1円未満の端数は、切り捨てる。

（特定共済契約）
第26条　法第9条の7の5第2項（法第9条の9第5項又は第8項において準用する場合を含む。次条から第51条までにおいて同じ。）に規定する主務省令で定めるものは、次に掲げる共済契約とする。
　　一　その責任準備金の金額に対応する財産の価額により、共済金等（法第58条第6項の共済金等をいう。以下同じ。）の金額が変動する共済契約
　　二　解約による返戻金の額が、金利、通貨の価格、金融商品市場（金融商品取引法（昭和23年法律第25号）第2条第14項に規定する金融商品市場をいう。以下同じ。）における相場その他の指標に係る変動により共済掛金の合計額を下回ることとなるおそれがある共済契約（前号に掲げるものを除く。）
　　三　共済金等の額を外国通貨をもって表示する共済契約（次に掲げるものを除く。）
　　　イ　前2号に掲げるもの

ロ　一定の偶然の事故によって生ずることのある損害をてん補することを約し、共済掛
金を収受する共済契約であって、共済事業を行う組合がてん補すべき損害の額を当該
外国通貨をもって表示するもの（共済期間の満了後満期返戻金を支払う旨を約する共
済契約を除き、事業者（法人その他の団体及び事業として又は事業のために契約の当
事者となる場合における個人をいう。）を共済契約者とするものに限る。）

（契約の種類）
第27条　法第９条の７の５第２項において準用する金融商品取引法第34条に規定する主務
省令で定めるものは、特定共済契約（法第９条の７の５第２項に規定する特定共済契約を
いう。第36条第二号ニを除き、以下同じ。）とする。

第28条　削除

（申出をした特定投資家に交付する書面の記載事項）
第29条　法第９条の７の５第２項において準用する金融商品取引法第34条の２第３項第四
号に規定する主務省令で定める事項は、同項に規定する申出者は、同条第２項の規定によ
る承諾を行った共済事業を行う組合のみから対象契約（同項に規定する対象契約をいう。
第31条の２において同じ。）に関して特定投資家（同法第２条第31項に規定する特定投資
家をいう。以下同じ。）以外の利用者として取り扱われることになる旨とする。

（情報通信の技術を利用した提供）
第30条　法第９条の７の５第２項において準用する金融商品取引法第34条の２第４項（法
第９条の７の５第２項において準用する金融商品取引法第34条の３第12項（法第９条の７
の５第２項において準用する金融商品取引法第34条の４第６項において準用する場合を含
む。）、第34条の４第３項、第37条の３第２項及び第37条の４第２項において準用する場合
を含む。以下この条において同じ。）に規定する主務省令で定めるものは、次に掲げるも
のとする。
一　電子情報処理組織を使用する方法のうち次に掲げるもの
　イ　共済事業を行う組合又は共済代理店（法第９条の７の５第２項において準用する金
融商品取引法第34条の２第４項に規定する事項の提供を行う共済事業を行う組合又は
共済代理店との契約によりファイルを自己の管理する電子計算機に備え置き、これを
当該事項を提供する相手方（以下この条において「利用者」という。）又は当該共済
事業を行う組合若しくは共済代理店の用に供する者を含む。以下この条において同
じ。）の使用に係る電子計算機と利用者等（利用者及び利用者との契約により利用者

関係法令

ファイル（専ら利用者の用に供せられるファイルをいう。以下この条において同じ。）を自己の管理する電子計算機に備え置く者をいう。以下この条において同じ。）の使用に係る電子計算機とを接続する電気通信回線を通じて書面に記載すべき事項（以下この条において「記載事項」という。）を送信し、利用者等の使用に係る電子計算機に備えられた利用者ファイルに記録する方法（同項に規定する方法による提供を受ける旨の承諾又は受けない旨の申出をする場合にあっては、同項に規定する事項の提供を行う共済事業を行う組合又は共済代理店の使用に係る電子計算機に備えられたファイルにその旨を記録する方法）

ロ　共済事業を行う組合又は共済代理店の使用に係る電子計算機に備えられたファイルに記録された記載事項を電気通信回線を通じて利用者の閲覧に供し、利用者等の使用に係る電子計算機に備えられた当該利用者の利用者ファイルに当該記載事項を記録する方法（法第９条の７の５第２項において準用する金融商品取引法第34条の２第４項に規定する方法による提供を受ける旨の承諾又は受けない旨の申出をする場合にあっては、共済事業を行う組合又は共済代理店の使用に係る電子計算機に備えられたファイルにその旨を記録する方法）

ハ　共済事業を行う組合又は共済代理店の使用に係る電子計算機に備えられた利用者ファイルに記録された記載事項を電気通信回線を通じて利用者の閲覧に供する方法

ニ　閲覧ファイル（共済事業を行う組合又は共済代理店の使用に係る電子計算機に備えられたファイルであって、同時に複数の利用者の閲覧に供するため記載事項を記録させるファイルをいう。以下この条において同じ。）に記録された記載事項を電気通信回線を通じて利用者の閲覧に供する方法

二　磁気ディスク、シー・ディー・ロムその他これらに準ずる方法により一定の事項を確実に記録しておくことができる物をもって調製するファイルに記載事項を記録したものを交付する方法

2　前項各号に掲げる方法は、次に掲げる基準に適合するものでなければならない。

一　利用者が利用者ファイル又は閲覧ファイルへの記録を出力することにより書面を作成できるものであること。

二　前項第一号イ、ハ又はニに掲げる方法（利用者の使用に係る電子計算機に備えられた利用者ファイルに記載事項を記録する方法を除く。）にあっては、記載事項を利用者ファイル又は閲覧ファイルに記録する旨又は記録した旨を利用者に対し通知するものであること。ただし、利用者が当該記載事項を閲覧していたことを確認したときはこの限りでない。

三　前項第一号ハ又はニに掲げる方法にあっては、記載事項に掲げられた取引を最後に行った日以後５年間（当該期間が終了する日までの間に当該記載事項に係る苦情の申出

があったときは、当該期間が終了する日又は当該苦情が解決した日のいずれか遅い日までの間）次に掲げる事項を消去し又は改変することができないものであること。ただし、閲覧に供している記載事項を書面により交付する場合、利用者の承諾（令第10条第1項に規定する方法による承諾をいう。）を得て前項第一号イ、ロ若しくは同項第二号に掲げる方法により提供する場合又は利用者による当該記載事項に係る消去の指図がある場合は、当該記載事項を消去することができる。

　イ　前項第一号ハに掲げる方法については、利用者ファイルに記録された記載事項

　ロ　前項第一号ニに掲げる方法については、閲覧ファイルに記録された記載事項

四　前項第一号ニに掲げる方法にあっては、次に掲げる基準に適合するものであること。

　イ　利用者が閲覧ファイルを閲覧するために必要な情報を利用者ファイルに記録するものであること。

　ロ　前号に規定する期間を経過するまでの間において、イの規定により利用者が閲覧ファイルを閲覧するために必要な情報を記録した利用者ファイルと当該閲覧ファイルとを電気通信回線を通じて接続可能な状態を維持させること。ただし、閲覧の提供を受けた利用者が接続可能な状態を維持させることについて不要である旨通知した場合は、この限りでない。

3　第1項第一号の「電子情報処理組織」とは、共済事業を行う組合又は共済代理店の使用に係る電子計算機と、利用者ファイルを備えた利用者等又は共済事業を行う組合若しくは共済代理店の使用に係る電子計算機とを電気通信回線で接続した電子情報処理組織をいう。

（電磁的方法の種類及び内容）

第31条　令第10条第1項及び第11条第1項の規定により示すべき方法の種類及び内容は、次に掲げる事項とする。

一　前条第1項各号又は第31条の3第1項各号に掲げる方法のうち共済事業を行う組合が使用するもの

二　ファイルへの記録の方式

（特定投資家への復帰申出をした者が同意を行う書面の記載事項）

第31条の2　法第9条の7の5第2項において準用する金融商品取引法第34条の2第11項に規定する主務省令で定める事項は、次に掲げる事項とする。

一　法第9条の7の5第2項において準用する金融商品取引法第34条の2第11項の規定による承諾をする日（第四号及び第五号において「承諾日」という。）

二　対象契約が特定共済契約である旨

関係法令

　三　復帰申出者（法第９条の７の５第２項において準用する金融商品取引法第34条の２第
　　11項に規定する復帰申出者をいう。以下この条において同じ。）が次に掲げる事項を理
　　解している旨
　　イ　法第９条の７の５第２項において準用する金融商品取引法第45条各号に掲げる規定
　　　は、対象契約に関して復帰申出者が当該各号に定める者である場合（同条ただし書に
　　　規定する場合を除く。）には適用されない旨
　　ロ　対象契約に関して特定投資家として取り扱われることがその知識、経験及び財産の
　　　状況に照らして適当ではない者が特定投資家として取り扱われる場合には、当該者の
　　　保護に欠けることとなるおそれがある旨
　四　承諾日以後に対象契約の締結の勧誘又は締結をする場合において、復帰申出者を再び
　　特定投資家として取り扱う旨
　五　復帰申出者は、承諾日以後いつでも、法第９条の７の５第２項において準用する金融
　　商品取引法第34条の２第１項の規定による申出ができる旨

（情報通信の技術を利用した同意の取得）
第31条の３　法第９条の７の５第２項において準用する金融商品取引法第34条の２第12項
　（法第９条の７の５第２項において準用する金融商品取引法第34条の３第３項（法第９条
　の７の５第２項において準用する金融商品取引法第34条の４第６項において準用する場合
　を含む。）において準用する場合を含む。以下この条において同じ。）に規定する主務省令
　で定めるものは、次に掲げるものとする。
　一　電子情報処理組織を使用する方法のうち次に掲げるもの
　　イ　共済事業を行う組合の使用に係る電子計算機と法第９条の７の５第２項において準
　　　用する金融商品取引法第34条の２第12項の規定により同意を得ようとする相手方（以
　　　下この条において「利用者」という。）の使用に係る電子計算機とを接続する電気通
　　　信回線を通じて送信し、受信者の使用に係る電子計算機に備えられたファイルに記録
　　　する方法
　　ロ　共済事業を行う組合の使用に係る電子計算機に備えられたファイルに記録された利
　　　用者の同意に関する事項を電気通信回線を通じて当該利用者の閲覧に供し、当該共済
　　　事業を行う組合の使用に係る電子計算機に備えられたファイルに当該利用者の同意に
　　　関する事項を記録する方法
　二　磁気ディスク、シー・ディー・ロムその他これらに準ずる方法により一定の事項を確
　　実に記録しておくことができる物をもって調製するファイルに同意に関する事項を記録
　　したものを得る方法
　２　前項各号に掲げる方法は、共済事業を行う組合がファイルへの記録を出力することによ

562

り書面を作成することができるものでなければならない。

3　第1項第一号の「電子情報処理組織」とは、共済事業を行う組合の使用に係る電子計算機と、利用者の使用に係る電子計算機とを電気通信回線で接続した電子情報処理組織をいう。

（特定投資家以外の利用者である法人が特定投資家とみなされる場合の期限日）

第32条　法第9条の7の5第2項において準用する金融商品取引法第34条の3第2項に規定する主務省令で定める場合は、共済事業を行う組合が一定の日を定め、次に掲げる事項を当該共済事業を行う組合の事務所の公衆の見やすい場所への掲示その他の適切な方法により公表している場合とする。

一　当該日

二　次項に規定する日を期限日（法第9条の7の5第2項において準用する金融商品取引法第34条の3第2項第二号に規定する期限日をいう。次条第2項第一号及び第34条において同じ。）とする旨

2　法第9条の7の5第2項において準用する金融商品取引法第34条の3第2項に規定する主務省令で定める日は、共済事業を行う組合が前項の規定により定めた日であって承諾日（同条第2項第一号に規定する承諾日をいう。次条第2項第三号及び第34条において同じ。）から起算して1年以内の日のうち最も遅い日とする。

（申出をした特定投資家以外の利用者である法人が同意を行う書面の記載事項）

第33条　法第9条の7の5第2項において準用する金融商品取引法第34条の3第2項第四号イに規定する主務省令で定める事項は、法第9条の7の5第2項において準用する金融商品取引法第45条各号に掲げる規定は、対象契約（同項において準用する同法第34条の3第2項第二号に規定する対象契約をいう。次項及び第34条の2において同じ。）に関して申出者（法第9条の7の5第2項において準用する金融商品取引法第34条の3第2項に規定する申出者をいう。次項において同じ。）が当該各号に定める者である場合（法第9条の7の5第2項において準用する金融商品取引法第45条ただし書に規定する場合を除く。）には適用されない旨とする。

2　法第9条の7の5第2項において準用する金融商品取引法第34条の3第2項第七号に規定する主務省令で定める事項は、次に掲げる事項とする。

一　期限日以前に締結した対象契約に関して法令の規定又は契約の定めに基づいて行う行為については、期限日後に行うものであっても、申出者を特定投資家として取り扱う旨

二　申出者は、法第9条の7の5第2項において準用する金融商品取引法第34条の3第2項の規定による承諾を行った共済事業を行う組合のみから対象契約に関して特定投資家

関係法令

　　として取り扱われることになる旨
　三　申出者は、承諾日以後いつでも、法第９条の７の５第２項において準用する金融商品
　　取引法第34条の３第９項の規定による申出ができる旨

（申出をした特定投資家以外の利用者である法人が更新申出をするために必要な期間）

第34条　法第９条の７の５第２項において準用する金融商品取引法第34条の３第７項に規
　定する主務省令で定める期間は、11月（次の各号に掲げる場合にあっては、当該各号に定
　める期間）とする。
　一　承諾日から期限日までの期間が１年に満たない場合（次号に掲げる場合を除く。）　当
　　該期間から１月を控除した期間
　二　承諾日から期限日までの期間が１月を超えない場合　　１日
２　法第９条の７の５第２項において準用する金融商品取引法第34条の３第８項に規定する
　場合における前項の規定の適用については、同項中「承諾日」とあるのは、「前回の期限
　日の翌日」とする。

（特定投資家以外の利用者への復帰申出をした法人に交付する書面の記載事項）

第34条の２　法第９条の７の５第２項において準用する金融商品取引法第34条の３第11項
　に規定する主務省令で定める事項は、次に掲げる事項とする。
　一　法第９条の７の５第２項において準用する金融商品取引法第34条の３第10項の規定に
　　よる承諾をする日（第三号において「承諾日」という。）
　二　対象契約が特定共済契約である旨
　三　承諾日以後に対象契約の締結の勧誘又は締結をする場合において、法第９条の７の５
　　第２項において準用する金融商品取引法第34条の３第９項の規定による申出をした法人
　　を再び特定投資家以外の利用者として取り扱う旨

（特定投資家として取り扱うよう申し出ることができる営業者等）

第35条　法第９条の７の５第２項において準用する金融商品取引法第34条の４第１項第一
　号に規定する主務省令で定めるものは、次に掲げる要件のいずれかに該当するものとする。
　一　法第９条の７の５第２項において準用する金融商品取引法第34条の４第１項の規定に
　　よる申出を行うことについてすべての匿名組合員の同意を得ていないこと。
　二　その締結した商法（明治32年法律第48号）第535条に規定する匿名組合契約に基づく
　　出資の合計額が３億円未満であること。
２　法第９条の７の５第２項において準用する金融商品取引法第34条の４第１項第一号に規
　定する主務省令で定める個人は、次に掲げる者とする。

564

中小企業等協同組合法施行規則

一　民法（明治29年法律第89号）第667条第１項に規定する組合契約を締結して組合の業務の執行を委任された組合員である個人（次に掲げる要件のすべてに該当する者に限る。）

　　イ　法第９条の７の５第２項において準用する金融商品取引法第34条の４第１項の規定による申出を行うことについて他のすべての組合員の同意を得ていること。

　　ロ　当該組合契約に基づく出資の合計額が３億円以上であること。

二　有限責任事業組合契約に関する法律（平成17年法律第40号）第３条第１項に規定する有限責任事業組合契約を締結して組合の重要な業務の執行の決定に関与し、かつ、当該業務を自ら執行する組合員である個人（次に掲げる要件のすべてに該当する者に限る。）

　　イ　法第９条の７の５第２項において準用する金融商品取引法第34条の４第１項の規定による申出を行うことについて他のすべての組合員の同意を得ていること。

　　ロ　当該有限責任事業組合契約に基づく出資の合計額が３億円以上であること。

（特定投資家として取り扱うよう申し出ることができる個人）

第36条　法第９条の７の５第２項において準用する金融商品取引法第34条の４第１項第二号に規定する主務省令で定める要件は、次に掲げる要件の全てに該当することとする。

一　取引の状況その他の事情から合理的に判断して、承諾日（法第９条の７の５第２項において準用する金融商品取引法第34条の４第６項において準用する同法第34条の３第２項第一号に規定する承諾日をいう。次号、次条第２項、第38条第２項第三号及び第38条の２において同じ。）における申出者（法第９条の７の５第２項において準用する金融商品取引法第34条の４第２項に規定する申出者をいう。以下この条及び第38条において同じ。）の資産の合計額から負債の合計額を控除した額が３億円以上になると見込まれること。

二　取引の状況その他の事情から合理的に判断して、承諾日における申出者の資産（次に掲げるものに限る。）の合計額が３億円以上になると見込まれること。

　　イ　有価証券（ホに掲げるもの及びヘに掲げるもの（不動産特定共同事業法（平成６年法律第77号）第２条第７項に規定する特例事業者と締結したものに限る。）を除く。）

　　ロ　デリバティブ取引（金融商品取引法第２条第20項に規定するデリバティブ取引をいう。）に係る権利

　　ハ　農業協同組合法第11条の２の４に規定する特定貯金等、水産業協同組合法第11条の９に規定する特定貯金等、協同組合による金融事業に関する法律第６条の５の２に規定する特定預金等、信用金庫法第89条の２に規定する特定預金等、長期信用銀行法第17条の２に規定する特定預金等、労働金庫法第94条の２に規定する特定預金等、銀行法第13条の４に規定する特定預金等、農林中央金庫法第59条の３に規定する特定預金

565

関係法令

　　　等及び株式会社商工組合中央金庫法（平成19年法律第74号）第29条に規定する特定預
　　　金等

　　ニ　法第9条の7の5第2項に規定する特定共済契約、農業協同組合法第11条の10の3
　　　に規定する特定共済契約、消費生活協同組合法（昭和23年法律第200号）第12条の3
　　　第1項に規定する特定共済契約、水産業協同組合法第15条の7に規定する特定共済契
　　　約及び保険業法第300条の2に規定する特定保険契約に基づく保険金、共済金、返戻
　　　金その他の給付金に係る権利

　　ホ　信託業法（平成16年法律第154号）第24条の2に規定する特定信託契約に係る信託
　　　受益権

　　ヘ　不動産特定共同事業法第2条第3項に規定する不動産特定共同事業契約に基づく権利

　　ト　商品先物取引法（昭和25年法律第239号）第2条第10項に規定する商品市場におけ
　　　る取引、同条第13項に規定する外国商品市場取引及び同条第14項に規定する店頭商品
　　　デリバティブ取引に係る権利

　三　申出者が最初に当該共済事業を行う組合との間で特定共済契約を締結した日から起算
　　して1年を経過していること。

（特定投資家以外の利用者である個人が特定投資家とみなされる場合の期限日）

第37条　法第9条の7の5第2項において準用する金融商品取引法第34条の4第6項にお
　いて準用する同法第34条の3第2項に規定する主務省令で定める場合は、共済事業を行う
　組合が一定の日を定め、次に掲げる事項を当該組合の事務所の公衆の見やすい場所への掲
　示その他の適切な方法により公表している場合とする。

　一　当該日

　二　次項に規定する日を期限日（法第9条の7の5第2項において準用する金融商品取引
　　法第34条の4第6項において準用する同法第34条の3第2項第二号に規定する期限日を
　　いう。次条第2項第一号及び第38条の2において同じ。）とする旨

2　法第9条の7の5第2項において準用する金融商品取引法第34条の4第6項において準用
　する同法第34条の3第2項に規定する主務省令で定める日は、共済事業を行う組合が前項
　の規定により定めた日であって承諾日から起算して1年以内の日のうち最も遅い日とする。

（申出をした特定投資家以外の利用者である個人が同意を行う書面の記載事項）

第38条　法第9条の7の5第2項において準用する金融商品取引法第34条の4第6項にお
　いて準用する同法第34条の3第2項第四号イに規定する主務省令で定める事項は、法第9
　条の7の5第2項において準用する金融商品取引法第45条各号に掲げる規定は、対象契約
　（同項において準用する同法第34条の4第6項において準用する同法第34条の3第2項第

566

二号に規定する対象契約をいう。次項及び第38条の3において同じ。）に関して申出者が当該各号に定める者である場合（法第9条の7の5第2項において準用する金融商品取引法第45条ただし書に規定する場合を除く。）には適用されない旨とする。

2　法第9条の7の5第2項において準用する金融商品取引法第34条の4第6項において準用する同法第34条の3第2項第七号に規定する主務省令で定める事項は、次に掲げる事項とする。

一　期限日以前に締結した対象契約に関して法令の規定又は契約の定めに基づいて行う行為については、期限日後に行うものであっても、申出者を特定投資家として取り扱う旨

二　申出者は、法第9条の7の5第2項において準用する金融商品取引法第34条の4第6項において準用する同法第34条の3第2項の規定による承諾を行った共済事業を行う組合のみから対象契約に関して特定投資家として取り扱われることになる旨

三　申出者は、承諾日以後いつでも、法第9条の7の5第2項において準用する金融商品取引法第34条の4第4項の規定による申出ができる旨

（申出をした特定投資家以外の利用者である個人が更新申出をするために必要な期間）

第38条の2　法第9条の7の5第2項において準用する金融商品取引法第34条の4第6項において準用する同法第34条の3第7項に規定する主務省令で定める期間は、11月（次の各号に掲げる場合にあっては、当該各号に定める期間）とする。

一　承諾日から期限日までの期間が1年に満たない場合（次号に掲げる場合を除く。）　当該期間から1月を控除した期間

二　承諾日から期限日までの期間が1月を超えない場合　1日

2　法第9条の7の5第2項において準用する金融商品取引法第34条の4第6項において準用する同法第34条の3第8項に規定する場合における前項の規定の適用については、同項中「承諾日」とあるのは、「前回の期限日の翌日」とする。

（特定投資家以外の利用者への復帰申出をした個人に交付する書面の記載事項）

第38条の3　法第9条の7の5第2項において準用する金融商品取引法第34条の4第6項において準用する同法第34条の3第11項に規定する主務省令で定める事項は、次に掲げる事項とする。

一　法第9条の7の5第2項において準用する金融商品取引法第34条の4第5項の規定による承諾をする日（第三号において「承諾日」という。）

二　対象契約が特定共済契約である旨

三　承諾日以後に対象契約の締結の勧誘又は締結をする場合において、法第9条の7の5第2項において準用する金融商品取引法第34条の4第4項の規定による申出をした個人

関係法令

を再び特定投資家以外の利用者として取り扱う旨

（広告類似行為）
第39条 法第9条の7の5第2項において準用する金融商品取引法第37条各項に規定する
　主務省令で定める行為は、郵便、信書便（民間事業者による信書の送達に関する法律（平
　成14年法律第99号）第2条第6項に規定する一般信書便事業者又は同条第9項に規定する
　特定信書便事業者の提供する同条第2項に規定する信書便をいう。）、ファクシミリ装置を
　用いて送信する方法、電子メール（特定電子メールの送信の適正化等に関する法律（平成
　14年法律第26号）第2条第一号に規定する電子メールをいう。）を送信する方法、ビラ又
　はパンフレットを配布する方法その他の方法（次に掲げるものを除く。）により多数の者
　に対して同様の内容で行う情報の提供とする。
　一　法令又は法令に基づく行政官庁の処分に基づき作成された書類を配布する方法
　二　個別の企業の分析及び評価に関する資料であって、特定共済契約の締結の勧誘に使用
　　しないものを配布する方法
　三　次に掲げるすべての事項のみが表示されている景品その他の物品（ロからニまでに掲
　　げる事項について明瞭かつ正確に表示されているものに限る。）を提供する方法（当該
　　事項のうち景品その他の物品に表示されていない事項がある場合にあっては、当該景品
　　その他の物品と当該事項が表示されている他の物品とを一体のものとして提供する方法
　　を含む。）
　　イ　商品の名称（通称を含む。）
　　ロ　この号に規定する方法により多数の者に対して同様の内容で行う情報の提供をする
　　　共済事業を行う組合又は共済代理店の商号、名称若しくは氏名又はこれらの通称
　　ハ　利用者が行う特定共済契約の締結について金利、通貨の価格、金融商品市場におけ
　　　る相場その他の指標に係る変動を直接の原因として損失が生ずることとなるおそれが
　　　ある場合にあっては、当該おそれがある旨（イ、ロ及びニに掲げる事項の文字又は数
　　　字のうち最も大きなものと著しく異ならない大きさの文字又は数字で表示されている
　　　ものに限る。）
　　ニ　次に掲げるいずれかの書面の内容を十分に読むべき旨
　　　(1)　法第9条の7の5第2項において準用する金融商品取引法第37条の3第1項に規
　　　　定する書面（以下「契約締結前交付書面」という。）
　　　(2)　第45条第1項第二号に規定する契約変更書面

（特定共済契約の締結又はその代理若しくは媒介の事業の内容についての広告等の表示方法）
第40条　共済事業を行う組合又は共済代理店がその行う特定共済契約の締結又はその代理

中小企業等協同組合法施行規則

若しくは媒介の事業の内容について広告又は前条に規定する行為（次項において「広告等」という。）をするときは、法第9条の7の5第2項において準用する金融商品取引法第37条第1項各号に掲げる事項について明瞭かつ正確に表示しなければならない。

2　共済事業を行う組合又は共済代理店がその行う特定共済契約の締結又はその代理若しくは媒介の事業の内容について広告等をするときは、令第12条第二号に掲げる事項の文字又は数字を当該事項以外の事項の文字又は数字のうち最も大きなものと著しく異ならない大きさで表示するものとする。

（利用者が支払うべき対価に関する事項）

第41条　令第12条第一号に規定する主務省令で定めるものは、手数料、報酬、費用その他いかなる名称によるかを問わず、特定共済契約に関して利用者が支払うべき対価（以下「手数料等」という。）の種類ごとの金額若しくはその上限額又はこれらの計算方法（当該特定共済契約に係る共済金等の額に対する割合又は当該特定共済契約の締結を行うことにより生じた利益に対する割合を含む。以下この項において同じ。）の概要及び当該金額の合計額若しくはその上限額又はこれらの計算方法の概要とする。ただし、これらの表示をすることができない場合にあっては、その旨及びその理由とする。

2　特定共済契約に係る共済掛金として収受した金銭その他の資産の運用が投資信託受益権等（金融商品取引法第2条第1項第十号若しくは第十一号に掲げる有価証券に表示されるべき権利又は同条第2項第五号若しくは第六号に掲げる権利をいう。以下この条において同じ。）の取得により行われる場合には、前項の手数料等には、当該投資信託受益権等に係る信託報酬その他の手数料等を含むものとする。

3　前項の投資信託受益権等に係る財産が他の投資信託受益権等に対して出資され、又は拠出される場合には、当該他の投資信託受益権等を同項の投資信託受益権等とみなして、前2項の規定を適用する。

4　前項の規定は、同項（この項において準用する場合を含む。）の規定により第2項の投資信託受益権等とみなされた投資信託受益権等に係る財産が他の投資信託受益権等に対して出資され、又は拠出される場合について準用する。

（利用者の判断に影響を及ぼす重要事項）

第42条　令第12条第三号に規定する主務省令で定める事項は、当該特定共済契約に関する重要な事項について利用者の不利益となる事実とする。

（誇大広告をしてはならない事項）

第43条　法第9条の7の5第2項において準用する金融商品取引法第37条第2項に規定す

569

関係法令

る主務省令で定める事項は、次に掲げる事項とする。

一　特定共済契約の解除に関する事項

二　特定共済契約に係る損失の全部若しくは一部の負担又は利益の保証に関する事項

三　特定共済契約に係る損害賠償額の予定（違約金を含む。）に関する事項

四　特定共済契約に関して利用者が支払うべき手数料等の額又はその計算方法、支払の方法及び時期並びに支払先に関する事項

（契約締結前交付書面の記載方法）

第44条　契約締結前交付書面には、法第９条の７の５第２項において準用する金融商品取引法第37条の３第１項各号に掲げる事項を日本工業規格Z8305に規定する８ポイント以上の大きさの文字及び数字を用いて明瞭かつ正確に記載しなければならない。

2　前項の規定にかかわらず、契約締結前交付書面には、法第９条の７の５第２項において準用する金融商品取引法第37条の３第１項第四号に掲げる事項の概要並びに同項第五号及び第47条第１項第八号に掲げる事項を枠の中に日本工業規格Z8305に規定する12ポイント以上の大きさの文字及び数字を用いて明瞭かつ正確に記載し、かつ、次項に規定する事項の次に記載するものとする。

3　共済事業を行う組合又は共済代理店は、契約締結前交付書面には、第47条第１項第一号に掲げる事項及び法第９条の７の５第２項において準用する金融商品取引法第37条の３第１項各号に掲げる事項のうち利用者の判断に影響を及ぼすこととなる特に重要なものを、日本工業規格Z8305に規定する12ポイント以上の大きさの文字及び数字を用いて当該契約締結前交付書面の最初に平易に記載するものとする。

（契約締結前交付書面の交付を要しない場合）

第45条　法第９条の７の５第２項において準用する金融商品取引法第37条の３第１項ただし書に規定する主務省令で定める場合は、既に成立している特定共済契約の一部の変更をすることを内容とする特定共済契約の締結又はその代理若しくは媒介を行う場合においては、次に掲げる場合とする。

一　当該変更に伴い既に成立している特定共済契約に係る契約締結前交付書面の記載事項に変更すべきものがないとき。

二　当該変更に伴い既に成立している特定共済契約に係る契約締結前交付書面の記載事項に変更すべきものがある場合にあっては、当該利用者に対し当該変更すべき記載事項を記載した書面（以下「契約変更書面」という。）を交付しているとき。

2　法第９条の７の５第２項において準用する金融商品取引法第34条の２第４項及び令第10条の規定並びに第30条の規定は、前項第二号の規定による契約変更書面の交付について準

用する。

（利用者が支払うべき対価に関する事項）

第46条　法第９条の７の５第２項において準用する金融商品取引法第37条の３第１項第四号に規定する主務省令で定めるものは、手数料、報酬、費用その他いかなる名称によるかを問わず、特定共済契約に関して利用者が支払うべき手数料等の種類ごとの金額若しくはその上限額又はこれらの計算方法（当該特定共済契約に係る共済金等の額に対する割合又は当該特定共済契約の締結を行うことにより生じた利益に対する割合を含む。以下この条において同じ。）及び当該金額の合計額若しくはその上限額又はこれらの計算方法とする。ただし、これらの記載をすることができない場合にあっては、その旨及びその理由とする。

２　第41条第２項から第４項までの規定は、前項の手数料等について準用する。

（契約締結前交付書面の記載事項）

第47条　法第９条の７の５第２項において準用する金融商品取引法第37条の３第１項第七号に規定する主務省令で定める事項は、次に掲げる事項とする。

一　当該契約締結前交付書面の内容を十分に読むべき旨

二　特定共済契約の申込みの撤回等（法第９条の７の５第１項において準用する保険業法第309条第１項に規定する申込みの撤回等をいう。）に関する事項

三　共済契約者又は被共済者が行うべき告知に関する事項

四　共済責任の開始時期に関する事項

五　共済掛金の払込猶予期間に関する事項

六　特定共済契約の失効及び失効後の復活に関する事項

七　特定共済契約の解約及び解約による返戻金に関する事項

八　利用者が行う特定共済契約の締結について金利、通貨の価格、金融商品市場における相場その他の指標に係る変動を直接の原因として損失が生ずることとなるおそれがある場合にあっては、次に掲げる事項

　イ　当該指標

　ロ　当該指標に係る変動により損失が生ずるおそれがある理由

九　当該特定共済契約に関する租税の概要

十　利用者が当該共済事業を行う組合又は当該共済代理店がその委託を受けた共済事業を行う組合に連絡する方法

十一　当該共済事業を行う組合又は当該共済代理店がその委託を受けた共済事業を行う組合が対象事業者（金融商品取引法第79条の11第１項に規定する対象事業者をいう。以下この号において同じ。）となっている認定投資者保護団体（同法第79条の10第１項に規

関係法令

定する認定投資者保護団体をいい、当該特定共済契約が当該認定投資者保護団体の認定
業務（同項に規定する認定業務をいう。）の対象となるものである場合における当該認
定投資者保護団体に限る。）の有無（対象事業者となっている場合にあっては、その名称）

十二　特定共済事業協同組合等（法第69条の２第６項第三号に規定する特定共済事業協同
組合等をいう。以下同じ。）にあっては、次のイ又はロに掲げる場合の区分に応じ、当
該イ又はロに定める事項

イ　指定特定共済事業等紛争解決機関（法第69条の４に規定する指定特定共済事業等紛
争解決機関をいう。以下同じ。）が存在する場合　当該特定共済事業協同組合等が法
第９条の９の２第１項第一号に定める手続実施基本契約（法第69条の２第１項第八号
に規定する手続実施基本契約をいう。以下同じ。）を締結する措置を講ずる当該手続
実施基本契約の相手方である指定特定共済事業等紛争解決機関の商号又は名称

ロ　指定特定共済事業等紛争解決機関が存在しない場合　当該特定共済事業協同組合等
の法第９条の９の２第１項第二号に定める苦情処理措置（同条第２項第一号に規定す
る苦情処理措置をいう。）及び紛争解決措置（同項第二号に規定する紛争解決措置を
いう。）の内容

十三　その他利用者の注意を喚起すべき事項

2　一の特定共済契約の締結について共済事業を行う組合及び共済代理店が法第９条の７の
５第２項において準用する金融商品取引法第37条の３第１項の規定により利用者に対し契
約締結前交付書面を交付しなければならない場合において、いずれか一の者が前項各号に
掲げる事項を記載した契約締結前交付書面を交付したときは、他の者は、同項の規定にか
かわらず、契約締結前交付書面に同項各号に掲げる事項を記載することを要しない。

（契約締結時交付書面の記載事項）

第48条　特定共済契約が成立したときに作成する法第９条の７の５第２項において準用す
る金融商品取引法第37条の４第１項に規定する書面（次項及び次条において「契約締結時
交付書面」という。）には、次に掲げる事項（特定共済契約の成立後遅滞なく利用者に共
済証書を交付する場合にあっては、当該共済証書に記載された事項を除く。）を記載しな
ければならない。

一　当該共済事業を行う組合又は当該共済代理店がその委託を受けた共済事業を行う組合
の名称

二　被共済者及び共済金額を受け取るべき者の商号、名称又は氏名

三　当該特定共済契約の種類及びその内容

四　共済の目的及びその価額

五　共済金額

中小企業等協同組合法施行規則

六　共済期間の始期及び終期

七　共済掛金及びその支払方法

八　当該特定共済契約の成立の年月日

九　当該特定共済契約に係る手数料等に関する事項

十　利用者の氏名又は名称

十一　利用者が当該共済事業を行う組合又は当該共済代理店がその委託を受けた共済事業
　　を行う組合に連絡する方法

2　一の特定共済契約の締結について共済事業を行う組合及び共済代理店が法第９条の７の
　５第２項において準用する金融商品取引法第37条の４第１項の規定により利用者に対し契
　約締結時交付書面を交付しなければならない場合において、いずれか一の者が前項各号に
　掲げる事項を記載した契約締結時交付書面を交付したときは、他の者は、同項の規定にか
　かわらず、契約締結時交付書面に同項第二号から第七号までに掲げる事項を記載すること
　を要しない。

（契約締結時交付書面の交付を要しない場合）

第49条　契約締結時交付書面に係る法第９条の７の５第２項において準用する金融商品取
　引法第37条の４第１項ただし書に規定する主務省令で定める場合は、既に成立している特
　定共済契約の一部の変更をすることを内容とする特定共済契約が成立した場合において
　は、次に掲げるときとする。

一　当該変更に伴い既に成立している特定共済契約に係る契約締結時交付書面の記載事項
　　に変更すべきものがないとき。

二　当該変更に伴い既に成立している特定共済契約に係る契約締結時交付書面の記載事項
　　に変更すべきものがある場合にあっては、当該利用者に対し当該変更すべき記載事項を
　　記載した書面を交付しているとき。

2　法第９条の７の５第２項において準用する金融商品取引法第34条の２第４項及び令第10
　条の規定並びに第30条の規定は、前項第二号の規定による書面の交付について準用する。

（信用格付業者の登録の意義その他の事項）

第49条の２　法第９条の７の５第２項において準用する金融商品取引法第38条第三号に規
　定する金融商品取引法第66条の27の登録の意義その他の事項として主務省令で定める事項
　とは、次に掲げるものとする。

一　金融商品取引法第66条の27の規定による登録の意義

二　信用格付（金融商品取引法第２条第34項に規定する信用格付をいう。以下この条にお
　　いて同じ。）を付与した者に関する次に掲げる事項

573

関係法令

　　イ　商号、名称又は氏名
　　ロ　法人（法人でない団体で代表者又は管理人の定めのあるものを含む。）であるときは、
　　　役員（法人でない団体で代表者又は管理人の定めのあるものにあっては、その代表者
　　　又は管理人）の氏名又は名称
　　ハ　本店その他の主たる営業所又は事務所の名称及び所在地
　三　信用格付を付与した者が当該信用格付を付与するために用いる方針及び方法の概要
　四　信用格付の前提、意義及び限界
2　前項の規定にかかわらず、特定関係法人（金融商品取引業等に関する内閣府令（平成19
　年内閣府令第52号）第116条の３第２項に規定する特定関係法人をいう。以下この項にお
　いて同じ。）の付与した信用格付については、法第９条の７の５第２項において準用する
　金融商品取引法第38条第三号に規定する金融商品取引法第66条の27の登録の意義その他の
　事項として主務省令で定める事項は、次に掲げるものとする。
　一　金融商品取引法第66条の27の登録の意義
　二　金融庁長官が金融商品取引業等に関する内閣府令第116条の３第２項の規定に基づき、
　　その関係法人（同令第295条第３項第十号に規定する関係法人をいう。）を当該特定関係
　　法人として指定した信用格付業者の商号又は名称及び登録番号
　三　当該特定関係法人が信用格付業（金融商品取引法第２条第35項に規定する信用格付業
　　をいう。）を示すものとして使用する呼称
　四　信用格付を付与した特定関係法人が当該信用格付を付与するために用いる方針及び方
　　法の概要又は当該概要に関する情報を第二号に規定する信用格付業者から入手する方法
　五　信用格付の前提、意義及び限界

（特定共済契約の締結又はその代理若しくは媒介に関する禁止行為）
第50条　法第９条の７の５第２項において準用する金融商品取引法第38条第八号に規定す
　る主務省令で定める行為は、次に掲げる行為とする。
　一　第19条第１項各号に掲げる行為
　二　契約締結前交付書面又は契約変更書面の交付に関し、あらかじめ、利用者（特定投資
　　家（法第９条の７の５第２項において準用する金融商品取引法第34条の２第５項の規定
　　により特定投資家以外の利用者とみなされる者を除き、法第９条の７の５第２項におい
　　て準用する金融商品取引法第34条の３第４項（法第９条の７の５第２項において準用す
　　る金融商品取引法第34条の４第６項において準用する場合を含む。）の規定により特定
　　投資家とみなされる者を含む。）を除く。以下この号において同じ。）に対して、法第９
　　条の７の５第２項において準用する金融商品取引法第37条の３第１項第三号から第五号
　　まで及び第七号に掲げる事項（契約変更書面を交付する場合にあっては、当該契約変更

574

書面に記載されている事項であって同項第三号から第五号まで及び第七号に掲げる事項に係るもの）について利用者の知識、経験、財産の状況及び特定共済契約を締結する目的に照らして当該利用者に理解されるために必要な方法及び程度による説明をすることなく、特定共済契約の締結又はその代理若しくは媒介をする行為

三　特定共済契約の締結又は解約に関し、利用者（個人に限る。）に迷惑を覚えさせるような時間に電話又は訪問により勧誘する行為

2　第19条第2項から第8項までの規定は、前項第一号の規定の適用について準用する。

（行為規制の適用除外の例外）

第51条　法第9条の7の5第2項において準用する金融商品取引法第45条ただし書に規定する主務省令で定める場合は、同項において準用する同法第37条の4の規定の適用について、利用者の締結した特定共済契約に関する照会に対して速やかに回答できる体制が整備されていない場合とする。

（特定共済組合連合会が他の事業を行う場合の行政庁の承認）

第52条　特定共済組合連合会（法第9条の9第4項に規定する特定共済組合連合会をいう。以下同じ。）が、同項ただし書に規定する承認を受けようとする場合については、第6条の規定を準用する。

（特定共済事業等に関する苦情処理措置及び紛争解決措置）

第52条の2　法第9条の9の2第2項第一号に規定する苦情処理措置として主務省令で定める措置は、次の各号のいずれかとする。

一　次に掲げるすべての措置を講じること。

　イ　特定共済事業等関連苦情（特定共済事業等（法第69条の2第6項第六号に規定する特定共済事業等をいう。第四号及び次項第一号において同じ。）に関する苦情をいう。以下この項及び第3項において同じ。）の処理に関する業務を公正かつ的確に遂行するに足りる業務運営体制を整備すること。

　ロ　特定共済事業等関連苦情の処理に関する業務を公正かつ的確に遂行するための内部規則（当該業務に関する特定共済事業協同組合等内における責任分担を明確化する規定を含むものに限る。）を整備すること。

　ハ　特定共済事業等関連苦情の申出先を利用者（法第9条の9の2第2項第一号に規定する利用者をいう。第182条の7、第182条の10第1項第一号、第182条の11第1項及び第3項第三号並びに第182条の12第1項において同じ。）に周知し、並びにイの業務運営体制及びロの内部規則を公表すること。

関係法令

二　金融商品取引法第79条の12において準用する同法第77条第1項の規定により認定投資者保護団体（同法第79条の10第1項に規定する認定投資者保護団体をいう。次項第一号において同じ。）が行う苦情の解決により特定共済事業等関連苦情の処理を図ること。

三　消費者基本法（昭和43年法律第78号）第19条第1項又は第25条に規定するあっせんにより特定共済事業等関連苦情の処理を図ること。

四　法第69条の2第1項に規定する指定（その紛争解決等業務の種別（同条第4項に規定する紛争解決等業務の種別をいう。）が特定共済事業等であるものを除く。次項第四号において同じ。）又は令第28条の2各号に掲げる指定を受けた者が実施する苦情を処理する手続により特定共済事業等関連苦情の処理を図ること。

五　特定共済事業等関連苦情の処理に関する業務を公正かつ的確に遂行するに足りる経理的基礎及び人的構成を有する法人（法第69条の2第1項第一号に規定する法人をいう。次項第五号及び第3項において同じ。）が実施する苦情を処理する手続により特定共済事業等関連苦情の処理を図ること。

2　法第9条の9の2第2項第二号に規定する紛争解決措置として主務省令で定める措置は、次の各号のいずれかとする。

一　認定投資者保護団体のあっせん（金融商品取引法第79条の13において準用する同法第77条の2第1項に規定するあっせんをいう。）により特定共済事業等関連紛争（特定共済事業等に関する紛争で当事者が和解をすることができるものをいう。以下同じ。）の解決を図ること。

二　弁護士法（昭和24年法律第205号）第33条第1項に規定する会則若しくは当該会則の規定により定められた規則に規定する機関におけるあっせん又は当該機関における仲裁手続により特定共済事業等関連紛争の解決を図ること。

三　消費者基本法第19条第1項若しくは第25条に規定するあっせん又は同条に規定する合意による解決により特定共済事業等関連紛争の解決を図ること。

四　法第69条の2第1項に規定する指定又は令第28条の2各号に掲げる指定を受けた者が実施する紛争の解決を図る手続により特定共済事業等関連紛争の解決を図ること。

五　特定共済事業等関連紛争の解決に関する業務を公正かつ的確に遂行するに足りる経理的基礎及び人的構成を有する法人が実施する紛争の解決を図る手続により特定共済事業等関連紛争の解決を図ること。

3　前2項（第1項第五号及び前項第五号に限る。）の規定にかかわらず、特定共済事業協同組合等は、次の各号のいずれかに該当する法人が実施する手続により特定共済事業等関連苦情の処理又は特定共済事業等関連紛争の解決を図ってはならない。

一　法又は弁護士法の規定により罰金の刑に処せられ、その執行を終わり、又は執行を受けることがなくなった日から5年を経過しない法人

二　法第69条の４において準用する保険業法第308条の24第１項若しくは法第69条の５において準用する銀行法第52条の84第１項の規定により法第69条の２第１項の規定による指定を取り消され、その取消しの日から５年を経過しない法人又は令第28条の２各号に掲げる指定を取り消され、その取消しの日から５年を経過しない法人

三　その業務を行う役員（役員が法人であるときは、その職務を行うべき者を含む。以下この号において同じ。）のうちに、次のいずれかに該当する者がある法人

　イ　禁錮以上の刑に処せられ、又は法若しくは弁護士法の規定により刑に処せられ、その執行を終わり、又は執行を受けることがなくなった日から５年を経過しない者

　ロ　法第69条の４において準用する保険業法第308条の24第１項若しくは法第69条の５において準用する銀行法第52条の84第１項の規定により法第69条の２第１項の規定による指定を取り消された法人において、その取消しの日前１月以内にその法人の役員であった者でその取消しの日から５年を経過しない者又は令第28条の２各号に掲げる指定を取り消された法人において、その取消しの日前１月以内にその法人の役員であった者でその取消しの日から５年を経過しない者

第３章　組合員名簿における電磁的記録等

（電磁的記録）

第53条　法第10条の２第３項第二号（法第82条の８において準用する場合を含む。）に規定する主務省令で定めるものは、磁気ディスクその他これに準ずる方法により一定の情報を確実に記録しておくことができる物をもって調製するファイルに情報を記録したものとする。

（電磁的記録に記録された事項を表示する方法）

第54条　次に掲げる規定に規定する主務省令で定める方法は、次に掲げる規定の電磁的記録（法第10条の２第３項第二号に規定する電磁的記録をいう。以下同じ。）に記録された事項を紙面又は映像面に表示する方法とする。

一　法第10条の２第３項第二号（法第82条の８において準用する場合を含む。）

二　法第34条の２第２項第二号（法第82条の８において準用する場合を含む。）

三　法第36条の３第５項において準用する会社法（平成17年法律第86号）第389条第４項第二号

四　法第36条の７第５項第二号（法第69条第１項において準用する場合を含む。）

五　法第40条第12項第三号（法第69条第１項及び第82条の８において準用する場合を含む。）

関係法令

　　六　法第40条の2第3項において準用する会社法第396条第2項第二号

　　七　法第41条第3項第二号

　　八　法第53条の4第4項第二号（法第82条の10第4項において準用する場合を含む。）

　　九　法第56条第2項第二号（法第57条の2の2第5項において準用する場合を含む。）

　　十　法第63条の4第2項第三号

　　十一　法第63条の5第2項第三号

　　十二　法第63条の5第10項第三号

　　十三　法第63条の6第2項第三号

　　十四　法第64条第8項第三号

（電磁的方法）

第55条　法第11条第3項（法第27条第8項において準用する場合を含む。）に規定する主務省令で定めるものは、次に掲げる方法とする。

　　一　電子情報処理組織を使用する方法のうちイ又はロに掲げるもの

　　　イ　送信者の使用に係る電子計算機と受信者の使用に係る電子計算機とを接続する電気通信回線を通じて送信し、受信者の使用に係る電子計算機に備えられたファイルに記録する方法

　　　ロ　送信者の使用に係る電子計算機に備えられたファイルに記録された情報の内容を電気通信回線を通じて情報の提供を受ける者の閲覧に供し、当該情報の提供を受ける者の使用に係る電子計算機に備えられたファイルに当該情報を記録する方法

　　二　磁気ディスクその他これに準ずる方法により一定の情報を確実に記録しておくことができる物をもって調製するファイルに情報を記録したものを交付する方法

2　前項各号に掲げる方法は、受信者がファイルへの記録を出力することにより書面を作成することができるものでなければならない。

第4章　設立

（創立総会の議事録）

第56条　法第27条第7項及び第82条第3項の規定による創立総会の議事録の作成については、この条の定めるところによる。

2　創立総会の議事録は、書面又は電磁的記録をもって作成しなければならない。

3　創立総会の議事録は、次に掲げる事項を内容とするものでなければならない。

　　一　創立総会が開催された日時及び場所

　　二　創立総会の議事の経過の要領及びその結果

中小企業等協同組合法施行規則

　三　創立総会に出席した発起人、設立当時の役員又は会計監査人の氏名又は名称

　四　創立総会の議長の氏名

　五　議事録の作成に係る職務を行った発起人の氏名又は名称

（組合の設立の認可の申請）

第57条　法第27条の２第１項の規定により組合の設立の認可を受けようとする者は、様式第６による申請書２通に、それぞれ次の書類を添えて提出しなければならない。

　一　定款

　二　事業計画書

　三　役員の氏名及び住所を記載した書面

　四　設立趣意書

　五　設立同意者がすべて組合員たる資格を有する者であることを発起人が誓約した書面

　六　設立同意者がそれぞれ引き受けようとする出資口数を記載した書面

　七　収支予算書

　八　創立総会の議事録又はその謄本

２　信用協同組合又は法第９条の９第１項第一号の事業を行う協同組合連合会（以下「信用協同組合等」と総称する。）の設立にあっては、前項の書類のほか、次の書類を提出しなければならない。

　一　業務の種類及び方法を記載した書面

　二　常務に従事する役員の氏名及びその経歴を記載した書面

　三　事務所の位置に関する書面

３　法第９条の９第１項第三号の事業を行う協同組合連合会の設立にあっては、第１項の書類のほか、次の書類を提出しなければならない。

　一　火災共済規程

　二　前項第二号及び第三号に掲げる書類

４　第１項第二号及び第七号の書類は、信用協同組合等又は法第９条の９第１項第三号の事業を行う協同組合連合会以外の組合にあっては成立後２事業年度の、信用協同組合等又は同号の事業を行う協同組合連合会にあっては成立後３事業年度のものでなければならない。

第58条　削除〔平成26年３月内・財・厚・農・経・国・環令１号〕

（成立の届出）

第59条　法第31条の規定により信用協同組合又は法第９条の９第１項第一号若しくは第三号の事業を行う協同組合連合会の成立を届け出ようとする者は、様式第７による届書に、

579

関係法令

登記事項証明書を添えて提出しなければならない。

第5章　管理

第1節　電磁的記録の備置きに関する特則

第60条　次に掲げる規定に規定する主務省令で定めるものは、組合又は中小企業団体中央会（以下「中央会」という。）の使用に係る電子計算機を電気通信回線で接続した電子情報処理組織を使用する方法であって、当該電子計算機に備えられたファイルに記録された情報の内容を電気通信回線を通じて組合又は中央会の従たる事務所において使用される電子計算機に備えられたファイルに当該情報を記録する方法とする。

一　法第34条の２第３項（法第82条の８において準用する場合を含む。）

二　法第36条の７第４項

三　法第40条第11項（法第82条の８において準用する場合を含む。）

四　法第53条の４第３項（法第82条の10第４項において準用する場合を含む。）

第2節　役員

（役員の変更の届出）

第61条　法第35条の２（法第82条の８において準用する場合を含む。）の規定により組合又は中央会の役員の氏名又は住所の変更を届け出ようとする者は、様式第８又は様式第９による届書に、変更した事項を記載した書面並びに変更の年月日及び理由を記載した書面を添えて提出しなければならない。

2　前項の届出が役員の選挙又は選任による変更に係るものであるときは、通常総会又は通常総代会において新たな役員を選挙又は選任した場合を除き、前項の書類のほか、新たな役員を選挙若しくは選任した総会若しくは総代会又は選任した理事会の議事録又はその謄本を提出しなければならない。

3　第１項の届出が共済事業を行う組合又は信用協同組合等の常務に従事する役員の選任による変更に係るものであるときは、前２項の書類のほか、新たな常務に従事する役員の経歴を記載した書面を提出しなければならない。

（監査報告の作成）

第62条　法第36条の３第２項（法第69条第１項において準用する場合を含む。）の規定及び法第36条の３第５項において準用する会社法第389条第２項の規定により主務省令で定める事項については、この条の定めるところによる。

2　監事は、その職務を適切に遂行するため、次に掲げる者との意思疎通を図り、情報の収

中小企業等協同組合法施行規則

集及び監査の環境の整備に努めなければならない。この場合において、理事及び理事会は、監事の職務の執行のための必要な体制の整備に留意しなければならない。

一　当該組合の理事及び使用人

二　当該組合の子会社（法第35条第6項第二号に規定する子会社をいい、共済事業を行う組合にあっては、同法第61条の2第2項に規定する子会社等をいう。以下同じ。）の取締役、会計参与、執行役、業務を執行する社員、会社法第598条第1項の職務を行うべき者その他これらの者に相当する者及び使用人

三　その他監事が適切に職務を遂行するに当たり意思疎通を図るべき者

3　前項の規定は、監事が公正不偏の態度及び独立の立場を保持することができなくなるおそれのある関係の創設及び維持を認めるものと解してはならない。

4　監事は、その職務の遂行に当たり、必要に応じ、当該組合の他の監事、当該組合の子会社の監査役その他これらに相当する者との意思疎通及び情報の交換を図るよう努めなければならない。

（監事の調査の対象）

第63条　法第36条の3第3項において準用する会社法第384条（法第69条第1項において準用する場合を含む。）に規定する主務省令で定めるものは、電磁的記録その他の資料とする。

（監査の範囲が限定されている監事の調査の対象）

第64条　法第36条の3第5項において準用する会社法第389条第3項に規定する主務省令で定めるものは、次に掲げるものとする。

一　決算関係書類（法第40条第2項（法第69条第1項において準用する場合を含む。）に規定する決算関係書類をいう。以下この節から第4節まで及び第198条第3項において同じ。）

二　前号に掲げるもののほか、これに準ずるもの

（会計監査報告の作成）

第65条　法第40条の2第3項において準用する会社法第396条第1項後段の規定により主務省令で定める事項については、この条の定めるところによる。

2　会計監査人は、その職務を適切に遂行するため、次に掲げる者との意思疎通を図り、情報の収集及び監査の環境の整備に努めなければならない。ただし、会計監査人が公正不偏の態度及び独立の立場を保持することができなくなるおそれのある関係の創設及び維持を認めるものと解してはならない。

一　当該組合の理事及び使用人

581

関係法令

二　当該組合の子会社等の取締役、会計参与、執行役、業務を執行する社員、会社法第598条第1項の職務を行うべき者その他これらの者に相当する者及び使用人

三　その他会計監査人が適切に職務を遂行するに当たり意思疎通を図るべき者

（理事会の議事録）

第66条　法第36条の7第1項（法第69条第1項において準用する場合を含む。）の規定による理事会の議事録の作成については、この条の定めるところによる。

2　理事会の議事録は、書面又は電磁的記録をもって作成しなければならない。

3　理事会の議事録は、次に掲げる事項を内容とするものでなければならない。

一　理事会が開催された日時及び場所（当該場所に存しない役員等（理事、監事又は会計監査人をいう。以下同じ。）又は組合員が理事会に出席をした場合における当該出席の方法を含む。）

二　理事会が次に掲げるいずれかのものに該当するときは、その旨

イ　法第36条の3第3項において準用する会社法第383条第2項（法第69条第1項において準用する場合を含む。）の規定による監事の請求を受けて招集されたもの

ロ　法第36条の3第3項において準用する会社法第383条第3項（法第69条第1項において準用する場合を含む。）の規定により監事が招集したもの

ハ　法第36条の6第6項（法第69条第1項において準用する場合を含む。）において準用する会社法第366条第2項の規定による理事の請求を受けて招集されたもの

ニ　法第36条の6第6項（法第69条第1項において準用する場合を含む。）において準用する会社法第366条第3項の規定により理事が招集したもの

ホ　法第36条の6第6項（法第69条第1項において準用する場合を含む。）において準用する会社法第367条第1項の規定による組合員の請求を受けて招集されたもの

ヘ　法第36条の6第6項（法第69条第1項において準用する場合を含む。）において準用する会社法第367条第3項において準用する同法第366条第3項の規定により組合員が招集したもの

三　理事会の議事の経過の要領及びその結果

四　決議を要する事項について特別の利害関係を有する理事があるときは、当該理事の氏名

五　次に掲げる規定により理事会において述べられた意見又は発言があるときは、その意見又は発言の内容の概要

イ　法第36条の3第3項において準用する会社法第382条（法第69条第1項において準用する場合を含む。）

ロ　法第36条の3第3項において準用する会社法第383条第1項本文（法第69条第1項において準用する場合を含む。）

中小企業等協同組合法施行規則

　　ハ　法第36条の６第６項（法第69条第１項において準用する場合を含む。）において準用する会社法第367条第４項

　　ニ　法第38条第３項（法第69条第１項において準用する場合を含む。）

　六　理事会に出席した役員等又は組合員の氏名又は名称

　七　理事会の議長の氏名

４　次の各号に掲げる場合には、理事会の議事録は、当該各号に定める事項を内容とするものとする。

　一　法第36条の６第４項（法第69条第１項において準用する場合を含む。）の規定により理事会の決議があったものとみなされた場合　次に掲げる事項

　　イ　理事会の決議があったものとみなされた事項の内容

　　ロ　イの事項の提案をした理事の氏名

　　ハ　理事会の決議があったものとみなされた日

　　ニ　議事録の作成に係る職務を行った理事の氏名

　二　法第36条の６第５項（法第69条第１項において準用する場合を含む。）の規定により理事会への報告を要しないものとされた場合　次に掲げる事項

　　イ　理事会への報告を要しないものとされた事項の内容

　　ロ　理事会への報告を要しないものとされた日

　　ハ　議事録の作成に係る職務を行った理事の氏名

（電子署名）

第67条　法第36条の７第２項（法第69条第１項において準用する場合を含む。）に規定する主務省令で定める署名又は記名押印に代わる措置は、電子署名とする。

２　前項に規定する「電子署名」とは、電磁的記録に記録することができる情報について行われる措置であって、次の要件のいずれにも該当するものをいう。

　一　当該情報が当該措置を行った者の作成に係るものであることを示すためのものであること。

　二　当該情報について改変が行われていないかどうかを確認することができるものであること。

（役員等の組合に対する損害賠償に係る報酬等の額の算定方法）

第68条　法第38条の２第５項（法第40条の２第４項及び第69条第１項において準用する場合を含む。）に規定する主務省令で定める方法により算定される額は、次に掲げる額の合計額とする。

　一　役員等がその在職中に報酬、賞与その他の職務執行の対価（当該役員等が当該組合の

関係法令

　使用人を兼ねている場合における当該使用人の報酬、賞与その他の職務執行の対価を含む。）として組合から受け、又は受けるべき財産上の利益（次号に定めるものを除く。）の額の事業年度（次のイからハまでに掲げる場合の区分に応じ、当該イからハまでに定める日を含む事業年度及びその前の各事業年度に限る。）ごとの合計額（当該事業年度の期間が１年でない場合にあっては、当該合計額を１年当たりの額に換算した額）のうち最も高い額

　　イ　法第38条の２第５項（法第40条の２第４項及び第69条第１項において準用する場合を含む。）の総会の決議を行った場合　当該総会の決議の日

　　ロ　法第38条の２第９項（法第40条の２第４項及び第69条第１項において準用する場合を含む。）において準用する会社法第426条第１項の規定による定款の定めに基づいて責任を免除する旨の理事会の決議を行った場合　当該決議のあった日

　　ハ　法第38条の２第９項（法第40条の２第４項及び第69条第１項において準用する場合を含む。）において準用する会社法第427条第１項の契約を締結した場合　責任の原因となる事実が生じた日（２以上の日がある場合にあっては、最も遅い日）

　二　イに掲げる額をロに掲げる数で除して得た額

　　イ　次に掲げる額の合計額

　　　(1)　当該役員等が当該組合から受けた退職慰労金の額

　　　(2)　当該役員等が当該組合の使用人を兼ねていた場合における当該使用人としての退職手当のうち当該役員等を兼ねていた期間の職務執行の対価である部分の額

　　　(3)　(1)又は(2)に掲げるものの性質を有する財産上の利益の額

　　ロ　当該役員等がその職に就いていた年数（当該役員等が次に掲げるものに該当する場合における次に定める数が当該年数を超えている場合にあっては、当該数）

　　　(1)　代表理事　　6

　　　(2)　代表理事以外の理事　　4

　　　(3)　監事又は会計監査人　　2

２　法第38条の２第８項（法第40条の２第４項及び第69条第１項において準用する場合を含む。）に規定する主務省令で定める財産上の利益とは、次に掲げるものとする。

　一　退職慰労金

　二　当該役員等が当該組合の使用人を兼ねていたときは、当該使用人としての退職手当のうち当該役員等を兼ねていた期間の職務執行の対価である部分

　三　前２号に掲げるものの性質を有する財産上の利益

（責任追及等の訴えの提起の請求方法）

第69条　法第39条（法第82条の18第１項において準用する場合を含む。）において準用する

中小企業等協同組合法施行規則

会社法第847条第1項（法第69条第1項において準用する場合を含む。）に規定する主務省令で定める方法は、次に掲げる事項を記載した書面の提出又は当該事項の電磁的方法による提供とする。

一　被告となるべき者

二　請求の趣旨及び請求を特定するのに必要な事実

（訴えを提起しない理由の通知方法）

第70条　法第39条（法第82条の18第1項において準用する場合を含む。）において準用する会社法第847条第4項（法第69条第1項において準用する場合を含む。）に規定する主務省令で定める方法は、次に掲げる事項を記載した書面の提出又は当該事項の電磁的方法による提供とする。

一　組合又は中央会が行った調査の内容（次号の判断の基礎とした資料を含む。）

二　請求対象者の責任又は義務の有無についての判断

三　請求対象者に責任又は義務があると判断した場合において、責任追及等の訴え（法第39条（法第82条の18第1項において準用する場合を含む。）において準用する会社法第847条第1項（法第69条第1項において準用する場合を含む。）に規定する責任追及等の訴えをいう。）を提起しないときは、その理由

第3節　決算関係書類

第1款　総則

（会計慣行のしん酌）

第71条　この章（第1節、第2節及び第8節から第11節までを除く。）及び第179条から第182条までの用語の解釈及び規定の適用に関しては、一般に公正妥当と認められる企業会計の基準その他の会計の慣行をしん酌しなければならない。

（金額の表示の単位）

第72条　法第40条第1項に規定する組合の成立の日における貸借対照表及び同条第2項（法第69条第1項、第82条の8及び第82条の18第1項において準用する場合を含む。）に規定する組合又は中央会が作成すべき決算関係書類（剰余金処分案又は損失処理案を除く。）に係る事項の金額は、1円単位又は1,000円単位をもって表示するものとする。

2　剰余金処分案又は損失処理案については、1円単位で表示するものとする。

（成立の日の貸借対照表）

第73条　法第40条第1項の規定により作成すべき貸借対照表は、組合の成立の日における

585

関係法令

会計帳簿に基づき作成しなければならない。

（各事業年度に係る決算関係書類）

第74条　各事業年度に係る決算関係書類の作成に係る期間は、当該事業年度の前事業年度の末日の翌日（当該事業年度の前事業年度がない場合にあっては、成立の日）から当該事業年度の末日までの期間とする。この場合において、当該期間は、1年（事業年度の末日を変更する場合における変更後の最初の事業年度については、1年6月）を超えることができない。

2　法第40条第2項（法第69条第1項、第82条の8及び第82条の18第1項において準用する場合を含む。）の規定により組合又は中央会が作成すべき各事業年度に係る決算関係書類は、当該事業年度に係る会計帳簿に基づき作成しなければならない。

第2款　会計監査人監査組合の連結決算関係書類

（連結決算関係書類）

第75条　法第40条の2第2項において準用する会社法第444条第1項に規定する主務省令で定めるものは、この節の規定に従い作成される次に掲げるものとする。

一　連結貸借対照表

二　連結損益計算書

（連結会計年度）

第76条　各事業年度に係る連結決算関係書類（令第24条第1項において読み替えられた会社法第444条第1項の規定による連結決算関係書類をいう。以下同じ。）の作成に係る期間（以下「連結会計年度」という。）は、当該事業年度の前事業年度の末日の翌日（当該事業年度の前事業年度がない場合にあっては、成立の日）から当該事業年度の末日までの期間とする。

（連結の範囲）

第77条　会計監査人監査組合（法第40条の2第1項に規定する会計監査人の監査を要する組合をいう。以下同じ。）は、そのすべての子会社等を連結の範囲に含めなければならない。ただし、次のいずれかに該当する子会社等は、連結の範囲に含めないものとする。

一　財務及び事業の方針を決定する機関（株主総会その他これに準ずる機関をいう。）に対する支配が一時的であると認められる子会社等

二　連結の範囲に含めることにより当該会計監査人監査組合の利害関係人の判断を著しく誤らせるおそれがあると認められる子会社等

586

中小企業等協同組合法施行規則

2　前項の規定により連結の範囲に含めるべき子会社等のうち、その資産、売上高等からみて、連結の範囲から除いてもその会計監査人監査組合の集団の財産及び損益の状況に関する合理的な判断を妨げない程度に重要性の乏しいものは、連結の範囲から除くことができる。

（事業年度に係る期間の異なる子会社等）

第78条　会計監査人監査組合の事業年度の末日と異なる日をその事業年度の末日とする連結子会社等（連結の範囲に含められる子会社等をいう。以下同じ。）は、当該会計監査人監査組合の事業年度の末日において、連結決算関係書類の作成の基礎となる決算関係書類を作成するために必要とされる決算を行わなければならない。ただし、当該連結子会社等の事業年度の末日と当該会計監査人監査組合の事業年度の末日との差異が３月を超えない場合において、当該連結子会社等の事業年度に係る決算関係書類を基礎として連結決算関係書類を作成するときは、この限りでない。

2　前項ただし書の規定により連結決算関係書類を作成する場合には、連結子会社等の事業年度の末日と当該会計監査人監査組合の事業年度の末日が異なることから生ずる連結組合（当該会計監査人監査組合及びその連結子会社等をいう。以下同じ。）相互間の取引に係る会計記録の重要な不一致について、調整をしなければならない。

（連結貸借対照表）

第79条　連結貸借対照表は、会計監査人監査組合の連結会計年度に対応する期間に係る連結組合の貸借対照表（連結子会社等が前条第１項本文の規定による決算を行う場合における当該連結子会社等の貸借対照表については、当該決算に係る貸借対照表）の資産、負債及び純資産の金額を基礎として作成しなければならない。この場合においては、連結組合の貸借対照表に計上された資産、負債及び純資産の金額を、連結貸借対照表の適切な項目に計上することができる。

（連結損益計算書）

第80条　連結損益計算書は、組合の連結会計年度に対応する期間に係る連結組合の損益計算書（連結子会社等が第78条第１項本文の規定による決算を行う場合における当該連結子会社等の損益計算書については、当該決算に係る損益計算書）の収益若しくは費用又は利益若しくは損失の金額を基礎として作成しなければならない。この場合においては、連結組合の損益計算書に計上された収益若しくは費用又は利益若しくは損失の金額を、連結損益計算書の適切な項目に計上することができる。

関係法令

（連結子会社等の資産及び負債の評価等）

第81条 連結決算関係書類の作成に当たっては、連結子会社等の資産及び負債の評価並び
に会計監査人監査組合の連結子会社等に対する投資とこれに対応する当該連結子会社等の
資本との相殺消去その他必要とされる連結組合相互間の項目の相殺消去をしなければなら
ない。

第3款　財産目録

第82条 法第40条第2項（法第69条第1項において準用する場合を含む。）の規定により各
事業年度ごとに組合が作成すべき財産目録については、この条の定めるところによる。

2 前項の財産目録は、次に掲げる部に区分して表示しなければならない。

一 資産

二 負債

三 正味資産

3 資産の部又は負債の部の各項目は、当該項目に係る資産又は負債を示す適当な名称を付
した項目に細分することができる。

4 第2項の規定にかかわらず、共済事業を行う組合は、当該組合の財産状態を明らかにす
るため、同項第一号及び第二号について、適切な部又は項目に分けて表示しなければなら
ない。

第4款　貸借対照表

（通則）

第83条 貸借対照表等（法第40条第1項に規定する組合の成立の日における貸借対照表、
各事業年度ごとに組合が作成すべき貸借対照表（法第40条第2項（法第69条第1項におい
て準用する場合を含む。）に規定する貸借対照表をいう。以下この款及び第11節において
同じ。）及び連結貸借対照表をいう。以下同じ。）については、この款の定めるところによる。

（貸借対照表等の区分）

第84条 貸借対照表等は、次に掲げる部に区分して表示しなければならない。

一 資産

二 負債

三 純資産

2 資産の部又は負債の部の各項目は、当該項目に係る資産又は負債を示す適当な名称を付
さなければならない。

3 連結組合が2以上の異なる種類の事業を営んでいる場合には、連結貸借対照表の資産の

588

中小企業等協同組合法施行規則

部及び負債の部は、その営む事業の種類ごとに区分することができる。

（資産の部の区分）

第85条 資産の部は、次に掲げる項目に区分しなければならない。この場合において、各項目（第二号に掲げる項目を除く。）は、適当な項目に細分しなければならない。

一　流動資産

二　固定資産

三　繰延資産

2　固定資産に係る項目は、次に掲げる項目に区分しなければならない。この場合において、各項目は、適当な項目に細分しなければならない。

一　有形固定資産

二　無形固定資産

三　外部出資その他の資産

3　次の各号に掲げる資産は、当該各号に定めるものに属するものとする。

一　次に掲げる資産　流動資産

イ　現金及び預金（1年内に期限の到来しない預金を除く。）

ロ　受取手形（通常の取引（当該組合の事業目的のための活動において、経常的に又は短期間に循環して発生する取引をいう。）に基づいて発生した手形債権（破産債権、再生債権、更生債権その他これらに準ずる債権で1年内に弁済を受けることができないことが明らかなものを除く。）をいう。）

ハ　売掛金（通常の取引に基づいて発生した事業上の未収金（当該未収金に係る債権が破産債権、再生債権、更生債権その他これらに準ずる債権で1年内に弁済を受けることができないことが明らかなものである場合における当該未収金を除く。）をいう。）

ニ　売買目的有価証券（時価の変動により利益を得ることを目的として保有する有価証券をいう。以下同じ。）及び1年内に満期の到来する有価証券

ホ　商品（販売の目的をもって所有する土地、建物その他の不動産を含む。）

ヘ　製品、副産物及び作業くず

ト　半製品（自製部分品を含む。）

チ　原料及び材料（購入部分品を含む。）

リ　仕掛品及び半成工事

ヌ　消耗品、消耗工具、器具及び備品その他の貯蔵品であって、相当な価額以上のもの

ル　前渡金（商品、原材料等の購入のための前渡金（当該前渡金に係る債権が破産債権、再生債権、更生債権その他これらに準ずる債権で1年内に弁済を受けることができないことが明らかなものである場合における当該前渡金を除く。）をいう。）

589

関係法令

　ヲ　前払費用であって、1年内に費用となるべきもの

　ワ　未収収益

　カ　貸付金（法第9条の2第1項第二号又は第9条の9第1項第二号の事業を行うための貸付金をいう。）

　ヨ　次に掲げる繰延税金資産（税効果会計（貸借対照表等に計上されている資産及び負債の金額と課税所得の計算の結果算定された資産及び負債の金額との間に差異がある場合において、当該差異に係る法人税等（法人税、住民税及び事業税（利益に関連する金額を課税標準として課される事業税をいう。以下同じ。）をいう。以下同じ。）の金額を適切に期間配分することにより、法人税等を控除する前の当期純利益の金額と法人税等の金額を合理的に対応させるための会計処理をいう。以下同じ。）の適用により資産として計上される金額をいう。以下同じ。）

　　⑴　流動資産に属する資産又は流動負債に属する負債に関連する繰延税金資産

　　⑵　特定の資産又は負債に関連しない繰延税金資産であって、1年内に取り崩されると認められるもの

　タ　その他の資産であって、1年内に現金化できると認められるもの

二　次に掲げる資産（ただし、イからトまでに掲げる資産については、事業の用に供するものに限る。）　有形固定資産

　イ　建物及び暖房、照明、通風等の付属設備

　ロ　構築物（ドック、橋、岸壁、さん橋、軌道、貯水池、坑道、煙突その他土地に定着する土木設備又は工作物をいう。）

　ハ　機械及び装置並びにホイスト、コンベヤー、起重機等の搬送設備その他の付属設備

　ニ　船舶及び水上運搬具

　ホ　鉄道車両、自動車その他の陸上運搬具

　ヘ　工具、器具及び備品（耐用年数1年以上のものに限る。）

　ト　土地

　チ　建設仮勘定（イからトまでに掲げる資産で事業の用に供するものを建設した場合における支出及び当該建設の目的のために充当した材料をいう。）

　リ　その他の有形資産であって、有形固定資産に属する資産とすべきもの

三　次に掲げる資産　無形固定資産

　イ　特許権

　ロ　借地権（地上権を含む。）

　ハ　商標権

　ニ　実用新案権

　ホ　意匠権

中小企業等協同組合法施行規則

　　　ヘ　鉱業権
　　　ト　漁業権（入漁権を含む。）
　　　チ　ソフトウェア
　　　リ　その他の無形資産であって、無形固定資産に属する資産とすべきもの
　　四　次に掲げる資産　外部出資その他の資産
　　　イ　外部出資（事業遂行上の必要に基づき保有する法人等の株式及び持分その他これら
　　　　に準ずるものをいう。以下同じ。）
　　　ロ　長期保有有価証券（満期保有目的の債券（満期まで所有する意図をもって保有する
　　　　債券であって満期まで所有する意図をもって取得したものをいう。以下同じ。）その
　　　　他の流動資産又は外部出資に属しない有価証券をいう。）
　　　ハ　長期前払費用
　　　ニ　次に掲げる繰延税金資産
　　　　(1)　有形固定資産、無形固定資産若しくは外部出資その他の資産に属する資産又は固
　　　　　定負債に属する負債に関連する繰延税金資産
　　　　(2)　特定の資産又は負債に関連しない繰延税金資産であって、１年内に取り崩される
　　　　　と認められないもの
　　　ホ　その他の資産であって、外部出資その他の資産に属する資産とすべきもの
　　　ヘ　その他の資産であって、流動資産、有形固定資産、無形固定資産又は繰延資産に属
　　　　しないもの
　　五　繰延資産として計上することが適当であると認められるもの　繰延資産
４　前項に規定する「１年内」とは、次の各号に掲げる貸借対照表等の区分に応じ、当該各
　号に定める日から起算して１年以内の日をいう（次条において同じ。）。
　　一　成立の日における貸借対照表　組合の成立の日
　　二　事業年度に係る貸借対照表　事業年度の末日の翌日
　　三　連結貸借対照表　連結会計年度の末日の翌日

（負債の部の区分）
第86条　負債の部は、次に掲げる項目に区分しなければならない。この場合において、各
　項目は、適当な項目に細分しなければならない。
　　一　流動負債
　　二　固定負債
２　次の各号に掲げる負債は、当該各号に定めるものに属するものとする。
　　一　次に掲げる負債　流動負債
　　　イ　支払手形（通常の取引に基づいて発生した手形債務をいう。）

591

関係法令

ロ　買掛金（通常の取引に基づいて発生した事業上の未払金をいう。）

ハ　前受金（受注工事、受注品等に対する前受金をいう。）

ニ　引当金（資産に係る引当金及び1年内に使用されないと認められるものを除く。）

ホ　転貸借入金（法第9条の2第1項第二号又は第9条の9第1項第二号の事業を行うための借入金をいう。以下同じ。）

ヘ　短期借入金（転貸借入金以外の借入金（1年内に返済されないと認められるものを除く。）をいう。）

ト　通常の取引に関連して発生する未払金又は預り金で一般の取引慣行として発生後短期間に支払われるもの

チ　未払法人税等（法人税、住民税及び事業税の未払額をいう。）

リ　未払費用

ヌ　前受収益

ル　仮受賦課金（法第9条の2第1項第四号又は第9条の9第1項第六号の事業を行うための賦課金のうち、その目的となった事業の全部又は一部が翌事業年度に繰り越されたものをいう。）

ヲ　次に掲げる繰延税金負債（税効果会計の適用により負債として計上される金額をいう。以下同じ。）

　(1)　流動資産に属する資産又は流動負債に属する負債に関連する繰延税金負債

　(2)　特定の資産又は負債に関連しない繰延税金負債であって、1年内に取り崩されると認められるもの

ワ　その他の負債であって、1年内に支払又は返済されると認められるもの

二　次に掲げる負債　固定負債

イ　長期借入金（1年内に返済されないと認められる借入金（前号ホを除く。）をいう。）

ロ　引当金（資産に係る引当金及び前号ニに掲げる引当金を除く。）

ハ　次に掲げる繰延税金負債

　(1)　有形固定資産、無形固定資産若しくは外部出資その他の資産に属する資産又は固定負債に属する負債に関連する繰延税金負債

　(2)　特定の資産又は負債に関連しない繰延税金負債であって、1年内に取り崩されると認められないもの

ニ　その他の負債であって、流動負債に属しないもの

（共済事業を行う組合の資産及び負債の表示に関する特例）

第87条　前2条の規定にかかわらず、共済事業を行う組合は、前2条の区分に代えて、当該組合の財産状態を明らかにするため、資産又は負債について、適切な部又は項目に分けて表示しなければならない。

中小企業等協同組合法施行規則

2　前項の規定は、共同共済事業組合及び共同火災共済事業組合（以下「共同共済事業組合等」という。）については、適用しない。

（純資産の部の区分）

第88条　純資産の部は、次の各号に掲げる貸借対照表等の区分に応じ、当該各号に定める項目に区分しなければならない。

　　一　組合の貸借対照表　次に掲げる項目

　　　イ　組合員資本（協同組合連合会にあっては、会員資本とする。以下同じ。）

　　　ロ　評価・換算差額等

　　二　組合の連結貸借対照表　次に掲げる項目

　　　イ　組合員資本

　　　ロ　評価・換算差額等

　　　ハ　新株予約権

　　　ニ　非支配株主持分

2　組合員資本に係る項目は、次に掲げる項目に区分しなければならない。この場合において、第二号に掲げる項目は、控除項目とする。

　　一　出資金

　　二　未払込出資金

　　三　資本剰余金

　　四　利益剰余金

3　資本剰余金に係る項目は、次に掲げる項目に区分しなければならない。

　　一　資本準備金（法第15条に規定する加入金その他これに準ずるものをいう。）

　　二　その他資本剰余金

4　利益剰余金に係る項目は、次に掲げる項目に区分しなければならない。

　　一　利益準備金（法第58条第１項に規定する準備金をいう。以下同じ。）

　　二　その他利益剰余金

5　第３項第二号に掲げる項目は、適当な名称を付した項目に細分することができる。

6　第４項第二号に掲げる項目は、次に掲げる項目に区分しなければならない。

　　一　教育情報費用繰越金（法第58条第４項に規定する繰越金をいう。以下同じ。）

　　二　組合積立金（前号以外の任意積立金をいう。以下同じ。）

　　三　当期未処分剰余金（又は当期未処理損失金）

7　前項第二号に掲げる項目は、その内容を示す適当な名称を付した科目に細分しなければならない。

8　第６項第三号に掲げる項目については、当期剰余金又は当期損失金を付記しなければな

593

関係法令

らない。

9　評価・換算差額等に係る項目は、その他有価証券評価差額金（純資産の部に計上される
その他有価証券（売買目的有価証券、満期保有目的の債券及び子会社の株式以外の有価証
券をいう。以下同じ。）の評価差額をいう。）その他適当な名称を付した項目に細分しなけ
ればならない。

（貸倒引当金等の表示）

第89条　各資産に係る引当金は、次項の規定による場合のほか、当該各資産の項目に対す
る控除項目として、貸倒引当金その他当該引当金の設定目的を示す名称を付した項目を
もって表示しなければならない。ただし、流動資産、有形固定資産、無形固定資産、外部
出資その他の資産又は繰延資産の区分に応じ、これらの資産に対する控除項目として一括
して表示することを妨げない。

2　各資産に係る引当金は、当該各資産の金額から直接控除し、その控除残高を当該各資産
の金額として表示することができる。

（有形固定資産に対する減価償却累計額の表示）

第90条　各有形固定資産に対する減価償却累計額は、次項の規定による場合のほか、当該
各有形固定資産の項目に対する控除項目として、減価償却累計額の項目をもって表示しな
ければならない。ただし、これらの有形固定資産に対する控除項目として一括して表示す
ることを妨げない。

2　各有形固定資産に対する減価償却累計額は、当該各有形固定資産の金額から直接控除し、
その控除残高を当該各有形固定資産の金額として表示することができる。

（有形固定資産に対する減損損失累計額の表示）

第91条　各有形固定資産に対する減損損失累計額は、次項及び第3項の規定による場合の
ほか、当該各有形固定資産の金額（前条第2項の規定により有形固定資産に対する減価償
却累計額を当該有形固定資産の金額から直接控除しているときは、その控除後の金額）か
ら直接控除し、その控除残高を当該各有形固定資産の金額として表示しなければならない。

2　減価償却を行う各有形固定資産に対する減損損失累計額は、当該各有形固定資産の項目
に対する控除項目として、減損損失累計額の項目をもって表示することができる。ただし、
これらの有形固定資産に対する控除項目として一括して表示することを妨げない。

3　前条第1項及び前項の規定により減価償却累計額及び減損損失累計額を控除項目として
表示する場合には、減損損失累計額を減価償却累計額に合算して、減価償却累計額の項目
をもって表示することができる。

594

中小企業等協同組合法施行規則

（無形固定資産の表示）

第92条 各無形固定資産に対する減価償却累計額及び減損損失累計額は、当該各無形固定資産の金額から直接控除し、その控除残高を当該各無形固定資産の金額として表示しなければならない。

（外部出資の表示）

第93条 外部出資は、子会社出資（子会社の株式（売買目的有価証券に該当する株式を除く。）又は持分をいう。）の項目をもって別に表示しなければならない。

2 前項の規定は、連結貸借対照表については、適用しない。

（繰延税金資産等の表示）

第94条 流動資産に属する繰延税金資産の金額及び流動負債に属する繰延税金負債の金額については、その差額のみを繰延税金資産又は繰延税金負債として流動資産又は流動負債に表示しなければならない。

2 固定資産に属する繰延税金資産の金額及び固定負債に属する繰延税金負債の金額については、その差額のみを繰延税金資産又は繰延税金負債として固定資産又は固定負債に表示しなければならない。

3 前2項の規定にかかわらず、特定共済組合、法第9条の9第1項第三号の事業を行う協同組合連合会及び特定共済組合連合会（以下「特定共済組合等」と総称する。）の貸借対照表等については、資産の部に属する繰延税金資産の金額及び負債の部に属する繰延税金負債の金額については、その差額のみを繰延税金資産又は繰延税金負債として表示するものとする。

4 連結貸借対照表に係る前3項の規定の適用については、これらの規定中「その差額」とあるのは、「異なる納税主体に係るものを除き、その差額」とする。

（繰延資産の表示）

第95条 各繰延資産に対する償却累計額は、当該各繰延資産の金額から直接控除し、その控除残高を各繰延資産の金額として表示しなければならない。

第5款 損益計算書

（通則）

第96条 各事業年度ごとに組合が作成すべき損益計算書等（損益計算書（法第40条第2項に規定する損益計算書をいう。以下この款及び第11節において同じ。）及び連結損益計算

関係法令

書をいう。以下同じ。）については、この款の定めるところによる。

（損益計算書等の区分）

第97条　損益計算書等は、次に掲げる項目に区分して表示しなければならない。この場合において、各項目について細分することが適当な場合には、適当な項目に細分することができる。

　　一　事業収益

　　二　賦課金等収入（法第12条第1項又は第13条の規定に基づき徴収したものをいう。以下同じ。）

　　三　事業費用

　　四　一般管理費

　　五　事業外収益

　　六　事業外費用

　　七　特別利益

　　八　特別損失

2　事業収益に属する収益は、売上高、受取手数料、受取施設利用料、受取貸付利息、受取保管料、受取検査料その他の項目の区分に従い、細分しなければならない。

3　賦課金等収入に属する収益は、賦課金収入、参加料収入、負担金収入その他の項目の区分に従い、細分しなければならない。

4　事業費用に属する費用は、売上原価、販売費、購買費、生産・加工費、運送費、転貸支払利息その他の項目の区分に従い、細分しなければならない。

5　一般管理費に属する費用は、人件費、業務費、諸税負担金その他の項目の区分に従い、細分しなければならない。

6　事業外収益に属する収益は、受取利息（法第9条の2第1項第二号若しくは第9条の9第1項第二号の事業又は共済事業として受け入れたものを除く。）、外部出資に係る出資配当金の受入額その他の項目に細分しなければならない。

7　事業外費用に属する費用は、支払利息（法第9条の2第1項第二号若しくは第9条の9第1項第二号の事業又は共済事業として受け入れたものを除く。）、創立費償却、寄付金その他の項目に細分しなければならない。

8　特別利益に属する利益は、固定資産売却益、補助金収入（経常的経費に充てるべきものとして交付されたものを除く。）、前期損益修正益その他の項目の区分に従い、細分しなければならない。

9　特別損失に属する損失は、固定資産売却損、固定資産圧縮損、減損損失、災害による損失、前期損益修正損その他の項目の区分に従い、細分しなければならない。

中小企業等協同組合法施行規則

10　第2項から前項までの規定にかかわらず、第2項から前項までに規定する各収益若しく
　　は費用又は利益若しくは損失のうち、その金額が重要でないものについては、当該収益若
　　しくは費用又は利益若しくは損失を細分しないこととすることができる。

11　組合又は連結組合が2以上の異なる種類の事業を行っている場合には、第1項第一号か
　　ら第四号までに掲げる収益又は費用は、事業の種類ごとに区分することができる。

12　損益計算書等の各項目は、当該項目に係る収益若しくは費用又は利益若しくは損失を示
　　す適当な名称を付さなければならない。

（事業総損益金額）

第98条　事業収益に賦課金等収入を加算して得た額から事業費用を減じて得た額（以下「事
　　業総損益金額」という。）は、事業総利益金額として表示しなければならない。

2　組合又は連結組合が2以上の異なる種類の事業を行っている場合には、事業総利益金額
　　は、事業の種類ごとに区分し表示することができる。

3　前2項の規定にかかわらず、事業総利益金額が零未満である場合には、零から事業総利
　　益金額を減じて得た額を、事業総損失金額として表示しなければならない。

（事業損益金額）

第99条　事業総損益金額（当該金額が2以上ある場合には、その合計額）から一般管理費
　　の合計額を減じて得た額（以下「事業損益金額」という。）は、事業利益金額として表示
　　しなければならない。

2　前項の規定にかかわらず、事業損益金額が零未満である場合には、零から事業損益金額
　　を減じて得た額を、事業損失金額として表示しなければならない。

（経常損益金額）

第100条　事業損益金額に事業外収益を加算して得た額から事業外費用を減じて得た額（以
　　下「経常損益金額」という。）は、経常利益金額として表示しなければならない。

2　前項の規定にかかわらず、経常損益金額が零未満である場合には、零から経常損益金額
　　を減じて得た額を、経常損失金額として表示しなければならない。

（税引前当期純損益金額）

第101条　経常損益金額に特別利益を加算して得た額から特別損失を減じて得た額（以下「税
　　引前当期純損益金額」という。）は、税引前当期純利益金額（連結損益計算書にあっては、
　　税金等調整前当期純利益金額）として表示しなければならない。

2　前項の規定にかかわらず、税引前当期純損益金額が零未満である場合には、零から税引

597

関係法令

前当期純損益金額を減じて得た額を、税引前当期純損失金額（連結損益計算書にあっては、税金等調整前当期純損失金額）として表示しなければならない。

（税等）

第102条　次に掲げる項目の金額は、その内容を示す名称を付した項目をもって、税引前当期純利益金額又は税引前当期純損失金額（連結損益計算書にあっては、税金等調整前当期純利益金額又は税金等調整前当期純損失金額）の次に表示しなければならない。

一　当該事業年度（連結損益計算書にあっては、連結会計年度）に係る法人税等

二　法人税等調整額（税効果会計の適用により計上される前号に掲げる法人税等の調整額をいう。）

2　法人税等の更正、決定等による納付税額又は還付税額がある場合には、前項第一号に掲げる項目の次に、その内容を示す名称を付した項目をもって表示するものとする。ただし、これらの金額の重要性が乏しい場合は、同号に掲げる項目の金額に含めて表示することができる。

（当期純損益金額）

第103条　第一号及び第二号に掲げる額の合計額から第三号及び第四号に掲げる額の合計額を減じて得た額（以下「当期純損益金額」という。）は、当期純利益金額として表示しなければならない。

一　税引前当期純損益金額

二　前条第2項に規定する場合（同項ただし書の場合を除く。）において、還付税額があるときは当該還付税額

三　前条第1項各号に掲げる項目の金額

四　前条第2項に規定する場合（同項ただし書の場合を除く。）において、納付税額があるときは、当該納付税額

2　前項の規定にかかわらず、当期純損益金額が零未満である場合には、零から当期純損益金額を減じて得た額を、当期純損失金額として表示しなければならない。

3　連結損益計算書には、次に掲げる項目の金額は、その内容を示す名称を付した項目をもって、当期純利益金額又は当期純損失金額の次に表示しなければならない。

一　当期純利益として表示した額があるときは、当該額のうち非支配株主に帰属するもの

二　当期純損失として表示した額があるときは、当該額のうち非支配株主に帰属するもの

4　連結損益計算書には、当期純利益金額又は当期純損失金額に当期純利益又は当期純損失のうち非支配株主に帰属する額を加減して得た額は、連結子会社等を有する組合の組合員に帰属する当期純利益金額又は当期純損失金額として表示しなければならない。

中小企業等協同組合法施行規則

（貸倒引当金繰入額の表示）

第104条　貸倒引当金の繰入額及び貸倒引当金残高の取崩額については、その差額のみを貸倒引当金繰入額又は貸倒引当金戻入益としてそれぞれ次に掲げる項目に区分して表示しなければならない。

一　貸倒引当金繰入額　次に掲げる項目

イ　事業上の取引に基づいて発生した債権に係るもの　事業費用

ロ　事業上の取引以外の取引に基づいて発生した債権に係るもの　事業外費用

二　貸倒引当金戻入益　特別利益

（共済事業を行う組合の損益計算書等の表示に関する特例）

第105条　第97条から第99条までの規定にかかわらず、共済事業を行う組合については、第97条から第99条までの区分に代えて、当該組合の損益状況を明らかにするため、収益若しくは費用又は利益若しくは損失について、適切な部又は項目に分けて表示しなければならない。

2　特定共済組合等についての第100条及び前条の規定の適用については、第100条第1項中「事業損益金額に事業外収益を加算して得た額から事業外費用」とあるのは「経常収益から経常費用」と、前条第一号中「次に掲げる項目」とあるのは「経常費用」とする。

第6款　剰余金処分案又は損失処理案

（通則）

第106条　法第40条第2項の規定により各事業年度ごとに組合が作成すべき剰余金処分案又は損失処理案については、この款の定めるところによる。

2　当期未処分損益金額と組合積立金の取崩額の合計額が零を超える場合であって、かつ、剰余金の処分がある場合には、次条の規定により剰余金処分案を作成しなければならない。

3　前項以外の場合には、第108条の規定により損失処理案を作成しなければならない。

（剰余金処分案の区分）

第107条　剰余金処分案は、次に掲げる項目に区分して表示しなければならない。

一　当期未処分剰余金又は当期未処理損失金

二　組合積立金取崩額（一定の目的のために設定した組合積立金について当該目的に従って取り崩した額を除く。以下同じ。）

三　剰余金処分額

四　次期繰越剰余金

2　前項第一号の当期未処分剰余金又は当期未処理損失金は、次に掲げる項目に区分しなけ

599

関係法令

ればならない。

一　当期純利益金額又は当期純損失金額

二　前期繰越剰余金又は前期繰越損失金

3　第1項第二号の組合積立金取崩額は、当該積立金の名称を付した項目に細分しなければ
ならない。

4　第1項第三号の剰余金処分額は、次に掲げる項目に区分しなければならない。

一　利益準備金

二　組合積立金

三　教育情報費用繰越金

四　出資配当金（法第59条第2項及び第3項に規定する払込済み出資の額に応じなされる
配当金をいう。）

五　利用分量配当金

5　前項第二号の組合積立金は、当該積立金の名称を付した項目に細分しなければならない。

6　第4項第五号の利用分量配当金は、組合が2以上の異なる種類の配当を行う場合には、
当該配当の名称を示した項目に細分しなければならない。

（損失処理案の区分）

第108条　損失処理案は、次に掲げる項目に区分して表示しなければならない。

一　当期未処理損失金

二　損失てん補取崩額

三　次期繰越損失金

2　前項第一号の当期未処理損失金は、次に掲げる項目に区分しなければならない。

一　当期純損失金額又は当期純利益金額

二　前期繰越損失金又は前期繰越剰余金

3　第1項第二号の損失てん補取崩額は、次に掲げる項目に区分しなければならない。

一　組合積立金取崩額

二　利益準備金取崩額

三　資本剰余金取崩額

4　前項第一号の組合積立金取崩額は、当該積立金の名称を付した項目に細分しなければな
らない。

第4節　事業報告書

（通則）

第109条　法第40条第2項の規定により各事業年度ごとに組合が作成すべき事業報告書は、

この節の定めるところによる。

（事業報告書の内容）

第110条　事業報告書は、次に掲げる事項を記載又は記録しなければならない。

一　組合の事業活動の概況に関する事項

二　組合の運営組織の状況に関する事項

三　その他組合の状況に関する重要な事項（決算関係書類及び連結決算関係書類の内容となる事項を除く。）

（組合の事業活動の概況に関する事項）

第111条　前条第一号に規定する組合の事業活動の概況に関する事項とは、次に掲げる事項（当該組合が２以上の異なる種類の事業を行っている場合には、主要な事業別に区分された事項）とする。

一　当該事業年度の末日における主要な事業内容

二　当該事業年度における事業の経過及びその成果

三　当該事業年度における次に掲げる事項についての状況（重要なものに限る。）

　イ　増資及び資金の借入れその他の資金調達（共済事業を行う組合については、共済掛金として受け入れたものを除く。）

　ロ　組合が所有する施設の建設又は改修その他の設備投資

　ハ　他の法人との業務上の提携

　ニ　他の会社を子会社とすることとなる場合における当該他の会社の株式又は持分の取得又は処分

　ホ　事業の全部又は一部の譲渡又は譲受け、合併（当該合併後当該組合が存続するものに限る。）その他の組織の再編成

四　直前３事業年度（当該事業年度の末日において３事業年度が終了していない組合にあっては、成立後の各事業年度）の財産及び損益の状況

五　対処すべき重要な課題

六　前各号に掲げるもののほか、当該組合の現況に関する重要な事項

2　会計監査人監査組合が連結決算関係書類を作成している場合には、前項各号に掲げる事項については、連結組合の事業活動の概況に関する事項とすることができる。この場合において、当該事項に相当する事項が連結決算関係書類の内容となっているときは、当該事項を事業報告書の内容としないことができる。

3　特定共済組合等（共同共済事業組合等を除く。以下同じ。）については、前２項の規定のほか、共済金等の支払能力の充実の状況を示す比率（法第58条の４の共済金等の支払能

関係法令

力の充実の状況が適当であるかどうかの基準に係る算式により得られる比率をいう。以下
同じ。）を組合の事業活動の概況に関する事項の内容としなければならない。

（組合の運営組織の状況に関する事項）
第112条　第110条第二号に規定する組合の運営組織の状況に関する事項とは、次に掲げる
事項とする。
一　前事業年度における総会の開催状況に関する次に掲げる事項
　　イ　開催日時
　　ロ　出席した組合員（又は総代）の数
　　ハ　重要な事項の議決状況
二　組合員に関する次に掲げる事項
　　イ　組合員の数及びその増減
　　ロ　組合員の出資口数及びその増減
三　役員（直前の通常総会の日の翌日以降に在任していた者であって、当該事業年度の末
　　日までに退任した者を含む。以下この条において同じ。）に関する次に掲げる事項
　　イ　役員の氏名
　　ロ　役員の当該組合における職制上の地位及び担当
　　ハ　役員が他の法人等の代表者その他これに類する者であるときは、その重要な事実
　　ニ　当該事業年度中に辞任した役員があるときは、次に掲げる事項
　　　⑴　当該役員の氏名
　　　⑵　法第36条の３第３項において準用する会社法第345条第１項の意見があったとき
　　　　は、その意見の内容
　　　⑶　法第36条の３第３項において準用する会社法第345条第２項の理由があるときは、
　　　　その理由
四　職員の数及びその増減その他の職員の状況
五　業務運営の組織に関する次に掲げる事項
　　イ　当該組合の内部組織の構成を示す組織図（事業年度の末日後に変更があった場合に
　　　は、当該変更事項を反映させたもの。）
　　ロ　当該組合と緊密な協力関係にある組合員が構成する組織がある場合には、その主要
　　　なものの概要
六　施設の設置状況に関する次に掲げる事項
　　イ　主たる事務所、従たる事務所及び組合が所有する施設の種類ごとの主要な施設の名
　　　称及び所在地
　　ロ　共済事業を行う組合にあっては、法第９条の７の５第１項に規定する共済代理店に

中小企業等協同組合法施行規則

関する次に掲げる事項

(1) 共済代理店の数及び増減

(2) 新たに共済代理店となった者の商号、名称又は氏名及び所在地

七　子会社の状況に関する次に掲げる事項

イ　子会社の区分ごとの重要な子会社の商号又は名称、代表者名及び所在地

ロ　イに掲げるものの資本金の額、当該組合の保有する議決権の比率及び主要な事業内容その他の子会社の概況

八　前各号に掲げるもののほか、当該組合の運営組織の状況に関する重要な事項

（会計監査人監査組合の特則）

第113条　会計監査人監査組合にあっては、次に掲げる事項を事業報告書の内容としなければならない。

一　会計監査人の氏名又は名称

二　会計監査人が現に業務の停止の処分を受け、その停止の期間を経過しない者であるときは、当該処分に係る事項

三　会計監査人が過去２年間に業務の停止の処分を受けた者である場合における当該処分に係る事項のうち、当該組合が事業報告書の内容とすることが適切であるものと判断した事項

四　会計監査人と当該組合との間で法第40条の２第４項において準用する法第38条の２第９項において準用する会社法第427条第１項の契約を締結しているときは、当該契約の内容の概要（当該契約によって当該会計監査人の職務の適正性が損なわれないようにするための措置を講じている場合にあっては、その内容を含む。）

五　次に掲げる事項

イ　当該組合の会計監査人である公認会計士（公認会計士法（昭和23年法律第103号）第16条の２第５項に規定する外国公認会計士を含む。以下この条において同じ。）又は監査法人に当該組合及びその子会社等が支払うべき金銭その他の財産上の利益の合計額（当該事業年度に係る連結損益計算書に計上すべきものに限る。）

ロ　当該組合の会計監査人以外の公認会計士又は監査法人（外国におけるこれらの資格に相当する資格を有する者を含む。）が当該組合の子会社等（重要なものに限る。）の決算関係書類又は連結決算関係書類（これらに相当するものを含む。）の監査（法、会社法又は金融商品取引法（これらの法律に相当する外国の法令を含む。）の規定によるものに限る。）をしているときは、その事実

六　当該事業年度中に辞任した会計監査人又は解任された会計監査人（総会の決議によって解任されたものを除く。）があるときは、次に掲げる事項

603

関係法令

　イ　当該会計監査人の氏名又は名称

　ロ　法第40条の2第3項において準用する会社法第340条第3項の理由があるときは、
　　その理由

　ハ　法第40条の2第3項において準用する会社法第345条第1項の意見があったときは、
　　その意見の内容

　ニ　法第40条の2第3項において準用する会社法第345条第2項の理由があるときは、
　　その理由

第5節　決算関係書類及び事業報告書の監査

第1款　通則

第114条　法第40条第5項（法第69条第1項、第82条の8及び第82条の18第1項において準
用する場合を含む。）の規定並びに法第40条の2第1項の規定及び同条第2項において準
用する会社法第444条第4項の規定による監査については、この節の定めるところによる。

2　前項に規定する監査には、公認会計士法第2条第1項に規定する監査のほか、決算関係
書類（法第40条第2項（法第69条第1項、第82条の8及び第82条の18第1項において準
用する場合を含む。）に規定する決算関係書類をいう。以下この節及び次節において同じ。）
又は連結決算関係書類（以下「決算関係書類等」という。）及び事業報告書（法第40条第
2項（法第69条第1項、第82条の8及び第82条の18第1項において準用する場合を含む。）
に規定する事業報告書をいう。以下この節及び次節において同じ。）に表示された情報と
決算関係書類等及び事業報告書に表示すべき情報との合致の程度を確かめ、かつ、その結
果を利害関係者に伝達するための手続を含むものとする。

第2款　会計監査人監査組合以外の組合又は中央会における監査

（監事の決算関係書類に係る監査報告の内容）

第115条　監事は、決算関係書類を受領したときは、次に掲げる事項を内容とする監査報告
を作成しなければならない。

一　監事の監査の方法及びその内容

二　決算関係書類（剰余金処分案又は損失処理案を除く。）が当該組合又は中央会の財産及
　び損益の状況をすべての重要な点において適正に表示しているかどうかについての意見

三　剰余金処分案又は損失処理案が法令又は定款に適合しているかどうかについての意見

四　剰余金処分案又は損失処理案が当該組合又は中央会の財産の状況その他の事情に照ら
　して著しく不当であるときは、その旨

五　監査のため必要な調査ができなかったときは、その旨及びその理由

六　追記情報

中小企業等協同組合法施行規則

　七　監査報告を作成した日
2　前項第六号に規定する追記情報とは、次に掲げる事項その他の事項のうち、監事の判断
　に関して説明を付す必要がある事項又は決算関係書類の内容のうち強調する必要がある事
　項とする。
　一　正当な理由による会計方針の変更
　二　重要な偶発事象
　三　重要な後発事象

（監事の事業報告書に係る監査報告の内容）
第116条　監事は、事業報告書を受領したときは、次に掲げる事項を内容とする監査報告を
　作成しなければならない。
　一　監事の監査の方法及びその内容
　二　事業報告書が法令又は定款に従い当該組合又は中央会の状況を正しく示しているかど
　　うかについての意見
　三　当該組合又は中央会の理事の職務の遂行に関し、不正の行為又は法令若しくは定款に
　　違反する重大な事実があったときは、その事実
　四　監査のため必要な調査ができなかったときは、その旨及びその理由
　五　監査報告を作成した日
2　前項の規定にかかわらず、監査権限限定組合（法第27条第8項に規定する組合をいう。）
　の監事は、前項各号に掲げる事項に代えて、事業報告書を監査する権限がないことを明ら
　かにした監査報告を作成しなければならない。

（監事の監査報告の通知期限等）
第117条　特定監事は、次に掲げる日のいずれか遅い日までに、特定理事に対し、第115条
　第1項及び前条第1項に規定する監査報告の内容を通知しなければならない。
　一　決算関係書類及び事業報告書の全部を受領した日から4週間を経過した日
　二　特定理事及び特定監事の間で合意により定めた日があるときは、その日
2　決算関係書類及び事業報告書については、特定理事が前項の規定による監査報告の内容
　の通知を受けた日に、監事の監査を受けたものとする。
3　前項の規定にかかわらず、特定監事が第1項の規定により通知をすべき日までに同項の
　規定による監査報告の内容の通知をしない場合には、当該通知をすべき日に、決算関係書
　類及び事業報告書については、監事の監査を受けたものとみなす。
4　第1項及び第2項に規定する「特定理事」とは、次の各号に掲げる場合の区分に応じ、
　当該各号に定める者をいう。

605

関係法令

　　一　第1項の規定による通知を受ける者を定めた場合　当該通知を受ける者として定められた者

　　二　前号に掲げる場合以外の場合　監査を受けるべき決算関係書類及び事業報告書の作成に関する業務を行った理事

5　第1項及び第3項に規定する「特定監事」とは、次の各号に掲げる場合の区分に応じ、当該各号に定める者をいう。

　　一　第1項の規定による通知をすべき監事を定めた場合　当該通知をすべき者として定められた者

　　二　前号に掲げる場合以外の場合　すべての監事

第3款　会計監査人監査組合における監査

（決算関係書類等の提供）

第118条　決算関係書類等を作成した理事は、会計監査人に対して決算関係書類等を提供しようとするときは、監事に対しても決算関係書類等を提供しなければならない。

（会計監査報告の内容）

第119条　会計監査人は、決算関係書類等を受領したときは、次に掲げる事項を内容とする会計監査報告を作成しなければならない。

　一　会計監査人の監査の方法及びその内容

　二　決算関係書類等（剰余金処分案又は損失処理案を除く。以下この号において同じ。）が当該組合の財産及び損益の状況をすべての重要な点において適正に表示しているかどうかについての意見があるときは、次のイからハまでに掲げる意見の区分に応じ、当該イからハまでに定める事項

　　イ　無限定適正意見　監査の対象となった決算関係書類等が一般に公正妥当と認められる会計の慣行に準拠して、当該決算関係書類等に係る期間の財産及び損益の状況をすべての重要な点において適正に表示していると認められる旨

　　ロ　除外事項を付した限定付適正意見　監査の対象となった決算関係書類等が除外事項を除き一般に公正妥当と認められる会計の慣行に準拠して、当該決算関係書類等に係る期間の財産及び損益の状況をすべての重要な点において適正に表示していると認められる旨並びに除外事項

　　ハ　不適正意見　監査の対象となった決算関係書類等が不適正である旨及びその理由

　三　剰余金処分案又は損失処理案が法令又は定款に適合しているかどうかについての意見

　四　前2号の意見がないときは、その旨及びその理由

　五　追記情報

中小企業等協同組合法施行規則

六　会計監査報告を作成した日

2　前項第五号に規定する追記情報とは、次に掲げる事項その他の事項のうち、会計監査人の判断に関して説明を付す必要がある事項又は決算関係書類等の内容のうち強調する必要がある事項とする。

一　継続組合の前提に係る事項

二　正当な理由による会計方針の変更

三　重要な偶発事象

四　重要な後発事象

（会計監査人監査組合の監事の監査報告の内容）

第120条　会計監査人監査組合の監事は、決算関係書類等及び会計監査報告（次条第3項に規定する場合にあっては、決算関係書類等）を受領したときは、次に掲げる事項を内容とする監査報告を作成しなければならない。

一　監事の監査の方法及びその内容

二　会計監査人の監査の方法又は結果を相当でないと認めたときは、その旨及びその理由（次条第3項に規定する場合にあっては、会計監査報告を受領していない旨）

三　剰余金処分案又は損失処理案が当該組合の財産の状況その他の事情に照らして著しく不当であるときは、その旨

四　重要な後発事象（会計監査報告の内容となっているものを除く。）

五　会計監査人の職務の遂行が適正に実施されることを確保するための体制に関する事項

六　監査のため必要な調査ができなかったときは、その旨及びその理由

七　監査報告を作成した日

（会計監査報告の通知期限等）

第121条　会計監査人は、次の各号に掲げる会計監査報告の区分に応じ、当該各号に定める日までに、特定理事及び特定監事に対し、第119条第1項に規定する会計監査報告の内容を通知しなければならない。

一　各事業年度に係る決算関係書類についての会計監査報告　次に掲げる日のいずれか遅い日

イ　当該決算関係書類の全部を受領した日から4週間を経過した日

ロ　特定理事、特定監事及び会計監査人の間で合意により定めた日があるときは、その日

二　連結決算関係書類についての会計監査報告　当該連結決算関係書類の全部を受領した日から4週間を経過した日（特定理事、特定監事及び会計監査人の間で合意により定めた日がある場合にあっては、その日）

607

関係法令

2　決算関係書類等については、特定理事及び特定監事が前項の規定による会計監査報告の内容の通知を受けた日に、会計監査人の監査を受けたものとする。

3　前項の規定にかかわらず、会計監査人が第1項の規定により通知をすべき日までに同項の規定による会計監査報告の内容の通知をしない場合には、当該通知をすべき日に、決算関係書類等については、会計監査人の監査を受けたものとみなす。

4　第1項及び第2項に規定する「特定理事」とは、次の各号に掲げる場合の区分に応じ、当該各号に定める者をいう（第123条において同じ。）。

一　第1項の規定による通知を受ける者を定めた場合　当該通知を受ける者として定められた者

二　前号に掲げる場合以外の場合　監査を受けるべき決算関係書類等の作成に関する業務を行った理事

5　第1項及び第2項に規定する「特定監事」とは、次の各号に掲げる場合の区分に応じ、当該各号に定める者をいう（次条及び第123条において同じ。）。

一　第1項の規定による通知を受ける者を定めた場合　当該通知を受ける者として定められた者

二　前号に掲げる場合以外の場合　すべての監事

（会計監査人の職務の遂行に関する事項）

第122条　会計監査人は、前条第1項の規定による特定監事に対する会計監査報告の内容の通知に際して、当該会計監査人についての次に掲げる事項（当該事項に係る定めがない場合にあっては、当該事項を定めていない旨）を通知しなければならない。ただし、すべての監事が既に当該事項を知っている場合は、この限りでない。

一　独立性に関する事項その他監査に関する法令及び規程の遵守に関する事項

二　監査、監査に準ずる業務及びこれらに関する業務の契約の受任及び継続の方針に関する事項

三　会計監査人の職務の遂行が適正に行われることを確保するための体制に関するその他の事項

（会計監査人監査組合の監事の監査報告の通知期限）

第123条　会計監査人監査組合の特定監事は、次の各号に掲げる監査報告の区分に応じ、当該各号に定める日までに、特定理事及び会計監査人に対し、第120条に規定する監査報告の内容を通知しなければならない。

一　決算関係書類についての監査報告　次に掲げる日のいずれか遅い日

イ　会計監査報告を受領した日（第121条第3項に規定する場合にあっては、同項の規

中小企業等協同組合法施行規則

定により監査を受けたものとみなされた日。次号において同じ。）から１週間を経過
した日

ロ　特定理事及び特定監事の間で合意により定めた日があるときは、その日

二　連結決算関係書類についての監査報告　会計監査報告を受領した日から１週間を経過
した日（特定理事及び特定監事の間で合意により定めた日がある場合にあっては、その日）

2　決算関係書類等については、特定理事及び会計監査人が前項の規定による監査報告の内
容の通知を受けた日に、監事の監査を受けたものとする。

3　前項の規定にかかわらず、特定監事が第１項の規定により通知をすべき日までに同項の
規定による監査報告の内容の通知をしない場合には、当該通知をすべき日に、決算関係書
類等については、監事の監査を受けたものとみなす。

第６節　決算関係書類等及び事業報告書の組合員又は会員への提供及び決算関係書類等の承認の特則に関する要件

第１款　決算関係書類等の組合員又は会員への提供

（決算関係書類の提供）

第124条　法第40条第７項（法第69条第１項、第82条の８及び第82条の18第１項において準
用する場合を含む。）の規定により組合員又は中央会の会員に対して行う提供決算関係書
類（次の各号に掲げる組合又は中央会の区分に応じ、当該各号に定めるものをいう。以下
この条において同じ。）の提供に関しては、この条の定めるところによる。

一　会計監査人監査組合以外の組合又は中央会　次に掲げるもの

イ　決算関係書類

ロ　決算関係書類に係る監事の監査報告があるときは、当該監査報告（２以上の監事が
存する組合又は中央会の各監事の監査報告の内容（監査報告を作成した日を除く。）
が同一である場合にあっては、１又は２以上の監事の監査報告）

ハ　第117条第３項の規定により監査を受けたものとみなされたときは、その旨の記載
又は記録をした書面又は電磁的記録

二　会計監査人監査組合　次に掲げるもの

イ　決算関係書類

ロ　決算関係書類に係る会計監査報告があるときは、当該会計監査報告

ハ　会計監査人が存しないとき（法第40条の３第１項の一時会計監査人の職務を行うべ
き者が存する場合を除く。）は、会計監査人が存しない旨の記載又は記録をした書面
又は電磁的記録

ニ　第121条第３項の規定により監査を受けたものとみなされたときは、その旨の記載
又は記録をした書面又は電磁的記録

609

関係法令

　　ホ　決算関係書類に係る監事の監査報告があるときは、当該監査報告（2以上の監事が
　　　　存する組合の各監事の監査報告の内容（監査報告を作成した日を除く。）が同一であ
　　　　る場合にあっては、1又は2以上の監事の監査報告）
　　ヘ　前条第3項の規定により監査を受けたものとみなされたときは、その旨の記載又は
　　　　記録をした書面又は電磁的記録
2　通常総会の招集通知（法第49条第1項（法第82条の10第4項において準用する場合を含
　　む。）に規定する招集に係る通知をいう。以下同じ。）を次の各号に掲げる方法により行う
　　場合にあっては、提供決算関係書類は、当該各号に定める方法により提供しなければなら
　　ない。
　一　書面の提供　次のイ又はロに掲げる場合の区分に応じ、当該イ又はロに定める方法
　　イ　提供決算関係書類が書面をもって作成されている場合　当該書面に記載された事項
　　　　を記載した書面の提供
　　ロ　提供決算関係書類が電磁的記録をもって作成されている場合　当該電磁的記録に記
　　　　録された事項を記載した書面の提供
　二　電磁的方法による提供　次のイ又はロに掲げる場合の区分に応じ、当該イ又はロに定
　　める方法
　　イ　提供決算関係書類が書面をもって作成されている場合　当該書面に記載された事項
　　　　の電磁的方法による提供
　　ロ　提供決算関係書類が電磁的記録をもって作成されている場合　当該電磁的記録に記
　　　　録された事項の電磁的方法による提供
3　提供決算関係書類を提供する際には、当該事業年度より前の事業年度に係る決算関係書
　　類に表示すべき事項（以下この項において「過年度事項」という。）を併せて提供するこ
　　とができる。この場合において、提供決算関係書類の提供をする時における過年度事項が
　　会計方針の変更その他の正当な理由により当該事業年度より前の事業年度に係る通常総会
　　において承認又は報告をしたものと異なるものとなっているときは、修正後の過年度事項
　　を提供することを妨げない。
4　理事は、決算関係書類の内容とすべき事項について、通常総会の招集通知を発出した日
　　から通常総会の前日までの間に修正をすべき事情が生じた場合における修正後の事項を組
　　合員又は中央会の会員に周知させる方法を、当該招集通知と併せて通知することができる。

（連結決算関係書類の提供）
第125条　法第40条の2第2項において準用する会社法第444条第6項の規定により組合員
　　に対して連結決算関係書類の提供をする場合において、通常総会の招集通知を次の各号に
　　掲げる方法により行うときは、連結決算関係書類は、当該各号に定める方法により提供し

なければならない。

一　書面の提供　次のイ又はロに掲げる場合の区分に応じ、当該イ又はロに定める方法

　　イ　連結決算関係書類が書面をもって作成されている場合　当該書面に記載された事項を記載した書面の提供

　　ロ　連結決算関係書類が電磁的記録をもって作成されている場合　当該電磁的記録に記録された事項を記載した書面の提供

二　電磁的方法による提供　次のイ又はロに掲げる場合の区分に応じ、当該イ又はロに定める方法

　　イ　連結決算関係書類が書面をもって作成されている場合　当該書面に記載された事項の電磁的方法による提供

　　ロ　連結決算関係書類が電磁的記録をもって作成されている場合　当該電磁的記録に記録された事項の電磁的方法による提供

2　前項の連結決算関係書類に係る会計監査報告又は監査報告がある場合において、当該会計監査報告又は監査報告の内容をも組合員に対して提供することを定めたときにおける同項の規定の適用については、同項第一号イ及びロ並びに第二号イ及びロ中「連結決算関係書類」とあるのは、「連結決算関係書類（当該連結決算関係書類に係る会計監査報告又は監査報告を含む。）」とする。

3　連結決算関係書類を提供する際には、当該連結会計年度より前の連結会計年度に係る連結決算関係書類に表示すべき事項（以下この項において「過年度事項」という。）を併せて提供することができる。この場合において、連結決算関係書類の提供をする時における過年度事項が会計方針の変更その他の正当な理由により当該連結会計年度より前の連結会計年度に相当する事業年度に係る通常総会において報告をしたものと異なるものとなっているときは、修正後の過年度事項を提供することを妨げない。

4　連結決算関係書類（第2項に規定する場合にあっては、当該連結決算関係書類に係る会計監査報告又は監査報告を含む。）に表示すべき事項に係る情報を、通常総会に係る招集通知を発出する時から通常総会の日から3月が経過する日までの間、継続して電磁的方法により組合員が提供を受けることができる状態に置く措置（第55条第1項第一号ロに掲げる方法のうち、インターネットに接続された自動公衆送信装置（公衆の用に供する電気通信回線に接続することにより、その記録媒体のうち自動公衆送信の用に供する部分に記録され、又は当該装置に入力される情報を自動公衆送信する機能を有する装置をいう。）を使用する方法によって行われるものに限る。）をとる場合における第1項の規定の適用については、当該事項につき同項各号に掲げる場合の区分に応じ、当該各号に定める方法により組合員に対して提供したものとみなす。ただし、この項の措置をとる旨の定款の定めがある場合に限る。

関係法令

5　前項の場合には、理事は、同項の措置をとるために使用する自動公衆送信装置のうち当該措置をとるための用に供する部分をインターネットにおいて識別するための文字、記号その他の符号又はこれらの結合であって、情報の提供を受ける者がその使用に係る電子計算機に入力することによって当該情報の内容を閲覧し、当該電子計算機に備えられたファイルに当該情報を記録することができるものを組合員に対して通知しなければならない。

6　第４項の規定により連結決算関係書類に表示した事項の一部が組合員に対して第１項各号に定める方法により提供したものとみなされた場合において、監事又は会計監査人が、現に組合員に対して提供された連結決算関係書類が監査報告又は会計監査報告を作成するに際して監査をした連結決算関係書類の一部であることを組合員に対して通知すべき旨を理事に請求したときは、理事は、その旨を組合員に対して通知しなければならない。

7　理事は、連結決算関係書類の内容とすべき事項について、通常総会の招集通知を発出した日から通常総会の前日までの間に修正をすべき事情が生じた場合における修正後の事項を組合員に周知させる方法を、当該招集通知と併せて通知することができる。

第２款　決算関係書類等の承認の特則に関する要件

第126条　法第40条の２第２項において準用する会社法第439条（以下「承認特則規定」という。）に規定する主務省令で定める要件は、次のいずれにも該当することとする。

一　承認特則規定に規定する決算関係書類等についての会計監査報告の内容に第119条第１項第二号イに定める事項が含まれていること。

二　前号の会計監査報告に係る監事の監査報告の内容として会計監査人の監査の方法又は結果を相当でないと認める意見がないこと。

三　承認特則規定に規定する決算関係書類等が第123条第３項の規定により監査を受けたものとみなされたものでないこと。

第３款　事業報告書の組合員又は会員への提供

第127条　法第40条第７項（法第69条第１項、第82条の８及び第82条の18第１項において準用する場合を含む。）の規定により組合員又は中央会の会員に対して行う提供事業報告書（次の各号に定めるものをいう。以下この条において同じ。）の提供に関しては、この条の定めるところによる。

一　事業報告書

二　事業報告書に係る監事の監査報告があるときは当該監査報告（２以上の監事が存する組合又は中央会の各監事の監査報告の内容（監査報告を作成した日を除く。）が同一である場合にあっては、１又は２以上の監事の監査報告）

三　第117条第３項の規定により監査を受けたものとみなされたときは、その旨の記載又

中小企業等協同組合法施行規則

は記録をした書面又は電磁的記録

2　通常総会の招集通知を次の各号に掲げる方法により行う場合には、提供事業報告書は、当該各号に定める方法により提供しなければならない。

一　書面の提供　次のイ又はロに掲げる場合の区分に応じ、当該イ又はロに定める方法

イ　提供事業報告書が書面をもって作成されている場合　当該書面に記載された事項を記載した書面の提供

ロ　提供事業報告書が電磁的記録をもって作成されている場合　当該電磁的記録に記録された事項を記載した書面の提供

二　電磁的方法による提供　次のイ又はロに掲げる場合の区分に応じ、当該イ又はロに定める方法

イ　提供事業報告書が書面をもって作成されている場合　当該書面に記載された事項の電磁的方法による提供

ロ　提供事業報告書が電磁的記録をもって作成されている場合　当該電磁的記録に記録された事項の電磁的方法による提供

3　事業報告書に表示すべき事項（次に掲げるものを除く。）に係る情報を、通常総会に係る招集通知を発出する時から通常総会の日から３月が経過する日までの間、継続して電磁的方法により組合員又は中央会の会員が提供を受けることができる状態に置く措置（第55条第１項第一号ロに掲げる方法のうち、インターネットに接続された自動公衆送信装置を使用する方法によって行われるものに限る。第７項において同じ。）をとる場合における前項の規定の適用については、当該事項につき同項各号に掲げる場合の区分に応じ、当該各号に定める方法により組合員又は中央会の会員に対して提供したものとみなす。ただし、この項の措置をとる旨の定款の定めがある場合に限る。

一　第111条第１項第一号から第五号まで及び第112条第一号から第七号までに掲げる事項

二　事業報告書に表示すべき事項（前号に掲げるものを除く。）につきこの項の措置をとることについて監事が異議を述べている場合における当該事項

4　前項の場合には、理事は、同項の措置をとるために使用する自動公衆送信装置のうち当該措置をとるための用に供する部分をインターネットにおいて識別するための文字、記号その他の符号又はこれらの結合であって、情報の提供を受ける者がその使用に係る電子計算機に入力することによって当該情報の内容を閲覧し、当該電子計算機に備えられたファイルに当該情報を記録することができるものを組合員又は中央会の会員に対して通知しなければならない。

5　第３項の規定により事業報告書に表示した事項の一部が組合員又は中央会の会員に対して第２項各号に定める方法により提供したものとみなされた場合において、監事が、現に組合員又は中央会の会員に対して提供される事業報告書が監査報告を作成するに際して監

613

関係法令

査をした事業報告書の一部であることを組合員又は中央会の会員に対して通知すべき旨を理事に請求したときは、理事は、その旨を組合員又は中央会の会員に対して通知しなければならない。

6　理事は、事業報告書の内容とすべき事項について、通常総会の招集通知を発出した日から通常総会の前日までの間に修正をすべき事情が生じた場合における修正後の事項を組合員又は中央会の会員に周知させる方法を、当該招集通知と併せて通知することができる。

7　第3項の規定は、同項各号に掲げる事項に係る情報についても、電磁的方法により組合員又は中央会の会員が提供を受けることができる状態に置く措置をとることを妨げるものではない。

第7節　会計帳簿

第1款　総則

第128条　法第41条第1項の規定により組合が作成すべき会計帳簿に付すべき資産、負債及び純資産の価額その他会計帳簿の作成に関する事項については、この節の定めるところによる。

2　会計帳簿は、書面又は電磁的記録をもって作成しなければならない。

第2款　資産及び負債の評価

（資産の評価）

第129条　資産については、この省令又は法以外の法令に別段の定めがある場合を除き、会計帳簿にその取得価額を付さなければならない。

2　償却すべき資産については、事業年度の末日（事業年度の末日以外の日において評価すべき場合にあっては、その日。以下この款において同じ。）において、相当の償却をしなければならない。

3　次の各号に掲げる資産については、事業年度の末日において当該各号に定める価格を付すべき場合には、当該各号に定める価格を付さなければならない。

　　一　事業年度の末日における時価がその時の取得原価より著しく低い資産（当該資産の時価がその時の取得原価まで回復すると認められるものを除く。）　事業年度の末日における時価

　　二　事業年度の末日において予測することができない減損が生じた資産又は減損損失を認識すべき資産　その時の取得原価から相当の減額をした額

4　取立不能のおそれのある債権については、事業年度の末日においてその時に取り立てることができないと見込まれる額を控除しなければならない。

5　債権については、その取得価額が債権金額と異なる場合その他相当の理由がある場合に

は、適正な価格を付すことができる。

6　次に掲げる資産については、事業年度の末日においてその時の時価又は適正な価格を付すことができる。

　　一　事業年度の末日における時価がその時の取得原価より低い資産

　　二　市場価格のある資産（子会社の株式及び持分並びに満期保有目的の債券を除く。）

　　三　前二号に掲げる資産のほか、事業年度の末日においてその時の時価又は適正な価格を付すことが適当な資産

（負債の評価）

第130条　負債については、この省令又は法以外の法令に別段の定めがある場合を除き、会計帳簿に債務額を付さなければならない。

2　次に掲げる負債については、事業年度の末日においてその時の時価又は適正な価格を付すことができる。

　　一　次に掲げるもののほか将来の費用又は損失（収益の控除を含む。以下この号において同じ。）の発生に備えて、その合理的な見積額のうち当該事業年度の負担に属する金額を費用又は損失として繰り入れることにより計上すべき引当金

　　　イ　退職給付引当金（使用人が退職した後に当該使用人に退職一時金、退職年金その他これらに類する財産の支給をする場合における事業年度の末日において繰り入れるべき引当金をいう。）

　　　ロ　返品調整引当金（常時、販売する棚卸資産につき、当該販売の際の価額による買戻しに係る特約を結んでいる場合における事業年度の末日において繰り入れるべき引当金をいう。）

　　二　前号に掲げる負債のほか、事業年度の末日においてその時の時価又は適正な価格を付すことが適当な負債

第3款　純資産

（設立時の出資金の額）

第131条　組合の設立（合併による設立を除く。以下この条において同じ。）時の出資金の額は、設立時に組合員になろうとする者が設立に際して引き受ける出資口数に出資1口の金額を乗じて得た額とする。

2　前項の出資金の額から、設立時に組合員になろうとする者が設立に際して履行した出資により組合に対し既に払込み又は給付がされた財産の価額を控除した額は、未払込出資金の科目に計上するものとする。

関係法令

（出資金の額）

第132条　組合の出資金の増加額は、次の各号に掲げる場合ごとに、当該各号に定める額とする。

一　新たに組合員になろうとする者が法第15条の規定により組合への加入に際して出資を引き受けた場合　当該引受出資口数に出資１口の金額を乗じて得た額

二　組合員が出資口数を増加させるために出資を引き受けた場合　当該増加する出資口数に出資１口の金額を乗じて得た額

2　前項の出資金の増加額から、同項各号に掲げる者が履行した出資により組合に対し既に払込み又は給付がされた財産の価額を控除した額は、未払込出資金の科目に計上するものとする。

3　組合の出資金の減少額は、次の各号に掲げる場合ごとに、当該各号に定める額とする。

一　組合が法第18条又は第19条第１項第一号から第四号までの規定により脱退する組合員に対して持分の払戻しをする場合　当該脱退する組合員の引受出資口数に出資１口の金額を乗じて得た額

二　法第23条第１項の規定により組合員が出資口数を減少させる場合　当該減少する出資口数に出資１口の金額を乗じて得た額

三　組合が法第56条第１項に規定する出資１口の金額の減少を決議した場合　出資１口の金額の減少額に総出資口数を乗じて得た額

第8節　総会の招集手続等

（令第25条第１項に係る電磁的方法）

第133条　令第25条第１項の規定により示すべき電磁的方法の種類及び内容は、次に掲げるものとする。

一　次に掲げる方法のうち、送信者が使用するもの

イ　電子情報処理組織を使用する方法のうち次に掲げるもの

⑴　送信者の使用に係る電子計算機と受信者の使用に係る電子計算機とを接続する電気通信回線を通じて送信し、受信者の使用に係る電子計算機に備えられたファイルに記録する方法

⑵　送信者の使用に係る電子計算機に備えられたファイルに記録された情報の内容を電気通信回線を通じて情報の提供を受ける者の閲覧に供し、当該情報の提供を受ける者の使用に係る電子計算機に備えられたファイルに当該情報を記録する方法

ロ　磁気ディスクその他これに準ずる方法により一定の情報を確実に記録しておくことができる物をもって調製するファイルに情報を記録したものを交付する方法

二　ファイルへの記録の方式

中小企業等協同組合法施行規則

（総会の招集に係る情報通信の技術を利用する方法）

第134条　法第47条第4項（法第69条第1項、第82条の10第4項及び第82条の18第1項において準用する場合を含む。）の主務省令で定める方法は、第55条第1項第二号に掲げる方法とする。

（総会又は総代会の招集の承認の申請）

第135条　法第48条（法第42条第8項（法第55条第6項において準用する場合を含む。）、第55条第6項及び第82条の10第4項（法第82条の11第2項において準用する場合を含む。）において準用する場合並びに第55条の2第3項に規定する場合を含む。）の規定により組合又は中央会の総会又は総代会の招集について承認を受けようとする者は、様式第10、様式第11、様式第12、様式第13、様式第14又は様式第15による申請書2通に、それぞれ組合員若しくは中央会の会員又は総代の名簿及びその総数の5分の1（これを下回る割合を定款で定めた場合にあっては、その割合）以上の同意を得たことを証する書面（役員改選の請求に係る場合は、その総数の5分の1（これを下回る割合を定款で定めた場合にあっては、その割合）以上の連署があったことを証する書面）を添えて提出しなければならない。

（定款の変更の認可の申請）

第136条　法第51条第2項（法第82条の10第4項において準用する場合を含む。）の規定により組合又は中央会の定款の変更の認可を受けようとする者は、様式第16又は様式第17による申請書2通に、それぞれ次の書類を添えて提出しなければならない。

　一　変更理由書

　二　定款中の変更しようとする箇所を記載した書面

　三　定款の変更を議決した総会又は総代会の議事録又はその謄本

2　組合又は中央会の定款の変更が事業計画又は収支予算に係るものであるときは、前項の書類のほか、定款変更後の事業計画書又は収支予算書を提出しなければならない。

3　組合の定款の変更が出資1口の金額の減少に関するものであるときは、第1項の書類のほか、法第56条第1項の規定により作成した財産目録及び貸借対照表並びに法第56条の2第2項の規定による公告及び催告（同条第3項の規定により公告を官報のほか法第33条第4項の規定による定款の定めに従い同項第二号又は第三号に掲げる公告方法によってした場合にあっては、これらの方法による公告）をしたこと並びに異議を述べた債権者があったときは、法第56条の2第5項の規定による弁済若しくは担保の提供若しくは財産の信託をしたこと又は出資1口の金額の減少をしてもその債権者を害するおそれがないことを証する書面を提出しなければならない。

617

関係法令

4　信用協同組合等の定款の変更が地区に関する定款の変更であるときは、第1項の書類の
　ほか、当該信用協同組合等の変更しようとする地区及びその周辺の地域における当該信用
　協同組合等の事務所の設置及び他の金融機関の進出の状況並びに変更しようとする地区の
　経済の事情を記載した書類を提出しなければならない。

（規約等の変更の総会の決議を要しない事項）
第137条　法第51条第4項の主務省令で定める事項は、次に掲げる事項とする。
　一　関係法令の改正（条項の移動等当該法令に規定する内容の実質的な変更を伴わないも
　　のに限る。）に伴う規定の整理
　二　責任共済等の事業についての共済規程の変更

（役員の説明義務）
第138条　法第53条の2（法第69条第1項において準用する場合を含む。）に規定する主務
　省令で定める場合は、次に掲げる場合とする。
　一　組合員が説明を求めた事項について説明をするために調査をすることが必要である場
　　合（次に掲げる場合を除く。）
　　イ　当該組合員が総会の日より相当の期間前に当該事項を組合に対して通知した場合
　　ロ　当該事項について説明をするために必要な調査が著しく容易である場合
　二　組合員が説明を求めた事項について説明をすることにより組合その他の者（当該組合
　　員を除く。）の権利を侵害することとなる場合
　三　組合員が当該総会において実質的に同一の事項について繰り返して説明を求める場合
　四　前3号に掲げる場合のほか、組合員が説明を求めた事項について説明をしないことに
　　つき正当な理由がある場合

（総会の議事録）
第139条　法第53条の4第1項（法第82条の10第4項において準用する場合を含む。）の規
　定による総会の議事録の作成については、この条の定めるところによる。
2　総会の議事録は、書面又は電磁的記録をもって作成しなければならない。
3　総会の議事録は、次に掲げる事項を内容とするものでなければならない。
　一　総会が開催された日時及び場所（当該場所に存しない役員等又は組合員若しくは中央
　　会の会員が総会に出席をした場合における当該出席の方法を含む。）
　二　総会の議事の経過の要領及びその結果
　三　次に掲げる規定により総会において述べられた意見又は発言があるときは、その意見
　　又は発言の内容の概要

中小企業等協同組合法施行規則

　　イ　法第36条の３第３項及び法第40条の２第３項において準用する会社法第345条第１
　　　項
　　ロ　法第36条の３第３項及び法第40条の２第３項において準用する会社法第345条第２
　　　項
　　ハ　法第36条の３第３項において準用する会社法第384条
　　ニ　法第36条の３第３項において準用する会社法第387条第３項
　　ホ　法第36条の３第５項において準用する会社法第389条第３項
　　ヘ　法第40条の２第３項において準用する会社法第398条第１項
　　ト　法第40条の２第３項において準用する会社法第398条第２項
　四　総会に出席した役員等の氏名又は名称
　五　総会の議長の氏名
　六　議事録の作成に係る職務を行った理事の氏名

（出資１口の金額の減少等の場合に催告を要しない債権者）
第140条　令第26条に規定する債権者で主務省令で定めるものは、保護預り契約に係る債権
　者とする。

　　　第９節　信用協同組合等の事業の譲渡等

（事業の譲渡の認可の申請）
第141条　信用協同組合等は、法第57条の３第５項の規定による事業の一部の譲渡の認可を
　受けようとするときは、様式第18による認可申請書に次の書類を添えて提出しなければな
　らない。
　一　理由書
　二　事業の譲渡を議決した総会又は総代会の議事録又はその謄本
　三　事業の譲渡の契約の内容を記載した書面又はその謄本
　四　協同組合による金融事業に関する法律第６条第１項において準用する銀行法（以下本
　　条及び次条において「銀行法」という。）第35条第１項の規定による公告及び催告（銀
　　行法第35条第３項において準用する銀行法第34条第３項の規定により公告を官報のほか
　　法第33条第４項の規定による定款の定めに従い同項第二号又は第三号に掲げる公告方法
　　によってした場合にあっては、これらの方法による公告）をしたこと並びに異議を述べ
　　た債権者があるときは、その者に対し弁済し、若しくは担保を提供し、若しくは信託し
　　たこと又は事業の一部の譲渡をしてもその者を害するおそれがないことを証する書面
　五　その他行政庁が必要と認める事項を記載した書類
　2　信用協同組合等が、法第57条の３第５項の規定による事業の全部の譲渡の認可を受けよ

619

関係法令

うとするときは、様式第18による認可申請書に前項各号（第四号を除く。）の書面のほか、次の書面を提出しなければならない。

一　総代会を設けている信用協同組合等にあっては、法第55条の２第２項の規定による通知の状況を記載した書面

二　法第55条の２第３項の規定に基づく総会の招集があった場合には、当該総会までの経過を記載した書面及び当該総会の議事録又はその謄本

三　銀行法第34条第１項の規定による公告及び催告（銀行法第34条第３項の規定により公告を官報のほか法第33条第４項の規定による定款の定めに従い同項第二号又は第三号に掲げる公告方法によってした場合にあっては、これらの方法による公告）をしたこと並びに異議を述べた債権者があるときは、その者に対し弁済し、若しくは担保を提供し、若しくは信託したこと又は事業の全部の譲渡をしてもその者を害するおそれがないことを証する書面

（事業の譲受けの認可の申請）

第142条　信用協同組合等は、法第57条の３第５項の規定による事業の全部又は一部の譲受けの認可を受けようとするときは、様式第19による認可申請書に次の書類を添えて提出しなければならない。

一　理由書

二　事業の全部又は一部の譲受けを議決した総会又は総代会の議事録その他必要な手続があったことを証する書面

三　事業の全部又は一部の譲受けの契約の内容を記載した書面又はその謄本

四　銀行法第34条第１項の規定による公告及び催告（銀行法第34条第３項の規定により公告を官報のほか法第33条第４項の規定による定款の定めに従い同項第二号又は第三号に掲げる公告方法によってした場合にあっては、これらの方法による公告）又は銀行法第35条第１項の規定による公告及び催告（銀行法第35条第３項において準用する銀行法第34条第３項の規定により公告を官報のほか法第33条第４項の規定による定款の定めに従い同項第二号又は第三号に掲げる公告方法によってした場合にあっては、これらの方法による公告）をしたこと並びに異議を述べた債権者があるときは、当該債権者に対し弁済し、若しくは相当の担保を提供し、若しくは当該債権者に弁済を受けさせることを目的として相当の財産を信託したこと又は当該事業の全部又は一部の譲受けをしても当該債権者を害するおそれがないことを証する書面

五　その他行政庁が必要と認める事項を記載した書類

中小企業等協同組合法施行規則

第10節　余裕金運用の制限

第143条　法第57条の５第二号の主務省令で定める有価証券は、次のとおりとする。

一　特別の法律により法人の発行する債券及び金融債

二　償還及び利払の遅延のない物上担保付又は一般担保付の社債

三　その発行する株式が金融商品取引所（金融商品取引法第２条第16項に規定する金融商品取引所をいう。第五号において同じ。）に上場されている株式会社が発行する社債（前号に掲げるものを除く。）又は約束手形（同条第１項第十五号に掲げるものをいう。）（事業所管大臣（企業組合にあっては、その行う事業を所管する大臣とする。第五号において同じ。）の指定するものに限る。）

四　日本銀行が発行する出資証券

四の二　株式会社商工組合中央金庫が発行する株式

五　その発行する株式が金融商品取引所に上場されている株式会社が発行する株式（事業所管大臣の指定するものに限る。）

六　証券投資信託又は貸付信託の受益証券

第11節　共済事業を行う組合の経理等

（支払準備金の積立て）

第144条　共済事業を行う組合は、毎事業年度末において、次に掲げる金額を支払準備金として積み立てなければならない。

一　共済契約に基づいて支払義務が発生した共済金等（当該支払義務に係る訴訟が係属しているものを含む。）のうち、当該組合が毎事業年度末において、まだ支出として計上していないものがある場合は、当該支払のために必要な金額

二　まだ支払事由の発生の報告を受けていないが共済契約に規定する支払事由が既に発生したと認める共済金等について、その支払のために必要なものとして行政庁が定める金額

２　前項の組合の業務又は財産の状況等に照らし、やむを得ないと認められる事情がある場合には、同項の規定にかかわらず、同項第二号に規定する共済金等については、一定の期間を限り、共済規程又は火災共済規程に規定する方法により計算した金額を支払準備金として積み立てることができる。

３　第148条の規定は、支払準備金の積立てについて準用する。

（責任準備金の積立て）

第145条　共済事業を行う組合は、毎事業年度末において、次の各号に掲げる区分（共同共済事業組合等にあっては、第一号ロに掲げるものに限る。）に応じ、当該各号に定める金額を共済規程又は火災共済規程に記載された方法に従って計算し、責任準備金として積み

621

関係法令

立てなければならない。ただし、責任共済等の事業に係る責任準備金については、共済規程に記載された方法に従って計算し積み立てるものとする。

一　普通責任準備金　次に掲げる区分に応じそれぞれ次に定める額の合計額。ただし、当該事業年度における収入共済掛金（第148条に規定する者に支払った再共済料又は再保険料及び当該契約期間が終了した場合において共済掛金の全部又は一部を払い戻すことを約した共済契約にあっては、その事業年度に収入した共済掛金から払戻しに充てる部分の金額を控除した金額とする。ロにおいて同じ。）から、当該事業年度において当該共済掛金を収入した共済契約のために支払った共済金その他の金額（第148条に規定する者との再共済契約に基づいて受領した再共済金その他の金額を控除した金額とする。）、支払準備金（前条第1項第二号に掲げる支払準備金を除く。）並びに当該事業年度の事業費の額を差し引いて得た額を下ってはならない。

イ　共済掛金積立金　共済契約に基づく将来の債務の履行に備えるため、共済の数理に基づき計算した金額

ロ　未経過共済掛金　収入共済掛金を基礎として未経過期間（共済契約に定めた共済期間のうち、事業年度末において、まだ経過していない期間をいう。）に対応する責任に相当する額として計算した金額

二　異常危険準備金　共済契約に基づく将来の債務を確実に履行するため、将来発生が見込まれる危険に備えて計算した金額

2　共済掛金積立金は、次の各号に定めるところにより積み立てるものとする。

一　共済掛金積立金は、平準純共済掛金式（共済契約に基づく将来の債務の履行に備えるための資金を全共済掛金払込期間にわたり平準化して積み立てる方式をいう。以下同じ。）により計算した金額を下回ることができない。

二　前号の規定は、組合の業務又は財産の状況、共済契約の特性に照らし特別な事情がある場合には、適用しない。ただし、この場合においても、共済掛金積立金の額は、共済の数理に基づき、合理的かつ妥当なものでなければならない。

3　前2項の規定により積み立てられた責任準備金のみでは、将来の債務の履行に支障を来すおそれがあると認められる場合には、共済規程又は火災共済規程を変更することにより、追加して共済掛金積立金を積み立てなければならない。

4　異常危険準備金は、次に掲げるものに区分して積み立てなければならない。

一　共済リスクに備える異常危険準備金

二　予定利率リスクに備える異常危険準備金

5　異常危険準備金の積立て及び取崩しは、行政庁が定める積立て及び取崩しに関する基準によるものとする。ただし、組合の業務又は財産の状況等に照らし、やむを得ない事情がある場合には、当該基準によらないで積立て又は取崩しを行うことができる。

中小企業等協同組合法施行規則

（契約者割戻しの基準）

第146条 共済事業を行う組合が法第58条第６項の規定により契約者割戻しを行う場合には、共済契約の特性に応じて設定した区分ごとに、契約者割戻しの対象となる金額を計算し、次に掲げるいずれかの方法により、又はこれらの方法の併用により行わなければならない。

一　当該組合が収受した共済掛金及び当該組合が共済掛金として収受した金銭を運用することによって得られる収益から、共済金等の支払、事業費の支出その他の費用等を控除した金額に応じて分配する方法

二　契約者割戻しの対象となる金額をその発生の原因ごとに把握し、それぞれ各共済契約の責任準備金、共済金その他の基準となる金額に応じて分配する方法

三　契約者割戻しの対象となる金額を共済期間等により把握し、各共済契約の責任準備金、共済掛金その他の基準となる金額に応じて計算した金額を分配する方法

四　その他前３号に掲げる方法に準ずる方法

（契約者割戻準備金）

第147条 共済事業を行う組合が契約者割戻しに充てるため積み立てる準備金は、契約者割戻準備金とする。

2　契約者割戻しを行う組合は、毎事業年度末において、前項の契約者割戻準備金を積み立てなければならない。

3　前項の組合が第１項の契約者割戻準備金を積み立てる場合には、次に掲げるものの合計額を超えてはならない。

一　据置割戻し（共済契約者に分配された契約者割戻しで利息を付して積み立てているものをいう。以下同じ。）の額

二　共済契約者に分配された契約者割戻しで支払われていないもののうち、据置割戻し以外のものの額（翌事業年度に分配する予定の契約者割戻しの額を含む。）

三　共済契約のすべてが消滅したと仮定して計算した当該共済契約の消滅時に支払う契約者割戻しの額

四　その他前３号に掲げるものに準ずるものとして共済規程又は火災共済規程において定める方法により計算した額

（再共済契約等の責任準備金）

第148条 共済事業を行う組合は、共済契約を再共済（他の組合又は他の法律に基づいて設立された協同組合であって、業務又は財産の状況に照らして当該再共済を付した組合の経営の健全性を損なうおそれがないものに再共済した場合に限る。以下同じ。）又は再保険（共

623

関係法令

済契約により負う共済責任の全部又は一部を次に掲げる者に保険することをいう。以下同じ。）に付した場合には、その再共済又は再保険を付した部分に相当する責任準備金を積み立てないことができる。

一　保険会社

二　外国保険会社等

三　保険業法第219条第1項に規定する引受社員であって、同法第224条第1項の届出のあった者

四　保険業法第2条第6項に規定する外国保険業者のうち、前2号に掲げる者以外の者であって、業務又は財産の状況に照らして当該再保険を付した組合の経営の健全性を損なうおそれがないもの

（健全性の基準に用いる出資の総額、利益準備金の額等）

第149条　特定共済組合等の経営の健全性を判断するための基準に用いる法第58条の4第一号の出資の総額、利益準備金の額その他の主務省令で定めるものの額は、次に掲げる額から繰延税金資産の不算入額として行政庁が定めるところにより算出した額を控除した額とする。

一　純資産の部の合計額から剰余金の処分として支出する金額、貸借対照表の評価・換算差額等（第88条第1項第一号に掲げる評価・換算差額等をいう。）の科目に計上した金額及び繰延資産として貸借対照表の資産の部に計上した金額の合計額を控除した額

二　第145条第1項第二号に掲げる異常危険準備金の額

三　一般貸倒引当金の額

四　当該組合が有するその他有価証券については、貸借対照表計上額の合計額と帳簿価額の合計額の差額に行政庁が定める率を乗じた額

五　当該組合が有する土地については、時価と帳簿価額の差額に行政庁が定める率を乗じた額

六　その他前各号に準ずるものとして行政庁が定めるものの額

2　前項第五号中「時価」とは、共済金等の支払能力の充実の状況を示す比率の算出を行う日の適正な評価価格に基づき算出した価額をいう。

（通常の予測を超える危険に対応する額）

第150条　特定共済組合等の経営の健全性を判断するための基準に用いる法第58条の4第二号の共済契約に係る共済事故の発生その他の理由により発生し得る危険であって通常の予測を超えるものに対応する額は、次に掲げる額を基礎として行政庁が定めるところにより計算した額とする。

中小企業等協同組合法施行規則

一　共済リスク（実際の共済事故の発生率等が通常の予測を超えることにより発生し得る危険をいう。以下同じ。）に対応する額として行政庁が定めるところにより計算した額

二　予定利率リスク（責任準備金の算出の基礎となる予定利率を確保できなくなる危険をいう。以下同じ。）に対応する額として行政庁が定めるところにより計算した額

三　財産運用リスク（財産の運用等に関する危険であって、保有する有価証券その他の資産の通常の予測を超える価格の変動その他の理由により発生し得る危険をいう。）に対応する額として次のイからニまでに掲げる額の合計額

イ　価格変動等リスク（保有する有価証券その他の資産の通常の予測を超える価格変動等により発生し得る危険をいう。）に対応する額として行政庁が定めるところにより計算した額

ロ　信用リスク（保有する有価証券その他の資産について取引の相手方の債務不履行その他の理由により発生し得る危険をいう。）に対応する額として行政庁が定めるところにより計算した額

ハ　子会社等リスク（子会社等への投資その他の理由により発生し得る危険をいう。）に対応する額として行政庁が定めるところにより計算した額

ニ　イからハまでに規定するリスクに準ずるものとして行政庁が定めるところにより計算した額

四　経営管理リスク（業務の運営上通常の予測を超えて発生し得る危険であって、前3号に規定するリスクに該当しないものをいう。）に対応する額として、前3号に掲げる額に基づき行政庁が定めるところにより計算した額

（共済事業の運営に関する措置）
第151条　共済事業を行う組合は、法第58条の5の規定により、その共済事業に関し、次に掲げる措置を講じなければならない。

一　共済金等の額を外国通貨をもって表示する共済契約（事業者（法人その他の団体及び事業として又は事業のために契約の当事者となる場合における個人をいう。）を共済契約者とするものを除く。）の募集に際して、共済募集人が、共済契約者に対し、共済金等の支払時における外国為替相場により本邦通貨に換算した共済金等の額が、共済契約時における外国為替相場により本邦通貨に換算した共済金等の額を下回る場合があることを記載した書面の交付により、説明を行うことを確保するための措置

二　共済掛金の計算に際して予定解約率を用い、かつ、共済契約の解約による返戻金を支払わないことを約した共済契約の募集に際して、共済募集人が、共済契約者に対し、共済契約の解約による返戻金がないことを記載した書面の交付により、説明を行うことを確保するための措置

625

関係法令

三　既に締結されている共済契約（以下「既契約」という。）を消滅させると同時に、既契約の責任準備金（被共済者のために積み立てられている額に限る。以下この号において同じ。）、返戻金の額その他の被共済者のために積み立てられている額を、新たに締結する共済契約（以下「新契約」という。）の責任準備金又は共済掛金に充当することによって成立する共済契約（既契約と新契約の被共済者が同一人を含む場合に限る。）の共済契約の募集に際して、共済募集人が、共済契約者に対し、次に掲げる事項を記載した書面（イ及びロに掲げる事項にあっては、既契約と新契約が対比できる方法により記載した書面）の交付により、説明を行うことを確保するための措置

イ　共済約款及び給付のある主要な特約ごとの既契約及び新契約に関する共済の種類、共済金額、共済期間及び共済掛金

ロ　既契約及び新契約に関する共済掛金払込期間その他共済契約に関して重要な事項

ハ　既契約を継続したまま保障内容を見直す方法がある事実及びその方法

四　共済募集人の公正な共済契約の募集を行う能力の向上を図るための措置

五　共済代理店を置く組合にあっては、次に掲げる基準を満たすために必要な措置

イ　当該共済代理店の利用者の情報の管理が適切に行われること。

ロ　当該共済代理店において、代理業務に係る財産と共済代理店の固有の財産とが分別して管理されること。

ハ　当該組合が当該共済代理店の業務の健全かつ適切な運営を確保するための措置を講ずることができること。

ニ　当該共済代理店が保険募集を併せ行う場合には、業務の方法に応じ、利用者の知識、経験、財産の状況及び取引を行う目的を踏まえ、利用者に対し、書面の交付その他の適切な方法により、共済契約と保険契約との誤認を防止するため、次に掲げる事項の説明を行うこと。

(1)　共済契約ではないこと。

(2)　契約の主体

(3)　その他共済契約との誤認防止に関し参考となると認められる事項

六　前各号に定めるもののほか、共済契約の募集に際して、共済募集人が、共済契約者及び被共済者（共済契約の締結時において被共済者が特定できない場合を除く。）に対し、共済契約の内容のうち重要な事項を記載した書面の交付その他の適切な方法により、説明を行うことを確保するための措置

（保険契約と共済契約との誤認防止）

第152条　共済事業を行う組合は、法第9条の2第6項（法第9条の9第5項又は第8項において準用する場合を含む。）の規定により保険募集を行う場合には、契約の種類に応じ、

626

利用者の知識、経験、財産の状況及び取引を行う目的を踏まえ、利用者に対し、書面の交付その他の適切な方法により、共済契約と保険契約との誤認を防止するため、次に掲げる事項の説明を行わなければならない。

一　共済契約ではないこと。

二　契約の主体

三　その他共済契約との誤認防止に関し参考となるべき事項

（共済事業を行う組合と他の者との誤認防止）

第153条　共済事業を行う組合は、電気通信回線に接続している電子計算機を利用してその共済事業を行う場合には、利用者が当該組合と他の者を誤認することを防止するための適切な措置を講じなければならない。

（銀行等に共済契約の募集を行わせる際の業務運営に関する措置）

第154条　共済事業を行う組合は銀行等である共済代理店に共済契約の募集を行わせるときは、当該銀行等の信用を背景とする過剰な共済契約の募集により当該組合の業務の健全かつ適切な運営及び公正な共済契約の募集が損なわれることのないよう、銀行等への委託に関して方針を定めること、当該銀行等の共済契約の募集の状況を的確に把握することその他の必要な措置を講じなければならない。

（共済事業を行う組合の内部規則等）

第155条　共済事業を行う組合は、共済事業の内容及び方法に応じ、利用者の知識、経験、財産の状況及び取引を行う目的を踏まえた重要な事項の利用者への説明その他の健全かつ適切な共済事業の運営を確保するための措置（書面の交付その他の適切な方法による商品又は取引の内容及びリスク並びに当該共済事業を行う組合（特定共済事業協同組合等に該当するものに限る。）が講ずる法第９条の９の２第１項に定める措置の内容の説明並びに犯罪を防止するための措置を含む。）に関する内部規則等（内部規則その他これに準ずるものをいう。以下同じ。）を定めるとともに、役員又は使用人に対する研修その他の当該内部規則等に基づいて共済事業が運営されるための十分な体制を整備しなければならない。

2　共済事業を行う組合が、人の死亡に関し、一定額の共済金を支払うことを約し、共済掛金を収受する共済契約であって、被共済者が15歳未満であるもの又は被共済者本人の同意がないもの（いずれも不正な利用のおそれが少ないと認められるものを除く。以下この項において「死亡共済契約」という。）の締結を行う場合には、前項の内部規則等に、死亡共済契約の不正な利用を防止することにより被共済者を保護するための共済金額の制限その他共済契約の締結に関する定めを設けなければならない。

関係法令

（個人利用者情報の安全管理措置等）
第156条　共済事業を行う組合は、その取り扱う個人である利用者に関する情報の安全管理、従業者の監督及び当該情報の取扱いを委託する場合にはその委託先の監督に際して、当該情報の漏えい、滅失又はき損の防止を図るために必要かつ適切な措置を講じなければならない。

（返済能力情報の取扱い）
第157条　共済事業を行う組合は、信用情報に関する機関（資金需要者の借入金返済能力に関する情報の収集及び当該組合に対する当該情報の提供を行うものをいう。）から提供を受けた情報であって個人である資金需要者の借入金返済能力に関するものを、資金需要者の返済能力の調査以外の目的のために利用しないことを確保するための措置を講じなければならない。

（特別の非公開情報の取扱い）
第158条　共済事業を行う組合は、その業務上取り扱う個人である利用者に関する人種、信条、門地、本籍地、保健医療又は犯罪経歴についての情報その他の特別の非公開情報（その業務上知り得た公表されていない情報をいう。）を、当該業務の適切な運営の確保その他必要と認められる目的以外の目的のために利用しないことを確保するための措置を講じなければならない。

（共済事業の利用者等の利益の保護のための体制整備に係る事業又は業務の範囲）
第158条の2　法第58条の5の2第1項に規定する主務省令で定める事業又は業務は、共済事業を行う組合が行うことができる事業又は業務（次条において「共済関連事業等」という。）とする。

（利用者等の利益が不当に害されることのないよう必要な措置）
第158条の3　共済事業を行う組合は、当該組合又はその子金融機関等（法第58条の5の2第2項に規定する子金融機関等をいう。以下この条において同じ。）が行う取引に伴い、これらの者が行う共済関連事業等に係る利用者又は顧客（以下この条において「利用者等」という。）の利益が不当に害されることのないよう、次に掲げる措置を講じなければならない。
　一　対象取引を適切な方法により特定するための体制の整備
　二　次に掲げる方法その他の方法により当該利用者等の保護を適正に確保するための体制の整備

中小企業等協同組合法施行規則

　　イ　対象取引を行う部門と当該利用者等との取引を行う部門を分離する方法

　　ロ　対象取引又は当該利用者等との取引の条件又は方法を変更する方法

　　ハ　対象取引又は当該利用者等との取引を中止する方法

　　ニ　対象取引に伴い、当該利用者等の利益が不当に害されるおそれがあることについて、当該利用者等に適切に開示する方法

　三　前２号に掲げる措置の実施の方針の策定及びその概要の適切な方法による公表

　四　次に掲げる記録の保存

　　イ　第一号の体制の下で実施した対象取引の特定に係る記録

　　ロ　第二号の体制の下で実施した利用者等の保護を適正に確保するための措置に係る記録

2　前項第四号に規定する記録は、その作成の日から５年間保存しなければならない。

3　第１項の「対象取引」とは、共済事業を行う組合又はその子金融機関等が行う取引に伴い、これらの者が行う共済関連事業等に係る利用者等の利益が不当に害されるおそれがある場合における当該取引をいう。

（関連法人等）

第158条の４　令第27条の２第３項に規定する主務省令で定めるものは、第167条第３項に規定する関連法人等とする。

（共済計理人の選任を要しない組合の要件）

第159条　法第58条の６第１項の主務省令で定める要件は、次のいずれにも該当することとする。

　一　共済期間が長期にわたる共済契約であって共済の数理の知識及び経験を要するものに係る共済掛金及び責任準備金の算出を行わないこと。

　二　契約者割戻準備金の算出及び積立てを行わないこと。

（共済計理人の関与事項）

第160条　法第58条の６第１項の主務省令で定める事項は、次に掲げるものに係る共済の数理に関する事項とする。

　一　共済掛金の算出方法

　二　責任準備金の算出方法

　三　契約者割戻しに係る算出方法

　四　契約者価額の算出方法

　五　未収共済掛金の算出

　六　支払準備金の算出

　七　その他共済計理人がその職務を行うに際し必要な事項

629

関係法令

（共済計理人の要件）

第161条　法第58条の6第2項の主務省令で定める要件は、次のいずれかに該当することとする。

　　一　公益社団法人日本アクチュアリー会の正会員であり、かつ、共済又は保険の数理に関する業務に5年以上従事した者

　　二　公益社団法人日本アクチュアリー会の準会員（資格試験のうち5科目以上に合格した者に限る。）であり、かつ、共済又は保険の数理に関する業務に10年以上従事した者

（共済計理人の確認事項）

第162条　法第58条の7第1項第三号に規定する主務省令で定める事項は、次に掲げる事項とする。

　　一　将来の収支を共済の数理に基づき合理的に予測した結果に照らし、共済事業の継続が困難であるかどうか。

　　二　共済金等の支払能力の充実の状況が共済の数理に基づき適当であるかどうか。

（共済計理人の確認業務）

第163条　共済計理人は、毎事業年度末において、次に掲げる基準その他行政庁が定める基準により、法第58条の7第1項各号に掲げる事項について確認しなければならない。

　　一　責任準備金が第145条に規定するところにより適正に積み立てられていること。

　　二　契約者割戻しが第146条に規定するところにより適正に行われていること。

　　三　将来の時点における資産の額として合理的な予測に基づき算定される額が、当該将来の時点における負債の額として合理的な予測に基づき算定される額に照らして、共済事業の継続の観点から適正な水準に満たないと見込まれること。

　　四　共済金等の支払能力の充実の状況について、法第58条の4並びに第149条及び第150条の規定に照らして適正であること。

（責任準備金に関して確認の対象となる共済契約）

第164条　法第58条の7第1項第一号の主務省令で定める共済契約は、責任共済等を除くすべての共済契約とする。

（共済計理人の意見書）

第165条　共済計理人は、決算関係書類の作成後、最初に招集される理事会に、次に掲げる事項を記載した意見書を提出しなければならない。

　　一　組合の名称及び共済計理人の氏名

中小企業等協同組合法施行規則

　二　提出年月日

　三　前条に定める共済契約に係る責任準備金の積立てに関する事項

　四　契約者割戻しに関する事項

　五　契約者割戻準備金の積立てに関する事項

　六　第162条の規定に基づく確認に関する事項

　七　前４号に掲げる事項に対する共済計理人の意見

2　共済計理人は、法第58条の７第１項の規定により意見書を理事会に提出するとき、及び同条第２項の規定により意見書の写しを行政庁に提出するときは、同条第１項各号に掲げる事項についての確認の方法その他確認の際に基礎とした事項を記載した附属報告書を添付しなければならない。

3　共済計理人は、第１項の規定にかかわらず、監事又は会計監査人に対し、同項第三号から第七号までに掲げる事項の内容を通知することができる。

（業務及び財産の状況に関する説明書類の縦覧等）

第166条　法第61条の２第１項の主務省令で定める業務及び財産の状況に関する事項は、次に掲げる事項とする。

　一　組合の概況及び組織に関する次に掲げる事項

　　イ　業務運営の組織

　　ロ　役員の氏名及び役職名

　　ハ　事務所の名称及び所在地

　二　組合の主要な業務の内容

　三　組合の主要な業務に関する次に掲げる事項

　　イ　直近の事業年度における事業の概況

　　ロ　直近の５事業年度における主要な業務の状況を示す指標として次に掲げる事項

　　　⑴　事業収益、賦課金等収入及び事業外収益の合計額（特定共済組合等にあっては、経常収益）

　　　⑵　経常利益金額又は経常損失金額

　　　⑶　当期純利益金額又は当期純損失金額

　　　⑷　出資金及び出資口数

　　　⑸　純資産額

　　　⑹　総資産額

　　　⑺　責任準備金残高

　　　⑻　貸付金残高

　　　⑼　有価証券残高

631

関係法令

⑽　特定共済組合等にあっては、共済金等の支払能力の充実の状況を示す比率

⑾　法第59条第２項の区分ごとの剰余金の配当の金額

⑿　職員数

⒀　保有契約高又は正味収入共済掛金の額

⒁　組合員以外の者の共済事業の利用の割合

　ハ　特定共済組合等にあっては、直近の２事業年度における事業の状況を示す指標として別表第１の上欄に掲げる項目の別に応じ同表の下欄に定める記載事項

四　責任準備金の残高として別表第２の上欄に掲げる契約年度の別に応じ同表中欄及び下欄に掲げる責任準備金残高及び予定利率

五　組合の業務の運営に関する次に掲げる事項

　イ　リスク管理の体制

　ロ　法令遵守の体制

　ハ　組合員以外の者の共済事業の利用の管理の体制

　ニ　特定共済事業協同組合等にあっては、次に掲げる場合の区分に応じ、それぞれ次に定める事項

　⑴　指定特定共済事業等紛争解決機関が存在する場合　当該特定共済事業協同組合等が法第９条の９の２第１項第一号に定める手続実施基本契約を締結する措置を講ずる当該手続実施基本契約の相手方である指定特定共済事業等紛争解決機関の商号又は名称

　⑵　指定特定共済事業等紛争解決機関が存在しない場合　当該特定共済事業協同組合等の法第９条の９の２第１項第二号に定める苦情処理措置及び紛争解決措置の内容

六　組合の直近の２事業年度における財産の状況に関する次に掲げる事項

　イ　貸借対照表、損益計算書及び剰余金の処分又は損失の処理の方法を記載した書面

　ロ　貸付金のうち次に掲げるものの額及びその合計額

　⑴　破綻先債権（元本又は利息の支払の遅延が相当期間継続していることその他の事由により元本又は利息の取立て又は弁済の見込みがないものとして未収利息を計上しなかった貸付金（貸倒償却を行った部分を除く。以下この号において「未収利息不計上貸付金」という。）のうち、法人税法施行令（昭和40年政令第97号）第96条第１項第三号イからホまでに掲げる事由又は同項第四号に規定する事由が生じているものをいう。）に該当する貸付金

　⑵　延滞債権（未収利息不計上貸付金であって、⑴に掲げるもの及び債務者の経営再建又は支援を図ることを目的として利息の支払を猶予したもの以外のものをいう。）に該当する貸付金

　⑶　３月以上延滞債権（元本又は利息の支払が約定支払日の翌日から３月以上遅延し

ている貸付金（(1)及び(2)に掲げるものを除く。）をいう。）に該当する貸付金

(4) 貸付条件緩和債権（債務者の経営再建又は支援を図ることを目的として、金利の減免、利息の支払猶予、元本の返済猶予、債権放棄その他の債務者に有利となる取決めを行った貸付金（(1)から(3)までに掲げるものを除く。）をいう。）に該当する貸付金

ハ　債権（貸借対照表の貸付金、その他資産中の未収利息及び仮払金の各勘定に計上されるものに限る。）について、債務者の財政状態及び経営成績等を基礎として次に掲げるものに区分することにより得られる各々に関し貸借対照表に計上された金額

(1) 破産更生債権及びこれらに準ずる債権（破産、会社更生、再生手続等の事由により経営破綻に陥っている債務者に対する債権及びこれらに準ずる債権をいう。）

(2) 危険債権（債務者が経営破綻の状態には至っていないが、財政状態及び経営成績が悪化し、契約に従った債権の元本の回収及び利息の受取りができない可能性の高い債権をいう。）

(3) 要管理債権（3月以上延滞貸付金（元本又は利息の支払が、約定支払日の翌日から3月以上遅延している貸付金（(1)及び(2)に掲げる債権を除く。）をいう。）及び条件緩和貸付金（債務者の経営再建又は支援を図ることを目的として、金利の減免、利息の支払猶予、元本の返済猶予、債権放棄その他の債務者に有利となる取決めを行った貸付金（(1)及び(2)に掲げる債権並びに3月以上延滞貸付金を除く。）をいう。）

(4) 正常債権（債務者の財政状態及び経営成績に特に問題がないものとして、(1)から(3)までに掲げる債権以外のものに区分される債権をいう。）

ニ　特定共済組合等にあっては、共済金等の支払能力の充実の状況（法第58条の4各号に掲げる額に係る細目として別表第3に掲げる額を含む。）

ホ　次に掲げるものに関する取得価額又は契約価額、時価及び評価損益

(1) 有価証券

(2) 金銭の信託

ヘ　貸倒引当金の期末残高及び期中の増減額

ト　貸付金償却の額

2　法第61条の2第1項の主務省令で定める事務所は、次に掲げる事務所とする。

一　共済事業以外の事業の用に供される事務所

二　一時的に設置する事務所

三　無人の事務所

第167条　法第61条の2第2項の子会社その他主務省令で定める特殊の関係にある者は、次に掲げるものとする。

関係法令

一　当該組合の子法人等であるもの

二　当該組合の関連法人等であるもの

2　前項第一号に規定する「子法人等」とは、次に掲げるもの（財務上又は営業上若しくは事業上の関係からみて当該組合がその意思決定機関（株主総会その他これに準ずる機関をいう。以下同じ。）を支配していないことが明らかであると認められるものを除く。）をいう。この場合において、当該組合及び子法人等又は子法人等が他の法人等（会社その他これに準ずる事業体（外国におけるこれらに相当するものを含む。）をいう。以下同じ。）の意思決定機関を支配している場合における当該他の法人等は、当該組合の子法人等とみなす。

一　当該組合が議決権の過半数を自己の計算において所有している他の法人等（破産手続開始の決定、再生手続開始の決定又は更生手続開始の決定を受けた他の法人等その他これらに準ずる他の法人等であって、有効な支配従属関係が存在しないと認められるものを除く。以下この項において同じ。）

二　当該組合が議決権の100分の40以上、100分の50以下を自己の計算において所有している他の法人等であって、次に掲げるいずれかの要件に該当するもの

イ　当該組合が自己の計算において所有している議決権と当該組合と出資、人事、資金、技術、取引等において緊密な関係があることにより当該組合の意思と同一の内容の議決権を行使すると認められる者及び当該組合の意思と同一の内容の議決権を行使することに同意している者が所有している議決権とを合わせて、当該他の法人等の議決権の過半数を占めていること。

ロ　当該組合の役員若しくは使用人である者、又はこれらであった者であって当該組合が当該他の法人等の財務及び営業若しくは事業の方針の決定に関して影響を与えることができるものが、当該他の法人等の取締役会その他これに準ずる機関の構成員の過半数を占めていること。

ハ　当該他の法人等の重要な財務及び営業又は事業の方針の決定を支配する契約等が存在すること。

ニ　当該他の法人等の資金調達額（貸借対照表の負債の部に計上されているものに限る。以下同じ。）の総額の過半について当該組合が融資（債務の保証及び担保の提供を含む。以下同じ。）を行っていること（当該組合と出資、人事、資金、技術、取引等において緊密な関係のある者が行う融資の額を合わせて資金調達額の総額の過半となる場合を含む。）。

ホ　その他当該組合が当該他の法人等の意思決定機関を支配していることが推測される事実が存在すること。

三　当該組合が自己の計算において所有している議決権と当該組合と出資、人事、資金、技術、取引等において緊密な関係があることにより当該組合の意思と同一の内容の議決権

を行使すると認められる者及び当該組合の意思と同一の内容の議決権を行使することに同意している者が所有している議決権とを合わせて、他の法人等の議決権の過半数を占めている場合（当該組合が自己の計算において議決権を所有していない場合を含む。）における当該他の法人等であって、前号ロからホまでに掲げるいずれかの要件に該当するもの

3　第1項第二号に規定する「関連法人等」とは、次に掲げるもの（財務上又は営業上若しくは事業上の関係からみて当該組合（当該組合の子法人等を含む。以下この項において同じ。）がその財務及び営業又は事業の方針の決定に対して重要な影響を与えることができないことが明らかであると認められるもの並びに子法人等を除く。）をいう。

一　当該組合が他の法人等（破産手続開始の決定、再生手続開始の決定又は更生手続開始の決定を受けた他の法人等その他これらに準ずる他の法人等であって、当該組合がその財務及び営業又は事業の方針の決定に対して重要な影響を与えることができないと認められるものを除く。以下この項において同じ。）の議決権の100分の20以上を自己の計算において所有している場合における当該他の法人等

二　当該組合が他の法人等の議決権の100分の15以上、100分の20未満を自己の計算において所有している場合における当該他の法人等であって、次に掲げるいずれかの要件に該当するもの

　イ　当該組合の役員若しくは使用人である者、又はこれらであった者であって当該組合がその財務及び営業若しくは事業の方針の決定に関して影響を与えることができるものが、その代表取締役、取締役又はこれらに準ずる役職に就任していること。

　ロ　当該組合から重要な融資を受けていること。

　ハ　当該組合から重要な技術の提供を受けていること。

　ニ　当該組合との間に重要な販売、仕入れその他の営業上又は事業上の取引があること。

　ホ　その他当該組合がその財務及び営業又は事業の方針の決定に対して重要な影響を与えることができることが推測される事実が存在すること。

三　当該組合が自己の計算において所有している議決権と当該組合と出資、人事、資金、技術、取引等において緊密な関係があることにより当該組合の意思と同一の内容の議決権を行使すると認められる者及び当該組合の意思と同一の内容の議決権を行使することに同意している者が所有している議決権とを合わせて、他の法人等の議決権の100分の20以上を占めている場合（当該組合が自己の計算において議決権を所有していない場合を含む。）における当該他の法人等であって、前号イからホまでに掲げるいずれかの要件に該当するもの

4　特別目的会社（資産の流動化に関する法律（平成10年法律第105号）第2条第3項に規定する特定目的会社及び事業内容の変更が制限されているこれと同様の事業を営む事業体をいう。以下同じ。）については、適正な価額で譲り受けた資産から生ずる収益を当該特

関係法令

別目的会社が発行する証券の所有者（同条第12項に規定する特定借入れに係る債権者を含む。）に享受させることを目的として設立されており、当該特別目的会社の事業がその目的に従って適切に遂行されているときは、当該特別目的会社に資産を譲渡した組合から独立しているものと認め、第1項の規定にかかわらず、当該組合の子法人等に該当しないものと推定する。

第168条　法第61条の2第2項の主務省令で定める業務及び財産の状況に関する事項は、次の各号に掲げるものとする。

一　連結組合の概況に関する次に掲げる事項

　イ　連結組合の主要な事業の内容及び組織の構成

　ロ　連結子会社等に関する次に掲げる事項

　（1）　名称

　（2）　主たる営業所又は事務所の所在地

　（3）　資本金又は出資金

　（4）　事業の内容

　（5）　設立年月日

　（6）　組合が有する連結子会社等の議決権の総株主、総社員又は総出資者の議決権に占める割合

　（7）　組合の一の連結子会社等以外の連結子会社等が有する当該一の連結子会社等の議決権の総株主、総社員又は総出資者の議決権に占める割合

二　連結組合の主要な業務に関する事項として次に掲げるもの

　イ　直近の事業年度における事業の概況

　ロ　直近の5連結会計年度における主要な業務の状況を示す指標として次に掲げる事項

　（1）　経常収益

　（2）　経常利益金額又は経常損失金額

　（3）　当期純利益金額又は当期純損失金額

　（4）　純資産額

　（5）　総資産額

三　連結組合の直近の2連結会計年度における財産の状況に関する次に掲げる事項

　イ　連結貸借対照表、連結損益計算書及び連結剰余金計算書

　ロ　貸付金のうち次に掲げるものの額及びその合計額

　（1）　破綻先債権に該当する貸付金

　（2）　延滞債権に該当する貸付金

　（3）　3月以上延滞債権に該当する貸付金

（4）　貸付条件緩和債権に該当する貸付金

　ハ　当該組合及びその子法人等（前条第２項に規定する子法人等をいう。）が２以上の異なる種類の事業を営んでいる場合の事業の種類ごとの区分に従い、当該区分に属する経常収益の額、経常利益金額又は経常損失金額及び資産の額（以下この号において「経常収益等」という。）として算出したもの（各経常収益等の総額に占める割合が少ない場合を除く。）

第169条　共済事業を行う組合は、法第61条の２第１項又は第２項の規定により作成した書類（以下「説明書類」という。）の縦覧を、当該組合の事業年度経過後５月以内に開始し、当該事業年度の翌事業年度に係るそれぞれの説明書類の縦覧を開始するまでの間、公衆の縦覧に供しなければならない。

２　共済事業を行う組合は、やむを得ない理由により前項に規定する期間までに説明書類の縦覧を開始できない場合には、あらかじめ行政庁の承認を受けて、当該縦覧の開始を延期することができる。

３　共済事業を行う組合は、前項の規定による承認を受けようとするときは、様式第20による承認申請書に理由書を添付して行政庁に提出しなければならない。

４　行政庁は、前項の規定による承認の申請があったときは、当該申請をした組合が第１項の規定による縦覧の開始を延期することについてやむを得ない理由があるかどうかを審査するものとする。

第170条　法第61条の２第４項に規定する主務省令で定める措置は、電磁的記録に記録された事項を紙面又は映像面に表示する方法とする。

第６章　解散及び清算並びに合併

（組合の解散の届出）
第171条　法第62条第２項の規定により組合の解散を届け出ようとする者は、様式第21による届書を提出しなければならない。

（吸収合併消滅組合の事前開示事項）
第172条　法第63条の４第１項に規定する吸収合併契約の内容その他主務省令で定める事項は、次に掲げる事項とする。

一　法第63条の２第四号に掲げる事項についての定め（当該定めがない場合にあっては、当該定めがないこと）の相当性に関する事項

関係法令

二　吸収合併消滅組合の組合員に対して交付する金銭等の全部又は一部が吸収合併存続組合の持分であるときは、当該吸収合併存続組合の定款の定め

三　吸収合併消滅組合の組合員に対して交付する金銭等の全部又は一部が吸収合併存続組合以外の法人等（法人その他の団体をいう。以下同じ。）の株式、持分、社債等その他これらに準ずるものである場合（当該吸収合併契約につき吸収合併消滅組合の総組合員の同意を得た場合を除く。）において、次のイからハまでに掲げるときは、当該イからハまでに定める事項（当該事項が日本語以外の言語で表示されている場合にあっては、当該事項（氏名又は名称に係る事項を除く。）に相当する事項を日本語で表示した事項）

イ　当該金銭等が当該法人等の株式、持分その他これらに準ずるものである場合　当該法人等の定款その他これに相当するもの

ロ　当該法人等がその貸借対照表その他これに相当するものの内容を法令の規定に基づき公告（会社法第440条第3項の措置に相当するものを含む。）をしているもの又は金融商品取引法第24条第1項の規定により有価証券報告書を内閣総理大臣に提出しているものでない場合　当該法人等の過去5年間の貸借対照表その他これに相当するもの（設立後5年を経過していない法人等にあっては、成立後の各事業年度に係るもの）の内容

ハ　当該法人等について登記（当該法人等が外国の法令に準拠して設立されたものであるときは、会社法第933条第1項の外国会社の登記又は外国法人の登記及び夫婦財産契約の登記に関する法律（明治31年法律第14号）第2条の外国法人の登記に限る。）がされていない場合　次に掲げる事項

(1)　当該法人等を代表する者の氏名又は名称及び住所

(2)　当該法人等の取締役、会計参与、監査役その他の役員の氏名又は名称

四　吸収合併存続組合についての次に掲げる事項

イ　最終事業年度に係る事業報告書、財産目録、貸借対照表、損益計算書、監査報告及び会計監査報告（最終事業年度がない場合にあっては、吸収合併存続組合の成立の日における貸借対照表）の内容

ロ　最終事業年度の末日（最終事業年度がない場合にあっては、吸収合併存続組合の成立の日）後に重要な財産の処分、重大な債務の負担その他の組合財産の状況に重要な影響を与える事象が生じたときは、その内容（法第63条の4第1項各号に掲げる日のいずれか早い日（以下この条において「吸収合併契約等備置開始日」という。）後吸収合併の効力が生ずる日までの間に新たな最終事業年度が存することとなる場合にあっては、当該新たな最終事業年度の末日後に生じた事象の内容に限る。）

五　吸収合併消滅組合（法第62条第1項各号の事由による解散により清算をする組合及び法第69条第1項において準用する会社法第475条第二号の規定により清算をする組合（以

638

中小企業等協同組合法施行規則

下「清算組合」という。）を除く。）において最終事業年度の末日（最終事業年度がない場合にあっては、吸収合併消滅組合の成立の日）後に重要な財産の処分、重大な債務の負担その他の組合財産の状況に重要な影響を与える事象が生じたときは、その内容（吸収合併契約等備置開始日後吸収合併の効力が生ずる日までの間に新たな最終事業年度が存することとなる場合にあっては、当該新たな最終事業年度の末日後に生じた事象の内容に限る。）

六　吸収合併が効力を生ずる日以後における吸収合併存続組合の債務（法第63条の５第７項において準用する法第56条の２第１項の規定により吸収合併について異議を述べることができる債権者に対して負担する債務に限る。）の履行の見込みに関する事項

七　吸収合併契約等備置開始日後、前各号に掲げる事項に変更が生じたときは、変更後の当該事項

第173条　法第63条の４第２項第四号に規定する主務省令で定めるものは、吸収合併消滅組合の定めたものとする。

（吸収合併存続組合の事前開示事項）

第174条　法第63条の５第１項に規定する吸収合併契約の内容その他主務省令で定める事項は、次に掲げる事項とする。

一　法第63条の２第四号に掲げる事項についての定め（当該定めがない場合にあっては、当該定めがないこと）の相当性に関する事項

二　吸収合併消滅組合（清算組合を除く。）についての次に掲げる事項

イ　最終事業年度に係る事業報告書、財産目録、貸借対照表、損益計算書、監査報告及び会計監査報告（最終事業年度がない場合にあっては、吸収合併消滅組合の成立の日における貸借対照表）の内容

ロ　最終事業年度の末日（最終事業年度がない場合にあっては、吸収合併消滅組合の成立の日）後に重要な財産の処分、重大な債務の負担その他の組合財産の状況に重要な影響を与える事象が生じたときは、その内容（法第63条の５第１項各号に掲げる日のいずれか早い日（以下この条において「吸収合併契約等備置開始日」という。）後吸収合併の効力が生ずる日までの間に新たな最終事業年度が存することとなる場合にあっては、当該新たな最終事業年度の末日後に生じた事象の内容に限る。）

三　吸収合併消滅組合（清算組合に限る。）が法第69条第１項において準用する会社法第492条第１項の規定により作成した貸借対照表

四　吸収合併存続組合において最終事業年度の末日（最終事業年度がない場合にあっては、吸収合併存続組合の成立の日）後に重要な財産の処分、重大な債務の負担その他の組合

639

関係法令

財産の状況に重要な影響を与える事象が生じたときは、その内容（吸収合併契約等備置開始日後吸収合併の効力が生ずる日までの間に新たな最終事業年度が存することとなる場合にあっては、当該新たな最終事業年度の末日後に生じた事象の内容に限る。）

五　吸収合併が効力を生ずる日以後における吸収合併存続組合の債務（法第63条の５第７項において準用する法第56条の２第１項の規定により吸収合併について異議を述べることができる債権者に対して負担する債務に限る。）の履行の見込みに関する事項

六　吸収合併契約等備置開始日後吸収合併が効力を生ずる日までの間に、前各号に掲げる事項に変更が生じたときは、変更後の当該事項

（吸収合併存続組合の事後開示事項）

第175条　法第63条の５第８項に規定する主務省令で定める事項は、次に掲げる事項とする。

一　吸収合併が効力を生じた日

二　吸収合併消滅組合における次に掲げる事項

　イ　法第63条の４第４項の規定による請求に係る手続の経過

　ロ　法第63条の４第５項において準用する法第56条の２の規定による手続の経過

三　吸収合併存続組合における次に掲げる事項

　イ　法第63条の５第６項の規定による請求に係る手続の経過

　ロ　法第63条の５第７項において準用する法第56条の２の規定による手続の経過

四　吸収合併により吸収合併存続組合が吸収合併消滅組合から承継した重要な権利義務に関する事項

五　法第63条の４第１項の規定により吸収合併消滅組合が備え置いた書面又は電磁的記録に記載又は記録がされた事項（吸収合併契約の内容を除く。）

六　前各号に掲げるもののほか、吸収合併に関する重要な事項

（新設合併消滅組合の事前開示事項）

第176条　法第63条の６第１項に規定する新設合併契約の内容その他主務省令で定める事項は、次に掲げる事項とする。

一　法第63条の３第四号に掲げる事項についての定めの相当性に関する事項

二　他の新設合併消滅組合（清算組合を除く。以下この号において同じ。）についての次に掲げる事項

　イ　最終事業年度に係る事業報告書、財産目録、貸借対照表、損益計算書、監査報告及び会計監査報告（最終事業年度がない場合にあっては、他の新設合併消滅組合の成立の日における貸借対照表）の内容

　ロ　他の新設合併消滅組合において最終事業年度の末日（最終事業年度がない場合に

中小企業等協同組合法施行規則

あっては、他の新設合併消滅組合の成立の日）後に重要な財産の処分、重大な債務の負担その他の組合財産の状況に重要な影響を与える事象が生じたときは、その内容（法第63条の６第１項各号に掲げる日のいずれか早い日（以下この条において「新設合併契約等備置開始日」という。）後新設合併の効力が生ずる日までの間に新たな最終事業年度が存することとなる場合にあっては、当該新たな最終事業年度の末日後に生じた事象の内容に限る。）

三　他の新設合併消滅組合（清算組合に限る。）が法第69条第１項において準用する会社法第492条第１項の規定により作成した貸借対照表

四　当該新設合併消滅組合（清算組合を除く。）において最終事業年度の末日（最終事業年度がない場合にあっては、当該新設合併消滅組合の成立の日）後に重要な財産の処分、重大な債務の負担その他の組合財産の状況に重要な影響を与える事象が生じたときは、その内容（新設合併契約等備置開始日後新設合併の効力が生ずる日までの間に新たな最終事業年度が存することとなる場合にあっては、当該新たな最終事業年度の末日後に生じた事象の内容に限る。）

五　新設合併が効力を生ずる日以後における新設合併設立組合の債務（他の新設合併消滅組合から承継する債務を除く。）の履行の見込みに関する事項

六　新設合併契約等備置開始日後、前各号に掲げる事項に変更が生じたときは、変更後の当該事項

（新設合併設立組合の事後開示事項）

第177条　法第64条第６項に規定する主務省令で定める事項は、次に掲げる事項とする。

一　新設合併が効力を生じた日

二　法第63条の６第４項の規定による請求に係る手続の経過

三　法第63条の６第５項において準用する法第56条の２の規定による手続の経過

四　新設合併により新設合併設立組合が新設合併消滅組合から承継した重要な権利義務に関する事項

五　前各号に掲げるもののほか、新設合併に関する重要な事項

（組合の合併の認可の申請）

第178条　法第66条第１項の規定により組合の合併の認可を申請しようとする者は、様式第22又は様式第23による申請書２通に、それぞれ次の書類を添えて提出しなければならない。

一　合併理由書

二　合併後存続する組合又は合併によって設立する組合の定款

三　合併契約の内容を記載した書面又はその謄本

641

関係法令

四　合併後存続する組合又は合併によって設立する組合の事業計画書

五　合併後存続する組合又は合併によって設立する組合の収支予算書

六　合併の当事者たる組合が合併に関する事項につき議決した総会又は総代会の議事録その他必要な手続があったことを証する書面

七　総代会を設けている信用協同組合等にあっては、法第55条の2第2項の規定による通知の状況を記載した書類

八　法第55条の2第3項の規定に基づく総会の招集があった場合には、当該総会までの経過を記載した書類及び当該総会の議事録又はその謄本

九　合併の当事者たる組合が作成した最終事業年度末日における財産目録及び貸借対照表（最終事業年度がない場合にあっては、合併の当事者たる組合の成立の日における貸借対照表）

十　法第63条の4第4項、第63条の5第6項又は第63条の6第4項の規定による請求をした組合員があるときは、当該請求に係る手続の経過を記載した書面

十一　合併の当事者たる組合が法第63条の4第5項、第63条の5第7項及び第63条の6第5項において準用する法第56条の2第2項の規定による公告及び催告（同条第3項の規定により公告を官報のほか法第33条第4項の規定による定款の定めに従い同項第二号又は第三号に掲げる公告方法によってした場合にあっては、これらの方法による公告）をしたこと並びに異議を述べた債権者があるときは、法第56条の2第5項の規定により当該債権者に対し弁済し、若しくは相当の担保を提供し、若しくは当該債権者に弁済を受けさせることを目的として相当の財産の信託をしたこと又は当該合併をしても当該債権者を害するおそれがないことを証する書面

2　合併により組合を設立しようとする場合にあっては、前項の書類のほか、合併によって設立する組合の役員の氏名及び住所を記載した書面並びにこれらの役員の選任及び前項第二号、第四号及び第五号の書類の作成が法第64条第2項の規定による設立委員によってなされたものであることを証する書面を提出しなければならない。

3　合併により信用協同組合等を設立しようとする場合にあっては、前2項の書類のほか、合併によって設立する信用協同組合等に関する第57条第2項各号の書類を提出しなければならない。

4　合併により法第9条の9第1項第三号の事業を行う協同組合連合会を設立しようとする場合にあっては、第1項及び第2項の書類のほか、合併によって設立する同号の事業を行う協同組合連合会合会に関する第57条第3項各号の書類を提出しなければならない。

（清算開始時の財産目録）

第179条　法第69条第1項において準用する会社法第492条第1項の規定により作成すべき

中小企業等協同組合法施行規則

財産目録については、この条の定めるところによる。

2　前項の財産目録に計上すべき財産については、その処分価格を付すことが困難な場合を除き、法第62条第1項各号及び法第69条第1項において準用する会社法第475条第二号に掲げる場合に該当することとなった日における処分価格を付さなければならない。この場合において、清算組合の会計帳簿については、財産目録に付された価格を取得価額とみなす。

3　第1項の財産目録は、次に掲げる部に区分して表示しなければならない。

一　資産

二　負債

三　正味資産

4　資産の部又は負債の部の各項目は、当該項目に係る資産又は負債を示す適当な名称を付した項目に細分することができる。

（清算開始時の貸借対照表）

第180条　法第69条第1項において準用する会社法第492条第1項の規定により作成すべき貸借対照表については、この条の定めるところによる。

2　前項の貸借対照表は、財産目録に基づき作成しなければならない。

3　第1項の貸借対照表は、次に掲げる部に区分して表示しなければならない。

一　資産

二　負債

三　純資産

4　資産の部又は負債の部の各項目は、当該項目に係る資産又は負債を示す適当な名称を付した項目に細分することができる。

（各清算事業年度に係る事務報告書）

第181条　法第69条第1項において準用する法第40条第2項の規定により、清算組合が作成すべき事務報告書は、清算に関する事務の執行の状況に係る重要な事項をその内容としなければならない。

（決算報告）

第182条　法第69条第1項において準用する会社法第507条第1項の規定により作成すべき決算報告は、次に掲げる事項を内容とするものでなければならない。この場合において、第一号及び第二号に掲げる事項については、適切な項目に細分することができる。

一　債権の取立て、資産の処分その他の行為によって得た収入の額

643

関係法令

　二　債務の弁済、清算に係る費用の支払その他の行為による費用の額
　三　残余財産の額（支払税額がある場合には、その税額及び当該税額を控除した後の財産
　　の額）
　四　出資1口当たりの分配額
2　前項第四号に掲げる事項については、次に掲げる事項を注記しなければならない。
　一　残余財産の分配を完了した日
　二　残余財産の全部又は一部が金銭以外の財産である場合には、当該財産の種類及び価額

第6章の2　　指定紛争解決機関

第1節　　通則

（割合の算定）

第182条の2　法第69条の2第1項第八号の割合の算定は、特定共済事業協同組合等にあっ
　ては、第一号に掲げる数を第二号に掲げる数で除して行うものとする。
　一　法第69条の2第1項の申請をしようとする者（次号において「当該申請をしようとす
　　る者」という。）に対して業務規程（同項第七号に規定する業務規程をいう。以下同じ。）
　　の内容についての異議の有無並びに異議がある場合にはその内容及び理由を記載した書
　　面（次条において「意見書」という。）を提出して手続実施基本契約の解除に関する事
　　項その他の手続実施基本契約の内容（法第69条の4において準用する保険業法第308条
　　の7第2項各号に掲げる事項を除く。）その他の業務規程の内容（法第69条の4におい
　　て準用する保険業法第308条の7第3項の規定によりその内容とするものでなければな
　　らないこととされる事項並びに同条第4項各号及び第5項第一号に掲げる基準に適合す
　　るために必要な事項を除く。）について異議（合理的な理由が付されたものに限る。）を
　　述べた特定共済事業協同組合等の数
　二　当該申請をしようとする者が次条第1項第二号に規定する業務規程等を交付し、又は
　　送付した日（2以上の日にわたって交付し、又は送付した場合には、最も遅い日。第
　　182条の4において同じ。）に経済産業大臣により公表されている特定共済事業協同組合
　　等（次条及び第182条の5第2項において「全ての特定共済事業協同組合等」という。）
　　の数

（特定共済事業協同組合等に対する意見聴取等）

第182条の3　法第69条の2第1項の申請をしようとする者は、同条第2項の規定により、
　特定共済事業協同組合等に対し、業務規程の内容を説明し、これについて異議がないかど
　うかの意見（異議がある場合には、その理由を含む。）を聴取する場合には、次に定める

ところにより、説明会を開催してしなければならない。

一　説明会を開催する日時及び場所は、全ての特定共済事業協同組合等の参集の便を考慮して定めること。

二　当該申請をしようとする者は、全ての特定共済事業協同組合等に対し、説明会の開催日（２以上の説明会を開催する場合には、その最初の説明会の開催日）の２週間前までに、次に掲げる事項を記載した書面及び業務規程（次条及び第182条の５第２項において「業務規程等」という。）を交付し、又は送付すること。

　イ　当該申請をしようとする者の商号又は名称、主たる営業所又は事務所の所在地及び電話番号その他の連絡先

　ロ　説明会の開催年月日時及び場所

　ハ　特定共済事業協同組合等は当該申請をしようとする者に対し説明会の開催日（２以上の説明会を開催する場合には、その最後の説明会の開催日）から一定の期間内に意見書を提出しなければならない旨

三　前号ハの一定の期間が、２週間を下らないものであること。

2　法第69条の２第２項に規定する結果を記載した書類には、次に掲げる事項のすべてを記載しなければならない。

一　すべての説明会の開催年月日時及び場所

二　全ての特定共済事業協同組合等の説明会への出席の有無

三　全ての特定共済事業協同組合等の意見書の提出の有無

四　提出を受けた意見書における異議の記載の有無

五　提出を受けた意見書に法第69条の２第１項第八号に規定する異議に該当しない異議の記載がある場合には、その旨及び同号に規定する異議に該当しないと判断した理由

3　前項の書類には、特定共済事業協同組合等から提出を受けたすべての意見書を添付するものとする。

（指定申請書の提出）

第182条の４　法第69条の４において準用する保険業法第308条の３第１項の指定申請書は、業務規程等を交付し、又は送付した日から起算して３月以内に提出しなければならない。

（指定申請書の添付書類）

第182条の５　法第69条の４において準用する保険業法第308条の３第２項第五号に規定する主務省令で定めるものは、次に掲げる書類とする。

一　法第69条の２第１項の申請の日の属する事業年度の直前の事業年度の貸借対照表、収支計算書若しくは損益計算書及び当該事業年度末の財産目録又はこれらに準ずるもの

関係法令

（同項の規定による指定を受けようとする者（第３項において「申請者」という。）が当
該申請の日の属する事業年度に設立された法人（同条第１項第一号に規定する法人をい
う。第182条の11第３項第三号において同じ。）である場合には、その設立時における財
産目録又はこれに準ずるもの）

二　法第69条の２第１項の規定による指定後における収支の見込みを記載した書類

2　法第69条の４において準用する保険業法第308条の３第２項第六号に規定する主務省令
で定めるものは、次に掲げる書類とする。

一　第182条の３第１項第二号の規定により全ての特定共済事業協同組合等に対して交付
し、又は送付した業務規程等

二　全ての特定共済事業協同組合等に対して業務規程等を交付し、又は送付した年月日及
び方法を証する書類

三　特定共済事業協同組合等に対して業務規程等を送付した場合には、当該特定共済事業
協同組合等に対する業務規程等の到達の有無及び到達に係る事実として、次のイ又はロ
に掲げる場合の区分に応じ、当該イ又はロに定める事項を証する書類

イ　到達した場合　　到達した年月日

ロ　到達しなかった場合　　通常の送付方法によって到達しなかった原因

3　法第69条の４において準用する保険業法第308条の３第２項第七号に規定する主務省令
で定める書類は、次に掲げる書類とする。

一　申請者の総株主等の議決権（総株主、総社員、総会員、総組合員又は総出資者の議決
権をいう。次号、第182条の14第２項第二号、第五号及び第182条の15において同じ。）
の100分の５以上の議決権を保有している者の氏名又は商号若しくは名称、住所又は主
たる営業所若しくは事務所の所在地及びその保有する議決権の数を記載した書面

二　申請者の親法人（申請者の総株主等の議決権の過半数を保有している法人その他の団
体をいう。）及び子法人（申請者が総株主等の議決権の過半数を保有している法人その
他の団体をいう。）の商号又は名称、主たる営業所又は事務所の所在地及び事業の内容
を記載した書面

三　役員（役員が法人であるときは、その職務を行うべき者を含む。以下この項、第182
条の８、第182条の９及び第182条の15において同じ。）の住民票の抄本又はこれに代わ
る書面（役員が法人である場合には、当該役員の登記事項証明書）

四　役員が法第69条の２第１項第四号イ及びロに該当しない旨の官公署の証明書（役員が
日本の国籍を有しない場合には、同号イ及びロに該当しない者であることを当該役員が
誓約する書面）

五　役員の履歴書（役員が法人である場合には、当該役員の沿革を記載した書面）

六　紛争解決委員（法第69条の４において準用する保険業法第308条の４第１項に規定す

中小企業等協同組合法施行規則

る紛争解決委員をいう。第182条の12第２項第三号及び第182条の15第１項第四号におい
て同じ。）の候補者並びに紛争解決等業務（法第69条の２第６項第一号に規定する紛争
解決等業務であって、特定共済事業等（同項第六号に規定する特定共済事業等をいう。
次条第四号、第182条の７、第182条の10第１項第一号及び第182条の15において同じ。）
に係るものをいう。次条、第182条の14及び第182条の15において同じ。）に関する知識
及び経験を有する役員及び職員（以下この号、次号及び第182条の14において「役員等」
という。）の確保の状況並びに当該役員等の配置の状況を記載した書面

七　役員等が、暴力団員等（法第69条の４において準用する保険業法第308条の９に規定
する暴力団員等をいう。第182条の14第１項第二号において同じ。）でないことを当該役
員等が誓約する書面

八　その他参考となるべき事項を記載した書類

第２節　業務

（業務規程で定めるべき事項）

第182条の６　法第69条の３第八号に規定する主務省令で定めるものは、次に掲げる事項と
する。

一　紛争解決等業務を行う時間及び休日に関する事項

二　営業所又は事務所の名称及び所在地並びにその営業所又は事務所が紛争解決等業務を
行う区域に関する事項

三　紛争解決等業務を行う職員の監督体制に関する事項

四　苦情処理手続（法第69条の２第６項第一号に規定する苦情処理手続であって、特定共
済事業等に係るものをいう。第182条の10及び第182条の15第１項第十一号において同
じ。）又は紛争解決手続（法第69条の２第３項に規定する紛争解決手続であって、特定
共済事業等に係るものをいう。次条、第182条の12第２項、第182条の13及び第182条の
15第１項第十一号において同じ。）の業務を委託する場合には、その委託に関する事項

五　その他紛争解決等業務に関し必要な事項

（手続実施基本契約の内容）

第182条の７　法第69条の４において準用する保険業法第308条の７第２項第十一号に規定
する主務省令で定める事項は、指定紛争解決機関（法第69条の２第１項第八号に規定する
指定紛争解決機関であって、特定共済事業等に係るものをいう。次条から第182条の10まで、
第182条の12から第182条の15まで及び第200条第３項において同じ。）は、当事者である加
入協同組合等（法第69条の３第四号に規定する加入協同組合等をいう。以下同じ。）の利
用者の申出があるときは、紛争解決手続における和解で定められた義務の履行状況を調査

647

関係法令

し、当該加入協同組合等に対して、その義務の履行を勧告することができることとする。

（実質的支配者等）
第182条の8 法第69条の4において準用する保険業法第308条の7第4項第三号に規定する指定紛争解決機関の株式の所有、指定紛争解決機関に対する融資その他の事由を通じて指定紛争解決機関の事業を実質的に支配し、又はその事業に重要な影響を与える関係にあるものとして主務省令で定める者は、次に掲げる者であって、事業上の関係に照らして指定紛争解決機関の事業の方針の決定を支配すること及びその事業に重要な影響を与えることができないことが明らかでないと認められるものとする。

一　特定の者が自己の計算において所有している議決権と当該特定の者と出資、人事、資金、技術、取引等において緊密な関係があることにより当該特定の者の意思と同一の内容の議決権を行使すると認められる者及び当該特定の者の意思と同一の内容の議決権を行使することに同意している者が所有している議決権とを合わせて、指定紛争解決機関の議決権の3分の1以上を占めている場合（当該特定の者が自己の計算において議決権を所有していない場合を含む。）における当該特定の者

二　指定紛争解決機関の役員又は役員であった者

三　指定紛争解決機関の役員の3親等以内の親族

四　前2号に掲げる者を代表者（法人でない団体で代表者又は管理人の定めのあるものの代表者又は管理人を含む。次条第四号において同じ。）とする者

五　指定紛争解決機関の役員の3分の1以上が役員若しくは使用人である者又は役員若しくは使用人であった者

六　指定紛争解決機関との間で指定紛争解決機関の事業の方針の決定を支配する契約を締結している者

七　指定紛争解決機関の資金調達額の総額の3分の1以上について特定の者が融資を行っている場合（当該特定の者と出資、人事、資金、技術、取引等において緊密な関係のある者が行う融資の額を合わせて資金調達額の総額の3分の1以上となる場合を含む。）における当該特定の者

八　前各号に掲げる者のほか、指定紛争解決機関の事業の方針の決定を支配していることが推測される事実が存在する者

九　特定の者が前各号に掲げる者に対して、前各号（第二号から第四号までを除く。以下この号において同じ。）に規定する前各号に掲げる者の指定紛争解決機関に対する関係と同様の関係を有する場合における当該特定の者

十　第一号から第八号までに掲げる者が特定の者に対して、次条第一号又は第五号から第八号までに規定する指定紛争解決機関の同条第一号又は第五号から第八号までに掲げる

中小企業等協同組合法施行規則

者に対する関係と同様の関係を有する場合における当該特定の者

（子会社等）

第182条の9　法第69条の4において準用する保険業法第308条の7第4項第三号に規定する指定紛争解決機関が株式の所有その他の事由を通じてその事業を実質的に支配する関係にあるものとして主務省令で定める者は、次の各号に掲げる者であって、事業上の関係に照らして指定紛争解決機関が当該各号に掲げる者の事業の方針の決定を支配することができないことが明らかでないと認められるものとする。

一　指定紛争解決機関が自己の計算において所有している議決権と指定紛争解決機関と出資、人事、資金、技術、取引等において緊密な関係があることにより指定紛争解決機関の意思と同一の内容の議決権を行使すると認められる者及び指定紛争解決機関の意思と同一の内容の議決権を行使することに同意している者が所有している議決権とを合わせて、他の法人又は法人でない団体で代表者又は管理人の定めのあるもの（以下この号及び第五号において「法人等」という。）の議決権の3分の1以上を占めている場合（指定紛争解決機関が自己の計算において議決権を所有していない場合を含む。）における当該他の法人等

二　指定紛争解決機関の役員若しくは指定紛争解決機関の使用人又はこれらであった者

三　指定紛争解決機関の役員の3親等以内の親族

四　前2号に掲げる者を代表者とする者

五　第二号に掲げる者が他の法人等の役員である者の3分の1以上を占めている場合における当該他の法人等

六　指定紛争解決機関が特定の者との間に当該特定の者の事業の方針の決定を支配する契約を締結している場合における当該特定の者

七　特定の者の資金調達額の総額の3分の1以上について指定紛争解決機関が融資を行っている場合（指定紛争解決機関と出資、人事、資金、技術、取引等において緊密な関係のある者が行う融資の額を合わせて資金調達額の総額の3分の1以上となる場合を含む。）における当該特定の者

八　前各号に掲げる者のほか、指定紛争解決機関が特定の者の事業の方針の決定を支配していることが推測される事実が存在する場合における当該特定の者

九　前各号に掲げる者が特定の者に対して、前各号（第二号から第四号までを除く。以下この号において同じ。）に規定する指定紛争解決機関の前各号に掲げる者に対する関係と同様の関係を有する場合における当該特定の者

649

関係法令

（苦情処理手続に関する記録の記載事項等）

第182条の10 法第69条の４において準用する保険業法第308条の11の規定により、指定紛争解決機関は、その実施した苦情処理手続に関し、次に掲げる事項を記載した記録を作成しなければならない。

一　加入協同組合等の利用者が特定共済事業等関連苦情（特定共済事業等に関する苦情をいう。次条第３項第三号において同じ。）の解決の申立てをした年月日及びその内容

二　前号の申立てをした加入協同組合等の利用者及びその代理人の氏名、商号又は名称並びに当該加入協同組合等の名称

三　苦情処理手続の実施の経緯

四　苦情処理手続の結果（苦情処理手続の終了の理由及びその年月日を含む。）

２　指定紛争解決機関は、前項に規定する事項を記載した記録を、その実施した苦情処理手続が終了した日から少なくとも５年間保存しなければならない。

（紛争解決委員の利害関係等）

第182条の11 法第69条の４において準用する保険業法第308条の13第３項に規定する同条第１項の申立てに係る当事者である加入協同組合等又は利用者（以下この項において単に「当事者」という。）と利害関係を有する者とは、次に掲げる者のいずれかに該当する者とする。

一　当事者の配偶者又は配偶者であった者

二　当事者の４親等内の血族、３親等内の姻族若しくは同居の親族又はこれらであった者

三　当事者の後見人、後見監督人、保佐人、保佐監督人、補助人又は補助監督人

四　当該申立てに係る特定共済事業等関連紛争について当事者の代理人若しくは補佐人又はこれらであった者

五　当事者から役務の提供により収入を得ている者又は得ないこととなった日から３年を経過しない者

２　法第69条の４において準用する保険業法第308条の13第３項第三号に規定する主務省令で定める者は、次に掲げるいずれかの資格を有し、かつ、消費生活相談（消費者契約法（平成12年法律第61号）第13条第３項第五号イに規定する消費生活相談をいう。）に応ずる業務に従事した期間が通算して５年以上である者とする。

一　独立行政法人国民生活センターが付与する消費生活専門相談員の資格

二　一般財団法人日本産業協会が付与する消費生活アドバイザーの資格

三　一般財団法人日本消費者協会が付与する消費生活コンサルタントの資格

３　法第69条の４において準用する保険業法第308条の13第３項第五号に規定する主務省令で定める者は、次に掲げる者とする。

中小企業等協同組合法施行規則

一　次に掲げる職の1又は2以上にあってその年数が通算して5年以上である者

　イ　判事

　ロ　判事補

　ハ　検事

　ニ　弁護士

　ホ　学校教育法（昭和22年法律第26号）による大学の学部、専攻科又は大学院の法律学に属する科目の教授又は准教授

二　次に掲げる職の1又は2以上にあってその年数が通算して5年以上である者

　イ　公認会計士

　ロ　税理士

　ハ　学校教育法による大学の学部、専攻科又は大学院の経済学又は商学に属する科目の教授又は准教授

三　特定共済事業等関連苦情を処理する業務又は特定共済事業等関連苦情の処理に関する業務を行う法人において、利用者の保護を図るため必要な調査、指導、勧告、規則の制定その他の業務に従事した期間が通算して10年以上である者

四　行政庁が前3号に掲げる者のいずれかに該当する者と同等以上の知識及び経験を有すると認めた者

（特定共済事業等関連紛争の当事者である加入協同組合等の利用者に対する説明）

第182条の12　指定紛争解決機関は、法第69条の4において準用する保険業法第308条の13第8項の規定による説明をするに当たり特定共済事業等関連紛争の当事者である加入協同組合等の利用者から書面の交付を求められたときは、書面を交付して説明をしなければならない。

2　法第69条の4において準用する保険業法第308条の13第8項第三号に規定する主務省令で定める事項は、次に掲げる事項とする。

　一　紛争解決手続において陳述される意見若しくは提出され、若しくは提示される資料に含まれ、又は法第69条の4において準用する保険業法第308条の13第9項に規定する手続実施記録（次条第1項において「手続実施記録」という。）に記載されている特定共済事業等関連紛争の当事者及び第三者の秘密の取扱いの方法

　二　特定共済事業等関連紛争の当事者が紛争解決手続を終了させるための要件及び方式

　三　紛争解決委員が紛争解決手続によっては特定共済事業等関連紛争の当事者間に和解が成立する見込みがないと判断したときは、速やかに当該紛争解決手続を終了し、その旨を当該特定共済事業等関連紛争の当事者に通知すること。

　四　特定共済事業等関連紛争の当事者間に和解が成立した場合に作成される書面の有無及

関係法令

び書面が作成される場合には作成者、通数その他当該書面の作成に係る概要

（手続実施記録の保存及び作成）

第182条の13　指定紛争解決機関は、手続実施記録を、その実施した紛争解決手続が終了した日から少なくとも10年間保存しなければならない。

2　法第69条の４において準用する保険業法第308条の13第９項第六号に規定する主務省令で定めるものは、次に掲げる事項とする。

一　紛争解決手続の申立ての内容

二　紛争解決手続において特別調停案（法第69条の４において準用する保険業法第308条の７第６項に規定する特別調停案をいう。以下この号において同じ。）が提示された場合には、当該特別調停案の内容及びその提示の年月日

三　紛争解決手続の結果が和解の成立である場合には、当該和解の内容

第3節　監督

（届出事項）

第182条の14　指定紛争解決機関は、法第69条の４において準用する保険業法第308条の19の規定による届出をしようとするときは、届出書に理由書その他参考となるべき事項（次の各号に掲げる場合にあっては、当該各号に定める事項を含む。）を記載した書類を添付して行政庁に提出しなければならない。

一　法第69条の４において準用する保険業法第308条の19第一号に掲げる場合　手続実施基本契約を締結し、又は終了した年月日及び特定共済事業協同組合等の名称

二　次項第六号に掲げる場合　指定紛争解決機関の役員等となった者が暴力団員等でないことの当該役員等となった者による誓約

三　次項第七号に掲げる場合　特定共済事業協同組合等が手続実施基本契約に係る債務その他の紛争解決等業務の実施に関する義務を履行することが確実でないと見込まれる理由及び当該特定共済事業協同組合等の名称

四　次項第八号又は第九号に掲げる場合　次に掲げる事項

イ　行為が発生した営業所又は事務所の名称

ロ　行為をした役員等の氏名又は商号若しくは名称及び役職名

ハ　行為の概要

ニ　改善策

2　法第69条の４において準用する保険業法第308条の19第二号に規定する主務省令で定めるときは、次に掲げるときとする。

一　定款又はこれに準ずる定めを変更したとき。

中小企業等協同組合法施行規則

二　親法人（指定紛争解決機関の総株主等の議決権の過半数を保有している法人その他の団体をいう。次号及び次条第1項第八号において同じ。）又は子法人（指定紛争解決機関が総株主等の議決権の過半数を保有している法人その他の団体をいう。第四号及び次条第1項第八号において同じ。）が商号若しくは名称、主たる営業所若しくは事務所の所在地又は事業の内容を変更したとき。

三　親法人が親法人でなくなったとき。

四　子法人が子法人でなくなったとき、又は子法人の議決権を取得し、若しくは保有したとき。

五　総株主等の議決権の100分の5を超える議決権が一の者により取得され、又は保有されることとなったとき。

六　法第69条の4において準用する保険業法第308条の3第1項の指定申請書を提出後、新たに指定紛争解決機関の役員等となった者がいるとき。

七　特定共済事業協同組合等から手続実施基本契約の締結の申込みがあった場合であって、当該申込みを拒否したとき。

八　指定紛争解決機関又はその業務の委託先の役員等が紛争解決等業務（業務の委託先にあっては、当該指定紛争解決機関が委託する業務に係るものに限る。）を遂行するに際して法令又は当該指定紛争解決機関の業務規程に反する行為が発生した事実を知ったとき。

九　加入協同組合等又はその役員等が指定紛争解決機関の業務規程に反する行為を行った事実を知ったとき。

3　前項第八号又は第九号に該当するときの届出は、これらの規定に規定する事実を指定紛争解決機関が知った日から1月以内に行わなければならない。

（紛争解決等業務に関する報告書の提出）

第182条の15　法第69条の4において準用する保険業法第308条の20第1項の規定による指定紛争解決機関が作成すべき紛争解決等業務に関する報告書は、次に掲げる事項を記載し、事業年度経過後3月以内に行政庁に提出しなければならない。

一　紛争解決等業務の概要

二　紛争解決等業務を行う営業所又は事務所の名称、所在地並びに当該業務を行う日及び時間

三　組織に関する事項

四　紛争解決委員及び役職員の増減

五　役員の氏名等

六　他の事業（指定特定共済事業等紛争解決機関にあっては、特定共済事業等に係る紛争解決等業務以外の業務を行う事業をいう。）の種類及び内容

653

関係法令

七　役員の兼職状況

八　主要議決権所有者（指定紛争解決機関の総株主等の議決権の100分の５以上の議決権を保有している者をいう。）並びに親法人及び子法人の氏名等

九　意思決定機関の状況

十　加入協同組合等の状況

十一　紛争解決等業務の状況

　　イ　苦情処理手続の実施状況

　　ロ　紛争解決手続の実施状況

　　ハ　紛争解決等業務の料金及び負担金の総額（当期の状況）

　　ニ　紛争解決等業務に関する苦情の件数及び内訳（当期の状況）

十二　他の指定紛争解決機関その他の者との連携の状況

十三　その他特記事項

2　前項の報告書には、最終事業年度に係る財産目録、貸借対照表及び収支計算書若しくは損益計算書又はこれらに準ずるものを添付しなければならない。

3　指定紛争解決機関は、やむを得ない理由により第１項に規定する期間内に同項の報告書の提出をすることができない場合には、あらかじめ行政庁の承認を受けて、当該提出を延期することができる。

4　指定紛争解決機関は、前項の規定による承認を受けようとするときは、承認申請書に理由書を添付して行政庁に提出しなければならない。

5　行政庁は、前項の規定による承認の申請があったときは、当該申請をした指定紛争解決機関が第３項の規定による提出の延期をすることについてやむを得ないと認められる理由があるかどうかを審査するものとする。

第7章　中小企業団体中央会

（中央会の設立の認可の申請）

第183条　法第82条の２の規定により中央会の設立の認可を受けようとする者は、様式第24による申請書２通に、それぞれ次の書類を添えて提出しなければならない。

一　定款

二　事業計画書

三　役員の氏名及び住所を記載した書面

四　設立同意書又はその謄本

五　収支予算書

六　創立総会の議事録又はその謄本

中小企業等協同組合法施行規則

（中央会の解散の届出）

第184条 法第82条の13第2項の規定により中央会の解散を届け出ようとする者は、様式第25による届書を提出しなければならない。

第8章　雑則

（不服の申出）

第185条 法第104条第1項の規定により組合又は中央会に対する不服を申し出ようとする者は、様式第26又は様式第27による申出書に、組合員又は中央会の会員であることを証する書面を添えて提出しなければならない。

（検査の請求）

第186条 法第105条第1項の規定により組合又は中央会に対する検査を請求しようとする者は、様式第28又は様式第29による請求書に、組合員又は中央会の会員の名簿及びその総数の10分の1以上の同意を得たことを証する書面を添えて提出しなければならない。

（決算関係書類の提出）

第187条 法第105条の2第1項の規定により組合又は中央会の決算関係書類を提出しようとする者は、様式第30又は様式第31による提出書に、次の書類を添えて提出しなければならない。

一　事業報告書

二　財産目録

三　貸借対照表

四　損益計算書

五　剰余金の処分又は損失の処理の方法を記載した書面

六　前各号の書類を提出した通常総会又は通常総代会の議事録又はその謄本

2　法第105条の2第2項の規定により会計監査人監査組合が子会社等を有する場合において、当該組合及び当該子会社等の業務及び財産の状況を連結して記載した書類を提出しようとする者は、様式第30による提出書に、それぞれ前項各号の書類のほか、次の書類を添えて提出しなければならない。

一　連結貸借対照表

二　連結損益計算書

三　連結剰余金計算書

3　組合又は中央会は、やむを得ない理由により法第105条の2第1項に規定する期間内に

655

関係法令

前2項の書類の提出をすることができない場合には、あらかじめ行政庁の承認を受けて、当該提出を延期することができる。

4　組合又は中央会は、前項の規定による承認を受けようとするときは、様式第32又は様式第33による申請書に理由書を添えて行政庁に提出しなければならない。

5　行政庁は、前項の規定による承認の申請があったときは、当該申請をした組合又は中央会が第3項の規定による提出の延期をすることについてやむを得ないと認められる理由があるかどうかを審査するものとする。

（業況等の報告書の提出）

第188条　火災等共済組合等は、事業年度の半期ごとに、その事業の状況、資産及び負債の状況並びに収支の状況についての報告書を作成し、遅滞なく行政庁（都道府県知事を除く。）に提出しなければならない。

（組合がその経営を支配している法人）

第189条　法第105条の3第4項に規定する主務省令で定める法人は、当該組合の子法人等（第167条第2項に規定する子法人等をいう。）とする。

（検査の証票等）

第190条　法第9条の7の5第1項、法第69条の4において準用する保険業法第311条第1項の検査の証票及び法第105条の4第6項の検査の証明書の様式は、様式第34のとおりとする。

（特定共済組合等の共済金等の支払能力の充実の状況に係る区分及びこれに応じた命令）

第191条　特定共済組合等についての法第106条の2第3項に規定する同条第2項の規定による命令であって共済金等の支払能力の充実の状況に係る区分に応じ主務省令で定めるものは、次条に定める場合を除き、別表第4の上欄に掲げる共済金等の支払能力の充実の状況を示す比率（同条及び同表において「支払余力比率」という。）に係る区分に応じ当該区分の下欄に掲げる命令とする。

第192条　前条の組合が、その支払余力比率について当該組合が該当していた別表第4の上欄に掲げる区分の支払余力比率の範囲を超えて低下したことを知った後、速やかに、その支払余力比率が当該組合が該当する同表の区分の支払余力比率の範囲を超えて確実に改善するための合理的と認められる計画を行政庁に提出した場合には、前条の規定にかかわらず、当該組合の区分に応じた命令は、当該計画の提出時の支払余力比率から当該計画の実

656

中小企業等協同組合法施行規則

施後に見込まれる支払余力比率までに係る同表の区分（非対象区分を除く。）の下欄に掲げる命令とする。ただし、当該計画が合理的でないことが明らかになった場合には、当該組合についての命令は、当該計画の提出時の支払余力比率に係る同表の区分の下欄に定める命令とする。

2　別表第４第三区分の項に該当する組合の貸借対照表の資産の部に計上されるべき金額（次の各号に掲げる資産については、当該各号に定める価額とする。以下同じ。）の合計額（その他有価証券に属する資産の貸借対照表計上額と帳簿価額の差額に係る繰延税金資産に相当する額を控除した額とする。以下同じ。）が貸借対照表の負債の部に計上されるべき金額の合計額を基礎として行政庁が定めるところにより計算した金額を上回る場合又は上回ると見込まれる場合には、当該組合についての命令は、同表第二区分の項の下欄に掲げる命令を含むものとする。

一　有価証券　支払余力比率の算出を行う日（以下「算出日」という。）の公表されている最終価格に基づき算出した価額又はこれに準ずるものとして合理的な方法により算出した価額

二　動産不動産　算出日の適正な評価価格に基づき算出した価額

三　前２号に掲げる資産以外の資産で帳簿価額が算出日において評価した価額と著しく異なるもの　当該評価した価額

3　別表第４非対象区分の項、第一区分の項及び第二区分の項に該当する組合の貸借対照表の資産の部に計上されるべき金額の合計額が貸借対照表の負債の部に計上されるべき金額の合計額を基礎として行政庁が定めるところにより計算した金額を下回る場合又は下回ると見込まれる場合には、当該組合についての命令は、同表の第三区分の項の下欄に掲げる命令を含むものとする。

（共済代理店の設置又は廃止の届出）

第193条　共済事業を行う組合又は共済代理店は、法第106条の３第一号に該当することにより同条の規定による届出をしようとするときは、様式第35による届書に理由書その他の参考となるべき事項を記載した書類を添えて行政庁に提出しなければならない。

（共済計理人の選任及び退任の届出）

第194条　共済事業を行う組合は、法第106条の３第二号に該当することにより同条の規定による届出をしようとするときは、遅滞なく、様式第36による届書に共済計理人の履歴書及び当該共済計理人が第161条に規定する要件に該当することを証する書類を添えて行政庁に提出しなければならない。

2　前項の組合は、共済計理人が退任したときは、遅滞なく、様式第36による届書に理由書

657

関係法令

を添えて行政庁に提出しなければならない。

3　第１項の組合は、共済計理人が２人以上となる場合は、前２項に規定する書類のほか、各共済計理人のそれぞれの職務に属する事項を記載した書類を添付しなければならない。

（子会社等に関する届出）

第195条　共済事業を行う組合は、法第106条の３第三号に該当することにより同条の規定による届出をしようとするときは、遅滞なく、様式第37による届書に理由書及び当該届出に係る子会社等に関する次に掲げる書類を添えて行政庁に提出しなければならない。

一　名称及び主たる営業所又は事務所の位置を記載した書類

二　業務の内容を記載した書類

三　最終の貸借対照表、損益計算書及び株主資本等変動計算書その他直近の業務、財産及び損益の状況を知ることができる書類

四　役員の役職名及び氏名を記載した書類

第196条　共済事業を行う組合は、法第106条の３第四号に該当することにより同条の規定による届出をしようとするときは、遅滞なく、様式第37による届書に理由書を添えて行政庁に提出しなければならない。

（説明書類の縦覧開始の届出）

第197条　共済事業を行う組合は、法第106条の３第五号に該当することにより同条の規定による届出をしようとするときは、遅滞なく、様式第38による届書に同号に規定する説明書類を添えて行政庁に提出しなければならない。

（届出事項等）

第198条　法第106条の３第六号の主務省令で定める場合は、次に掲げる場合とする。

一　共済事業を行う組合の子会社等が名称、本店若しくは主たる事務所の所在地若しくは主な業務の内容を変更し、合併し、又は業務の全部を廃止した場合（法第106条の３第四号の規定により子会社等でなくなったことについて同号の届出をしなければならないとされるものを除く。）

二　共済事業を行う組合が異常危険準備金について第145条第５項に規定する行政庁が定める積立て及び取崩しに関する基準によらない積立て又は取崩しを行おうとする場合

三　共済事業を行う組合、当該組合の子会社等又は共済代理店（第４項において「共済事業を行う組合等」という。）において不祥事件（共済代理店にあっては当該組合が委託する共済事業に係るものに限る。）が発生したことを知った場合

四　共済事業を行う組合（火災等共済組合等を除く。）が特定共済組合又は特定共済組合連合会に該当することとなった場合

　五　共済事業を行う組合が、特定共済事業協同組合等に該当することとなった場合又は該当しないこととなった場合

　六　共済事業を行う組合が劣後特約付金銭消費貸借（元利金の支払について劣後的内容を有する特約が付された金銭の消費貸借であって、特定共済組合等の共済金等の支払能力の充実に資するものとして行政庁が定める金銭の消費貸借に該当するものをいう。次号において同じ。）による借入れをしようとする場合

　七　共済事業を行う組合が劣後特約付金銭消費貸借に係る債務について期限前弁済をしようとする場合（期限のないものについて弁済をしようとする場合を含む。）

2　前項第一号に該当する場合の届出は、様式第39による届書に理由書を添えて、速やかに行うものとする。

3　第1項第二号に該当する場合の届出は、決算関係書類の作成後、速やかに、様式第40による届書に当該書類を添えて行うものとする。

4　第1項第三号に規定する「不祥事件」とは、共済事業を行う組合等又はその使用人その他の従業者（共済事業を行う組合等が法人であるときは、その役員（法人が役員であるときは、業務を執行する者を含む。）又は職員）が次の各号のいずれかに該当する行為を行ったことをいう。

　一　共済事業を行う組合等の業務を遂行するに際しての詐欺、横領、背任その他の犯罪行為

　二　出資の受入れ、預り金及び金利等の取締りに関する法律（昭和29年法律第195号）に違反する行為

　三　法第9条の7の5第1項において準用する保険業法第300条第1項の規定又は法第9条の7の5第2項において準用する金融商品取引法第38条第三号から第六号まで若しくは第八号若しくは第39条第1項の規定に違反する行為

　四　現金、手形、小切手又は有価証券その他有価物の1件当たりの金額が100万円以上の紛失（盗難に遭うこと及び過不足を生じさせることを含む。）

　五　その他組合の業務の健全かつ適切な運営に支障を来す行為又はそのおそれのある行為であって前各号に掲げる行為に準ずるもの

5　第1項第三号に規定する不祥事件が発生したときの届出は、当該不祥事件の発生を組合が知った日から1月以内に様式第41による届書に当該不祥事件の内容その他参考となるべき事項を記載した書類を添えて行わなければならない。

6　第1項第四号に該当する場合の届出は、様式第42による届書に組合員の総数その他参考となるべき事項を記載した書類を添えて、速やかに行うものとする。

7　第1項第五号に該当する場合の届出は、様式第43による届書に共済事業を利用している

関係法令

組合員以外の者の総数その他参考となるべき事項を記載した書類を添えて、速やかに行うものとする。

〔注〕第198条は、平成27年5月27日省令第3号により改正され、平成28年5月29日から施行
第198条第4項第三号中「第300条第1項」の下に「（ただし書を除く。）」を加える。

（統計表等の保存）

第199条　組合が共済契約に関する準備金の計算のために用いた統計表その他計算の基礎及び方法を知るに必要な材料は、3年間保存しなければならない。

（標準処理期間）

第200条　行政庁（都道府県知事を除く。）は、組合（火災等共済組合等及び信用協同組合等を除く。）について法第9条の2第7項、第9条の9第4項及び第48条の承認、法第9条の2の2第1項（法第9条の9第5項において準用する場合を含む。）のあっせん又は調停並びに法第9条の2の3第1項並びに第9条の6の2第1項及び第4項（これらの規定を法第9条の9第5項において準用する場合を含む。）、第27条の2第1項、第51条第2項、第57条の5、第62条第4項並びに第66条第1項の認可に関する申請があったときは、当該申請がその事務所に到達後2月内に、当該申請に対する処分をするよう努めるものとする。

2　行政庁（都道府県知事を除く。）は、火災等共済組合等又は信用協同組合等について法第9条の6の2第1項及び第4項（これらの規定を法第9条の9第8項において準用する場合を含む。）、第9条の7の2第1項及び第5項（これらの規定を法第9条の9第5項において準用する場合を含む。）、第27条の2第1項、第51条第2項、第57条の2、第57条の3第5項、第57条の5、第62条第4項及び第66条第1項の認可に関する申請があったときは、当該申請がその事務所に到達後1月内に、当該申請に対する処分をするよう努めるものとする。

3　行政庁（都道府県知事を除く。）は、指定紛争解決機関について法第69条の2第1項の指定に関する申請があったときは、当該申請がその事務所に到達後2月以内に、当該申請に対する処分をするよう努めるものとする。

4　経済産業大臣は、全国中小企業団体中央会について法第82条の2の認可に関する申請があったときは、当該申請がその事務所に到達後3週間以内に、当該申請に対する処分をするよう努めるものとする。

5　前各項の期間には次に掲げる期間を含まないものとする。

一　当該申請を補正するために要する期間

二　当該申請をした者が当該申請の内容を変更するために要する期間

中小企業等協同組合法施行規則

三　当該申請をした者が当該申請に係る審査に必要と認められる資料を追加するために要
する期間

（条例等に係る適用除外）

第201条　第６条から第10条まで、第13条、第14条の２、第14条の４、第52条から第55条ま
で、第57条、第59条から第61条まで、第67条、第133条、第135条、第136条、第169条、第
171条、第178条、第183条から第187条まで及び第193条から第198条までの規定は、都道府
県の条例、規則その他の定めに別段の定めがあるときは、その限度において適用しない。

附　　則

（施行期日）

第１条　この命令は、公布の日から施行する。

（決算関係書類及び事業報告書に関する経過措置）

第２条　平成19年４月１日後最初に到来する決算期に組合が作成すべき決算関係書類及び連
結決算関係書類並びに事業報告書については、第85条第３項及び第４項、第86条第２項、
第88条（第１項を除く。）、第89条から第95条まで、第97条第２項から第10項まで、第98条
から第104条まで、第105条第２項、第107条（第１項を除く。）、第108条（第１項を除く。）、
第111条第１項並びに第112条の規定を適用しないことができる。

（共済事業を行う組合の業務及び財産の状況に関する説明書類の縦覧に関する経過措置）

第３条　法第61条の２第１項の規定に基づき共済事業を行う組合が作成する説明書類の記載
事項のうち、第166条第１項第三号ロ及びハ、第四号並びに第六号に掲げるものについては、
平成20年３月31日以後に終了する事業年度に係るものについて記載することを要し、同日
前に終了する事業年度に係るものについては、記載することを要しない。

２　法第61条の２第１項及び第２項の規定に基づき組合が作成する説明書類の記載事項のう
ち、第168条第二号ロ及び第三号に掲げるものについては、平成20年３月31日以後に終了
する事業年度に係るものについて記載することを要し、同日前に終了する事業年度に係る
ものについては、記載することを要しない。

661

関係法令

別表第1 （第166条第1項第三号ハ関係）

項　　目	記載事項
主要な業務の状況を示す指標	一　共済の種類ごとの新契約高及び保有契約高又は元受共済掛金 二　死亡保障、生存保障、入院保障、障害保障、手術保障について、共済契約の種類ごとの保障機能別保有契約高 三　共済の種類ごとの支払共済金の額
共済契約に関する指標	一　共済の種類ごとの保有契約の件数及び共済金額の増加率 二　新契約平均共済金額及び保有契約平均共済金額 三　解約失効率 四　月払契約の新契約平均共済掛金 五　契約者割戻しの状況 六　共済契約を再共済又は再保険に付した場合における当該再共済又は再保険を引き受けた者の数 七　共済契約を再共済又は再保険に付した場合における支払再共済料又は支払再保険料の額が大きいことにおいて上位を占める五の当該再共済又は再保険を引受けた者に対する支払再共済料又は支払再保険料の割合 八　未だ収受していない再共済金又は再保険金の額
経理に関する指標	一　責任準備金の積立方式及び積立率 　［積立率の算式（実際に積み立てている共済掛金積立金＋未経過共済掛金）／（平準純共済掛金式による共済掛金積立金＋未経過共済掛金）×100パーセント］ 二　共済の種類ごとの契約者割戻準備金明細 三　貸倒引当金を一般貸倒引当金、個別貸倒引当金に、その他引当金ごとに区分し、前期末残高、当期末残高、当期増減額等の区分ごとの引当金明細 四　利益準備金科目、任意積立金科目等に区分し、前期末残高、当期増加額、当期減少額、当期末残高の区分ごとの利益準備金及び任意積立金明細 五　事業普及費及び事業管理費の明細

中小企業等協同組合法施行規則	
財産運用に関する指標	一　主要資産（現預金、金銭債権、金銭の信託、有価証券、貸付金等。以下次号及び第三号において同じ。）の区分ごとの平均残高 二　主要資産の区分ごとの構成及び増減 三　主要資産の区分ごとの運用利回り 四　利息及び配当金収入、金銭の信託運用益、売買目的有価証券運用益、有価証券売却益、有価証券償還益、その他運用収益、合計等の区分ごとの財産運用収益明細 五　支払利息、金銭の信託運用費、売買目的有価証券運用損、有価証券売却損、有価証券償還損、その他運用費用、合計等の区分ごとの財産運用費用明細 六　利息及び配当金収入等明細 七　有価証券の種類別（国債、地方債、社債、株式、その他の証券の区分をいう。次号において同じ。）残高 八　有価証券の種類別の残存期間別残高 九　業種別保有株式の額 十　大企業（資本金10億円以上の法人）、中堅企業（大企業、中小企業以外の法人）、中小企業（資本金３億円（卸売業は１億円、小売業、飲食業、サービス業は5,000万円）以下の法人又は常用する従業員が300人（ただし、卸売業、サービス業は100人、小売業、飲食業は50人）以下の法人）、国内企業向け貸付計、貸付先数、国内企業向け貸付計の占率の区分ごとの国内企業向け企業規模別残高 十一　共済契約貸付（共済証書貸付、共済掛金振替貸付）及び業種別の貸付金残高並びに当該貸付金残高の合計に対する割合 十二　使途別（設備資金及び運転資金の区分をいう。）の貸付金残高 十三　担保の種類別（貯金等、有価証券、動産、不動産その他担保物、保証及び信用の区分をいう。）貸付金残高
その他の指標	固定資産残高

（記載上の注意）

この表において「契約者割戻し」とは、法第58条第６項に規定する契約者割戻しをいう。

663

関係法令

別表第2（第166条第1項第四号関係）

契約年度	責任準備金残高	予定利率
2007年度 2008年度 2009年度	100万円	

（記載上の注意）

1　第145条第1項第一号イに掲げる責任準備金について記載すること。

2　予定利率については、各事業年度ごとの責任準備金に係る主な予定利率を記載すること。

別表第3（第166条第1項第六号ニ関係）

項　　目	記載事項
法第58条の4第一号に係る細目	一　第149条第1項第一号に規定する額 二　第149条第1項第二号に規定する額 三　第149条第1項第三号に規定する額 四　第149条第1項第四号に規定する額 五　第149条第1項第五号に規定する額 六　第149条第1項第六号に規定する額 七　法第58条の4第一号に掲げる合計額のうち、前各号に掲げるもの以外の額の合計額
法第58条の4第二号に係る細目	一　第150条第一号に規定する額 二　第150条第二号に規定する額 三　第150条第三号に規定する額 四　第150条第四号に規定する額

中小企業等協同組合法施行規則

別表第4 （第191条、第192条関係）

支払余力比率に係る区分	命　　令
非対象区分（支払余力比率が200パーセント以上であるもの）	
第一区分（支払余力比率が100パーセント以上200パーセント未満であるもの）	経営の健全性を確保するための合理的と認められる改善計画の提出の求め及びその実行の命令
第二区分（支払余力比率が0パーセント以上100パーセント未満であるもの）	次の各号に掲げる共済金等の支払能力の充実に資する措置に係る命令 一　共済金等の支払能力の充実に係る合理的と認められる計画の提出及びその実行 二　配当又は役員賞与の禁止又はその額の抑制 三　契約者割戻しの禁止又はその額の抑制 四　新規に締結しようとする共済契約に係る共済掛金の計算の方法（その計算の基礎となる係数を要する場合においては、その係数を含む。）の変更 五　事業費の抑制 六　一部の方法による資産の運用の禁止又はその額の抑制 七　一部の事務所における業務の縮小 八　主たる事務所を除く一部の事務所の廃止 九　子会社等の業務の縮小 十　子会社等の株式又は持分の処分 十一　共済事業以外の事業の縮小又は新規の取扱いの禁止 十二　その他行政庁が必要と認める措置
第三区分（支払余力比率が0パーセント未満であるもの）	期限を付した業務の全部又は一部の停止の命令

（記載上の注意）

1　この表において「支払余力比率」とは、法第58条の4の共済金等の支払能力の充実の状況が適当であるかどうかの基準に係る算式により得られる比率をいう。

2　この表において「契約者割戻し」とは、法第58条第6項に規定する契約者割戻しをいう。

関係法令

様式第1

年　　月　　日

・・・・・大臣
・・・・・局長　　　　｝　殿
・・・・・都道府県知事

　　　　　　　　組合の住所及び名称

㊞

　　　　　　　　組合を代表する理事の氏名

兼業承認申請書

　中小企業等協同組合法第9条の2第7項（第9条の9第4項）の規定による承認を受けたいので別紙の承認申請に係る事業の内容を記載した書面その他の必要書類を添えて申請します。

様式第2

年　　月　　日

・・・・・大臣
・・・・・局長　　　　｝　殿
・・・・・都道府県知事

　　　　　　　　申請者の住所及び
　　　　　　　　代表者名又は名称　㊞

あっせん（調停）申請書

　中小企業等協同組合法（第9条の9第5項において準用する同法）第9条の2の2第1項の規定により、下記の書類を添えてあっせん（調停）を申請します。

記

1　交渉の相手方及び内容を記載した書面
2　あっせん（調停）を受けようとする理由を記載した書面

様式第３

　　　　　　　　　　　　　　　　　　　　　　　　　　年　　月　　日

　・・・・・大臣　　　　⎫
　・・・・・局長　　　　⎬　殿
　・・・・・都道府県知事　⎭

　　　　　　　　　　　　　　　　組合の住所及び名称

　　　　　　　　　　　　　　　　　　　　　　　　　　　　　　　　㊞

　　　　　　　　　　　　　　　　組合を代表する理事の氏名

　　　　組合員（所属員）以外の者の事業の利用の特例認可申請書

　中小企業等協同組合法（第９条の９第５項において準用する同法）第９条の２第３項ただし書に規定する限度を超えて組合員（所属員）以外の者に事業を利用させるため、（同法第９条の９第５項において準用する）同法第９条の２の３第１項の規定による認可を受けたいので、別紙の事業計画書その他の必要書類を添えて申請します。

様式第４

　　　　　　　　　　　　　　　　　　　　　　　　　　年　　月　　日

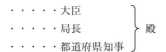

　　　　　　　　　　　　　　　　組合の住所及び名称

　　　　　　　　　　　　　　　　　　　　　　　　　　　　　　　　㊞

　　　　　　　　　　　　　　　　組合を代表する理事の氏名

　　　　　　　　中小企業等協同組合共済規程認可申請書

　中小企業等協同組合法（第９条の９第５項において準用する同法）第９条の６の２第１項の規定により中小企業等協同組合の共済規程の認可を受けたいので、別紙の共済規程その他の必要書類を添えて申請します。

関係法令

様式第5

年　　月　　日

・・・・・大臣
・・・・・局長　　　　＞殿
・・・・・都道府県知事

組合の住所及び名称

㊞

組合を代表する理事の氏名

中小企業等協同組合共済規程変更認可申請書

　中小企業等協同組合法（第9条の9第5項において準用する同法）第9条の6の2第4項の規定により中小企業等協同組合の共済規程変更の認可を受けたいので、別紙の変更理由書その他の必要書類を添えて申請します。

様式第5の2〔第14条の2〕

年　　月　　日

・・・・・大臣
・・・・・局長　　　　＞殿
・・・・・都道府県知事

組合の住所及び名称

㊞

組合を代表する理事の氏名

中小企業等協同組合火災共済事業認可申請書

　中小企業等協同組合法（第9条の9第5項において準用する同法）第9条の7の2第1項の規定により中小企業等協同組合の火災共済事業の認可を受けたいので、別紙の定款その他の必要書類を添えて申請します。

中小企業等協同組合法施行規則

様式第5の3〔第14条の4〕

年　　月　　日

・・・・・大臣　⎫
・・・・・局長　⎬殿
・・・・・都道府県知事　⎭

組合の住所及び名称

㊞

組合を代表する理事の氏名

中小企業等協同組合火災共済規程変更認可申請

　中小企業等協同組合法（第9条の9第5項において準用する同法）第9条の7の2第5項の規定により中小企業等協同組合の火災共済規程変更の認可を受けたいので、別紙の変更理由書その他の必要書類を添えて申請します。

様式第6

年　　月　　日

・・・・・大臣　⎫
・・・・・局長　⎬殿
・・・・・都道府県知事　⎭

設立しようとする組合の住所
及び名称

㊞

発起人の住所及び氏名又は
名称

中小企業等協同組合設立認可申請書

　中小企業等協同組合法第27条の2第1項の規定により中小企業等協同組合の設立の認可を受けたいので、別紙の定款その他の必要書類を添えて申請します。

669

関係法令

様式第7

年　　月　　日

・・・・・大臣　　　　　　　┐
・・・・・局長　　　　　　　├　殿
・・・・・都道府県知事　　　┘

　　　　　　　　　　　組合の住所及び名称

　　　　　　　　　　　　　　　　　　　　㊞

　　　　　　　　　　　組合を代表する理事の氏名

中小企業等協同組合成立届書

　中小企業等協同組合法第31条の規定により、登記事項証明書を添えて、中小企業等協同組合の成立を届け出ます。

様式第8

年　　月　　日

・・・・・大臣　　　　　　　┐
・・・・・局長　　　　　　　├　殿
・・・・・都道府県知事　　　┘

　　　　　　　　　　　組合の住所及び名称

　　　　　　　　　　　　　　　　　　　　㊞

　　　　　　　　　　　組合を代表する理事の氏名

中小企業等協同組合役員変更届書

　中小企業等協同組合法第35条の2の規定により中小企業等協同組合の役員の変更を別紙の変更した事項を記載した書面その他の必要書類を添えて届け出ます。

中小企業等協同組合法施行規則

様式第9

年　　　月　　　日

経済産業大臣
・・・・・都道府県知事 ｝殿

中央会の住所及び名称

㊞

会長の氏名

中小企業団体中央会役員変更届書

　中小企業等協同組合法第82条の8において準用する同法第35条の2の規定により中小企業団体中央会の役員の変更を別紙の変更した事項を記載した書面その他の必要書類を添えて届け出ます。

様式第10

年　　　月　　　日

・・・・・大臣
・・・・・局長 ｝殿
・・・・・都道府県知事

総会招集の承認を申請する組合
員の住所及び氏名又は名称　　㊞

中小企業等協同組合総会招集承認申請書

　下記のとおり中小企業等協同組合法第48条の規定により中小企業等協同組合の総会の招集について承認を受けたいので、組合員名簿及び総組合員の5分の1（これを下回る割合を定款で定めた場合にあっては、その割合）以上の同意を得たことを証する書面を添えて申請します。

記

1　組合の住所
2　組合の名称
3　組合を代表する理事の氏名
4　申請の理由
5　総会招集の目的
6　理事会に総会招集を請求した場合は、その年月日

関係法令

様式第11

年　　　月　　　日

・・・・・大臣　　　⎫
・・・・・局長　　　⎬　殿
・・・・・都道府県知事⎭

総会招集の承認を申請する組合　　㊞
員の住所及び氏名又は名称

中小企業等協同組合役員改選総会招集承認申請書

　下記のとおり中小企業等協同組合法第42条第8項において準用する同法第48条の規定により中小企業等協同組合の役員を改選するための総会の招集について承認を受けたいので、組合員名簿及び総組合員の5分の1（これを下回る割合を定款で定めた場合にあっては、その割合）以上の連署があったことを証する書面を添えて申請します。

記

1　組合の住所
2　組合の名称
3　組合を代表する理事の氏名
4　役員改選の理由
5　役員改選の請求をした年月日

様式第12

年　　　月　　　日

・・・・・大臣　　　⎫
・・・・・局長　　　⎬　殿
・・・・・都道府県知事⎭

総代会招集の承認を申請する総　　㊞
代の住所及び氏名又は名称

中小企業等協同組合総代会招集承認申請書

　下記のとおり中小企業等協同組合法第55条第6項において準用する同法第48条の規定により中小企業等協同組合の総代会の招集について承認を受けたいので、総代名簿及び総代の総数の5分の1（これを下回る割合を定款で定めた場合にあっては、その割合）以上の同意を得たことを証する書面を添えて申請します。

記

1　組合の住所
2　組合の名称
3　組合を代表する理事の氏名
4　申請の理由
5　総代会招集の目的
6　理事会に総代会招集を請求した場合は、その年月日

中小企業等協同組合法施行規則

様式第13

年　　月　　日

・・・・・大臣
・・・・・局長　　殿
・・・・・都道府県知事

総代会招集の承認を申請する総
代の住所及び氏名又は名称　　㊞

中小企業等協同組合役員改選総代会招集承認申請書

　下記のとおり中小企業等協同組合法第55条第6項において準用する同法第42条第8項にお
いて準用する同法第48条の規定により中小企業等協同組合の役員を改選するための総代会の
招集について承認を受けたいので、総代名簿及び総代の総数の5分の1（これを下回る割合
を定款で定めた場合にあっては、その割合）以上の連署があったことを証する書面を添えて
申請します。

記

1　組合の住所
2　組合の名称
3　組合を代表する理事の氏名
4　役員改選の理由
5　役員改選の請求をした年月日

様式第14

年　　月　　日

経済産業大臣
・・・・・都道府県知事　　殿

総会招集の承認を申請する会員
の住所及び氏名又は名称　　㊞

中小企業団体中央会総会招集承認申請書

　下記のとおり中小企業等協同組合法第82条の10第4項において準用する同法第48条の規定
により中小企業団体中央会の総会の招集について承認を受けたいので、会員名簿及び総会員
の5分の1（これを下回る割合を定款で定めた場合にあっては、その割合）以上の同意を得
たことを証する書面を添えて申請します。

記

1　中央会の住所
2　中央会の名称
3　会長の氏名
4　申請の理由
5　総会招集の目的
6　会長に総会招集を請求した場合は、その年月日

673

関係法令

様式第15

年　　月　　日

・・・・・都道府県知事殿

総代会招集の承認を申請する会　㊞
員の住所及び氏名又は名称

中小企業団体中央会総代会招集承認申請書

　下記のとおり中小企業等協同組合法第82条の11第2項において準用する同法第82条の10第4項において準用する同法第48条の規定により中小企業団体中央会の総代会の招集について承認を受けたいので、総代名簿及び総代の総数の5分の1（これを下回る割合を定款で定めた場合にあっては、その割合）以上の同意を得たことを証する書面を添えて申請します。

記

1　中央会の住所
2　中央会の名称
3　会長の氏名
4　申請の理由
5　総代会招集の目的
6　会長に総代会招集を請求した場合は、その年月日

様式第16

年　　月　　日

・・・・・大臣
・・・・・局長　　｝殿
・・・・・都道府県知事

組合の住所及び名称

㊞

組合を代表する理事の氏名

中小企業等協同組合定款変更認可申請書

　中小企業等協同組合法第51条第2項の規定により中小企業等協同組合の定款変更の認可を受けたいので、別紙の変更理由書その他の必要書類を添えて申請します。

中小企業等協同組合法施行規則

様式第17

年　　月　　日

経済産業大臣
・・・・・都道府県知事 ｝殿

中央会の住所及び名称

㊞

会長の氏名

中小企業団体中央会定款変更認可申請書

　中小企業等協同組合法第82条の10第4項において準用する同法第51条第2項の規定により中小企業団体中央会の定款変更の認可を受けたいので、別紙の変更理由書その他の必要書類を添えて申請します。

様式第18

年　　月　　日

金融庁長官
・・・・・局長 ｝殿

信用協同組合等の住所及び名称

㊞

信用協同組合等を代表する理事の氏名

信用協同組合等事業譲渡認可申請書

　中小企業等協同組合法第57条の3第5項の規定により事業の譲渡の認可を受けたいので、別紙の理由書その他の必要書類を添えて申請します。

675

関係法令

様式第19

年　　月　　日

金融庁長官
・・・・・局長 ｝殿

信用協同組合等の住所及び名称

㊞

信用協同組合等を代表する理事の氏名

信用協同組合等事業譲受け認可申請書

　中小企業等協同組合法第57条の3第5項の規定により事業の譲受けの認可を受けたいので、別紙の理由書その他の必要書類を添えて申請します。

様式第20

年　　月　　日

・・・・・大臣
・・・・・局長 ｝殿
・・・・・都道府県知事

組合の住所及び名称

㊞

組合を代表する理事の氏名

縦覧開始延期承認申請書

　中小企業等協同組合法施行規則第169条第2項の規定による承認を受けたいので、別紙の理由書を添えて申請します。

中小企業等協同組合法施行規則

様式第21

年　　月　　日

・・・・・大臣
・・・・・局長　　　殿
・・・・・都道府県知事

組合の住所及び名称

㊞

組合を代表する清算人の氏名

中小企業等協同組合解散届書

　下記のとおり中小企業等協同組合法第62条第2項の規定により中小企業等協同組合の解散を届け出ます。

記

1　成立の年月日
2　解散の年月日
3　解散の理由
4　清算人の住所及び氏名又は名称
5　その他参考となるべき事項

様式第22

年　　月　　日

・・・・・大臣
・・・・・局長　　　殿
・・・・・都道府県知事

合併後存続する組合の住所及び
名称並びにその組合を代表する　　㊞
理事の氏名

合併によって消滅する組合の住
所及び名称並びにその組合を代　　㊞
表する理事の氏名

中小企業等協同組合合併認可申請書

　中小企業等協同組合法第66条第1項の規定により中小企業等協同組合の合併の認可を受けたいので、別紙の合併理由書その他の必要書類を添えて申請します。

677

関係法令

様式第23

年　　月　　日

・・・・・大臣
・・・・・局長　　殿
・・・・・都道府県知事

合併によって設立しようとする
組合の住所及び名称

合併によって消滅する組合の住　　㊞
所及び名称並びにその組合から
選任された設立委員の住所及び
氏名又は名称

中小企業等協同組合合併認可申請書

　中小企業等協同組合法第66条第1項の規定により中小企業等協同組合の合併の認可を受け
たいので、別紙の合併理由書その他の必要書類を添えて申請します。

様式第24

年　　月　　日

経済産業大臣　　　殿
・・・・・都道府県知事

設立しようとする中央会の住所
及び名称　　　　　　　　　㊞

発起人の住所及び氏名又は名称

中小企業団体中央会設立認可申請書

　中小企業等協同組合法第82条の2の規定により中小企業団体中央会の設立の認可を受けた
いので、別紙の定款その他の必要書類を添えて申請します。

中小企業等協同組合法施行規則

様式第25

　　　　　　　　　　　　　　　　　　　　　　　　　　年　　月　　日

経済産業大臣　　　　　｝殿
・・・・・都道府県知事

　　　　　　　　　　　　　　　　　中央会の住所及び名称　　㊞

　　　　　　　　　　　　　　　　　清算人の氏名

　　　　　　　　　中小企業団体中央会解散届書

　下記のとおり中小企業等協同組合法第82条の13第２項の規定により中小企業団体中央会の解散を届け出ます。

　　　　　　　　　　　　　　記
1　成立の年月日
2　解散の年月日
3　解散の理由
4　その他参考となるべき事項

様式第26

　　　　　　　　　　　　　　　　　　　　　　　　　　年　　月　　日

・・・・・大臣　　　　　
・・・・・局長　　　　　｝殿
・・・・・都道府県知事

　　　　　　　　　　　　　　　　　不服を申し出る組合員の住所　㊞
　　　　　　　　　　　　　　　　　及び氏名又は名称

　　　　　　　　　中小企業等協同組合不服申出書

　下記のとおり中小企業等協同組合法第104条第１項の規定により、組合員であることを証する書面を添えて、中小企業等協同組合に対する不服を申し出ます。

　　　　　　　　　　　　　　記
1　組合の住所
2　組合の名称
3　組合を代表する理事の氏名
4　不服の申出の理由
5　その他参考となるべき事項

関係法令

様式第27

年　　月　　日

経済産業大臣
・・・・・都道府県知事　　殿

不服を申し出る会員の住所　　㊞
及び氏名又は名称

中小企業団体中央会不服申出書

　下記のとおり中小企業等協同組合法第104条第１項の規定により、会員であることを証する書面を添えて、中小企業団体中央会に対する不服を申し出ます。

記

1　中央会の住所
2　中央会の名称
3　会長の氏名
4　不服の申出の理由
5　その他参考となるべき事項

様式第28

年　　月　　日

・・・・・大臣
・・・・・局長　　　　殿
・・・・・都道府県知事

検査を請求する組合員の住所　　㊞
及び氏名又は名称

中小企業等協同組合検査請求書

　下記のとおり中小企業等協同組合法第105条第１項の規定により、組合員名簿及び総組合員の10分の１以上の同意を得たことを証する書面を添えて、中小企業等協同組合に対する検査を請求します。

記

1　組合の住所
2　組合の名称
3　組合を代表する理事の氏名
4　検査の請求の理由
5　その他参考となるべき事項

様式第29

　　　　　　　　　　　　　　　　　　　　　　　　　　　年　　月　　日

　　経済産業大臣　　　｝殿
　　・・・・・都道府県知事

　　　　　　　　　　　　　　　　検査を請求する会員の住所　㊞
　　　　　　　　　　　　　　　　及び氏名又は名称

　　　　　　　　　　　中小企業団体中央会検査請求書

　下記のとおり中小企業等協同組合法第105条第1項の規定により、会員名簿及び総会員の10分の1以上の同意を得たことを証する書面を添えて、中小企業団体中央会に対する検査を請求します。

　　　　　　　　　　　　　　　　記
1　中央会の住所
2　中央会の名称
3　会長の氏名
4　検査の請求の理由
5　その他参考となるべき事項

様式第30

　　　　　　　　　　　　　　　　　　　　　　　　　　　年　　月　　日

　　・・・・・大臣　　　　｝殿
　　・・・・・局長
　　・・・・・都道府県知事

　　　　　　　　　　　　　　　　組合の住所及び名称　　㊞
　　　　　　　　　　　　　　　　組合を代表する理事の氏名

　　　　　　　　　中小企業等協同組合決算関係書類提出書

　中小企業等協同組合法第105条の2第1項（及び第2項）の規定により別紙の中小企業等協同組合の決算関係書類を提出します。

関係法令

様式第31

年　　月　　日

経済産業大臣

・・・・・都道府県知事 ｝ 殿

中央会の住所及び名称

㊞

会長の氏名

中小企業団体中央会決算関係書類提出書

　中小企業等協同組合法第105条の2第1項の規定により別紙の中小企業団体中央会の決算関係書類を提出します。

様式第32

年　　月　　日

・・・・・大臣

・・・・・局長 ｝ 殿

・・・・・都道府県知事

組合の住所及び名称

㊞

組合を代表する理事の氏名

中小企業等協同組合決算関係書類の提出遅延に係る事前承認申請書

　中小企業等協同組合法施行規則第187条第3項の規定による承認を受けたいので、別紙の理由書を添えて申請します。

中小企業等協同組合法施行規則

様式第33

年　　月　　日

経済産業大臣
・・・・・都道府県知事　｝殿

中央会の住所及び名称
　　　　　　　　　　　　　㊞

会長の氏名

中小企業団体中央会決算関係書類の提出遅延に係る事前承認申請書

　中小企業等協同組合法施行規則第187条第3項の規定による承認を受けたいので、別紙の理由書を添えて申請します。

683

関係法令

様式第34

表

| 第　号 |
| 立　入　検　査　証 |

　下記の者は、中小企業等協同組合法第９条の７の５第１項において準用する保険業法第305条、中小企業等協同組合法第69条の４第１項及び第２項において準用する保険業法第308条の21並びに中小企業等協同組合法第105条の４第１項から第４項までの規定による立入検査をする職員であることを証明する。

　　所　　属

　　　　　　　　　　所属長印

　　官　　職

　　　　　　年　　月　　日生

　　氏　　名

　　写　　真

　　　　年　　月　　日交付
　　　　　（１年有効）

中小企業等協同組合法等抜すい

○中小企業等協同組合法（昭和24年法律第181号）

第９条の７の５　保険業法～（中略）～同法第305条（立入検査等）、～（中略）～の規定は共済代理店について、～（中略）～同法第311条（検査職員の証票の携帯及び提示等）の規定はこの項において準用する同法第305条の規定による立入り、質問又は検査をする職員について、それぞれ準用する。（以下略）

第69条の４　保険業法第４編（第308条の２（紛争解決等業務を行う者の指定）及び第308条の７第１項（業務規程）を除く。）（指定紛争解決機関）並びに第311条第１項（第308条の21に係る部分に限る。）及び第２項（検査職員の証票の携帯及び提示等）の規定は、指定特定火災共済事業等紛争解決機関～（中略）～について準用する。（以下略）

２　保険業法第４編（第308条の２及び第308条の７第１項を除く。）並びに第311条第１項（第308条の21に係る部分に限る。）及び第２項の規定は、指定特定共済事業等紛争解決機関～（中略）～について準用する。（以下略）

第105条の４　行政庁は、組合若しくは中央会の業務若しくは会計が法令若しくは法令に基づいてする行政庁の処分若しくは定款、規約、共済規程若しくは火災共済規程に違反する疑いがあり、又は組合若しくは中央会の運営が著しく不当である疑いがあると認めるときは、その組合

中小企業等協同組合法施行規則

裏

若しくは中央会の業務若しくは会計の状況を検査することができる。

2　行政庁は、共済事業を行う組合の業務の健全かつ適切な運営を確保し、組合員その他の共済契約者の保護を図るため必要があると認めるときは、当該職員に、共済事業を行う組合の事務所その他の施設に立ち入らせ、その業務若しくは財産の状況に関し質問させ、又は帳簿書類その他の物件を検査させることができる。

3　行政庁は、責任共済等の事業を行う組合の業務又は会計の状況につき、毎年1回を常例として検査をしなければならない。

4　行政庁は、前2項の規定による立入り、質問又は検査を行う場合において特に必要があると認めるときは、その必要の限度において、当該職員に、組合の子法人等若しくは当該組合の共済代理店の施設に立ち入らせ、当該組合に対する質問若しくは検査に必要な事項に関し質問させ、又は帳簿書類その他の物件を検査させることができる。

5　組合の子法人等又は当該組合の共済代理店は、正当な理由があるときは、前項の規定による質問及び検査を拒むことができる。

6　第1項から第4項までの規定による立入り、質問又は検査をする職員は、その身分を示す証明書を携帯し、関係人の請求があつたときは、これを提示しなければならない。

7　第1項から第4項までの規定による立入り、質問又は検査の権限は、犯罪捜査のために認められたものと解してはならない。

第112条の2の2　次の各号のいずれかに該当する者は、1年以下の懲役若しくは300万円以下の罰金に処し、又はこれを併科する。

（第1号から第3号まで及び第5号略）

四　第69条の4第1項若しくは第2項において準用する保険業法第308条の21第1項若しくは第2項～（中略）～の規定による報告若しくは資料の提出をせず、若しくは虚偽の報告若しくは資料の提出をし、又はこれらの規定による当該職員の質問に対して答弁をせず、若しくは虚偽の答弁をし、若しくはこれらの規定による検査を拒み、妨げ、若しくは忌避した者

第114条　（略）～第105条の4第1項若しくは第3項の規定による検査を拒み、妨げ、若しくは忌避し、若しくは同条第2項若しくは第4項の規定による質問に対して答弁をせず、若しくは虚偽の答弁をし、若しくはこれらの規定による検査を拒み、妨げ、若しくは忌避した者は、30万円以下の罰金（信用協同組合又は第9条の9第1項第1号の事業を行う協同組合連合会に係る報告又は検査にあつては、1年以下の懲役又は300万円以下の罰金）に処する。

第114条の7　共済代理店が、第9条の7の5第1項（第9条の9第5項又は第8項において準用する場合を含む。）において準用する保険業法第305条の規定による報告若しくは資料の提出をせず、若しくは虚偽の報告若しくは資料の提出をし、若しくは質問に対して答弁をせず、

685

関係法令

裏

若しくは虚偽の答弁をし、若しくは同条の規定による検査を拒み、妨げ、若しくは忌避し、又は第９条の７の５第１項において準用する同法第306条若しくは第307条第１項の規定による命令に違反したときは、20万円以下の過料に処する。

○保険業法（平成７年法律第105号）
第305条　内閣総理大臣は、この法律の施行に必要な限度において、特定保険募集人又は保険仲立人に対し、その業務若しくは財産に関し参考となるべき報告若しくは資料の提出を命じ、又は当該職員に、当該特定保険募集人若しくは保険仲立人の事務所に立ち入らせ、その業務若しくは財産の状況若しくは帳簿書類その他の物件を検査させ、若しくは関係者に質問させることができる。

第308条の21　内閣総理大臣は、紛争解決等業務の公正かつ的確な遂行のため必要があると認めるときは、指定紛争解決機関に対し、その業務に関し報告若しくは資料の提出を命じ、又は当該職員に、指定紛争解決機関の営業所若しくは事務所その他の施設に立ち入らせ、当該指定紛

争解決機関の業務の状況に関し質問させ、若しくは帳簿書類その他の物件を検査させることができる。
２　内閣総理大臣は、紛争解決等業務の公正かつ的確な遂行のため特に必要があると認めるときは、その必要の限度において、指定紛争解決機関の加入保険業関係業者若しくは当該指定紛争解決機関から業務の委託を受けた者に対し、当該指定紛争解決機関の業務に関し参考となるべき報告若しくは資料の提出を命じ、又は当該職員に、これらの者の営業所若しくは事務所その他の施設に立ち入らせ、当該指定紛争解決機関の業務の状況に関し質問させ、若しくはこれらの者の帳簿書類その他の物件を検査させることができる。

第311条　（略）〜第305条又は第308条の21の規定による立入り、質問又は検査をする職員は、その身分を示す証票を携帯し、関係人の請求があったときは、これを提示しなければならない。
２　前項に規定する各規定による立入り、質問又は検査の権限は、犯罪捜査のために認められたものと解してはならない。

（備考）用紙の大きさは、日本工業規格A6とする。

中小企業等協同組合法施行規則

様式第35

年　　　月　　　日

・・・・・大臣
・・・・・局長　　　　｝殿
・・・・・都道府県知事

組合の住所及び名称

㊞

組合を代表する理事の氏名

共済代理店の住所及び商号、名称
又は氏名

㊞

（共済代理店を代表する者の氏名）

共済代理店の設置（廃止）の届書

　中小企業等協同組合法第106条の３の規定により、別紙必要書類を添えて、共済代理店の設置（廃止）を届け出ます。

様式第36

年　　　月　　　日

・・・・・大臣
・・・・・局長　　　　｝殿
・・・・・都道府県知事

組合の住所及び名称

㊞

組合を代表する理事の氏名

共済計理人の選任（退任）の届書

　中小企業等協同組合法第106条の３の規定により、別紙必要書類を添えて、共済計理人の選任（退任）を届け出ます。

687

関係法令

様式第37

年　　月　　日

・・・・・大臣
・・・・・局長　　＞殿
・・・・・都道府県知事

組合の住所及び名称

㊞

組合を代表する理事の氏名

子会社等に関する届書

　中小企業等協同組合法第106条の3の規定により、別紙必要書類を添えて、子会社等を新たに有することとなったこと（子会社等が子会社等でなくなったこと）を届け出ます。

様式第38

年　　月　　日

・・・・・大臣
・・・・・局長　　＞殿
・・・・・都道府県知事

組合の住所及び名称

㊞

組合を代表する理事の氏名

中小企業等協同組合法第61条の2第1項（第2項）
の規定による説明書類の縦覧開始の届書

　中小企業等協同組合法第106条の3の規定により、別紙必要書類を添えて、同法第61条の2第1項（第2項）の規定による説明書類の縦覧を開始したことを届け出ます。

様式第39

　　　　　　　　　　　　　　　　　　　　　　　　　　　年　　月　　日

　・・・・・大臣　　　┐
　・・・・・局長　　　├　殿
　・・・・・都道府県知事┘

　　　　　　　　　　　　　　　組合の住所及び名称

　　　　　　　　　　　　　　　　　　　　　　　　　　　　　　　　㊞
　　　　　　　　　　　　　　　組合を代表する理事の氏名

　　　　　　　　子会社等の変更に関する届書

　中小企業等協同組合法第106条の3の規定により、別紙理由書を添えて、子会社等の変更を届け出ます。

様式第40

　　　　　　　　　　　　　　　　　　　　　　　　　　　年　　月　　日

　・・・・・大臣　　　┐
　・・・・・局長　　　├　殿
　・・・・・都道府県知事┘

　　　　　　　　　　　　　　　組合の住所及び名称

　　　　　　　　　　　　　　　　　　　　　　　　　　　　　　　　㊞
　　　　　　　　　　　　　　　組合を代表する理事の氏名

　　　　　　　異常危険準備金の積立てに関する届書

　中小企業等協同組合法第106条の3の規定により、別紙決算関係書類を添えて、異常危険準備金について中小企業等協同組合法施行規則第145条第5項に規定する行政庁が定める積立て及び取崩しに関する基準によらない積立て（取崩し）を行うことを届け出ます。

関係法令

様式第41

年　　月　　日

・・・・・大臣
・・・・・局長　　　　　殿
・・・・・都道府県知事

組合の住所及び名称

㊞

組合を代表する理事の氏名

不祥事件発生に関する届書

　中小企業等協同組合法第106条の３の規定により、別紙必要書類を添えて、不祥事件が発生したことを届け出ます。

様式第42

年　　月　　日

・・・・・大臣
・・・・・局長　　　　　殿
・・・・・都道府県知事

組合の住所及び名称

㊞

組合を代表する理事の氏名

特定共済組合（連合会）に該当したことに関する届書

　中小企業等協同組合法第106条の３の規定により、別紙必要書類を添えて、特定共済組合（連合会）に該当することとなったことを届け出ます。

中小企業等協同組合法施行規則

様式第43〔第198条〕

年　　月　　日

・・・・・大臣
・・・・・局長　　　　｝殿
・・・・・都道府県知事

組合の住所及び名称

㊞

組合を代表する理事の氏名

特定共済事業協同組合等に該当したこと（該当しないこと）に関する届書

中小企業等協同組合法第１０６条の３の規定により、別紙必要書類を添えて、特定共済事業協同組合等に該当することとなったこと（該当しないこととなったこと）を届け出ます。

691

中小企業等協同組合法第7条第3項の規定による届出に関する規則

〔昭和39年2月7日公正取引委員会規則第1号〕

改正　昭和47年5月15日公正取引委員会規則第3号
　　　同 48年2月1日　　　　同　　　　第2号
　　　同 48年10月15日　　　同　　　　第4号
　　　平成元年4月27日　　　同　　　　第2号
　　　同 6年1月18日　　　　同　　　　第3号
　　　同 11年12月3日　　　同　　　　第5号
　　　同 18年3月29日　　　同　　　　第4号
　　　同 18年4月28日　　　同　　　　第8号

　事業協同組合又は信用協同組合は、中小企業等協同組合法（昭和24年法律第181号）第7条第1項第一号イ若しくはロに掲げる者以外の事業者が組合に加入し、又は事業者たる組合員が同号イ若しくはロに掲げる者でなくなったときは、別記様式に従い、その旨の届出書1通を作成し、当該組合の定款、組合の行っている事業に関する規約、組合員名簿、役員名簿、組織図並びに事業報告書及び事業計画書を作成している場合にはこれらの写し並びに届出の原因となった組合員の最終の貸借対照表及び損益計算書を添付して、これを公正取引委員会に提出しなければならない。この場合において、当該事業協同組合又は信用協同組合が添付書類をインターネットを利用して公衆が閲覧できる状態に置いているときは、当該書類の添付を省略することができる。

　　　附　　則
　この規則は、公布の日から施行する。

（中略）

　　　附　　則〔平成18年4月28日公正取引委員会規則第8号〕
1　この規則は、会社法（平成17年法律第86号）の施行の日〔平成18年5月1日〕から施行する。
2　改正前の様式は、当分の間、改正後の様式に代えて使用することができる。

関係法令

様式（用紙の大きさは、日本工業規格Ａ４とする。）

中小企業等協同組合法第７条第３項の規定による届出書

平成　年　月　日

公 正 取 引 委 員 会　殿

名　　　　　　称

代表者の役職・氏名　　　　　　　　　　　　　　印

　中小企業等協同組合法第７条第３項の規定により、昭和39年公正取引委員会規則第１号に掲げる書類を添え、下記のとおり届け出ます。

記

1　組合に関する事項

	事務上の連絡先	電話番号　　　　　　－　　　－ 部署・担当者名				
(1)　（フリガナ） 名　　称						
(2)　住　　所	〒　－					
(3)　設 立 年 月 日		年　　　　月　　　　日				
(4)　地　　区						
(5)　連合会に加入しているときは、当該連合会の名称及び住所						
(6)　現に行っている事業の内容						
(7)　組合員の数	ア　小売業を主たる事業とする組合員の数	資本金の額又は出資の総額等／従業員	個　人	5千万円以　下	5千万円超	計
		50人以下				
		51人～100人				
		100人超				
		計				A
	イ　サービス業を主たる事業とする組合員の数	資本金の額又は出資の総額等／従業員	個　人	5千万円以　下	5千万円超	計
		100人以下				
		100人超				
		計				B
	ウ　卸売業を主たる事業とする組合員の数	資本金の額又は出資の総額等／従業員	個　人	1億円以　下	1億円超	計
		100人以下				
		100人超				
		計				C
	エ　アからウに掲げる事業以外の事業を主たる事業とする組合員の数	資本金の額又は出資の総額等／従業員	個　人	3億円以　下	3億円超	計
		100人以下				
		101人～300人				
		300人超				
		計				D
	オ　事業者でない組合員の数	E				
	カ　組合員の数の合計	F（A＋B＋C＋D＋E）				

中小企業等協同組合法第７条第３項の規定による届出に関する規則

2　届出の原因となった組合員に関する事項

(1)　名称及び代表者の氏名	(2)　住所及び電話番号	(3)　事業内容の大要	(4)　資本金の額又は出資の総額	(5)　常時使用する従業員の数	(6)　届出の原因が発生した日

　（注）　1　(3)については、当該組合の事業に関係のない事業を兼業とするときはその事業内容も記載すること。
　　　　　2　(5)については、兼業者にあっては事業別に記載すること。

3　届出の原因となった組合員が組合に加入し、又は引き続き組合員であることが必要である事由
　（1）　組合にとっての事由

　（2）　届出の原因となった組合員にとっての事由

4　その他参考となるべき事項

5　添付書類
　（1）　当該組合に係る書類
　ア　定款、組合の行っている事業に関する規約、組合員名簿、役員名簿及び組織図
　イ　次の書類を作成している場合にはこれらの写し（該当するものの□にレ印を付すこと。）
　　　　□事業報告書、□事業計画書
　（2）　届出の原因となった組合員に係る書類
　　　　最終の貸借対照表及び損益計算書（営業報告書）

　（注）　(1)及び(2)の添付書類については、インターネットを利用して公衆が閲覧できる状態に置いているときは、当該書類を閲覧することができるホームページアドレス（使用する自動公衆送信装置（著作権法（昭和45年法律第48号）第２条第１項第九号の五イに規定する自動公衆送信装置をいう。）のうちその用に供する部分をインターネットにおい

関係法令

て識別するための文字、番号、記号その他の符号又はこれらの結合であって、情報の提供を受ける者がその使用に係る電子計算機に入力することによって当該情報の内容を閲覧し、当該電子計算機に備えられたファイルに当該情報を記録することができるものをいう。）を記載した書面を当該届出書と併せて提出すること。

定 款 参 考 例

「中小企業組合定款参考例」について

全国中小企業団体中央会

1 「事業協同組合等模範定款例」（中小企業庁）の廃止

　中小企業庁は、平成12年5月30日、中小企業庁経営支援部長名の通達として定めていた「事業協同組合等模範定款例」を廃止し、その旨を各通商産業局長（沖縄開発庁沖縄総合事務局長）及び都道府県知事に通知しました（「中小企業等協同組合法及び中小企業団体の組織に関する法律に関する関係通達の一部改正等について」（平成12年5月30日付け平成12・04・07企庁第1号））。

　これは、「地方分権の推進を図るための関係法律の整備等に関する法律」（平成11年法律第87号）に基づき、「中小企業等協同組合法」（以下「中協法」という。）及び「中小企業団体の組織に関する法律」における都道府県に対する機関委任事務が廃止されたこと等に伴ってとられた措置です。

　模範定款例は、中小企業庁が定款の記載事項に関する指導上の参考として定めていたものですが、中協法等の規定は、絶対的必要記載事項及び別に定めた場合には相対的必要記載事項が記載されていれば定款として有効なものとなり得るものとしており、また、中協法等に政令あるいは省令により模範定款例を定める旨の規定はなく、今後、都道府県の自治事務について、国がモデルを示すことはしないとの基本的な考え方に基づいて廃止することとされたものです。

2 「中小企業組合定款参考例」（全国中央会）の策定

　全国中央会では、平成12年4月11日、「中小企業組合定款参考例」を策定・公表しました。

　これは、中小企業組合が、定款の作成・変更に際して、模範としてこれに倣わなければならない定款例としてではなく、一つの参考例として利用されるべきものとして、お示ししたものです。

3 定款作成に当たっての基本的留意事項

　組合の定款は、組合の組織活動の基本となるものですから、その設定、変更、保管等の管理は、常に細心の注意をもって行ってください。定款の管理に当たっては、次のような事項に留意することが大切です。

699

１．定款は、組合の組織と運営に関する基本規則ですから、組織・運営の大綱
　を規定するにとどめ、細目は別に作成する規約・規程に譲ることが適切です。
２．定款の作成に当たっては、この定款参考例や他組合の定款等を機械的に模
　倣することを避け、組合の実情に即したものにする必要があります。
３．定款の内容は、常に組合の実情に即したものでなければなりませんので、
　経済情勢の変動その他の理由により、組合の実情にそぐわなくなったときは、
　遅滞なくその内容を変更する必要があります。
４．組合運営の細目については、規約・規程を制定し、定款で定められた事項
　の運用・手続の明確化等を図ってください。
５．規約・規程についても、組合の実情に即するよう、積極的に設定・改廃し
　てください。
６．規約は、「組合の組織、事業運営等に関し、組合と組合員間を規律する自
　治規範」であり、その設定・改廃は総会の権限に属します。
７．規程は、「組合の事務執行上に必要な関係を規律する内規」であり、その設定・
　改廃は理事会の権限に属します。
８．定款及び規約は、必ず組合の各事務所に備え置いてください。

事業協同組合定款参考例

全国中小企業団体中央会

制定	平成12年 4 月11日	12全中発第　　20号
改正	平成13年 3 月28日	12全中発第　1952号
改正	平成15年 2 月 1 日	14全中発第　1139号
改正	平成18年 7 月 5 日	18全中発第　　422号
改正	平成19年 3 月23日	18全中発第　1777号
改正	平成24年 6 月 1 日	24全中発第050710号
改正	平成27年10月 1 日	27全中発第 09143号

○○協同組合定款

第1章　総　　　則

（目　的）

第1条　本組合は、組合員の相互扶助の精神に基づき、組合員のために必要な共同事業を行い、もって組合員の自主的な経済活動を促進し、かつ、その経済的地位の向上を図ることを目的とする。

（名　称）

第2条　本組合は、○○協同組合と称する。

（地　区）

第3条　本組合の地区は、○○の区域とする。

（事務所の所在地）

第4条　本組合は、事務所を○○市（町村）に置く。

（注1）主たる事務所は、組合の地区内に置くこと。

（注2）従たる事務所を置く場合は、本条を次のように記載すること。

事業協同組合定款参考例

（事務所の所在地）
第4条　本組合は、主たる事務所を○○市（町村）に、従たる事務所を○○市（町村）に置く。

（公告方法）
第5条　本組合の公告は、本組合の掲示場に掲示してする。

（注1）公告方法については、組合の掲示場に掲示する方法に加え、官報、時事に関する事項を掲載する日刊新聞紙、電子公告のいずれかの方法によることができる。なお、電子公告を公告方法とする場合には、法務大臣の登録を受けた調査機関の調査を受けなければならず、その料金を負担する必要があるが、官報公告と併せて行うことにより、債権者保護手続が要求される場合に個別催告の省略が認められる。また、事故その他やむを得ない事由によって電子公告による公告をすることができない場合の公告方法についても記載しておく必要がある。
　　　電子公告を公告方法とする場合には、本条を次のように記載すること。
　　（公告方法）
　　第5条　本組合の公告は、電子公告とする。ただし、事故その他やむを得ない事由によって電子公告による公告をすることができない場合の公告方法は、官報に掲載する方法とする。
（注2）掲載する新聞の発行地を特定する場合は、本条を次のように記載すること。
　　（公告方法）
　　第5条　本組合の公告は、○○県（都道府）において発行する○○新聞に掲載してする。

（規約等）
第6条　この定款で定めるもののほか、必要な事項は、規約等で定める。
2　規約及び共済規程の設定、変更又は廃止は総会の議決を経なければならない。
3　前項の規定にかかわらず、規約及び共済規程の変更のうち軽微な事項並びに関係法令の改正（条項の移動等当該法令に規定する内容の実質的な変更を伴わないものに限る。）に伴う規定の整理及び責任共済等の事業についての共済規程の変更については、総会の議決を要しないものとする。この場合、総会の議決を要しない事項の範囲、変更の内容について、書面又は電磁的方法により通知するとともに、第5条の規定に基づき公告するものとする。

（注1）共済事業を実施しない場合は、見出し及び第1項中の「規約等」を「規約」に変更するとともに、第2項及び第3項中の「及び共済規程」「及び責任共済等の事業に

事業協同組合定款参考例

ついての共済規程の変更」を削除すること。

（注2）第3項中の組合員に対する周知方法は、組合によって適宜選択すること。

（注3）第3項を採用しない場合には削除すること。

第2章　事　　　業

（事　業）

第7条　本組合は、第1条の目的を達成するため、次の事業を行う。

(1)　組合員の取り扱う○○品（原材料を含む。以下同じ。）の共同生産

(2)　組合員の取り扱う○○品の共同加工

(3)　組合員の取り扱う○○品の共同販売

(4)　組合員の取り扱う○○品の共同購買

(5)　組合員の取り扱う○○品の共同保管

(6)　組合員の取り扱う○○品の共同運送

(7)　組合員の取り扱う○○品の共同検査

(8)　組合員の取り扱う○○品の共同受注

(9)　組合員の取り扱う○○品の共同宣伝

(10)　組合員の取り扱う○○品の市場開拓

(11)　組合員の事業に関する調査・研究

(12)　組合員の事業に関する○○の研究開発

(13)　組合員の新たな事業分野への進出の円滑化を図るための新商品若しくは新技術の研究開発又は需要の開拓

(14)　組合員のためにする共同労務管理

(15)　組合員に対する事業資金の貸付け（手形の割引を含む。）及び組合員のためにするその借入れ

(16)　商工組合中央金庫、日本政策金融公庫、銀行、信用金庫、信用協同組合に対する組合員の債務の保証又はこれらの金融機関の委任を受けてする組合員に対するその債権の取立て

(17)　組合員の○○事業に係る○○に関する債務の保証

(18)　組合員の経済的地位の改善のためにする団体協約の締結

(19)　組合員の事業に関する経営及び技術の改善向上又は組合事業に関する知識の普及を図るための教育及び情報の提供

703

事業協同組合定款参考例

⒇　中小企業倒産防止共済事業に関する受託業務

㉑　労働保険の保険料の徴収等に関する法律第４章の規定による労働保険事務
組合としての業務

㉒　組合員のためにする損害保険（共済）の代理店業務、生命保険（共済）の
募集に関する業務

㉓　組合員のためにする○○に生ずる損害又は○○に生ずる傷害をうめるため
の○○共済事業

㉔　組合員のためにする中小企業等協同組合法第９条の７の２第１項第１号に
掲げる火災等の損害をうめるための共済事業

㉕　前２号の事業のほか、組合員の福利厚生に関する事業

㉖　組合員の寄託物についての倉荷証券の発行

㉗　組合員の取り扱う○○品についての前払式支払手段（商品券）の発行

㉘　前各号の事業に附帯する事業

２　前項第17号に掲げる債務保証事業の内容及び実施に関する事項は、規約で定
める。

３　第１項第23号に掲げる共済事業及び第24号に掲げる火災等の損害をうめるた
めの共済事業の内容及び実施に関する事項は、共済規程で定めるものとする。

４　第１項第24号の規定により火災共済契約を締結する場合は、共済契約者１人
の共済金額の総額が、○○万円を超えてはならないものとする。

５　第１項第25号の規定により慶弔見舞金を給付する場合の給付金額は○○万円
を超えてはならないものとする。

（注１）実施を予定していない事業は、記載しないこと。

（注２）事業の記載にあたっては、実施する共同事業の内容に即して明確な表現で具体的
に列挙すること。

（注３）建設工事業等にあっては、第１項第８号を「組合員の行う建設工事等の共同受注」
と記載すること。

（注４）第１項第12号の「○○」には、技術、製品、デザイン等を具体的に記載すること。

（注５）第１項第16号の金融機関は、組合員の取引の実情に応じて加減すること。

（注６）第１項第17号の「組合員の○○事業」には組合員たる資格に係る事業を、また、「○
○に関する債務」には組合が保証する債務の内容を、それぞれ具体的に記載すること。

（注７）第１項第23号、第24号の事業を実施する組合は、次の規定を置くこと。

　　　　（共済金額の削減及び共済掛金の追徴）

　　　　第７条の２　共済事業に損失を生じた場合であって、積立金その他の取崩しによ

704

り補てんすることができない場合は、総会の議決により共済金を削減し又は共済掛金を追徴することができるものとする。

2　共済金の削減は、損失金をその事業年度に支払う共済金総額と個々の共済契約者等に支払う共済金との割合により、個々の共済契約者に割り当てて行うものとする。

3　共済掛金の追徴は、損失金をその事業年度の各共済契約者より徴収する共済掛金の総額と各共済契約者より徴収する共済掛金との割合により、各共済契約者に割り当てて行うものとする。

（注8）第1項第27号の（　）内には、発行する前払式支払手段の具体的内容（商品券、プリペイド・カード等）を記載すること。

（注9）第4項の規定は、共済契約者1人につき共済金額が30万円、第5項の規定は、給付事由ごとに給付金額が10万円を超えない範囲内で記載すること。

（注10）商店街協同組合等であって、組合員の取扱品の種類を列挙しがたいものは、第1項第1号から第10号まで及び第27号を次のように記載してもよい。

(1)　組合員の取扱品（原材料を含む。以下同じ。）の共同販売

(2)　組合員の取扱品の共同購買

(3)　組合員の取扱品の共同保管

(4)　組合員の取扱品の共同運送

(5)　組合員の取扱品の共同宣伝

(6)　組合員の取扱品の市場開拓

(7)　組合員の取扱品についての前払式支払手段（商品券）の発行

（注）（　）内には、発行する前払式支払手段の具体的内容（商品券、プリペイド・カード等）を記載すること。

（注11）チケット発行事業を実施する組合にあっては、第1項中に次の1号を加えること。なお、クレジット・カード又はサービス券の発行事業を行う組合にあっては「チケット」を「クレジット・カード」又は「サービス券」（サービス券の内容を特定する組合にあっては、「スタンプ」又は「ポイント・カード」等）と記載すること。

○　組合員の取扱品の販売又は役務の提供のためのチケットの発行及びこれに関連する事業

第3章　組　合　員

（組合員の資格）

第8条　本組合の組合員たる資格を有する者は、次の各号の要件を備える小規模

事業協同組合定款参考例

の事業者とする。
(1) ○○品の生産を行う事業者であること
(2) 組合の地区内に事業場を有すること
(3) ………………………
2 前項の規定にかかわらず、次の各号の一に掲げる者は、組合員になることができない。
(1) 暴力団員による不当な行為の防止等に関する法律第2条第2号に規定する暴力団（以下「暴力団」という。）、暴力団の構成員（以下「暴力団員」という。）、暴力団員でなくなった時から5年を経過しない者、暴力団準構成員、暴力団関係企業、その他これらに準ずる者（以下「暴力団員等」という。）
(2) 暴力団員等が実質的に運営を支配又は運営に関与していると認められる者
(3) 暴力団員等を不当に利用していると認められる者
(4) 暴力団員等に対して資金等を提供し、又は便宜を供与するなどの関与をしていると認められる者
(5) 暴力団員等と社会的に非難されるべき関係を有していると認められる者

（注1）事業協同小組合の団体加入を認める組合にあっては、本条第1項を次のように記載すること。

（組合員の資格）
　第8条　本組合の組合員たる資格を有する者は、次の各号の一に該当する者とする。
　　(1) ○○品の生産を行う小規模の事業者であって、組合の地区内に事業場を有すること
　　(2) 前号の事業者で組織する事業協同小組合
（注2）「○○品の生産」とあるのは、資格事業が加工業のときは「○○品の○○加工」と、資格事業が商業のときは「○○品の○○販売」と、資格事業がサービス業のときは役務の種類に応じ具体的に書き替えること。
（注3）商店街協同組合にあっては、本条第1項を次のように記載すること。

（組合員の資格）
　第8条　本組合の組合員たる資格を有する者は、小売業又はサービス業を行う小規模の事業者であって、組合の地区内に事業場を有する者とする。
（注4）組合員資格は、組合組織の基本的な問題であるから、将来疑義が生じないよう明確に規定すること。

事業協同組合定款参考例

（加　入）

第９条　組合員たる資格を有する者は、本組合の承諾を得て、本組合に加入することができる。

２　本組合は、加入の申込みがあったときは、理事会においてその諾否を決する。

（加入者の出資払込み）

第10条　前条第２項の承諾を得た者は、遅滞なく、その引き受けようとする出資の全額の払込みをしなければならない。ただし、持分の全部又は一部を承継することによる場合は、この限りでない。

（注１）本条は、持分の計算について改算方式をとる組合で脱退者の持分の払戻しについて各組合員の出資額を限度とする組合及び持分の計算について加算方式をとる組合の規定である。持分の計算について改算方式をとる組合で脱退者の持分の払戻しについて全額払戻し又は各組合員の出資額以上を払い戻す組合にあっては、本条の見出しを「（加入者の出資払込み及び加入金）」と改め、第２項、第３項を追加すること。

　　　　（加入者の出資払込み及び加入金）
　　第10条　前条第２項の承諾を得た者は、遅滞なく、その引き受けようとする出資の全額の払込みをしなければならない。ただし、持分の全部又は一部を承継することによる場合は、この限りでない。
　　２　前項本文の加入者からは、加入金を徴収することができる。
　　３　加入金の額は、総会において定める。
（注２）分割払込制をとる組合にあっては、第１項本文中「出資の全額の払込み」とあるのは、「出資口数に応じ、他の組合員の払込済出資額と同額の払込み」と書き替えること。

（相続加入）

第11条　死亡した組合員の相続人で組合員たる資格を有する者の１人が相続開始後30日以内に加入の申出をしたときは、前２条の規定にかかわらず、相続開始のときに組合員になったものとみなす。

２　前項の規定により加入の申出をしようとする者は、他の相続人の同意書を提出しなければならない。

（自由脱退）

第12条　組合員は、あらかじめ本組合に通知したうえで、事業年度の終わりにおいて脱退することができる。

事業協同組合定款参考例

2　前項の通知は、事業年度の末日の90日前までに、その旨を記載した書面でしなければならない。

（注）本条の日数は、90日以上1年以内の範囲内で適宜記載すること。

（除　名）

第13条　本組合は、次の各号の一に該当する組合員を総会の議決により除名することができる。この場合において、本組合は、その総会の会日の10日前までに、その組合員に対しその旨を通知し、かつ、総会において、弁明する機会を与えるものとする。

(1)　長期間にわたって本組合の事業を利用しない組合員

(2)　出資の払込み、経費の支払いその他本組合に対する義務を怠った組合員

(3)　本組合の事業を妨げ、又は妨げようとした組合員

(4)　本組合の事業の利用について不正の行為をした組合員

(5)　犯罪その他信用を失う行為をした組合員

(6)　第8条第2項各号の一に該当する組合員

（脱退者の持分の払戻し）

第14条　組合員が脱退したときは、組合員の本組合に対する出資額（本組合の財産が出資の総額より減少したときは、当該出資額から当該減少額を各組合員の出資額に応じて減額した額）を限度として持分を払い戻すものとする。ただし、除名による場合は、その半額とする。

（注1）本条は、持分の計算について改算方式をとる組合で脱退者の持分の払戻しについて各組合員の出資額を限度とする組合の規定である。

　　　　なお、分割払込制をとる組合にあっては、本条を次のように記載すること。

　　　（脱退者の持分の払戻し）

　　　第14条　組合員が脱退したときは、組合員の本組合に対する払込済出資額（本組合の財産が払込済出資総額より減少したときは、当該払込済出資額から当該減少額を各組合員の払込済出資額に応じて減額した額）を限度として持分を払い戻すものとする。ただし、除名による場合は、その半額とする。

（注2）持分の計算について全額払戻しを行う組合にあっては、本条を次のように記載すること。

事業協同組合定款参考例

（脱退者の持分の払戻し）

第14条 組合員が脱退したときは、その持分の全額を払い戻すものとする。ただし、除名による場合は、その半額とする。

（※）分割払込制をとる組合にあっては、第2項として次の規定を加えること。

2 本組合の財産をもって、本組合の債務を完済するに足りないときは、脱退した組合員は、その出資口数に応じ、未払込出資額を限度として、損失額の払込みをしなければならない。

（注3）持分の計算について簿価財産限度（帳簿価格による財産を限度として払い戻す方法）の払戻しを行う組合にあっては、本条を次のように記載すること。

（脱退者の持分の払戻し）

第14条 組合員が脱退したときは、当該事業年度末の決算貸借対照表における出資金、資本剰余金、利益剰余金、評価・換算差額等の合計額から、当期剰余金処分による配当金額及び固定資産の時価に対しての評価減の額を控除した金額につき、その出資口数に応じて算出した額を限度として持分を払い戻すものとする。ただし、除名による場合は、その半額とする。

（注4）各組合員の出資額を限度とする方法以外の方法により持分の一部の払戻しを行う組合にあっては、払戻額の内容に応じて適宜記載すること。

ただし、これらの組合にあっては、各組合員の出資額（組合の財産が出資の総額より減少したときは、当該出資額から当該減少額を各組合員の出資額に応じて減額した額）を払戻額の下限とすること。

（使用料又は手数料）

第15条 本組合は、その行う事業について使用料又は手数料を徴収することができる。

2 前項の使用料又は手数料は、規約で定める額又は率を限度として、理事会で定める。

（経費の賦課）

第16条 本組合は、その行う事業の費用（使用料又は手数料をもって充てるべきものを除く。）に充てるため、組合員に経費を賦課することができる。

2 前項の経費の額、その徴収の時期及び方法その他必要な事項は、総会において定める。

事業協同組合定款参考例

（注1）共済事業（附帯事業を含む。）のみを行う組合は、本条を削除すること。
（注2）共済事業と経済事業を兼業する場合には、次のように記載すること。

（経費の賦課）
第16条　本組合は、その行う事業（共済事業を除く。）の費用（使用料又は手数料をもって充てるべきものを除く。）に充てるため、組合員に経費を賦課することができる。
2　前項の経費の額、その徴収の時期及び方法その他必要な事項は、総会において定める。

（出資口数の減少）
第17条　組合員は、次の各号の一に該当するときは、事業年度の終わりにおいてその出資口数の減少を請求することができる。
(1)　事業を休止したとき
(2)　事業の一部を廃止したとき
(3)　その他特にやむを得ない理由があるとき
2　本組合は、前項の請求があったときは、理事会において、その諾否を決する。
3　出資口数の減少については、第14条（脱退者の持分の払戻し）の規定を準用する。

（組合員名簿の作成、備置き及び閲覧等）
第18条　本組合は、組合員名簿を作成し、各組合員について次に掲げる事項を記載するものとする。
(1)　氏名又は名称（法人組合員にあっては、名称及びその代表者名並びに資本金の額又は出資の総額及び常時使用する従業員の数）及び住所又は居所
(2)　加入の年月日
(3)　出資口数及び金額並びにその払込みの年月日
2　本組合は、組合員名簿を主たる事務所に備え置くものとする。
3　組合員及び本組合の債権者は、本組合に対して、その業務取扱時間内は、いつでも、組合員名簿の閲覧又は謄写の請求をすることができる。この場合においては、本組合は、正当な理由がないのにこれを拒むことができない。
4　組合員は、次の各号の一に該当するときは、1週間以内に本組合に届け出なければならない。
(1)　氏名又は名称（法人組合員にあっては、名称及びその代表者名）及び事業を行う場所を変更したとき

事業協同組合定款参考例

(2)　事業の全部又は一部を休止し、若しくは廃止したとき

(3)　資本金の額又は出資の総額が○○円を超え、かつ、常時使用する従業員の数が○○人を超えたとき

(注)　組合員名簿を電磁的記録（電子的方式、磁気的方式その他人の知覚によっては認識することができない方式で作られる記録であって、電子計算機による情報処理の用に供されるもので、磁気ディスクその他これに準ずる方法により一定の情報を確実に記録しておくことができる物をもって調製するファイルに情報を記録したもの。以下同じ。）をもって作成するときは、第1項中の「記載」を「記録」に変更すること。

（過怠金）

第19条　本組合は、次の各号の一に該当する組合員に対し、総会の議決により、過怠金を課することができる。この場合において、本組合は、その総会の会日の10日前までに、その組合員に対してその旨を通知し、かつ、総会において、弁明する機会を与えるものとする。

(1)　第7条第1項第18号に規定する団体協約に違反した組合員

(2)　第13条第2号から第4号までに掲げる行為のあった組合員

(3)　前条第4項の規定による届出をせず、又は虚偽の届出をした組合員

(注)　第41条において、総会の招集について「会日の10日前」を下回る期間を定める場合は、第1項中の期間をその期間とすること。

（会計帳簿等の閲覧等）

第20条　組合員は、総組合員の100分の3以上の同意を得て、本組合に対して、その業務取扱時間内はいつでも、会計帳簿又はこれに関する資料（電磁的記録に記録された事項を表示したものを含む。）の閲覧又は謄写の請求をすることができる。この場合においては、本組合は、正当な理由がないのにこれを拒むことができない。

(注)　総組合員の同意の割合については、100分の3（共済事業を実施する組合においては10分の1）を下回る割合を定めることができるので、100分の3（共済事業を実施する組合においては10分の1）を下回る割合とする場合には、当該割合を記載すること。

711

事業協同組合定款参考例

第4章　出資及び持分

（出資1口の金額）

第21条　出資1口の金額は、○○円とする。

（注1）出資1口の金額は、組合の事業規模等を考慮して、適宜定めること。

（注2）最低出資口数を設ける組合にあっては、本条を次のように記載すること。

　　　　（出資1口の金額及び最低出資口数）

　　　　第21条　出資1口の金額は、○○円とする。

　　　　2　組合員は、○口以上を持たなければならない。

（出資の払込み）

第22条　出資は、一時に全額を払い込まなければならない。

（注）分割払込制をとる組合にあっては、本条を次のように記載すること。この場合において、出資第1回の払込金額は、1口につき、その金額の4分の1を下らないようにすること。

　　　　（出資の払込み）

　　　　第22条　出資第1回の払込金額は、1口につき○○円とする。

　　　　2　出資の払込みは、払込みの金額、期日及び方法を記載した書面を各組合員に発してするものとする。

　　　　3　本組合は、組合員が出資の払込みを終わるまでは、その組合員の払込済出資額に応じて配当すべき剰余金をその払込みに充てることができる。

（延滞金）

第23条　本組合は、組合員が使用料、手数料、経費、過怠金その他本組合に対する債務を履行しないときは、履行の期限の到来した日の翌日から履行の日まで年利○○％の割合で延滞金を徴収することができる。

（持　分）

第24条　組合員の持分は、本組合の正味資産につき、その出資口数に応じて算定する。

2　持分の算定にあたっては、○○円未満の端数は切り捨てるものとする。

事業協同組合定款参考例

（注1）本条は、持分の計算について改算方式をとる場合の規定である。加算方式を採用する場合は、次のように記載すること。

（持　分）

第24条　組合員の持分は、次の基準により算定する。

　⑴　出資金については、各組合員の出資額により算定する。

　⑵　資本剰余金については、各組合員の出資額により事業年度末ごとに算定加算する。

　⑶　利益準備金、特別積立金及びその他の積立金については、各組合員が本組合の事業を利用した分量に応じて、事業年度末ごとに算定加算する。

　⑷　繰越剰余金又は繰越損失金については、各組合員の出資額により算定する。

　⑸　土地等の評価差額金については、各組合員の出資額により事業年度末ごとに算定し加算又は減算する。

　2　準備金又は積立金により損失のてん補をしたときは、その損失をてん補した科目の金額において有する各組合員の持分の割合に応じてそのてん補分を算定し、その持分を減算する。第58条第2項ただし書の規定又は総会の議決により、特別積立金又はその他の積立金を損失のてん補以外の支出に充てた場合も同様とする。

　3　本組合の財産が出資額より減少したときの持分は、各組合員の出資額により算定する。

　4　持分の算定にあたっては、○○円未満の端数は切り捨てるものとする。

（注2）分割払込制をとる組合にあっては、「出資金」又は「出資額」とあるのは「払込済出資金」又は「払込済出資額」と書き替えること。

（注3）土地等の評価は、時価評価とし、その評価方法については、あらかじめ規約等で定めておくこと。

第5章　役員、顧問及び職員

（役員の定数等）

第25条　役員の定数は、次のとおりとする。

　⑴　理事　○人以上○人以内

　⑵　監事　○人以上○人以内

　2　第8条第2項各号の一に該当する者は、役員となることができない。

（注1）理事の定数は3人以上、監事の定数は1人以上であるが、単に「○人以上」又は「○人以内」と記載しないこと。

713

事業協同組合定款参考例

（注2）定数の上限と下限の幅は、できるだけ少なくすること。
（注3）定数の上限と下限の差が1名のときは、「○人又は○人」と記載すること。

（役員の任期）

第26条　役員の任期は、次のとおりとする。

(1)　理事　○年又は任期中の第○回目の通常総会の終結時までのいずれか短い期間。ただし、就任後第○回目の通常総会が○年を過ぎて開催される場合にはその総会の終結時まで任期を伸長する。

(2)　監事　△年又は任期中の第△回目の通常総会の終結時までのいずれか短い期間。ただし、就任後第△回目の通常総会が△年を過ぎて開催される場合にはその総会の終結時まで任期を伸長する。

2　補欠（定数の増加に伴う場合の補充を含む。）のため選出された役員の任期は、現任者の残任期間とする。

3　理事又は監事の全員が任期満了前に退任した場合において、新たに選出された役員の任期は、第1項に規定する任期とする。

4　任期の満了又は辞任によって退任した役員は、その退任により、前条に定めた理事又は監事の定数の下限の員数を欠くこととなった場合には、新たに選出された役員が就任するまでなお役員としての職務を行う。

（注1）役員の任期は、理事については2年、監事については4年を超えることができないので、それぞれの範囲で適宜定めること。
（注2）監事の職務（第31条）について、会計監査に関するものに限定する旨の規定から、業務監査権限を与える旨の規定に変更した場合、現行の監事の任期は定款変更の効力が生じたときに満了するので、注意すること。

（員外理事）

第27条　理事のうち、組合員又は組合員たる法人の役員でない者は、○人を超えることができない。

（注）員外理事の員数は第25条第1項第1号に定める理事の定数の下限の3分の1以内において、適宜確定数を記載すること。

（員外監事）

第28条　監事のうち1人以上は、次に掲げる要件のいずれにも該当する者でな

ければならない。

(1) 組合員又は本組合の組合員たる法人の役員若しくは使用人以外の者であること。

(2) 就任前5年間に本組合の理事若しくは使用人又は本組合の子会社の取締役、会計参与（会計参与が法人であるときは、その職務を行うべき社員）、執行役若しくは使用人でなかったこと。

(3) 本組合の理事又は参事その他の重要な使用人の配偶者又は2親等内の親族以外の者であること。

（注1）本条は、組合員数が事業年度開始の時点で1,000人（共済事業を実施する組合の組合員に組合が加入している場合には組合員である組合の組合員数を加味した数）を超える組合では、監事のうち、1人以上は員外監事を選任することが義務づけられており、この場合の員外監事の内容が法で限定されていることを前提とした規定である。したがって、組合員数が1,000人を超える可能性が低い場合は、本条第1項を次のように記載すること。

　　（員外監事）
　　第28条　監事のうち、組合員又は組合員たる法人の役員でない者は、〇人を超えることができない。

（注2）員外役員を認めない組合にあっては、前条及び本条を削除し、次条を記載すること。ただし、上記（注1）に留意すること。

　　（役員の要件）
　　第27条　本組合の役員は、組合員又は組合員たる法人の役員でなければならない。

（理事長、副理事長及び専務理事の選定）

第29条　理事のうち1人を理事長、1人を副理事長、1人を専務理事とし、理事会において選定する。

（注1）副理事長制や専務理事制をとらない組合にあっては、適宜、該当箇所を削除すること。

（注2）副理事長を2人以上置く組合にあっては、「1人を副理事長」とあるのは「〇人を副理事長」と改めて書き替えること。また、定数は確定数で記載すること。

（代表理事の職務等）

第30条　理事長を代表理事とする。

2　理事長は、本組合の業務に関する一切の裁判上又は裁判外の行為をする権限

事業協同組合定款参考例

を有し、本組合を代表し、本組合の業務を執行する。

3　任期の満了又は辞任により退任した理事長は、新たに選定された理事長が就任するまで、なお理事長としての権利義務を有する。

4　本組合は、理事長その他の代理人が、その職務を行う際、第三者に加えた損害を賠償する責任を負う。

5　理事長の代表権に加えた制限は善意の第三者に対抗できない。

6　理事長は、総会の議決によって禁止されていないときに限り特定の行為の代理を他人に委任することができる。

7　本組合は、代表理事以外の理事に副理事長その他組合を代表する権限を有するものと認められる名称を付した場合には、当該理事がした行為について、善意の第三者に対してその責任を負う。

（監事の職務）

第31条　監事は、いつでも、会計の帳簿及び書類の閲覧若しくは謄写をし、又は理事及び参事、会計主任その他の職員に対して会計に関する報告を求めることができる。

2　監事は、その職務を行うため特に必要があるときは、本組合の業務及び財産の状況を調査することができる。

（注1）本条は、監事の職務を会計に関するものに限定している組合についての規定である。

（注2）監事に理事の業務監査権限を与える組合にあっては、次のように記載すること。

　　　　（監事の職務）

　　　　第31条　監事は、理事の職務の執行を監査する。

　　　　2　監事は、いつでも、理事及び参事、会計主任その他の職員に対して事業に関する報告を求め、又は本組合の業務及び財産の状況を調査することができる。

（理事の忠実義務）

第32条　理事は、法令、この定款及び規約の定め並びに総会の決議を遵守し、本組合のため忠実にその職務を遂行しなければならない。

（役員の選挙）

第33条　役員は、総会において選挙する。

2　役員の選挙は、連記式無記名投票によって行う。

事業協同組合定款参考例

3　有効投票の多数を得た者を当選人とする。ただし、得票数が同じであるとき
　は、くじで当選人を定める。また、当選人が辞退したときは、次点者をもって
　当選人とする。

4　第2項の規定にかかわらず、役員の選挙は、出席者全員の同意があるときは、
　指名推選の方法によって行うことができる。

5　指名推選の方法により役員の選挙を行う場合における被指名人の選定は、そ
　の総会において選任された選考委員が行う。

6　選考委員が被指名人を決定したときは、その被指名人をもって当選人とする
　かどうかを総会にはかり、出席者の全員の同意があった者をもって当選人とする。

（注1）役員の選挙について指名推選の方法をとらない組合であって、候補者制をとるも
　　のは、本条を次のように記載すること。
　　　ただし、員外役員を認めない場合にあっては、第1項第2号の規定を削除する。また、
　　指名推選の方法をとらない組合であって、候補者制をとらないものは、第1項を「役
　　員は、総会において選挙する」と書き替えるとともに、第4項の規定を記載しないこと。

　　（役員の選挙）
　　第33条　役員は、次に掲げる者のうちから、総会において選挙する。
　　　(1)　組合員又は組合員たる法人の役員であって、立候補し、又は理事会若しく
　　　　は〇人以上の組合員から推薦を受けた者
　　　(2)　組合員又は組合員たる法人の役員でない者であって、理事会若しくは〇人
　　　　以上の組合員から推薦を受けた者

（※1）推薦制をとる場合にも立候補制を併用すること。

2　役員の選挙は、連記式無記名投票によって行う。

3　有効投票の多数を得た者を当選人とする。ただし、得票数が同じであるときは、
　くじで当選人を定める。また当選人が辞退したときは、次点者をもって当選人
　とする。

4　第1項の規定による立候補者又は推薦を受けた者の数が選挙すべき役員の数
　を超えないときは、投票を行わず、その者を当選人とする。

（※2）本条は当日立候補制を認める場合の規定である。事前に立候補を締め切
　る場合は以下の2項を書き加えること。ただし、指名推選の方法をとらな
　い組合であって、候補者制をとらないものは規定できないので、注意する
　こと。

5　第1項の役員の選挙を行うべき総会の会日は、少なくともその〇〇日前まで

717

事業協同組合定款参考例

　　　　に公告するものとする。
　　6　第1項の規定による立候補者又は候補者の推薦をした者は、総会の会日の○
　　　○日前までに、立候補した旨又は被推薦者の氏名を本組合に届け出なければな
　　　らない。

（注2）投票を単記式によって行う組合にあっては、第2項中「連記式無記名投票」とあ
　　　るのは「単記式無記名投票」と書き替えること。
（注3）役員の選出につき選任の方法をとる組合にあっては、本条を次のように記載する
　　　こと。

　　（役員の選任）
　　第33条　役員の選任は、総会の議決による。
　　2　前項の議決は、推薦会議において推薦された者（以下「候補者」という。）に
　　　ついて行う。
　　3　推薦会議は、別表に掲げる地域ごとに同表に掲げる人数の推薦委員をもって
　　　構成する。
　　4　推薦委員は、前項の地域に属する組合員を代表するものとして当該地域に属
　　　する組合員の過半数の承認を得て選出する。
　　5　推薦会議が役員の候補者を決定する場合は、その構成員の過半数が出席し、
　　　その3分の2以上の多数の賛成がなければならない。
　　6　第1項の議決は、無記名投票によって行う。ただし、総会において出席者の
　　　議決権の3分の2以上の多数による議決により投票以外の方法を定めた場合は
　　　その方法による。
　　7　2人以上の理事又は監事を選任する場合にあっては、第1項の議決は、候補
　　　者を区分して行ってはならない。
　　8　役員の選任に関する事項は、本条で定めるもののほか規約で定める。

　（※1）推薦会議の構成員は、「地域」によるほか「業種」「規模」等組合員を適
　　　　切に代表しうる妥当な基準に基づき定款で定める区分ごとに選出してよい。
　（※2）総代会を置く組合にあっては、「総会」とあるのは「総代会」と、「組合員」
　　　　とあるのは「総代」と書き替えるものとし、総代の選挙の際に基礎となる
　　　　別表に掲げる地域等の区分又はそのいくつかを統合した区分ごとに選出し
　　　　てもよい。
　（※3）推薦会議の構成員を選挙により選出する組合にあっては、「当該地域に属
　　　　する組合員の過半数の承認を得て選出する」を「当該地域に属する組合員
　　　　による選挙により選出する」と書き替えるものとする。

（理事及び監事の報酬）
第34条　役員に対する報酬は、理事と監事を区分して総会において定める。

事業協同組合定款参考例

（注１）理事と監事の報酬は総会において一括して定めず、理事と監事を区分して定めること。

（注２）理事、監事の報酬を定款に定めることもできる。その場合は、本条を次のように記載すること。

（理事及び監事の報酬）
第34条　役員に対する報酬は、理事については総額○○円以内、監事については総額○○円以内とする。

（役員の責任免除）

第35条　本組合は、理事会の決議により、中小企業等協同組合法（以下「法」という。）第38条の２第９項において準用する会社法第426条第１項の規定により、法及び主務省令に定める限度において役員の責任を免除することができる。

（注）監事に理事の業務監査権限を与えない組合は、本条を規定することができないので削除すること。

（員外理事及び監事との責任限定契約）

第36条　本組合は、員外理事及び監事と法第38条の２第９項において準用する会社法第427条の規定に基づく責任限定契約を締結することができる。

２　前項に基づき締結される責任限定契約に記載することができる額は○○円以上とする。

（顧　問）

第37条　本組合に、顧問を置くことができる。

２　顧問は、学識経験のある者のうちから、理事会の議決を経て理事長が委嘱する。

（参事及び会計主任）

第38条　本組合に、参事及び会計主任を置くことができる。

２　参事及び会計主任の選任及び解任は、理事会において議決する。

３　組合員は、総組合員の10分の１以上の同意を得て本組合に対し、参事又は会計主任の解任を請求することができる。

719

事業協同組合定款参考例

（注）総組合員の同意の割合については、10分の1を下回る割合を定めることができるので、10分の1を下回る割合とする場合には、当該割合を記載すること。

（職　員）

第39条　本組合に、参事及び会計主任のほか、職員を置くことができる。

第6章　総会、理事会及び委員会

（総会の招集）

第40条　総会は、通常総会及び臨時総会とする。

2　通常総会は毎事業年度終了後〇月以内に、臨時総会は必要があるときはいつでも、理事会の議決を経て、理事長が招集する。

（注）通常総会の開催時期に関する組合法上の規定は存在しないため、毎事業年度終了後3か月以内に招集する旨の規定を置くことも可能である。その場合は、税法など他法令に留意する必要がある。これまで多くの組合では「毎事業年度終了後2か月以内に通常総会を開催する」旨を規定しているが、これは法人税法上の確定申告の期限との整合性から規定しているものと考えられる。したがって、法人税法第75条の2（確定申告書の提出期限の延長の特例）及び法人税基本通達17－1－4（申告書の提出期限の延長の特例の適用がある法人）に該当する場合であって、確定申告の提出期限の延長が可能な場合には、別途対応が必要となる。

（総会招集の手続）

第41条　総会の招集は、会日の10日前までに到達するように、会議の目的たる事項及びその内容並びに日時及び場所を記載した書面を各組合員に発してするものとする。また、通常総会の招集に際しては、決算関係書類、事業報告書及び監査報告を併せて提供するものとする。

2　前項の書面をもってする総会招集通知の発出は、組合員名簿に記載したその者の住所（その者が別に通知を受ける場所を本組合に通知したときはその場所）に宛てて行う。

3　第1項の規定による書面をもってする総会招集通知は、通常到達すべきであったときに到達したものとみなす。

4 　本組合は、希望する組合員に対しては、第１項の規定による総会招集通知並びに決算関係書類、事業報告書及び監査報告の提供を電磁的方法により行うことができる。

5 　前項の通知については、第２項及び第３項の規定を準用する。この場合において、第２項中「総会招集通知の発出は」とあるのは、「総会招集通知の電子メールによる発出は」と、同項中「住所」とあるのは「住所（電子メールアドレスを含む。）」と読み替えるものとする。

6 　電磁的方法について必要な事項は、規約で定める（以下同じ。）。

7 　第１項の規定にかかわらず、本組合は、組合員全員の同意があるときは招集の手続を経ることなく総会を開催することができる。

（注）総会の招集については、会日の10日前を下回る期間を定款で定めることができるので、10日前を下回る期間とする場合には、当該日数を記載すること。

（臨時総会の招集請求）

第42条 　総組合員の５分の１以上の同意を得て臨時総会の招集を請求しようとする組合員は、会議の目的たる事項及び招集の理由を記載した書面を理事会に提出するものとする。

2 　組合員は、前項の規定による書面の提出に代えて、電磁的方法によりこれを提出することができる。

（注）臨時総会の招集請求については、総組合員の５分の１を下回る割合を定款で定めることができるので、５分の１を下回る割合とする場合には、当該割合を記載すること。

（書面又は代理人による議決権又は選挙権の行使）

第43条 　組合員は、第41条第１項の規定によりあらかじめ通知のあった事項につき、書面又は代理人をもって議決権又は選挙権を行使することができる。この場合は、その組合員の親族若しくは常時使用する使用人又は他の組合員でなければ代理人となることができない。

2 　代理人が代理することができる組合員の数は、○人以内とする。

3 　組合員は、第１項の規定による書面をもってする議決権の行使に代えて、議決権を電磁的方法により行うことができる。

事業協同組合定款参考例

4　代理人は、代理権を証する書面を本組合に提出しなければならない。この場合において、電磁的方法により議決権を行うときは、書面の提出に代えて、代理権を電磁的方法により証明することができる。

(注1) 役員の選出について、選任の方法をとる組合にあっては、見出し及び本条第1項中の「又は選挙権」を削除すること。
(注2) 本条第2項の人数は、組合の実情に応じ、4人までの範囲内において適宜定めること。

（総会の議事）
第44条　総会の議事は、中小企業等協同組合法（以下「法」という。）に特別の定めがある場合を除き、総組合員の半数以上が出席し、その議決権の過半数で決するものとし、可否同数のときは、議長が決する。

(注) 第35条及び第36条を記載する場合は、「中小企業等協同組合法（以下「法」という。)」を「法」と書き替えること。

（総会の議長）
第45条　総会の議長は、総会ごとに、出席した組合員のうちから選任する。

（緊急議案）
第46条　総会においては、出席した組合員（書面又は代理人により議決権又は選挙権を行使する者を除く。）の3分の2以上の同意を得たときに限り、第41条第1項の規定によりあらかじめ通知のあった事項以外の事項についても議案とすることができる。

（総会の議決事項）
第47条　総会においては、法又はこの定款で定めるもののほか、次の事項を議決する。
(1)　借入金残高の最高限度
(2)　1組合員に対する貸付け（手形の割引を含む。）又は1組合員のためにする債務保証の残高の最高限度
(3)　組合員の○○事業に関する債務保証の残高の最高限度

事業協同組合定款参考例

(4) 1組合員のためにする組合員の○○事業に関する債務保証の残高の最高限度

(5) その他理事会において必要と認める事項

(注) 第7条第1項第15号の事業（金融事業）又は同項第16号若しくは第17号の事業（債務保証事業）を実施しない組合にあっては、本条第2号から第4号のうち、それぞれ当該事業に関する部分を削除すること。

（総会の議事録）

第48条 総会の議事録は、書面又は電磁的記録をもって作成するものとする。

2 前項の議事録には、次に掲げる事項を記載するものとする。

(1) 招集年月日

(2) 開催日時及び場所

(3) 理事・監事の数及び出席理事・監事の数並びにその出席方法

(4) 組合員数及び出席者数並びにその出席方法

(5) 出席理事の氏名

(6) 出席監事の氏名

(7) 議長の氏名

(8) 議事録の作成に係る職務を行った理事の氏名

(9) 議事の経過の要領及びその結果（議案別の議決の結果、可決、否決の別及び賛否の議決権数）

(10) 監事が、総会において監事の選任、解任若しくは辞任について述べた意見、総会提出資料に法令、定款違反若しくは、著しく不当な事項があるとして総会に報告した調査の結果又は総会において述べた監事の報酬等についての意見の内容の概要

(11) 監事が報告した会計に関する議案又は決算関係書類に関する調査の結果の内容の概要

(注) 第2項第10号中の「総会提出資料に法令、定款違反若しくは、著しく不当な事項があるとして総会に報告した調査の結果」は、監事に業務監査権限を与える組合における規定であり、第11号は、監事の職務を会計に関するものに限定する組合における規定であるので、組合によって、適宜選択すること。

723

事業協同組合定款参考例

（理事会の招集権者）

第49条　理事会は、理事長が招集する。

2　理事長以外の理事は、招集権者に対し、理事会の目的である事項を示して、理事会の招集を請求することができる。

3　前項の請求があった日から５日以内に、その請求があった日から２週間以内の日を理事会の日とする理事会の招集の通知が発せられない場合には、その請求をした理事は、理事会を招集することができる。

（注１）理事会の招集権者については、各理事が招集することとする旨を定めることも可能である。

（注２）理事会の招集権者の順位をあらかじめ定めておく場合は、第１項の次に新たに第２項として下記のとおり書き加え、第２項及び第３項を第３項及び第４項と書き替えること。

　　　　2　理事長が事故又は欠員のときは、副理事長が、理事長及び副理事長がともに事故又は欠員のときは、専務理事が、理事長、副理事長及び専務理事がともに事故又は欠員のときは、あらかじめ理事会において定めた順位に従い、他の理事が招集する。

（注３）監事に業務監査権限を与える組合は、第２項及び第３項中の「理事」を「理事及び監事」に書き替えること。

（理事会の招集手続）

第50条　理事長は、理事会の日の１週間前までに、各理事に対してその通知を発しなければならない。

2　前項の規定にかかわらず、理事会は、理事の全員の同意があるときは、招集の手続を経ることなく開催することができる。

3　本組合は、希望する理事に対しては、第１項の規定による理事会招集通知を電磁的方法により行うことができる。

（注１）理事会の招集手続については、１週間を下回る期間を定款で定めることができるので、１週間を下回る期間とする場合には、当該日数を記載すること。

（注２）監事に業務監査権限を与える組合は、第１項中の「各理事」を「各理事及び各監事」に、第２項中の「理事」を「理事及び監事」に、第３項中の「希望する理事」を「希望する理事及び監事」に書き替えること。

（理事会の決議）

第51条　理事会の決議は、議決に加わることができる理事の過半数が出席し、その過半数で決する。

2　前項の決議について特別の利害関係を有する理事は、議決に加わることができない。

3　理事は、書面又は電磁的方法により理事会の議決に加わることができる。

4　理事が理事会の決議の目的である事項について提案をした場合において、当該提案につき理事（当該事項について議決に加わることができるものに限る。）の全員が書面又は電磁的記録により同意の意思表示をしたときは、当該提案を可決する旨の理事会の決議があったものとみなす。

5　理事が理事の全員に対して理事会に報告すべき事項を通知したときは、当該事項を理事会へ報告することを要しない。

（注１）理事会の定足数について、過半数を上回る割合を定款又は規約で定めることができるので、過半数を上回る割合とする場合には、当該割合を記載すること。

（注２）理事会の決議要件について、過半数を上回る割合を定款又は規約で定めることができるので、過半数を上回る割合とする場合には、当該割合を記載すること。

（理事会の議決事項）

第52条　理事会は、法又はこの定款で定めるもののほか、次の事項を議決する。

（1）　総会に提出する議案

（2）　その他業務の執行に関する事項で理事会が必要と認める事項

（理事会の議長及び議事録）

第53条　理事会においては、理事長がその議長となる。

2　理事会の議事録は、書面又は電磁的記録をもって作成し、出席した理事及び監事は、これに署名し、又は記名押印するものとし、電磁的記録をもって作成した場合には、出席した理事及び監事は、これに電子署名を付するものとする。

3　前項の議事録には、次に掲げる事項を記載するものとする。

（1）　招集年月日

（2）　開催日時及び場所

（3）　理事・監事の数及び出席理事・監事の数並びにその出席方法

事業協同組合定款参考例

(4)　出席理事の氏名

(5)　出席監事の氏名

(6)　出席組合員の氏名

(7)　議長の氏名

(8)　決議事項に特別の利害関係を有する理事の氏名

(9)　議事の経過の要領及びその結果（議案別の議決の結果、可決、否決の別及び賛否の議決権数並びに賛成した理事の氏名及び反対した理事の氏名）

(10)　監事が、理事が不正の行為をし、若しくは当該行為をするおそれがあると認められるとき、又は法令若しくは定款に違反する事実若しくは著しく不当な事実があると認めるときに、理事会に報告した内容及び理事会に出席して述べた意見の内容の概要

(11)　理事会の招集を請求し出席した組合員の意見の内容の概要

(12)　本組合と取引をした理事の報告の内容の概要

(13)　その他（理事会が次に掲げるいずれかのものに該当するときは、その旨）

①　招集権者以外の理事による招集権者に対する理事会の招集請求を受けて招集されたものである場合

②　①の請求があった日から５日以内に、その請求があった日から２週間以内の日を理事会の日とする理事会の招集の通知が発せられない場合に、その請求をした理事が招集したものである場合

③　監事の請求を受けて招集されたものである場合

④　③の請求があった日から５日以内に、その請求があった日から２週間以内の日を理事会の日とする理事会の招集の通知が発せられない場合に、その請求をした監事が招集したものである場合

⑤　組合員の請求を受けて招集されたものである場合

⑥　⑤の請求があった日から５日以内に、その請求があった日から２週間以内の日を理事会の日とする理事会の招集の通知が発せられない場合に、その請求をした組合員が招集したものである場合

4　次の各号に掲げる場合の理事会の議事録は、当該各号に定める事項を内容とするものとする。

(1)　理事が理事会の決議の目的である事項について提案をした場合において、当該提案につき理事（当該事項について議決に加わることができる者に限る。）の全員が書面又は電磁的記録により同意の意思表示をし、当該提案を可決す

る旨の理事会の決議があったものとみなした場合には、次に掲げる事項

① 理事会の決議があったものとみなされた事項の内容

② ①の事項の提案をした理事の氏名

③ 理事会の決議があったものとみなされた日

④ 議事録の作成に係る職務を行った理事の氏名

(2) 理事が理事の全員に対して理事会に報告すべき事項を通知し、当該事項を理事会へ報告することを要しないものとした場合には、次に掲げる事項

① 理事会への報告を要しないものとされた事項の内容

② 理事会への報告を要しないものとされた日

③ 議事録の作成に係る職務を行った理事の氏名

（注）第3項第10号、第13号③、④は、監事に理事の業務監査権限を与える組合に対する規定であり、第6号、第11号、第13号⑤、⑥は、監事の職務を会計に関するものに限定している組合に対する規定であるので、組合によって、適宜選択すること。

（委員会）

第54条 本組合は、その事業の執行に関し、理事会の諮問機関として、委員会を置くことができる。

2 委員会の種類、組織及び運営に関する事項は、規約で定める。

第7章 会 計

（事業年度）

第55条 本組合の事業年度は、毎年○月○日に始まり、翌年△月△日に終わるものとする。

（利益準備金）

第56条 本組合は、出資総額の2分の1に相当する金額に達するまでは、当期純利益金額（前期繰越損失金がある場合には、これをてん補した後の金額。以下、第58条及び第59条において同じ。）の10分の1以上を利益準備金として積み立てるものとする。

2 前項の準備金は、損失のてん補に充てる場合を除いては、取り崩さない。

事業協同組合定款参考例

（注）共済事業を実施する組合は、本条中の「出資総額の２分の１に相当する金額」を「出資総額に相当する金額」に、「10分の１以上」を「５分の１以上」に書き替えること。

（資本剰余金）

第57条 本組合は、出資金減少差益（第14条ただし書の規定によって払戻しをしない金額を含む。）をその他資本剰余金として積み立てるものとする。

（注１）本条は、持分の計算について改算方式を選択し、脱退者の持分の払戻しについて各組合員の出資額を限度とする組合及び加算方式を選択する組合の規定である。この方法以外の方法により持分の払戻しを行う組合にあっては、次のように記載すること。

　　　　（資本剰余金）
　　　　第57条 本組合は、加入金及び増口金を資本準備金として積み立てるものとする。
　　　　２　出資金減少差益（第14条ただし書の規定によって払戻しをしない金額を含む。）をその他資本剰余金として積み立てるものとする。

（注２）分割払込制をとる組合にあっては、本条中「第14条」とあるのは「第14条第１項」と書き替えること。

（特別積立金）

第58条 本組合は、出資総額に達するまでは、当期純利益金額の10分の１以上を特別積立金として積み立てるものとする。ただし、出資総額を超えて積み立てることもできるものとする。

２　前項の積立金は、損失のてん補に充てるものとする。ただし、出資総額に相当する金額を超える部分については、損失がない場合に限り、総会の議決により損失のてん補以外の支出に充てることができる。

（教育情報費用繰越金）

第59条 本組合は、第７条第１項第19号の事業（教育情報事業）の費用に充てるため、当期純利益金額の20分の１以上を翌事業年度に繰り越すものとする。

（配当又は繰越し）

第60条 本組合は損失をてん補し、第56条の規定による利益準備金、第58条の規定による特別積立金及び前条の規定による教育情報費用繰越金を控除してな

事業協同組合定款参考例

お剰余があるときは、総会の議決によりこれを組合員に配当し、又は翌事業年
度に繰り越すものとする。

（注）任意積立金を積み立てる場合は、本文の「総会の議決によりこれを」の次に「他の
　　　組合積立金として積み立て、若しくは」を加えること。

（配当の方法）

第61条　前条の配当は、総会の議決を経て、事業年度末における組合員の出資額、
　　若しくは組合員がその事業年度において本組合の事業を利用した分量に応じて
　　し、又は事業年度末における組合員の出資額及び組合員がその事業年度におい
　　て本組合の事業を利用した分量に応じてするものとする。

2　　事業年度末における組合員の出資額に応じてする配当は、年1割を超えない
　　ものとする。

3　　配当金の計算については、第24条第2項の規定を準用する。

（注）分割払込制をとる組合にあっては、第1項、第2項中「出資額」とあるのは「払込
　　　済出資額」と書き替え、第3項を第4項とし、第2項の次に次の1項を加えること。
　　　　3　　払込済出資額に応じてする配当金は、組合員が出資の払込みを終わるまでは、
　　　　その払込みに充てるものとする。

（損失金の処理）

第62条　損失金のてん補は、特別積立金、利益準備金、その他資本剰余金の順
　　序に従ってするものとする。

（注）脱退者に対する持分の払戻しを出資額限度以外としている組合にあっては、本文の
　　　「その他資本剰余金」の次に「資本準備金」を加えること。

（職員退職給与の引当）

第63条　本組合は、事業年度ごとに、職員退職給与に充てるため、退職給与規
　　程に基づき退職給与を引き当てるものとする。

附　則

1　　設立当時の役員の任期は、第26条第1項の規定にかかわらず、最初の通常総

729

事業協同組合定款参考例

会の終結時までとする。

2　最初の事業年度は、第55条の規定にかかわらず、本組合の成立の日から△年△月△日までとする。

（別　表）

地　　　域	定　　　数

（備考）総代会を置く組合にあっては、第6章の規定は次のように記載し、第6条、第7条の2、第10条、第13条、第16条、第19条、加算式の場合は第24条、第26条、第30条、第33条、第34条、第58条、第60条及び第61条中「総会」とあるのは「総代会」と、第32条中「並びに総会の決議」とあるのは「並びに総会及び総代会の決議」と書き替えること。

第6章　総会、総代会、理事会及び委員会

（総代会）

第40条　本組合に総代会を置く。

（総代の定数）

第41条　総代の定数は、○○人とする。

（総代の任期）

第42条　総代の任期は、○年とする。

2　第26条第2項（役員の任期）の規定は、総代の任期に準用する。

（注）総代の任期は、組合の実情に応じ、3年以内において適宜定めること。

（総代の選挙）

第43条　総代は、別表に掲げる地域ごとに、同表に掲げる人数をその地域に属する組合員のうちから選挙する。

事業協同組合定款参考例

2　総代の選挙は、単記式無記名投票によって行う。

（注1）業種別に総代を選挙する組合にあっては、本条第1項中「地域」とあるのは「業種」
　　　　と書き替えること。
（注2）連記式によって総代を選挙する組合にあっては、本条第2項中「単記式無記名投票」
　　　　とあるのは「連記式無記名投票」と書き替えること。
（注3）役員の選出の方法として選任制を採用する組合にあっては、第33条（注3）第3
　　　　項及び（※2）中「別表」とあるのは「別表1」と、本条第1項中「別表」とある
　　　　のは「別表2」と書き替えること。

（総代会の招集）

第44条　総代会は、通常総代会及び臨時総代会とする。

2　通常総代会は、毎事業年度終了後〇月以内に、臨時総代会は、必要があると
　きはいつでも、理事会の議決を経て、理事長が招集する。

（注）第40条（総会の招集）の（注）を参照のこと。

（総代会招集の手続）

第45条　総代会の招集は、会日の10日前までに到達するように、会議の目的た
　る事項及びその内容並びに日時及び場所を記載した書面を各総代に発してする
　ものとする。また、通常総代会の招集に際しては、決算関係書類、事業報告書
　及び監査報告を併せて提供するものとする。

2　前項の書面をもってする総代会招集通知の発出は、総代名簿に記載したその
　者の住所（その者が別に通知を受ける場所を本組合に通知したときはその場所）
　に宛てて行う。

3　第1項の規定による書面をもってする総代会招集通知は、通常到達すべきで
　あったときに到達したものとみなす。

4　本組合は、希望する総代に対しては、第1項の規定による総代会招集通知並
　びに決算関係書類、事業報告書及び監査報告の提供を電磁的方法により行うこ
　とができる。

5　前項の通知については、第2項及び第3項の規定を準用する。この場合にお
　いて、第2項中「総代会招集通知の発出は」とあるのは、「総代会招集通知の
　電子メールによる発出は」と、同項中「住所」とあるのは「住所（電子メール

731

事業協同組合定款参考例

アドレスを含む。)」と読み替えるものとする。

6　電磁的方法について必要な事項は、規約で定める（以下同じ。）。

7　第1項の規定にかかわらず、本組合は、総代全員の同意があるときは招集の手続を経ることなく総代会を開催することができる。

（注）総代会の招集については、会日の10日前を下回る期間を定款で定めることができるので、10日前を下回る期間とする場合には、当該日数を記載すること。

（臨時総代会の招集請求）

第46条　総総代の5分の1以上の同意を得て臨時総代会の招集を請求しようとする総代は、会議の目的たる事項及び招集の理由を記載した書面を理事会に提出するものとする。

2　総代は、前項の規定による書面の提出に代えて、電磁的方法によりこれを提出することができる。

（注）臨時総代会の招集請求については、総総代の5分の1を下回る割合を定款で定めることができるので、5分の1を下回る割合とする場合には、当該割合を記載すること。

（書面又は代理人による議決権又は選挙権の行使）

第47条　総代は、第45条第1項の規定によりあらかじめ通知のあった事項につき、書面又は代理人をもって議決権又は選挙権を行使することができる。この場合は、他の組合員でなければ代理人となることができない。

2　代理人が代理することができる総代の数は1人とする。

3　総代は、第1項の規定による書面をもってする議決権の行使に代えて、議決権を電磁的方法により行うことができる。

4　代理人は、代理権を証する書面を本組合に提出しなければならない。この場合において、電磁的方法により議決権を行うときは、書面の提出に代えて、代理権を電磁的方法により証明することができる。

（注）役員の選出について選任の方法をとる組合であって、補欠の総代の選挙を総代会で行わないものは、見出し及び第1項中の「又は選挙権」を削除すること。

事業協同組合定款参考例

（総代会の議事）

第48条　総代会の議事は、法に特別の定めがある場合を除き、総総代の半数以上が出席し、その議決権の過半数で決するものとし、可否同数のときは、議長が決する。

（総代会の議長）

第49条　総代会の議長は、総代会ごとに、出席した総代のうちから選任する。

（緊急議案）

第50条　総代会においては、出席した総代（書面又は代理人により議決権又は選挙権を行使する者を除く。）の３分の２以上の同意を得たときに限り、第45条第１項の規定によりあらかじめ通知のあった事項以外の事項についても議案とすることができる。

（総代会の議決事項）

第51条　総代会においては、法又はこの定款で定めるもののほか、次の事項を議決する。

(1)　借入金残高の最高限度

(2)　１組合員に対する貸付け（手形の割引を含む。）又は１組合員のためにする債務保証の残高の最高限度

(3)　組合員の○○事業に関する債務保証の残高の最高限度

(4)　１組合員のためにする組合員の○○事業に関する債務保証の残高の最高限度

(5)　その他理事会において必要と認める事項

（注）第７条第１項第15号の事業（金融事業）又は同項第16号若しくは第17号の事業（債務保証事業）を実施しない組合にあっては、本条第２号から第４号のうち、それぞれ当該事業に関する部分を削除すること。

（総代会の議事録）

第52条　総代会の議事録は、書面又は電磁的記録をもって作成するものとする。

2　前項の議事録には、次に掲げる事項を記載するものとする。

(1)　招集年月日

733

事業協同組合定款参考例

(2) 開催日時及び場所

(3) 理事・監事の数及び出席理事・監事の数並びにその出席方法

(4) 総代数及び出席者数並びにその出席方法

(5) 出席理事の氏名

(6) 出席監事の氏名

(7) 議長の氏名

(8) 議事録の作成に係る職務を行った理事の氏名

(9) 議事の経過の要領及びその結果(議案別の議決の結果、可決、否決の別及び賛否の議決権数)

(10) 監事が、総代会において監事の選任、解任若しくは辞任について述べた意見、総代会提出資料に法令、定款違反若しくは、著しく不当な事項があるとして総代会に報告した調査の結果又は総代会において述べた監事の報酬等についての意見の内容の概要

(11) 監事が報告した会計に関する議案又は決算関係書類に関する調査の結果の内容の概要

(注) 第2項第10号中の「総代会提出資料に法令、定款違反若しくは、著しく不当な事項があるとして総代会に報告した調査の結果」は、監事に業務監査権限を与える組合における規定であり、第11号は、監事の職務を会計に関するものに限定する組合における規定であるので、組合によって、適宜選択すること。

(理事会の招集権者)

第53条 理事会は、理事長が招集する。

2 理事長以外の理事は、招集権者に対し、理事会の目的である事項を示して、理事会の招集を請求することができる。

3 前項の請求があった日から5日以内に、その請求があった日から2週間以内の日を理事会の日とする理事会の招集の通知が発せられない場合には、その請求をした理事は、理事会を招集することができる。

(注1) 理事会の招集権者については、各理事が招集することとする旨を定めることも可能である。

(注2) 理事会の招集権者の順位をあらかじめ定めておく場合は、第1項の次に新たに第2項として下記のとおり書き加え、第2項及び第3項を第3項及び第4項と書き替えること。

734

2　理事長が事故又は欠員のときは、副理事長が、理事長及び副理事長がともに
　　事故又は欠員のときは、専務理事が、理事長、副理事長及び専務理事がともに
　　事故又は欠員のときは、あらかじめ理事会において定めた順位に従い、他の理
　　事が招集する。

（注3）監事に業務監査権限を与える組合は、第2項及び第3項中の「理事」を「理事及
　　び監事」に書き替えること。

（理事会の招集手続）

第54条　理事長は、理事会の日の1週間前までに、各理事に対してその通知を
　発しなければならない。

2　前項の規定にかかわらず、理事会は、理事の全員の同意があるときは、招集
　の手続を経ることなく開催することができる。

3　本組合は、希望する理事に対しては、第1項の規定による理事会招集通知を
　電磁的方法により行うことができる。

（注1）理事会の招集手続については、1週間を下回る期間を定款で定めることができる
　　ので、1週間を下回る期間とする場合には、当該日数を記載すること。

（注2）監事に業務監査権限を与える組合は、第1項中の「各理事」を「各理事及び各監事」
　　に、第2項中の「理事」を「理事及び監事」に、第3項中の「希望する理事」を「希
　　望する理事及び監事」に書き替えること。

（理事会の決議）

第55条　理事会の決議は、議決に加わることができる理事の過半数が出席し、
　その過半数で決する。

2　前項の決議について特別の利害関係を有する理事は、議決に加わることがで
　きない。

3　理事は、書面又は電磁的方法により理事会の議決に加わることができる。

4　理事が理事会の決議の目的である事項について提案をした場合において、当
　該提案につき理事（当該事項について議決に加わることができるものに限る。）
　の全員が書面又は電磁的記録により同意の意思表示をしたときは、当該提案を
　可決する旨の理事会の決議があったものとみなす。

5　理事が理事の全員に対して理事会に報告すべき事項を通知したときは、当該
　事項を理事会へ報告することを要しない。

事業協同組合定款参考例

（注１）理事会の定足数について、過半数を上回る割合を定款又は規約で定めることができるので、過半数を上回る割合とする場合には、当該割合を記載すること。
（注２）理事会の決議要件について、過半数を上回る割合を定款又は規約で定めることができるので、過半数を上回る割合とする場合には、当該割合を記載すること。

（理事会の議決事項）

第56条　理事会は、法又はこの定款で定めるもののほか、次の事項を議決する。
（1）　総代会又は総会に提出する議案
（2）　その他業務の執行に関する事項で理事会が必要と認める事項

（理事会の議長及び議事録）

第57条　理事会においては、理事長がその議長となる。
2　理事会の議事録は、書面又は電磁的記録をもって作成し、出席した理事及び監事は、これに署名し、又は記名押印するものとし、電磁的記録をもって作成した場合には、出席した理事及び監事は、これに電子署名を付するものとする。
3　前項の議事録には、次に掲げる事項を記載するものとする。
（1）　招集年月日
（2）　開催日時及び場所
（3）　理事・監事の数及び出席理事・監事の数並びにその出席方法
（4）　出席理事の氏名
（5）　出席監事の氏名
（6）　出席組合員の氏名
（7）　議長の氏名
（8）　決議事項に特別の利害関係を有する理事の氏名
（9）　議事の経過の要領及びその結果（議案別の議決の結果、可決、否決の別及び賛否の議決権数並びに賛成した理事の氏名及び反対した理事の氏名）
（10）　監事が、理事が不正の行為をし、若しくは当該行為をするおそれがあると認められるとき、又は法令若しくは定款に違反する事実若しくは著しく不当な事実があると認めるときに、理事会に報告した内容及び理事会に出席して述べた意見の内容の概要
（11）　理事会の招集を請求し出席した組合員の意見の内容の概要

事業協同組合定款参考例

⑿　本組合と取引をした理事の報告の内容の概要
⒀　その他（理事会が次に掲げるいずれかのものに該当するときは、その旨）
　①　招集権者以外の理事による招集権者に対する理事会の招集請求を受けて招集されたものである場合
　②　①の請求があった日から5日以内に、その請求があった日から2週間以内の日を理事会の日とする理事会の招集の通知が発せられない場合に、その請求をした理事が招集したものである場合
　③　監事の請求を受けて招集されたものである場合
　④　③の請求があった日から5日以内に、その請求があった日から2週間以内の日を理事会の日とする理事会の招集の通知が発せられない場合に、その請求をした監事が招集したものである場合
　⑤　組合員の請求を受けて招集されたものである場合
　⑥　⑤の請求があった日から5日以内に、その請求があった日から2週間以内の日を理事会の日とする理事会の招集の通知が発せられない場合に、その請求をした組合員が招集したものである場合

4　次の各号に掲げる場合の理事会の議事録は、当該各号に定める事項を内容とするものとする。
⑴　理事が理事会の決議の目的である事項について提案をした場合において、当該提案につき理事（当該事項について議決に加わることができる者に限る。）の全員が書面又は電磁的記録により同意の意思表示をし、当該提案を可決する旨の理事会の決議があったものとみなした場合には、次に掲げる事項
　①　理事会の決議があったものとみなされた事項の内容
　②　①の事項の提案をした理事の氏名
　③　理事会の決議があったものとみなされた日
　④　議事録の作成に係る職務を行った理事の氏名
⑵　理事が理事の全員に対して理事会に報告すべき事項を通知し、当該事項を理事会へ報告することを要しないものとした場合には、次に掲げる事項
　①　理事会への報告を要しないものとされた事項の内容
　②　理事会への報告を要しないものとされた日
　③　議事録の作成に係る職務を行った理事の氏名

（注）第3項第10号、第13号③、④は、監事に理事の業務監査権限を与える組合に対する

事業協同組合定款参考例

規定であり、第6号、第11号、第13号⑤、⑥は、監事の職務を会計に関するものに限定している組合に対する規定であるので、組合によって、適宜選択すること。

（総会の議決事項）

第58条 総会は、組合の解散、合併又は事業の全部の譲渡に限り、議決することができる。

（総会の招集）

第59条 総会は、前条に掲げる事項を議決する必要があるときに限り、理事会の議決を経て、理事長が招集する。

（総代会の規定の準用）

第60条 総会については、第45条（総代会招集の手続）、第47条（書面又は代理人による議決権又は選挙権の行使）、第49条（総代会の議長）、第50条（緊急議案）及び第52条（総代会の議事録）の規定を準用する。この場合において、第47条第1項中「他の組合員」とあるのは「その組合員の親族若しくは常時使用する使用人又は他の組合員」と、第2項中「1人」とあるのは「4人まで」と読み替えるものとする。

（委員会）

第61条 本組合は、その事業の執行に関し、理事会の諮問機関として、委員会を置くことができる。

2 委員会の種類、組織及び運営に関する事項は、規約で定める。

（別　表）

地　　域	定　　数

（備考）部会、支部、青年部又は女性部を置く組合にあっては、第6章見出しに該当する
　　　機関名（部会、支部、青年部又は女性部）を追加し、次の規定のうち該当するもの
　　　を加えること。

（部　会）

第55条　本組合は、業種ごとの組合員をもって構成する部会を置く。

2　部会について必要な事項は、規約で定める。

（支　部）

第56条　本組合は、地域ごとの組合員をもって構成する支部を置く。

2　支部について必要な事項は、規約で定める。

（青年部）

第57条　本組合に青年部を置く。

2　青年部について必要な事項は、規約で定める。

（女性部）

第58条　本組合に女性部を置く。

2　女性部について必要な事項は、規約で定める。

（備考）賛助会員制をとる組合にあっては、「第7章　会計」を「第8章　会計」とし、第
　　　7章見出しを「第7章　賛助会員」として、次のように記載すること。

第7章　賛助会員

（賛助会員）

第55条　本組合は、本組合の趣旨に賛同し、本組合の事業の円滑な実施に協力
　しようとする者を賛助会員とすることができる。ただし、賛助会員は、本組合
　において、法に定める組合員には該当しないものとする。

2　賛助会員について必要な事項は、規約で定める。

739

サービス・インフォメーション
━━ 通話無料 ━━
① 商品に関するご照会・お申込みのご依頼
　　　　　TEL 0120(203)694／FAX 0120(302)640
② ご住所・ご名義等各種変更のご連絡
　　　　　TEL 0120(203)696／FAX 0120(202)974
③ 請求・お支払いに関するご照会・ご要望
　　　　　TEL 0120(203)695／FAX 0120(202)973

● フリーダイヤル（TEL）の受付時間は、土・日・祝日を除く
　9：00 ～ 17：30です。
● FAXは24時間受け付けておりますので、あわせてご利用ください。

第二次改訂版　中小企業等協同組合法逐条解説

2007年11月30日　　初版発行
2013年5月30日　　改訂版第1刷発行
2016年2月25日　　第二次改訂版第1刷発行
2023年12月15日　　第二次改訂版第6刷発行

編　者　　全国中小企業団体中央会
発行者　　田　中　英　弥
発行所　　第一法規株式会社
　　　　　〒107-8560　東京都港区南青山2-11-17
　　　　　ホームページ　https://www.daiichihoki.co.jp/

中小企業組合二改　ISBN978-4-474-05335-9　C2032（5）

©2007-2023，全国中小企業団体中央会．Printed in Japan